U0896171

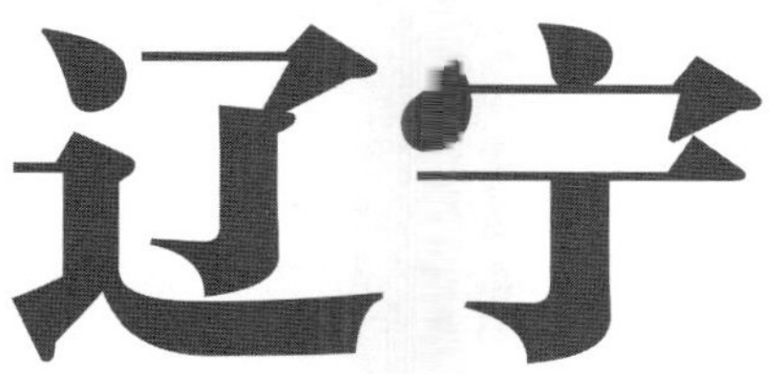

LIAONING

STATISTICAL YEARBOOK

2023统计年鉴

辽　宁　省　统　计　局
国家统计局辽宁调查总队　编

中国统计出版社
China Statistics Press

图书在版编目（CIP）数据

辽宁统计年鉴. 2023 / 辽宁省统计局, 国家统计局辽宁调查总队编. -- 北京 : 中国统计出版社, 2024.1
ISBN 978-7-5230-0349-7

Ⅰ. ①辽… Ⅱ. ①辽… ②国… Ⅲ. ①统计资料－辽宁－2023－年鉴 Ⅳ. ①C832.31-54

中国国家版本馆 CIP 数据核字(2024)第 011161 号

辽宁统计年鉴 2023

作　　者/辽宁省统计局　国家统计局辽宁调查总队
责任编辑/冯诗萌
执行编辑/杜珞维
封面设计/李　静
出版发行/中国统计出版社有限公司
通信地址/北京市丰台区西三环南路甲 6 号　邮政编码/100073
发行电话/邮购（010）63376909　书店（010）68783171
网　　址/http://www.zgtjcbs.com/
印　　刷/河北鑫兆源印刷有限公司
经　　销/新华书店
开　　本/880×1230 毫米　1/16
字　　数/968 千字
印　　张/31.75
版　　别/2024 年 1 月第 1 版
版　　次/2024 年 1 月第 1 次印刷
定　　价/390.00 元

《辽宁统计年鉴 2023》编委会和编辑出版人员

编辑委员会

主　　编　田　冰　张金龙

副 主 编　江永平　侯　巍　朱玉宏　张旭东　赵　荣

宋　琰　施开分　张　磊　王　津

编辑委员　毛建春　李相岩　杨洪波　宋振兴　孟　厦

徐　冰　徐　枫　徐蓉蓉　魏静艳

白金杰　白福生　平璐璐　姜长健

编辑工作人员

总 编 辑　侯　巍　王　津

副总编辑　杨洪波　李明昱　薛成明

郭豫丹　柴金玲

编辑人员　张俊杰　贺明铭　吕萌萌　孙　正

祝绍发　杨　阳　沈芷佳

编者说明

一、《辽宁统计年鉴2023》是一部信息高度密集的大型资料性年刊。本书收录了全省和各市2022年经济、社会、科技等方面的统计数据，以及重要年份和改革开放以来的主要统计数据。

二、全书分为二十四个部分，即：1.行政区划和自然资源；2.综合；3.国民经济核算；4.人口；5.就业和工资；6.固定资产投资；7.能源；8.财政；9.价格；10.人民生活；11.城市建设；12.环境保护；13.农业；14.工业；15.建筑业；16.运输和邮电；17.国内贸易；18.对外经济贸易；19.旅游；20.金融业；21.服务业；22.教育和科技；23.文化、体育和卫生；24.其他社会活动。另附全国各省（区、市）主要经济指标和辽宁各市基本情况。

三、本年鉴中所使用的计量单位均采用国际统一标准计量单位。

四、本年鉴中的资料大部分来自年度统计报表。全国及各省（区、市）主要指标资料来源于《中国统计摘要2023》，部分数据为初步统计数，正式数据以《中国统计年鉴2023》为准。

五、本年鉴中部分数据的合计数或相对数由于单位取舍不同产生的计算误差均未作机械调整。

六、本年鉴中凡带续表的资料，如有注解均加在第一张表下面，请使用时注意。

七、本年鉴表中的符号使用说明："空格"表示该项统计指标数据不足本表最小单位、数据不详或无该项数据；"#"表示其中的主要项。

目　录

一、行政区划和自然资源
Chapter 1　Administrative Division and Natural Resources

二、综合
Chapter 2　General Survey

三、国民经济核算
Chapter 3　National Economy Accounting

四、人口
Chapter 4 Population

五、就业和工资
Chapter 5 Employment and Wages

六、固定资产投资

Chapter 6 Investment in Fixed Assets

七、能源
Chapter 7　Energy

八、财政
Chapter 8 Government Finance

九、价格
Chapter 9 Prices

十、人民生活
Chapter 10　People's Living Conditions

十一、城市建设
Chapter 11 Urban Construction

十二、环境保护
Chapter 12 Environment Protection

十三、农业
Chapter 13 Agriculture

十四、工业
Chapter 14 Industry

十五、建筑业

Chapter 15 Construction

十六、运输和邮电
Chapter 16 Transport, Post and Telecommunication Services

十七、国内贸易
Chapter 17　Domestic Trade

十八、对外经济贸易
Chapter 18 Foreign Trade and Economy Cooperation

十九、旅游
Chapter 19 Tourism

二十、金融业
Chapter 20 Financial Intermediation

二十一、服务业
Chapter 21 Service

二十二、教育和科技
Chapter 22 Education, Science and Technology

二十三、文化、体育和卫生
Chapter 23 Culture, Sports and Public Health

二十四、其他社会活动
Chapter 24 Others Social Activities

附录
Appendix

一、行政区划和自然资源

Chapter 1 Administrative Division and Natural Resources

资料整理 张俊杰 丰佃波 郭 锐 崔 伟

1-1 行政区划

(2022年末) 单位：个

地区	县级市	县	自治县	区	镇	乡	街道
全省	**16**	**17**	**8**	**59**	**640**	**201**	**513**
沈阳	1	2		10	53	16	112
大连	2	1		7	33	14	102
鞍山	1	1	1	4	52	3	40
抚顺		1	2	4	27	20	25
本溪			2	4	18	5	26
丹东	2		1	3	59	5	20
锦州	2	2		3	55	12	32
营口	2			4	35	3	27
阜新		1	1	5	60	5	17
辽阳	1	1		5	30	6	14
盘锦		1		3	21		27
铁岭	2	3		2	78	11	14
朝阳	2	2	1	2	82	46	28
葫芦岛	1	2		3	37	55	29

1-2 县区一览表

地区	县(市)	区
沈阳	新民市、康平县、法库县	和平、沈河、大东、皇姑、铁西、浑南、苏家屯、沈北新区、于洪、辽中
大连	瓦房店市、庄河市、长海县	中山、西岗、沙河口、甘井子、旅顺口、金州、普兰店
鞍山	海城市、台安县、岫岩县(满)	铁东、铁西、立山、千山
抚顺	抚顺县、新宾县(满)、清原县(满)	顺城、新抚、东洲、望花
本溪	本溪县(满)、桓仁县(满)	平山、明山、溪湖、南芬
丹东	东港市、凤城市、宽甸县(满)	振兴、元宝、振安
锦州	凌海市、北镇市、黑山县、义县	古塔、凌河、太和
营口	盖州市、大石桥市	站前、西市、老边、鲅鱼圈
阜新	阜新县(蒙)、彰武县	海州、新邱、太平、清河门、细河
辽阳	灯塔市、辽阳县	白塔、文圣、宏伟、弓长岭、太子河
盘锦	盘山县	双台子、兴隆台、大洼
铁岭	调兵山市、开原市、铁岭县、西丰县、昌图县	银州、清河
朝阳	北票市、凌源市、朝阳县、建平县、喀左县(蒙)	双塔、龙城
葫芦岛	兴城市、绥中县、建昌县	连山、龙港、南票

1-3 自然状况及资源

指 标	2022年
一、自然状况	
经 纬 度	
东 经	118°53′～125°46′
北 纬	38°43′～43°26′
二、土地资源	
农业用地面积	1234.75万公顷
1.耕地面积	515.67万公顷
2.园地面积	53.01万公顷
3.林地面积	598.96万公顷
4.草地面积	5.85万公顷
5.其他农业用地	61.26万公顷
建设用地面积	154.01万公顷
1.城镇村及工矿用地面积	134.53万公顷
2.交通运输用地面积(不含农村道路)	17.10万公顷
3.水工建筑用地面积	2.38万公顷
三、水 资 源	
省内流域面积	14.53万平方公里
#辽 河	6.93万平方公里
鸭绿江	1.66万平方公里
沿海诸河	5.73万平方公里
第二松花江	0.05万平方公里
滦河及冀东沿海	0.16万平方公里
地表水:	
河川径流量	513.80亿立方米
#辽 河	213.35亿立方米
鸭绿江	125.65亿立方米
沿海诸河	170.91亿立方米
第二松花江	2.70亿立方米
滦河及冀东沿海	1.19亿立方米
地下水:	
资 源 量	154.34亿立方米
水资源总量	561.72亿立方米

主要统计指标解释

行政区划 指国家对行政区划的划分。根据有关法规规定，我国的行政区域划分如下:（1）全国分为省、自治区、直辖市;（2）省、自治区分为自治州、县、自治县、市;（3）自治州分为县、自治县、市;（4）县、自治县分为乡、民族乡、镇;（5）直辖市和较大的市分为区、县;（6）国家在必要时设立的特别行政区。

耕地面积 指种植农作物的土地面积。耕地包括熟地，新开发、复垦、整理地，休闲地（含轮歇地、休耕地）；以种植农作物（含蔬菜）为主，间有零星果树、桑树或其他树木的土地；平均每年能保证收获一季的已垦滩地和海涂。耕地中包括南方宽度<1.0 米，北方宽度<2.0 米固定的沟、渠、路和地坎（埂）；临时种植药材、草皮、花卉、苗木等的耕地，临时种植果树、茶树和林木且耕作层未破坏的耕地，以及其他临时改变用途的耕地。

园地面积 指种植以采集果、叶、根、茎、汁等为主的集约经营的多年生木本和草本作物，覆盖度大于 50%或每亩株数大于合理株数 70%的土地面积。园地包括用于育苗的土地。

林地面积 指生长乔木、竹类、灌木的土地，及沿海生长红树林的土地面积。林地包括迹地，不包括城镇、村庄范围内的绿化林木用地，铁路、公路征地范围内的林木，以及河流、沟渠的护堤林。菖

草地面积 指生长草本植物为主的土地面积。草地包括天然牧草地、沼泽草地、人工牧草地、其他草地。

城镇村及工矿用地面积 指城乡居民点、独立居民点以及居民点以外的工矿、国防、名胜古迹等企事业单位用地面积，包括其内部交通、绿化用地面积。

交通运输用地面积 指用于运输通行的地面线路、场站等的土地面积。包括民用机场、汽车客货运场站、港口、码头、地面运输管道和各种道路以及轨道交通用地的面积。

水工建筑用地 指人工修建的闸、坝、堤路林、水电厂房、扬水站等常水位岸线以上的建（构）筑物用地面积。

二、综　合

Chapter 2　General Survey

资料整理　李明昱　张俊杰　贺明铭　吕萌萌

2-1 平均每天主要社会经济活动

指　　标	单位	2013年	2014年	2015年	2016年	2017年	2018年	2019年	2020年	2021年	2022年
一、全省每天创造财富											
地区生产总值(现价)	亿元	52.6	54.9	55.4	55.9	59.4	64.4	68.1	68.5	75.5	79.4
农林牧渔业总产值(现价)	亿元	10.6	10.8	11.1	10.3	10.6	11.1	12.0	12.6	13.5	14.2
一般公共预算收入	亿元	9.2	8.7	5.8	6.0	6.6	7.2	7.3	7.3	7.6	6.9
布	万米	112.3	186.3	95.9	43.8	35.6	29.4	24.7	21.9	19.2	19.2
机制纸及纸板	万吨	0.1	0.1	0.1	0.1	0.3	0.3	0.4	0.5	0.6	0.5
卷　烟	亿支	0.8	0.8	0.8	0.8	0.7	0.7	0.7	0.8	0.8	0.8
啤　酒	万升	745.2	745.2	663.0	638.4	602.7	584.4	567.1	468.5	468.5	435.6
发电量	亿千瓦小时	4.2	4.4	4.5	4.7	4.9	5.2	5.5	5.6	5.9	5.8
原　油	万吨	2.7	2.8	2.8	2.8	2.9	2.8	2.9	2.9	2.9	2.7
粗　钢	万吨	17.4	17.8	16.1	16.5	17.6	18.8	20.2	20.8	20.6	20.4
水　泥	万吨	16.6	16.1	13.0	11.3	10.7	11.0	13.1	14.8	13.3	10.5
二、全省每天消费量											
城乡居民消费总额	亿元	19.7	21.6	22.9	23.6	23.8	25.0	26.5	24.6	26.8	26.1
每人平均消费额	元	46.4	51.0	54.1	55.7	56.5	59.5	63.2	58.9	64.5	63.0
三、其他经济活动量											
货物运输总量	万吨	590.1	634.9	571.4	591.8	605.3	629.3	506.7	491.0	520.2	494.7
旅客运输总量	万人	253.8	261.3	205.6	205.7	202.9	200.2	197.2	94.4	77.5	49.7
港口货物吞吐量	万吨	269.5	284.0	287.3	298.9	308.4	275.4	236.0	224.7	215.8	202.9
邮寄函件	万件	18.9	28.5	18.8	12.1	15.6	16.4	8.2	5.6	3.5	3.9
四、人口变动和婚姻											
出　生	人	882.4	1046.5	811.2	904.4	931.3	803.9	792.1	662.0	546.9	483.8
死　亡	人	940.5	825.6	903.9	788.4	1828.1	838.4	826.6	1312.5	911.6	895.4
结　婚	对	1012.7	945.5	868.4	856.3	799.6	769.2	700.2	614.5	587.5	523.0
离　婚	对	339.0	345.7	347.5	372.9	394.7	416.7	431.5	368.5	209.0	193.8

2-2 国民经济和社会发展主要指标

指　　标	单位	2013年	2014年	2015年	2016年	2017年	2018年	2019年	2020年	2021年	2022年
人口与就业											
人　　口											
年底总人口	万人	4238.0	4244.2	4229.7	4232.0	4196.5	4191.9	4190.2	4165.9	4152.1	4139.4
男性人口	万人	2131.4	2132.2	2122.7	2121.7	2100.1	2095.3	2092.1	2075.9	2067.2	2058.6
女性人口	万人	2106.6	2112.0	2107.0	2110.3	2096.4	2096.6	2098.1	2090.0	2084.9	2080.8
就　　业											
从业人员数	万人	2518.9	2562.2	2409.9	2301.2	2284.7	2260.6	2238.4	2231.0	2190.0	2122.0
#在岗职工人数	万人	648.1	626.9	583.5	526.6	488.7	469.4	465.8	446.7	434.2	423.2
城镇登记失业人数	万人	39.6	41.0	46.2	47.3	42.7	44.4	45.6	50.7	47.7	48.5
宏观经济											
地区生产总值	**亿元**	**19208.8**	**20025.7**	**20210.3**	**20392.5**	**21693.0**	**23510.5**	**24855.3**	**25011.4**	**27569.5**	**28975.1**
第一产业	亿元	1973.4	2002.0	2053.7	1841.2	1902.3	2020.6	2178.0	2284.8	2461.9	2597.6
第二产业	亿元	9204.2	9038.8	8344.6	7865.7	8328.9	9049.0	9475.9	9357.5	10883.3	11755.8
第三产业	亿元	8031.2	8984.9	9811.9	10685.6	11461.8	12441.0	13201.4	13369.1	14224.2	14621.7
人均地区生产总值	**元**	**43956**	**45915**	**46482**	**47069**	**50221**	**54657**	**58019**	**58629**	**64992**	**68775**
固定资产投资											
固定资产投资总额	%	15.1	-1.5	-27.8	-63.5	0.1	3.7	0.5	2.6	2.6	3.6
第一产业	%	-15.2	6.4	-27.4	-66.6	-2.0	-3.9	11.1	79.9	-5.6	1.4
第二产业	%	9.3	0.6	-28.3	-70.4	2.0	12.2	-3.8	-5.1	5.1	6.1
第三产业	%	21.2	-3.2	-27.4	-58.2	-0.8	-0.7	2.8	4.9	1.7	2.4
财　　政											
一般公共预算收入	亿元	3343.8	3192.8	2127.4	2200.5	2392.8	2616.1	2652.4	2655.8	2765.6	2525.1
一般公共预算支出	亿元	5197.4	5080.5	4481.6	4457.5	4879.4	5337.7	5745.1	6014.2	5879.2	6261.4
物价总指数(上年=100)											
商品零售价格总指数	%	101.6	101.0	100.5	101.0	100.7	101.4	101.7	101.1	101.9	
居民消费价格总指数	%	102.4	101.7	101.4	101.6	101.4	102.5	102.4	102.4	101.1	102.0
产　　业											
农　　业											
农林牧渔业总产值	亿元	3878.9	3949.4	4057.6	3764.1	3851.6	4061.9	4368.2	4582.6	4927.7	5180.0
主要农产品产量											
粮　　食	万吨	2353.3	1873.2	2186.6	2315.6	2330.7	2192.4	2430.0	2338.8	2538.7	2484.5
棉　　花	吨	455.0	87.0	94.0	92.0	76.4	22.0	22.0	4.0		3.0
油　　料	万吨	68.3	57.8	58.7	79.4	81.5	78.1	97.7	99.7	116.2	113.4
甜　　菜	万吨	17.1	10.1	5.2	9.4	10.7	11.8	14.6	9.1	1.3	1.3
水　　果	万吨	582.8	526.5	543.5	543.9	558.5	576.5	605.1	632.7	629.3	650.2
肉　　类	万吨	363.4	364.1	358.3	352.4	385.4	377.1	367.8	378.3	435.4	446.2
水 产 品	万吨	504.9	515.7	523.7	479.9	479.4	450.8	455.0	462.3	482.4	489.2

注：1.本表总量指标中的价值量指标除邮电业务总量指标外均按当年价格计算。
2.本表人口数据为公安户籍统计数据。
3.固定资产投资数据为比上年增长速度。
4.2014年起人均建筑（住房）面积为新口径住户调查汇总指标，与2013年及之前数据不可比。
5.2014年起城镇居民和农村居民数据为实施城乡住户调查一体化改革之后发布的新口径数据，城乡居民收入均为人均可支配收入，相关指标定义与2013年及之前有所不同，数据不可比。2013年及之前农村居民收入数据为农村居民人均纯收入。下同。
6.2015年起人民银行《金融机构(含外资)本外币信贷收支合并表》表式调整，表中2013年、2014年住户存款项下数据变更前为储蓄存款，与变更后年份数据均不可比。

2-2 续表 1

指　　标	单位	2013年	2014年	2015年	2016年	2017年	2018年	2019年	2020年	2021年	2022年
工　　业											
主要工业产品产量											
布	亿米	1.0	6.8	3.5	1.6	1.3	1.1	0.9	0.8	0.7	0.7
机制纸及纸板	万吨	48.8	41.2	36.0	54.1	106.9	118.7	134.2	186.3	201.8	171.7
家用电冰箱	万台	84.8	157.0	147.1	145.7	146.0	132.7	178.2	156.9	170.8	158.2
彩色电视机	万台	440.6	338.2	287.9	146.8	146.4	154.8	37.1	11.7		
原　油	万吨	1001.0	1021.9	1037.1	1017.3	1044.2	1036.9	1053.3	1049.4	1054.2	984.1
发 电 量	亿千瓦小时	1516.0	1607.0	1626.8	1731.5	1805.7	1898.0	1996.0	2051.1	2147.0	2119.7
粗　钢	万吨	6356.5	6507.8	5894.1	6040.5	6424.6	6873.9	7357.6	7609.4	7502.4	7451.6
钢　材	万吨	6863.0	6962.2	6337.6	5874.8	6395.8	6899.1	7328.6	7566.5	7759.1	7727.5
水　泥	万吨	6066.3	5875.6	4751.6	4134.9	3900.3	4021.2	4763.6	5387.9	4851.4	3838.4
全部规模以上工业企业主要指标											
营业收入	亿元	51533.4	48801.6	33243.3	22039.0	23476.4	26489.9	31506.0	30666.5	36765.4	37188.8
利润总额	亿元	2976.2	2107.6	1069.7	575.4	1063.3	1460.3	1354.0	1341.2	1842.0	1639.2
建 筑 业											
建筑业企业人数	万人	197.9	174.4	135.2	127.0	104.9	74.5	67.2	60.9	56.0	49.2
建筑业总产值	亿元	8629.7	7851.1	5413.8	3927.0	3688.3	3528.4	3554.6	3816.2	4044.9	3936.9
施工房屋面积	万平方米	42289.0	47861.0	28937.1	20390.7	16506.0	13659.8	15312.8	16234.9	18129.7	13329.4
竣工房屋面积	万平方米	19786.4	16514.4	10399.3	6855.1	5317.6	4310.0	4396.2	4021.3	3459.0	3633.2
交 通 运 输											
货运量合计	万吨	215375	231743	208563	215989	220916	229696	184954	179200	189857	180547
铁　路	万吨	20484	19103	14541	16222	17734	19686	21184	23957	23148	22389
公　路	万吨	172923	189174	172140	177371	184273	189737	144556	138569	152596	139403
水　运	万吨	13379	13810	13439	13464	14122	13918	12498	4797	3491	4484
空　运	万吨	9.6	12.0	13.5	14.0	14.4	14.7	15.0	9.6	8.9	6.8
管　道	万吨	8579	9644	8429	8918	4773	6340	6701	11867	10613	14265
客运量合计	万人	92629	95364	75039	75077	74042	73083	71977	34440	28289	18133
铁　路	万人	13012	12820	12911.8	14040	14266	14422	15137	7063	7654	4111
公　路	万人	78168	80789	60269	59054	57665	56355	54599	26211	19362	13151
水　运	万人	534	542	504	538	552	567	530	228	268	244
空　运	万人	915	1213	1354	1445	1559	1739	1711	939	1006	627
沿海主要港口货物吞吐量	万吨	98354	103675	104859	109081	112558	100530	86124	82004	78768	74051
邮 电 通 信 业											
函　件	亿件	0.70	1.00	0.69	0.44	0.57	0.60	0.30	0.21	0.13	0.14
报刊期发数	万份	365.9	327.0	422.2	361.5	383.8	453.8	341.1	372.4		
国 内 商 业											
社会消费品零售总额	亿元	7186.7	7899.5	8364.8	8597.1	8696.4	9112.8	9670.6	8960.9	9783.9	9526.2
对 外 贸 易											
进出口总额	亿美元	1142.8	1139.6	960.9	865.2	994.2	1144.3	1052.6	944.6	1194.8	1187.5
出口额	亿美元	645.4	587.6	508.4	430.7	448.8	488.0	454.4	383.3	512.5	538.2
进口额	亿美元	497.4	552.0	452.5	434.6	545.5	656.3	598.2	561.3	682.3	649.4
国 际 旅 游											
接待旅游人数	万人	503.1	260.7	264.0	273.7	278.8	287.7	294.1	19.8		
旅游外汇收入	亿美元	34.8	16.2	16.8	17.4	17.8	17.4	17.4	1.2		
金　　融											
金融机构各项存款余额	亿元	39418.0	42053.1	47758.2	51692.5	54249.0	59016.0	62697.4	67988.2	69995.5	75375.7
金融机构各项贷款余额	亿元	29722.0	33023.5	36282.8	38685.6	41278.7	44985.0	49582.6	52209.4	53134.8	54321.0

2-2 续表 2

指　　标	单位	2013年	2014年	2015年	2016年	2017年	2018年	2019年	2020年	2021年	2022年
教育、科技、文化											
教　　育											
专任教师数											
高等教育	万人	6.5	6.7	6.7	6.7	6.5	6.4	6.4	6.5	6.4	6.5
高中阶段教育	万人	6.9	7.8	7.0	7.1	7.2	7.2	7.2	7.1	7.3	7.4
义务教育	万人	24.4	24.2	24.1	24.1	24.2	23.8	23.9	23.9	24.3	24.2
在校学生数											
高等教育	万人	127.4	128.7	126.3	124.7	123.6	124.2	136.0	151.3	159.2	166.2
高中阶段教育	万人	103.1	105.1	96.0	94.4	94.4	89.5	86.7	85.1	87.7	89.5
义务教育	万人	311.0	304.9	302.1	297.6	292.1	295.2	297.8	298.5	297.6	293.4
科　　技											
研究与发展经费支出	亿元	445.9	435.2	363.4	372.7	429.9	460.1	508.5	549.0	600.4	620.9
技术市场成交额	亿元	180.0	250.9	292.0	340.8	409.0	499.9	571.2	645.1	778.6	1000.2
家庭、生活、环境											
家　　庭											
家庭总户数	万户	1505.5	1515.1	1512.1	1526.6	1520.3	1529.3	1540.4	1545.3	1552.2	1557.1
城镇居民平均每户家庭人口	人	2.5	2.5	2.5	2.6	2.6	2.5	2.5	2.4	2.5	2.4
农村居民平均每户家庭人口	人	3.0	2.8	2.8	2.8	2.7	2.7	2.6	2.6	2.6	2.7
婚　　姻											
结 婚 数	万对	37.0	34.5	31.7	31.3	29.2	28.1	25.6	22.4	21.4	19.1
离 婚 数	万对	12.4	12.6	12.7	13.6	14.4	15.2	15.8	13.4	7.6	7.1
居　　住											
城镇居民人均住宅建筑面积	平方米	28.8	29.0	29.0	29.0	29.3	31.2	31.3	31.5	31.9	32.0
农村居民人均住房面积	平方米	30.8	32.0	32.6	33.7	34.5	34.9	36.3	36.8	36.9	37.7
生　　活											
城镇常住居民人均可支配收入	元	25578	29082	31126	32876	34993	37342	39777	40376	43051	44003
农村常住居民人均可支配收入	元	10523	11192	12057	12881	13747	14656	16108	17450	19217	19908
住户存款(储蓄存款)余额	亿元	19857.9	21396.8	23995.8	25882.1	27768.1	31311.9	36133.6	42962.9	46671.3	52195.5
工资和福利											
职工工资总额	亿元	3078.3	3135.9	3179.0	3045.8	3081.1	3267.6	3530.3	3697.1	3867.3	4048.9
在岗职工平均工资	元	46310	49110	53458	57148	62545	69093	75264	82223	88474	94911
卫　　生											
卫生机构数	个	35546	35445	35247	36131	35768	36002	34238	34131	33051	32679
医　　生	万人	10.3	10.2	10.5	11.0	11.5	12.0	12.4	12.6	13.2	13.3
医疗床位数	万张	24.2	25.6	26.7	28.4	29.8	31.4	31.4	31.5	32.3	32.6
市 政 建 设											
自来水供应量	亿吨	27.9	27.3	25.1	26.5	26.3	29.5	30.3	28.2	28.8	29.5
排水管道长度	公里	16420	16783	17074	18275	22419	23810	25102	25938	26759	28307
城市煤气和天然气供气量	亿立方米	15.7	19.1	22.7	25.3	37.2	39.2	40.1	39.9	45.1	47.3
道路长度	公里	16244	16692	16914	16394	18684	21089	21408	23416	25993	26852
园林绿地面积	公顷	120514	121982	124193	116601	128134	128772	133969	153811	155131	158388
环　　境											
工业固体废物综合利用量	万吨	11742.3	10719.2	10028.9	9363.2	11345.8	11674.1	11712.2	11477.8	13138.6	12177.0

2-3 国民经济主要比例关系

单位：%

指　标	2013年	2014年	2015年	2016年	2017年	2018年	2019年	2020年	2021年	2022年
地区生产总值产业比例										
第一产业	10.3	10.0	10.2	9.0	8.8	8.6	8.7	9.1	8.9	9.0
第二产业	47.9	45.1	41.3	38.6	38.4	38.5	38.3	37.4	39.5	40.6
第三产业	41.8	44.9	48.5	52.4	52.8	52.9	53.0	53.5	51.6	50.5
农林牧渔业总产值中五业比例										
农　业	38.7	38.7	44.3	42.2	42.1	43.1	43.8	44.9	45.1	43.6
林　业	3.3	3.6	3.8	3.6	3.6	3.7	2.7	2.6	2.5	3.1
牧　业	[illegible]	36.8	31.9	33.9	33.5	33.1	33.9	35.0	34.2	32.7
渔　业	[illegible]	15.9	15.1	14.9	15.4	15.5	15.3	13.5	14.6	17.0
农林牧渔专业及辅助性活动	[illegible]	4.9	4.9	5.4	5.4	4.6	4.3	4.0	3.7	3.6
货运周转总量比例										
铁　路	[illegible]	9.6	7.6	7.4	8.5	10.9	13.4	23.3	26.7	27.2
公　路	[illegible]	24.9	24.2	24.0	23.9	28.9	29.0	45.9	58.6	57.8
水　运	[illegible]	64.6	67.5	67.7	67.1	58.0	54.7	28.4	12.1	11.0
民　航	[illegible]	0.02	0.02	0.02	0.02	0.02	0.03	0.03	0.04	0.03
管　道	[illegible]	0.9	0.7	0.9	0.5	2.2	2.8	2.4	2.6	4.0
客运周转总量比例										
铁　路	[illegible]	51.5	54.0	54.4	54.4	53.2	55.5	49.7	56.6	53.3
公　路	[illegible]	31.8	28.0	26.8	25.6	24.2	23.9	24.4	16.3	17.6
水　运	[illegible]	0.6	0.5	0.5	0.5	0.5	0.5	0.3	0.3	0.5
民　航	[illegible]	16.1	17.5	18.3	19.4	22.1	20.1	25.6	26.8	28.7

2-4 按总人口平均的国民经济主要指标

指　　标	单位	2013年	2014年	2015年	2016年	2017年	2018年	2019年	2020年	2021年	2022年
农林牧渔业总产值(现价)	元／人	9145	9312	9577	8897	9140	9685	10423	11000	11848	12495
一般公共预算收入	元／人	7884	7528	5021	5201	5678	6237	6329	6375	6650	6091
一般公共预算支出	元／人	12254	11979	10578	10819	11579	12726	13708	14437	14136	15103
粮食产量	公斤／人	554.8	441.7	516.1	547.3	553.1	522.7	579.8	561.4	610.4	599.3
油料产量	公斤／人	16.1	13.6	13.9	18.8	19.3	18.6	23.3	23.9	27.9	27.3
肉类产量	公斤／人	84.0	84.3	83.1	82.2	90.9	89.9	87.8	90.8	104.7	107.6
水产品产量	公斤／人	119.0	121.6	123.6	113.4	113.8	107.5	108.6	111.0	116.0	118.0
水果产量	公斤／人	137.4	124.1	128.3	128.6	132.5	137.5	144.4	151.9	151.3	156.8
布产量	米／人	9.7	16.0	8.3	3.8	3.1	2.6	2.1	1.9	1.7	1.7
纸及纸板产量	公斤／人	11.5	9.7	8.5	12.8	25.4	28.3	32.0	44.7	48.5	41.4
卷烟产量	支／人	657.6	684.7	686.1	659.2	638.6	640.8	647.1	658.4	670.4	674.2
粗钢产量	公斤／人	1498.7	1534.5	1391.1	1427.7	1524.5	1638.9	1755.5	1826.6	1803.9	1797.4
发电量	千瓦小时／人	3574.4	3789.2	3839.7	4092.6	4284.8	4525.3	4762.5	4923.5	5162.4	5113.0
原油产量	公斤／人	236.0	240.9	244.8	240.5	247.8	247.2	251.3	251.9	253.5	237.4
水泥产量	公斤／人	1430.3	1385.4	1121.5	977.3	925.5	958.7	1136.6	1293.3	1166.5	925.9
社会消费品零售总额	元／人	16944	18626	19743	20320	20636	21727	23074	21510	23525	22978
出口总额	美元／人	1522	1385	1200	954	1065	1164	1084	920	1232	1298
高等学校在校学生	人／万人	300.2	303.8	297.6	294.7	282.4	296.0	324.6	363.2	382.8	401.0
普通中学在校学生	人／万人	512.2	501.3	480.1	469.3	449.9	463.3	448.9	444.8	449.8	447.6
医院床位数	张／万人	57.1	60.3	60.9	65.0	68.3	72.1	72.1	75.6	77.7	78.7
卫生技术人员数	人／万人	60.1	60.4	62.4	65.6	68.9	72.3	73.8	75.9	80.3	82.1
#医生	人／万人	24.4	24.0	24.7	25.1	26.4	27.6	28.5	30.2	31.7	32.2
住户存款余额	元／人	46819	50451	56635	61175	65892	74655	86215	103130	112218	125901

主要统计指标解释

平均每天主要社会经济活动　通过全省主要社会经济指标总量数据除以年度自然天数计算。

规模以上工业企业　指年主营业务收入 2000 万元及以上的工业法人单位。

有资质的建筑业　指有总承包、专业承包资质的建筑业法人单位。本部分建筑业所有指标口径均为有资质的建筑业企业。

国民经济主要比例关系　指国民经济主要指标中各其中项数据占总量数据的比重。

按总人口平均的国民经济主要指标　通过全省主要社会经济指标总量数据除以年平均人口数据计算。本部分人口指标口径均为公安户籍统计数。

三、国民经济核算

Chapter 3 National Economy Accounting

资料整理：沈 亮

3-1 生产总值

单位：亿元

年 份	生产总值				人均生产总值（元）
		第一产业	第二产业	第三产业	
1978	229.2	32.1	162.4	34.7	680
1979	245.0	40.3	165.9	38.8	717
1980	281.0	45.7	191.7	43.6	811
1981	288.5	48.7	186.9	52.9	823
1982	315.1	54.2	199.1	61.8	884
1983	364.0	71.5	219.0	73.4	1012
1984	438.2	79.6	267.4	91.2	1203
1985	518.6	74.2	327.1	117.3	1413
1986	605.3	92.0	356.7	156.6	1633
1987	719.1	108.4	415.8	194.9	1917
1988	881.0	140.4	491.1	249.6	2285
1989	1003.9	140.3	543.5	320.1	2574
1990	1062.7	166.6	539.2	356.9	2698
1991	1200.1	178.6	588.4	433.2	3027
1992	1473.0	192.1	739.7	541.3	3693
1993	2010.8	257.3	1036.3	717.2	5015
1994	2461.8	314.5	1255.2	892.1	6103
1995	2793.4	386.2	1385.8	1021.4	6880
1996	3157.7	466.2	1532.9	1158.6	7730
1997	3582.5	465.7	1738.3	1378.5	8725
1998	3881.7	520.9	1849.2	1511.6	9415
1999	4171.7	509.6	1994.7	1667.4	10086
2000	4669.1	491.7	2336.1	1841.2	11177
2001	5033.1	530.7	2431.5	2070.9	12015
2002	5458.[illegible]	574.1	2599.7	2284.4	13000
2003	5906.[illegible]	598.1	2841.0	2467.3	14041
2004	6469.[illegible]	774.4	2957.8	2737.6	15355
2005	7260.[illegible]	854.4	3443.9	2962.5	17210
2006	8390.[illegible]	908.6	4060.7	3421.1	19760
2007	10292.[illegible]	1077.3	5060.2	4154.7	24022
2008	12137.[illegible]	1215.7	6273.1	4648.9	28185
2009	12815.[illegible]	1297.3	6539.3	4979.1	29611
2010	13896.[illegible]	1468.9	7181.8	5245.5	31888
2011	16354.[illegible]	1693.4	8478.7	6182.9	37353
2012	17848.[illegible]	1869.3	8886.9	7092.4	40778
2013	19208.[illegible]	1973.4	9204.2	8031.2	43956
2014	20025.[illegible]	2002.0	9038.8	8984.9	45915
2015	2021[illegible]	2053.7	8344.6	9811.9	46482
2016	20392.[illegible]	1841.2	7865.7	10685.6	47069
2017	2169[illegible]	1902.3	8328.9	11461.8	50221
2018	2351[illegible]	2020.6	9049.0	12441.0	54657
2019	2485[illegible]	2178.0	9475.9	13201.4	58019
2020	2501[illegible]	2284.8	9357.5	13369.1	58629
2021	2756[illegible]	2461.9	10883.3	14224.2	64992
2022	2897[illegible]	2597.6	11755.8	14621.7	68775

注：1.三次产业分类依据国家统计局2[illegible]18年修订的《三次产业划分规定》。第一产业是指农、林、牧、渔业(不含农、林、牧、渔专业及辅助性活动)；第二产业是指采矿业(不含开采专业及辅助性活动)，制造业(不含金属制品、机械和设备修理业)，电力、热力、燃气及水生产和供应业，建筑业；第三产业即服务业，是指除第一产业、第二产业以外的其他行业。

2.2022年GDP相关数据为快报数据。

3-2 生产总值指数

(上年=100)

年 份	生产总值	第一产业	第二产业	第三产业	人均生产总值
1978	110.7	96.9	115.4	102.7	109.3
1979	104.9	106.9	103.3	111.2	103.6
1980	109.2	103.8	110.0	109.9	107.6
1981	98.4	98.1	94.0	118.3	97.2
1982	105.3	106.6	102.5	113.8	103.7
1983	113.3	128.3	108.8	115.2	112.3
1984	116.8	105.0	119.5	119.5	115.4
1985	113.3	84.0	118.7	120.5	112.4
1986	108.3	111.7	103.5	120.5	107.2
1987	114.1	106.0	111.4	124.9	112.7
1988	111.7	106.9	111.7	113.7	108.7
1989	103.1	95.7	101.6	109.3	101.9
1990	100.9	114.5	97.0	104.1	100.1
1991	106.1	104.2	104.0	110.2	105.4
1992	112.1	104.2	113.6	113.4	111.4
1993	114.9	110.7	116.6	114.3	114.3
1994	111.2	102.1	113.8	111.1	111.2
1995	107.1	104.9	107.1	107.8	106.4
1996	108.6	112.6	107.8	108.4	107.9
1997	108.9	101.3	110.5	109.2	108.7
1998	108.3	113.0	107.6	107.9	107.9
1999	108.2	105.1	108.5	108.9	107.9
2000	108.9	98.4	110.7	109.6	108.6
2001	109.0	106.7	107.5	111.5	108.7
2002	110.2	108.4	109.8	111.3	110.0
2003	108.9	107.2	109.4	108.8	108.7
2004	110.4	107.9	113.0	107.9	110.2
2005	110.5	107.9	111.8	109.5	110.4
2006	111.5	106.3	113.7	110.5	110.8
2007	112.9	104.0	115.5	112.3	111.9
2008	110.7	106.5	113.2	108.8	110.1
2009	110.4	103.3	112.7	109.2	109.8
2010	110.3	105.8	112.6	108.4	109.5
2011	110.2	106.0	112.1	108.8	109.7
2012	108.9	104.9	109.2	109.6	108.9
2013	108.7	104.0	107.0	112.2	108.9
2014	105.7	102.2	105.0	107.3	105.9
2015	102.8	104.0	99.4	107.1	103.2
2016	100.5	98.3	95.4	105.3	100.9
2017	104.2	103.6	103.2	105.0	104.5
2018	105.6	103.0	107.3	104.8	106.0
2019	105.4	103.6	106.0	105.4	105.9
2020	100.6	103.2	101.6	99.2	101.0
2021	105.8	105.3	104.2	107.1	106.4
2022	102.1	102.8	99.9	103.4	102.8

注：本表按不变价格计算。

3-3 生产总值指数

(1978年=100)

年份	生产总值	第一产业	第二产业	第三产业	人均生产总值
1978	100.0	100.0	100.0	100.0	100.0
1979	104.9	106.9	103.3	111.2	103.6
1980	114.6	111.0	113.6	122.2	111.5
1981	112.8	108.9	106.8	144.6	108.4
1982	118.8	116.1	109.5	164.6	112.4
1983	134.6	148.9	119.1	189.7	126.2
1984	157.2	156.3	142.4	226.6	145.6
1985	178.0	131.3	169.0	273.0	163.7
1986	192.8	146.7	174.9	328.9	175.5
1987	219.9	155.5	194.8	410.8	197.7
1988	245.6	166.2	217.6	467.0	214.9
1989	253.1	159.1	221.1	510.6	219.0
1990	255.5	182.1	214.5	531.7	219.2
1991	271.1	189.8	223.1	585.7	231.1
1992	303.9	197.7	253.4	664.4	257.4
1993	349.3	218.9	295.5	759.4	294.2
1994	388.6	223.5	336.2	843.6	327.2
1995	416.0	234.5	360.1	909.3	348.2
1996	451.8	264.0	388.2	985.5	375.7
1997	491.8	267.4	429.0	1076.1	408.4
1998	532.8	302.2	461.6	1160.8	440.7
1999	576.5	317.6	500.8	1263.5	475.5
2000	627.5	312.5	554.5	1385.3	516.3
2001	684.0	333.5	596.1	1544.9	561.2
2002	754.1	361.5	654.5	1719.0	617.4
2003	821.2	387.5	715.7	1869.9	671.0
2004	906.7	418.1	808.8	2016.9	739.6
2005	1001.9	451.2	903.8	2209.5	816.2
2006	1117.1	479.6	1027.2	2441.5	904.2
2007	1261.2	498.8	1186.4	2740.9	1011.7
2008	1396.1	531.2	1342.4	2981.1	1114.2
2009	1541.3	548.7	1513.6	3254.8	1224.0
2010	1700.[illegible]	580.5	1703.5	3528.1	1340.8
2011	1873.5	615.4	1908.8	3840.1	1470.9
2012	2040.3	645.5	2084.4	4207.5	1602.4
2013	2217.[illegible]	671.3	2231.3	4722.8	1744.6
2014	2343.[illegible]	686.1	2344.0	5067.2	1846.7
2015	2409.[illegible]	713.6	2329.9	5427.4	1905.2
2016	2422.[illegible]	701.2	2223.7	5716.9	1922.2
2017	2523.[illegible]	726.5	2294.6	6005.1	2008.4
2018	2664.[illegible]	748.5	2461.3	6293.8	2129.5
2019	2809.5	777.7	2608.0	6628.8	2254.5
2020	2826.1	802.6	2649.8	6575.8	2277.0
2021	2990.3	845.2	2761.0	7042.6	2422.8
2022	3053.1	868.8	2758.3	7282.1	2490.6

注：本表按不变价格计算。

3-4 生产总值构成

单位：%

年　份	生产总值	第一产业	第二产业	第三产业
1978	100.0	14.0	70.9	15.1
1979	100.0	16.5	67.7	15.8
1980	100.0	16.3	68.2	15.5
1981	100.0	16.9	64.8	18.3
1982	100.0	17.2	63.2	19.6
1983	100.0	19.6	60.2	20.2
1984	100.0	18.2	61.0	20.8
1985	100.0	14.3	63.1	22.6
1986	100.0	15.2	58.9	25.9
1987	100.0	15.1	57.8	27.1
1988	100.0	15.9	55.7	28.3
1989	100.0	14.0	54.1	31.9
1990	100.0	15.7	50.7	33.6
1991	100.0	14.9	49.0	36.1
1992	100.0	13.0	50.2	36.7
1993	100.0	12.8	51.5	35.7
1994	100.0	12.8	51.0	36.2
1995	100.0	13.8	49.6	36.6
1996	100.0	14.8	48.5	36.7
1997	100.0	13.0	48.5	38.5
1998	100.0	13.4	47.6	38.9
1999	100.0	12.2	47.8	40.0
2000	100.0	10.5	50.0	39.4
2001	100.0	10.5	48.3	41.1
2002	100.0	10.5	47.6	41.9
2003	100.0	10.1	48.1	41.8
2004	100.0	12.0	45.7	42.3
2005	100.0	11.8	47.4	40.8
2006	100.0	10.8	48.4	40.8
2007	100.0	10.5	49.2	40.4
2008	100.0	10.0	51.7	38.3
2009	100.0	10.1	51.0	38.9
2010	100.0	10.6	51.7	37.7
2011	100.0	10.4	51.8	37.8
2012	100.0	10.5	49.8	39.7
2013	100.0	10.3	47.9	41.8
2014	100.0	10.0	45.1	44.9
2015	100.0	10.2	41.3	48.5
2016	100.0	9.0	38.6	52.4
2017	100.0	8.8	38.4	52.8
2018	100.0	8.6	38.5	52.9
2019	100.0	8.8	38.1	53.1
2020	100.0	9.1	37.4	53.5
2021	100.0	8.9	39.5	51.6
2022	100.0	9.0	40.6	50.5

3-5 分行业增加值

单位：亿元

行　业	2010年	2011年	2012年	2013年	2014年	2015年	2016年
总　计	**13896.3**	**16354.9**	**17848.6**	**19208.8**	**20025.7**	**20210.3**	**20392.5**
按产业分类							
第一产业	1468.9	1693.4	1869.3	1973.4	2002.0	2053.7	1841.2
第二产业	7181.8	8478.7	8886.9	9204.2	9038.8	8344.6	7865.7
第三产业	5245.5	6182.9	7092.4	8031.2	8984.9	9811.9	10685.6
按行业分类							
农林牧渔业	1526.5	1763.3	1951.8	2067.4	2104.8	2158.0	1945.8
工业	6371.4	7499.4	7816.2	8039.6	7811.3	7115.7	6617.5
建筑业	866.4	1053.1	1156.6	1263.8	1297.2	1298.5	1338.0
批发和零售业	1037.1	1219.0	1343.7	1459.3	1667.6	1819.8	1920.7
交通运输、仓储和邮政业	654.5	778.0	848.0	884.5	953.7	1045.3	1200.0
住宿和餐饮业	206.7	229.9	242.3	250.3	261.8	268.5	284.9
金融业	534.5	633.1	806.8	1028.7	1218.1	1553.7	1650.4
房地产业	603.5	724.0	870.6	988.8	1026.6	1057.3	1145.8
其他	2095.7	2455.3	2812.7	3226.5	3684.5	3893.5	4289.3

注：分行业分类采用《国民经济行业分类(GB/T4754-2017)》。

3-5 续表

单位：亿元

行　业	2017年	2018年	2019年	2020年	2021年	2022年
总　计	**21693.0**	**23510.5**	**24855.3**	**25011.4**	**27569.5**	**28975.1**
按产业分类						
第一产业	1902.3	2020.6	2178.0	2284.8	2461.9	2597.6
第二产业	8328.9	9049.0	9475.9	9357.5	10883.3	11755.8
第三产业	11461.8	12441.0	13201.4	13369.1	14224.2	14621.7
按行业分类						
农林牧渔业	2000.4	2109.6	2266.9	2370.3	2546.9	2685.8
工业	7039.0	7728.7	8052.2	7906.0	9386.5	10239.1
建筑业	1388.2	1433.9	1480.1	1528.1	1607.4	1598.7
批发和零售业	1988.1	2046.9	2147.9	2002.8	2192.0	2229.1
交通运输、仓储和邮政业	1255.7	1304.4	1311.2	1209.6	1324.1	1367.6
住宿和餐饮业	287.8	296.3	316.9	265.8	314.4	302.9
金融业	1755.9	1856.6	1988.1	2064.5	2099.0	2138.3
房地产业	1254.6	1368.6	1491.9	1601.0	1602.4	1501.1
其他	4723.4	5365.5	5800.1	6063.3	6497.0	6912.6

3-6 三次产业贡献率

单位：%

年 份	生产总值	第一产业	第二产业	第三产业
1991	100.0	10.8	33.3	55.9
1992	100.0	5.3	55.9	38.8
1993	100.0	10.3	56.0	33.7
1994	100.0	2.6	62.8	34.6
1995	100.0	8.8	52.6	38.6
1996	100.0	18.2	47.5	34.4
1997	100.0	1.9	61.6	36.6
1998	100.0	18.6	48.0	33.3
1999	100.0	7.8	54.3	38.0
2000	100.0	-2.2	63.7	38.5
2001	100.0	7.8	41.7	50.5
2002	100.0	8.4	47.2	44.4
2003	100.0	8.2	51.6	40.2
2004	100.0	7.6	61.7	30.7
2005	100.0	7.3	56.5	36.1
2006	100.0	6.4	56.3	37.3
2007	100.0	3.5	58.1	38.4
2008	100.0	6.3	60.8	32.9
2009	100.0	3.2	62.0	34.9
2010	100.0	5.2	62.9	31.9
2011	100.0	6.2	61.1	32.7
2012	100.0	5.6	54.3	40.1
2013	100.0	4.5	42.7	52.8
2014	100.0	3.6	46.4	50.0
2015	100.0	12.7	-10.9	98.1
2016	100.0	-33.3	-354.6	487.8
2017	100.0	8.6	30.0	61.5
2018	100.0	5.4	50.5	44.1
2019	100.0	6.9	43.2	49.8
2020	100.0	55.3	116.6	-71.9
2021	100.0	8.3	26.8	65.0
2022	100.0	12.1	-1.1	89.0

注：产业贡献率指各产业增加值增量与GDP增量之比。本表中有的年份总计不等于各产业之和，是由于数值修约误差所致，未做机械调整。

3-7 三次产业对生产总值增长的拉动

单位：百分点

年 份	生产总值	第一产业	第二产业	第三产业
1991	6.1	0.7	2.0	3.4
1992	12.1	0.6	6.8	4.7
1993	14.9	1.5	8.4	5.0
1994	11.2	0.3	7.1	3.9
1995	7.1	0.6	3.7	2.7
1996	8.6	1.6	4.1	3.0
1997	8.9	0.2	5.5	3.2
1998	8.3	1.6	4.0	2.8
1999	8.2	0.6	4.5	3.1
2000	8.9	-0.2	5.6	3.4
2001	9.0	0.7	3.8	4.5
2002	10.2	0.9	4.8	4.5
2003	8.9	0.7	4.6	3.6
2004	10.4	0.8	6.4	3.2
2005	10.5	0.8	5.9	3.8
2006	11.5	0.7	6.5	4.3
2007	12.9	0.4	7.5	5.0
2008	10.7	0.7	6.5	3.5
2009	10.4	0.3	6.4	3.6
2010	10.3	0.5	6.5	3.3
2011	10.2	0.6	6.2	3.3
2012	8.9	0.5	4.8	3.6
2013	8.7	0.4	3.7	4.6
2014	5.7	0.2	2.6	2.8
2015	2.8	0.4	-0.3	2.8
2016	0.5	-0.2	-1.9	2.6
2017	4.2	0.4	1.2	2.6
2018	5.6	0.3	2.8	2.5
2019	5.4	0.4	2.4	2.7
2020	0.6	0.3	0.6	-0.4
2021	5.8	0.5	1.6	3.8
2022	2.1	0.3	0.0	1.9

注：产业拉动指GDP增长速度与各产业贡献率之乘积。本表中有的年份总计不等于各产业之和，是由于数值修约误差所致，未做机械调整。

3-8 各地区生产总值

(2022年)

地 区	生产总值(亿元)	第一产业	第二产业	第三产业	人均生产总值(元)	构成(%) 第一产业	第二产业	第三产业	指数(上年=100) 生产总值	第一产业	第二产业	第三产业
沈 阳	7695.8	335.2	2885.5	4475.1	84268	4.4	37.5	58.1	103.5	102.1	103.7	103.5
大 连	8430.9	563.0	3712.5	4155.5	112270	6.7	44.0	49.3	104.0	103.2	104.5	103.7
鞍 山	1863.2	121.7	746.0	995.5	57102	6.5	40.0	53.4	100.3	102.0	96.4	102.9
抚 顺	927.7	61.5	463.5	402.6	51467	6.6	50.0	43.4	101.6	101.9	101.1	102.0
本 溪	930.8	59.1	468.9	402.8	72634	6.3	50.4	43.3	100.0	102.1	95.4	104.2
丹 东	890.7	184.8	232.6	473.3	41730	20.7	26.1	53.1	100.6	102.9	94.4	102.5
锦 州	1201.7	226.7	328.0	646.9	45294	18.9	27.3	53.8	102.5	101.9	102.0	102.9
营 口	1431.6	126.6	630.8	674.1	62269	8.8	44.1	47.1	97.7	102.7	91.3	102.3
阜 新	577.7	128.4	161.1	288.2	36153	22.2	27.9	49.9	103.3	104.4	99.7	104.6
辽 阳	891.8	99.9	403.4	388.5	57170	11.2	45.2	43.6	100.2	104.9	94.2	104.4
盘 锦	1394.3	109.9	765.0	519.4	100347	7.9	54.9	37.3	93.6	93.7	87.4	101.8
铁 岭	754.2	183.1	219.3	351.8	32671	24.3	29.1	46.6	101.0	102.1	95.7	103.3
朝 阳	995.0	242.6	294.5	457.9	35296	24.4	29.6	46.0	102.5	105.7	96.8	104.0
葫芦岛	870.6	155.1	325.7	389.8	36558	17.8	37.4	44.8	100.3	102.7	98.0	101.0

主要统计指标解释

国内生产总值（GDP） 是按市场价格计算的国内生产总值的简称。它是一个国家(地区)所有常住单位在一定时期内生产活动的最终成果。国内生产总值有三种表现形态，既价值形态、收入形态和产品形态。从价值形态看，它是所有常住单位在一定时期内所生产的全部货物和服务价值超过同期投入的全部非固定资产货物和服务价值的差额，即所有常住单位的增加值之和；从收入形态看，它是所有常住单位在一定时期内所创造并分配给常住单位和非常住单位的初次分配收入之和；从产品形态看，它是最终使用的货物和服务减去进口货物和服务。在实际核算中，国内生产总值的三种表现形态表现为三种计算方法，即生产法、收入法和支出法。三种方法分别从不同的方面反映国内生产总值及构成。

对于一个地区来说，称为地区生产总值或地区 GDP。

三次产业 根据国家统计局《三次产业划分规定》和《国民经济行业分类》(GB/T 4754-2017)，我国的三次产业划分是：第一产业是指农、林、牧、渔业（不含农、林、牧、渔专业及辅助性活动）；第二产业是指采矿业（不含开采专业及辅助性活动），制造业（不含金属制品、机械和设备修理业），电力、热力、燃气及水生产和供应业，建筑业；第三产业即服务业，是指除第一产业、第二产业以外的其他行业。

国民经济行业分类 自 2017 年年报和 2018 年定期报表开始使用新的《国民经济行业分类》(GB/T4754-2017)。该分类是由国家统计局组织修订，原国家质量监督检验检疫总局和中国国家标准化管理委员会于 2017 年 6 月 30 日发布。这次修订是在 2011 年分类标准基础上，结合我国经济活动特点，参照联合国《全部经济活动的国际标准产业分类》(ISIC/Rev.4) 进行的。修订后的《国民经济行业分类》(GB/T4754-2017) 共有门类 20 个，大类 97 个，中类 473 个，小类 1382 个。

四、人　口

Chapter 4　Population

资料整理：刘亮康　高晨曲

4-1 人口数

单位：万人

年 份	年末总人口	按性别分	
		男	女
1978	3394.0	1735.3	1658.7
1980	3486.9	1779.2	1707.7
1981	3534.8	1803.2	1731.6
1982	3592.1	1832.0	1760.1
1983	3629.1	1852.9	1776.2
1984	3654.8	1866.6	1788.2
1985	3686.2	1883.2	1803.0
1986	3726.0	1904.1	1821.9
1987	3777.4	1930.4	1847.0
1988	3825.5	1955.5	1870.0
1989	3876.0	1979.5	1896.5
1990	3917.3	1999.1	1918.2
1991	3938.5	2009.8	1928.7
1992	3957.9	2018.9	1939.0
1993	3982.9	2031.6	1951.3
1994	4007.2	2043.6	1963.6
1995	4034.0	2056.9	1977.1
1996	4056.8	2067.5	1989.3
1997	4077.1	2076.9	2000.2
1998	4090.4	2083.1	2007.3
1999	4103.2	2088.4	2014.8
2000	4135.3	2103.3	2032.0
2001	4147.0	2109.1	2037.9
2002	4155.4	2111.6	2043.8
2003	4161.6	2113.2	2048.4
2004	4172.8	2117.3	2055.5
2005	4189.2	2123.4	2065.8
2006	4210.4	2132.5	2077.9
2007	4231.7	2141.5	2090.2
2008	4246.1	2146.9	2099.2
2009	4256.0	2149.9	2106.1
2010	4251.7	2144.7	2107.0
2011	4255.0	2143.6	2111.4
2012	4244.8	2136.5	2108.3
2013	4238.0	2131.4	2106.6
2014	4244.2	2132.2	2112.0
2015	4229.7	2122.7	2107.0
2016	4232.0	2121.7	2110.3
2017	4196.5	2100.1	2096.4
2018	4191.9	2095.3	2096.6
2019	4190.2	2092.1	2098.1
2020	4165.9	2075.9	2090.0
2021	4152.1	2067.2	2084.9
2022	4139.4	2058.6	2080.8

注：本表至4-6表为公安户籍统计数。

4-2 人口构成

单位：%

年 份	总人口	按性别分	
		男	女
1978	100.0	51.2	48.8
1980	100.0	51.0	49.0
1981	100.0	51.0	49.0
1982	100.0	51.0	49.0
1983	100.0	51.1	48.9
1984	100.0	51.1	48.9
1985	100.0	51.1	48.9
1986	100.0	51.1	48.9
1987	100.0	51.1	48.9
1988	100.0	51.1	48.9
1989	100.0	51.1	48.9
1990	100.0	51.0	49.0
1991	100.0	51.0	49.0
1992	100.0	51.0	49.0
1993	100.0	51.0	49.0
1994	100.0	51.0	49.0
1995	100.0	51.0	49.0
1996	100.0	51.0	49.0
1997	100.0	50.9	49.1
1998	100.0	50.9	49.1
1999	100.0	50.9	49.1
2000	100.0	50.9	49.1
2001	100.0	50.9	49.1
2002	100.0	50.8	49.2
2003	100.0	50.1	49.9
2004	100.0	50.7	49.3
2005	100.0	50.7	49.3
2006	100.0	50.6	49.4
2007	100.0	50.6	49.4
2008	100.0	50.6	49.4
2009	100.0	50.5	49.5
2010	100.0	50.4	49.6
2011	100.0	50.4	49.6
2012	100.0	50.3	49.7
2013	100.0	50.3	49.7
2014	100.0	50.2	49.8
2015	100.0	50.2	49.8
2016	100.0	50.1	49.9
2017	100.0	50.0	50.0
2018	100.0	50.0	50.0
2019	100.0	49.9	50.1
2020	100.0	49.8	50.2
2021	100.0	49.8	50.2
2022	100.0	49.7	50.3

4-3 人口出生率、死亡率、自然增长率

单位：‰

年 份	出生率	死亡率	自然增长率
1978	18.0	5.3	12.7
1980	14.1	5.4	8.7
1981	16.6	5.3	11.3
1982	18.9	5.4	13.5
1983	13.4	5.0	8.4
1984	10.8	5.0	5.8
1985	11.9	5.3	6.6
1986	14.8	5.2	9.6
1987	17.3	5.3	12.0
1988	15.4	5.2	10.2
1989	14.6	5.2	9.4
1990	14.5	5.7	8.8
1991	9.9	5.2	4.7
1992	10.2	5.4	4.8
1993	10.0	5.6	4.4
1994	10.7	5.8	4.9
1995	9.9	5.5	4.4
1996	9.5	5.8	3.7
1997	8.9	5.7	3.2
1998	7.9	5.8	2.1
1999	8.0	6.0	2.0
2000	10.7	6.7	4.0
2001	7.1	5.3	1.8
2002	7.5	5.4	2.1
2003	6.2	5.6	0.6
2004	7.7	6.5	1.2
2005	7.8	5.8	2.0
2006	7.8	5.5	2.3
2007	8.2	5.8	2.4
2008	7.9	6.5	1.4
2009	7.6	6.8	0.8
2010	8.8	10.9	-2.1
2011	7.4	7.1	0.3
2012	8.1	9.4	-1.3
2013	7.6	8.1	-0.5
2014	9.0	7.1	1.9
2015	7.0	7.8	-0.8
2016	7.8	6.8	1.0
2017	8.1	15.9	-7.8
2018	7.0	7.3	-0.3
2019	6.9	7.2	-0.3
2020	5.8	11.5	-5.7
2021	4.8	8.0	-3.2
2022	4.3	7.9	-3.6

4-4 各地区年末总户数及总人口

单位：万户、万人

地区	总户数							总人口						
	2016年	2017年	2018年	2019年	2020年	2021年	2022年	2016年	2017年	2018年	2019年	2020年	2021年	2022年
全省	**1526.6**	**1520.3**	**1529.3**	**1540.4**	**1545.3**	**1552.2**	**1557.1**	**4232.0**	**4196.5**	**4191.9**	**4190.2**	**4165.9**	**4152.1**	**4139.4**
沈阳	268.1	271.8	278.8	285.3	290.4	294.2	296.4	733.9	736.5	745.1	755.4	761.7	765.3	765.8
大连	213.9	214.3	215.3	218.4	222.6	226.0	230.7	595.6	594.9	595.2	598.7	601.6	603.6	608.7
鞍山	120.1	120.3	120.8	121.4	121.4	121.4	121.3	345.7	344.0	341.8	339.8	336.4	333.4	330.6
抚顺	85.1	84.3	84.3	84.2	83.5	83.6	83.5	214.8	210.7	208.9	206.7	202.4	200.8	199.3
本溪	56.5	56.1	56.1	56.0	55.8	55.7	55.7	150.0	147.6	146.2	144.5	142.4	141.2	140.2
丹东	84.3	83.8	83.9	83.9	83.7	83.6	83.4	237.9	235.2	234.1	232.9	230.7	229.1	227.3
锦州	103.5	102.5	102.6	102.8	102.5	102.6	102.5	302.2	296.3	295.0	293.4	289.3	287.6	286.1
营口	88.7	88.5	88.7	88.8	88.7	88.7	88.5	232.8	231.8	231.4	230.8	229.2	228.1	226.9
阜新	67.8	68.0	67.4	68.2	67.7	67.9	67.6	188.9	186.2	185.0	183.7	181.8	180.2	178.8
辽阳	68.5	68.2	68.2	68.1	67.8	67.8	67.8	178.6	176.5	175.4	174.4	172.5	171.3	170.1
盘锦	47.2	47.1	47.2	47.4	47.4	47.6	47.8	130.1	129.6	129.9	130.0	129.3	129.3	129.3
铁岭	111.1	105.0	104.8	104.5	103.8	103.4	102.9	299.9	293.7	291.6	289.2	285.3	282.7	280.5
朝阳	113.0	111.7	111.8	111.9	111.1	110.8	110.4	341.1	336.5	335.9	334.9	330.9	328.1	325.5
葫芦岛	98.8	98.7	99.4	99.5	98.9	98.9	98.6	280.5	277.0	276.4	275.8	272.4	271.4	270.3

4-4 续表

单位：万户、万人

地区	男性人口							女性人口						
	2016年	2017年	2018年	2019年	2020年	2021年	2022年	2016年	2017年	2018年	2019年	2020年	2021年	2022年
全省	**2121.7**	**2100.1**	**2095.3**	**2092.1**	**2075.9**	**2067.2**	**2058.6**	**2110.3**	**2096.4**	**2096.6**	**2098.1**	**2090.0**	**2084.9**	**2080.8**
沈阳	362.6	363.3	367.0	371.5	373.9	375.2	374.9	371.3	373.2	378.1	383.9	387.8	390.1	390.9
大连	296.0	295.2	295.0	296.2	296.8	297.3	299.1	299.6	299.7	300.2	302.5	304.8	306.3	309.6
鞍山	173.8	172.8	171.4	170.2	168.3	166.6	165.0	171.9	171.2	170.4	169.6	168.1	166.8	165.6
抚顺	106.9	104.7	103.8	102.6	100.2	99.4	98.7	107.9	106.0	105.1	104.1	102.2	101.4	100.6
本溪	74.9	73.5	72.7	71.8	70.7	70.1	69.6	75.1	74.1	73.5	72.7	71.7	71.1	70.6
丹东	119.1	117.5	116.9	116.1	114.8	113.9	112.9	118.8	117.7	117.2	116.8	115.9	115.2	114.3
锦州	151.4	148.1	147.3	146.5	144.1	143.2	142.4	150.8	148.2	147.7	146.9	145.2	144.4	143.7
营口	117.8	117.1	116.8	116.4	115.4	114.8	114.1	115.0	114.7	114.6	114.4	113.8	113.3	112.8
阜新	93.8	92.3	91.7	90.9	89.9	89.0	88.2	95.1	93.9	93.3	92.8	91.9	91.2	90.6
辽阳	90.1	88.8	88.1	87.5	86.4	85.7	85.0	88.5	87.7	87.3	86.9	86.1	85.6	85.1
盘锦	65.0	64.5	64.6	64.5	64.0	64.0	63.9	65.1	65.1	65.3	65.5	65.3	65.3	65.4
铁岭	151.7	148.3	147.1	145.8	143.6	142.2	141.0	148.2	145.4	144.5	143.4	141.7	140.5	139.5
朝阳	174.7	172.3	172.0	171.4	169.2	167.7	166.3	166.4	164.2	163.9	163.5	161.7	160.4	159.2
葫芦岛	143.9	141.7	140.9	140.7	138.6	138.1	137.5	136.6	135.3	135.5	135.1	133.8	133.3	132.9

4-5 各地区人口自然变动情况

地　区	平均人口(万人)							人口出生率(‰)						
	2016年	2017年	2018年	2019年	2020年	2021年	2022年	2016年	2017年	2018年	2019年	2020年	2021年	2022年
全　省	**4230.8**	**4214.2**	**4194.2**	**4191.1**	**4178.1**	**4159.0**	**4145.8**	**7.8**	**8.1**	**7.0**	**6.9**	**5.8**	**4.8**	**4.3**
沈　阳	732.1	735.2	740.8	750.3	758.6	763.5	765.6	8.7	8.9	8.1	8.3	6.9	6.0	5.2
大　连	594.6	595.3	595.0	597.0	600.1	602.6	606.2	9.4	9.6	8.4	8.3	6.8	5.4	5.1
鞍　山	345.9	344.8	342.9	340.8	338.1	334.9	332.0	7.8	7.6	6.2	6.0	5.4	4.3	3.7
抚　顺	215.3	212.7	209.8	207.8	204.6	201.6	200.1	6.5	6.4	5.4	5.2	4.2	3.3	2.9
本　溪	150.6	148.8	146.9	145.3	143.4	141.8	140.7	6.5	6.2	5.2	5.2	4.2	3.4	2.9
丹　东	238.0	236.5	234.7	233.5	231.8	229.9	228.2	7.5	7.1	6.3	6.1	5.2	4.3	3.8
锦　州	302.4	299.3	295.6	294.2	291.4	288.5	286.8	6.0	6.6	5.8	5.7	4.6	3.9	3.4
营　口	232.7	232.3	231.6	231.1	230.0	228.6	227.5	8.3	7.6	6.9	7.0	6.1	4.8	4.0
阜　新	189.2	187.5	185.6	184.3	182.7	181.0	179.5	6.5	7.2	6.2	5.8	4.8	4.3	3.9
辽　阳	178.8	177.6	176.0	174.9	173.4	171.9	170.7	6.2	7.7	6.0	5.8	5.2	4.1	3.6
盘　锦	129.8	129.9	129.8	130.0	129.7	129.3	129.3	8.3	9.3	8.7	8.3	6.9	5.6	4.9
铁　岭	300.1	296.8	292.6	290.4	287.3	284.0	281.6	5.9	6.2	5.3	5.1	4.2	3.6	3.3
朝　阳	341.0	338.8	336.2	335.4	332.9	329.5	326.8	8.7	9.7	8.3	7.5	6.4	5.5	4.5
葫芦岛	280.3	278.7	276.7	276.1	274.1	271.9	270.8	8.7	9.1	7.3	6.6	6.3	5.2	4.6

4-5　续表

地　区	人口死亡率(‰)							人口自然增长率(‰)						
	2016年	2017年	2018年	2019年	2020年	2021年	2022年	2016年	2017年	2018年	2019年	2020年	2021年	2022年
全　省	**6.8**	**15.9**	**7.[illegible]**	**7.2**	**11.5**	**8.0**	**7.9**	**1.0**	**-7.8**	**-0.3**	**-0.3**	**-5.7**	**-3.2**	**-3.6**
沈　阳	7.6	11.2	8.[illegible]	8.3	10.1	9.3	8.8	1.1	-2.3	-0.6	0.04	-3.2	-3.3	-3.6
大　连	6.7	11.8	8.[illegible]	7.4	9.8	8.1	8.2	2.7	-2.2	0.3	0.9	-3.0	-2.7	-3.1
鞍　山	7.7	11.2	8.[illegible]	8.3	11.3	9.8	9.6	0.1	-3.6	-2.2	-2.3	-5.9	-5.5	-5.9
抚　顺	6.9	20.1	6.[illegible]	7.3	17.5	5.2	5.8	-0.4	-13.7	-1.2	-2.1	-13.3	-1.9	-2.9
本　溪	10.7	17.7	8.[illegible]	8.7	12.0	6.2	5.5	-4.2	-11.5	-2.8	-3.5	-7.8	-2.8	-2.6
丹　东	7.6	16.4	8.[illegible]	8.0	11.4	8.8	9.6	-0.1	-9.3	-2.0	-1.9	-6.2	-4.5	-5.8
锦　州	5.4	23.1	6.0	6.4	13.9	6.5	6.1	0.6	-16.5	-0.2	-0.7	-9.3	-2.6	-2.7
营　口	6.3	11.0	6.5	6.7	10.4	7.4	7.5	2.0	-3.4	0.4	0.3	-4.3	-2.6	-3.5
阜　新	7.3	19.3	8.2	8.0	10.3	8.5	8.8	-0.8	-12.1	-2.0	-2.2	-5.5	-4.2	-4.9
辽　阳	6.1	16.6	6.8	6.5	10.7	7.5	7.4	0.1	-8.9	-0.8	-0.7	-5.5	-3.4	-3.8
盘　锦	4.8	12.8	[illegible].1	4.8	10.7	4.6	4.7	3.5	-3.5	3.6	3.5	-3.8	1.0	0.2
铁　岭	5.4	22.6	[illegible].9	6.5	11.2	7.7	7.5	0.5	-16.4	-0.6	-1.4	-7.0	-4.1	-4.2
朝　阳	5.9	20.1	[illegible].3	5.5	12.9	9.8	9.2	2.8	-10.4	3.0	2.0	-6.5	-4.3	-4.7
葫芦岛	6.5	21.1	[illegible].9	5.4	13.6	5.7	6.0	2.2	-12.0	1.4	1.2	-7.3	-0.5	-1.4

4-6 各地区分年龄人口数

(2022年) 单位：万人

地 区	总人口	0-17岁	18-34岁	35-59岁	60岁及以上
全 省	**4139.4**	**523.8**	**707.0**	**1742.6**	**1166.0**
沈 阳	765.8	104.7	127.0	321.8	212.3
大 连	608.7	84.2	96.3	254.4	173.8
鞍 山	330.6	39.8	56.3	138.7	95.8
抚 顺	199.3	19.9	29.0	85.2	65.2
本 溪	140.2	13.8	21.1	60.5	44.8
丹 东	227.3	24.9	37.7	96.6	68.1
锦 州	286.1	31.7	47.9	119.4	87.1
营 口	226.9	29.1	39.8	96.6	61.3
阜 新	178.8	20.5	31.7	78.1	48.5
辽 阳	170.1	18.6	28.2	73.0	50.3
盘 锦	129.3	17.3	23.6	55.8	32.6
铁 岭	280.5	30.7	50.6	121.8	77.5
朝 阳	325.5	49.7	64.5	132.1	79.1
葫芦岛	270.3	38.9	53.3	108.6	69.6

4-7 全省历年人口变动抽样调查推算数

年 份	总人口(万人)	出生率(‰)	死亡率(‰)	自然增长率(‰)	文盲率(%)	家庭户规模(人/户)
1990	3946	15.60	6.01	9.59	11.51	3.59
1991	3990	12.10	6.64	5.46		3.60
1992	4016	12.57	6.11	6.46		3.57
1993	4042	12.43	6.11	6.32		3.53
1994	4067	12.26	6.03	6.23	10.46	3.48
1995	4092	12.17	6.15	6.02	9.31	3.49
1996	4116	12.15	6.20	5.95	8.86	3.44
1997	4138	11.78	6.38	5.40	8.21	3.31
1998	4157	11.39	6.81	4.58	8.17	3.27
1999	4171	10.38	7.05	3.33	7.18	3.24
2000	4184	8.46	6.06	2.40	5.79	3.15
2001	4194	7.74	6.10	1.64	5.16	3.12
2002	4203	7.38	6.04	1.34	5.16	3.14
2003	4210	6.90	5.83	1.07	4.74	3.10
2004	4217	6.51	5.60	0.91	4.03	3.13
2005	4221	7.32	6.06	1.26	4.75	2.92
2006	4271	6.40	5.30	1.10	4.17	2.95
2007	4298	6.89	5.36	1.53	3.76	2.91
2008	4315	6.32	5.22	1.10	3.45	2.85
2009	4341	6.06	5.09	0.97	3.29	2.87
2010	4378	6.68	6.26	0.42	2.18	2.78
2011	4379	5.71	6.05	-0.34	2.37	2.72
2012	4375	6.15	6.54	-0.39	2.30	2.70
2013	4365	6.09	6.12	-0.03	1.99	2.70
2014	4358	6.49	6.23	0.26	1.92	2.64
2015	4338	6.17	6.59	-0.42	1.91	2.77
2016	4327	6.60	6.78	-0.18	1.96	2.70
2017	4312	6.49	6.93	-0.44	1.59	2.60
2018	4291	6.39	7.39	-1.00	1.65	2.49
2019	4277	6.45	7.25	-0.80	1.45	2.49
2020	4255	5.16	7.65	-2.49	1.01	2.29
2021	4229	4.71	8.89	-4.18	1.05	2.21
2022	4197	4.08	9.04	-4.96	1.24	2.34

注：文盲率是指15岁及15岁以上人口中，文盲和半文盲人口所占比例。

4-8 全省历年人口变动抽样调查年龄构成指数

单位：%

年 份	0-14岁占总人口比重	15-64岁占总人口比重	65岁及以上占总人口比重	总负担系数	负担少儿系数	负担老年系数
1990	23.22	71.10	5.68	40.65	32.66	7.99
1991	23.33	70.48	6.19	41.88	33.10	8.78
1992	22.78	70.62	6.60	41.60	32.25	9.35
1993	22.00	71.21	6.79	40.44	30.90	9.54
1994	22.26	71.20	6.54	40.45	31.27	9.18
1995	21.37	71.61	7.02	40.15	29.96	10.19
1996	20.61	72.47	6.92	37.98	28.44	9.54
1997	19.12	73.63	7.25	36.62	25.95	10.67
1998	18.51	73.94	7.55	35.24	25.03	10.21
1999	18.48	73.71	7.81	35.67	25.07	10.60
2000	17.68	74.44	7.88	34.34	23.75	10.59
2001	17.68	74.44	7.88	34.34	23.75	10.59
2002	15.70	76.20	8.10	31.23	20.60	10.63
2003	15.90	75.60	8.50	32.27	21.03	11.24
2004	14.50	76.60	8.90	30.55	18.93	11.62
2005	14.18	76.08	9.74	31.44	18.64	12.80
2006	12.61	76.85	10.54	30.13	16.41	13.72
2007	12.68	76.69	10.63	30.40	16.54	13.86
2008	12.03	76.56	11.41	30.62	15.72	14.90
2009	11.14	77.43	11.43	29.15	14.38	14.77
2010	11.42	78.27	10.31	27.76	14.59	13.17
2011	11.09	78.26	10.65	27.78	14.17	13.61
2012	10.80	78.04	11.16	28.15	13.84	14.31
2013	10.62	77.86	11.52	28.43	13.63	14.80
2014	10.53	77.37	12.10	29.26	13.62	15.64
2015	10.39	76.79	12.82	30.22	13.52	16.70
2016	10.39	76.10	13.51	31.40	13.65	17.75
2017	10.27	75.38	14.35	32.65	13.62	19.03
2018	10.31	74.52	15.17	34.19	13.83	20.36
2019	10.24	73.53	16.23	36.00	13.93	22.07
2020	11.12	71.46	17.42	39.94	15.57	24.37
2021	10.79	70.42	18.79	42.02	15.33	26.69
2022	10.41	69.58	20.01	43.72	14.96	28.76

主要统计指标解释

人口数 指一定时点、一定地区范围内有生命个人的总和。

年末人口数是指每年 12 月 31 日 24 时的人口数。

出生率(又称粗出生率) 指在一定时期内(通常为一年)平均每千人所出生的人数的比率，一般用千分率表示。计算公式:

出生率=（年出生人数／年平均人数）×1000‰

出生人数是指活产婴儿，即胎儿脱离母体时(不管怀孕月数)，有过呼吸或其他生命现象。

年平均人数是指年初、年末人口数的平均数，也可用年中人口数代替。

死亡率(又称粗死亡率) 指在一定时期内(通常为一年)某地区的死亡人数与同期平均人数(或期中人数)之比，一般用千分率表示。计算公式:

死亡率=（年死亡人数／年平均人数）×1000‰

人口自然增长率 指在一定时期内(通常为一年)人口自然增加数(出生人数减死亡人数)与该时期内平均人数(或期中人数)之比，一般用千分率表示。计算公式:

人口自然增长率=（本年出生人数-本年死亡人数／年平均人数）×1000‰

人口自然增长率=人口出生率-人口死亡率

五、就业和工资

Chapter 5 Employment and Wages

资料整理 张 俊 周军军 马文哲 王小元

5-1 就业基本情况

单位：万人

指　　标	2010年	2011年	2012年	2013年	2014年	2015年	2016年
年末就业人员	**23[illegible]7.5**	**2364.9**	**2423.8**	**2518.9**	**2562.2**	**2409.9**	**2301.2**
第一产业	[illegible]3.6	699.9	694.7	683.8	687.9	689.4	705.4
第二产业	[illegible]41.5	645.1	651.1	724.2	710.5	635.2	572.6
第三产业	[illegible]72.4	1019.9	1078.0	1110.9	1163.9	1085.3	1023.1
按城乡分就业人员							
城镇就业人员	1[illegible]09.0	1141.8	1206.0	1301.8	1340.2	1195.1	1082.6
乡村就业人员	1[illegible]08.5	1223.1	1217.8	1217.1	1222.0	1214.8	1218.6
城镇累计新就业人数	[illegible]15.6	105.4	103.7	102.2	101.7	83.9	81.3
城镇登记失业人数	39.5	39.4	38.1	39.6	41.0	46.2	47.3
#失业女性	20.5	19.7	18.3	18.2	20.0	22.0	22.6
城镇登记失业率（%）	3.7	3.7	3.6	3.4	3.4	3.4	3.8

注：1.城镇登记失业率2022年后不再统计

2.自2020年起，城乡就业人员统计口径调整，与之前年份数据不可比。

5-1 续表

单位：万人

指　　标	2017年	2018年	2019年	2020年	2021年	2022年
年末就业人员	**2284.7**	**2260.6**	**2238.4**	**2231.0**	**2190.0**	**2122.0**
第一产业	714.8	711.8		631.0	600.0	634.0
第二产业	560.1	534.0		496.0	493.0	464.0
第三产业	1009.8	1014.8		1104.0	1097.0	1024.0
按城乡分就业人员						
城镇就业人员	1071.2	1050.2	1053.7	1481.0	1483.0	1425.0
乡村就业人员	1213.4	1210.4	1184.7	750.0	707.0	697.0
城镇累计新就业人数	81.8	91.5	84.3	79.9	79.5	79.2
城镇登记失业人数	42.7	44.4	45.6	50.7	47.7	48.5
#失业女性	21.1	20.8	21.7	24.1	22.7	24.2
城镇登记失业率（%）	3.8	4.0	4.2	4.6	4.3	

5-2 按三次产业分的就业人员

年 份	就业人员合计（万人）				构成(%,以合计为100)		
		第一产业	第二产业	第三产业	第一产业	第二产业	第三产业
1978	1254.1	595.3	433.4	225.4	47.4	34.6	18.0
1980	1441.7	597.1	564.7	279.9	41.4	39.2	19.4
1985	1769.1	634.3	726.4	408.4	35.9	41.0	23.1
1986	1799.2	640.4	735.3	423.5	35.6	40.9	23.5
1987	1835.4	630.7	770.7	434.0	34.4	42.0	23.6
1988	1858.6	625.1	784.2	449.3	33.6	42.2	24.2
1989	1874.8	638.2	777.1	459.5	34.0	41.5	24.5
1990	1897.3	646.0	778.2	473.1	34.0	41.0	25.0
1991	1938.3	666.3	788.5	483.5	34.4	40.7	24.9
1992	1957.8	652.6	797.4	507.8	33.3	40.7	26.0
1993	2006.1	640.3	827.4	538.4	31.9	41.3	26.8
1994	2009.3	627.7	773.3	608.3	31.2	38.5	30.3
1995	2027.8	632.7	787.5	607.6	31.2	38.8	30.0
1996	2031.8	644.7	751.8	635.3	31.7	37.0	31.3
1997	1967.1	639.7	716.7	610.7	32.5	36.4	31.1
1998	1958.8	657.9	684.7	616.2	33.6	35.0	31.4
1999	1994.4	651.5	658.3	684.6	32.7	33.0	34.3
2000	2052.0	685.4	649.6	717.0	33.4	31.7	34.9
2001	2069.3	686.7	625.9	756.7	33.2	30.2	36.6
2002	2025.3	697.6	580.6	747.1	34.4	28.7	36.9
2003	2018.9	700.8	568.8	749.3	34.7	28.2	37.1
2004	2097.3	721.2	586.8	789.3	34.4	28.0	37.6
2005	2120.3	722.1	596.0	802.2	34.1	28.1	37.8
2006	2128.1	716.2	590.2	821.7	33.7	27.7	38.6
2007	2180.7	705.7	601.4	873.6	32.4	27.6	40.0
2008	2198.2	700.7	605.0	892.5	31.9	27.5	40.6
2009	2277.1	697.5	619.2	960.4	30.6	27.2	42.2
2010	2317.5	703.6	641.5	972.4	30.3	27.7	42.0
2011	2364.9	699.9	645.1	1019.9	29.6	27.3	43.1
2012	2423.8	694.7	651.1	1078.0	28.7	26.9	44.5
2013	2518.9	683.8	724.2	1110.9	27.1	28.8	44.1
2014	2562.2	687.9	710.5	1163.9	26.8	27.7	45.4
2015	2409.9	689.4	635.2	1085.3	28.6	26.4	45.0
2016	2301.2	705.4	572.6	1023.1	30.7	24.9	44.5
2017	2284.7	714.8	560.1	1009.8	31.3	24.5	44.2
2018	2260.6	711.8	534.0	1014.8	31.5	23.6	44.9
2019	2238.4						
2020	2231.0	631.0	496.0	1104.0	28.3	22.2	49.5
2021	2190.0	600.0	493.0	1097.0	27.4	22.5	50.1
2022	2122.0	634.0	464.0	1024.0	29.9	21.9	48.2

5-3 按登记类型和行业分城镇非私营单位就业人员人数

(2022年末) 单位：人

项目	就业人员人数合计	国有经济单位	城镇集体经济单位	其他经济单位
全省总计	**4437018**	**1794812**	**58915**	**2583290**
按执行会计标准类别分组				
企业	2873526	299151	46019	2528355
政府	1509237	1485709	10634	12893
按国民经济行业分组				
(一)农、林、牧、渔业	**66836**	**57097**	**2372**	**7367**
农业	50864	48576	1842	447
林业	4681	4496	140	45
畜牧业	764	59	17	688
渔业	3462	92	366	3005
农、林、牧、渔专业及辅助性活动	7065	3874	8	3183
(二)采矿业	**171593**	**623**	**97**	**170873**
煤炭开采和洗选业	57871			57871
石油和天然气开采业	34399			34399
黑色金属矿采选业	33898	516	90	33292
有色金属矿采选业	3755	107		3648
非金属矿采选业	5924		7	5917
开采专业及辅助性活动	35747			35747
其他采矿业				
(三)制造业	**929747**	**21802**	**11322**	**896623**
农副食品加工业	40050	624	87	39339
食品制造业	17714	1516	42	16156
酒、饮料和精制茶制造业	10993	165	28	10800
烟草制品业	1664	1664		
纺织业	5740	32		5708
纺织服装、服饰业	31509	425	204	30880
皮革、毛皮、羽毛及其制品和制鞋业	4806			4806
木材加工和木、竹、藤、棕、草制品业	5840	6	59	5775
家具制造业	4331	39	7	4285
造纸和纸制品业	4753	64	97	4591
印刷和记录媒介复制业	5857	678	239	4940
文教、工美、体育和娱乐用品制造业	3218	206	138	2874
石油、煤炭及其他燃料加工业	65605	159	423	65024
化学原料和化学制品制造业	52138	1753	830	49555
医药制造业	22241		19	22222
化学纤维制造业	1048			1048
橡胶和塑料制品业	33185	193	942	32050
非金属矿物制品业	37403	901	761	35741
黑色金属冶炼和压延加工业	98367	2875	581	94911
有色金属冶炼和压延加工业	20413	632	115	19666

5-3 续表 1 (2022年末) 单位：人

项 目	就业人员人数合计	国有经济单位	城镇集体经济单位	其他经济单位
金属制品业	47213	1576	1854	43783
通用设备制造业	102748	719	1128	100900
专用设备制造业	52554	1144	189	51222
汽车制造业	101929	243		101686
铁路、船舶、航空航天和其他运输设备制造业	32500	4189	1081	27230
电气机械和器材制造业	47992	502	236	47255
计算机、通信和其他电子设备制造业	52882	205	739	51938
仪器仪表制造业	13943		64	13879
其他制造业	2588	8	22	2558
废弃资源综合利用业	3283	900		2383
金属制品、机械和设备修理业	5243	385	1439	3420
(四)电力、热力、燃气及水生产和供应业	**148139**	**18036**	**863**	**129239**
电力、热力生产和供应业	105626	11066	662	93898
燃气生产和供应业	12975	124		12851
水的生产和供应业	29538	6846	201	22491
(五)建筑业	**246631**	**24419**	**12987**	**209225**
房屋建筑业	88193	2668	3911	81614
土木工程建筑业	105343	12976	4751	87616
建筑安装业	35651	8376	3914	23361
建筑装饰、装修和其他建筑业	17443	399	411	16633
(六)批发和零售业	**158523**	**13342**	**2168**	**143013**
批发业	55061	11178	1163	42721
零售业	103462	2164	1005	100293
(七)交通运输、仓储和邮政业	**288650**	**37504**	**1518**	**249627**
铁路运输业	100164			100164
道路运输业	100909	15958	1271	83679
水上运输业	19963	7730		12233
航空运输业	12511	3530		8982
管道运输业	209			209
多式联运和运输代理业	11815	887	27	10901
装卸搬运和仓储业	25505	2812	220	22474
邮政业	17573	6588		10985
(八)住宿和餐饮业	**41914**	**4280**	**328**	**37306**
住宿业	18553	4127	133	14293
餐饮业	23361	153	195	23012
(九)信息传输、软件和信息技术服务业	**138008**	**14826**	**50**	**123131**
电信、广播电视和卫星传输服务	48963	14147	38	34777
互联网和相关服务	2643	230	5	2408
软件和信息技术服务业	86403	449	7	85947

5-3 续表 2 (2022年末) 单位：人

项　目	就业人员人数合计	国有经济单位	城镇集体经济单位	其他经济单位
(十)金融业	**237843**	**35609**	**3104**	**199130**
货币金融服务	140333	32989	3104	104240
资本市场服务	1643	1024		619
保险业	94600	1524		93076
其他金融业	1268	72		1196
(十一)房地产业	**109509**	**10981**	**1308**	**97220**
房地产业	109509	10981	1308	97220
(十二)租赁和商务服务业	**129494**	**22230**	**5000**	**102263**
租赁业	1788	22	36	1730
商务服务业	127705	22208	4964	100533
(十三)科学研究和技术服务业	**101107**	**44930**	**985**	**55192**
研究和试验发展	19352	15290	40	4022
专业技术服务业	71238	24450	795	45993
科技推广和应用服务业	10517	5189	150	5178
(十四)水利、环境和公共设施管理业	**82341**	**42503**	**256**	**39583**
水利管理业	8678	6373	78	2227
生态保护和环境治理业	4829	3363		1466
公共设施管理业	67424	31638	178	35609
土地管理业	1411	1130		281
(十五)居民服务、修理和其他服务业	**15754**	**4750**	**886**	**10119**
居民服务业	10197	3473	617	6107
机动车、电子产品和日用产品修理业	2253	103	211	1940
其他服务业	3304	1173	58	2072
(十六)教育	**545154**	**482630**	**6929**	**55595**
教育	545154	482630	6929	55595
(十七)卫生和社会工作	**346785**	**297403**	**7285**	**42097**
卫生	332635	289517	6851	36268
社会工作	14150	7887	434	5830
(十八)文化、体育和娱乐业	**37941**	**24436**	**426**	**13079**
新闻和出版业	9282	5663	356	3264
广播、电视、电影和录音制作业	10880	7039	21	3820
文化艺术业	11827	10078	29	1721
体育	1806	615	6	1185
娱乐业	4145	1041	14	3090
(十九)公共管理、社会保障和社会组织	**641050**	**637410**	**1032**	**2608**
#中国共产党机关	30279	30254	25	
国家机构	591597	589368	849	1380
人民政协、民主党派	3552	3552		
社会保障	10014	9179	35	800
群众团体、社会团体和其他成员组织	5556	5057	123	376

5-4 各地区按行业分城镇非私营单位就业人员人数

(2022年末) 单位：人

行　　业	沈阳	大连	鞍山	抚顺	本溪	丹东	锦州
总　　计	**1162444**	**1008243**	**278795**	**192485**	**171511**	**168338**	**200266**
农、林、牧、渔业	567	3784	26	1980	589	409	1031
采矿业	12272	780	16723	19156	14450	1744	559
制造业	212037	292623	77822	41132	56066	32222	28832
电力、热力、燃气及水生产和供应业	61610	16985	5163	11363	7550	5426	6567
建筑业	70562	50388	27491	10611	10540	7052	12896
批发和零售业	59704	42315	10139	4083	3385	3960	5281
交通运输、仓储及邮政业	149646	56144	10382	5857	5520	7980	7312
住宿和餐饮业	18149	15458	862	423	695	1155	725
信息转输、软件和信息技术服务业	27849	82066	2688	1757	2504	3523	2238
金融业	34887	63653	11912	8826	10293	12212	18432
房地产业	33704	41483	3862	3618	1473	4819	3672
租赁和商务服务业	32962	36978	9850	4652	3255	6850	5428
科学研究和技术服务业	41483	24180	4476	5125	1672	2526	5214
水利、环境和公共设施管理业	30972	12227	3820	3483	694	2874	3281
居民服务、修理和其他服务业	3585	4899	704	550	426	1237	934
教育	130653	110639	31410	23044	15744	27044	33059
卫生和社会工作	91322	67562	24820	13121	11440	19743	16667
文化、体育和娱乐业	14775	7420	1357	2056	920	1366	2439
公共管理、社会保障和社会组织	135704	78660	35288	31648	24294	26196	45699
国际组织							

5-4 续表 (2022年末) 单位：人

行　　业	营口	阜新	辽阳	盘锦	铁岭	朝阳	葫芦岛
总　　计	**184452**	**118104**	**146945**	**283838**	**164956**	**201678**	**154963**
农、林、牧、渔业	36	913	6217	49528	327	628	801
采矿业	381	3179	5574	69251	24802	663	2059
制造业	44391	10852	34480	33616	11892	21157	32625
电力、热力、燃气及水生产和供应业	5552	4911	2409	5551	6754	4605	3694
建筑业	4437	5626	9089	19377	6733	6909	4920
批发和零售业	3935	2618	2623	6128	2635	7903	3815
交通运输、仓储及邮政业	22339	2012	2381	6550	3451	4460	4614
住宿和餐饮业	810	384	231	974	365	921	762
信息转输、软件和信息技术服务业	3064	2132	1528	2132	1935	2050	2543
金融业	14839	9898	8168	11020	12475	12771	8457
房地产业	1845	1526	1162	4692	2446	2354	2852
租赁和商务服务业	2640	2834	3492	5825	5002	4309	5415
科学研究和技术服务业	1820	1171	2311	3516	1685	2980	2949
水利、环境和公共设施管理业	425	2562	4935	7108	2973	4513	2473
居民服务、修理和其他服务业	363	276	176	807	925	412	461
教育	23152	20226	16214	17371	23398	44577	28623
卫生和社会工作	13243	12900	13600	12564	16820	19130	13855
文化、体育和娱乐业	1137	1396	1207	674	1207	1585	403
公共管理、社会保障和社会组织	40044	32691	31148	27156	39130	59752	33642
国际组织							

5-5 按登记注册类型和行业分城镇非私营单位在岗职工人数

(2022年末)

单位：人

项目	在岗职工人数合计	国有经济单位	城镇集体经济单位	其他经济单位
全省总计	**4231582**	**1720506**	**54444**	**2456631**
按执行会计标准类别分组				
企业	2731892	285381	42469	2404042
政府	1448753	1426462	9885	12406
按国民经济行业分组				
(一)农、林、牧、渔业	**62202**	**53209**	**2349**	**6643**
农业	47272	44998	1828	447
林业	4515	4341	140	34
畜牧业	757	59	10	688
渔业	2751	92	364	2296
农、林、牧、渔专业及辅助性活动	6905	3719	8	3178
(二)采矿业	**170949**	**623**	**97**	**170229**
煤炭开采和洗选业	57871			57871
石油和天然气开采业	34089			34089
黑色金属矿采选业	33727	516	90	33121
有色金属矿采选业	3755	107		3648
非金属矿采选业	5924		7	5917
开采专业及辅助性活动	35584			35584
其他采矿业				
(三)制造业	**916047**	**21089**	**10965**	**883992**
农副食品加工业	38811	600	87	38124
食品制造业	17421	1366	42	16013
酒、饮料和精制茶制造业	10759	165	28	10566
烟草制品业	1664	1664		
纺织业	5718	27		5691
纺织服装、服饰业	31111	425	157	30529
皮革、毛皮、羽毛及其制品和制鞋业	4793			4793
木材加工和木、竹、藤、棕、草制品业	5707	4	59	5644
家具制造业	4314	39	5	4270
造纸和纸制品业	4727	64	97	4565
印刷和记录媒介复制业	5696	646	194	4855
文教、工美、体育和娱乐用品制造业	3156	206	138	2812
石油、煤炭及其他燃料加工业	65372	140	417	64815
化学原料和化学制品制造业	51299	1539	830	48930
医药制造业	21829		19	21810
化学纤维制造业	1022			1022
橡胶和塑料制品业	32959	193	881	31886
非金属矿物制品业	36592	888	711	34993
黑色金属冶炼和压延加工业	97750	2780	581	94389
有色金属冶炼和压延加工业	20332	632	115	19585

5-5 续表 1　　(2022年末)　　单位：人

项　目	在岗职工人数合计	国有经济单位	城镇集体经济单位	其他经济单位
金属制品业	46526	1559	1815	43153
通用设备制造业	100432	716	1107	98609
专用设备制造业	51242	1128	189	49926
汽车制造业	101054	220		100834
铁路、船舶、航空航天和其他运输设备制造业	31821	4117	999	26705
电气机械和器材制造业	46509	502	236	45772
计算机、通信和其他电子设备制造业	52689	203	739	51747
仪器仪表制造业	13808		60	13748
其他制造业	2563	8	22	2533
废弃资源综合利用业	3230	900		2330
金属制品、机械和设备修理业	5141	360	1439	3343
(四)电力、热力、燃气及水生产和供应业	**145764**	**17549**	**680**	**127535**
电力、热力生产和供应业	104017	10879	504	92635
燃气生产和供应业	12890	124		12766
水的生产和供应业	28857	6547	176	22135
(五)建筑业	**231528**	**23722**	**12287**	**195519**
房屋建筑业	78395	2480	3785	72130
土木工程建筑业	102395	12718	4513	85164
建筑安装业	34611	8191	3832	22588
建筑装饰、装修和其他建筑业	16127	333	157	15637
(六)批发和零售业	**153272**	**12887**	**2108**	**138277**
批发业	53169	10754	1140	41274
零售业	100103	2133	968	97003
(七)交通运输、仓储和邮政业	**284918**	**35924**	**1504**	**247490**
铁路运输业	100153			100153
道路运输业	98185	14728	1262	82196
水上运输业	19932	7709		12223
航空运输业	12511	3530		8982
管道运输业	209			209
多式联运和运输代理业	11684	865	27	10792
装卸搬运和仓储业	24956	2778	215	21964
邮政业	17287	6315		10972
(八)住宿和餐饮业	**30875**	**4218**	**233**	**26424**
住宿业	17956	4065	123	13768
餐饮业	12919	153	110	12656
(九)信息传输、软件和信息技术服务业	**136062**	**14212**	**50**	**121799**
电信、广播电视和卫星传输服务	47400	13550	38	33812
互联网和相关服务	2632	229	5	2398
软件和信息技术服务业	86030	433	7	85590

5-5 续表 2 (2022年末) 单位：人

项目	在岗职工人数合计	国有经济单位	城镇集体经济单位	其他经济单位
(十)金融业	**180747**	**34929**	**2968**	**142849**
货币金融服务	138648	32948	2968	102732
资本市场服务	1632	1019		613
保险业	39360	890		38470
其他金融业	1107	72		1035
(十一)房地产业	**102470**	**10785**	**1272**	**90413**
房地产业	102470	10785	1272	90413
(十二)租赁和商务服务业	**123548**	**21462**	**3198**	**98888**
租赁业	1716	21	36	1659
商务服务业	121832	21441	3162	97229
(十三)科学研究和技术服务业	**96140**	**42218**	**971**	**52951**
研究和试验发展	18167	14300	40	3827
专业技术服务业	67595	22798	781	44016
科技推广和应用服务业	10378	5119	150	5108
(十四)水利、环境和公共设施管理业	**74053**	**37858**	**256**	**35939**
水利管理业	8241	6034	78	2129
生态保护和环境治理业	4759	3306		1453
公共设施管理业	59682	27405	178	32100
土地管理业	1371	1113		258
(十五)居民服务、修理和其他服务业	**14907**	**4513**	**805**	**9589**
居民服务业	9694	3252	576	5866
机动车、电子产品和日用产品修理业	2187	103	171	1914
其他服务业	3026	1158	58	1810
(十六)教育	**527742**	**468154**	**6632**	**52956**
教育	527742	468154	6632	52956
(十七)卫生和社会工作	**323402**	**276896**	**6621**	**39885**
卫生	311170	270460	6203	34506
社会工作	12232	6436	418	5378
(十八)文化、体育和娱乐业	**36805**	**23662**	**426**	**12717**
新闻和出版业	9084	5529	356	3199
广播、电视、电影和录音制作业	10431	6684	21	3726
文化艺术业	11562	9859	29	1674
体育	1681	563	6	1111
娱乐业	4048	1027	14	3006
(十九)公共管理、社会保障和社会组织	**620151**	**616594**	**1023**	**2534**
#中国共产党机关	29868	29843	25	
国家机构	571690	569496	840	1354
人民政协、民主党派	3497	3497		
社会保障	9730	8895	35	800
群众团体、社会团体和其他成员组织	5323	4863	123	336

5-6 各地区按行业分城镇非私营单位在岗职工人数

(2022年末) 单位：人

行业	沈阳	大连	鞍山	抚顺	本溪	丹东	锦州
总计	**1111527**	**953400**	**271170**	**187253**	**163166**	**155696**	**192162**
农、林、牧、渔业	522	3007	15	1980	589	406	1031
采矿业	12272	780	16688	19156	14193	1744	559
制造业	209417	287454	75934	40557	55406	31748	28723
电力、热力、燃气及水生产和供应业	61182	16601	5068	11192	7097	5135	6544
建筑业	63242	48873	25264	10447	10200	5487	12498
批发和零售业	58350	39746	9822	4074	3271	3505	5201
交通运输、仓储及邮政业	149247	54671	9713	5565	5498	7708	7215
住宿和餐饮业	12139	10687	810	387	669	1096	725
信息转输、软件和信息技术服务业	27780	81728	2688	1757	2300	3523	2238
金融业	25043	46778	11757	7848	8509	9368	14046
房地产业	33532	37657	3664	3567	1386	3689	2734
租赁和商务服务业	31441	34458	9817	4491	3255	5589	5418
科学研究和技术服务业	39155	22645	4339	5083	1606	2338	4944
水利、环境和公共设施管理业	28358	11581	3200	3462	691	2568	3281
居民服务、修理和其他服务业	3532	4627	679	541	378	980	914
教育	126218	103733	31211	22443	15358	26309	32316
卫生和社会工作	83734	64428	23899	11951	8548	18094	15773
文化、体育和娱乐业	14406	7135	1357	1847	821	1360	2439
公共管理、社会保障和社会组织	131956	76812	35243	30907	23391	25049	45561
国际组织							

5-6 续表 (2022年末) 单位：人

行业	营口	阜新	辽阳	盘锦	铁岭	朝阳	葫芦岛
总计	**178018**	**110983**	**140963**	**267674**	**162652**	**190720**	**146199**
农、林、牧、渔业	36	787	6217	46069	282	571	691
采矿业	381	3179	5574	68899	24802	663	2059
制造业	43865	10733	34313	33272	11837	21015	31773
电力、热力、燃气及水生产和供应业	5550	4779	2300	5479	6754	4564	3519
建筑业	4424	5556	9024	18805	6578	6635	4496
批发和零售业	3832	2599	2607	6046	2631	7863	3725
交通运输、仓储及邮政业	22321	2007	2381	6512	3409	4396	4273
住宿和餐饮业	792	367	231	957	337	920	759
信息转输、软件和信息技术服务业	3064	1580	1527	2129	1923	2032	1792
金融业	9676	5872	5581	7828	11251	8890	8300
房地产业	1818	1521	1058	4405	2418	2296	2724
租赁和商务服务业	2640	2834	3479	5539	5002	4207	5378
科学研究和技术服务业	1751	1163	2197	3434	1685	2930	2871
水利、环境和公共设施管理业	419	2544	4913	4575	2959	3559	1944
居民服务、修理和其他服务业	363	260	176	741	925	338	453
教育	23098	20129	15298	17000	23272	43365	27992
卫生和社会工作	12906	11730	11810	12106	16415	18743	13264
文化、体育和娱乐业	1125	1380	1207	640	1207	1542	339
公共管理、社会保障和社会组织	39959	31963	31068	23240	38966	56193	29845
国际组织							

5-7 按行业分城镇非私营单位在岗职工人数

单位：万人

行业	2017年			2018年			2019年		
	在岗职工	#国有单位	#集体单位	在岗职工	#国有单位	#集体单位	在岗职工	#国有单位	#集体单位
总　计	**488.7**	**231.5**	**17.2**	**469.4**	**199.9**	**13.7**	**465.8**	**176.8**	**11.3**
农、林、牧、渔业	21.0	20.3	0.0	18.7	17.9	0.0	16.5	14.6	0.3
采矿业	23.4	4.6	0.4	21.5	0.1	0.3	19.5	0.1	0.2
制造业	115.5	11.8	5.4	108.7	4.3	4.3	108.3	3.5	3.9
电力、热力、燃气及水生产和供应业	13.7	5.9	0.1	16.1	2.8	0.1	15.4	2.5	0.05
建筑业	43.4	7.0	5.0	32.9	2.5	4.0	27.4	1.5	3.0
批发和零售业	19.3	2.5	0.6	19.3	1.8	0.6	18.0	1.3	0.5
交通运输、仓储及邮政业	35.0	19.1	0.5	32.4	15.1	0.3	32.5	3.6	0.3
住宿和餐饮业	5.6	1.7	0.1	5.3	1.3	0.1	4.5	0.5	0.1
信息转输、软件和信息技术服务业	12.5	1.2	0.02	12.3	1.1	0.04	13.1	0.7	0.004
金融业	18.9	5.7	1.9	18.1	4.3	1.2	21.4	4.3	0.5
房地产业	9.8	1.2	0.1	9.9	1.0	0.1	10.2	0.4	0.2
租赁和商务服务业	11.0	3.6	0.8	11.2	2.7	0.7	12.7	2.4	0.8
科学研究和技术服务业	11.6	7.8	0.3	10.0	6.0	0.2	9.3	3.7	0.2
水利、环境和公共设施管理业	11.5	10.1	0.2	8.6	6.3	0.1	6.0	3.2	0.04
居民服务、修理和其他服务业	2.2	1.5	0.1	3.1	2.2	0.1	2.2	1.0	0.1
教育	48.9	46.9	0.2	47.8	43.1	0.6	49.3	41.9	0.5
卫生和社会工作	28.8	25.5	1.1	29.3	26.0	0.9	29.7	24.5	0.6
文化、体育和娱乐业	4.5	3.4	0.1	3.9	2.9	0.02	4.3	2.9	0.1
公共管理、社会保障和社会组织	52.2	51.5	0.1	60.4	58.4	0.02	65.4	64.1	0.001
国际组织									

5-7 续表 单位：万人

行　业	2020年			2021年			2022年		
	在岗职工	#国有单位	#集体单位	在岗职工	#国有单位	#集体单位	在岗职工	#国有单位	#集体单位
总　计	**446.7**	**170.2**	**8.4**	**434.2**	**170.5**	**7.2**	**423.2**	**172.1**	**5.4**
农、林、牧、渔业	7.1	6.1	0.3	6.7	5.5	0.4	6.2	5.3	0.2
采矿业	18.5	0.01	0.1	18.4	0.02	0.04	17.1	0.1	0.0
制造业	100.6	1.4	1.9	93.6	1.7	1.6	91.6	2.1	1.1
电力、热力、燃气及水生产和供应业	15.0	1.6	0.05	14.5	1.5	0.04	14.6	1.8	0.1
建筑业	25.9	2.2	2.2	24.5	2.2	1.5	23.2	2.4	1.2
批发和零售业	17.1	1.3	0.3	16.1	1.3	0.2	15.3	1.3	0.2
交通运输、仓储及邮政业	30.2	3.3	0.3	29.8	3.4	0.2	28.5	3.6	0.2
住宿和餐饮业	3.9	0.5	0.04	3.4	0.5	0.04	3.1	0.4	0.0
信息转输、软件和信息技术服务业	13.5	1.2	0.01	13.6	1.2	0.01	13.6	1.4	0.0
金融业	20.4	3.5	0.3	19.9	3.5	0.3	18.1	3.5	0.3
房地产业	11.4	0.9	0.2	10.9	1.0	0.2	10.2	1.1	0.1
租赁和商务服务业	13.9	2.3	1.0	13.2	1.9	0.8	12.4	2.1	0.3
科学研究和技术服务业	9.8	4.6	0.1	10.1	4.4	0.1	9.6	4.2	0.1
水利、环境和公共设施管理业	7.1	3.9	0.04	7.2	4.0	0.04	7.4	3.8	0.0
居民服务、修理和其他服务业	1.5	0.4	0.1	1.5	0.5	0.07	1.5	0.5	0.1
教育	50.9	44.0	0.8	52.3	45.7	0.8	52.8	46.8	0.7
卫生和社会工作	30.9	26.3	0.7	32.4	27.8	0.7	32.3	27.7	0.7
文化、体育和娱乐业	4.2	2.8	0.04	4.1	2.9	0.04	3.7	2.4	0.0
公共管理、社会保障和社会组织	64.7	63.9	0.04	62.1	61.4	0.12	62.0	61.7	0.1
国际组织									

5-8 按行业分国有单位在岗职工人数

单位：万人

行业	2009年	2010年	2011年	2012年	2013年	2014年	2015年
总　计	**271.2**	**271.6**	**294.6**	**298.8**	**279.8**	**281.2**	**268.9**
农、林、牧、渔业	26.4	26.6	25.0	23.8	22.1	22.5	21.6
采矿业	8.2	8.3	14.6	13.4	6.7	5.9	5.6
制造业	30.7	29.4	31.0	30.1	21.5	20.7	19.0
电力、热力、燃气及水生产和供应业	9.5	9.9	9.6	9.5	8.0	7.6	7.0
建筑业	9.2	10.1	13.4	14.8	11.3	13.2	10.9
批发和零售业	4.6	3.7	3.9	3.8	3.7	3.4	3.1
交通运输、仓储及邮政业	23.6	21.6	23.4	22.8	22.8	22.6	20.5
住宿和餐饮业	1.4	1.6	2.0	1.9	2.2	2.0	1.8
信息转输、软件和信息技术服务业	2.0	2.1	2.4	2.5	1.7	1.9	1.8
金融业	6.6	6.5	7.2	7.7	7.6	7.5	7.3
房地产业	2.3	2.4	3.2	2.7	1.9	2.0	1.7
租赁和商务服务业	4.7	4.7	6.1	4.7	5.9	5.4	4.8
科学研究和技术服务业	8.7	9.2	10.4	12.0	11.4	11.4	10.9
水利、环境和公共设施管理业	9.6	10.3	11.7	12.0	12.3	12.8	12.8
居民服务、修理和其他服务业	1.4	2.0	2.0	1.7	1.5	1.7	1.6
教育	48.5	49.3	51.2	53.8	55.0	55.6	53.8
卫生和社会工作	21.0	21.9	24.2	26.4	28.8	29.7	28.8
文化、体育和娱乐业	4.9	4.5	4.6	4.5	4.3	4.0	3.9
公共管理、社会保障和社会组织	47.9	47.5	48.8	50.9	51.3	51.6	51.9
国际组织							

5-8 续表

单位：万人

行业	2016年	2017年	2018年	2019年	2020年	2021年	2022年
总　计	**250.2**	**231.5**	**199.9**	**176.8**	**170.2**	**170.5**	**172.1**
农、林、牧、渔业	21.6	20.3	17.9	14.6	6.1	5.5	5.3
采矿业	7.2	4.6	0.1	0.1	0.01	0.02	0.1
制造业	14.6	11.8	4.3	3.5	1.4	1.7	2.1
电力、热力、燃气及水生产和供应业	6.9	5.9	2.8	2.5	1.6	1.5	1.8
建筑业	8.6	7.0	2.5	1.5	2.2	2.2	2.4
批发和零售业	2.8	2.5	1.8	1.3	1.3	1.3	1.3
交通运输、仓储及邮政业	18.6	19.1	15.1	3.6	3.3	3.4	3.6
住宿和餐饮业	1.7	1.7	1.3	0.5	0.5	0.5	0.4
信息转输、软件和信息技术服务业	1.4	1.2	1.1	0.7	1.2	1.2	1.4
金融业	7.0	5.7	4.3	4.3	3.5	3.5	3.5
房地产业	1.7	1.2	1.0	0.4	0.9	1.0	1.1
租赁和商务服务业	4.6	3.6	2.7	2.4	2.3	1.9	2.1
科学研究和技术服务业	9.3	7.8	6.0	3.7	4.6	4.4	4.2
水利、环境和公共设施管理业	11.3	10.1	6.3	3.2	3.9	4.0	3.8
居民服务、修理和其他服务业	1.6	1.5	2.2	1.0	0.4	0.5	0.5
教育	49.7	46.9	43.1	41.9	44.0	45.7	46.8
卫生和社会工作	26.4	25.5	26.0	24.5	26.3	27.8	27.7
文化、体育和娱乐业	3.8	3.4	2.9	2.9	2.8	2.9	2.4
公共管理、社会保障和社会组织	51.3	51.5	58.4	64.1	63.9	61.4	61.7
国际组织							

5-9 按行业分城镇集体单位在岗职工人数

单位：万人

行　业	2009年	2010年	2011年	2012年	2013年	2014年	2015年
总　计	**30.3**	**29.6**	**32.1**	**33.0**	**34.6**	**31.5**	**26.9**
农、林、牧、渔业	0.2	0.1	0.1	0.1	0.1	0.1	0.04
采矿业	1.2	1.2	1.4	1.4	0.8	1.3	0.9
制造业	12.7	11.9	12.5	12.5	12.0	10.8	9.2
电力、热力、燃气及水生产和供应业	0.3	0.2	0.4	0.4	0.2	0.2	0.1
建筑业	5.9	6.0	7.6	8.9	10.6	9.2	7.4
批发和零售业	1.5	1.8	1.8	1.3	1.2	1.1	0.9
交通运输、仓储及邮政业	0.9	0.8	0.7	0.6	1.6	1.3	1.2
住宿和餐饮业	0.3	0.3	0.3	0.4	0.4	0.3	0.3
信息转输、软件和信息技术服务业							
金融业	2.3	2.3	2.4	2.4	2.3	2.3	2.5
房地产业	0.2	0.2	0.2	0.3	0.2	0.2	0.2
租赁和商务服务业	1.9	2.0	1.6	1.5	2.1	2.0	1.6
科学研究和技术服务业	0.4	0.3	0.3	0.3	0.6	0.4	0.4
水利、环境和公共设施管理业	0.2	0.2	0.3	0.3	0.4	0.3	0.2
居民服务、修理和其他服务业	0.3	0.3	0.4	0.3	0.2	0.2	0.2
教育	0.2	0.2	0.5	0.4	0.4	0.3	0.3
卫生和社会工作	1.5	1.4	1.4	1.6	1.4	1.4	1.2
文化、体育和娱乐业					0.1	0.1	0.1
公共管理、社会保障和社会组织	0.1	0.1	0.1	0.1	0.1	0.1	0.1
国际组织							

5-9 续表

单位：万人

行　业	2016年	2017年	2018年	2019年	2020年	2021年	2022年
总　计	**22.9**	**17.2**	**13.7**	**11.3**	**8.4**	**7.2**	**5.4**
农、林、牧、渔业	0.03	0.03	0.05	0.3	0.3	0.4	0.2
采矿业	0.7	0.4	0.3	0.2	0.1	0.0	0.0
制造业	7.0	5.4	4.3	3.9	1.9	1.6	1.1
电力、热力、燃气及水生产和供应业	0.2	0.1	0.1	0.05	0.05	0.04	0.07
建筑业	5.9	5.0	4.0	3.0	2.2	1.5	1.2
批发和零售业	0.8	0.6	0.6	0.5	0.3	0.2	0.2
交通运输、仓储及邮政业	1.0	0.5	0.3	0.3	0.3	0.2	0.2
住宿和餐饮业	0.2	0.1	0.1	0.1	0.04	0.04	0.02
信息转输、软件和信息技术服务业					0.01	0.01	0.01
金融业	2.8	1.9	1.2	0.5	0.3	0.3	0.3
房地产业	0.2	0.1	0.1	0.2	0.2	0.2	0.1
租赁和商务服务业	1.7	0.8	0.7	0.8	1.0	0.8	0.3
科学研究和技术服务业	0.4	0.3	0.2	0.2	0.1	0.1	0.1
水利、环境和公共设施管理业	0.2	0.2	0.1	0.04	0.04	0.04	0.03
居民服务、修理和其他服务业	0.2	0.1	0.1	0.1	0.1	0.1	0.1
教育	0.3	0.2	0.6	0.5	0.8	0.8	0.7
卫生和社会工作	1.3	1.1	0.9	0.6	0.7	0.7	0.7
文化、体育和娱乐业	0.1	0.1	0.02	0.1	0.04	0.04	0.04
公共管理、社会保障和社会组织	0.1	0.1	0.02	0.001	0.04	0.1	0.1
国际组织							

5-10 按行业分其他经济单位在岗职工人数

单位：万人

行　　业	2009年	2010年	2011年	2012年	2013年	2014年	2015年
总　　计	**183.5**	**192.3**	**230.5**	**240.6**	**333.7**	**314.2**	**287.8**
农、林、牧、渔业	0.6	0.9	1.0	0.6	0.5	0.5	0.4
采矿业	25.9	25.5	16.8	16.7	25.6	23.5	21.5
制造业	95.8	98.7	121.1	123.0	142.5	132.1	119.7
电力、热力、燃气及水生产和供应业	6.2	6.1	6.7	6.2	7.7	7.6	7.1
建筑业	13.0	13.0	23.3	31.4	72.6	64.7	54.8
批发和零售业	10.6	10.9	15.5	14.9	21.6	20.8	20.0
交通运输、仓储及邮政业	6.4	7.2	8.3	8.9	12.6	13.1	13.8
住宿和餐饮业	4.7	4.1	4.8	4.7	5.2	4.7	4.4
信息转输、软件和信息技术服务业	3.9	4.6	5.8	6.3	10.5	10.6	10.9
金融业	6.1	6.5	7.7	8.3	8.8	9.4	9.2
房地产业	4.6	5.8	7.6	8.8	11.2	11.7	10.6
租赁和商务服务业	1.7	3.7	4.6	3.0	4.6	4.5	4.5
科学研究和技术服务业	1.4	1.8	2.4	2.8	4.1	4.2	4.0
水利、环境和公共设施管理业	0.4	0.4	0.7	0.8	1.0	1.0	1.2
居民服务、修理和其他服务业	0.4	0.5	0.6	0.6	1.0	0.9	0.7
教育	0.6	1.2	1.7	1.5	1.5	1.9	1.9
卫生和社会工作	0.8	0.9	1.2	1.2	1.4	1.6	1.6
文化、体育和娱乐业	0.3	0.4	0.4	0.4	1.0	1.0	0.9
公共管理、社会保障和社会组织	0.1	0.1	0.3	0.3	0.3	0.4	0.4
国际组织							

5-10 续表

单位：万人

行　　业	2016年	2017年	2018年	2019年	2020年	2021年	2022年
总　　计	**253.5**	**240.0**	**255.9**	**277.7**	**268.0**	**256.5**	**245.7**
农、林、牧、渔业	0.6	0.6	0.8	1.7	0.7	0.8	0.7
采矿业	16.6	18.4	21.1	19.2	18.3	18.4	17.0
制造业	107.5	98.2	100.1	100.9	97.3	90.2	88.4
电力、热力、燃气及水生产和供应业	7.2	7.7	13.1	12.9	13.3	13.0	12.8
建筑业	40.8	31.4	26.5	22.9	21.4	20.8	19.6
批发和零售业	17.4	16.3	16.8	16.1	15.5	14.5	13.8
交通运输、仓储及邮政业	14.9	15.3	17.0	28.5	26.6	26.2	24.7
住宿和餐饮业	4.1	3.7	3.9	3.9	3.4	2.9	2.6
信息转输、软件和信息技术服务业	10.7	11.2	11.2	12.4	12.3	12.4	12.2
金融业	9.2	11.3	12.6	16.6	16.6	16.1	14.3
房地产业	9.5	8.4	8.8	9.5	10.4	9.7	9.0
租赁和商务服务业	4.7	6.6	7.7	9.5	10.6	10.5	9.9
科学研究和技术服务业	3.5	3.5	3.8	5.5	5.1	5.5	5.3
水利、环境和公共设施管理业	1.2	1.2	2.2	2.7	3.2	3.2	3.6
居民服务、修理和其他服务业	0.6	0.6	0.8	1.0	1.0	1.0	1.0
教育	1.8	1.7	4.1	6.8	6.1	5.8	5.3
卫生和社会工作	1.7	2.2	2.5	4.7	4.0	3.9	4.0
文化、体育和娱乐业	1.0	1.0	1.0	1.3	1.4	1.2	1.3
公共管理、社会保障和社会组织	0.5	0.6	2.0	1.3	0.8	0.5	0.3
国际组织							

5-11 按行业分城镇非私营单位从业人员工资总额

单位：万元

行 业	2017年	2018年	2019年	2020年	2021年	2022年
总 计	**32000462**	**33999458**	**36659706**	**38219434**	**39762639**	**41482118**
农、林、牧、渔业	365050	343350	298413	158279	175348	171327
采矿业	1520749	1621697	1615929	1614614	1780447	1784266
制造业	7329952	7812036	8148419	7969274	8023133	8372886
电力、热力、燃气及水生产和供应业	964343	1240161	1240433	1305849	1365063	1444350
建筑业	2463965	2166228	2002954	1886547	1937540	1850111
批发和零售业	1047109	1139823	1161296	1151035	1200641	1181367
交通运输、仓储及邮政业	2604938	2615798	2862708	2779782	2881333	2878280
住宿和餐饮业	251247	262763	212167	194629	185049	175508
信息转输、软件和信息技术服务业	1167671	1263390	1445551	1585061	1696544	1845311
金融业	2402298	2465627	3035094	2973831	2933150	2638317
房地产业	589084	656862	678342	786722	823772	827693
租赁和商务服务业	546092	592303	683011	795205	821908	819297
科学研究和技术服务业	898170	901429	960403	1063393	1126231	1222425
水利、环境和公共设施管理业	487037	410508	318248	400059	387901	457117
居民服务、修理和其他服务业	93547	167209	107116	83891	88658	89141
教育	3666348	3732138	4222322	4920042	5196513	5646854
卫生和社会工作	2096658	2218000	2491243	2801850	3119621	3403948
文化、体育和娱乐业	261540	265987	312695	390269	366259	341364
公共管理、社会保障和社会组织	3244663	4124149	4863362	5359100	5653528	6332555

5-12 各地区城镇非私营单位从业人员工资总额

单位：万元

地 区	2017年	2018年	2019年	2020年	2021年	2022年
全 省	**32000462**	**33999458**	**36659706**	**38219434**	**39762639**	**41482118**
沈 阳	8065618	9052086	9985541	11154277	11942559	12352710
大 连	7809264	8430343	9222128	9943239	10410050	11221644
鞍 山	2054197	2011812	2244509	2474473	2251201	2218863
抚 顺	1343330	1372243	1384826	1442981	1504706	1571337
本 溪	1081375	1092107	1182599	1168744	1334299	1403183
丹 东	830580	764088	1012147	1047538	1183056	1173646
锦 州	1341801	1377414	1422130	1578489	1500973	1570345
营 口	1306326	1294736	1366271	1366809	1449390	1518444
阜 新	777426	844592	789053	823551	829794	857143
辽 阳	991907	1094554	1081334	1261359	1428036	1298333
盘 锦	1882467	2079511	2187657	2107291	2176967	2331607
铁 岭	1047187	1005677	1135733	1278503	1242906	1273526
朝 阳	1166627	1214951	1357662	1496137	1411950	1502461
葫芦岛	1087599	1075556	1042724	1076044	1096751	1188875

5-13 城镇非私营单位职工工资总额及指数

年份	绝对数(亿元)				指数(上年=100)			
	合计	国有经济单位	城镇集体经济单位	其他经济单位	合计	国有经济单位	城镇集体经济单位	其他经济单位
1990	217.8	158.1	55.3	4.4	112.3	113.6	108.2	122.2
1991	242.1	174.8	61.6	5.7	111.2	110.6	111.4	129.5
1992	282.0	204.1	70.1	7.8	116.5	116.8	113.8	136.8
1993	342.5	248.5	79.1	14.9	121.5	121.8	112.8	191.0
1994	439.7	319.4	90.4	29.9	128.4	128.5	114.3	200.7
1995	496.9	368.1	97.2	31.6	113.0	115.2	107.5	105.7
1996	525.3	394.2	94.6	36.5	105.7	107.1	97.3	115.4
1997	544.5	408.1	92.4	44.0	103.6	103.5	97.6	120.6
1998	521.3	384.9	71.7	64.7	95.7	94.3	197.6	147.0
1999	529.6	388.9	62.1	78.6	101.6	101.0	86.6	121.5
2000	553.1	404.2	57.1	91.8	104.4	103.9	91.9	116.8
2001	595.9	425.3	51.9	118.7	107.7	105.2	90.9	129.3
2002	635.9	437.8	43.7	154.4	106.7	102.9	84.1	130.1
2003	680.6	455.6	41.3	183.7	107.0	104.1	94.5	118.9
2004	759.8	501.0	40.8	218.1	111.6	110.0	98.8	118.7
2005	862.9	566.4	39.7	256.8	113.6	113.1	97.3	117.7
2006	973.0	631.9	44.0	297.1	112.8	111.6	110.8	115.7
2007	1143.0	745.1	46.4	351.5	117.5	117.9	105.5	118.3
2008	1396.4	892.0	53.7	450.7	122.2	119.7	115.8	128.2
2009	1552.5	912.5	56.4	583.6	111.2	102.3	105.0	129.5
2010	1771.8	1013.0	63.4	695.5	114.1	111.0	112.3	119.2
2011	2171.6	1186.5	83.5	901.6	122.6	117.1	131.7	129.6
2012	2466.9	1320.7	99.3	1046.9	113.6	111.3	119.0	116.1
2013	3078.3	1303.4	118.9	1656.0	124.8	98.7	119.7	158.2
2014	3135.9	1362.2	110.9	1662.9	101.9	104.5	93.2	100.4
2015	3179.0	1470.6	98.9	1609.5	101.4	108.0	89.2	96.8
2016	3045.8	1470.3	88.0	1487.4	95.8	100.0	89.0	92.4
2017	3081.1	1468.5	67.2	1545.5	101.2	99.9	76.3	103.9
2018	3267.6	1387.4	57.3	1822.9	106.1	94.5	85.3	117.9
2019	3530.3	1315.9	49.7	2164.7	108.0	94.8	86.9	118.8
2020	3697.1	1467.1	41.5	2188.4	104.7	111.5	83.5	101.1
2021	3867.3	1577.8	37.6	2251.9	104.6	107.5	90.5	102.9
2022	4048.9	1764.4	31.0	2253.4	104.7	111.8	82.5	100.1

5-14 各地区城镇非私营单位在岗职工工资总额

单位：万元

地 区	2017年	2018年	2019年	2020年	2021年	2022年
全 省	**30810984**	**32675646**	**35303469**	**36970965**	**38673458**	**40488515**
沈 阳	7656756	8541685	9525294	10828918	11632688	12076870
大 连	7457317	8051552	8781005	9512341	10036224	10863615
鞍 山	2001721	1959126	2178064	2423506	2205323	2185413
抚 顺	1316600	1348346	1357152	1418895	1486549	1553896
本 溪	1037680	1052405	1152304	1138232	1295865	1364241
丹 东	792452	740189	985416	1004294	1146957	1126381
锦 州	1326461	1355361	1379060	1522099	1463464	1535490
营 口	1287954	1280324	1320903	1319854	1408693	1484050
阜 新	744222	807445	746629	781997	791612	833415
辽 阳	975607	1074150	1057133	1221594	1404150	1281955
盘 锦	1840852	2014779	2139701	2046170	2125672	2285181
铁 岭	1018836	973185	1115261	1255110	1230874	1264697
朝 阳	1119494	1164929	1309261	1457878	1377631	1469686
葫芦岛	1029804	1032343	1011200	1040077	1067756	1163626

5-15 按行业分城镇非私营单位在岗职工工资总额

单位：万元

行 业	2017年				2018年			
	在岗职工	国有单位	集体单位	其他单位	在岗职工	国有单位	集体单位	其他单位
总 计	**30810984**	**14684535**	**671610**	**15454838**	**32675646**	**13874026**	**572800**	**18228819**
农、林、牧、渔业	359063	324278	1579	33206	326981	293540	1271	32169
采矿业	1516353	303325	9948	1203080	1618462	4418	9984	1604060
制造业	7198550	777170	186217	6235163	7604286	342082	159883	7102322
电力、热力、燃气及水生产和供应业	958326	445893	4366	508068	1233664	201666	3061	1028937
建筑业	2192635	365801	154974	1671859	1922535	160999	130124	1631413
批发和零售业	1010669	184481	20305	805883	1101749	155719	18146	927884
交通运输、仓储及邮政业	2582719	1509814	22445	1050459	2587035	1415400	13801	1157833
住宿和餐饮业	241226	95134	4067	142025	251550	71309	3134	177107
信息转输、软件和信息技术服务业	1138565	98185	1285	1039096	1232839	106796	1006	1125037
金融业	1999196	562704	140043	1296449	2025218	488229	102147	1434842
房地产业	567904	61941	5665	500298	632481	57301	5224	569957
租赁和商务服务业	532605	172652	32301	327652	573264	151602	28237	393424
科学研究和技术服务业	875923	558917	14179	302827	883837	486506	10512	386819
水利、环境和公共设施管理业	449165	386523	6768	55874	383815	266092	2892	114831
居民服务、修理和其他服务业	91793	70234	3927	17631	162653	124481	3480	34691
教育	3620570	3520315	13268	86987	3684832	3398360	34766	251706
卫生和社会工作	2019963	1871143	44086	104735	2149087	1981641	44127	123319
文化、体育和娱乐业	256420	194355	4178	57886	261284	202409	339	58536
公共管理、社会保障和社会组织	3199341	3181671	2009	15662	4040076	3965477	667	73932
国际组织								

5-15 续表 1

单位：万元

行 业	2019年				2020年			
	在岗职工	国有单位	集体单位	其他单位	在岗职工	国有单位	集体单位	其他单位
总 计	**35303469**	**13158911**	**497490**	**21647068**	**36970965**	**14671345**	**415404**	**21884216**
农、林、牧、渔业	285104	227683	5708	51713	149083	115523	5364	28195
采矿业	1612648	4489	6060	1602099	1609332	629	5992	1602711
制造业	8015098	310211	163812	7541075	7841387	141398	81662	7618327
电力、热力、燃气及水生产和供应业	1229855	147818	1468	1080570	1292852	100543	1282	1191027
建筑业	1780430	75638	111488	1593304	1751311	149850	109156	1492306
批发和零售业	1124099	134778	19751	969570	1121151	143525	12126	965500
交通运输、仓储及邮政业	2845979	239280	17820	2588879	2764218	267870	18270	2478077
住宿和餐饮业	202294	23712	1866	176717	185807	25143	1684	158979
信息转输、软件和信息技术服务业	1407104	59087	191	1347826	1553496	153559	227	1399709
金融业	2513058	491011	44637	1977410	2461644	378892	24415	2058337
房地产业	657924	24617	8025	625283	765926	53360	7902	704664
租赁和商务服务业	668561	129933	38929	499699	776500	149307	42109	585084
科学研究和技术服务业	918101	359591	12945	545566	1039310	497288	12406	529616
水利、环境和公共设施管理业	286324	152801	1150	132372	369732	209840	1385	158507
居民服务、修理和其他服务业	100942	47050	5096	48797	81738	22784	4331	54624
教育	4167084	3709005	27919	430161	4864594	4437370	45307	381917
卫生和社会工作	2411263	2095458	27138	288667	2679847	2401353	36516	241977
文化、体育和娱乐业	305851	207472	3472	94906	382587	220634	1891	160063
公共管理、社会保障和社会组织	4771749	4719280	15	52455	5280450	5202475	3377	74598
国际组织								

5-15 续表 2

单位：万元

行 业	2021年				2022年			
	在岗职工	国有单位	集体单位	其他单位	在岗职工	国有单位	集体单位	其他单位
总 计	**38673458**	**15778493**	**375799**	**22519166**	**40488515**	**17644149**	**310008**	**22534358**
农、林、牧、渔业	168609	123798	7081	37730	163458	123840	6634	32984
采矿业	1777975	1106	3456	1773413	1782012	5517	676	1775820
制造业	7906467	182137	74483	7649847	8267822	205767	60208	8001847
电力、热力、燃气及水生产和供应业	1354864	126877	1277	1226710	1434533	176485	3243	1254805
建筑业	1808817	149359	91817	1567641	1755778	183147	67749	1504883
批发和零售业	1172816	165595	11013	996208	1148694	170392	9574	968728
交通运输、仓储及邮政业	2868562	308778	8409	2551375	2865814	337746	6920	2521148
住宿和餐饮业	173517	26617	1386	145514	163120	21366	863	140891
信息转输、软件和信息技术服务业	1670623	158631	243	1511750	1825947	218625	221	1607101
金融业	2535841	403290	22895	2109655	2298269	433506	24993	1839770
房地产业	806303	69933	8184	728187	801474	80243	6109	715122
租赁和商务服务业	794188	124732	34376	635080	786555	161620	17970	606965
科学研究和技术服务业	1102709	474421	9688	618600	1199276	546400	8740	644136
水利、环境和公共设施管理业	363688	200579	1367	161743	431056	259982	1029	170044
居民服务、修理和其他服务业	84837	29697	3212	51928	86391	30588	4123	51680
教育	5136661	4749136	49523	338003	5592371	5246723	45607	300040
卫生和社会工作	2992099	2701684	37794	252621	3269404	2963493	36439	269472
文化、体育和娱乐业	359998	242218	2149	115631	337228	221240	2353	113636
公共管理、社会保障和社会组织	5594883	5539905	7446	47532	6279312	6257468	6559	15285
国际组织								

5-16 按行业分国有单位在岗职工工资总额

单位：万元

行　业	2011年	2012年	2013年	2014年	2015年	2016年
总　计	**11865251**	**13206768**	**13034309**	**13621500**	**14706366**	**14703452**
农、林、牧、渔业	265099	270911	270620	271213	292135	307853
采矿业	703659	716153	425472	415244	376610	450456
制造业	1317555	1282840	1077873	1176399	1083784	900623
电力、热力、燃气及水生产和供应业	479497	511155	460117	474773	487492	528246
建筑业	544472	703373	500314	595180	492684	413258
批发和零售业	150366	164424	201097	206215	200076	194839
交通运输、仓储及邮政业	1025582	1197445	1323104	1411434	1413056	1381109
住宿和餐饮业	54609	67680	83439	84241	80405	81144
信息转输、软件和信息技术服务业	124866	137158	103508	120405	119055	95685
金融业	555412	631795	664268	690192	832248	723471
房地产业	95389	102396	67084	74851	74766	78138
租赁和商务服务业	162509	162716	194072	190032	191947	206344
科学研究和技术服务业	556603	653892	621211	635974	677000	620223
水利、环境和公共设施管理业	332004	361484	375441	391228	431270	404934
居民服务、修理和其他服务业	61949	64342	59478	62041	67871	68240
教育	2293052	2626435	2766091	2835573	3320257	3403922
卫生和社会工作	1009339	1217798	1437424	1522005	1705284	1731126
文化、体育和娱乐业	193796	198953	204423	188670	192996	200450
公共管理、社会保障和社会组织	1939494	2135821	2199274	2275829	2667432	2913391
国际组织						

5-16 续表

单位：万元

行　业	2017年	2018年	2019年	2020年	2021年	2022年
总　计	**14684535**	**13874026**	**13158911**	**14671345**	**15778493**	**17644149**
农、林、牧、渔业	324278	293540	227683	115523	123798	123840
采矿业	303325	4418	4489	629	1106	5517
制造业	777170	342082	310211	141398	182137	205767
电力、热力、燃气及水生产和供应业	445893	201666	147818	100543	126877	176485
建筑业	365801	160999	75638	149850	149359	183147
批发和零售业	184481	155719	134778	143525	165595	170392
交通运输、仓储及邮政业	1509814	1415400	239280	267870	308778	337746
住宿和餐饮业	95134	71309	23712	25143	26617	21366
信息转输、软件和信息技术服务业	98185	106796	59087	153559	158631	218625
金融业	562704	488229	491011	378892	403290	433506
房地产业	61941	57301	24617	53360	69933	80243
租赁和商务服务业	172652	151602	129933	149307	124732	161620
科学研究和技术服务业	558917	486506	359591	497288	474421	546400
水利、环境和公共设施管理业	386523	266092	152801	209840	200579	259982
居民服务、修理和其他服务业	70234	124481	47050	22784	29697	30588
教育	3520315	3398360	3709005	4437370	4749136	5246723
卫生和社会工作	1871143	1981641	2095458	2401353	2701684	2963493
文化、体育和娱乐业	194355	202409	207472	220634	242218	221240
公共管理、社会保障和社会组织	3181671	3965477	4719280	5202475	5539905	6257468
国际组织						

5-17 全行业分城镇集体单位在岗职工工资总额

单位：万元

行　业	2011年	2012年	2013年	2014年	2015年	2016年
总　计	**834721**	**993036**	**1189056**	**1108534**	**988784**	**879960**
农、林、牧、渔业	3237	2551	2050	1667	1396	1343
采矿业	33614	35417	19196	33033	25449	19725
制造业	257035	301397	340693	310478	275927	231108
电力、热力、燃气及水生产和供应业	9066	10292	4443	4283	4161	6669
建筑业	252843	334392	433762	382296	294681	199320
批发和零售业	38938	28005	27132	28393	27774	25475
交通运输、仓储及邮政业	12483	13117	61587	53013	48675	42394
住宿和餐饮业	5937	9694	10033	10216	9486	7081
信息转输、软件和信息技术服务业	575	865	935	699	742	829
金融业	90799	110906	114233	123063	141054	174170
房地产业	5530	6869	6546	6990	9333	7547
租赁和商务服务业	35922	39721	56838	56791	49662	62424
科学研究和技术服务业	14838	17656	28836	23030	24597	21929
水利、环境和公共设施管理业	5230	7844	8701	7298	6828	7048
居民服务、修理和其他服务业	8886	8842	6148	5509	5719	6036
教育	14192	13706	12221	11148	12353	12875
卫生和社会工作	42084	48334	50541	45695	45462	49583
文化、体育和娱乐业	603	893	1873	1909	1959	2368
公共管理、社会保障和社会组织	2912	2536	3290	3023	3527	2038
国际组织						

5-17　续表

单位：万元

行　业	2017年	2018年	2019年	2020年	2021年	2022年
总　计	**671610**	**572800**	**497490**	**415404**	**375799**	**310008**
农、林、牧、渔业	1579	1271	5708	5364	7081	6634
采矿业	9948	9984	6060	5992	3456	676
制造业	186217	159883	163812	81662	74483	60208
电力、热力、燃气及水生产和供应业	4366	3061	1468	1282	1277	3243
建筑业	154974	130124	111488	109156	91817	67749
批发和零售业	20305	18146	19751	12126	11013	9574
交通运输、仓储及邮政业	22445	13801	17820	18270	8409	6920
住宿和餐饮业	4067	3134	1866	1684	1386	863
信息转输、软件和信息技术服务业	1285	1006	191	227	243	221
金融业	140043	102147	44637	24415	22895	24993
房地产业	5665	5224	8025	7902	8184	6109
租赁和商务服务业	32301	28237	38929	42109	34376	17970
科学研究和技术服务业	14179	10512	12945	12406	9688	8740
水利、环境和公共设施管理业	6768	2892	1150	1385	1367	1029
居民服务、修理和其他服务业	3927	3480	5096	4331	3212	4123
教育	13268	34766	27919	45307	49523	45607
卫生和社会工作	44086	44127	27138	36516	37794	36439
文化、体育和娱乐业	4178	339	3472	1891	2149	2353
公共管理、社会保障和社会组织	2009	667	15	3377	7446	6559
国际组织						

5-18 按行业分其它单位在岗职工工资总额

单位：万元

行　　业	2011年	2012年	2013年	2014年	2015年	2016年
总　　计	**9015665**	**10469070**	**16559729**	**16629194**	**16095121**	**14874496**
农、林、牧、渔业	32984	26609	23733	26561	22604	32648
采矿业	869541	962226	1466476	1375433	1226909	982123
制造业	4417126	4982464	6626852	6664658	6467911	6281408
电力、热力、燃气及水生产和供应业	283178	318466	399824	419331	442335	453411
建筑业	842378	1189550	3543103	3164492	2752558	1945694
批发和零售业	482880	529776	855991	891501	905377	813618
交通运输、仓储及邮政业	380884	442178	683184	769552	886239	958054
住宿和餐饮业	121626	135490	163472	171374	154593	147932
信息转输、软件和信息技术服务业	355104	440455	789238	885420	940566	985595
金融业	537980	683486	753826	871571	935469	919370
房地产业	248888	332886	529719	582535	559815	529130
租赁和商务服务业	161614	99597	200354	211339	224539	235963
科学研究和技术服务业	135564	157761	290447	328729	304550	289390
水利、环境和公共设施管理业	17553	22733	30178	37081	43507	48455
居民服务、修理和其他服务业	15090	16721	28977	28097	19157	19196
教育	54637	62234	63766	79196	80953	84549
卫生和社会工作	39900	43976	56388	64059	65135	79357
文化、体育和娱乐业	14117	16254	48035	49930	53234	56036
公共管理、社会保障和社会组织	4624	6209	6166	8336	9671	12566
国际组织						

5-18 续表

单位：万元

行　　业	2017年	2018年	2019年	2020年	2021年	2022年
总　　计	**15454838**	**18228819**	**21647068**	**21884216**	**22519166**	**22534358**
农、林、牧、渔业	33206	32169	51713	28195	37730	32984
采矿业	1203080	1604060	1602099	1602711	1773413	1775820
制造业	6235163	7102322	7541075	7618327	7649847	8001847
电力、热力、燃气及水生产和供应业	508068	1028937	1080570	1191027	1226710	1254805
建筑业	1671859	1631413	1593304	1492306	1567641	1504883
批发和零售业	805883	927884	969570	965500	996208	968728
交通运输、仓储及邮政业	1050459	1157833	2588879	2478077	2551375	2521148
住宿和餐饮业	142025	177107	176717	158979	145514	140891
信息转输、软件和信息技术服务业	1039096	1125037	1347826	1399709	1511750	1607101
金融业	1296449	1434842	1977410	2058337	2109655	1839770
房地产业	500298	569957	625283	704664	728187	715122
租赁和商务服务业	327652	393424	499699	585084	635080	606965
科学研究和技术服务业	302827	386819	545566	529616	618600	644136
水利、环境和公共设施管理业	55874	114831	132372	158507	161743	170044
居民服务、修理和其他服务业	17631	34691	48797	54624	51928	51680
教育	86987	251706	430161	381917	338003	300040
卫生和社会工作	104735	123319	288667	241977	252621	269472
文化、体育和娱乐业	57886	58536	94906	160063	115631	113636
公共管理、社会保障和社会组织	15662	73932	52455	74598	47532	15285
国际组织						

5-19 按登记注册类型和行业分城镇非私营单位就业人员平均工资

(2022年末) 单位：元

项目	就业人员	国有经济单位	城镇集体经济单位	其他经济单位
全省总计	**92573**	**99802**	**54595**	**88498**
按执行会计标准类别分组				
企业	87732	81001	51597	89181
政府	103564	103895	71221	92029
按国民经济行业分组				
(一)农、林、牧、渔业	**25848**	**22604**	**27767**	**49192**
农业	17844	17657	16935	41198
林业	52904	52275	74953	43935
畜牧业	49896	54847	55059	49339
渔业	63182	102803	59668	62538
农、林、牧、渔专业及辅助性活动	41611	45525	19375	36741
(二)采矿业	**99018**	**88413**	**68273**	**99072**
煤炭开采和洗选业	84223			84223
石油和天然气开采业	136561			136561
黑色金属矿采选业	100087	97379	68337	100218
有色金属矿采选业	78627	45093		79631
非金属矿采选业	54714		67429	54700
开采专业及辅助性活动	93858			93858
其他采矿业				
(三)制造业	**88903**	**94212**	**53437**	**89220**
农副食品加工业	64883	65536	49518	64906
食品制造业	73867	63227	43976	74925
酒、饮料和精制茶制造业	80686	127529	37393	80057
烟草制品业	247147	247147		
纺织业	46169	43375		46185
纺织服装、服饰业	49685	42309	35493	49881
皮革、毛皮、羽毛及其制品和制鞋业	66461			66461
木材加工和木、竹、藤、棕、草制品业	63306	30000	54644	63426
家具制造业	57663	28667	37143	57945
造纸和纸制品业	60977	86667	33742	61211
印刷和记录媒介复制业	59211	48099	30583	62149
文教、工美、体育和娱乐用品制造业	60227	122177	56514	55707
石油、煤炭及其他燃料加工业	138981	56027	61520	139724
化学原料和化学制品制造业	83739	87789	43067	84264
医药制造业	96598		45053	96642
化学纤维制造业	45539			45539
橡胶和塑料制品业	75488	81325	61308	75873
非金属矿物制品业	65483	90717	33640	65479
黑色金属冶炼和压延加工业	93276	47581	44824	94867
有色金属冶炼和压延加工业	65310	89704	32600	64723

5-19 续表 1 (2022年末) 单位：元

项　　目	就业人员			
		国有经济单位	城镇集体经济单位	其他经济单位
金属制品业	71916	65013	61222	72602
通用设备制造业	87668	63817	52843	88239
专用设备制造业	93007	50263	43197	94129
汽车制造业	101006	61077		101103
铁路、船舶、航空航天和其他运输设备制造业	116556	138899	102924	113691
电气机械和器材制造业	81081	75662	35994	81361
计算机、通信和其他电子设备制造业	97250	86845	43489	98082
仪器仪表制造业	91123		37936	91379
其他制造业	66008	35000	34000	66535
废弃资源综合利用业	76108	52708		85646
金属制品、机械和设备修理业	117533	135078	39287	148514
(四)电力、热力、燃气及水生产和供应业	**97696**	**100925**	**46748**	**97576**
电力、热力生产和供应业	107917	130600	52487	105714
燃气生产和供应业	78883	136306		78335
水的生产和供应业	69788	54635	29601	74784
(五)建筑业	**73407**	**73425**	**50179**	**74918**
房屋建筑业	65172	52835	40217	66944
土木工程建筑业	83823	69034	48449	88106
建筑安装业	69889	87987	65818	64292
建筑装饰、装修和其他建筑业	58775	63495	24801	59436
(六)批发和零售业	**73740**	**133085**	**45244**	**68708**
批发业	102530	145947	52008	92606
零售业	58478	64797	37614	58557
(七)交通运输、仓储和邮政业	**98167**	**89727**	**46822**	**99733**
铁路运输业	132650			132650
道路运输业	57841	53405	47519	58852
水上运输业	122024	127824		118471
航空运输业	128328	194441		102430
管道运输业	144862			144862
多式联运和运输代理业	123993	192235	30926	118714
装卸搬运和仓储业	85415	68229	44728	87953
邮政业	85806	75992		91628
(八)住宿和餐饮业	**39838**	**50722**	**36684**	**38692**
住宿业	48532	51008	43652	47898
餐饮业	33114	42866	31691	33066
(九)信息传输、软件和信息技术服务业	**132767**	**149987**	**43944**	**130745**
电信、广播电视和卫星传输服务	122397	152329	44398	110435
互联网和相关服务	92895	142105	28400	88376
软件和信息技术服务业	139912	82398	52571	140226

5-19 续表 2 (2022年末) 单位：元

项 目	就业人员	国有经济单位	城镇集体经济单位	其他经济单位
(十)金融业	**108259**	**120726**	**82341**	**106453**
货币金融服务	130209	114916	82341	136514
资本市场服务	311544	408535		148119
保险业	74139	57317		74392
其他金融业	85798	86722		85742
(十一)房地产业	**73674**	**74497**	**47365**	**73931**
房地产业	73674	74497	47365	73931
(十二)租赁和商务服务业	**62468**	**72116**	**52049**	**60858**
租赁业	80586	46045	45903	81659
商务服务业	62192	72141	52093	60465
(十三)科学研究和技术服务业	**119735**	**121903**	**87787**	**118514**
研究和试验发展	171682	183250	46050	128763
专业技术服务业	108447	92269	78434	117720
科技推广和应用服务业	101438	85219	149433	117597
(十四)水利、环境和公共设施管理业	**54427**	**62126**	**40258**	**45886**
水利管理业	70670	59305	27923	108797
生态保护和环境治理业	73363	65474		91117
公共设施管理业	50778	62550	45674	40021
土地管理业	54585	57986		40472
(十五)居民服务、修理和其他服务业	**56002**	**66258**	**49562**	**51815**
居民服务业	59516	66013	47291	57064
机动车、电子产品和日用产品修理业	47971	55709	52289	47096
其他服务业	50875	67907	63522	41303
(十六)教育	**104146**	**110031**	**67339**	**57433**
教育	104146	110031	67339	57433
(十七)卫生和社会工作	**98938**	**104428**	**54270**	**67552**
卫生	101076	105926	54982	70734
社会工作	48739	49659	42917	47916
(十八)文化、体育和娱乐业	**85967**	**89091**	**55163**	**81382**
新闻和出版业	94029	80207	54538	122606
广播、电视、电影和录音制作业	92958	95105	57667	88987
文化艺术业	84879	89147	65048	60372
体育	73582	59943	28000	80759
娱乐业	63259	112052	57000	50849
(十九)公共管理、社会保障和社会组织	**98755**	**98996**	**63497**	**56159**
#中国共产党机关	101975	101933	152200	
国家机构	99291	99376	61884	85473
人民政协、民主党派	107215	107215		
社会保障	65413	70553	55114	18239
群众团体、社会团体和其他成员组织	80407	82741	59016	55683

5-20 各地区按行业分城镇非私营单位就业人员平均工资

(2022年末) 单位：元

行 业	沈阳	大连	鞍山	抚顺	本溪	丹东	锦州
总 计	**105030**	**110915**	**78088**	**81414**	**79456**	**70010**	**77588**
农、林、牧、渔业	61964	63666	37090	60414	60100	73768	62493
采矿业	85602	88872	105161	81815	82705	77820	72664
制造业	100817	96363	74129	91122	76039	52483	80591
电力、热力、燃气及水生产和供应业	112452	107344	58211	76289	96593	79788	66454
建筑业	83564	88021	62979	70646	58318	47121	65492
批发和零售业	72138	83486	59240	67004	73260	76332	62577
交通运输、仓储及邮政业	110865	113648	55629	52257	50060	54895	73566
住宿和餐饮业	41217	39928	37845	36246	32535	37466	29327
信息转输、软件和信息技术服务业	123240	145590	109309	111696	104209	96118	118195
金融业	130911	136094	109284	100929	105653	84035	87262
房地产业	83569	88041	53936	54437	46568	42806	34331
租赁和商务服务业	69842	72385	75163	42992	77759	40280	46749
科学研究和技术服务业	133796	148553	123036	73394	71500	70114	82509
水利、环境和公共设施管理业	52905	77656	53154	45071	61735	65468	38395
居民服务、修理和其他服务业	57000	65175	57187	53370	29588	46906	44621
教育	111403	126639	89696	90797	91268	95834	93882
卫生和社会工作	126198	137769	68064	75781	68325	63810	76458
文化、体育和娱乐业	111558	89647	63268	59175	49502	70738	55410
公共管理、社会保障和社会组织	126535	136405	89501	87985	89014	81917	78697
国际组织							

5-20 续表 (2022年末) 单位：元

行 业	营口	阜新	辽阳	盘锦	铁岭	朝阳	葫芦岛
总 计	**81481**	**71686**	**88307**	**80563**	**75939**	**74143**	**75884**
农、林、牧、渔业	35869	47622	13781	19348	65712	56959	33688
采矿业	58768	76675	111341	115240	86137	109394	28285
制造业	70603	52609	82860	123411	55919	77351	73914
电力、热力、燃气及水生产和供应业	97579	81571	54164	64006	94990	80536	133114
建筑业	54028	52692	78479	66938	58639	52017	55626
批发和零售业	78412	74315	71715	61684	95389	63715	66900
交通运输、仓储及邮政业	77845	50950	51392	68540	64412	74172	57625
住宿和餐饮业	33114	28858	44567	41735	45717	35501	39507
信息转输、软件和信息技术服务业	92903	94128	126338	91716	112441	121457	101557
金融业	88608	69689	77612	96715	76803	80852	102385
房地产业	60107	34614	59668	42528	44441	40621	43657
租赁和商务服务业	44571	46301	60008	49099	50192	32065	44330
科学研究和技术服务业	87228	61356	74972	108690	69891	83148	71418
水利、环境和公共设施管理业	74853	52416	66776	40596	58118	29893	40841
居民服务、修理和其他服务业	42352	48626	41503	46405	64930	41716	48582
教育	97289	97191	102631	87453	101385	87619	88020
卫生和社会工作	66347	69696	88825	94116	68242	63945	67254
文化、体育和娱乐业	63794	60544	70129	57192	56012	59138	59383
公共管理、社会保障和社会组织	94569	72373	116317	68518	69981	75301	79432
国际组织							

5-21 城镇非私营单位在岗职工平均工资及指数

年份	绝对数(元)				指数(上年=100)			
	在岗职工	国有经济单位	城镇集体经济单位	其他经济单位	在岗职工	国有经济单位	城镇集体经济单位	其他经济单位
1990	2180	2[illegible]88	1740	2300	111.0	111.7	108.6	108.6
1991	2371	2[illegible]2	1904	2741	108.8	108.1	109.4	119.2
1992	2715	2[illegible]75	2134	3265	114.5	115.2	112.1	119.1
1993	3305	[illegible]93	2568	4071	121.7	120.8	120.3	124.7
1994	4269	[illegible]66	2940	5717	129.2	132.6	114.5	140.4
1995	4877	[illegible]34	3333	6349	114.2	114.0	113.4	111.1
1996	5269	[illegible]94	3462	6648	108.0	108.5	103.9	104.7
1997	5591	[illegible]26	3583	7266	106.1	105.6	103.5	109.3
1998	7161	[illegible]04	4972	8285	128.1	122.1	138.8	114.0
1999	7895	[illegible]70	5161	9122	110.2	110.1	103.8	110.1
2000	8811	[illegible]21	5721	10196	111.6	110.2	110.9	111.8
2001	10145	1[illegible]09	6354	11258	115.1	115.1	111.1	110.4
2002	11659	1[illegible]239	7094	12214	114.9	115.4	111.6	108.5
2003	13008	[illegible]603	7629	13665	111.6	111.1	107.5	111.9
2004	14922	[illegible]716	8466	15301	114.7	115.5	111.0	112.0
2005	17331	[illegible]360	9161	17550	116.1	116.8	108.2	114.7
2006	19624	[illegible]681	10888	19797	113.2	112.6	118.9	112.8
2007	23202	[illegible]748	12242	22834	118.2	119.7	112.4	115.3
2008	27729	[illegible]456	15365	27163	119.5	119.0	125.5	119.0
2009	31104	[illegible]2572	17369	31266	112.2	110.6	113.0	115.1
2010	35057	[illegible]371	20237	35527	112.7	111.7	116.5	113.6
2011	38713	[illegible]553	24591	38462	110.4	111.5	121.5	108.3
2012	42503	[illegible]4062	28634	42559	109.8	108.7	116.4	110.7
2013	46310	[illegible]6890	32417	47305	109.0	106.4	113.2	111.2
2014	49110	[illegible]8701	33418	51061	106.0	103.9	103.1	107.9
2015	53458	[illegible]4738	35208	54024	108.9	112.4	105.4	105.8
2016	57148	[illegible]8515	38248	57502	106.9	106.9	108.6	106.4
2017	62545	[illegible]3404	39202	63370	109.4	108.4	102.5	110.2
2018	69093	[illegible]9367	42502	70264	110.5	109.4	108.4	110.9
2019	75264	74539	44007	76976	108.9	107.5	103.5	109.6
2020	82223	[illegible]6187	46830	80889	109.2	115.6	106.4	105.1
2021	88474	[illegible]2654	50088	86840	107.6	107.5	107.0	107.4
2022	94911	[illegible]02628	55698	90461	107.3	110.8	111.2	104.2

5-22 按登记注册类型和行业分城镇非私营单位在岗职工平均工资

(2022年末)　　单位：元

项　目	在岗职工	国有经济单位	城镇集体经济单位	其他经济单位
全省总计	**94911**	**102628**	**55698**	**90461**
按执行会计标准类别分组				
企业	89735	83071	52425	91186
政府	106465	106795	73827	94420
按国民经济行业分组				
(一)农、林、牧、渔业	**26638**	**23719**	**27694**	**48820**
农业	18668	18509	16909	41198
林业	54406	53708	74953	54853
畜牧业	49722	54847	45600	49339
渔业	66241	102803	59844	65953
农、林、牧、渔专业及辅助性活动	42150	46645	19375	36759
(二)采矿业	**99257**	**88413**	**68273**	**99312**
煤炭开采和洗选业	84223			84223
石油和天然气开采业	137428			137428
黑色金属矿采选业	100462	97379	68337	100601
有色金属矿采选业	78627	45093		79631
非金属矿采选业	54714		67429	54700
开采专业及辅助性活动	94077			94077
其他采矿业				
(三)制造业	**89088**	**95537**	**54111**	**89368**
农副食品加工业	65885	66604	49518	65910
食品制造业	74026	64590	43976	74895
酒、饮料和精制茶制造业	81972	127529	37393	81350
烟草制品业	247147	247147		
纺织业	45886	47778		45877
纺织服装、服饰业	49754	42309	41023	49904
皮革、毛皮、羽毛及其制品和制鞋业	63798			63798
木材加工和木、竹、藤、棕、草制品业	64110	30000	54644	64230
家具制造业	58071	28667	43000	58345
造纸和纸制品业	61208	86667	33742	61452
印刷和记录媒介复制业	59906	48866	34007	62372
文教、工美、体育和娱乐用品制造业	59956	122177	56514	55308
石油、煤炭及其他燃料加工业	139301	57459	61806	140028
化学原料和化学制品制造业	84053	90479	43067	84520
医药制造业	96249		45053	96294
化学纤维制造业	45627			45627
橡胶和塑料制品业	74808	81325	62076	75134
非金属矿物制品业	66070	91505	32801	66046
黑色金属冶炼和压延加工业	93451	47092	44824	95027
有色金属冶炼和压延加工业	65158	89704	32600	64562

5-22 续表 1 (2022年末) 单位：元

项　　目	在岗职工	国有经济单位	城镇集体经济单位	其他经济单位
金属制品业	72068	64896	61431	72759
通用设备制造业	87725	63871	53207	88297
专用设备制造业	93753	48848	43197	94948
汽车制造业	100967	62587		101053
铁路、船舶、航空航天和其他运输设备制造业	116940	140850	107144	113676
电气机械和器材制造业	80800	75662	35994	81085
计算机、通信和其他电子设备制造业	96216	87420	43489	97029
仪器仪表制造业	91163		38013	91401
其他制造业	64952	35000	34000	65466
废弃资源综合利用业	77100	53648		86670
金属制品、机械和设备修理业	118978	141169	39287	150903
(四)电力、热力、燃气及水生产和供应业	**98545**	**102921**	**50699**	**98197**
电力、热力生产和供应业	108777	132414	58510	106366
燃气生产和供应业	78906	136306		78356
水的生产和供应业	70789	55620	30539	75621
(五)建筑业	**74528**	**74789**	**51242**	**76051**
房屋建筑业	65687	53682	40668	67599
土木工程建筑业	84820	70102	49028	89081
建筑安装业	70545	89191	66254	64736
建筑装饰、装修和其他建筑业	60155	66354	33286	60305
(六)批发和零售业	**74204**	**132305**	**45191**	**69291**
批发业	102651	145258	52763	92972
零售业	59126	65116	36507	59226
(七)交通运输、仓储和邮政业	**99007**	**92608**	**46778**	**100242**
铁路运输业	132655			132655
道路运输业	58863	56297	47534	59502
水上运输业	121982	127903		118361
航空运输业	128328	194441		102430
管道运输业	144862			144862
多式联运和运输代理业	124212	196305	30926	118708
装卸搬运和仓储业	85685	68616	44293	88235
邮政业	86650	77853		91677
(八)住宿和餐饮业	**51159**	**50863**	**37801**	**51316**
住宿业	49059	51157	43280	48519
餐饮业	54089	42866	31175	54399
(九)信息传输、软件和信息技术服务业	**133491**	**154094**	**43944**	**131143**
电信、广播电视和卫星传输服务	124667	156596	44398	112106
互联网和相关服务	97095	142608	28400	92738
软件和信息技术服务业	139460	84457	52571	139752

5-22 续表 2 (2022年末) 单位：元

项 目	在岗职工			
		国有经济单位	城镇集体经济单位	其他经济单位
(十)金融业	**125936**	**122471**	**84838**	**127627**
货币金融服务	130640	115002	84838	137021
资本市场服务	312494	410244		146949
保险业	103149	80326		103655
其他金融业	93075	86722		93519
(十一)房地产业	**76269**	**75355**	**47685**	**76766**
房地产业	76269	75355	47685	76766
(十二)租赁和商务服务业	**63035**	**73529**	**52911**	**61060**
租赁业	81915	46333	45903	83048
商务服务业	62743	73555	52989	60645
(十三)科学研究和技术服务业	**123803**	**127028**	**88657**	**121835**
研究和试验发展	178983	191850	46050	132200
专业技术服务业	112385	96716	79343	121220
科技推广和应用服务业	102540	85927	149433	119345
(十四)水利、环境和公共设施管理业	**57913**	**67479**	**40258**	**47700**
水利管理业	76956	66002	27923	110364
生态保护和环境治理业	73938	66159		91359
公共设施管理业	54006	68342	45674	41483
土地管理业	54966	58416		39568
(十五)居民服务、修理和其他服务业	**57228**	**67736**	**50690**	**52914**
居民服务业	60597	67872	48008	57820
机动车、电子产品和日用产品修理业	48324	55709	55223	47310
其他服务业	53098	68423	63522	43485
(十六)教育	**106529**	**112610**	**69396**	**57185**
教育	106529	112610	69396	57185
(十七)卫生和社会工作	**101878**	**107786**	**55239**	**68434**
卫生	103787	108977	56022	71542
社会工作	53356	57987	43534	48533
(十八)文化、体育和娱乐业	**88015**	**91128**	**55163**	**83491**
新闻和出版业	94920	81186	54538	123434
广播、电视、电影和录音制作业	96146	99316	57667	90395
文化艺术业	85847	90184	65048	60827
体育	76655	63689	28000	83344
娱乐业	66069	113551	57000	53099
(十九)公共管理、社会保障和社会组织	**101287**	**101539**	**63864**	**57359**
#中国共产党机关	103006	102964	152200	
国家机构	101927	102021	62313	86627
人民政协、民主党派	108492	108492		
社会保障	66662	72113	55114	18239
群众团体、社会团体和其他成员组织	82945	84931	59016	62239

5-23 各地区按行业分城镇非私营单位在岗职工平均工资

(2022年末)

单位：元

行业	沈阳	大连	鞍山	抚顺	本溪	丹东	锦州
总计	**107648**	**113945**	**79137**	**82659**	**81097**	**72596**	**79014**
农、林、牧、渔业	66076	67266	51076	60414	60100	74105	62493
采矿业	85602	88872	105309	81830	83480	77820	72664
制造业	101062	96024	74825	92020	76222	52742	80808
电力、热力、燃气及水生产和供应业	112902	108468	59735	76717	98288	81970	66612
建筑业	85544	89462	64026	71478	59192	46929	65210
批发和零售业	72526	85377	59893	66884	73672	73486	63018
交通运输、仓储及邮政业	111066	115399	57654	54546	49593	56247	74377
住宿和餐饮业	58094	54322	37967	35581	32787	37618	29327
信息转输、软件和信息技术服务业	123354	145363	109309	111696	110010	96118	118195
金融业	161540	159772	110201	104356	117747	96974	98519
房地产业	83285	93356	54281	54686	47134	47333	38977
租赁和商务服务业	71682	72704	75323	43449	77759	39558	46759
科学研究和技术服务业	139174	155676	125073	73533	73110	75591	85351
水利、环境和公共设施管理业	55083	79977	57314	45172	61604	71317	38395
居民服务、修理和其他服务业	57259	67191	58381	53014	28060	49622	44683
教育	114429	132230	90095	92367	92935	97974	95383
卫生和社会工作	130251	140664	69276	79799	73384	66043	78116
文化、体育和娱乐业	113705	93223	63268	62948	51380	70967	55410
公共管理、社会保障和社会组织	129271	139315	89564	89527	91540	84642	78883
国际组织							

5-23 续表

(2022年末)

单位：元

行业	营口	阜新	辽阳	盘锦	铁岭	朝阳	葫芦岛
总计	**82953**	**74365**	**90865**	**83825**	**76488**	**76898**	**78810**
农、林、牧、渔业	35869	52423	13781	20338	73491	61667	34625
采矿业	58768	76675	111341	115643	86137	109394	28285
制造业	70797	52814	83027	124290	55895	77588	75186
电力、热力、燃气及水生产和供应业	97487	82824	55642	64349	94990	80745	139777
建筑业	54058	53089	79121	67464	59092	52452	57166
批发和零售业	78965	74579	71763	61111	95509	63817	64325
交通运输、仓储及邮政业	77877	50986	51392	68727	64830	74892	60537
住宿和餐饮业	33310	28200	44567	42261	46903	35517	39807
信息转输、软件和信息技术服务业	92903	104559	126707	91805	112842	122320	120758
金融业	115110	100319	100478	115925	81635	101487	103863
房地产业	60557	34676	62064	43392	44311	41008	43671
租赁和商务服务业	44571	46301	60069	49950	50192	31559	44388
科学研究和技术服务业	87406	61512	76422	110101	69891	85419	72743
水利、环境和公共设施管理业	75621	52637	66843	53164	58338	31962	46660
居民服务、修理和其他服务业	42352	49680	41503	48178	64930	42704	48893
教育	97616	97576	107051	88172	101803	89608	89681
卫生和社会工作	66991	72220	98662	96185	68380	64652	68888
文化、体育和娱乐业	64330	61009	70129	59795	56012	60212	67870
公共管理、社会保障和社会组织	94688	73682	116540	75903	70176	78682	86884
国际组织							

5-24 按行业分城镇非私营单位在岗职工平均工资

单位：元

行业	2017年				2018年			
	在岗职工	国有单位	集体单位	其他单位	在岗职工	国有单位	集体单位	其他单位
总计	**62545**	**63404**	**39202**	**63370**	**69093**	**69367**	**42502**	**70264**
农、林、牧、渔业	17152	15968	46173	56063	17599	16493	28635	43619
采矿业	63600	69476	24758	63073	71634	35921	34631	72313
制造业	61978	64100	33737	63300	69565	79231	36924	70554
电力、热力、燃气及水生产和供应业	70380	75261	30003	67327	76189	70431	26970	77860
建筑业	47941	51497	32334	49405	56196	59782	35132	58654
批发和零售业	51787	74713	34404	48970	57089	83531	31178	55059
交通运输、仓储及邮政业	71873	78344	41388	65163	77594	93197	40177	65010
住宿和餐饮业	43374	55378	38918	37983	48005	56983	35456	45409
信息转输、软件和信息技术服务业	92621	79169	32938	94347	101038	100524	43163	101209
金融业	105622	98099	72768	115063	111850	111984	85615	114296
房地产业	57845	49430	45726	59272	63655	57335	41228	64694
租赁和商务服务业	48501	48528	38399	49778	51577	56045	38755	51219
科学研究和技术服务业	75516	71437	52303	86421	88529	81727	53743	100860
水利、环境和公共设施管理业	39110	38251	36944	46698	45166	41931	39672	55234
居民服务、修理和其他服务业	42157	46711	34330	31518	52707	55859	35155	45736
教育	74268	75154	55820	52066	77237	78869	56383	62884
卫生和社会工作	70589	73599	41795	48996	73590	76652	49282	50213
文化、体育和娱乐业	56687	57777	28975	57014	66924	69813	20293	59235
公共管理、社会保障和社会组织	61336	61816	30025	25087	66879	67882	44480	37398
国际组织								

5-24 续表 1

单位：元

行 业	2019年				2020年			
	在岗职工	国有单位	集体单位	其他单位	在岗职工	国有单位	集体单位	其他单位
总 计	**75264**	**74539**	**44007**	**76976**	**82223**	**86187**	**46830**	**80889**
农、林、牧、渔业	17237	15614	22714	30293	20951	18826	18429	40973
采矿业	79513	35127	34451	80194	83771	46933	46707	84046
制造业	73407	87194	41274	74179	77380	100860	43630	77688
电力、热力、燃气及水生产和供应业	79640	60718	22544	83486	86617	62416	26062	89780
建筑业	61211	49160	38316	64667	64987	66439	42702	67413
批发和零售业	62007	99482	37506	59676	64914	107161	39540	61791
交通运输、仓储及邮政业	86645	65608	50741	89742	91104	79643	54241	93017
住宿和餐饮业	44269	48039	37087	43896	47093	50921	40196	46623
信息转输、软件和信息技术服务业	108575	87458	45524	109759	114574	122920	39504	113762
金融业	117214	115274	83543	118791	120003	107223	77092	123528
房地产业	65111	56421	39767	66052	66800	63531	41285	67532
租赁和商务服务业	52541	54069	49472	52409	55190	64287	43913	54234
科学研究和技术服务业	99162	98775	76190	100137	106131	107382	83707	105638
水利、环境和公共设施管理业	48221	46918	29724	50099	51278	53965	33707	48313
居民服务、修理和其他服务业	46970	47405	40539	47334	54151	62060	42080	52553
教育	84836	88675	56368	63284	96094	101129	60046	63752
卫生和社会工作	81481	85888	47345	62452	86964	91730	53876	61114
文化、体育和娱乐业	70188	71732	46114	68278	89649	78262	42208	114035
公共管理、社会保障和社会组织	73039	73717	30000	39978	81586	81409	72634	96783
国际组织								

5-24 续表 2

单位：元

行　业	2021年				2022年			
	在岗职工	国有单位	集体单位	其他单位	在岗职工	国有单位	集体单位	其他单位
总　计	**88474**	**92654**	**50088**	**86840**	**94911**	**102628**	**55698**	**90461**
农、林、牧、渔业	25087	22209	18606	49256	26638	23719	27694	48820
采矿业	92680	44418	44268	92941	99257	88413	68273	99312
制造业	83737	103216	46465	84015	89088	95537	54111	89368
电力、热力、燃气及水生产和供应业	93405	85044	29659	94578	98545	102921	50699	98197
建筑业	71102	68305	50593	73123	74528	74789	51242	76051
批发和零售业	72173	126329	44629	67804	74204	132305	45191	69291
交通运输、仓储及邮政业	95060	89621	46210	96101	99007	92608	46778	100242
住宿和餐饮业	50886	53450	38307	50601	51159	50863	37801	51316
信息转输、软件和信息技术服务业	123389	137184	43957	122136	133491	154094	43944	131143
金融业	126318	113052	75092	130203	125936	122471	84838	127627
房地产业	73194	70005	46914	73983	76269	75355	47685	76766
租赁和商务服务业	60515	64247	44598	60998	63035	73529	52911	61060
科学研究和技术服务业	110533	106724	77999	114411	123803	127028	88657	121835
水利、环境和公共设施管理业	50127	49920	37133	50536	57913	67479	40258	47700
居民服务、修理和其他服务业	56232	64591	45172	53106	57228	67736	50690	52914
教育	98890	104657	63679	58401	106529	112610	69396	57185
卫生和社会工作	93100	98176	54404	64360	101878	107786	55239	68434
文化、体育和娱乐业	85806	83000	50326	93665	88015	91128	55163	83491
公共管理、社会保障和社会组织	89896	89940	64466	90301	101287	101539	63864	57359
国际组织								

5-25 按登记注册类型分城镇非私营单位在岗职工平均工资

单位：元

年份	在岗职工	国有经济单位	城镇集体经济单位	股份合作单位	联营单位	有限责任公司	股份有限公司	其他经济单位	港澳台商投资单位	外商投资单位
1995	4877	5434	3333							
1996	5269	5894	3462							
1997	5591	6226	3583							
1998	7161	7604	4972	5381	5547	7875	7946	5684	9133	9951
1999	7895	8370	5161	5817	6578	8534	8517	6380	10060	11487
2000	8811	9221	5721	6422	6460	9816	10003	4828	10539	12109
2001	10145	10609	6354	6584	8877	10826	11441	5643	12505	12766
2002	11659	12239	7094	8122	9173	11206	13960	9186	12805	14277
2003	13008	13603	7629	8685	8810	12839	16165	8422	13846	15060
2004	14922	15716	8466	10132	10439	14489	19009	9828	15902	15821
2005	17331	18360	9161	11364	10646	17148	21874	10163	17164	17448
2006	19624	20681	10888	13261	11843	19056	25312	10053	18959	19556
2007	23202	24748	12242	14640	15471	22074	29851	12089	21520	21826
2008	27729	2945[illegible]	15365	18305	19166	26826	34466	17202	25307	26388
2009	31104	32572	17369	19927	20288	29670	39677	19546	29123	29626
2010	35057	36371	20237	23099	22486	33368	46281	23092	31241	34121
2011	38713	40553	24591	27409	27636	36064	51237	25964	36018	38513
2012	42503	44062	28634	32169	30429	39161	56226	30671	40261	44633
2013	46310	46890	32417	35876	41436	42822	59752	33430	46243	53836
2014	49110	48701	33418	38997	46224	45288	63899	34136	51234	60607
2015	53458	54738	35208	37630	51042	47358	67494	36212	54301	65640
2016	57148	585[illegible]5	38248	39886	49509	49187	70908	40518	57220	72883
2017	62545	634[illegible]4	39202	44551	56125	54026	79964	41825	65918	77409
2018	69093	6935[illegible]	42502	46952	36103	63093	85689	51571	67750	85312
2019	75264	74539	44007	61417	44615	70431	95573	60009	69941	88963
2020	82223	8613[illegible]	46830	74779	60741	74653	97941	64390	71679	92704
2021	88474	9265[illegible]	50088	74876	64300	79830	105308	58951	81891	100274
2022	94911	1026[illegible]	55698	82063	66288	83580	108079	56001	91859	103343

注：1995-1997年为全部职工平均工资。

5-26 农民工基本情况

单位：%

指 标	2013年	2014年	2015年	2016年	2017年	2018年	2019年	2020年	2021年	2022年
(一)性别										
1.男性	68.0	68.7	68.9	66.0	65.0	67.4	67.5	69.5	66.0	66.3
2.女性	32.0	31.3	31.1	34.0	35.0	32.6	32.5	30.5	34.0	33.7
(二)年龄										
3.16-19岁	4.3	3.5	2.5	3.0	1.8	1.3	1.2	1.2	1.3	0.5
4.20-24岁	10.6	10.8	11.1	10.8	10.5	7.6	7.6	6.6	6.8	4.9
5.25-29岁	11.5	12.8	14.3	12.5	11.7	7.4	6.3	7.6	8.0	9.7
6.30-34岁	9.9	10.1	7.7	6.4	8.0	9.9	9.0	9.6	7.3	6.8
7.35-40岁	13.1	12.8	11.3	10.7	10.7	13.1	12.6	11.6	9.9	9.1
8.41-50岁	29.6	28.5	30.0	32.3	30.6	29.9	29.9	27.4	31.3	28.1
9.51-60岁	16.4	16.9	18.5	19.6	21.5	23.2	25.8	27.7	27.9	32.6
10.61-65岁	3.1	3.2	3.2	3.5	3.9	5.1	5.2	5.0	4.4	4.6
11.66岁及以上	1.4	1.3	1.3	1.2	1.3	2.5	2.3	3.4	3.0	3.8
(三)婚姻状况										
1.已婚	74.2	73.5	73.4	74.3	75.2	78.0	79.8	76.9	79.4	79.0
2.未婚	22.3	23.3	24.2	23.3	22.5	17.2	16.3	18.0	16.6	17.1
3.离异	2.3	2.4	1.4	1.3	1.4	3.4	2.6	3.8	2.5	2.3
4.丧偶	1.2	0.9	0.7	1.1	0.9	1.5	1.2	1.3	1.5	1.5
5.其他			0.2							
(四)文化程度										
1.不识字或识字很少	0.4	0.4	0.4	0.4	0.7	0.7	0.6	0.5	0.2	0.2
2.小学	12.7	12.1	12.4	12.3	11.0	13.5	13.7	13.2	12.5	11.7
3.初中	71.5	70.6	69.7	68.9	68.6	66.9	67.6	66.4	66.9	66.7
4.高中及中专	9.8	10.2	10.1	9.8	10.3	10.0	10.7	10.2	10.2	9.9
5.大专及以上	5.7	6.8	7.4	8.5	9.4	8.8	7.4	9.8	10.2	11.4
(五)参加医疗保险情况										
1.农村新型农村合作医疗	86.5	86.5	83.9	83.7	81.9	79.1	72.0	62.8	60.0	37.5
2.城镇医疗保险	9.6	10.0	11.1	12.5	12.8	16.3				
3.商业医疗保险	0.7	0.9	1.0	1.2	0.8	1.5	1.6	1.7	1.2	1.1
4.其他医疗保险	0.7	0.8	1.0	0.9	1.0	0.3	0.3	0.3	0.2	0.7
5.没有参加任何医疗保险	3.4	3.4	4.0	2.9	4.3	4.0	3.1	2.6	2.6	0.1
(六)参加养老保险情况										
1.农村社会养老保险	54.9	53.6	51.5	49.2	46.9	52.5				
2.城镇基本养老保险	14.6	15.3	17.7	20.8	21.0	21.9				
3.商业养老保险	1.2	1.1	1.7	1.4	1.6	2.2	2.3	2.2	0.9	1.1
4.其他养老保险	2.4	2.6	2.1	2.6	2.7	1.7	3.2	2.9	3.3	1.9
5.没有参加任何养老保险	27.0	27.8	27.4	26.3	28.3	22.1	24.3	22.7	20.2	16.5

5-27 农民工就业情况

单位：%

指　　标	2013年	2014年	2015年	2016年	2017年	2018年	2019年	2020年	2021年	2022年
(一)农民工										
1.整劳动力	73.2	73.6	71.4	70.0	67.6	62.8	60.1	57.9	58.3	53.9
2.半劳动力	26.8	26.4	28.6	30.0	32.4	37.2	39.9	42.1	41.7	46.1
(二)从业地区										
1.乡内	56.0	54.4	52.3	54.4	55.9	55.8	53.8	51.7	61.5	67.8
2.县内乡外	15.5	13.6	14.4	13.2	13.2	12.7	14.0	15.7	10.9	11.5
3.省内县外	23.2	25.3	25.9	25.5	23.5	22.4	20.6	22.6	18.1	9.7
4.国内省外	4.8	6.5	7.2	6.6	7.1	8.5	11.1	9.4	9.0	10.5
5.国外	0.5	0.3	0.2	0.3	0.4	0.5	0.5	0.7	0.5	0.5
(三)从事的产业										
1.第一产业	0.9	0.7	0.8	1.3	1.2	0.6	1.0	1.2	1.2	1.6
2.第二产业	49.3	49.0	46.5	41.6	40.2	41.0	39.6	40.7	44.7	45.1
3.第三产业	49.8	50.3	52.7	57.1	58.6	58.3	59.4	58.1	54.2	53.3
(四)从事的行业										
1.农、林、牧、渔业	0.9	0.7	0.8	1.3	1.2	0.6	1.0	1.2	1.2	1.6
2.采矿业	4.1	3.8	3.4	3.5	3.8	3.4	3.9	4.0	3.4	3.4
3.制造业	25.5	25.8	24.6	20.9	20.8	20.4	19.4	20.0	24.9	27.2
4.电力、热力、燃气及水生产和供应业	1.9	2.4	2.9	2.0	1.8	2.6	1.8	2.3	2.5	2.4
5.建筑业	17.8	17.0	15.6	15.2	13.9	14.7	14.4	14.5	13.8	12.1
6.批发和零售业	14.2	15.0	13.7	15.8	16.3	13.7	14.1	14.2	11.7	11.9
7.交通运输、仓储和邮政业	9.8	9.6	10.2	9.1	10.3	8.8	9.3	9.4	9.9	9.5
8.住宿和餐饮业	8.1	7.7	7.1	5.9	6.2	8.4	9.1	7.1	5.9	4.1
9.信息传输、软件和信息技术服务业	1.3	1.5	1.8	1.5	1.8	2.4	2.1	2.9	1.3	1.8
10.金融业	0.5	0.4	0.7	0.8	1.0	0.4	0.5	0.5	1.1	0.7
11.房地产业	0.4	0.3	0.4	0.4	0.3	0.9	1.1	1.1	0.4	0.1
12.租赁和商务服务业	0.2	0.3	0.4	0.5	0.5	0.6	0.3	0.5	0.5	0.5
13.科学研究和技术服务		0.2	0.3	0.1	0.1	0.3	0.3	0.5	0.3	0.4
14.水利、环境和公共设施管理业	0.3	0.4	1.0	1.5	0.9	0.8	0.8	0.7	0.9	0.8
15.居民服务、修理和其他服务业	10.7	10.0	11.5	14.5	13.9	14.6	15.0	15.0	14.5	15.0
16.教育	1.4	1.5	1.9	2.2	2.2	2.3	1.5	1.2	2.0	2.2
17.卫生、社会工作	1.8	1.9	2.0	2.4	2.4	2.1	2.2	2.0	1.6	1.8
18.文化、体育和娱乐业	0.4	0.4	0.3	0.6	0.5	0.7	0.5	0.6	0.3	0.4
19.公共管理、社会保障和社会组织	0.7	1.2	1.6	1.8	2.0	2.4	2.6	2.4	3.7	4.1
20.国际组织										
(五)工作种类										
1.国家机关、党群组织、企业、事业单位负责人	0.8	0.6	0.7	0.7	0.5	0.3	0.3	0.2	0.2	0.4
2.专业技术人员	11.5	11.8	10.8	11.0	10.9	9.2	9.3	9.0	6.6	6.4
3.办事人员和有关人员	5.8	8.2	7.3	9.1	8.6	6.8	8.4	10.0	11.9	12.2
4.商业、服务业人员	26.8	26.7	25.8	26.8	29.6	28.4	30.4	35.8	41.1	38.3
5.农、林、牧、渔、水利业生产人员	1.8	0.9	1.0	1.7	1.4	1.2	1.6	1.4	1.9	2.1
6.生产、运输设备操作人员及有关人员	39.3	39.1	36.6	30.7	30.1	28.8	26.3	30.3	32.7	35.3
7.不便分类的其他从业人员	13.9	12.6	17.7	20.1	18.9	25.3	23.8	13.3	5.6	5.3
(六)从业时间(月)										
1.本地非农务工	9.0	8.8	9.3	9.4	9.7	9.3	9.3	8.9	9.6	9.8
2.外出从业	9.0	9.2	9.4	9.4	9.6	9.1	9.4	9.0	9.1	9.2
(七)从业收入(元)										
1.本地非农务工	19976	22489	24877	24550	27260	24778	27812	29019	32602	33920
2.外出从业	29547	31115	35201	35579	37210	37475	39978	41353	45188	47165
#寄回带回	17996	18305	20716	20439	21349	22648	25883	27555	29614	30591

主要统计指标解释

从业人员期末人数 指报告期最后一日在本单位工作，并取得工资或其他形式劳动报酬的人员数。该指标为时点指标，不包括最后一日当天及以前已经与单位解除劳动合同关系的人员，是在岗职工、劳务派遣人员及其他从业人员之和。

在岗职工 指在本单位工作且与本单位签订劳动合同，并由单位支付各项工资和社会保险、住房公积金的人员，以及上述人员中由于学习、病伤、产假等原因暂未工作仍由单位支付工资的人员。

劳务派遣人员 根据《中华人民共和国劳动合同法》规定，指与劳务派遣单位签订劳动合同，并被劳务派遣单位派遣到实际用工单位工作，且劳务派遣单位与实际用工单位签订《劳务派遣协议》的人员。

其他从业人员 指在本单位工作，不能归入在岗职工、劳务派遣人员中的人员。此类人员是实际参加本单位生产或工作并从本单位取得劳动报酬的人员。具体包括：非全日制人员、聘用的正式离退休人员、兼职人员、利用课余时间打工的在校学生等，以及在本单位中工作的外籍和港澳台方人员。

从业人员平均人数 指报告期内（年度、季度、月度）平均拥有的从业人员数。

从业人员工资总额 指本单位在报告期内（季度或年度）直接支付给本单位全部从业人员的劳动报酬总额。包括计时工资、计件工资、奖金、津贴和补贴、加班加点工资、特殊情况下支付的工资，是在岗职工工资总额、劳务派遣人员工资总额和其他从业人员工资总额之和。不论是计入成本的还是不计入成本的，不论是以货币形式支付的还是以实物形式支付的，均应列入工资总额的计算范围。需要明确的是工资总额不包括从单位工会经费或工会账户中发放的现金或实物。

工资总额是税前工资，包括单位从个人工资中直接为其代扣或代缴的个人所得税、社会保险基金和住房公积金等个人缴纳部分，以及房费、水电费等。

在岗职工工资总额 指本单位在报告期内直接支付给本单位全部在岗职工的劳动报酬总额。在岗职工工资总额由基本工资、绩效工资和奖金、工资性津贴和补贴、其他工资四部分组成。工资总额不包括病假、事假等情况的扣款。

劳务派遣人员工资总额 指实际用工单位（派遣人员的使用方）在一定时期内为使用劳务派遣人员而付出的劳动报酬总额，包括用工单位负担的基本工资、绩效工资和奖金、工资性津贴和补贴等，但不包括因使用派遣人员而支付的管理费用和其他用工成本。

其他从业人员工资总额 指本单位在报告期内直接支付给本单位其他从业人员的全部劳动报酬。

从业人员平均工资 指本单位从业人员在报告期内平均每人所得的工资额。

在岗职工平均工资 指本单位在岗职工在报告期内平均每人所得的工资额。

劳务派遣人员平均工资 指本单位劳务派遣人员在报告期内平均每人所得的工资额。

其他从业人员平均工资 指本单位其他从业人员在报告期内平均每人所得的工资额。

城镇登记失业人员 指有非农业户口，在一定的劳动年龄内(16 岁以上及男 50 岁以下、女 45 岁以下)，有劳动能力，无业而要求就业，并在当地就业服务机构进行求职登记的人员。

城镇登记失业率 是城镇登记失业人数与城镇从业人数与城镇失业人数之和的比。计算公式为：

城镇登记失业率=（城镇登记失业人数／城镇从业人数+城镇登记失业人数）× 100%

六、固定资产投资

Chapter 6 Investment in Fixed Assets

资料整理：武海健　杨春辉　都文欢

6-1 全社会固定资产投资增长速度

单位:%

指标	2012年	2013年	2014年	2015年	2016年	2017年	2018年	2019年	2020年	2021年	2022年
投资总额	**23.2**	**15.0**	**-1.5**	**-27.5**	**-62.7**	**-0.2**	**3.2**	**0.7**	**2.4**	**2.8**	**3.3**
1.按经济类型分											
国有经济	20.8	14.9	-4.2	-32.9	-67.2	15.6	-12.2	-9.8	4.0	16.0	38.2
集体经济	10.4	-28.1	-20.0	-15.2	-87.2	-36.4	11.2	-4.1	-28.5	-39.3	34.1
私营个体经济	26.6	21.6	3.9	-22.8	-68.0	-12.3	19.8	2.1	-1.0	5.4	-3.7
其他经济	22.0	11.1	-5.1	-30.6	-52.1	5.0	-2.9	3.3	5.1	-3.4	-3.5
2.按投资渠道分											
建设项目投资	21.3	13.4	16.6	-26.4	-69.2	-4.3	-1.7	-4.9	0.8	6.6	19.1
房地产开发投资	21.6	18.2	-17.8	-32.9	-41.1	9.3	13.5	9.0	5.1	-2.6	-18.6
农户个人投资	2.1	5.1	-3.9	-8.7	-7.8	-9.3	-11.3	7.4	-5.6	10.4	-6.9
3.按资金来源分											
国家预算资金	-5.2	18.4	-1.5	-38.2	-56.6	1.3	-23.6	-7.3	31.5	25.8	79.4
国内贷款	17.9	8.4	-0.8	-31.5	-61.6	-12.2	21.0	-6.2	-9.8	-14.6	-10.4
利用外资	12.4	-20.0	-36.7	-38.8	260.0	-51.5	32.8	-91.5	233.1	118.5	-82.8
自筹投资	25.6	17.9	0.6	-31.7	-66.8	-11.8	-10.8	11.0	2.8	5.3	12.2
其他投资	23.0	7.3	-16.7	30.8	-57.1	78.2	25.8	-0.9	1.8	-1.3	-18.3
4.按构成分											
建筑安装工程	20.8	23.2	3.2	-25.3	-63.0	-4.6	-11.5	0.6	6.2	8.3	2.0
设备、工具、器具购置	22.4	10.4	-7.8	-33.3	-69.5	16.7	11.6	-15.9	-7.5	10.3	3.1
其他费用	20.4	-17.4	-21.2	-33.3	-40.5	5.3	78.3	17.0	-0.6	-17.1	8.0
5.按建设性质分											
# 新建	30.0	17.1	6.7	-29.5	-68.2	-3.3	-2.3	-4.7	-2.0	-2.7	18.1
扩建	10.0	5.9	-0.6	-23.5	-73.1	-7.2	6.0	-43.7	19.4	53.9	0.2
改建	7.3	-2.7	-7.9	-3.3	-76.6	40.2	-3.3	38.7	9.5	28.1	33.3
6.按产业分											
第一产业	12.0	-12.4	7.5	-22.9	-47.5	-4.5	-4.1	25.2	41.9	1.9	6.1
第二产业	26.2	9.3	0.6	-28.2	-70.4	2.0	12.2	-3.6	-5.2	5.2	6.1
第三产业	21.5	20.9	-3.3	-27.2	-57.5	-1.1	-1.2	2.0	4.3	1.6	2.4
7.按主要行业分											
# 农业	12.[illegible]	-4.3	15.1	-22.9	-51.9	-5.7	-1.4	20.6	43.7	3.2	-1.6
工业	24.[illegible]	12.9	1.5	-27.2	-70.7	1.5	12.3	-2.7	-5.5	5.4	6.1
# 能源工业	52.9	4.1	-10.2	-29.2	-36.5	65.9	-2.6	23.1	-9.3	2.9	-4.0
运输邮电业	17.3	50.0	12.8	-30.1	-47.7	-9.0	-17.9	-20.4	3.6	17.8	16.1
房屋建筑面积(万平方米)											
施工面积	68320.2	71452.5	68646.2	50479.7	31664.1	29721.8	27772.3	26508.1			
# 住宅	34069.7	35972.2	32316.7	24045.6	20117.4	19728.4	18635.7	18000.6			
竣工面积	16867.6	18807.6	16931.0	13225.1	4819.9	4527.8	3880.3	3053.9			
# 住宅	9103.7	8902.9	8176.7	4971.8	3141.4	3103.4	2572.8	1902.9			

注：从2011年开始统计范围为500万元的建设项目投资。

6-2 按主要行业分全社会固定资产投资增长速度

单位：%

指　标	2012年	2013年	2014年	2015年	2016年	2017年	2018年	2019年	2020年	2021年	2022年
总　计	**23.2**	**15.0**	**-1.5**	**-27.5**	**-62.7**	**-0.2**	**3.2**	**0.7**	**2.4**	**2.8**	**3.3**
农、林、牧、渔业	12.0	-4.3	15.1	-22.9	-51.9	-5.7	-1.4	20.6	43.7	3.2	-1.6
采矿业	25.0	-5.0	-5.1	-38.0	-67.5	16.9	-2.5	18.1	0.5	29.0	9.5
制造业	25.4	15.2	2.7	-25.9	-73.1	-13.4	20.7	-7.3	-7.0	-3.7	1.0
电力、热力、燃气及水生产和供应业	11.2	6.1	-6.3	-32.6	-43.0	83.3	-7.3	8.5	-2.6	25.4	16.8
建筑业	89.6	-46.1	-41.1	-84.7	-33.7	74.3	1.2	-84.8	146.5	-44.9	-23.9
批发和零售业	43.4	33.6	3.9	-19.9	-74.4	-47.8	-40.7	-2.7	-23.7	8.6	-3.0
交通运输、仓储及邮政业	17.7	50.0	12.8	-30.1	-47.7	-9.0	-17.9	-20.4	3.6	17.8	46.3
住宿和餐饮业	32.3	16.3	-18.4	-27.1	-75.0	-1.8	-43.3	-25.1	-21.2	-13.1	31.8
信息转输、软件和信息技术服务业	26.2	-8.0	73.9	-4.9	-68.9	-11.3	-24.0	76.3	29.9	-11.7	20.0
金融业	12.7	149.7	-33.6	-32.4	-81.9	-0.5	-46.3	33.5	-12.8	31.8	-48.4
房地产业	19.3	18.6	-16.2	-34.4	-40.6	7.4	11.8	8.1	4.7	-2.1	-17.3
租赁和商务服务业	33.5	-26.9	39.3	-38.4	-72.9	2.2	-36.2	45.2	-15.2	-16.9	44.1
科学研究和技术服务业	49.6	20.9	33.9	-5.5	-82.2	-31.4	-30.3	44.6	-16.7	19.1	89.2
水利、环境和公共设施管理业	12.6	33.1	10.1	-15.3	-75.7	-11.0	-7.0	-11.2	6.9	6.5	60.6
居民服务、修理和其他服务业	34.2	-0.9	1.8	-34.4	-64.7	-39.2	-23.7	-9.7	-19.0	-28.4	59.5
教育	10.2	20.4	7.7	-29.9	-67.6	38.1	-2.7	-9.0	27.5	19.2	12.0
卫生和社会工作	74.1	-10.6	-12.1	-1.5	-47.4	39.0	-15.0	-9.0	-9.9	24.2	75.9
文化、体育和娱乐业	53.4	-0.7	-9.5	-28.5	-54.0	14.8	-33.2	-24.1	-11.5	16.9	-23.1
公共管理、社会保障和社会组织	-1.1	-44.0	-6.1	-9.9	-54.0	-20.3	-16.9	-22.7	17.6	48.8	5.2

6-3 固定资产投资增长速度

单位：%

指　　标	2012年	2013年	2014年	2015年	2016年	2017年	2018年	2019年	2020年	2021年	2022年
投资总额	**23.5**	**15.1**	**-1.5**	**-27.8**	**-63.5**	**0.1**	**3.7**	**0.5**	**2.6**	**2.6**	**3.6**
1.按投资渠道分											
建设项目	24.2	14.1	4.3	-26.4	-69.2	-4.3	-1.7	-4.9	0.8	6.6	19.1
房地产开发	21.6	18.2	-17.8	-32.9	-41.1	9.3	13.5	9.0	5.1	-2.6	-18.6
2.按产业分											
第一产业	12.4	-15.2	6.4	-27.4	-66.6	-2.0	-3.9	11.1	79.9	-5.6	1.4
第二产业	26.3	9.3	0.6	-28.3	-70.4	2.0	12.2	-3.8	-5.1	5.1	6.1
第三产业	22.0	21.2	-3.2	-27.4	-58.2	-0.8	-0.7	2.8	4.9	1.7	2.4
3.按隶属关系分											
中央项目	-1.0	1.4	-7.9	-30.5	-31.2	51.9	-14.5	41.5	-2.6	5.4	49.2
地方项目	24.7	15.6	-1.3	-27.7	-64.5	-2.9	5.4	-2.5	3.2	2.3	-1.1
4.按经济类型分											
国有经济	20.8	14.9	-4.2	-32.9	-67.2	15.6	-12.2	-9.8	4.0	16.0	38.2
非国有经济	24.3	15.2	-0.8	-26.5	-62.7	-3.0	7.6	2.5	2.4	0.2	-3.4
5.按构成分											
建筑安装工程	21.1	23.5	3.2	-25.5	-63.7	-4.4	-11.4	1.1	6.8	8.4	2.2
设备工器购置	32.6	10.1	-7.6	-33.6	-70.7	18.0	12.5	-17.2	-7.4	9.1	3.8
其它费用	21.0	-17.2	-21.2	-33.8	-41.6	5.9	81.8	15.4	-1.4	-17.8	8.7
6.按建设性质分											
#新建	30.0	17.1	6.7	-29.5	-68.2	-3.3	-2.3	-4.7	-2.0	-2.7	18.1
扩建	10.0	5.9	-0.6	-23.5	-73.1	-7.2	6.0	-43.7	19.4	53.9	0.2
改建和技术改造	7.3	-2.7	-7.9	-3.3	-76.6	40.2	-3.3	38.7	9.5	28.1	33.3
房屋建筑面积											
房屋施工面积(万平方米)	63822.1	66871.5	64532.5	47369.5	30260.7	28465.1	26650.7	25768.0			
#住宅	30107.7	31953.6	28953.2	21779.8	19145.6	18829.2	17877.3	17482.6			
房屋竣工面积(万平方米)	12691.5	14548.6	13246.9	10341.5	3510.4	3328.2	2795.0	2316.2			
#住宅	5413.5	5155.7	5070.2	2675.2	2215.8	2247.1	1836.2	1386.6			
房屋面积竣工率	19.9	21.8	20.5	21.8	11.6	11.7	10.5	9.0			
#住宅	18.0	16.1	17.5	12.3	11.6	11.9	10.3	7.9			
项目个数											
施工项目(个)	18448	16281	16642	16235	7003	6689	7200	8674	9875	11552	13000
#新开工项目	12058	11369	11624	12401	4213	3822	3672	4494	5049	4964	5877
投产项目(个)	12128	10459	12190	13693	3070	3237	2751	3366	3002	4043	4368
项目投产率	65.7	64.2	73.2	84.3	43.8	48.4	38.2	38.8	30.4	35.0	33.6

注：统计范围为500万元的建设项目投资，项目个数为建设项目。

6-4 按构成和建设性质分固定资产投资增长速度

单位：%

年份、地区	投资额	按构成分			按建设性质分	
		建筑安装工程	设备、工器具购置	其他费用	#新建	#改、扩建
2012	21.4	18.5	31.2	20.3	27.0	4.7
2013	14.7	23.9	8.5	-18.7	16.4	2.3
2014	6.9	11.0	3.5	-15.8	19.3	9.3
2015	-27.8	-25.5	-33.6	-33.8	-29.5	-16.2
2016	-63.5	-63.7	-70.7	-41.6	-68.2	-74.5
2017	0.1	-4.4	18.0	5.9	-3.3	11.1
2018	3.7	-11.4	12.5	81.7	-2.3	1.5
2019	0.5	1.1	-17.2	15.4	-4.7	-5.5
2020	2.6	6.8	-7.4	-1.4	-2.0	12.7
2021	2.6	8.4	9.1	-17.8	-2.7	36.9
2022	3.6	2.2	3.8	8.7	18.1	20.7
沈　阳	6.1	7.3	34.0	-8.8	50.7	60.3
大　连	6.5	8.6	-10.1	12.9	40.6	-13.1
鞍　山	1.0	-9.0	28.5	29.8	-12.8	34.2
抚　顺	6.4	-3.6	39.9	36.5	8.2	8.7
本　溪	6.1	-3.7	-10.2	173.0	52.1	-18.0
丹　东	-4.5	-11.2	22.2	23.0	7.3	-6.9
锦　州	8.9	14.0	-13.9	7.2	12.5	5.9
营　口	0.9	9.9	-19.4	-10.6	7.3	7.7
阜　新	9.0	2.7	36.8	-5.5	6.1	42.4
辽　阳	8.7	8.1	2.8	19.7	10.5	5.3
盘　锦	-17.1	-16.1	-33.4	-3.6	-34.6	102.9
铁　岭	-12.4	-20.4	1.5	8.8	-28.7	36.2
朝　阳	8.9	6.6	8.4	27.0	23.5	-20.6
葫芦岛	1.5	-15.6	-15.8	84.7	13.2	-11.5

注：2012—2013年数据为城镇口径。

6-5 按行业分固定资产投资增长速度

(2022年) 单位：%

行业	投资额	建筑安装工程投资	设备工器具购置	其他费用
全省合计	**3.6**	**2.2**	**3.8**	**8.7**
农、林、牧、渔业	**1.9**	**1.9**	**-4.5**	**12.5**
农业	69.9	60.0	193.9	113.6
林业	22.0	16.9	365.2	25.3
畜牧业	-33.4	-33.2	-34.9	-31.8
渔业	126.6	261.7	-31.9	402.1
农、林、牧、渔专业及辅助性活动	5.6	-0.6	89.4	-24.6
采矿业	**9.5**	**-3.0**	**24.0**	**65.5**
煤炭开采和洗选业	60.8	21.3	72.3	-28.6
石油和天然气开采业	-10.3	-9.8	-79.1	
黑色金属矿采选业	52.5	57.2	21.1	63.8
有色金属矿采选业	-12.4	-43.4	45.8	247.2
非金属矿采选业	-23.1	-29.9	-17.0	13.1
开采辅助活动	-15.7	-67.8	524.5	109900.0
其他采矿业	-79.9	-81.2	-12.5	
制造业	**1.0**	**-0.2**	**1.7**	**3.7**
农副食品加工业	3.2	9.3	-7.6	-12.3
食品制造业	-29.2	-23.2	-37.3	-52.2
酒、饮料和精制茶制造业	33.0	27.3	60.8	-31.7
烟草制品业	-28.4	35.2	-68.9	
纺织业	22.6	12.2	18.0	250.2
纺织服装、服饰业	-36.9	-38.3	-7.8	-89.5
皮革、毛皮、羽毛及其制品和制鞋业	374.6	429.6	220.8	2635.5
木材加工和木、竹、藤、棕、草制品业	33.4	36.2	24.8	30.5
家具制造业	53.6	17.5	227.0	58.5
造纸和纸制品业	57.8	22.0	93.3	-0.1
印刷和记录媒介复制业	-8.2	-26.9	110.4	-74.7
文教、工美、体育和娱乐用品制造业	15.6	37.9	-26.5	288.6
石油加工、炼焦和核燃料加工业	-46.4	-56.5	-45.9	-26.6
化学原料和化学制品制造业	12.6	-3.2	12.7	115.5
医药制造业	-48.6	-13.2	-34.1	-91.0
化学纤维制造业	59.1	47.2	64.8	13.2
橡胶和塑料制品业	-26.9	-37.6	-13.6	-17.9
非金属矿物制品业	2.2	-2.0	3.6	51.1
黑色金属冶炼和压延加工业	-13.4	-11.5	-8.4	-45.8
有色金属冶炼和压延加工业	-56.8	-64.2	-57.5	147.1
金属制品业	-0.2	-9.6	17.3	19.4
通用设备制造业	54.8	52.0	45.5	109.2

6-5 续表 1 (2022年) 单位：%

行　业	投资额	建筑安装工程投资	设备工器具购置	其他费用
专用设备制造业	36.4	9.7	60.7	119.8
汽车制造业	10.7	-32.0	44.7	-10.4
铁路、船舶、航空航天和其他运输设备制造业	109.4	156.5	-5.3	1148.6
电气机械和器材制造业	49.7	86.2	31.0	-33.7
计算机、通信和其他电子设备制造业	17.2	132.7	-23.4	-12.9
仪器仪表制造业	31.0	9.1	122.5	21.7
其他制造业	-64.1	-75.7	147.6	-78.4
废弃资源综合利用业	-24.3	-24.2	-37.9	41.9
金属制品、机械和设备修理业	24.5	364.0	-53.0	-46.7
电力、热力、燃气及水生产和供应业	**16.9**	**16.4**	**-1.0**	**52.6**
电力、热力生产和供应业	23.9	30.1	2.4	53.6
燃气生产和供应业	36.0	38.5	-25.8	48.0
水的生产和供应业	-31.4	-34.9	-59.4	44.5
建筑业	**-51.3**	**-76.9**	**2.0**	**-69.5**
房屋建筑业	-48.8	-46.8	-79.4	-12.9
土木工程建筑业	-52.2	-91.9	12.9	
建筑安装业				
建筑装饰和其他建筑业				
批发和零售业	**-2.8**	**-25.2**	**406.0**	**-5.1**
批发业	118.6	69.6	671.0	34.6
零售业	-44.1	-51.7	126.9	-30.9
交通运输、仓储和邮政业	**48.3**	**34.3**	**-20.9**	**166.9**
铁路运输业	-14.3	-78.5	-10.5	88.5
道路运输业	52.1	39.3	-37.0	178.4
水上运输业	71.7	27.9	33.0	4274.7
航空运输业	14.3	-36.2	661.2	18.5
管道运输业	98.6	108.2	-52.9	67.7
装卸搬运和运输代理业	-52.6	-39.6	-87.7	-84.4
仓储业	47.6	51.7	-3.8	81.4
邮政业	-0.5	-39.5	139.8	-98.0
住宿和餐饮业	**32.1**	**21.6**	**-3.4**	**225.5**
住宿业	54.6	35.1	23.8	588.2
餐饮业	-45.6	-37.7	-47.3	-82.1
信息传输、软件和信息技术服务业	**20.0**	**4.5**	**74.8**	**139.7**
电信、广播电视和卫星传输服务	13.6	6.2	93.6	-67.6
互联网和相关服务	68.1	-29.3	335.8	894.3
软件和信息技术服务业	9.5	49.9	-50.9	242.5
金融业	**-48.4**	**-61.6**	**-13.6**	**-94.3**
货币金融服务	-48.0	-67.9	-13.0	-93.5

6-5 续表 2 (2022年) 单位：%

行　　业	投资额	建筑安装工程投资	设备工器具购置	其他费用
资本市场服务	-61.3	-63.8		
保险业	-44.6	-23.3		-95.6
其他金融业	-93.4	-85.9		
房地产业	**-17.3**	**-11.0**	**-14.5**	**-33.6**
租赁和商务服务业	**46.4**	**24.1**	**2.1**	**181.7**
租赁业	117.1	315.7	-23.7	
商务服务业	46.0	23.6	5.1	179.8
科学研究和技术服务业	**89.2**	**33.5**	**55.8**	**562.7**
研究和试验发展	6.5	-22.5	12.6	582.7
专业技术服务业	443.7	157.8	141.3	7126.0
科技推广和应用服务业	38.1	31.5	92.1	36.8
水利、环境和公共设施管理业	**60.6**	**30.3**	**41.9**	**480.8**
水利管理业	68.6	25.8	-46.5	1011.4
生态保护和环境治理业	28.1	19.4	48.4	64.0
公共设施管理业	67.7	35.5	60.8	531.3
土地管理业	-71.6	-71.0	-74.4	-94.3
居民服务、修理和其他服务业	**60.2**	**120.5**	**-30.9**	**-53.7**
居民服务业	59.9	119.9	-74.0	-43.7
机动车、电子产品和日用产品修理业	190.3	155.1	453.7	489.9
其他服务业	34.0	111.5	13.0	-91.8
教育	**12.0**	**0.8**	**98.0**	**73.8**
卫生和社会工作	**75.9**	**72.1**	**48.1**	**163.5**
卫生	84.3	89.9	54.1	110.3
社会工作	29.6	-3.7	-60.6	884.3
文化、体育和娱乐业	**-23.1**	**-14.6**	**176.2**	**-80.8**
新闻和出版业				
广播、电视、电影和影视录音制作业	56.2	-71.6	59313.2	
文化艺术业	-5.3	-6.9	40.2	-25.4
体育	-39.1	-2.3	138.3	-81.7
娱乐业	-18.6	-21.9	54.1	-87.4
公共管理、社会保障和社会组织	**5.2**	**3.5**	**-52.5**	**250.7**
中国共产党机关	601.3	557.9		14136.7
国家机构	-7.3	-10.0	-53.3	225.5
人民政协、民主党派				
社会保障	101.2	119.7		-62.3
群众团体、社会团体和其他成员组织	64.4	50.9		947.7
基层群众自治组织	85.3	85.3		

6-6 按行业、隶属关系和注册类型分固定资产投资增长速度

(2022年) 单位：%

行业	投资额	中央	地方	内资	港澳台商投资	外商投资	个体经营
全省合计	**3.6**	**49.2**	**-1.1**	**3.8**	**2.6**	**-1.6**	**43.6**
农、林、牧、渔业	**1.9**	**29.5**	**1.6**	**-1.8**	**32.7**		**52.4**
农业	69.9		68.6	57.8			363.4
林业	22.0	57.9	19.9	22.0			
畜牧业	-33.4		-33.5	-37.3	32.7		0.4
渔业	126.6		126.6	118.4			6810.4
农、林、牧、渔专业及辅助性活动	5.6	-18.8	7.8	5.6			8.5
采矿业	**9.5**	**22.8**	**-9.5**	**8.0**	**59750.8**	**-44.0**	**-8.6**
煤炭开采和洗选业	60.8	252.3	28.1	60.8			
石油和天然气开采业	-10.3	-10.3		-7.2		-53.8	
黑色金属矿采选业	52.5	229.2	-6.2	42.1			-55.5
有色金属矿采选业	-12.4	49.1	-14.8	-25.6		147.9	
非金属矿采选业	-23.1		-23.1	-23.3	1593.5		-86.9
开采辅助活动	-15.7		-15.7	-15.7			
其他采矿业	-79.9		-79.9	-79.9			
制造业	**1.0**	**6.6**	**0.5**	**-3.4**	**58.7**	**13.4**	**18.9**
农副食品加工业	3.2		3.6	3.9	-23.5	-18.8	-10.4
食品制造业	-29.2		-29.2	-36.3	26.4	219.0	-92.8
酒、饮料和精制茶制造业	33.0		33.0	25.9	-64.6	243.8	658.3
烟草制品业	-28.4	-68.9	35.2	-28.4			
纺织业	22.6		22.6	28.7			-79.2
纺织服装、服饰业	-36.9		-36.9	-34.4	1580.4		-28.2
皮革、毛皮、羽毛及其制品和制鞋业	374.6		374.6	455.7		-0.1	
木材加工和木、竹、藤、棕、草制品业	33.4		33.4	12.0			894.5
家具制造业	53.6		53.6	51.8			86.3
造纸和纸制品业	57.8		57.8	-31.6	122.7		
印刷和记录媒介复制业	-8.2		-8.2	2.5	-76.6		
文教、工美、体育和娱乐用品制造业	15.6		15.6	20.0		-45.6	-37.7
石油加工、炼焦和核燃料加工业	-46.4	-27.8	-61.2	-47.1		713.3	
化学原料和化学制品制造业	12.6	-22.4	14.7	15.0	48.2	-39.2	-8.5
医药制造业	-48.6	-62.1	-48.5	-52.4	-19.4	1875.9	-12.5
化学纤维制造业	59.1		59.1	59.1			
橡胶和塑料制品业	-26.9		-26.9	-31.4	-68.7	31.0	6.1
非金属矿物制品业	2.2	1349.1	2.0	0.9	81.4	122.9	-51.5
黑色金属冶炼和压延加工业	-13.4	78.9	-32.9	-14.7		54.8	-70.0
有色金属冶炼和压延加工业	-56.8	-5.2	-58.0	-58.6	-98.6	21.5	
金属制品业	-0.2	-73.1	0.9	-5.0	-20.9	401.4	284.9
通用设备制造业	54.8	208.3	44.9	69.9	-39.0	-15.9	-72.0

6-6 续表 1 (2022年) 单位：%

行　　业	投资额	中央	地方	内资	港澳台商投资	外商投资	个体经营
专用设备制造业	36.4	-73.7	40.0	15.2	259.5	97.3	
汽车制造业	10.7	196.1	9.5	8.9	309.8	10.2	
铁路、船舶、航空航天和其他运输设备制造业	109.4	-30.0	166.0	116.0		-20.5	
电气机械和器材制造业	49.7		47.9	52.8	-99.5	77.8	
计算机、通信和其他电子设备制造业	17.2	1968.1	15.7	45.7	71.5	6.2	
仪器仪表制造业	31.0	2051.0	20.6	29.3		60.0	
其他制造业	-64.1		-64.1	-68.3			
废弃资源综合利用业	-24.3	53.1	-26.8	-25.3			200.0
金属制品、机械和设备修理业	24.5	0.4	27.7	20.7			
电力、热力、燃气及水生产和供应业	**16.9**	**74.5**	**-8.0**	**18.0**	**-16.4**	**119.3**	
电力、热力生产和供应业	23.9	73.4	-3.2	24.2	7.2	72.3	
燃气生产和供应业	36.0	169.6	9.8	37.7	-27.9	451.5	
水的生产和供应业	-31.4	-53.7	-31.1	-29.8	-47.5	139.8	
建筑业	**-51.3**		**-29.6**	**-51.3**			
房屋建筑业	-48.8		49.1	-48.8			
土木工程建筑业	-52.2		-41.5	-52.2			
建筑安装业							
建筑装饰和其他建筑业							
批发和零售业	**-2.8**	**8.3**	**-3.6**	**-3.6**	**25.7**		**76.9**
批发业	118.6	65.7	125.2	118.1	310.5		
零售业	-44.1	-31.1	-44.9	-45.7	-13.5		76.9
交通运输、仓储和邮政业	**48.3**	**184.0**	**23.0**	**47.7**	**449.3**	**-42.7**	**163.6**
铁路运输业	-14.3	-17.8	29.6	-13.9		-45.9	
道路运输业	52.1	294.2	14.2	51.9		18.6	
水上运输业	71.7	1230.6	44.3	72.7		-85.2	
航空运输业	14.3		14.3	14.3			
管道运输业	98.6	1419.2	52.3	98.1			
装卸搬运和运输代理业	-52.6		-52.6	-52.6			
仓储业	47.6	89.2	44.5	43.8	411.4	-40.6	163.6
邮政业	-0.5	461.7	-17.4	-0.5			
住宿和餐饮业	**32.1**		**30.9**	**36.9**			**-29.5**
住宿业	54.6		53.1	57.5			-16.9
餐饮业	-45.6		-45.6	-39.5			
信息传输、软件和信息技术服务业	**20.0**	**58.4**	**2.6**	**50.9**	**-20.9**	**-5.7**	
电信、广播电视和卫星传输服务	13.6	62.7	-16.4	56.9	-21.1	-9.2	
互联网和相关服务	68.1	21.5	78.2	77.5	-18.0	174.0	
软件和信息技术服务业	9.5	15.5	9.1	11.9		-9.1	
金融业	**-48.4**	**64.6**	**-50.6**	**-48.4**			
货币金融服务	-48.0	34.6	-49.4	-48.0			

6-6 续表 2 (2022年) 单位：%

行　业	投资额						
		中央	地方	内资	港澳台商投资	外商投资	个体经营
资本市场服务	-61.3			-61.3			
保险业	-44.6		-41.8	-44.6			
其他金融业	-93.4		-93.4	-93.4			
房地产业	**-17.3**	**-23.8**	**-17.2**	**-16.8**	**-12.0**	**-38.4**	
租赁和商务服务业	**46.4**	**6.4**	**46.7**	**46.4**	**-30.2**		
租赁业	117.1		117.1	167.5			
商务服务业	46.0	6.4	46.2	45.8	-25.4		
科学研究和技术服务业	**89.2**	**37.7**	**99.8**	**80.4**	**-75.9**	**1657.8**	
研究和试验发展	6.5	0.5	10.2	-8.8		1376.9	
专业技术服务业	443.7	1676.4	418.1	465.6	-65.7		
科技推广和应用服务业	38.1	31.9	38.6	28.3		2092.3	
水利、环境和公共设施管理业	**60.6**	**24.9**	**63.7**	**61.3**		**16.9**	
水利管理业	68.6	4.8	72.7	69.7			
生态保护和环境治理业	28.1	755.9	20.2	35.3		-54.6	
公共设施管理业	67.7	15.9	73.0	67.2		439.3	
土地管理业	-71.6		-72.5	-71.6			
居民服务、修理和其他服务业	**60.2**		**65.1**	**64.9**			**22.2**
居民服务业	59.9		63.2	68.1			11.0
机动车、电子产品和日用产品修理业	190.3		190.3	191.3			180.6
其他服务业	34.0		43.8	31.6			
教育	**12.0**	**51.2**	**10.9**	**12.3**	**-66.8**		
卫生和社会工作	**75.9**	**156.0**	**74.5**	**76.0**			**-11.4**
卫生	84.3	156.1	82.8	84.3			
社会工作	29.6	150.0	29.4	29.8			-11.4
文化、体育和娱乐业	**-23.1**	**232.1**	**-24.0**	**-24.3**			**1264.0**
新闻和出版业							
广播、电视、电影和影视录音制作业	56.2		50.3	56.2			
文化艺术业	-5.3		-9.3	-5.3			
体育	-39.1		-38.6	-40.2			
娱乐业	-18.6		-19.5	-20.5			815.7
公共管理、社会保障和社会组织	**5.2**	**-26.7**	**6.6**	**5.2**			
中国共产党机关	601.3		601.3	601.3			
国家机构	-7.3	-26.7	-6.4	-7.3			
人民政协、民主党派							
社会保障	101.2		101.2	101.2			
群众团体、社会团体和其他成员组织	64.4		64.4	64.4			
基层群众自治组织	85.3		85.3	85.3			

6-7 各地区按主要行业分固定资产投资增长速度

单位：%

年份、地区	合计	农林牧渔业	采矿业	制造业	电力、热力、燃气及水生产和供应业	建筑业	批发和零售业	交通运输、仓储和邮政业	住宿和餐饮业	信息传输、软件和信息技术服务业
2012	21.4	-3.8	22.9	21.5	5.2	92.3	47.0	16.4	28.4	23.9
2013	14.7	-11.4	-8.1	13.2	8.1	-45.8	33.6	48.1	22.9	-6.7
2014	6.9	152.9	13.3	17.9	1.8	-38.7	7.3	21.4	-13.2	76.1
2015	-27.8	-26.7	-38.0	-26.0	-32.6	-91.5	-20.3	-30.3	-27.1	-4.9
2016	-63.5	-68.7	-67.5	-73.1	-43.0	29.8	-76.2	-48.0	-75.1	-68.9
2017	0.1	-4.5	16.9	-13.4	83.3	74.3	-51.5	-8.7	-1.9	-11.3
2018	3.7	1.0	-2.5	20.7	-7.3	1.2	-40.9	-18.0	-43.4	-24.0
2019	0.5	4.8	18.1	-7.3	8.2	-96.4	-1.3	-21.5	-25.3	76.3
2020	2.6	80.1	0.5	-7.0	-2.6	687.6	-23.5	3.0	-21.4	29.9
2021	2.6	-2.6	29.0	-3.7	25.4	-75.2	18.6	17.0	-12.8	-11.7
2022	3.6	1.9	9.5	1.0	16.9	-51.3	-2.8	48.3	32.1	20.0
沈　阳	6.1	-26.2	399.7	28.0	35.6	-98.0	-43.5	78.4	270.7	41.4
大　连	6.5	58.5	-0.5	43.2	-33.0	-34.9	5.1	62.3	107.3	27.2
鞍　山	1.0	32.[illegible]	43.5	-12.7	58.1		-45.6	-57.6	10.5	-37.5
抚　顺	6.4	-3[illegible]	-18.9	4.3	20.3		36.5	32.5	5.2	-37.4
本　溪	6.1	7[illegible]	18.4	-22.1	-3.0		53.0	370.7	-64.8	-55.9
丹　东	-4.5	15.[illegible]	38.9	26.2	-45.1	-49.7	7.5	-10.6	-37.1	47.9
锦　州	8.9	[illegible]	52.9	15.4	3.6	46.6	220.0	-31.1	248.5	54.1
营　口	0.9	-33.5	-10.1	-29.5	291.4		-22.6	41.7	52.2	138.4
阜　新	9.0	-29.1	-1.8	-14.4	72.0		95.5	-20.8	-69.5	112.9
辽　阳	8.7	[illegible]4.3	232.7	-9.9	23.0		648.7	37.0	195.4	-93.3
盘　锦	-17.1	[illegible]1.5	-10.3	-50.2	-27.2		218.8	79.9		-16.9
铁　岭	-12.4	[illegible]2.3	70.5	-11.9	-9.8		-60.5	-17.6	-48.6	-6.7
朝　阳	8.9	-[illegible]1	-45.3	-17.6	55.3		374.6	95.1	-36.7	-44.0
葫芦岛	1.5	[illegible]1.1	-66.1	-20.6	27.5		-39.2	-30.1		-41.2

注：2013年之前的年度数据为城镇口径。

6-7 续表 单位：%

年份、地区	金融业	房地产业	租赁和商务服务业	科学研究和技术服务	水利、环境和公共设施管理业	居民服务、修理和其他服务业	教育	卫生、社会工作	文化、体育和娱乐业	公共管理、社会保障和社会组织
2012	11.2	23.6	-10.0	51.1	12.5	37.2	2.9	77.5	53.2	-4.1
2013	149.2	15.6	9.3	16.1	33.7	-2.6	10.6	-13.2	-4.0	-45.6
2014	-32.5	-16.3	41.0	41.6	14.6	5.2	27.1	-7.6	-3.5	4.2
2015	-32.4	-34.9	-38.4	-5.5	-15.3	-36.1	-29.9	-1.5	-28.5	-9.9
2016	-81.9	-41.5	-72.9	-82.2	-75.7	-62.4	-67.6	-47.4	-53.9	-54.0
2017	-0.5	8.3	2.2	-31.4	-11.0	-39.3	38.1	39.0	14.8	-20.3
2018	-46.3	12.9	-36.2	-30.3	-7.0	-23.9	-2.7	-15.0	-33.2	-16.9
2019	33.5	9.7	45.2	44.6	-11.2	-9.8	-9.0	-9.0	-24.1	-22.7
2020	-12.8	5.8	-17.4	-16.7	6.9	-19.1	27.5	-9.9	-1.4	17.6
2021	31.8	-2.1	-18.5	19.1	6.5	-28.7	19.2	24.2	4.9	48.8
2022	-48.4	-17.3	46.4	89.2	60.6	60.2	12.0	75.9	-23.1	5.2
沈　阳	-40.3	-21.0	82.5	123.0	73.6	10.1	60.9	140.3	74.9	66.5
大　连	-71.3	-14.6	141.9	313.9	98.8	100.8	-41.9	35.8	-67.2	-42.7
鞍　山	10.7	-6.2	-44.3	-56.9	64.6	199.8	41.3	59.7	-3.7	-12.1
抚　顺		-3.4	-72.4	111.0	26.5	21.6	-49.7	115.1	38.3	845.6
本　溪	745.8	-28.2	-79.1	-67.0	-8.9	1817.4	39.4	51.5	-13.9	-2.6
丹　东		-21.7	6.3	-99.3	6.2	-72.2	-31.4	72.9	71.4	102.4
锦　州		-3.6	250.5	-44.5	181.4	-67.1	21.6	-8.2	-13.9	85.6
营　口	-96.7	-11.3	-15.4	-40.8	84.0	182.9	104.3	13.5	-5.0	20.3
阜　新		-29.8	-51.5	15.6	34.4		123.8	141.7	25.0	-11.5
辽　阳		3.6	-65.7	-38.3	25.5	-79.3	223.7	42.1	-26.5	-81.4
盘　锦		-31.6	-30.5	17.0	56.0	926.2	294.4	-15.0	35.8	322.7
铁　岭		-34.8	-45.7	-64.3	-25.5		27.0	61.4	145.2	-44.7
朝　阳		5.3	-12.7		-12.8	14.3	63.1	160.7	-75.7	354.0
葫芦岛		-34.9	398.6	-41.8	251.4	-71.5	-59.5	9.0	-45.6	-64.3

6-8 按构成和建设性质分建设项目投资增长速度

单位：%

年份、地区	投资额	按构成分			按建设性质分	
		建筑安装工程	设备、工器具购置	其他费用	#新建	#改、扩建
2012	21.3	18.7	32.6	9.0	27.0	4.7
2013	13.4	23.6	8.3	-27.0	16.4	2.3
2014	16.6	24.0	4.1	-0.1	19.3	9.3
2015	-26.4	-23.5	-33.0	-30.7	-29.5	-16.2
2016	-69.2	-69.7	-71.6	-53.5	-68.2	-74.5
2017	-4.3	-11.8	19.5	-2.2	-3.3	11.1
2018	-1.7	-7.6	13.2	-3.6	-2.3	1.5
2019	-4.9	-0.7	-18.2	12.0	-4.7	-5.5
2020	0.8	3.1	-6.3	5.6	-2.0	12.7
2021	6.6	5.4	9.3	7.1	-2.7	36.9
2022	19.1	13.4	4.3	86.8	18.1	20.7
沈　阳	47.9	33.3	38.5	124.1	50.7	60.3
大　连	28.8	34.6	-10.0	109.8	40.6	-13.1
鞍　山	3.5	-8.9	25.9	35.0	-12.8	34.2
抚　顺	10.4	-6.5	45.5	76.6	8.2	8.7
本　溪	11.6	1.1	-9.7	278.7	52.1	-18.0
丹　东	8.3	2.1	21.7	40.4	7.3	-6.9
锦　州	12.2	18.0	-13.6	17.8	12.5	5.9
营　口	6.2	20.2	-20.0	22.4	7.3	7.7
阜　新	13.5	6.4	36.6	5.7	6.1	42.4
辽　阳	10.6	8.6	3.1	40.5	10.5	5.3
盘　锦	-13.4	-13.1	-34.8	30.7	-34.6	102.9
铁　岭	-8.[illegible]	-15.2	2.7	-3.6	-28.7	36.2
朝　阳	9.5	5.6	7.5	58.9	23.5	-20.6
葫芦岛	35.1	13.6	-16.9	193.9	13.2	-11.5

6-9 按行业和构成分建设项目投资增长速度

(2022年) 单位：%

行业	投资额	#新建	#扩建	#改建	建筑安装工程投资	设备工器具购置	其他费用
全省合计	**19.1**	**18.1**	**0.2**	**33.3**	**13.4**	**4.3**	**86.8**
农、林、牧、渔业	**1.9**	**3.8**	**-48.0**	**87.3**	**1.9**	**-4.5**	**12.5**
农业	69.9	69.2	-31.9		60.0	193.9	113.6
林业	22.0	58.8	-87.6		16.9	365.2	25.3
畜牧业	-33.4	-32.9	-43.8	-16.5	-33.2	-34.9	-31.8
渔业	126.6	122.0	4455.6	-25.7	261.7	-31.9	402.1
农、林、牧、渔专业及辅助性活动	5.6	3.2	-35.4	744.0	-0.6	89.4	-24.6
采矿业	**9.5**	**-40.2**	**-36.7**	**288.3**	**-3.0**	**24.0**	**65.5**
煤炭开采和洗选业	60.8	124.3		42.2	21.3	72.3	-28.6
石油和天然气开采业	-10.3	-54.4	-53.8		-9.8	-79.1	
黑色金属矿采选业	52.5	4.4	-58.1	255.6	57.2	21.1	63.8
有色金属矿采选业	-12.4	-20.8	2.1	5.4	-43.4	45.8	247.2
非金属矿采选业	-23.1	-45.8	114.0	-17.8	-29.9	-17.0	13.1
开采辅助活动	-15.7	312.9		-79.4	-67.8	524.5	109900.0
其他采矿业	-79.9	-79.9			-81.2	-12.5	
制造业	**1.0**	**3.3**	**-19.2**	**3.9**	**-0.2**	**1.7**	**3.7**
农副食品加工业	3.2	0.4	-13.6	38.1	9.3	-7.6	-12.3
食品制造业	-29.2	-20.7	-27.2	-46.5	-23.2	-37.3	-52.2
酒、饮料和精制茶制造业	33.0	10.6	69.3	69.3	27.3	60.8	-31.7
烟草制品业	-28.4		35.2		35.2	-68.9	
纺织业	22.6	30.2	-67.0	140.6	12.2	18.0	250.2
纺织服装、服饰业	-36.9	-30.0	-65.9	-50.5	-38.3	-7.8	-89.5
皮革、毛皮、羽毛及其制品和制鞋业	374.6	323.8	461.5	353.9	429.6	220.8	2635.5
木材加工和木、竹、藤、棕、草制品业	33.4	76.5	-48.6	-50.8	36.2	24.8	30.5
家具制造业	53.6	121.1	-81.2	-37.2	17.5	227.0	58.5
造纸和纸制品业	57.8	-7.4	94.7	-37.6	22.0	93.3	-0.1
印刷和记录媒介复制业	-8.2	-20.1	-89.2	54.4	-26.9	110.4	-74.7
文教、工美、体育和娱乐用品制造业	15.6	88.7	-72.9	-9.3	37.9	-26.5	288.6
石油加工、炼焦和核燃料加工业	-46.4	-59.6	-87.0	-25.4	-56.5	-45.9	-26.6
化学原料和化学制品制造业	12.6	12.5	13.2	16.9	-3.2	12.7	115.5
医药制造业	-48.6	-60.0	54.0	-26.5	-13.2	-34.1	-91.0
化学纤维制造业	59.1	54.2		3329.4	47.2	64.8	13.2
橡胶和塑料制品业	-26.9	-10.1	-67.1	-23.5	-37.6	-13.6	-17.9
非金属矿物制品业	2.2	-1.1	1.9	11.9	-2.0	3.6	51.1
黑色金属冶炼和压延加工业	-13.4	8.7	-37.4	-16.0	-11.5	-8.4	-45.8
有色金属冶炼和压延加工业	-56.8	-61.5	99.2	-69.3	-64.2	-57.5	147.1
金属制品业	-0.2	-14.4	4.8	30.1	-9.6	17.3	19.4
通用设备制造业	54.8	36.0	13.4	99.5	52.0	45.5	109.2

6-9 续表 1　　(2022年)　　单位：%

行　业	投资额	#新建	#扩建	#改建	建筑安装工程投资	设备工器具购置	其他费用
专用设备制造业	36.4	35.1	41.8	15.7	9.7	60.7	119.8
汽车制造业	10.7	-2.0	-18.9	40.5	-32.0	44.7	-10.4
铁路、船舶、航空航天和其他运输设备制造业	109.4	86.1	-22.7	54.0	156.5	-5.3	1148.6
电气机械和器材制造业	49.7	56.7	274.4	21.3	86.2	31.0	-33.7
计算机、通信和其他电子设备制造业	17.2	234.1	-36.6	15.4	132.7	-23.4	-12.9
仪器仪表制造业	31.0	-28.9	-34.3	140.0	9.1	122.5	21.7
其他制造业	-64.1	-69.5	22.9		-75.7	147.6	-78.4
废弃资源综合利用业	-24.3	-15.9	-74.6	-32.8	-24.2	-37.9	41.9
金属制品、机械和设备修理业	24.5	93.9	-64.8	100.1	364.0	-53.0	-46.7
电力、热力、燃气及水生产和供应业	**16.9**	**17.2**	**-14.8**	**36.9**	**16.4**	**-1.0**	**52.6**
电力、热力生产和供应业	23.9	23.8	-2.8	35.8	30.1	2.4	53.6
燃气生产和供应业	36.0	7.8	138.6	122.5	38.5	-25.8	48.0
水的生产和供应业	-31.4	-29.1	-40.4	-8.3	-34.9	-59.4	44.5
建筑业	**-51.3**	**-28.0**			**-76.9**	**2.0**	**-69.5**
房屋建筑业	-48.8	-42.7			-46.8	-79.4	-12.9
土木工程建筑业	-52.2	-20.2			-91.9	12.9	
建筑安装业							
建筑装饰和其他建筑业							
批发和零售业	**-2.8**	**-14.0**	**-12.5**	**97.8**	**-25.2**	**406.0**	**-5.1**
批发业	118.6	94.3	-23.9	403.4	69.6	671.0	34.6
零售业	-44.1	-49.4	-4.6	-11.3	-51.7	126.9	-30.9
交通运输、仓储和邮政业	**48.3**	**44.7**	**281.5**	**62.9**	**34.3**	**-20.9**	**166.9**
铁路运输业	-14.3	-83.2	-61.3	741.4	-78.5	-10.5	88.5
道路运输业	52.1	53.4	4736.0	9.0	39.3	-37.0	178.4
水上运输业	71.7	83.3	-54.1	-69.3	27.9	33.0	4274.7
航空运输业	14.3	13.6	8.9		-36.2	661.2	18.5
管道运输业	98.6	5.7		3797.1	108.2	-52.9	67.7
装卸搬运和运输代理业	-52.6	-58.9	-2.3		-39.6	-87.7	-84.4
仓储业	47.6	48.8	28.6	10.3	51.7	-3.8	81.4
邮政业	-0.5	-13.6	244.6		-39.5	139.8	-98.0
住宿和餐饮业	**32.1**	**22.3**	**-9.7**	**79.5**	**21.6**	**-3.4**	**225.5**
住宿业	54.6	52.8	1.8	60.7	35.1	23.8	588.2
餐饮业	-45.6	-70.1		199.8	-37.7	-47.3	-82.1
信息传输、软件和信息技术服务业	**20.0**	**13.3**	**65.8**	**-19.2**	**4.5**	**74.8**	**139.7**
电信、广播电视和卫星传输服务	13.6	1.9	56.4	-55.5	6.2	93.6	-67.6
互联网和相关服务	68.1	79.5	610.1	-55.1	-29.3	335.8	894.3
软件和信息技术服务业	9.5	5.3		20.8	49.9	-50.9	242.5
金融业	**-48.4**	**-64.3**		**-34.4**	**-61.6**	**-13.6**	**-94.3**
货币金融服务	-48.0	-68.6		-35.7	-67.9	-13.0	-93.5

6-9 续表 2 (2022年) 单位：%

行业	投资额	#新建	#扩建	#改建	建筑安装工程投资	设备工器具购置	其他费用
资本市场服务	-61.3	-95.6			-63.8		
保险业	-44.6	-41.8			-23.3		-95.6
其他金融业	-93.4	-85.9			-85.9		
房地产业	**29.8**	**21.4**	**55.2**	**66.6**	**27.2**	**1.6**	**113.3**
租赁和商务服务业	**46.4**	**56.9**	**167.6**	**-19.5**	**24.1**	**2.1**	**181.7**
租赁业	117.1	53.4		2429.2	315.7	-23.7	
商务服务业	46.0	56.9	167.6	-22.1	23.6	5.1	179.8
科学研究和技术服务业	**89.2**	**99.7**	**-44.4**	**187.4**	**33.5**	**55.8**	**562.7**
研究和试验发展	6.5	-6.6		133.6	-22.5	12.6	582.7
专业技术服务业	443.7	423.1	-46.3	416.8	157.8	141.3	7126.0
科技推广和应用服务业	38.1	61.2	-52.0	83.8	31.5	92.1	36.8
水利、环境和公共设施管理业	**60.6**	**54.9**	**252.6**	**55.1**	**30.3**	**41.9**	**480.8**
水利管理业	68.6	18.8	614.4	246.3	25.8	-46.5	1011.4
生态保护和环境治理业	28.1	17.4	-72.6	307.0	19.4	48.4	64.0
公共设施管理业	67.7	71.5	226.7	35.0	35.5	60.8	531.3
土地管理业	-71.6	-77.1		-90.4	-71.0	-74.4	-94.3
居民服务、修理和其他服务业	**60.2**	**60.2**	**-12.2**	**67.5**	**120.5**	**-30.9**	**-53.7**
居民服务业	59.9	67.2	101.4	37.2	119.9	-74.0	-43.7
机动车、电子产品和日用产品修理业	190.3	39.7		33739.3	155.1	453.7	489.9
其他服务业	34.0	46.1			111.5	13.0	-91.8
教育	**12.0**	**5.0**	**49.6**	**64.8**	**0.8**	**98.0**	**73.8**
卫生和社会工作	**75.9**	**74.8**	**34.4**	**142.3**	**72.1**	**48.1**	**163.5**
卫生	84.3	84.8	39.5	141.7	89.9	54.1	110.3
社会工作	29.6	29.1	-2.1	179.0	-3.7	-60.6	884.3
文化、体育和娱乐业	**-23.1**	**-37.3**	**-0.4**	**46.4**	**-14.6**	**176.2**	**-80.8**
新闻和出版业							
广播、电视、电影和影视录音制作业	56.2	-75.5			-71.6	59313.2	
文化艺术业	-5.3	6.7	266.7	-45.8	-6.9	40.2	-25.4
体育	-39.1	-52.9		184.0	-2.3	138.3	-81.7
娱乐业	-18.6	-24.7	46.6	61.5	-21.9	54.1	-87.4
公共管理、社会保障和社会组织	**5.2**	**17.2**	**-20.2**	**-12.0**	**3.5**	**-52.5**	**250.7**
中国共产党机关	601.3	10357.6	103.5	532.0	557.9		14136.7
国家机构	-7.3	3.6	-57.1	-15.8	-10.0	-53.3	225.5
人民政协、民主党派							
社会保障	101.2	101.2			119.7		-62.3
群众团体、社会团体和其他成员组织	64.4	56.1		122.4	50.9		947.7
基层群众自治组织	85.3	85.3			85.3		

6-10 按行业、隶属关系和注册类型分建设项目投资增长速度

(2022年)

单位：%

行业	投资额	中央	地方	内资	港澳台商投资	外商投资	个体经营
全省合计	**19.1**	**59.4**	**12.5**	**19.3**	**27.0**	**11.7**	**43.6**
农、林、牧、渔业	**1.9**	**29.5**	**1.6**	**-1.8**	**32.7**		**52.4**
农业	69.9		68.6	57.8			363.4
林业	22.0	57.9	19.9	22.0			
畜牧业	-33.4		-33.5	-37.3	32.7		0.4
渔业	126.6		126.6	118.4			6810.4
农、林、牧、渔专业及辅助性活动	5.6	-18.8	7.8	5.6			8.5
采矿业	**9.5**	**22.8**	**-9.5**	**8.0**	**59750.8**	**-44.0**	**-8.6**
煤炭开采和洗选业	60.8	252.3	28.1	60.8			
石油和天然气开采业	-10.3	-10.3		-7.2		-53.8	
黑色金属矿采选业	52.5	229.2	-6.2	42.1			-55.5
有色金属矿采选业	-12.4	49.1	-14.8	-25.6		147.9	
非金属矿采选业	-23.1		-23.1	-23.3	1593.5		-86.9
开采辅助活动	-15.7		-15.7	-15.7			
其他采矿业	-79.9		-79.9	-79.9			
制造业	**1.0**	**6.6**	**0.5**	**-3.4**	**58.7**	**13.4**	**18.9**
农副食品加工业	3.2		3.6	3.9	-23.5	-18.8	-10.4
食品制造业	-29.2		-29.2	-36.3	26.4	219.0	-92.8
酒、饮料和精制茶制造业	33.0		33.0	25.9	-64.6	243.8	658.3
烟草制品业	-28.4	-68.9	35.2	-28.4			
纺织业	22.6		22.6	28.7			-79.2
纺织服装、服饰业	-36.9		-36.9	-34.4	1580.4		-28.2
皮革、毛皮、羽毛及其制品和制鞋业	374.6		374.6	455.7		-0.1	
木材加工和木、竹、藤、棕、草制品业	33.4		33.4	12.0			894.5
家具制造业	53.6		53.6	51.8			86.3
造纸和纸制品业	57.8		57.8	-31.6	122.7		
印刷和记录媒介复制业	-8.2		-8.2	2.5	-76.6		
文教、工美、体育和娱乐用品制造业	15.6		15.6	20.0		-45.6	-37.7
石油加工、炼焦和核燃料加工业	-46.4	-27.8	-61.2	-47.1		713.3	
化学原料和化学制品制造业	12.6	-22.4	14.7	15.0	48.2	-39.2	-8.5
医药制造业	-48.6	-62.1	-48.5	-52.4	-19.4	1875.9	-12.5
化学纤维制造业	59.1		59.1	59.1			
橡胶和塑料制品业	-26.9		-26.9	-31.4	-68.7	31.0	6.1
非金属矿物制品业	2.2	1349.1	2.0	0.9	81.4	122.9	-51.5
黑色金属冶炼和压延加工业	-13.4	78.9	-32.9	-14.7		54.8	-70.0
有色金属冶炼和压延加工业	-56.8	-5.2	-58.0	-58.6	-98.6	21.5	
金属制品业	-0.2	-73.1	0.9	-5.0	-20.9	401.4	284.9
通用设备制造业	54.8	208.3	44.9	69.9	-39.0	-15.9	-72.0

6-10 续表 1 (2022年) 单位：%

行业	投资额						
		中央	地方	内资	港澳台商投资	外商投资	个体经营
专用设备制造业	36.4	-73.7	40.0	15.2	259.5	97.3	
汽车制造业	10.7	196.1	9.5	8.9	309.8	10.2	
铁路、船舶、航空航天和其他运输设备制造业	109.4	-30.0	166.0	116.0		-20.5	
电气机械和器材制造业	49.7		47.9	52.8	-99.5	77.8	
计算机、通信和其他电子设备制造业	17.2	1968.1	15.7	45.7	71.5	6.2	
仪器仪表制造业	31.0	2051.0	20.6	29.3		60.0	
其他制造业	-64.1		-64.1	-68.3			
废弃资源综合利用业	-24.3	53.1	-26.8	-25.3			200.0
金属制品、机械和设备修理业	24.5	0.4	27.7	20.7			
电力、热力、燃气及水生产和供应业	**16.9**	**74.5**	**-8.0**	**18.0**	**-16.4**	**119.3**	
电力、热力生产和供应业	23.9	73.4	-3.2	24.2	7.2	72.3	
燃气生产和供应业	36.0	169.6	9.8	37.7	-27.9	451.5	
水的生产和供应业	-31.4	-53.7	-31.1	-29.8	-47.5	139.8	
建筑业	**-51.3**		**-29.6**	**-51.3**			
房屋建筑业	-48.8		49.1	-48.8			
土木工程建筑业	-52.2		-41.5	-52.2			
建筑安装业							
建筑装饰和其他建筑业							
批发和零售业	**-2.8**	**8.3**	**-3.6**	**-3.6**	**25.7**		**76.9**
批发业	118.6	65.7	125.2	118.1	310.5		
零售业	-44.1	-31.1	-44.9	-45.7	-13.5		76.9
交通运输、仓储和邮政业	**48.3**	**184.0**	**23.0**	**47.7**	**449.3**	**-42.7**	**163.6**
铁路运输业	-14.3	-17.8	29.6	-13.9		-45.9	
道路运输业	52.1	294.2	14.2	51.9		18.6	
水上运输业	71.7	1230.6	44.3	72.7		-85.2	
航空运输业	14.3		14.3	14.3			
管道运输业	98.6	1419.2	52.3	98.1			
装卸搬运和运输代理业	-52.6		-52.6	-52.6			
仓储业	47.6	89.2	44.5	43.8	411.4	-40.6	163.6
邮政业	-0.5	461.7	-17.4	-0.5			
住宿和餐饮业	**32.1**		**30.9**	**36.9**			**-29.5**
住宿业	54.6		53.1	57.5			-16.9
餐饮业	-45.6		-45.6	-39.5			
信息传输、软件和信息技术服务业	**20.0**	**58.4**	**2.6**	**50.9**	**-20.9**	**-5.7**	
电信、广播电视和卫星传输服务	13.6	62.7	-16.4	56.9	-21.1	-9.2	
互联网和相关服务	68.1	21.5	78.2	77.5	-18.0	174.0	
软件和信息技术服务业	9.5	15.5	9.1	11.9		-9.1	
金融业	**-48.4**	**64.6**	**-50.6**	**-48.4**			
货币金融服务	-48.0	34.6	-49.4	-48.0			

6-10 续表 2 (2022年) 单位：%

行　　业	投资额						
		中央	地方	内资	港澳台商投资	外商投资	个体经营
资本市场服务	-61.3			-61.3			
保险业	-44.6		-41.8	-44.6			
其他金融业	-93.4		-93.4	-93.4			
房地产业	**29.8**	**-57.8**	**30.9**	**29.6**	**58.0**		
租赁和商务服务业	**46.4**	**6.4**	**46.7**	**46.4**	**-30.2**		
租赁业	117.1		117.1	167.5			
商务服务业	46.0	6.4	46.2	45.8	-25.4		
科学研究和技术服务业	**89.2**	**37.7**	**99.8**	**80.4**	**-75.9**	**1657.8**	
研究和试验发展	6.5	0.5	10.2	-8.8		1376.9	
专业技术服务业	443.7	1676.4	418.1	465.6	-65.7		
科技推广和应用服务业	38.1	31.9	38.6	28.3		2092.3	
水利、环境和公共设施管理业	**60.6**	**24.9**	**63.7**	**61.3**		**16.9**	
水利管理业	68.6	4.8	72.7	69.7			
生态保护和环境治理业	28.1	755.9	20.2	35.3		-54.6	
公共设施管理业	67.7	15.9	73.0	67.2		439.3	
土地管理业	-71.6		-72.5	-71.6			
居民服务、修理和其他服务业	**60.2**		**65.1**	**64.9**			**22.2**
居民服务业	59.9		63.2	68.1			11.0
机动车、电子产品和日用产品修理业	190.3		190.3	191.3			180.6
其他服务业	34.0		43.8	31.6			
教育	**12.0**	**51.2**	**10.9**	**12.3**	**-66.8**		
卫生和社会工作	**75.9**	**156.0**	**74.5**	**76.0**			**-11.4**
卫生	84.3	156.1	82.8	84.3			
社会工作	29.6	150.0	29.4	29.8			-11.4
文化、体育和娱乐业	**-23.1**	**232.1**	**-24.0**	**-24.3**			**1264.0**
新闻和出版业							
广播、电视、电影和影视录音制作业	56.2		50.3	56.2			
文化艺术业	-5.3		-9.3	-5.3			
体育	-39.1		-38.6	-40.2			
娱乐业	-18.6		-19.5	-20.5			815.7
公共管理、社会保障和社会组织	**5.2**	**-26.7**	**6.6**	**5.2**			
中国共产党机关	601.3		601.3	601.3			
国家机构	-7.3	-26.7	-6.4	-7.3			
人民政协、民主党派							
社会保障	101.2		101.2	101.2			
群众团体、社会团体和其他成员组织	64.4		64.4	64.4			
基层群众自治组织	85.3		85.3	85.3			

6-11 各地区按主要行业分建设项目投资增长速度

单位：%

年份、地区	合计	农林牧渔业	采矿业	制造业	电力、热力、燃气及水生产和供应业	建筑业	批发和零售业	交通运输、仓储和邮政业	住宿和餐饮业	信息传输、软件和信息技术服务业
2012	21.3	-3.8	22.9	21.5	5.2	92.3	47.0	16.4	28.4	23.9
2013	13.4	-11.4	-8.1	13.2	8.1	-45.8	33.6	48.1	22.9	-6.7
2014	16.6	152.9	13.3	17.9	1.8	-38.7	7.3	21.4	-13.2	76.1
2015	-26.4	-26.7	-38.0	-26.0	-32.6	-91.5	-20.3	-30.3	-27.1	-4.9
2016	-69.2	-68.7	-67.5	-73.1	-43.0	29.8	-76.2	-48.0	-75.1	-68.9
2017	-4.3	-4.6	16.9	-13.4	83.3	74.3	-51.5	-8.7	-1.9	-11.3
2018	-1.7	1.0	-2.5	20.7	-7.3	1.2	-40.9	-18.0	-43.4	-24.0
2019	-4.9	4.8	18.1	-7.3	8.2	-96.4	-1.3	-21.5	-25.3	76.3
2020	0.8	80.1	0.5	-7.0	-2.6	687.6	-23.5	3.0	-21.4	29.9
2021	6.6	-2.6	29.0	-3.7	25.4	-75.2	18.6	17.0	-12.8	-11.7
2022	19.1	1.9	9.5	1.0	16.9	-51.3	-2.8	48.3	32.1	20.0
沈　阳	47.9	-26.2	399.7	28.0	35.6	-98.0	-43.5	78.4	270.7	41.4
大　连	28.8	58.5	-0.5	43.2	-33.0	-34.9	5.1	62.3	107.3	27.2
鞍　山	3.5	32.1	43.5	-12.7	58.1		-45.6	-57.6	10.5	-37.5
抚　顺	10.4	-39.5	-18.9	4.3	20.3		36.5	32.5	5.2	-37.4
本　溪	11.6	78.9	18.4	-22.1	-3.0		53.0	370.7	-64.8	-55.9
丹　东	8.3	15.3	38.9	26.2	-45.1	-49.7	7.5	-10.6	-37.1	47.9
锦　州	12.2	8.1	52.9	15.4	3.6	46.6	220.0	-31.1	248.5	54.1
营　口	6.2	-33.5	-10.1	-29.5	291.4		-22.6	41.7	52.2	138.4
阜　新	13.5	-29.1	-1.8	-14.4	72.0		95.5	-20.8	-69.5	112.9
辽　阳	10.6	24.3	232.7	-9.9	23.0		648.7	37.0	195.4	-93.3
盘　锦	-13.4	51.5	-10.3	-50.2	-27.2		218.8	79.9		-16.9
铁　岭	-8.6	32.3	70.5	-11.9	-9.8		-60.5	-17.6	-48.6	-6.7
朝　阳	9.5	-7.1	-45.3	-17.6	55.3		374.6	95.1	-36.7	-44.0
葫芦岛	35.1	-15.1	-66.1	-20.6	27.5		-39.2	-30.1		-41.2

6-11 续表

单位：%

年份、地区	金融业	房地产业	租赁和商务服务业	科学研究和技术服务	水利、环境和公共设施管理业	居民服务、修理和其他服务业	教育	卫生、社会工作	文化、体育和娱乐业	公共管理、社会保障和社会组织
2012	11.2	65.2	-10.0	51.1	12.5	37.2	2.9	77.5	53.2	-4.1
2013	149.2	-24.4	9.3	16.1	33.7	-2.6	10.6	-13.2	-4.0	-45.6
2014	-32.5	21.2	41.0	41.6	14.6	5.2	27.1	-7.6	-3.5	4.2
2015	-32.4	-68.0	-38.4	-5.5	-15.3	-36.1	-29.9	-1.5	-28.5	-9.9
2016	-81.9	-54.0	-72.9	-82.2	-75.7	-62.4	-67.6	-47.4	-53.9	-54.0
2017	-0.5	-36.5	2.2	-31.4	-11.0	-39.3	38.1	39.0	14.8	-20.3
2018	-46.3	-31.1	-36.2	-30.3	-7.0	-23.9	-2.7	-15.0	-33.2	-16.9
2019	33.5	90.4	45.2	44.6	-11.2	-9.8	-9.0	-9.0	-24.1	-22.7
2020	-12.8	51.3	-17.4	-16.7	6.9	-19.1	27.5	-9.9	-1.4	17.6
2021	31.8	24.3	-18.5	19.1	6.5	-28.7	19.2	24.2	4.9	48.8
2022	-48.4	[illegible]	46.4	89.2	60.6	60.2	12.0	75.9	-23.1	5.2
沈　阳	-40.3	[illegible]	82.5	123.0	73.6	10.1	60.9	140.3	74.9	66.5
大　连	-71.3	[illegible]	141.9	313.9	98.8	100.8	-41.9	35.8	-67.2	-42.7
鞍　山	10.7	[illegible]	-44.3	-56.9	64.6	199.8	41.3	59.7	-3.7	-12.1
抚　顺		[illegible]	-72.4	111.0	26.5	21.6	-49.7	115.1	38.3	845.6
本　溪	745.8	[illegible]	-79.1	-67.0	-8.9	1817.4	39.4	51.5	-13.9	-2.6
丹　东		[illegible]	6.3	-99.3	6.2	-72.2	-31.4	72.9	71.4	102.4
锦　州		[illegible]	250.5	-44.5	181.4	-67.1	21.6	-8.2	-13.9	85.6
营　口	-96.7	[illegible]	-15.4	-40.8	84.0	182.9	104.3	13.5	-5.0	20.3
阜　新		[illegible]	-51.5	15.6	34.4		123.8	141.7	25.0	-11.5
辽　阳		[illegible]	-65.7	-38.3	25.5	-79.3	223.7	42.1	-26.5	-81.4
盘　锦		[illegible]	-30.5	17.0	56.0	926.2	294.4	-15.0	35.8	322.7
铁　岭		[illegible]	-45.7	-64.3	-25.5		27.0	61.4	145.2	-44.7
朝　阳		[illegible]	-12.7		-12.8	14.3	63.1	160.7	-75.7	354.0
葫芦岛		[illegible]	398.6	-41.8	251.4	-71.5	-59.5	9.0	-45.6	-64.3

6-12 各地区建设项目500万元以上施工、投产项目个数

单位：个、%

年份、地区	施工项目	新开工项目	全部建成投产项目	项目建成投产率
2003	8200	6809	5420	66.1
2004	10485	8632	6244	59.6
2005	14339	10535	10068	70.2
2006	13477	10904	9670	71.8
2007	13193	10413	9157	69.4
2008	14749	12544	11710	79.4
2009	19388	16998	14519	74.9
2010	10263	8053	6684	65.1
2011	14690	10624	9063	61.7
2012	14698	9336	9485	64.5
2013	13000	8900	8308	63.9
2014	16642	11624	12190	73.3
2015	16235	12401	13693	84.3
2016	7003	4213	3070	43.8
2017	6689	3822	3237	48.4
2018	7200	3672	2751	38.2
2019	8674	4494	3366	38.8
2020	9875	5049	3002	30.4
2021	11552	4964	4043	35.0
2022	13000	5877	4368	33.6
沈　阳	2358	943	642	27.2
大　连	1651	703	363	22.0
鞍　山	1316	740	581	44.1
抚　顺	594	195	115	19.4
本　溪	717	349	217	30.3
丹　东	770	373	348	45.2
锦　州	870	550	477	54.8
营　口	782	359	343	43.9
阜　新	663	272	309	46.6
辽　阳	501	281	168	33.5
盘　锦	497	219	209	42.1
铁　岭	629	250	208	33.1
朝　阳	1171	499	327	27.9
葫芦岛	481	144	61	12.7

6-13 按行业分建设项目500万元以上施工、投产项目个数

(2022年)

单位：个、%

行 业	施工项目	#新开工	全部建成投产项目	项目建成投产率
全省合计	**13000**	**5877**	**4368**	**33.6**
农、林、牧、渔业	**1389**	**801**	**769**	**55.4**
农业	573	387	332	57.9
林业	61	41	43	70.5
畜牧业	578	291	323	55.9
渔业	47	20	13	27.7
农、林、牧、渔专业及辅助性活动	130	62	58	44.6
采矿业	**288**	**147**	**105**	**36.5**
煤炭开采和洗选业	16	8	11	68.8
石油和天然气开采业	7	3	3	42.9
黑色金属矿采选业	133	72	45	33.8
有色金属矿采选业	37	11	7	18.9
非金属矿采选业	90	51	35	38.9
开采辅助活动	3	2	2	66.7
其他采矿业	2		2	100.0
制造业	**4904**	**2049**	**1452**	**29.6**
农副食品加工业	464	236	180	38.8
食品制造业	106	41	35	33.0
酒、饮料和精制茶制造业	72	32	29	40.3
烟草制品业	2	1	1	50.0
纺织业	44	22	23	52.3
纺织服装、服饰业	50	18	13	26.0
皮革、毛皮、羽毛及其制品和制鞋业	19	11	9	47.4
木材加工和木、竹、藤、棕、草制品业	71	42	24	33.8
家具制造业	31	11	4	12.9
造纸和纸制品业	40	22	13	32.5
印刷和记录媒介复制业	23	9	7	30.4
文教、工美、体育和娱乐用品制造业	26	10	14	53.8
石油加工、炼焦和核燃料加工业	338	89	77	22.8
化学原料和化学制品制造业	362	132	113	31.2
医药制造业	159	49	42	26.4
化学纤维制造业	13	1	5	38.5
橡胶和塑料制品业	148	50	51	34.5
非金属矿物制品业	586	279	246	42.0
黑色金属冶炼和压延加工业	316	150	45	14.2
有色金属冶炼和压延加工业	99	38	33	33.3
金属制品业	290	133	84	29.0
通用设备制造业	431	187	99	23.0

6-13 续表 1 (2022年) 单位：个、%

行　业	施工项目	#新开工	全部建成投产项目	项目建成投产率
专用设备制造业	300	139	93	31.0
汽车制造业	326	109	78	23.9
铁路、船舶、航空航天和其他运输设备制造业	68	27	16	23.5
电气机械和器材制造业	183	68	43	23.5
计算机、通信和其他电子设备制造业	145	61	30	20.7
仪器仪表制造业	48	19	8	16.7
其他制造业	13	6	4	30.8
废弃资源综合利用业	113	47	25	22.1
金属制品、机械和设备修理业	18	10	8	44.4
电力、热力、燃气及水生产和供应业	**1248**	**573**	**400**	**32.1**
电力、热力生产和供应业	960	482	322	33.5
燃气生产和供应业	76	24	10	13.2
水的生产和供应业	212	67	68	32.1
建筑业	**8**	**2**	**2**	**25.0**
房屋建筑业	3	2		
土木工程建筑业	5		2	40.0
建筑安装业				
建筑装饰和其他建筑业				
批发和零售业	**227**	**105**	**90**	**39.6**
批发业	99	41	33	33.3
零售业	128	64	57	44.5
交通运输、仓储和邮政业	**731**	**308**	**204**	**27.9**
铁路运输业	25	10	3	12.0
道路运输业	378	175	124	32.8
水上运输业	58	16	4	6.9
航空运输业	13	3	4	30.8
管道运输业	12	8	5	41.7
装卸搬运和运输代理业	14	10	7	50.0
仓储业	220	82	56	25.5
邮政业	11	4	1	9.1
住宿和餐饮业	**124**	**49**	**38**	**30.6**
住宿业	104	41	32	30.8
餐饮业	20	8	6	30.0
信息传输、软件和信息技术服务业	**225**	**112**	**88**	**39.1**
电信、广播电视和卫星传输服务	116	66	61	52.6
互联网和相关服务	61	27	20	32.8
软件和信息技术服务业	48	19	7	14.6
金融业	**20**	**7**	**3**	**15.0**
货币金融服务	13	7	3	23.1

6-13 续表 2 (2022年) 单位：个、%

行业	施工项目	#新开工	全部建成投产项目	项目建成投产率
资本市场服务	2			
保险业	2			
其他金融业	3			
房地产业	**322**	**120**	**107**	**33.2**
租赁和商务服务业	**181**	**59**	**39**	**21.5**
租赁业	2	2	1	50.0
商务服务业	179	57	38	21.2
科学研究和技术服务业	**156**	**63**	**44**	**28.2**
研究和试验发展	40	11	8	20.0
专业技术服务业	62	34	20	32.3
科技推广和应用服务业	54	18	16	29.6
水利、环境和公共设施管理业	**1956**	**976**	**703**	**35.9**
水利管理业	280	140	114	40.7
生态保护和环境治理业	177	61	54	30.5
公共设施管理业	1482	766	530	35.8
土地管理业	17	9	5	29.4
居民服务、修理和其他服务业	**78**	**36**	**25**	**32.1**
居民服务业	55	25	17	30.9
机动车、电子产品和日用产品修理业	10	7	4	40.0
其他服务业	13	4	4	30.8
教育	**411**	**162**	**120**	**29.2**
卫生和社会工作	**329**	**116**	**64**	**19.5**
卫生	263	99	51	19.4
社会工作	66	17	13	19.7
文化、体育和娱乐业	**207**	**90**	**59**	**28.5**
新闻和出版业				
广播、电视、电影和影视录音制作业	8	2	2	25.0
文化艺术业	63	32	15	23.8
体育	42	17	11	26.2
娱乐业	94	39	31	33.0
公共管理、社会保障和社会组织	**196**	**102**	**56**	**28.6**
中国共产党机关	8	5	2	25.0
国家机构	175	89	51	29.1
人民政协、民主党派	1	1		
社会保障	1	1		
群众团体、社会团体和其他成员组织	10	5	3	30.0
基层群众自治组织	1	1		

6-14 各地区按经济类型分建设项目投资增长速度

(2022年)

单位：%

地区	总计	国有经济	集体经济	私营个体	联营经济	股份制经济	外商投资经济	港澳台商投资经济	其他经济
全省	**19.1**	**41.7**	**34.1**	**7.9**	**-5.5**	**9.2**	**11.7**	**27.0**	**46.7**
沈阳	47.9	68.8	169.7	29.3	-33.5	51.4	20.3	33.5	122.0
大连	28.8	12.1	-37.2	98.4		33.6	10.7	-16.6	-29.0
鞍山	3.5	32.4	0.2	-11.7		-27.9	7.1	-5.6	43.7
抚顺	10.4	35.5		-21.0		13.6	-60.9	16.4	29.9
本溪	11.6	68.1	73.8	-8.6		-0.3	-23.2		-9.3
丹东	8.3	21.5	113.8	6.0		-22.7	-35.3	-81.7	92.4
锦州	12.2	58.2	-90.9	7.0		-31.4	82.2	-29.2	123.2
营口	6.2	120.3		-2.5		-41.3	12.8	80.2	-26.5
阜新	13.5	33.7	1845.6	5.3		-12.5	157.5	12.2	-20.7
辽阳	10.6	6.2	-31.9	-6.2		19.4	-83.1	230.9	47.0
盘锦	-13.4	47.1		-33.4		-20.4	-35.1	101.3	65.0
铁岭	-8.6	-15.1		32.7		-21.5	-30.7	-18.8	-28.3
朝阳	9.5	32.3	-15.4	-17.8		66.8	43.3	110.5	46.6
葫芦岛	35.1	101.1	-12.2	-5.3		9.4	-25.7	81.1	106.8

6-15 房地产开发主要指标

单位：万元、万平方米

指标	2009年	2010年	2011年	2012年	2013年	2014年	2015年
土地购置							
本年土地购置面积	2086.[illegible]	3134.6	3446.3	3199.5	2502.3	1670.8	957.0
本年完成投资额	**2640563[illegible]**	**34657562**	**44875610**	**54558196**	**64507513**	**53013051**	**35586421**
#住宅	1933920[illegible]	24813478	34104876	39619482	46649928	38442622	26033152
本年资金来源小计	**3268444[illegible]**	**50708103**	**55650848**	**63287555**	**74489873**	**58909738**	**42317830**
#国内贷款	473726[illegible]	6483457	7671009	8507560	8476357	7207044	5514326
利用外资	114924[illegible]	1742831	1920617	1178814	619242	706300	376069
自筹资金	1580064[illegible]	27857536	27758717	33105096	40901661	33685015	22693216
房屋建筑面积							
施工面积	18579.1	26831.1	34364.3	38502.0	41625.6	38616.9	29283.2
竣工面积	4031.7	4497.4	6322.8	6438.2	6152.0	6147.0	3237.5
本年新开工面积	8305.4	12647.9	12444.3	13828.9	13444.5	8192.2	4699.4
#住宅	6639.9	9870.4	9910	10644.0	10141.7	6137.7	3604.7
商品房屋销售额	**216859[illegible]0**	**30633172**	**35691155**	**43627815**	**47592106**	**30920972**	**22549726**
#住宅	188347[illegible]2	25876571	30092300	36112089	39418642	25188711	19076264
商品房屋销售面积	**537[illegible].5**	**6800.5**	**7541.5**	**8827.9**	**9292.3**	**5754.8**	**3916.2**
#住宅	486[illegible].2	6013.5	6624.1	7655.4	8014.8	4932.1	3477.3

6-15 续表

单位：万元、万平方米

指标	2016年	2017年	2018年	2019年	2020年	2021年	2022年
土地购置							
本年土地购置面积	65[illegible].5	510.6	809.9	825.5	718.7	699.0	320.1
本年完成投资额	**20948[illegible]51**	**22896691**	**25992713**	**28339503**	**29788629**	**29007225**	**23620006**
#住宅	15054[illegible]17	16739105	19444588	21883502	23032331	23209954	19058658
本年资金来源小计	**30808[illegible]10**	**32851243**	**33733149**	**36897320**	**38338725**	**34534928**	**23152697**
#国内贷款	4513[illegible]13	3813325	2739910	3599515	3828488	2527849	1517689
利用外资	27[illegible]00	40200	2777	58132	80431	24244	38666
自筹资金	13511[illegible]01	11163652	11291945	13754252	13717563	13292952	9849303
房屋建筑面积							
施工面积	263[illegible]4.1	25906.9	24216.8	23787.5	24002.8	25423.5	22973.6
竣工面积	27[illegible]9.3	2788.3	2273.9	1817.6	1848.2	2339.1	1946.1
本年新开工面积	37[illegible]3.6	3806.9	3961.7	4142.5	4404.1	4598.2	2378.6
#住宅	28[illegible]0.8	2942.0	3118.6	3191.0	3396.9	3457.7	1799.4
商品房屋销售额	**2256[illegible]067**	**27716944**	**29673101**	**30490567**	**33662811**	**30663777**	**18147386**
#住宅	1988[illegible]253	24522296	26157528	28148583	31141104	28492829	16597065
商品房屋销售面积	**37[illegible]1.9**	**4148.5**	**3934.6**	**3696.3**	**3743.2**	**3433.9**	**2182.5**
#住宅	3[illegible]3.1	3797.0	3554.8	3412.5	3447.3	3148.6	1983.2

6-16 房地产开发企业(单位)的土地购置

年份、地区	本年购置土地面积 (万平方米)	本年土地成交价款 (万元)
2000	1019.3	
2001	1107.1	
2002	1384.7	
2003	1668.7	1395759
2004	2256.9	1779227
2005	2432.8	2034432
2006	2316.9	2065722
2007	3323.6	2899565
2008	2953.8	3080834
2009	2086.9	2936827
2010	3134.6	4878841
2011	3446.3	5312808
2012	3199.5	4918076
2013	2502.3	5668331
2014	1670.8	4112281
2015	957.0	2460688
2016	654.5	1275173
2017	510.6	1170972
2018	809.9	2947261
2019	825.5	3470259
2020	718.7	3521892
2021	699.0	3325080
2022	320.1	915701
沈　阳	16.0	188307
大　连	228.9	609368
鞍　山	7.2	9150
抚　顺	0.2	1900
本　溪		
丹　东	6.1	11956
锦　州	11.8	18886
营　口		
阜　新		
辽　阳	6.5	8088
盘　锦		
铁　岭		
朝　阳	30.0	45279
葫芦岛	13.4	22767

6-17 按用途分房地产开发建设投资

单位：万元

年份、地区	本年完成投资额	住宅	办公楼	商业营业用房	其他
2000	26490[illegible]	1812920	155384	445326	235432
2001	32306[illegible]	2275667	155329	511287	288409
2002	38831[illegible]	2758906	182161	632742	309338
2003	48639[illegible]	3434716	131670	866730	430831
2004	72074[illegible]	4942767	221662	1253815	789189
2005	87425[illegible]	6145405	258764	1502775	835581
2006	11421[illegible]	8388987	376442	1539711	1116808
2007	14975[illegible]	11658892	391338	1946253	979310
2008	20607[illegible]	15792147	668581	3006798	1140426
2009	26405[illegible]	19339201	867569	4321470	1877399
2010	34657[illegible]	24813478	1029344	5886469	2928271
2011	44875[illegible]	34104876	929622	6753253	3087859
2012	54558[illegible]	39619482	1633776	8627741	4677197
2013	64507[illegible]	46649928	1557668	10979210	5320707
2014	53013[illegible]	38442622	1792155	9507965	3270309
2015	35586[illegible]	26033152	1166064	6086438	2300767
2016	20948[illegible]	15054217	652536	3587950	1653748
2017	22896[illegible]	16739105	703978	3645296	1808312
2018	2599[illegible]	19444588	377866	3383677	2786582
2019	2833[illegible]	21883502	494867	3255188	2705946
2020	2978[illegible]	23032331	406327	3151523	3198448
2021	2900[illegible]	23209954	619351	2794124	2383796
2022	2362[illegible]	19058658	574736	2179731	1806881
沈　阳	940[illegible]	7973970	216028	728648	484465
大　连	608[illegible]1	4430848	296413	615972	745148
鞍　山	106[illegible]7	845916	5029	131735	82907
抚　顺	45[illegible]4	399551	2683	22539	31351
本　溪	22[illegible]4	215178	141	7105	6390
丹　东	9[illegible]3	804925	8313	46866	79369
锦　州	7[illegible]3	558635	13237	92469	68042
营　口	12[illegible]7	1000817	8226	171194	63280
阜　新	1[illegible]98	168414	13	14461	6810
辽　阳	5[illegible]08	432684	1724	53084	63016
盘　锦	5[illegible]95	444114	4402	58996	49983
铁　岭	2[illegible]26	190695	61	14559	13311
朝　阳	11[illegible]69	976338	10319	122528	52584
葫芦岛	[illegible]20	616573	8147	99575	60225

6-18 按构成分房地产开发建设投资

单位：万元

年份、地区	建筑安装工程	设备、工具器具购置	其他费用	
				#土地购置费
2000	1966063	65137	617862	347314
2001	2351326	52831	826535	516854
2002	2724912	79696	1078539	581343
2003	3198149	68635	1597163	1024229
2004	4918594	89875	2198964	1267595
2005	5912043	139201	2691281	1682273
2006	7657084	113123	3651741	2021204
2007	11662016	170600	3143177	1971841
2008	15705901	351522	4550529	3002435
2009	20848847	358489	5198303	3606763
2010	26754213	543356	7359993	5080384
2011	36067442	1199549	7608619	5225988
2012	42611906	1127517	10818773	7405576
2013	53075712	1311337	10120464	5695472
2014	45249782	1103095	6660174	5351452
2015	31097914	441082	4047425	3081600
2016	17199915	411201	3337335	2580991
2017	18712988	344207	3839496	3043357
2018	15532807	313131	10146775	9508556
2019	16121837	390115	11827551	11048315
2020	18154274	257511	11376844	10517440
2021	20451846	263991	8291388	7158029
2022	17924689	224340	5470977	4712717
沈　阳	7718969	37111	1647031	1506180
大　连	3334211	45108	2709062	2294416
鞍　山	908836	30950	125801	85096
抚　顺	410947	7096	38081	29544
本　溪	186874	4077	37863	35828
丹　东	764573	8468	166432	130759
锦　州	603414	12299	116670	100793
营　口	1099962	10661	132894	128386
阜　新	168550	4257	16891	12605
辽　阳	482997	1233	66278	57820
盘　锦	493529	9959	54007	48813
铁　岭	176964	8255	33407	22933
朝　阳	934893	25307	201569	165305
葫芦岛	639970	19559	124991	94239

6-19 房地产开发企业(单位)的资金来源

单位：万元

年份、地区	本年资金来源小计	国内贷款	利用外资	自筹资金	其他资金	定金及预收款
2000	2837089	645522	55167	971842	1159178	910460
2001	3532286	689515	54351	124710	1545785	1179279
2002	4180547	800959	63316	1658685	1644787	1234539
2003	5582992	1332891	55561	2273464	1917688	1578904
2004	8490919	1366702	82619	3496051	3544047	2740905
2005	9372018	1267527	89308	4586225	3428958	2531636
2006	13002851	1728346	242602	5924162	5107741	3266026
2007	18703917	2598871	924053	8429379	6751614	4520319
2008	22029829	2769112	1140114	11475416	6645187	4543873
2009	32684449	4737260	1149245	15800648	10997296	7506860
2010	50708103	6483457	1742831	27857536	14624279	9666914
2011	55650848	7671009	1920617	27758717	18300505	10950702
2012	63287555	8507560	1178814	33105096	20496085	13905878
2013	74489873	8476357	619242	40901661	24492613	15809722
2014	58909738	7207044	706300	33685015	17311379	10962875
2015	42317830	5514326	376069	22693216	13734219	9089005
2016	30808110	4513913	27100	13511401	12755696	8673266
2017	32851243	3813325	40200	11163652	17834066	11941284
2018	3373314[illegible]	2739910	2777	11291945	1528036	12597626
2019	36897320	3599515	58132	13754252	1196825	12678606
2020	38338725	3828488	80431	13717563	744239	14066826
2021	3453492[illegible]	2527849	24244	13292952	548213	12984010
2022	23152697	1517689	38666	9849303	567712	7926882
沈　阳	8148179	624882	38666	3555410	138563	2651251
大　连	6971682	752482		1936637	276467	2891031
鞍　山	1092482	13418		537991	24817	374706
抚　顺	471426	11387		133537	9267	293723
本　溪	274023	21454		112756	1217	99648
丹　东	867018	38100		496944	24331	190055
锦　州	618826	4344		414539	9280	117761
营　口	1192396			844428	39708	214709
阜　新	19230[illegible]	2740		161705		27321
辽　阳	559[illegible]	18900		266785	15647	160274
盘　锦	753[illegible]			314571	3659	281405
铁　岭	27092[illegible]			126294		104204
朝　阳	995[illegible]23	3017		625382	3100	234605
葫芦岛	744[illegible]52	26965		322324	21656	286189

6-20 房地产开发建设房屋建筑面积和竣工率

年份、地区	施工房屋面积（万平方米）	竣工房屋面积（万平方米）	房屋建筑面积竣工率（%）	竣工房屋价值（万元）
2000	3301.8	1618.9	49.0	1507495
2001	3971.2	1842.7	46.4	1818229
2002	4754.1	1984.3	41.7	2061219
2003	5314.1	2139.7	40.3	2301203
2004	6294.6	2303.6	36.6	2805817
2005	7058.9	2443.9	34.6	2931979
2006	8615.5	2907.8	33.8	3885888
2007	11615.1	3129.9	26.9	4453006
2008	14904.6	3826.1	25.7	6399392
2009	18579.1	4031.7	21.7	7524878
2010	26831.1	4497.4	16.8	9711392
2011	34364.3	6322.8	18.4	15176420
2012	38502.0	6438.2	16.7	15937814
2013	41625.6	6152.0	14.0	14908128
2014	38616.9	6147.0	15.9	15484701
2015	29278.2	3237.5	11.1	9101806
2016	26364.1	2709.3	10.3	7881953
2017	25906.9	2788.3	10.8	8468007
2018	24216.8	2273.9	9.4	5851669
2019	23787.5	1817.6	7.6	6229841
2020	24002.8	1848.2	7.7	6285700
2021	25423.5	2339.1	9.2	9990178
2022	22973.6	1946.1	8.5	6881643
沈　阳	6901.0	737.4	10.7	2829115
大　连	3739.9	217.1	5.8	1180849
鞍　山	1498.5	114.1	7.6	356404
抚　顺	1397.5	47.3	3.4	139178
本　溪	358.6	21.3	5.9	56564
丹　东	914.8	75.3	8.2	267392
锦　州	834.1	79.4	9.5	236072
营　口	1487.2	174.1	11.7	394484
阜　新	568.9	29.7	5.2	72478
辽　阳	548.8	17.3	3.1	50978
盘　锦	961.8	91.3	9.5	243566
铁　岭	739.0	110.0	14.9	321003
朝　阳	1322.1	128.5	9.7	398755
葫芦岛	1701.5	103.4	6.1	334805

6-21 各地区房地产开发企业基本情况

年份、地区	开发公司个数(个)	#国有经济	#集体经济	#外商投资经济	#港澳台投资经济	年末从业人员人数(人)
2000	1417	293	161	73	109	42098
2001	1545	209	106	79	103	44612
2002	1635	158	81	70	94	47284
2003	1800	127	61	78	93	49497
2004	2303	121	65	105	126	53579
2005	2744	134	77	136	157	51692
2006	2771	113	56	150	165	56411
2007	2981	104	50	163	184	57032
2008	4841	142	96	261	254	70435
2009	3920	130	59	203	226	73829
2010	4181	126	57	211	245	79346
2011	3647	97	39	155	229	76248
2012	3961	105	39	142	256	92574
2013	4082	73	14	143	268	90809
2014	4021	66	12	141	263	97510
2015	3513	64	9	115	233	79235
2016	3256	63	6	100	222	73457
2017	3119	68	3	87	213	60468
2018	2998	56	3	68	180	56456
2019	2848	50	3	61	171	52406
2020	2865	61	4	62	174	49528
2021	2859	67	1	57	153	47107
2022	2757	70	1	50	149	39787
沈　阳	558	20		19	47	10308
大　连	509	19		16	44	9030
鞍　山	252	10		7	22	2894
抚　顺	138	2	1	1	7	1344
本　溪	59	3				1081
丹　东	181	1		2	5	2459
锦　州	82	2			2	1097
营　口	244	2		4	3	2584
阜　新	111	1			2	784
辽　阳	79	2			2	992
盘　锦	86	1			6	1646
铁　岭	133	4			7	1113
朝　阳	108	1				1477
葫芦岛	217	2		1	2	2978

6-22 各地区房地产开发经营情况

单位：万元

年份、地区	主营业务收入	土地转让收入	商品房屋销售收入	房屋出租收入	其他收入	利润总额
2000	2339911	33981	2156412	10251	139267	3473
2001	2573462	15737	2408399	13501	135825	-10552
2002	2882505	27624	2763036	13909	77936	-22649
2003	3675534	43475	3518507	15173	98379	-32804
2004	5347879	91369	5075229	76381	104900	88536
2005	6144218	20145	6025782	31680	66611	198983
2006	7223740	41758	7036720	42193	103069	282916
2007	8761740	68877	8575020	20793	97050	488180
2008	11731198	102669	11439215	52501	136813	1087841
2009	15404024	25404	15193794	44263	140563	1269888
2010	20597959	73968	20159693	135406	228891	1865672
2011	22947376	190599	22177928	204193	374656	2753903
2012	24747923	122510	24038626	169517	417271	2336588
2013	27519657	27437	26830178	240002	422040	3042733
2014	23276385	17870	22442900	362048	453567	1542985
2015	21030246	29793	20209384	432443	358625	415876
2016	20877138	64232	20025825	334776	452306	-543978
2017	22411088	70495	21799212	191964	294373	-8634
2018	24937659	596186	23513269	174482	528129	420321
2019	24925668	209590	23879442	184884	445574	1576904
2020	28600361	269086	27730880	156139	387000	2425176
2021	26207325	264261	25446309	209624	233984	356776
2022	23665855	208074	22972627	183152	229923	396454
沈　阳	9213555		9050142	70088	41687	691989
大　连	7528598	203228	7113344	72805	121211	23875
鞍　山	1218701	0.1	1189434	6186	22580	-7738
抚　顺	451240	2100	444545	3121	1428	-89897
本　溪	172496		160371	372	10639	-3691
丹　东	262512	149	253439	4604	3940	-57141
锦　州	659819	412	655809	237	3361	-95560
营　口	561707	2047	556107	2630	850	-74455
阜　新	217644	0.1	215017	681	1945	-10420
辽　阳	477900		475722	1238	940	-9690
盘　锦	948132		920729	11831	15572	16168
铁　岭	447630		445792	1050	704	-9562
朝　阳	688800	137	683389	3816	1458	38270
葫芦岛	817121		808788	4493	3607	-15696

6-23 按用途分商品房销售面积

单位：万平方米

年份、地区	商品房销售面积				
		住宅	办公楼	商业营业用房	其他
2000	948.7	804.4	20.3	114.3	9.7
2001	1165.7	994.7	27.1	128.4	15.5
2002	1277.5	1120.4	20.7	127.7	8.7
2003	1499.1	1320.3	25.9	133.6	19.3
2004	2013.5	1798.4	17.2	164.0	33.9
2005	2564.5	2340.4	16.1	182.6	25.3
2006	3026.4	2749.9	24.1	201.6	50.8
2007	3830.4	3545.6	19.1	220.4	45.3
2008	4091.2	3731.2	35.9	268.0	56.1
2009	5375.5	4864.2	30.1	394.0	87.2
2010	6800.5	6013.5	64.7	510.0	212.2
2011	7541.5	6624.1	52.4	583.5	281.5
2012	8827.9	7655.4	79.1	775.9	317.5
2013	9292.3	8014.8	53.6	859.0	364.9
2014	5754.8	4932.1	71.2	522.8	228.7
2015	3916.2	3477.3	37.5	311.6	89.8
2016	3711.9	3383.1	34.6	216.7	77.5
2017	4148.5	3797.0	36.5	227.3	87.6
2018	3934.6	3554.8	18.7	257.6	103.4
2019	3696.2	3412.5	16.2	191.3	76.2
2020	3743.2	3447.3	22.9	171.1	101.9
2021	3433.9	3148.6	29.1	162.4	93.8
2022	2182.5	1983.2	17.4	139.5	42.4
沈　阳	648.9	594.9	7.6	33.5	12.9
大　连	434.3	387.0	8.7	25.7	12.9
鞍　山	186.5	169.7		14.1	2.8
抚　顺	70.9	56.3	1.1	12.9	0.6
本　溪	36.8	35.0		1.8	0.01
丹　东	89.5	85.7		3.3	0.5
锦　州	78.7	70.8		5.9	2.1
营　口	163.5	141.2		20.7	1.6
阜　新	42.4	36.8		2.5	3.1
辽　阳	74.3	72.4		1.8	0.1
盘　锦	102.6	92.6		7.8	2.2
铁　岭	65.5	60.8		4.0	0.6
朝　阳	103.7	101.4		2.1	0.1
葫芦岛	84.8	78.7		3.3	2.8

6-24 按用途分商品房销售额

单位：万元

年份、地区	商品房销售额	住宅	办公楼	商业营业用房	其他
2000	1969468	1514151	81327	350835	23155
2001	2478449	1988320	78822	387466	23841
2002	2732993	2231000	83089	398162	20742
2003	3434521	2813999	87307	488483	44732
2004	4866124	4165674	50524	564718	85208
2005	7174340	6205959	61993	829475	76913
2006	9278590	7909896	131269	1073899	163526
2007	13368797	11893975	90342	1208087	176393
2008	15376463	13338922	171558	1647920	218063
2009	21685950	18834702	187058	2356123	308067
2010	30633172	25876571	524527	3328874	903200
2011	35691155	30092300	307547	4078586	1212722
2012	43627815	36112089	763539	5464026	1288161
2013	47592106	39418642	363416	6365457	1444591
2014	30920972	25188711	414546	4173247	1144468
2015	22549726	19076264	334753	2656383	482326
2016	22569067	19880253	596740	1749358	342716
2017	27716944	24522296	399941	2224201	570506
2018	29673101	26157528	191322	2709306	614945
2019	30490567	28148583	149132	1794157	398695
2020	33662811	31141104	280015	1819139	422553
2021	30663777	28492829	258658	1439088	473202
2022	18147386	16597065	151756	1242599	155966
沈　阳	7006749	6546256	56397	361203	42893
大　连	5431685	4942306	90454	346728	52197
鞍　山	998566	894051		94129	10386
抚　顺	408620	333154	4905	67227	3334
本　溪	210983	196488		14422	73
丹　东	549647	521346		25827	2474
锦　州	399691	356447		36010	7234
营　口	875403	722678		145189	7536
阜　新	144721	129400		9493	5828
辽　阳	373593	356272		16427	894
盘　锦	507742	429316		66223	12203
铁　岭	272806	249130		21282	2394
朝　阳	505314	488516		16078	720
葫芦岛	461866	431705		22361	7800

6-25 房地产开发企业(单位)施工、销售情况

(2022年)

指标	单位	合计	住宅	#90平米以下住房	144平米以上住房	办公楼	商业营业用房	其他
房屋施工面积	万平方米	22973.6	17043.8			480.3	2699.3	2750.2
#新开工面积	万平方米	2378.6	1799.4			50.7	189.3	339.2
房屋竣工面积	万平方米	1946.1	1567.0			16.3	167.0	195.7
#不可销售面积	万平方米	52.1	13.2			0.6	5.7	32.6
竣工房屋价值	亿元	688.2	562.6			5.1	68.9	51.6
出租房屋面积	万平方米	23.8	0.6			2.9	17.4	2.8
商品房销售面积	万平方米	2182.5	1983.2	315.0	179.6	17.4	139.5	42.4
#现房销售面积	万平方米	486.6	412.8			3.9	55.0	14.9
期房销售面积	万平方米	1695.9	1570.4			13.5	84.5	27.5
商品房销售额	亿元	1814.7	1659.7	232.2	206.1	15.2	124.3	15.6
#现房销售额	亿元	328.9	278.9			3.7	41.5	4.9
期房销售额	亿元	1485.8	1380.8			11.5	82.7	10.7

6-26 房地产开发企业(单位)投资、资金和土地情况

单位：亿元

指　　标	2010年	2011年	2012年	2013年	2014年	2015年	2016年
计划总投资	14469.2	18410.7	22729.2	25890.1	26088.3	23120.5	21656.1
自开始建设累计完成投资	8346.4	11320.6	14538.4	17852.6	19313.4	17402.3	15792.3
本年完成投资	3465.8	4487.6	5455.8	6450.8	5301.3	3558.6	2094.8
按构成分:							
建筑工程	2441.7	3247.1	3828.1	4734.0	3967.8	2762.5	1504.5
安装工程	233.7	359.6	433.0	573.6	557.1	347.3	215.5
设备工器具购置	54.3	120.0	112.8	131.1	110.3	44.1	41.1
其他费用	736.0	760.9	1081.9	1012.0	666.0	404.7	333.7
#旧建筑物购置费	29.7	25.2	31.4	40.7	7.2	3.4	2.5
土地购置费	508.0	522.6	740.6	569.5	535.1	308.2	258.1
按工程用途分:							
住宅	2481.3	3410.5	3961.9	4665.0	3844.3	2603.3	1505.4
办公楼	102.9	93.0	163.4	155.8	179.2	116.6	65.3
商业营业用房	588.6	675.3	862.8	1097.9	950.8	608.6	358.8
其他	292.8	308.8	467.7	532.1	327.0	230.1	165.4
本年新增固定资产	1269.3	2138.8	2315.5	2212.4	2455.0	1311.9	1047.2
本年购置土地面积(万平米)	3134.6	3446.3	3199.5	2502.3	1670.8	957.0	654.5
本年土地成交价款	487.9	531.3	491.8	566.8	411.2	246.1	127.5

6-26 续表

单位：亿元

指　　标	2017年	2018年	2019年	2020年	2021年	2022年
计划总投资	21645.0	21524.5	22277.2	23580.0	24746.3	23457.9
自开始建设累计完成投资	16242.4	15929.4	15876.7	16280.1	17266.4	16708.0
本年完成投资	2289.7	2599.3	2834.0	2978.9	2900.7	2362.0
按构成分:						
建筑工程	1642.6	1352.6	1485.7	1707.3	1959.6	1713.6
安装工程	228.7	200.7	126.5	108.1	85.5	78.8
设备工器具购置	34.4	31.3	39.0	25.8	26.4	22.4
其他费用	383.9	1014.7	1182.8	1137.7	829.1	547.1
#旧建筑物购置费	2.8	2.4	0.8	3.9	0.9	0.7
土地购置费	304.3	950.9	1104.8	1051.7	715.8	471.3
按工程用途分:						
住宅	1673.9	1944.5	2188.4	2303.2	2321.0	1905.9
办公楼	70.4	37.8	49.5	40.6	61.9	57.5
商业营业用房	364.5	338.4	325.5	315.2	279.4	218.0
其他	180.8	278.7	270.6	319.8	238.4	180.7
本年新增固定资产	1039.5	749.3	869.2	809.7	1170.4	807.6
本年购置土地面积(万平米)	510.6	809.9	825.5	718.7	699.0	320.1
本年土地成交价款	117.1	294.7	347.0	352.2	332.5	91.6

主要统计指标解释

全社会固定资产投资 固定资产投资是社会固定资产再生产的主要手段。通过建造和购置固定资产的活动，国民经济不断采用先进技术装备，建立新兴部门，进一步调整经济结构和生产力的地区分布，增强经济实力，为改善人民物质文化生活创造物质条件。这对我国的社会主义现代化建设具有重要意义。

固定资产投资额是以货币表现的建造和购置固定资产活动的工作量，它是反映固定资产投资规模、速度、比例关系和使用方向的综合性指标。全社会固定资产投资包括国有经济单位投资、城乡集体经济单位投资、各种经济类型的单位投资和城乡居民个人投资。按照我国现行计划管理体制，国有经济单位固定资产投资总额分为基本建设、更新改造、商品房屋建设投资和其他固定资产投资四个部分；城乡集体经济单位投资包括城镇集体所有制单位投资和农村集体所有制单位投资；各种经济类型的单位投资包括联营经济、股份制经济、中外合资经营、中外合作经营、外资、与大陆合资经营、与大陆合作经营、港澳台独资及其他经济类型的单位投资。城镇居民个人投资包括城市、县城、镇、工矿区所辖范围内的个人建房和农村个人建房及购买生产性固定资产的投资。

基本建设投资 基本建设是国有企业、事业单位以扩大生产能力或工程效益为主要目的的新建、扩建工程及有关工作。包括工厂、矿山、铁路、桥梁、港口、农田水利、商店、住宅、学校、医院等工程的建造和机器设备、车辆、船舶、飞机等的购置。

基本建设投资额是以货币表现的基本建设完成的工作量，是反映一定时期内基本建设规模和建设进度的综合性指标。它是根据工程的实际进度按预算价格(预算价格是编制施工图预算时所用的价格)计算的工作量，没有形成工程实体的建筑材料和没有开始安装的设备，都不计算投资完成额。

更新改造投资 更新改造是指国有企业、事业单位对原有设施进行固定资产更新和技术改造，以及相应配套的工程和有关工作(不包括大修理和维护工程)。更新改造投资是以货币表现的更新改造完成的工作量。根据我国现行统计制度，基本建设和更新改造的划分是：(1)列入基本建设计划的项目作为基本建设投资，列入更新改造计划的项目作为更新改造投资；(2)更新改造计划与基本建设计划结合安排的项目及未列入计划的项目，根据工程性质分别作为基本建设投资或更新改造投资。属于对企业、事业单位原有设施进行技术改造或更新的项目和增建主要生产车间、分厂等，其新增生产能力或效益尚未达到大中型标准的项目，以及由于城市环境保护和安全生产的需要而进行的迁建工程，作为更新改造投资。

其他固定资产投资 是指按照国家规定不纳入基本建设和更新改造计划管理，其总投资在五万元以上的固定资产投资。具体包括：国有经济单位用油田维护费和石油开发基金进行的油田维护和开发工程；煤炭、铁矿、森林工业等采掘采伐业用维检费进行的开拓延伸工程；交通部门用公路养路费对原有公路、桥梁进行改建的工程；商业部门用简易建筑费建造的仓库工程。

固定资产投资的资金来源 根据固定资产投资的资金来源不同，分为上年末结余资金、本年资金来源小计和各项应付款。其中本年资金来源小计又分为国家预算内资金、国内贷款、股票、债券、利用外资、自筹资金和其他资金来源七种：

(1)国家预算内资金指国家预算、地方财政、主管部门和国家专业投资公司拨给或委托银行贷给建设单位的基本建设拨款和中央基本建设基金，拨给企业单位的更新改造拨款，以及中央财政安排的专项拨款中用于基本建设的资金。

(2)国内贷款指报告期企、事业单位向银行及非银行金融机构借入的用于固定资产投资的各种国内借款。国内贷款包括：银行利用自有资金及吸收的存款发放的贷款、上级主管部门拨入的国内贷款、国家专项贷款(包括煤代油贷款、劳改煤矿专项贷款等)，地方财政专项资金安排的贷款、国内储备贷款、周转贷款等。

(3)股票是股份制企业通过发行股票筹集到的，用于固定资产投资的资金。

(4)债券是企业(公司)或金融机构通过发行各种债券筹集到的用于固定资产投资的资金，包括由银行代理国家专业投资公司发行的重点企业债券和重点建设债券。

(5)利用外资指报告期收到的用于固定资产投资的国外资金，包括统借统还、自借自还的国外贷款，中外合资项目中的外资，以及无偿捐赠等。其中，国家统借统还的外资，是指由我国政府出面同外国政府、团体或金融组织签订贷款协议、并负责偿还本息的国外贷款。

(6)自筹资金指建设单位报告期收到的，用于进行固定资产投资的上级主管部门、地方和本单位自筹资金。

(7)其他资金来源指报告期收到的除以上各种拨款、借款、自筹资金之外，其他用于固定资产投资的资金。

固定资产投资按国民经济行业分 建设项目归哪个行业，按其建成投产后的主要产品或主要用途及社会经济活动性质来确定。基本建设按建设项目划分国民经济行业，更新改造、国有经济单位其他固定资产投资及城镇集体投资根据整个企业、事业单位所属的行业来划分。一般情况下，一个建设项目或一个企业、事业单位只能属于一种国民经济行业。为了更准确地反映国民经济各行业之间的比例关系，联合企业(总厂)所属分厂属于不同行业的，原则上按分厂划分行业。

固定资产投资按建设性质分 建设项目的性质一般分为新建、扩建、改建、迁建、恢复。基本建设按建设项目划分建设性质，更新改造、国有经济单位其他固定资产投资及城镇集体投资按整个企业、事业单位的建设情况确定建设性质。目前基本建设和更新改造是根据我国现行的计划管理体制区分的，所以基本建设和更新改造都可以分别按新建、扩建等划分。

(1)新建一般是指从无到有、“平地起家”新开始建设单位。有的单位原有的基础很小，经过建设后其新增加的固定资产价值超过原有固定资产价值(原值)三倍以上的也算新建。

(2)扩建一般是指为扩大原有产品的生产能力，在厂内或其他地点增建主要生产车间(或主要工程)、独立的生产线或总厂之下的分厂的企业；事业单位和行政单位在原单位增建业务用房(如学校增建教学用房、医院增建门诊部或病床用房、行政机关增建办公楼等)也作为扩建。

(3)改建一般是指现有企业、事业单位为了技术进步，提高产品质量，增加花色品种，促进产品升级换代、降低消耗和成本，加强资源综合利用和三废治理、劳保安全等，采用新技术、新工艺、新设备、新材料等对现有设施、工艺条件进行技术改造或更新(包括相应配套的辅助性生产、生活福利设施)。有的企业为充分发挥现有生产能力，进行填平补齐而增建不增加本单位主要产品生产能力的车间等，也属于改建。

固定资产投资按用途分 固定资产投资按工程的经济用途分为用于第一产业、第二产业、第三产业和住宅四部分的建设，是研究不同用途的固定资产投资之间比例关系的重要指标。基本建设投资、国有经济单位其他固定资产投资及城镇集体投资的用途按单项工程确定，现有企业、事业单位更新改造投资的用途按更新改造项目确定。

固定资产投资按构成分 固定资产投资活动按其工作内容和实现方式分为建筑安装工程，设备、工具、器具购置，其他费用三个部分。

(1)建筑安装工程(建筑工作量)指各种房屋、建筑物的建造工程和各种设备、装置的安装工程。包括各种房屋建造工程，各种用途设备基础和各种工业窑炉的砌筑工程；为施工而进行的各种准备工作和临时工程以及完工后的清理工作等；铁路、道路的铺设，矿井的开凿及石油管道的架设等；水利工程；防空地下建筑等特殊工程；以及各种机械设备的安装工程；为测定安装工程质量，对设备进行的试行工作。在安装工程中，不包括被安装设备本身的价值。

(2)设备、工具、器具购置指购置或自制达到固定资产标准的设备、工具、器具的价值，固定资产的标准按财务部门规定。新建单位、扩建单位的新建车间按照设计和计划要求购置或自制的全部设备、工具、器具，不论是否达到固定资产标准均计入“设备、工具、器具购置中”。

(3)其他费用指除建筑安装工程和设备、工具、器具购置以外的投资完成额。它包括两种性质的费用，一种是属于增加固定资产的费用，主要有：建设单位管理费，土地、青苗等补偿费和安置补助费、勘察设计费，研究实验费、农林单位牲畜购置费、各种经济林木的营造费、办公和生活家具、器具购置费、引进技术和进口设备项目的其他费用、联合试运转费等；一种是属于不增加固定资产的费用，主要有：施工机械转移费、生产职工培训费、农业开荒费用及报废工程损失费等。

基本建设项目按大中小型划分 基本建设划分大中小型项目原则上应按照上级批准的设计任务书或初步设计所确定的总规模或总投资划分，没有正式批准设计任务书或初步设计的，按国家或省、自治区、直辖市年度基本建设投资计划中所列的总规模或总投资划分。上述两条均不具备的，按本年计划施工工程的建设总规模或总投资划分。生产单一产品的工业项目，按产品的设计能力划分的；生产多种产品的工业项目，按其主要产品的设计能力划分。品种繁多，难以按生产能力划分的，按全部计划投资额划分。划分标准以国家颁发的《大中小型建设项目划分标准》依据。国家曾在1958年、1962年、1977年和1979年先后五次修订《大中小型建设项目划分标准》，因此各历史时期的大中型项目数不完全可比。

施工项目 指报告期内曾进行建筑或安装工程施工活动的建设项目。包括报告期内新开工项目、报告期以前开工跨入报告期继续施工的项目以及报告期施过工并在报告期内全部建设投产或停缓建的项目。

全部建成投产项目 工业项目是指设计文件规定形成生产能力的主体工程及其相应配套的辅助设施全部建成，经负荷试运转，证明具备生产设计规定合格产品的条件，并经过验收鉴定合格或达到竣工验收标准，与生产性工程配套的生产福利设施可以满足近期正常生产的需要，正式移交生产的建设项目。非工业项目是指设计文件规定的主体工程和相应的配套工程全部建成，能够发挥设计规定的全部效益，经验收鉴定合格或达到竣工验收标准，正式移交使用的建设项目。

新增生产能力 指通过固定资产投资活动而增加的设计能力或工程效益，它是用实物形态表示的固定资产投资的成果。新增生产能力的计算，是以能独立发挥生产能力或效益的单项工程(或项目)为对象，当单项工程(或项目)建成，经有关部门鉴定合格，正式移交投入生产，即可计算新增生产能力。

新增生产能力或工程效益有以下几种表现形式:

(1)以建设项目或单项工程建成后的年产能力表示。如煤炭开采、石油开采等。

(2)以建设项目或单项工程建成后处理原料的能力表示。如选矿工程的年处理矿石能力，洗煤厂年洗原煤能力等。

(3)以新增的主要设备数量或容量表示。如棉纺绽数枚、发电机组容量等。

(4)以建筑物容积、容量、面积或长度表示。如水库容量、铁路公路里程等。

新增生产能力的数量一般按设计能力计算。设计能力是指设计文件中规定的在正常情况下能够达到的生产能力，而不论投产后的实际产量如何。以设备数量、建筑物容积、面积、长度等表示的新增生产能力(或效益)，则按建成的实际数量计算。

施工和竣工房屋建筑面积 房屋建筑面积是从房屋外墙线算起的各层平面面积的总和，包括房屋结构(如柱、墙)占用的面积和地下室面积。多层建筑按各自然层面积总和计算，包括房屋内的楼隔层，突出墙面的眺望间、门斗、有柱雨罩的面积。不包括突出墙面结构的构件、艺术装饰等所占的面积，如台阶等。凹阳台、挑阳台按其水平投影面积一半计算建筑面积。

竣工面积 指在报告期内房屋建筑按照设计要求已全部完工，达到住人和使用条件，经验收鉴定合格，正式移交使用单位的建筑面积

房屋建筑面积竣工率 指一定时间内房屋竣工面积占同期房屋施工面积的比率。它是从房屋建筑施工速度的角度反映投资效果和建筑业经济效益的指标。

新增固定资产 指通过投资活动所形成的新的固定资产价值。包括已经建成投入生产或交付使用的工程价值和达到固定资产标准的设备、工具、器具的价值及有关应摊入的费用。它是以价值形式表示的固定资产投资成果的综合性指标，可以综合反映不同时期、不同部门、不同地区的固定资产投资成果。

建设项目投资率 指一定时期内全部建成投入生产项目个数占同期正式施工项目个数的比率。它是从项目建设速度的角度反映投资效果的指标。

固定资产交付使用率 指一定时期新增固定资产与同期完成投资额的比率。它是反映各个时期固定资产动用速度，衡量建设过程中投资效果的一个综合性指标。

未完工程占用率 指年末未完工程累计完成投资额占全年实际完成投资额的比率。它反映未完工程的相对规模，并可从资金占用的角度反映固定资产投资效果。由于未完工程是指已经开工，但尚未建成交付使用的工程，有个跨年度问题，因此未完工程占用率会出现大于 1 的情况。

七、能　源

Chapter 7　Energy

资料整理：金月凤　张天宇　张迎研　滕秋菊

[illegible]-1 一次能源生产总量及构成

年 份	一次能源生产总量(万吨标准煤)	比重(%)			
		原煤	原油	天然气	一次电力及其他能源
1978	3890.7	78.9	14.0	5.6	1.5
1980	3765.8	70.8	20.2	6.3	2.7
1985	4953.2	66.2	26.6	4.1	3.1
1986	5011.4	63.4	29.1	4.0	3.5
1987	5094.9	60.5	32.1	4.1	3.3
1988	5410.9	60.6	33.5	4.0	2.0
1989	5766.6	61.7	33.3	4.0	2.0
1990	5958.9	61.1	32.8	3.9	2.2
1991	6082.4	61.4	32.3	3.9	2.4
1992	6233.4	61.8	31.8	4.5	1.9
1993	6327.2	62.8	32.1	4.6	0.5
1994	6384.8	61.6	33.6	4.4	0.4
1995	6239.3	59.5	35.6	4.1	0.8
1996	6610.8	63.0	32.5	3.6	0.9
1997	6638.7	63.3	32.4	3.8	0.5
1998	6422.5	64.3	32.3	2.9	0.5
1999	5649.5[illegible]	60.4	36.2	3.0	0.4
2000	5380.5[illegible]	59.1	37.2	3.3	0.3
2001	5376.[illegible]	59.4	36.8	3.3	0.5
2002	5809.[illegible]	63.6	33.2	2.8	0.4
2003	6288.[illegible]	66.7	30.3	2.6	0.4
2004	6749.[illegible]	70.3	27.1	1.9	0.7
2005	6219.[illegible]	67.4	29.0	2.5	1.1
2006	6513.[illegible]	69.8	26.9	2.4	0.9
2007	6311.[illegible]	69.2	28.0	1.9	0.9
2008	6257.[illegible]	69.7	27.4	1.8	1.1
2009	6037[illegible]	73.3	23.7	1.8	1.2
2010	6769[illegible]	73.9	22.2	1.6	2.3
2011	6890[illegible]	75.5	20.7	1.4	2.4
2012	6393[illegible]	72.8	22.4	1.5	3.4
2013	5521[illegible]	65.7	25.9	2.0	6.4
2014	5147[illegible]	62.1	28.4	2.1	7.5
2015	557[illegible]	55.3	26.6	1.6	16.6
2016	529[illegible]	50.1	27.5	1.4	21.1
2017	508[illegible]	45.1	29.3	1.3	24.3
2018	524[illegible]	40.3	28.4	1.5	29.9
2019	541[illegible]7	39.2	27.8	1.5	31.5
2020	543[illegible]1	37.6	27.6	1.8	33.0
2021	582[illegible]3	32.5	25.8	1.8	39.8
2022	618[illegible]7	30.6	22.7	1.9	44.8

注：1.本表中2015年、2016年、2017[illegible]是第四次经济普查调整后数据，以前年度未进行调整。
2.一次能源生产总量2015年后按[illegible]发电煤耗计算法计算，以前年度按照电热当量计算法计算。

7-2 能源消费总量及构成

年 份	能源消费总量(万吨标准煤)	占能源消费总量的(%)			
		煤炭	石油	天然气	一次电力及其他能源
1978	5261.5	64.6	30.2	4.2	1.0
1980	5272.1	67.8	25.8	4.5	1.9
1985	6325.1	78.7	15.2	3.7	2.4
1986	6360.3	79.4	14.6	3.2	2.8
1987	6475.8	81.5	12.7	3.2	2.6
1988	6824.6	83.0	12.3	3.1	1.6
1989	7000.1	83.1	12.8	3.3	0.8
1990	7170.8	82.2	12.8	3.3	1.7
1991	7218.0	83.0	11.7	3.3	2.0
1992	7191.6	83.7	10.7	3.9	1.7
1993	8695.5	74.6	21.8	3.3	0.3
1994	9204.6	76.0	20.9	2.9	0.2
1995	9381.7	77.1	19.6	2.7	0.6
1996	9417.6	79.6	17.3	2.5	0.6
1997	9191.6	82.0	14.9	2.7	0.4
1998	8873.7	82.5	14.6	2.6	0.3
1999	8869.9	80.5	16.7	2.6	0.2
2000	9877.2	77.5	19.8	2.5	0.2
2001	10356.9	73.8	23.7	2.2	0.3
2002	10333.5	77.8	19.8	2.2	0.2
2003	11430.7	78.6	18.8	2.3	0.3
2004	12454.0	79.2	19.0	1.5	0.3
2005	12883.3	71.3	24.1	1.5	3.1
2006	14228.0	71.4	24.3	1.2	3.1
2007	15757.9	73.2	22.6	1.2	3.0
2008	16925.7	73.1	22.7	1.3	2.9
2009	18172.5	73.0	22.5	1.2	3.3
2010	19856.4	67.9	27.3	1.3	3.5
2011	21492.1	65.3	29.0	2.4	3.3
2012	22313.9	61.3	31.6	3.8	3.2
2013	20499.6	62.5	28.2	5.0	4.4
2014	20585.7	62.1	28.2	5.4	4.4
2015	21362.5	57.4	29.8	3.4	9.4
2016	20847.1	57.1	29.7	3.2	10.0
2017	21365.4	55.5	29.8	3.9	10.9
2018	22321.4	54.2	29.3	4.4	12.1
2019	23749.5	53.9	29.5	4.2	12.4
2020	24849.5	53.7	30.3	3.9	12.1
2021	24930.8	52.3	29.3	4.4	14.1
2022	24707.3	50.8	29.1	4.3	15.8

注：1.本表中2015年、2016年、2017年是第四次经济普查调整后数据，以前年度未进行调整。
2.能源消费总量2015年后按照发电煤耗计算法计算，以前年度按照电热当量计算法计算。

7-3 能源生产弹性系数

年 份	能源生产比上年增长(%)	电力生产比上年增长(%)	能源生产弹性系数	电力生产弹性系数
1985	10.3	8.8	0.84	0.72
1990	3.3	3.6	3.30	3.60
1991	2.1	3.0	0.50	0.70
1992	0.5	9.5	0.40	0.80
1993	11.0	5.2	0.75	0.35
1994	0.9	-2.2	0.08	
1995	-2.1	1.3		0.18
1996	6.0	8.4	0.70	0.98
1997	0.4	8.9	0.45	1.00
1998	-3.3	-8.5		
1999	-12.0	-3.5		
2000	-4.8	5.3		0.59
2001	-0.1	2.5		0.27
2002	8.1	14.5	0.79	1.42
2003	8.2	10.7	0.71	0.93
2004	7.3	4.2	0.57	0.33
2005	0.3	4.0	0.02	0.33
2006	1.9	10.8	0.14	0.78
2007	-5.6	10.2		0.70
2008	-0.9	2.4		0.18
2009	-3.5	4.9		0.37
2010	12.1	12.2	0.85	0.86
2011	1.8	6.2	0.15	0.51
2012	-7.2	4.5		0.47
2013	-12.1	5.7		
2014	-6.8	2.8		
2015	-0.7	0.1		
2016	-5.2	9.8		19.60
2017	-3.8	2.8		0.70
2018	3.0	10.3	0.50	1.80
2019	3.4	2.7	0.60	0.50
2020	0.4	3.0	0.70	5.00
2021	7.1	5.7	1.20	1.00
2022	6.2	-0.04	2.95	

注：1.本表中2015年、2016年、2017年是第四次经济普查调整后数据，以前年度未进行调整。
2.一次能源生产总量2015年后按照发电煤耗计算法计算，以前年度按照电热当量计算法计算。

7-4 能源消费弹性系数

年 份	能源消费比上年增长(%)	电力消费比上年增长(%)	能源消费弹性系数	电力消费弹性系数
1985	6.8	7.6	0.55	0.62
1990	1.4	2.6	1.40	2.60
1991	0.6	6.0	0.10	1.30
1992	1.0	10.0	0.10	0.90
1993	11.0	10.6	0.75	0.72
1994	8.2	-1.8	0.73	
1995	2.5	4.8	0.35	0.68
1996	0.4	8.4	0.04	0.98
1997	-2.5	7.6		0.85
1998	-3.5	-5.2		
1999	0.1	12.1	0.14	1.47
2000	14.1	4.8	1.58	0.54
2001	1.3	2.0	0.14	0.22
2002	-0.2	6.0		0.59
2003	7.2	5.5	0.63	0.48
2004	12.4	16.5	0.96	1.28
2005	12.0	5.0	0.97	0.40
2006	10.8	10.6	0.78	0.77
2007	9.9	10.7	0.68	0.74
2008	7.6	3.9	0.58	0.30
2009	7.4	5.4	0.56	0.41
2010	9.6	15.3	0.68	1.08
2011	8.4	8.5	0.69	0.70
2012	3.6	2.1	0.38	0.22
2013	3.7	5.7	0.43	0.66
2014	0.4	1.5	0.07	0.26
2015	-2.0	-2.6		
2016	-2.4	4.9		9.80
2017	2.5	4.3	0.60	1.02
2018	4.5	10.1	0.80	1.80
2019	6.4	3.8	1.19	0.70
2020	4.6	1.5	7.67	2.55
2021	0.3	6.1	0.05	1.05
2022	-0.9	-0.5		

注：1.本表中2015年、2016年、2017年是第四次经济普查调整后数据，以前年度未进行调整。
2.能源消费总量2015年后按照发电煤耗计算法计算，以前年度按照电热当量计算法计算。

7–5 按行业分主要能源品种消费量

(2022年)

行业	煤炭消费量(万吨)	焦炭消费量(万吨)	原油消费量(万吨)	汽油消费量(万吨)	煤油消费量(万吨)	柴油消费量(万吨)	燃料油消费量(万吨)	天然气消费量(亿立方米)	电力消费量(亿千瓦小时)
消费总量	**18420.78**	**3387.93**	**9752.73**	**815.75**	**26.00**	**981.16**	**188.34**	**80.39**	**2659.22**
农、林、牧、渔业	**21.60**			**58.65**		**85.24**			**58.61**
采矿业	**1062.27**	**12.16**	**11.81**	**1.87**	**0.004**	**38.86**	**0.90**	**17.00**	**152.64**
煤炭开采和洗选业	918.83		0.06	0.08		1.79		0.09	16.18
石油和天然气开采业	0.70		11.75	0.31		0.74		16.38	25.21
黑色金属矿采选业	82.61	12.15		0.13		17.02		0.13	85.95
有色金属矿采选业	37.08	0.004		0.10	0.004	1.93	0.81	0.15	10.11
非金属矿采选业	23.04			0.04		4.07	0.09	0.02	13.51
开采辅助活动	0.01			1.21		13.30		0.23	1.68
其他采矿业									
制造业	**7328.17**	**3375.46**	**9740.92**	**7.34**	**8.14**	**34.82**	**92.69**	**47.83**	**1321.22**
农副食品加工业	66.93	0.17	0.001	0.28	0.01	1.78	0.35	0.87	38.52
食品制造业	29.88	0.18		0.08		0.20	0.03	0.75	12.20
酒、饮料和精制茶制造业	11.42			0.02		0.05		0.18	4.21
烟草制品业								0.04	0.29
纺织业	4.43	0.01		0.03		0.02	0.04	0.19	6.37
纺织服装、服饰业	1.32			0.11		0.06		0.05	5.28
皮革、毛皮、羽毛及其制品和制鞋业				0.01		0.01		0.03	1.33
木材加工和木、竹、藤、棕、草制品业	0.66			0.07		0.11		0.003	8.40
家具制造业	0.03			0.02		0.02		0.02	4.22
造纸和纸制品业	80.68			0.02		0.41	0.11	0.22	14.39
印刷和记录媒介复制业	0.23			0.03		0.07	0.01	0.08	1.48
文教、工美、体育和娱乐用品制造业	0.03			0.03		0.01		0.02	0.97
石油、煤炭及其他燃料加工业	2002.13		9740.92	0.79	0.01	0.91	79.20	18.03	148.05
化学原料和化学制品制造业	413.98	1.41		0.10		1.91	0.55	6.34	89.84
医药制造业	15.88	0.05		0.09		0.08	0.15	0.66	9.54
化学纤维制造业	1.37			0.003		0.01		0.07	2.47
橡胶和塑料制品业	15.94			1.07		0.22	0.04	0.66	37.69
非金属矿物制品业	801.30	13.78	0.001	1.44	0.04	15.87	11.79	9.86	172.75
黑色金属冶炼和压延加工业	3848.06	3308.55		0.16		3.68	0.01	3.16	439.98
有色金属冶炼和压延加工业	18.90	16.94		0.08		5.53	0.01	2.49	111.66
金属制品业	8.67	33.06		0.34	0.004	0.91	0.004	1.47	61.61
通用设备制造业	0.74	0.19		0.62	0.02	0.49	0.02	0.47	51.62
专用设备制造业	0.04	0.32		0.34		0.28		0.18	13.57
汽车制造业	1.61	0.76		0.99	0.01	0.35		0.93	22.82
铁路、船舶、航空航天和其他运输设备制造业	1.37	0.01		0.08	8.04	0.63	0.17	0.12	11.56
电气机械和器材制造业	0.13			0.29	0.003	0.21	0.06	0.42	13.05
计算机、通信和其他电子设备制造业				0.08		0.02		0.40	22.32
仪器仪表制造业	0.24			0.14		0.01		0.01	1.20
其他制造业	0.01			0.01		0.03		0.004	8.01
废弃资源综合利用业	2.19	0.04		0.02	0.01	0.43		0.06	3.94
金属制品、机械和设备修理业	0.002			0.01		0.53	0.19	0.03	1.88
电力、燃气及水生产和供应业	**9562.79**	**0.31**		**0.98**		**1.94**	**0.15**	**0.81**	**351.30**
电力、热力的生产和供应业	9562.76	0.31		0.70		1.71	0.12	0.54	320.04
燃气生产和供应业				0.11		0.02		0.26	3.42
水的生产和供应业	0.03			0.17		0.22	0.03	0.01	27.84
建筑业	**0.57**			**0.93**		**5.21**	**0.39**		**21.07**
交通运输、仓储和邮政业	**6.77**			**223.05**	**17.86**	**669.15**	**94.21**	**5.84**	**65.39**
批发和零售业、贸易和餐饮业	**0.02**			**15.60**		**9.88**		**0.02**	**124.48**
其他行业	**97.29**			**147.66**		**130.91**			**203.19**
城乡居民生活	**341.31**			**359.67**		**5.16**		**8.89**	**361.32**

7-6 能源加工转换效率

单位：%

年　份	总效率	发电及电站供热	炼焦	炼油
1985	79.1	37.2	94.5	98.6
1990	82.7	48.1	97.1	98.0
1991	82.2	49.1	98.5	98.9
1992	81.0	48.3	97.5	86.3
1993	80.6	48.1	83.0	99.0
1994	75.2	46.0	72.6	97.0
1995	80.2	50.3	98.6	97.4
1996	77.6	46.0	90.6	98.0
1997	75.9	43.8	91.7	97.8
1998	76.9	44.9	96.0	99.6
1999	76.0	44.8	97.1	95.6
2000	75.3	41.9	93.2	96.7
2001	73.5	43.8	92.8	89.9
2002	76.8	42.8	98.1	98.0
2003	73.3	39.9	98.1	96.2
2004	72.4	38.2	92.3	96.6
2005	74.7	42.1	98.9	92.4
2006	74.1	43.0	96.7	93.6
2007	75.4	43.3	97.3	95.5
2008	75.9	43.5	97.8	95.0
2009	75.6	43.4	98.1	94.4
2010	77.4	46.2	97.3	95.2
2011	76.9	46.5	97.5	94.7
2012	78.6	47.5	97.4	95.7
2013	80.9	52.7	95.8	95.1
2014	81.9	52.8	96.5	97.0
2015	81.2	53.4	96.8	96.2
2016	82.6	54.4	96.6	96.0
2017	83.4	55.1	96.2	95.9
2018	83.7	55.9	96.8	94.0
2019	85.0	57.9	93.9	94.6
2020	86.7	58.5	96.9	96.3
2021	87.3	59.2	96.4	97.9
2022	87.1	60.0	97.1	98.8

注：本表中2015年、2016年、2017年是第四次经济普查调整后数据，以前年度未进行调整。

7-7 平均每天能源消费量

能源品种	单位	2010年	2011年	2012年	2013年	2014年	2015年	2016年
煤　炭	万吨	46.32	49.46	49.91	49.67	49.32	46.65	46.29
焦　炭	万吨	8.67	9.28	9.43	8.77	9.03	8.73	8.18
原　油	万吨	17.97	18.37	19.18	17.75	17.44	17.64	19.28
燃料油	万吨	0.98	1.04	1.16	0.99	0.99	0.67	0.83
汽　油	万吨	1.63	1.94	2.14	1.81	1.93	2.26	2.23
煤　油	万吨	0.06	0.04	0.09	0.08	0.08	0.08	0.11
柴　油	万吨	2.64	3.02	3.35	2.80	2.90	3.04	2.76
天然气	亿立方米	0.05	0.11	0.17	0.14	0.15	0.15	0.13
电　力	亿千瓦小时	4.70	5.10	5.21	5.50	5.59	5.44	5.69

注：本表中2015年、2016年、2017年是第四次经济普查调整后数据，以前年度未进行调整。

7-7 续表

能源品种	单位	2017年	2018年	2019年	2020年	2021年	2022年
煤　炭	万吨	48.18	49.05	51.26	52.10	52.56	50.47
焦　炭	万吨	8.46	8.99	9.17	9.55	9.33	9.28
原　油	万吨	19.54	22.47	27.11	28.11	28.53	26.72
燃料油	万吨	0.84	0.59	0.61	0.58	0.49	0.52
汽　油	万吨	2.17	2.35	2.41	2.18	2.26	2.23
煤　油	万吨	0.12	0.14	0.14	0.09	0.09	0.07
柴　油	万吨	2.83	2.85	2.86	2.75	2.90	2.69
天然气	亿立方米	0.17	0.20	0.20	0.20	0.22	0.22
电　力	亿千瓦小时	5.95	6.55	6.8	6.89	7.33	7.29

7-8 综合能源平衡表

单位：万吨标准煤

指标	2009年	2010年	2011年	2012年	2013年	2014年	2015年
一、可供本地区消费的能源量	**18172.45**	**19856.39**	**21492.07**	**22313.93**	**20499.56**	**20585.67**	**21362.47**
1.年初库存量	1572.40	1474.50	1670.64	1907.08	1725.08	1778.87	1124.47
2.一次能源生产量	6037.79	6769.52	6889.99	6393.34	5521.10	5147.66	5578.15
3.外省(区、市)调入量	12946.55	14076.39	17776.98	17124.83	15284.65	18102.45	19087.47
4.进口量	2947.55	3099.70	2665.47	3485.17	6342.11	4454.40	5510.26
5.境内轮船和飞机在境外加油量	47.80	59.43	75.80	82.09	59.53	56.49	47.79
6.本省(区、市)调出量(－)	-4336.85	-3933.12	-4884.43	-4264.85	-5821.08	-6861.03	-7078.29
7.出口量(–)	-795.18	-974.54	-726.50	-571.30	-785.01	-923.19	-1275.64
8.境外轮船和飞机在境内加油量(–)	-93.91	-92.16	-84.07	-76.76	-46.09	-45.09	-45.59
9.年末库存量(–)	-1516.50	-1638.51	-1891.80	-1765.67	-1780.73	-1124.89	-1586.14
二、加工转换投入(-)产出(+)量	**-4661.20**	**-4496.71**	**-4450.23**	**-4277.36**	**-2906.01**	**-2507.35**	**-176.86**
1.火力发电	-2916.90	-2813.32	-2941.65	-2938.61	-2391.30	-2392.16	
2.供热	-521.81	-475.59	-483.23	-452.82	-439.18	-433.50	-496.35
3.煤炭洗选	-698.50	-700.73	-799.94	-721.06	-530.41	-469.41	-477.82
4.炼焦	-43.22	-61.70	-62.58	-68.38	-114.03	-96.49	-84.13
5.炼油	-447.83	-233.92	-297.45	-298.89	214.87	442.60	-63.64
6.制气	363.66	-2.01	-1.53	-5.64	-23.31	-30.12	-11.69
7.天然气液化						-0.70	-1.32
8.煤制品加工			-2.79	-1.78	-0.01	-0.30	-1.62
9.回收能			340.18	351.24	1079.00	1214.93	1259.52
三、损失量	**103.73**	**203.89**	**201.80**	**202.01**	**209.36**	**192.24**	**325.41**
#运输和输配损失	103.73	203.89	201.80	202.01	209.36	192.24	325.41
四、终端消费量	**13407.52**	**15155.78**	**16840.05**	**17834.56**	**17384.18**	**17886.08**	**20860.21**
1.农、林、牧、渔业	249.85	266.73	284.55	287.59	283.99	287.54	344.73
2.工业	9708.30	10966.99	12217.15	12835.51	12344.40	12494.22	14383.44
3.建筑业	124.99	145.26	161.70	178.75	279.72	290.24	299.96
4.交通运输、仓储和邮政业	1445.64	1597.03	1746.40	1879.08	1775.40	1919.24	1929.29
5.批发和零售业、贸易和餐饮业	154.11	170.34	203.95	216.58	237.15	249.48	402.07
6.其他	488.99	581.15	664.28	724.06	759.88	826.25	1033.32
7.生活消费	1235.64	1428.30	1562.02	1713.00	1703.64	1819.12	2467.40
城镇	1023.37	1175.58	1276.00	1393.40	1412.93	1508.33	1918.23
乡村	212.27	252.72	286.02	319.60	290.71	310.79	549.17
五、平衡差额							

注：1.本表中2015年、2016年、2017年是第四次经济普查调整后数据，以前年度未进行调整。
2.2015年后按照发电煤耗计算法计算，以前年度按照电热当量计算法计算。

7-8 续表

单位：万吨标准煤

指　　标	2016年	2017年	2018年	2019年	2020年	2021年	2022年
一、可供本地区消费的能源量	**20847.06**	**21365.35**	**22321.45**	**23749.46**	**24849.49**	**24930.83**	**24707.26**
1.年初库存量	1596.38	2723.92	3219.04	3522.70	3580.49	3738.96	4083.47
2.一次能源生产量	5290.02	5086.36	5240.94	5416.71	5438.12	5826.34	6187.74
3.外省(区、市)调入量	22239.71	24525.62	22833.62	28414.47	26868.71	27101.94	30349.58
4.进口量	6189.82	6123.27	6227.09	5267.54	7695.64	5990.04	4389.89
5.境内轮船和飞机在境外加油量	42.78	21.33	22.52		63.87	0.46	0.20
6.本省(区、市)调出量(-)	-10492.67	-12650.57	-11449.34	-15191.54	-14866.29	-13509.10	-16573.26
7.出口量(-)	-1214.53	-1200.00	-207.90	-125.43	-18.81	-23.91	-5.22
8.境外轮船和飞机在境内加油量(-)	-46.89	-38.74	-42.10	-57.12	-101.34	-100.98	-100.63
9.年末库存量(-)	-2757.55	-3225.84	-3522.42	-3497.86	-3810.90	-4092.93	-3624.51
二、加工转换投入(-)产出(+)量	**95.48**	**225.28**	**125.54**	**-183.18**	**300.01**	**568.34**	**859.13**
1.火力发电							
2.供热	-452.99	-492.31	-496.08	-509.57	-579.81	-576.89	-575.77
3.煤炭洗选	-258.18	-167.51	-95.72	-101.80	-111.55	-101.75	-152.47
4.炼焦	-90.57	-106.46	-89.89	-180.79	-88.66	-104.08	-80.34
5.炼油	5.81	993.32	1787.48	2356.02	3574.46	2455.21	800.41
6.制气	-8.19	-10.51	-5.31	-148.68	-128.56	-127.86	-117.87
7.天然气液化	-1.11	-1.26	-1.46	-0.64	-0.11		-0.35
8.煤制品加工	-0.51		-3.86	-9.41	-1.34	-1.03	-0.83
9.回收能	1328.77	1476.83	1673.13	1719.90	1901.56	1931.11	2102.42
三、损失量	**328.81**	**338.01**	**358.85**	**345.72**	**292.77**	**271.14**	**202.90**
#运输和输配损失	324.88	338.01	358.85	345.72	292.77	271.14	
四、终端消费量	**20613.74**	**21252.62**	**22088.14**	**23220.57**	**24856.74**	**25228.04**	**25363.49**
1.农、林、牧、渔业	343.56	357.96	366.85	380.06	380.40	392.95	396.88
2.工业	13885.68	14348.83	15072.22	16170.93	17999.56	18061.78	18191.64
3.建筑业	295.52	290.03	274.82	255.60	256.29	260.91	259.87
4.交通运输、仓储和邮政业	2057.53	2147.81	2176.72	2175.78	1966.50	2078.59	1864.76
5.批发和零售业、贸易和餐饮业	420.25	424.33	427.84	412.33	371.13	430.17	444.68
6.其他	1061.07	1061.86	1091.60	1101.85	1095.35	1169.75	1203.25
7.生活消费	2550.14	2621.81	2678.08	2724.02	2787.52	2833.89	3002.42
城镇	1968.76	2019.45	2051.12	2074.42	2136.42	2168.47	2213.84
乡村	581.38	602.36	626.96	649.60	651.10	665.42	788.58
五、平衡差额							

主要统计指标解释

一次能源生产总量 指一定时期内全省一次能源生产量的总和，是观察全省能源生产水平、规模、构成和发展速度的总量指标。包括：原煤、原油、天然气、水电、核电及其他动力能（如风能、地热能等）发电量等。不包括低热值燃料生产量和由一次能源加工转换而成的二次能源产量。

能源消费总量 指一定地域内（国家或地区）国民经济各行业和居民家庭在一定时期消费的各种能源的总和。能源消费总量分为三部分，即终端能源消费量、能源加工转换损失量和能源损失量。

(1) 终端能源消费量指一定时期内用于消费（而非用于加工转换产出其他能源）的各种能源之和。

(2) 能源加工转换损失量指一定时期内全国（地区）投入加工转换的各种能源数量之和与产出各种能源产品之和的差额。它是观察能源在加工转换过程中损失量变化的指标。

(3) 能源损失量指一定时期内能源在输送、分配、储存过程中发生的损失和由客观原因造成的各种损失量。不包括各种气体能源放空、放散量。

能源生产弹性系数 是研究能源生产量的增长与国民经济增长之间关系的指标。计算公式：

$$\text{能源生产弹性系数}=\frac{\text{能源生产量年平均增长速度}}{\text{国民经济年平均增长速度}}$$

本资料采用国内生产总值指标计算国民经济年平均增长速度。

电力生产弹性系数 是研究电力生产增长速度与国民经济增长速度之间关系的指标。计算公式：

$$\text{电力生产弹性系数}=\frac{\text{电力生产量年平均增长速度}}{\text{国民经济年平均增长速度}}$$

能源消费弹性系数 反映能源消费增长速度与国民经济增长速度之间关系的指标。计算公式：

$$\text{能源消费弹性系数}=\frac{\text{能源消费量年平均增长速度}}{\text{国民经济年平均增长速度}}$$

电力消费弹性系数 是反映电力消费增长速度与国民经济增长速度之间比例关系的指标。计算公式：

$$\text{电力消费弹性系数}=\frac{\text{电力消费量年平均增长速度}}{\text{国民经济年平均增长速度}}$$

能源加工转换效率 指一定时期内能源经过加工转换后，产出的各种能源产品的数量与投入加工转换的各种能源数量的比率。它是观察能源加工转换装置和生产工艺先进与落后、管理水平高低等的重要指标。计算公式：

$$\text{能源加工转换效率}=\frac{\text{能源加工转换产出量}}{\text{能源加工转换投入量}}\times100\%$$

能源生产总量 指一定时期内全省一次能源生产量的总和，是观察全省能源生产水平、规模、构成和发展速度的总量指标。一次能源生产量包括原煤、原油、天然气、水电及其他动力能(如风能、地热能等)发电量。不包括低热值燃料生产量、生物质能、太阳能等的利用和由一次能源加工转换而成的二次能源产量。

八、财　政

Chapter 8　Government Finance

8-1 历年地方一般公共预算收入

单位：亿元

年份	地方一般公共预算收入	各项税收	国有资本经营收入	国有企业计划亏补	其他各项收入
1980	86.9	41.6	43.3		2.0
1985	85.2	102.3	1.4	-20.2	1.7
1986	98.9	107.1	1.4	-13.3	3.7
1987	108.0	115.5	1.4	-14.8	5.9
1988	115.9	128.4	1.7	-24.9	10.7
1989	133.9	145.6	1.6	-29.7	16.4
1990	129.3	140.3	2.0	-31.0	18.0
1991	161.5	155.7	1.6	-30.2	34.4
1992	151.6	158.6	1.5	-24.5	16.0
1993	213.7	220.0	1.9	-24.8	16.6
1994	153.7	147.5	0.8	-17.3	22.7
1995	184.4	174.0	0.6	-18.0	27.8
1996	211.7	195.8	0.7	-17.1	32.3
1997	228.2	215.1	1.0	-16.6	28.7
1998	264.6	233.5	2.6	-13.1	41.6
1999	279.6	247.5	2.5	-11.2	40.8
2000	295.6	266.4	3.7	-9.7	35.2
2001	370.4	320.0	3.5	-4.7	51.6
2002	399.7	333.0	6.7	-3.5	63.5
2003	447.0	361.4	9.1	-3.3	79.8
2004	529.6	411.5	13.0	-2.9	108.0
2005	675.3	528.4	24.5	-3.0	125.4
2006	817.7	626.2	40.9	-3.0	153.6
2007	1082.7	815.7	57.8		209.2
2008	1356.1	1017.1	92.9		246.1
2009	1591.2	1184.0	145.7		261.5
2010	2004.8	1516.7	131.2		356.9
2011	2643.2	1974.9	142.8		525.5
2012	3105.[illegible]	2317.2	157.4		630.8
2013	3343.[illegible]	2521.6	180.9		641.3
2014	3192.[illegible]	2330.6	199.7		662.5
2015	2127.[illegible]	1650.4	23.0		453.9
2016	2200.[illegible]	1687.5	19.0		494.0
2017	2392.3	1812.4	5.1		575.3
2018	2616.[illegible]	1976.1	8.6		631.4
2019	2652.4	1929.5	10.5		712.4
2020	2655.3	1879.1	46.8		729.9
2021	2765.5	1970.9	9.6		785.1
2022	2525.1	1664.4	10.4		850.3

注：1.本表财政收入为当年财政决算数据。
2.各项税收1983年利改税以后含企业所得税，1994年以后为新税制收入。
3.国有资产经营收益1998年以前指国企上缴利润，1983年前含企业上缴的基本折旧。
4.其他各项收入指行政性收费、罚没收入、海域场地矿区使用费收入、专项收入和其他各项收入。
5.国有资本经营收入2007年以前为“国有资产经营收益”。

8-2 地方一般公共预算收入

单位：亿元

项　　目	2010年	2011年	2012年	2013年	2014年	2015年	2016年	2017年	2018年	2019年	2020年	2021年	2022年
合　　计	**2004.8**	**2643.2**	**3105.4**	**3343.8**	**3192.8**	**2127.4**	**2200.5**	**2392.8**	**2616.1**	**2652.4**	**2655.8**	**2765.6**	**2525.1**
一、各项税收小计	**1516.7**	**1974.9**	**2317.2**	**2521.6**	**2330.6**	**1650.4**	**1687.5**	**1812.4**	**1976.1**	**1929.5**	**1879.1**	**1970.9**	**1664.4**
增值税	188.8	218.3	216.7	248.4	291.3	286.2	534.6	785.8	836.3	783.3	726.9	738.2	523.3
营业税	453.8	556.2	606.5	657.0	562.2	471.3	238.9						
企业所得税	174.1	227.2	242.4	250.7	252.2	235.3	238.7	278.4	316.7	330.2	328.7	355.0	330.8
个人所得税	64.2	76.9	60.9	64.1	70.3	72.4	76.7	90.4	99.2	65.5	64.4	72.2	75.7
资源税	46.5	68.1	109.3	142.0	102.1	37.6	29.8	42.3	41.3	42.5	41.0	51.5	49.4
城市维护建设税	71.6	102.8	108.4	119.2	118.2	117.6	124.3	129.8	144.7	134.1	126.2	137.3	122.5
房产税	45.9	55.9	64.2	72.4	82.2	82.4	84.1	95.2	101.8	97.2	95.1	104.9	109.4
印花税	22.8	27.7	28.2	30.3	30.5	26.0	27.5	31.4	34.1	37.4	37.1	41.0	37.5
城镇土地使用税	108.1	145.7	221.9	246.3	248.1	125.4	125.2	139.1	142.6	132.9	135.7	145.1	146.9
土地增值税	77.6	128.8	190.4	190.2	177.6	46.1	60.1	65.7	76.4	90.1	92.1	91.3	73.5
车船税	12.3	15.0	19.9	23.6	26.3	28.8	31.3	34.3	37.1	41.1	44.9	46.2	49.7
耕地占用税	96.4	140.4	225.2	239.9	203.9	15.1	15.0	13.3	10.1	14.6	15.5	17.2	20.4
契税	152.9	209.8	217.5	235.6	163.8	105.0	100.3	105.4	130.6	153.6	163.6	161.4	113.6
烟叶税	0.5	0.8	1.1	1.4	1.5	1.1	0.9	1.3	0.7	0.5	0.8	0.5	0.5
其他税收收入	1.2	1.1	4.7	0.5	0.3	0.2	0.2		4.5	6.6	7.0	9.1	11.2
二、非税收入小计	**488.2**	**668.3**	**788.2**	**822.2**	**862.2**	**476.9**	**513.0**	**580.3**	**639.9**	**722.9**	**776.7**	**794.7**	**860.7**
专项收入	55.0	99.3	110.5	107.1	105.5	161.0	152.9	149.2	156.4	138.5	136.1	150.5	174.9
行政事业性收费收入	131.9	158.6	194.6	198.0	182.5	112.8	131.8	120.7	112.6	118.7	87.0	97.1	89.2
罚没收入	60.1	70.0	88.1	78.9	69.6	76.6	77.9	106.8	157.0	183.6	152.2	139.3	174.6
国有资本经营收入	131.2	142.8	157.4	180.9	199.7	23.0	19.0	5.1	8.6	10.5	46.8	9.6	10.4
国有资源有偿使用收入	97.8	171.4	206.3	225.6	257.5	87.5	85.2	153.5	151.2	194.4	298.2	344.5	359.0
其他收入	12.1	26.2	31.3	31.7	47.4	16.0	46.2	45.1	54.1	77.2	56.3	53.8	52.5

8-3 地方各项税收及附加收入

单位：亿元

税种分类	2010年	2011年	2012年	2013年	2014年	2015年	2016年	2017年	2018年	2019年	2020年	2021年	2022年
收入合计	**3504.6**	[illegible]	**4749.4**	**4963.7**	**4822.6**	**3914.7**	**3961.1**	**4175.3**	**4850.1**	**4959.6**	**4635.3**	**5167.1**	**5518.3**
一、税收合计	**3445.4**	[illegible]	**4646.5**	**4856.0**	**4717.1**	**3812.0**	**3858.4**	**4069.2**	**4730.6**	**4845.1**	**4476.4**	**4967.9**	**4726.9**
1.增值税	1091.6	[illegible]	1308.0	1353.1	1430.9	1143.3	1448.3	1884.5	2327.3	2275.4	2074.9	2234.9	1916.4
#国内增值税	821.3	[illegible]	919.7	977.7	988.9	953.7	1183.4	1547.1	1661.0	1557.3	1454.8	1523.5	1064.2
2.消费税	495.0	[illegible]	557.5	525.6	525.0	652.5	537.8	493.9	541.1	734.1	565.0	764.7	960.0
#国内消费税	443.3	[illegible]	532.5	478.1	480.1	613.7	556.0	522.6	518.4	692.2	528.1	725.5	906.3
3.营业税	453.8	[illegible]	606.7	655.9	562.4	471.4	265.3	9.6	4.0				
4.个人所得税	160.5	[illegible]	152.3	159.8	174.2	180.1	190.9	224.7	248.0	163.8	163.3	183.0	192.0
5.外商外国企业所得税	303.7	[illegible]	432.1	432.2	424.5	380.4	396.4	466.1					
6.企业所得税	128.2	[illegible]	167.2	183.8	199.5	184.4	194.2	223.4	782.3	810.8	795.9	863.5	826.0
7.资源税	46.4	[illegible]	109.2	141.9	102.0	37.5	29.8	42.1	41.0	42.2	40.8	51.3	49.4
8.投资方向调节税			0.03										
9.城市维护建设税	95.1	[illegible]	136.1	141.7	141.2	139.0	140.4	144.3	158.0	154.3	138.5	158.4	151.5
10.房产税	45.9	[illegible]	64.2	72.4	82.2	82.4	84.1	95.2	101.8	97.2	95.1	104.9	109.4
11.印花税	22.8	[illegible]	28.2	30.3	30.5	25.9	27.5	31.4	34.1	37.4	37.1	41.0	37.5
12.城镇土地使用税	108.1	[illegible]	221.9	246.3	248.1	125.4	125.2	139.1	142.6	132.9	135.7	145.1	146.9
13.土地增值税	77.6	[illegible]	190.4	190.2	177.6	46.1	60.1	65.7	76.4	90.1	92.1	91.3	73.5
14.车船使用税	12.3	[illegible]	19.9	23.6	26.3	28.8	31.3	34.3	37.1	41.1	44.9	46.2	49.7
15.耕地占用税	96.4	[illegible]	225.2	239.9	203.7	15.1	15.0	13.3	10.1	14.6	15.5	17.2	20.4
16.契税	152.9	[illegible]	217.5	235.6	163.8	105.0	100.3	105.4	130.6	153.6	163.6	161.4	113.6
17.车辆购置税	66.5	[illegible]	80.4	91.2	94.2	84.2	81.9	95.1	90.9	90.0	105.1	94.6	65.8
18.烟叶税	0.5	0.8	1.1	1.4	1.5	1.1	0.9	1.3	0.7	0.5			0.5
19.关税	86.8	[illegible]	125.7	129.2	129.2	109.1	129.2						
20.其他税收	1.2	0.9	3.1	2.0	0.4	0.2			4.5	7.3	8.8	10.5	14.2
二、非税收入合计	**59.2**	[illegible]	**103.0**	**107.6**	**105.5**	**102.7**	**102.6**	**106.1**	**119.5**	**114.5**	**158.9**	**199.1**	**791.4**
1.教育费附加	43.0	55.9	60.8	63.3	63.1	61.4	61.5	63.7	70.4	68.1	61.6	70.7	66.2
2.文化事业建设费	13.2	32.6	39.8	42.6	41.8	40.8	40.9	42.2	47.0	45.3	41.0	47.1	0.5
3.地方教育费收入	1.5	1.9	2.0	1.5	0.2	0.2	0.1		1.4	1.1	0.2	0.0	44.0
4.矿区使用费													
5.罚没收入	0.9	0.5	0.3	0.3	0.3	0.2	0.1	0.2			0.1		0.4
6.其他收入	0.7	0.3	0.1	0.1	0.1	0.04	0.01		0.8	0.01	55.9	81.3	680.3

注：1.本表按1994年新税制改革以来的地区实际税收收入整理。
2.增值税和消费税含海关代征，不含出口退税绝对值；国内增值税和国内消费税不含海关代征，含出口退税绝对值。
3.由于国地税合并，2018年数据来自国家税务总局辽宁省税务局，与往年不可比。
4.由于税务部门口径发生变化，从2020年起将收入合计中其他收入变更为非税收入合计，与往年不可比。
5.2018年开始，税务部门不再保留外商外国企业所得税指标。

8-4 各地区地方一般公共预算收入

(2022年) 单位：万元

项 目	沈阳	大连	鞍山	抚顺	本溪	丹东	锦州
合 计	**7136722**	**6697660**	**1485246**	**608317**	**739041**	**679581**	**1038851**
一、各项税收小计	**5293706**	**4161953**	**1063525**	**417581**	**520582**	**377919**	**644762**
增值税	1415240	1453283	341959	169871	212500	107097	220683
企业所得税	1503482	876106	133155	37645	55626	45043	50078
个人所得税	254420	271855	31890	16343	17348	14236	22506
资源税	34324	5122	106729	17879	65590	11630	18327
城市维护建设税	374431	320030	59370	38858	28713	19957	45011
耕地占用税	38301	10619	35091	6003	5987	8827	30388
契税	342509	379625	60221	19668	15537	30283	35473
其他税收收入	1330999	845313	295110	111314	119281	140846	222296
二、非税收入小计	**1843016**	**2535707**	**421721**	**190736**	**218459**	**301662**	**394089**
专项收入	515180	524282	52330	37050	23854	19110	44310
行政事业性收费收入	216527	134343	20051	14993	54460	20718	33627
罚没收入	206340	564125	75437	49779	43017	59104	72157
国有资本经营收入		7271	90014	350	757	1027	1936
国有资源有偿使用收入	729061	1170870	165968	69081	89384	184475	222860
其他收入	175908	134816	17921	19483	6987	17228	19199

8-4 续表 (2022年) 单位：万元

项 目	营口	阜新	辽阳	盘锦	铁岭	朝阳	葫芦岛
合 计	**1293407**	**448318**	**873800**	**1213620**	**454982**	**793737**	**591010**
一、各项税收小计	**903335**	**263132**	**621186**	**939850**	**316517**	**541620**	**350424**
增值税	307122	86854	264369	343251	112208	156779	116979
企业所得税	136600	31155	57290	66926	27926	52224	31967
个人所得税	23221	9464	12608	34111	11053	18940	14041
资源税	3554	5260	63422	87730	12728	54867	6536
城市维护建设税	71544	15675	57381	103859	19344	24994	35963
耕地占用税	12145	6455	4473	6362	8187	9009	10667
契税	39056	17771	25895	33528	23567	69335	29573
其他税收收入	310093	90498	135748	264083	101504	155472	104698
二、非税收入小计	**390072**	**185186**	**252614**	**273770**	**138465**	**252117**	**240586**
专项收入	57621	14668	58111	99154	18402	30586	39455
行政事业性收费收入	22988	17151	17452	25906	20731	39728	56349
罚没收入	145572	50185	72850	115055	37818	55521	21587
国有资本经营收入			1251			881	408
国有资源有偿使用收入	144064	90121	92654	15435	55241	106851	111916
其他收入	19827	13061	10296	18220	6273	18550	10871

8-5 地方一般公共预算支出

单位：亿元

行　　业	2009年	2010年	2011年	2012年	2013年	2014年	2015年
合　　计	**2682.4**	**3195.8**	**3905.9**	**4558.6**	**5197.4**	**5080.5**	**4481.6**
一般公共服务	329.2	352.4	415.2	485.7	501.3	436.3	356.5
国防	7.5	7.6	11.4	13.8	12.0	12.0	7.9
公共安全	154.2	191.3	210.3	228.8	244.6	235.7	256.7
教育	346.7	405.4	544.1	728.8	669.5	604.5	610.2
科学技术	57.5	68.9	87.2	101.2	119.0	108.8	68.9
文化体育与传媒	76.3	56.8	68.6	79.3	95.3	92.6	88.6
社会保障和就业	518.1	579.8	657.4	727.7	824.0	895.9	995.1
卫生健康	163.3	151.4	182.1	200.2	229.5	273.6	282.0
节能环保	55.7	77.4	74.2	93.3	108.6	106.1	116.8
城乡社区事务	289.7	360.3	442.6	595.2	807.3	849.5	494.3
农林水事务	240.7	289.0	329.2	405.0	466.5	443.9	446.1
交通运输	105.6	140.3	220.5	256.1	302.5	310.9	270.0
工业商业金融等事务	211.6	441.9	298.8	315.9	366.6	288.6	172.5
其他支出	125.4	73.4	364.3	327.6	450.7	422.2	315.9

注：由于口径调整，2018年起工业商业金融等事务为资源勘探信息等支出、商业服务业等支出、金融支出之和。

8-5　续表

单位：亿元

行　　业	2016年	2017年	2018年	2019年	2020年	2021年	2022年
合　　计	**4577.5**	**4879.4**	**5337.7**	**5745.1**	**6014.2**	**5879.2**	**6261.4**
一般公共服务	370.9	386.0	423.0	451.1	452.3	453.8	493.4
国防	8.2	6.1	5.7	4.9	4.5	3.7	5.5
公共安全	297.1	301.7	354.5	390.0	382.9	385.2	413.8
教育	634.0	648.1	653.9	702.4	741.2	703.6	745.9
科学技术	61.6	57.4	75.0	74.0	72.7	78.4	74.4
文化体育与传媒	84.7	86.4	71.6	86.0	89.7	84.4	89.1
社会保障和就业	1145.5	1340.5	1463.6	1441.3	1658.6	1649.6	1814.1
卫生健康	307.3	336.6	350.6	364.5	413.5	399.2	466.6
节能环保	87.2	106.5	94.2	129.7	97.9	80.4	75.2
城乡社区事务	392.[illegible]	409.6	462.5	546.4	558.7	532.6	514.8
农林水事务	480.[illegible]	459.2	461.7	502.6	504.8	409.4	463.3
交通运输	188.[illegible]	215.2	211.9	188.5	190.0	163.3	203.4
工业商业金融等事务	155.[illegible]	139.8	202.5	245.1	218.6	351.5	254.9
其他支出	363.[illegible]	386.1	507.0	618.5	628.7	584.0	647.1

8-6 各地区地方一般公共预算支出

(2022年) 单位：万元

行　业	沈阳	大连	鞍山	抚顺	本溪	丹东	锦州
合　计	**10535872**	**9910839**	**3074880**	**1738033**	**1618401**	**2317115**	**2587334**
一般公共服务	889812	812916	355376	179063	188357	241433	264996
国防	9026	5817	1452	965	669	12576	1609
公共安全	838936	694533	172911	116996	124631	132850	137015
教育	1185792	1259457	387060	217033	183073	328939	340738
科学技术	249351	149017	6437	3204	1895	4924	24403
文化体育与传媒	177467	134656	26887	16730	24270	31645	30291
社会保障和就业	1982068	2019557	642368	456499	337822	466568	493278
医疗卫生(卫生健康)	1062587	827577	299023	165014	119994	224492	214140
环境保护(节能环保)	247710	70984	26868	31355	23542	16690	45367
城乡社区事务	1290768	1450759	354020	103328	185889	179066	232306
农林水事务	573939	394620	243731	157270	118531	311823	352911
交通运输	205830	330265	53947	40407	55870	73721	103596
商业服务业等支出	117031	96619	12093	3438	7259	10745	13784
其他支出	1705555	1664062	492707	246731	246599	281643	332900

8-6 续表 (2022年) 单位：万元

行　业	营口	阜新	辽阳	盘锦	铁岭	朝阳	葫芦岛
合　计	**2516924**	**1610217**	**1711193**	**2140135**	**2138921**	**3030498**	**2266053**
一般公共服务	236745	167598	212698	206271	260650	297626	245374
国防	1363	1237	2400	1140	2124	2488	2677
公共安全	134620	97007	90441	87158	97758	119576	111106
教育	278491	227447	234069	206130	316860	471194	330421
科学技术	9783	5691	1662	20783	6084	2875	2899
文化体育与传媒	32076	15164	18758	21732	22533	35075	24159
社会保障和就业	453627	357700	352516	282248	410444	570550	497326
医疗卫生(卫生健康)	204652	143672	157450	153003	183570	314765	208455
环境保护(节能环保)	37168	26348	19932	42479	35425	52773	24031
城乡社区事务	288468	86516	120738	281428	102088	231216	155769
农林水事务	193818	257937	163262	179813	412050	471768	245960
交通运输	48537	33693	47176	82818	57280	103323	59347
商业服务业等支出	10313	6223	5768	7788	9331	17963	4579
其他支出	587263	183984	284323	567344	222724	339306	353950

主要统计指标解释

一般公共预算收入 指国家财政参与社会产品分配所取得的收入，是实现国家职能的财力保证。按照现行分税制财政体制，划分为中央一般公共预算收入和地方一般公共预算收入。地方一般公共预算收入主要包括:

（1）税收收入 包括增值税、企业所得税、个人所得税、资源税、城市维护建设税、房产税、印花税、城镇土地使用税、土地增值税、车船税、耕地占用税、契税、烟叶税、其他税收收入等。

（2）非税收入 包括专项收入、行政事业性收费收入、罚没收入、国有资本经营收入、国有资源有偿使用收入、其他收入等。

一般公共预算支出 国家财政将筹集起来的资金进行分配使用，以满足经济建设和各项事业的需要。根据政府在经济和社会活动中的不同职权，划分为中央一般公共预算支出和地方一般公共预算支出。地方一般公共预算支出主要包括：一般公共服务支出、国防支出、公共安全支出、教育支出、科学技术支出、社会保障和就业支出、卫生健康支出、节能环保支出、城乡社区事务支出、农林水事务支出、交通运输支出、工业商业金融等事务支出、其他支出等。

九、价　格

Chapter 9　Prices

资料整理：杨翠萍　王玉媛　侯　峥　郑溢淇　孔垂杨
杨逸潜　杜博文

9-1 各种价格指数

(上年=100)

年份	居民消费价格指数	城市居民消费价格指数	农村居民消费价格指数	商品零售价格指数	工业生产者出厂价格指数	工业生产者购进价格指数	固定资产投资指数
1980		104.4		105.9			
1985	110.7	111.4	106.7	110.0			
1986	106.7	107.0	105.0	106.0			
1987	108.6	109.8	105.6	109.0			
1988	119.3	119.6	115.9	119.3	122.4	133.9	
1989	118.2	117.2	120.1	118.4	121.2	133.3	
1990	103.3	103.1	104.1	102.7	103.8	117.6	105.9
1991	105.6	106.0	104.2	104.1	119.2	108.1	108.2
1992	106.7	108.1	102.3	106.0	112.1	116.6	120.9
1993	115.2	116.7	110.9	113.5	138.4	149.9	136.4
1994	124.3	126.1	120.9	120.6	119.9	118.2	117.4
1995	116.1	116.1	116.0	114.0	109.9	114.2	104.9
1996	107.9	108.2	106.8	105.4	102.8	103.7	102.2
1997	103.1	103.8	102.1	101.0	100.1	103.1	102.3
1998	99.3	99.8	98.7	97.6	95.8	99.3	99.8
1999	98.6	98.7	98.3	96.1	102.0	99.0	100.0
2000	99.9	100.0	99.7	98.4	108.8	103.9	101.1
2001	100.0	99.9	100.2	99.4	98.6	100.0	100.4
2002	98.9	98.9	98.7	97.4	97.8	98.3	100.7
2003	101.7	101.2	103.7	98.9	103.6	105.1	102.5
2004	103.5	102.8	106.3	101.9	107.1	112.1	104.8
2005	101.4	100.8	104.0	100.1	105.1	108.1	102.8
2006	101.2	101.1	101.6	101.3	104.1	104.2	102.1
2007	105.1	104.6	107.0	104.4	104.4	104.8	104.3
2008	104.6	104.4	105.5	105.3	110.9	111.5	109.1
2009	100.0	100.0	100.3	99.8	94.0	93.3	97.0
2010	103.0	102.8	104.0	103.2	107.4	108.6	103.3
2011	105.2	105.1	105.5	105.0	106.5	108.3	106.6
2012	102.8	102.9	102.5	102.2	99.9	99.0	101.0
2013	102.4	102.4	102.4	101.6	99.0	98.5	100.0
2014	101.7	101.8	101.4	101.0	98.2	98.0	99.7
2015	101.4	101.4	101.4	100.5	93.9	93.5	97.9
2016	101.6	101.5	101.8	101.0	98.8	97.9	99.2
2017	101.4	101.4	101.1	100.7	108.1	108.0	104.0
2018	102.5	102.6	102.0	101.4	104.8	104.5	103.5
2019	102.4	102.3	102.6	101.7	99.5	100.8	103.1
2020	102.4	102.2	103.4	101.1	97.0	98.2	
2021	101.1	101.1	100.7	101.9	113.6	115.0	
2022	102.0	101.9	102.1		107.9	110.1	

9-2 各种价格定基指数

年 份	居民消费价格指数(1984=100)	城市居民消费价格指数(1978=100)	农村居民消费价格指数(1984=100)	商品零售价格总指数(1978=100)	工业生产者出厂价格指数(1988=100)	工业生产者购进价格指数(1988=100)	固定资产投资指数(1990=100)
1979		101.7		101.4			
1980		106.2		105.4			
1981		112.3		108.8			
1982		113.9		110.1			
1983		115.8		111.8			
1984		120.0		116.2			
1985	110.7	133.7	106.7	127.8			
1986	118.1	143.1	112.0	135.5			
1987	128.3	157.1	118.3	147.7			
1988	153.0	187.9	137.1	176.2			
1989	180.9	220.2	164.7	208.6	121.2	133.3	
1990	186.8	227.0	171.4	214.3	125.8	156.8	
1991	197.3	240.6	178.6	223.0	150.0	169.5	108.2
1992	210.5	260.1	182.7	236.4	168.1	197.6	130.9
1993	242.5	303.6	202.7	268.3	232.7	296.2	178.6
1994	301.4	382.8	245.0	323.6	279.0	350.1	209.6
1995	350.0	444.4	284.2	368.9	306.6	399.8	219.9
1996	377.6	480.8	303.5	388.8	315.2	414.6	224.7
1997	389.3	499.1	309.9	392.7	315.5	427.4	229.9
1998	386.6	498.1	305.9	383.3	302.2	424.5	229.4
1999	381.2	491.6	305.0	368.4	308.3	420.2	229.4
2000	380.8	491.6	304.1	362.5	335.4	436.6	231.9
2001	380.8	491.1	304.7	360.3	330.7	436.6	232.9
2002	376.6	485.7	300.7	350.9	323.4	429.2	234.5
2003	383.0	494.0	311.9	347.0	335.1	451.1	240.6
2004	396.4	507.8	331.5	353.6	358.9	505.7	252.1
2005	401.9	511.9	344.8	354.0	377.2	546.7	259.2
2006	406.7	517.5	350.3	358.6	392.7	569.7	264.6
2007	427.4	541.3	374.8	374.4	409.9	596.9	275.9
2008	447.2	565.0	395.5	394.4	454.6	665.5	301.0
2009	447.2	565.0	396.7	393.6	427.3	621.0	291.9
2010	460.6	580.8	412.6	406.2	458.9	674.4	301.6
2011	484.6	610.4	435.3	426.5	488.7	730.3	321.5
2012	498.2	628.1	446.2	435.9	488.2	723.0	324.7
2013	510.2	643.2	456.9	442.9	483.3	712.2	324.7
2014	518.9	654.8	463.3	447.3	474.6	698.0	323.7
2015	526.2	664.0	469.8	449.5	445.6	652.6	316.9
2016	534.6	674.0	478.3	454.0	440.3	638.9	314.4
2017	542.1	683.4	483.6	457.2	476.0	690.0	327.0
2018	555.6	701.0	493.4	463.8	496.8	724.4	338.4
2019	568.7	717.3	506.1	471.5	494.3	730.2	348.9
2020	582.4	733.3	523.4	476.9	479.5	717.1	
2021	588.6	741.6	526.9	486.1	544.7	824.7	
2022	600.2	756.0	537.9		587.7	907.9	

9-3 居民消费价格分类指数

(2022年，上年=100)

项目	全省	城市	农村
居民消费价格总指数	**102.0**	**101.9**	**102.1**
一、食品烟酒	**102.9**	**103.0**	**102.1**
1.食品	103.4	103.6	102.5
(1)粮食	101.2	101.1	101.5
大米	99.7	99.6	99.9
面粉	103.0	102.8	103.2
(2)薯类	111.5	111.6	111.5
(3)豆类	109.4	108.8	111.0
(4)食用油	104.2	104.2	104.3
(5)菜及食用菌	105.5	105.5	105.3
鲜菜	105.2	105.3	104.8
(6)畜肉类	96.5	96.5	96.5
猪肉	94.6	94.2	95.7
(7)禽肉类	102.1	102.2	101.7
(8)水产品	101.7	101.7	101.5
(9)蛋类	107.5	107.4	108.3
鸡蛋	108.0	107.8	108.9
(10)奶类	101.4	101.4	101.1
(11)干鲜瓜果类	111.2	111.8	107.2
鲜果	113.4	114.1	109.1
(12)糖果糕点类	102.3	102.6	100.7
(13)调味品	102.2	102.7	101.0
(14)其他食品类	102.2	102.3	101.8
2.茶及饮料	100.8	100.9	100.0
3.烟酒	101.8	102.0	101.3
(1)卷烟	102.5	102.9	101.8
(2)酒类	100.4	100.5	100.4
4.在外餐饮	101.6	101.7	100.6
二、衣着	**99.2**	**99.0**	**100.5**
1.服装	99.4	99.2	100.5
(1)衣着材料及配件	100.3	100.3	100.6
(2)衣着服务费	101.1	101.1	101.0
2.鞋类	98.4	98.0	100.4
(1)鞋	98.4	98.0	100.4
(2)鞋类服务	100.5	100.5	100.8
三、居住	**100.5**	**100.2**	**101.5**
1.租赁房房租	99.2	99.1	99.9
2.住房保养维修及管理	102.1	102.4	101.4

9-3 续表 1 (2022年，上年=100)

项　　目	全省	城市	农村
(1)住房装潢材料	102.0	102.1	101.8
(2)住房维修管理费用	102.3	102.7	100.9
物业管理费	100.8	100.8	100.7
装潢维修费	104.3	106.4	101.1
3.水电燃料	103.4	103.0	105.2
(1)水	100.2	100.2	100.0
(2)电	100.0	100.0	100.0
(3)燃气	104.8	102.4	113.0
(4)其他水电燃料类	105.9	105.1	113.7
4.自有住房	99.0	98.8	99.9
四、生活用品及服务	**100.9**	**100.9**	**100.8**
1.家具及室内装饰品	99.8	99.7	100.1
(1)家具	100.0	100.0	100.3
(2)室内装饰品	98.1	97.9	98.7
2.家用器具	100.4	100.4	100.5
(1)大型家用器具	100.2	100.2	100.0
(2)小家电	101.4	101.2	102.5
3.家用纺织品	99.5	99.3	101.1
(1)床上用品	99.5	99.2	101.1
(2)窗帘门帘	99.4	99.1	100.7
(3)其他家用纺织品	99.8	99.6	101.4
4.家庭日用杂品	100.4	100.4	100.2
(1)洗涤卫生用品	100.3	100.3	100.0
(2)厨具餐具茶具	101.4	101.3	101.9
(3)其他家庭日用杂品	99.7	99.8	99.5
5.个人护理用品	101.7	101.5	102.8
(1)化妆品	101.9	101.8	103.0
(2)其他护理用品类	101.1	100.9	102.3
6.家庭服务	104.0	104.1	101.1
五、交通和通信	**105.9**	**105.9**	**105.8**
1.交通	108.1	108.1	108.1
(1)交通工具	99.9	99.9	100.0
(2)交通工具用燃料	121.4	121.4	121.5
(3)交通工具使用和维修	100.9	101.0	100.3
(4)交通费	101.9	102.0	100.9
2.通信	99.3	99.3	99.5
(1)通信工具	97.9	97.7	98.7
(2)通信服务	100.2	100.2	100.0
(3)邮递服务	100.5	100.4	100.8

9-3 续表 2 (2022年，上年=100)

项目	全省	城市	农村
六、教育文化和娱乐	**101.8**	**101.9**	**101.3**
1.教育	101.9	102.0	101.5
(1)教育用品	100.9	101.3	100.0
(2)教育服务	102.0	102.1	101.6
2.文化娱乐	101.6	101.7	100.5
(1)文娱耐用消费品	99.8	99.7	100.5
(2)其他文娱用品	101.4	101.7	100.2
(3)文化娱乐服务	101.2	101.3	100.3
(4)旅游	102.8	102.9	101.8
七、医疗保健	**100.1**	**100.0**	**100.5**
1.药品及医疗器具	99.2	99.3	98.8
(1)中药	101.1	101.2	101.0
(2)西药	98.3	98.3	98.1
(3)滋补保健品	99.5	99.5	99.7
(4)医疗卫生器具	99.3	99.7	97.2
(5)保健器具	100.1	100.1	100.0
2.医疗服务	100.5	100.3	101.1
(1)综合医疗类	100.5	100.6	99.9
(2)诊断类	100.5	100.0	102.0
(3)治疗类	100.3	100.1	100.9
(4)康复类	100.1	100.2	100.0
(5)中医医疗服务类	102.6	103.3	100.7
(6)其他医疗保健服务	100.6	100.8	100.0
八、其他用品和服务	**101.8**	**101.8**	**102.0**
1.其他用品	102.2	102.1	102.8
(1)首饰手表	102.5	102.4	103.5
(2)母婴用品	105.0	105.0	105.1
(3)其他杂项用品	100.5	100.5	100.5
2.其他服务	101.5	101.5	101.3
(1)在外住宿	97.0	96.8	100.1
宾馆住宿	99.8	99.7	100.4
其他住宿	91.9	91.6	99.2
(2)美容美发洗浴	104.4	104.8	100.6
(3)养老服务	100.6	100.6	100.6
(4)金融及保险服务	101.2	101.1	101.9
(5)中介法律及其他服务	100.2	100.2	100.0

9-4 各市居民消费价格分类指数

(2022年，上年=100)

地 区	居民消费价格指数	食品烟酒					
			#粮食	#食用油	#菜及食用菌	#畜肉类	#水产品
全 省	**102.0**	**102.9**	**101.2**	**104.2**	**105.5**	**96.5**	**101.7**
沈 阳	101.7	103.5	98.9	102.7	109.8	96.1	99.6
大 连	102.2	102.7	101.7	104.4	103.6	97.0	101.5
鞍 山	101.8	103.3	102.9	101.0	107.0	96.1	99.4
抚 顺	102.2	103.1	102.8	105.8	106.1	96.6	106.8
本 溪	101.7	103.2	104.4	107.0	102.5	96.4	110.0
丹 东	101.5	101.7	98.5	105.1	105.5	95.3	103.0
锦 州	102.5	103.5	103.7	108.8	101.2	97.4	96.8
营 口	101.6	102.4	102.9	110.6	102.8	99.2	100.6
阜 新	101.3	100.7	103.2	104.3	91.0	97.9	99.1
辽 阳	102.1	102.1	104.4	103.4	100.5	94.5	99.0
盘 锦	102.2	103.5	99.1	104.2	105.8	95.7	111.6
铁 岭	102.6	103.4	101.8	102.5	103.1	96.3	103.4
朝 阳	102.1	103.7	102.9	106.3	105.2	97.1	104.8
葫芦岛	102.2	103.6	102.8	103.0	104.7	97.1	102.8

9-4 续表 1

(2022年，上年=100)

地 区				茶及饮料	烟酒	衣着
	#蛋类	#奶类	#干鲜瓜果类			
全 省	**107.5**	**101.4**	**111.2**	**100.8**	**101.8**	**99.2**
沈 阳	104.8	100.7	114.6	100.3	103.6	98.0
大 连	110.2	102.6	108.0	103.4	100.0	99.7
鞍 山	106.4	100.1	112.8	97.4	102.9	99.7
抚 顺	108.8	105.1	107.7	98.0	104.4	98.7
本 溪	104.1	100.3	119.5	98.3	99.5	97.6
丹 东	105.5	102.8	107.5	98.8	100.2	99.7
锦 州	107.5	100.9	119.0	101.8	101.5	100.7
营 口	106.7	100.4	107.8	101.6	102.1	99.6
阜 新	109.8	99.5	109.3	100.1	101.8	97.3
辽 阳	110.9	99.9	109.3	104.1	101.4	100.8
盘 锦	109.7	99.3	114.3	98.6	101.1	97.1
铁 岭	108.8	100.5	115.9	99.3	102.7	101.6
朝 阳	108.0	102.2	112.7	103.8	100.9	100.5
葫芦岛	105.0	101.4	115.2	100.3	100.3	98.1

9-4 续表 2

(2022年，上年=100)

地　区	居住	生活用品及服务	交通通信	教育文化及娱乐	医疗保健	其他用品及服务
全　省	**100.5**	**100.9**	**105.9**	**101.8**	**100.1**	**101.8**
沈　阳	99.3	101.0	105.7	101.4	99.8	101.7
大　连	100.1	101.5	106.5	103.6	100.1	101.3
鞍　山	101.0	99.7	104.7	101.0	99.5	100.8
抚　顺	100.2	100.5	106.0	102.4	100.2	104.9
本　溪	100.5	99.9	105.9	100.3	99.8	101.8
丹　东	100.4	100.3	105.9	100.6	100.5	101.6
锦　州	102.9	100.3	104.9	100.4	100.6	102.1
营　口	100.7	99.8	105.0	101.7	99.6	101.0
阜　新	100.6	101.3	105.4	103.1	100.2	101.2
辽　阳	101.1	101.3	106.6	100.5	100.3	104.8
盘　锦	101.7	99.8	108.4	99.4	100.2	101.1
铁　岭	102.8	102.1	104.8	100.8	100.3	101.1
朝　阳	100.9	100.9	104.7	100.5	100.0	102.9
葫芦岛	100.8	101.1	105.5	103.7	98.5	100.7

9-5　各地区农村消费价格分类指数

(2022年，上年=100)

项　目	辽中	瓦房店	海城	凤城	昌图	建平	绥中
总指数	**101.4**	**102.2**	**101.8**	**102.0**	**102.3**	**101.9**	**103.1**
一、食品烟酒	101.1	102.3	101.5	102.6	101.6	102.8	103.0
二、衣着	99.2	101.1	101.4	100.2	100.7	100.2	98.9
三、居住	99.0	102.1	101.6	101.0	102.9	101.0	101.9
四、生活用品及服务	101.0	101.6	100.3	100.5	100.8	100.6	100.7
五、交通和通信	105.6	106.2	105.8	106.1	105.5	105.8	105.4
六、教育文化和娱乐	103.0	100.4	101.3	101.2	102.1	100.2	101.0
七、医疗保健	100.3	99.4	99.1	99.2	100.4	99.5	107.4
八、其他用品和服务	101.8	103.0	101.6	103.2	102.1	101.4	100.3

9-6 工业生产者出厂价格分类指数

(上年=100)

类 别	2010年	2011年	2012年	2013年	2014年	2015年	2016年
全部工业产品出厂价格总指数	**107.4**	**106.5**	**99.9**	**99.0**	**98.2**	**93.9**	**98.8**
一、按轻重工业分							
1.轻工业	102.9	104.7	101.4	100.0	99.2	98.8	100.2
以农产品为原料	103.8	105.5	102.0	100.3	99.2	98.7	100.1
以非农产品为原料	102.0	101.7	99.1	98.9	99.0	99.1	100.6
2.重工业	109.2	106.9	99.6	98.8	97.9	92.9	98.4
采掘工业	120.3	110.2	95.5	97.3	96.5	88.2	102.4
原料工业	115.2	111.7	101.9	99.0	97.4	87.1	96.5
加工工业	103.5	104.6	99.2	98.8	98.3	95.7	98.8
二、按两大部类分							
1.生产资料	108.2	107.0	99.7	98.8	98.0	92.9	98.5
采掘工业	119.1	110.2	95.5	97.3	96.5	88.2	102.4
原料工业	115.8	111.9	101.8	98.9	97.3	87.0	96.2
加工工业	103.2	104.7	99.3	99.0	98.4	95.7	98.9
2.生活资料	103.0	104.1	101.2	99.8	99.2	98.9	100.0
食品	104.3	106.8	101.9	100.0	99.3	99.3	100.3
衣着	100.8	102.3	102.1	100.7	98.6	97.7	99.0
一般日用品	101.5	102.1	99.8	99.6	99.2	97.9	101.1
耐用消费品	102.4	100.6	100.1	99.1	99.4	99.3	99.1
三、按工业部门分							
1.冶金工业	109.4	108.3	94.6	97.4	95.7	88.8	101.7
2.电力工业	102.2	100.8	103.6	100.0	99.4	98.5	98.5
3.煤炭及炼焦工业	112.8	109.6	100.1	94.9	94.5	94.2	99.8
4.石油工业	125.1	119.4	105.4	99.4	96.7	77.8	92.5
5.化学工业	108.4	106.0	98.0	98.4	98.6	94.5	98.0
6.机械工业	99.3	102.5	100.1	99.4	99.3	98.9	98.6
7.建筑材料工业	102.8	104.4	103.5	100.0	99.4	98.2	98.2
8.森林工业	104.1	104.6	103.1	99.5	100.0	98.9	100.4
9.食品工业	103.9	106.6	102.1	100.5	99.3	98.8	100.0
10.纺织工业	111.2	106.9	98.4	99.9	99.1	98.4	99.4
11.缝纫工业	100.5	102.3	102.1	100.7	98.4	97.2	99.1
12.皮革工业	103.3	99.2	101.1	100.7	101.2	103.4	98.5
13.造纸工业	103.5	103.2	100.4	98.8	98.8	98.4	99.7
14.文教艺术用品工业	102.1	99.3	100.1	96.8	98.6	99.0	99.9
15.其他工业	103.0	104.3	99.7	96.8	100.9	98.2	98.4

9-6 续表 (上年=100)

类　别	2017年	2018年	2019年	2020年	2021年	2022年
全部工业产品出厂价格总指数	**108.1**	**104.8**	**99.5**	**97.0**	**113.6**	**107.9**
一、按轻重工业分						
1.轻工业	100.8	101.2	102.3	101.1	103.7	104.5
以农产品为原料	100.5	101.3	102.8	101.2	105.5	106.0
以非农产品为原料	102.1	100.6	100.2	100.5	99.7	101.1
2.重工业	109.8	105.6	98.9	96.1	115.1	108.3
采掘工业	119.0	110.6	105.1	96.0	126.2	110.8
原料工业	113.0	109.2	97.2	90.3	119.0	117.1
加工工业	107.6	103.6	98.9	98.4	110.8	100.5
二、按两大部类分						
1.生产资料	110.0	105.8	98.7	96.1	116.3	108.9
采掘工业	119.0	110.6	105.1	96.0	126.2	110.8
原料工业	112.9	109.3	97.1	90.0	119.1	117.1
加工工业	107.9	103.8	98.7	98.5	112.6	100.9
2.生活资料	100.7	100.8	102.9	100.9	101.3	102.4
食品	99.6	102.0	104.4	101.1	103.5	105.4
衣着	100.6	100.2	100.7	100.1	97.5	100.3
一般日用品	105.1	101.3	102.5	99.9	99.2	98.6
耐用消费品	100.5	98.5	101.0	101.1	100.3	101.2
三、按工业部门分						
1.冶金工业	122.5	108.1	98.7	99.4	127.8	97.4
2.电力工业	100.1	100.1	99.8	94.9	99.7	106.5
3.煤炭及炼焦工业	121.9	104.5	98.7	97.6	127.7	116.6
4.石油工业	116.1	116.3	96.3	83.4	123.4	127.3
5.化学工业	106.7	103.4	98.6	95.0	116.1	104.5
6.机械工业	100.2	100.3	100.9	99.6	101.3	102.0
7.建筑材料工业	106.9	104.2	97.7	93.3	102.6	104.4
8.森林工业	100.7	99.1	96.1	96.1	102.1	105.7
9.食品工业	99.7	101.5	103.9	101.7	106.4	106.8
10.纺织工业	102.9	99.5	101.3	97.2	98.5	102.7
11.缝纫工业	100.6	100.4	100.9	100.5	98.9	101.7
12.皮革工业	100.1	99.1	99.6	97.5	93.0	95.8
13.造纸工业	106.3	105.3	98.0	99.0	104.5	100.5
14.文教艺术用品工业	99.8	102.7	100.8	98.5	100.1	102.4
15.其他工业	124.0	120.4	95.2	102.2	115.0	109.4

9-7 工业生产者购进价格分类指数

(上年=100)

类 别	2010年	2011年	2012年	2013年	2014年	2015年	2016年
全部原材料、燃料、动力购进总指数	**108.6**	**108.3**	**99.0**	**98.5**	**98.0**	**93.5**	**97.9**
1.燃料、动力类	112.4	109.6	101.1	97.0	98.1	86.8	94.2
2.黑色金属材料类	106.8	108.7	95.9	97.0	96.1	90.0	98.0
3.有色金属材料和电线类	111.1	108.9	97.4	95.0	97.1	96.3	99.9
4.化工原料类	108.1	107.3	96.5	97.8	98.9	96.1	97.1
5.木材及纸浆类	101.2	104.6	101.8	100.5	100.7	100.1	99.7
6.建筑材料类	105.3	109.4	103.3	99.8	99.5	98.1	98.4
7.其它工业原料及半成品类	104.4	103.0	99.7	100.5	97.9	94.5	99.1
8.农副产品类	110.8	114.6	99.3	100.6	98.8	96.6	100.3
9.纺织原料类	105.2	106.3	99.7	99.8	99.3	98.9	100.3

9-7 续表

(上年=100)

类 别	2017年	2018年	2019年	2020年	2021年	2022年
全部原材料、燃料、动力购进总指数	**108.0**	**104.5**	**100.8**	**98.2**	**115.0**	**110.1**
1.燃料、动力类	113.8	109.7	98.2	91.5	126.5	126.8
2.黑色金属材料类	116.6	104.7	101.0	100.0	120.1	95.7
3.有色金属材料和电线类	112.2	105.2	100.3	102.6	112.3	107.9
4.化工原料类	106.1	104.6	97.6	95.1	117.4	112.3
5.木材及纸浆类	103.6	104.2	99.2	98.2	108.7	105.4
6.建筑材料类	108.3	112.1	102.8	99.0	108.3	106.1
7.其它工业原料及半成品类	101.3	100.4	99.7	99.9	102.2	101.3
8.农副产品类	101.1	100.1	110.2	104.6	108.7	109.2
9.纺织原料类	100.6	100.9	100.3	98.9	101.7	104.2

主要统计指标解释

商品零售价格指数 商品零售价格，是指工业、商业、餐饮业和其他零售企业向城乡居民、机关团体出售生活消费品和办公用品的价格。商品零售价格指数，是反映一定时期内商品零售价格变动趋势和变动程度的相对数，利用商品零售价格指数，可以全面掌握市场商品零售价格的变动状况，为国家制定经济政策提供参考依据，同时还可在此基础上编制出其他各种派生价格指数，为研究市场流通、进行国民经济核算提供科学依据。

商品零售价格指数的汇总计算公式为加权算术平均公式，权数资料来源于社会消费品销售额统计和重点调查资料。所选商品为十四个大类，必报商品为304种。

居民消费价格指数 居民消费价格，是指城乡居民支付生活消费品和服务项目消费的价格，是社会产品和服务项目的最终价格。居民消费价格指数，是反映一定时期内居民消费价格变动趋势和变动程度的相对数，利用居民消费价格指数，可以全面观察居民消费价格变动对居民生活的影响，为党政领导和决策部门掌握消费价格状况，研究和制定居民消费政策、价格政策、工资政策、货币政策以及进行国民经济核算提供科学依据。

居民消费价格指数还是反映通货膨胀程度的重要指标。

农产品收购价格指数 农产品收购价格，是指各种经济类型的工商企业和其他单位以及个人直接从农民个人和国有农业生产单位收购农产品的价格。农产品收购价格指数，是反映一定时期内农产品收购价格变动趋势和变动程度的相对数，利用这一指数，可以反映农产品收购价格的变动情况及其对农产品生产者、收购者货币收支的影响，为国家制定、检查农产品收购政策，研究收购价格水平，差价政策和比价政策提供科学依据。

农产品收购价格指数的计算公式为加权倒数平均公式，权数资料来源于农村住户主要农村产品出售量、农村住户出售畜禽及渔业产品情况、国家和社会其他农产品收购部门的收购金额或收购量资料、历年农产品收购金额资料等。所选商品为十一个大类，250种商品。

农业生产资料价格指数 农业生产资料价格，是指工商企业、供销合作社和其他单位及个人向农民出售农业生产资料的价格，也是农业生产资料在流通领域中最后一个环节的价格。农业生产资料价格指数，是反映一定时期内农业生产资料价格变动趋势和变动程度的相对数。利用这一指数可以掌握农业生产资料价格的变动情况，为国家制定有关政策，保障农民利益，促进农业发展提供决策参考依据；同时，也为研究市场流通和新国民经济核算体系提供科学依据。1994年以前，农业生产资料价格指数仅仅是商品零售价格指数的一个类别，此后，从商品零售价格指数中单列出来，独立编制。

农业生产资料价格指数的计算公式为加权算术平均公式。权数资料来源于供销合作社等部门的销售统计资料和农村住户调查资料中的农业生产资料购买数量和金额资料。所选商品为十个大类，49种主要商品。

工业品出厂价格指数 是反映工业产品出厂价格水平变动趋势及变动程度的相对数，一般用百分数(%)表示。

原材料、燃料和动力购进价格指数 是反映工业企业作为生产投入，而从物资交易市场和能源、原材料生产企业购买原材料、燃料和动力产品时，所支付的价格水平变动趋势和程度的统计指标，是扣除工业企业物质消耗成本中的价格变动影响的重要依据。

十、人民生活

Chapter 10 People's Living Conditions

资料整理：刘 冰 姜震宇 许程路 隋 凯 薛成明

10-1 人民物质文化生活提高情况

项 目	单位	2010年	2011年	2012年	2013年	2014年	2015年	2016年
就 业								
每一农村劳动力负担人数	人	1.30	1.30	1.30	1.38	1.34	1.32	1.29
每一城镇就业者负担人数	人	1.95	2.03	1.99	1.84			
收 入								
农村居民人均可支配收入	元	6908	8297	9384	10523	11192	12057	12881
城镇居民人均可支配收入	元	17713	20467	23223	25578	29082	31126	32876
在岗职工平均工资	元	35057	38713	42503	46310	49110	53458	57148
储 蓄								
住户存款(储蓄存款)余额	亿元	13690	15530	17967	19858	21397	23996	25882
平均每人储蓄存款余额	元	32184	36512	42277	46819	50451	56635	61175
住 房								
农村平均每人住房面积	平方米	27.3	29.0	29.5	30.8	32.0	32.6	33.7
城市平均每人建筑面积	平方米	26.9	27.3	27.3	28.8	29.0	29.0	29.0
交通、邮电								
每人每年函件交寄	件	2.0	2.1	1.7	1.7	2.5	1.6	1.0
城市公用事业								
自来水普及率	%	97.4	98.4	98.5	98.8	98.7	98.8	99.0
燃气普及率	%	94.2	95.5	96.0	96.2	96.2	94.8	96.1
文 化								
每百户拥有彩色电视机								
城 镇	台	123.1	115.7	114.7	106.9	107.5	108.0	108.5
农 村	台	111.7	112.1	112.2	109.5	109.8	111.0	112.0
教 育								
学龄儿童入学率	%	99.9	99.9	99.9	99.9	99.9	99.9	99.9
每万人口有大学生	人	206.8	279.0	289.5	300.2	303.8	297.6	294.7
卫 生								
每万人拥有医院病床	张	48.0	51.0	52.8	57.1	60.3	60.9	65.0
每万人拥有医生	人	22.0	23.3	23.7	24.4	24.0	24.7	25.1

注：1.表中2014年起住房面积为新口径住户调查汇总指标，与2013年及之前数据不可比。

2.2014年起城镇居民和农村居民数据为实施城乡住户调查一体化改革之后发布的新口径数据，城乡居民收入均为人均可支配收入，相关指标定义与2013年及之前有所不同，数据不可比。2013年及之前农村居民收入数据为农村居民人均纯收入。下同。

10-1 续表

项　　目	单位	2017年	2018年	2019年	2020年	2021年	2022年
就　业							
每一农村劳动力负担人数	人	1.28	1.29	1.28	1.26	1.26	1.25
每一城镇就业者负担人数	人	1.26	1.29	1.29	1.25	1.25	1.25
收　入							
农村居民人均可支配收入	元	13747	14656	16108	17450	19217	19908
城镇居民人均可支配收入	元	34993	37342	39777	40376	43051	44003
在岗职工平均工资	元	62545	69093	75264	82223	88474	94911
储　蓄							
住户存款(储蓄存款)余额	亿元	27768	31312	36134	42963	46671	52195
平均每人储蓄存款余额	元	65892	74655	86215	103130	112218	125901
住　房							
农村平均每人住房面积	平方米	34.5	34.9	36.3	36.8	36.9	37.7
城市平均每人建筑面积	平方米	29.3	31.2	31.3	31.5	31.9	32.0
交通、邮电							
每人每年函件交寄	件	1.4	1.4	0.7	0.5	0.3	0.3
城市公用事业							
自来水普及率	%	97.7	98.4	98.6	99.5	99.5	98.8
燃气普及率	%	95.1	95.7	96.2	97.6	97.0	95.9
文　化							
每百户拥有彩色电视机							
城　镇	台	109.2	104.7	111.7	105.4	101.5	101.6
农　村	台	112.4	108.8	108.7	108.3	104.2	103.4
教　育							
学龄儿童入学率	%	99.9	99.9	99.9			
每万人口有大学生	人	282.4	296.0	324.7	361.1	382.2	400.4
卫　生							
每万人拥有医院病床	张	68.3	72.1	72.1	75.5	76.4	77.7
每万人拥有医生	人	26.4	27.6	28.5	30.4	31.2	31.8

10-2 城乡居民家庭人均收入及恩格尔系数

年份	城镇居民人均可支配收入(元)	指数(1978=100)	农村居民人均可支配收入(元)	指数(1978=100)	城镇居民家庭恩格尔系数(%)	农村居民家庭恩格尔系数(%)
1978	363.3	100.0	185.2	100.0		63.8
1979			235.0	126.9		60.5
1980	493.9	136.0	273.0	147.4		56.3
1981	508.1	139.9	306.6	165.6		53.8
1982	529.4	145.7	334.3	180.5		54.7
1983	548.7	151.0	452.5	244.3		53.0
1984	636.1	175.1	477.4	257.8		54.9
1985	704.3	193.9	485.7	262.3	54.7	51.6
1986	881.9	242.8	533.2	287.9	53.6	51.0
1987	992.4	273.2	599.3	323.6	53.6	50.7
1988	1204.0	331.4	699.6	377.8	50.7	48.5
1989	1417.3	390.1	740.2	399.7	54.3	49.5
1990	1551.0	426.9	836.2	419.2	55.3	54.1
1991	1705.6	469.5	896.7	484.2	55.9	52.6
1992	1936.0	532.9	995.1	537.3	54.4	51.7
1993	2299.5	633.0	1161.0	626.9	50.5	55.1
1994	3047.0	838.7	1423.5	768.6	51.5	58.0
1995	3691.4	1016.1	1756.5	948.4	51.9	60.3
1996	4207.2	1158.1	2150.0	1160.9	50.1	56.5
1997	4518.1	1243.6	2301.5	1242.7	48.1	55.4
1998	4617.2	1270.9	2579.8	1393.0	44.6	52.8
1999	4898.6	1348.4	2501.0	1350.4	43.4	50.6
2000	5357.8	1474.8	2355.6	1271.9	40.7	46.5
2001	5797.0	1595.7	2557.9	1381.2	39.7	45.6
2002	6524.6	1795.9	2751.3	1485.6	38.8	45.0
2003	7240.6	1993.0	2934.2	1584.3	39.4	43.2
2004	8007.6	2204.1	3307.1	1785.7	40.4	46.4
2005	9107.6	2506.9	3690.2	1992.6	38.8	41.6
2006	10369.6	2854.3	4090.4	2208.6	38.8	41.2
2007	12300.4	3385.7	4773.4	2577.4	37.8	39.6
2008	14392.7	3961.7	5576.5	3011.0	39.0	40.6
2009	15761.4	4338.4	5958.0	3217.1	38.0	36.7
2010	17712.6	4875.5	6908.0	3730.0	35.1	38.2
2011	20466.8	5633.6	8297.5	4480.3	35.5	39.1
2012	23222.7	6392.2	9383.7	5066.8	35.0	38.4
2013	25578.2	7040.5	10522.7	5681.8	32.2	32.9
2014	29081.7		11191.5		28.3	28.3
2015	31125.7		12056.9		28.3	28.2
2016	32876.1		12880.7		27.6	26.9
2017	34993.4		13746.8		27.5	26.7
2018	37341.9		14656.3		26.8	26.7
2019	39777.2		16108.3		26.9	26.6
2020	40375.9		17450.3		29.5	29.7
2021	43050.8		19216.6		28.8	30.0
2022	44002.6		19908.0		31.6	31.5

10-3 城镇居民家庭基本情况

单位：人、元

指　　标	2010年	2011年	2012年	2013年	2014年	2015年	2016年
一、平均每户家庭人口	**2.71**	**2.64**	**2.67**	**2.51**	**2.52**	**2.55**	**2.59**
二、平均每人全部年收入							
#可支配收入	17713	20467	23223	25578	29082	31126	32876
1.工资性收入	11713	13094	14846	15882	16240	17127	18316
2.经营净收入	1798	2285	2710	3010	3422	3612	3951
3.财产性收入	250	334	493	674	2148	2149	1833
4.转移性收入	6254	7167	7866	8339	7272	8238	8777
三、平均每人消费性支出	**13280**	**14790**	**16594**	**18030**	**20520**	**21557**	**24996**
1.食品支出	4658	5255	5809	5804	5817	6092	6902
2.衣着支出	1587	1855	2042	2101	1987	2066	2321
3.家庭设备用品及服务	786	929	1070	1146	1235	1359	1558
4.医疗保健支出	1080	1208	1310	1343	1631	1762	2314
5.交通和通信支出	1773	1899	2323	2589	2434	2769	3447
6.教育和文化娱乐服务支出	1496	1615	1844	2258	2276	2419	3019
7.居住支出	1315	1386	1433	1936	4428	4416	4633
8.其它商品和服务支出	586	643	762	853	711	674	803

注：表中2014年及以后数据为新口径住户调查汇总指标，与2013年及以前数据不可比，下同。

10-3 续表

单位：人、元

指　　标	2017年	2018年	2019年	2020年	2021年	2022年
一、平均每户家庭人口	**2.57**	**2.48**	**2.47**	**2.45**	**2.47**	**2.45**
二、平均每人全部年收入						
#可支配收入	34993	37342	39777	40376	43051	44003
1.工资性收入	19257	20626	22120	22801	24608	25433
2.经营净收入	4406	4639	4461	3667	4254	4146
3.财产性收入	1874	1846	2094	2145	2208	2233
4.转移性收入	9457	10231	11101	11763	11980	12191
三、平均每人消费性支出	**25379**	**26448**	**27355**	**24849**	**28438**	**26652**
1.食品支出	6988	7081	7356	7334	8184	8426
2.衣着支出	2168	2122	2030	1718	1994	1781
3.家庭设备用品及服务	1537	1610	1621	1373	1638	1539
4.医疗保健支出	2380	2627	2828	2595	2905	2466
5.交通和通信支出	3771	3551	3395	3017	3433	3189
6.教育和文化娱乐服务支出	3164	3410	3692	2371	3398	2712
7.居住支出	4511	5146	5446	5504	5947	5677
8.其它商品和服务支出	861	900	988	938	939	861

10-4 城镇居民家庭平均每人可支配收入

(2022年) 单位：元

指　标	合计	低收入户	中低收入户	中等收入户	中高收入户	高收入户
可支配收入	**44003**	**17741**	**30798**	**40493**	**51966**	**88639**
一、工资性收入	**25433**	**12003**	**18511**	**20658**	**27788**	**53554**
(一)工资	23672	11711	17801	19419	25684	48465
(二)实物福利	214	69	148	197	187	525
(三)其他	1547	222	561	1043	1917	4563
二、经营净收入	**4146**	**2508**	**2857**	**2494**	**3162**	**10637**
(一)第一产业经营净收入	541	329	422	212	614	1234
1.农业	368	294	391	192	351	645
2.林业	32	2	-0.5	-3	51	124
3.牧业	140	33	31	15	211	465
4.渔业	2	0.1	0.004	8	-0.01	
(二)第二产业经营净收入	207	36	130	74	477	369
(三)第三产业经营净收入	3398	2143	2306	2208	2071	9034
三、财产净收入	**2233**	**752**	**1289**	**1597**	**2503**	**5657**
(一)利息净收入	104	-46	20	18	8	594
(二)红利收入	92	1	56	2	16	430
(三)储蓄性保险净收益	5		2	7	15	1
(四)转让承包土地经营权租金净收入	22	35	30	18	23	1
(五)出租房屋财产性收入	372	53	124	184	241	1418
(六)出租机械、专利、版权等资产的收入	9			2	35	13
(七)其他财产净收入	-6	-0.2	-7	-3	-0.4	-24
(八)房屋虚拟租金	1636	709	1064	1368	2166	3224
四、转移净收入	**12191**	**2479**	**8141**	**15744**	**18513**	**18792**
(一)转移性收入	15286	4855	10398	18126	21524	24667
1.养老金或离退休金	13703	3713	9461	16911	19935	21364
2.社会救济和补助	97	164	27	44	64	188
3.政策性生活补贴	69	37	30	42	58	196
4.报销医疗费	357	58	186	284	585	778
5.家庭外出从业人员寄回带回收入	408	361	276	326	276	857
6.赡养收入	455	328	232	323	449	1033
7.其他经常转移收入	153	161	145	175	130	154
8.从政府和组织得到的实物产品和服务折价	13	7	11	10	18	20
9.现金政策性惠农补贴	30	25	30	11	9	78
(二)转移性支出	3095	2376	2257	2382	3011	5876

10-5 各地区城镇居民人均可支配收入

单位：元

地　区	2010年	2011年	2012年	2013年	2014年	2015年	2016年	2017年	2018年	2019年	2020年	2021年	2022年
全　省	**17713**	**20467**	**23223**	**25578**	**29082**	**31126**	**32876**	**34993**	**37342**	**39777**	**40376**	**43051**	**44003**
沈　阳	20541	23326	26431	29074	34233	36643	38995	41359	44054	46786	47413	50566	51702
大　连	21293	24276	27539	30238	33591	35889	38050	40587	43550	46468	47380	50531	51904
鞍　山	18423	21297	24194	26662	27846	29943	31443	33320	35619	37756	37980	41018	41767
抚　顺	15303	18069	20545	22702	25035	26818	28467	30346	32470	34581	35058	37512	38489
本　溪	16775	19752	22466	24960	25972	27720	29137	31001	32955	35130	36048	39004	40107
丹　东	14536	17123	19625	21745	22931	24724	26111	27944	29873	31994	32346	34804	35402
锦　州	17375	20171	22995	25340	25214	27040	28484	30412	32490	34699	35216	37329	38403
营　口	18055	20894	23986	26600	28222	30458	32318	34419	37035	39405	39793	42300	42977
阜　新	12711	14994	17123	19058	21195	22662	23980	25707	27609	29514	30438	32842	33602
辽　阳	16570	19469	22259	24619	24382	26389	28133	30198	32222	34574	34814	36868	37640
盘　锦	21035	24266	27533	30148	30857	32465	34322	36484	39111	41575	42788	45398	46485
铁　岭	13730	16203	18587	20576	19276	20689	21788	23337	24994	26743	27634	29955	30559
朝　阳	12961	14958	17112	18891	19634	21211	22381	23926	25462	27015	27997	30041	30803
葫芦岛	17371	20159	22941	25304	23010	24768	26338	27969	29879	32031	32756	34852	35524

10-6 城镇居民家庭平均每人总支出

(2022年)

单位：元

指　标	合计	低收入户	中低收入户	中等收入户	中高收入户	高收入户
家庭总支出	**36478**	**22775**	**28597**	**33451**	**39389**	**63585**
(一)消费支出	26652	16536	21709	25860	30028	42734
1.食品烟酒	8426	5473	7445	8888	9507	11721
2.衣着	1781	1083	1488	1851	1875	2850
3.居住	5677	3355	4349	5002	6559	10019
4.生活用品及服务	1539	833	1145	1520	1655	2809
5.交通通信	3189	1896	2412	2721	3430	6016
6.教育文化娱乐	2712	2105	2504	2603	2832	3730
7.医疗保健	2466	1359	1756	2444	3195	3968
8.其他用品和服务	861	432	609	830	975	1621
(二)财产性支出	198	127	158	172	196	371
1.生活贷款利息支出	192	126	150	169	195	347
2.其他财产性支出	7	0.2	8	3	0.4	24
(三)转移性支出	3095	2376	2257	2382	3011	5876
1.个人所得税	126	16	51	38	100	478
2.社会保障支出	2736	2219	2032	2188	2709	4856
#个人缴纳的养老保险	1911	1584	1450	1503	1897	3332
个人缴纳的医疗保险	638	591	509	555	590	993
个人缴纳的失业保险	83	22	46	70	105	195
其他社会保障支出	104	21	27	59	117	336
3.外来从业人员寄给家人的支出	2	1	0.2	1	0.2	8
4.赡养支出	125	110	79	86	92	275
5.其他转移性支出	107	30	95	70	110	259
(四)购置资产及非经常性转移支出	3252	1664	2442	3255	3517	5964
1.购置资产支出	514	218	175	525	90	1742
2.非经常性转移支出	2738	1446	2267	2730	3428	4222

10-7 各地区城市居民平均每人全年消费支出

单位：元

地　区	2010年	2011年	2012年	2013年	2014年	2015年	2016年	2017年	2018年	2019年	2020年	2021年	2022年
全　省	**13280**	**14790**	**16594**	**18030**	**20520**	**21557**	**24996**	**25379**	**26448**	**27355**	**24849**	**28438**	**26652**
沈　阳	16961	18147	20003	24634	22520	26532	27655	29958	32235	34137	31562	36834	36541
大　连	16580	18846	20417	23071	24782	25824	27119	27191	29928	31485	30158	34678	33023
鞍　山	13710	14909	16389	17456	16975	18537	21384	21838	22657	23363	21160	24750	23082
抚　顺	10007	12440	13763	15343	17353	18061	20632	22119	23635	24799	22929	25583	24136
本　溪	12119	13982	16065	17863	20134	21294	22763	23533	24893	25858	23841	27541	26678
丹　东	11323	12725	14490	13773	15219	16315	17904	19569	20645	21492	20108	22881	21359
锦　州	11802	13652	16968	14279	15118	17630	19203	20278	21184	21860	20019	22795	21396
营　口	12223	12994	16453	16467	16674	18215	20478	21404	23143	23925	21488	23802	22256
阜　新	9047	11127	12797	14914	15849	16575	17763	18586	19511	20598	18991	22070	20722
辽　阳	11071	12651	15090	15259	15908	17319	20042	21466	22582	23598	20967	24526	23901
盘　锦	13923	15213	18153	18883	18882	20323	21897	23364	25735	26872	24534	28204	27163
铁　岭	10323	12039	14386	11590	12817	13820	14816	15927	17083	18052	17122	19770	18418
朝　阳	9318	10334	11376	12009	12586	13219	16114	17146	18053	18640	17349	20015	19185
葫芦岛	10969	12132	12991	13345	14182	15103	16056	17003	18006	19105	18245	20836	19481

注：由于居民收支调查一体化改革，2013年后消费数据为全省城镇常住居民新口径数据，与2012年以前的老口径数据不匹配。

10-8 城镇居民家庭平均每人消费支出

(2022年)

单位：元

指　标	合计	低收入户	中低收入户	中等收入户	中高收入户	高收入户
消费支出	**26652**	**16536**	**21709**	**25860**	**30028**	**42734**
一、食　品	**8426**	**5473**	**7445**	**8888**	**9507**	**11721**
1.食品	5659	3888	5104	6074	6494	7246
2.烟酒	654	412	602	675	698	956
3.饮料	209	132	169	204	223	348
4.饮食服务	1904	1041	1571	1936	2093	3171
二、衣　着	**1781**	**1083**	**1488**	**1851**	**1875**	**2850**
1.衣类	1398	833	1177	1457	1454	2262
2.鞋类	384	250	311	395	421	589
三、生活用品及服务	**1539**	**833**	**1145**	**1520**	**1655**	**2809**
1.家具及室内装饰品	183	105	141	163	155	386
2.家用器具	335	164	226	403	407	535
3.家用纺织品	119	68	99	127	123	194
4.家庭日用杂品	349	226	309	367	353	531
5.个人用品	439	245	342	388	433	867
6.家庭服务	114	25	28	73	184	296
四、医疗保健	**2466**	**1359**	**1756**	**2444**	**3195**	**3968**
1.医疗器具及药品	994	570	710	992	1125	1732
2.医疗服务	1473	789	1046	1451	2070	2236
五、交通通信	**3189**	**1896**	**2412**	**2721**	**3430**	**6016**
1.交通	2335	1302	1649	1879	2518	4775
2.通信	853	595	763	842	913	1241
六、教育文化娱乐	**2712**	**2105**	**2504**	**2603**	**2832**	**3730**
1.教育	1934	1724	1998	1810	1892	2313
2.文化娱乐	778	381	507	793	941	1417
七、居　住	**5677**	**3355**	**4349**	**5002**	**6559**	**10019**
1.租赁房房租	130	77	69	135	147	244
2.住房维修及管理	636	305	639	503	654	1183
3.水电燃料及其他	1419	1056	1223	1354	1539	2059
八、其它商品和服务	**861**	**432**	**609**	**830**	**975**	**1621**
1.其他用品	370	165	278	377	405	699
2.其他服务	491	267	332	453	570	922

10-9 城镇居民家庭平均每人消费支出构成

(2022年) 单位：%

指　　标	合计	低收入户	中低收入户	中等收入户	中高收入户	高收入户
消费支出	**100.0**	**100.0**	**100.0**	**100.0**	**100.0**	**100.0**
一、食　　品	**31.6**	**33.1**	**34.3**	**34.4**	**31.7**	**27.4**
1.食品	21.2	23.5	23.5	23.5	21.6	17.0
2.烟酒	2.5	2.5	2.8	2.6	2.3	2.2
3.饮料	0.8	0.8	0.8	0.8	0.7	0.8
4.饮食服务	7.1	6.3	7.2	7.5	7.0	7.4
二、衣　　着	**6.7**	**6.5**	**6.9**	**7.2**	**6.2**	**6.7**
1.衣类	5.2	5.0	5.4	5.6	4.8	5.3
2.鞋类	1.4	1.5	1.4	1.5	1.4	1.4
三、生活用品及服务	**5.8**	**5.0**	**5.3**	**5.9**	**5.5**	**6.6**
1.家具及室内装饰品	0.7	0.6	0.6	0.6	0.5	0.9
2.家用器具	1.3	1.0	1.0	1.6	1.4	1.3
3.家用纺织品	0.4	0.4	0.5	0.5	0.4	0.5
4.家庭日用杂品	1.3	1.4	1.4	1.4	1.2	1.2
5.个人用品	1.6	1.5	1.6	1.5	1.4	2.0
6.家庭服务	0.4	0.2	0.1	0.3	0.6	0.7
四、医疗保健	**5.5**	**4.8**	**4.8**	**5.6**	**6.9**	**5.2**
1.医疗器具及药品	2.6	2.4	2.4	3.0	2.6	2.7
2.医疗服务	2.9	2.4	2.4	2.6	4.3	2.6
五、交通通信	**12.0**	**11.5**	**11.1**	**10.5**	**11.4**	**14.1**
1.交通	8.8	7.9	7.6	7.3	8.4	11.2
2.通信	3.2	3.6	3.5	3.3	3.0	2.9
六、教育文化娱乐	**10.2**	**12.7**	**11.5**	**10.1**	**9.4**	**8.7**
1.教育	7.3	10.4	9.2	7.0	6.3	5.4
2.文化娱乐	2.9	2.3	2.3	3.1	3.1	3.3
七、居　　住	**21.3**	**20.3**	**20.0**	**19.3**	**21.8**	**23.4**
1.租赁房房租	0.5	0.5	0.3	0.5	0.5	0.6
2.住房维修及管理	2.4	1.8	2.9	1.9	2.2	2.8
3.水电燃料及其他	5.3	6.4	5.6	5.2	5.1	4.8
八、其它商品和服务	**3.2**	**2.6**	**2.8**	**3.2**	**3.2**	**3.8**
1.其他用品	1.4	1.0	1.3	1.5	1.3	1.6
2.其他服务	1.8	1.6	1.5	1.8	1.9	2.2

10-10 城镇居民家庭平均每人食品消费情况(含自产自用)

(2022年)

单位：千克

品 名	合计	低收入户	中低收入户	中等收入户	中高收入户	高收入户
小 麦	55.4	48.2	54.9	59.1	60.4	55.6
稻 谷	50.5	53.4	54.6	52.6	48.5	41.5
猪 肉	25.9	23.0	26.2	27.9	28.2	24.7
牛 肉	4.9	3.0	4.4	5.3	6.3	5.9
羊 肉	1.9	1.1	1.7	2.0	2.4	2.5
鸡	4.6	4.1	4.9	5.1	4.8	4.1
鲜 蛋	19.2	16.6	18.1	20.3	21.3	20.3
鱼 类	10.4	7.5	9.4	11.2	12.6	11.9
虾贝蟹类	7.4	4.2	6.4	7.3	10.0	10.0
藻 类	0.4	0.3	0.3	0.4	0.4	0.4
鲜 菜	118.0	94.8	112.7	133.4	131.4	123.3

10-11 城镇居民家庭平均每百户年末耐用品拥有量

(2022年)

品 名	单位	合计	低收入户	中低收入户	中等收入户	中高收入户	高收入户
1.家用汽车	辆	41.2	35.4	38.5	34.3	41.8	56.0
2.摩托车	辆	5.3	9.8	5.3	5.0	3.2	3.1
3.助力车	台	19.0	34.8	23.6	15.0	12.3	9.3
4.洗衣机	台	96.9	95.0	96.3	95.6	96.9	100.6
5.电冰箱(柜)	台	99.7	98.4	98.3	99.0	100.5	102.2
6.微波炉	台	59.7	46.1	56.2	59.2	65.5	71.2
7.彩色电视机	台	101.6	100.0	100.1	100.2	102.1	105.4
#接入有线电视	台						
8.空调	台	73.1	54.7	62.6	69.1	80.8	98.4
9.热水器	台	89.3	80.7	86.1	89.4	93.3	96.8
#太阳能热水器	台						
10.消毒碗柜	台						
11.洗碗机	台	3.3	2.2	2.0	2.1	4.2	5.9
12.排油烟机	台	88.0	79.8	85.3	89.5	92.3	93.2
13.固定电话	部	8.7	8.5	7.5	7.3	10.5	9.5
14.移动电话	部	212.1	222.0	215.9	208.8	210.3	203.5
#接入互联网	部						
15.计算机	台	45.9	35.1	39.6	39.5	49.7	65.5
#接入互联网	台						
16.摄像机	台						
17.照相机	台	12.1	4.9	7.6	10.5	12.8	24.7
18.中高档乐器	架	6.9	3.6	1.9	4.9	8.2	16.0
19.健身器材	台	4.3	1.9	1.9	4.4	4.8	8.5
20.组合音响	套						
21.空气净化器(含新风系统)	台	6.8	2.1	2.4	5.6	8.7	15.4
22.地面清洁电器	台	20.8	11.1	12.7	17.9	21.3	40.9

10-12 农民家庭基本情况

单位：人、元

指　　标	2010年	2011年	2012年	2013年	2014年	2015年	2016年
调查户人口							
1.平均每户常住人口	3.18	3.20	3.15	3.04	2.80	2.80	2.80
2.平均每户整、半劳动力	2.45	2.47	2.42	2.20	2.09	2.12	2.16
3.平均每个劳动力负担人口(含本人)	1.30	1.30	1.30	1.38	1.34	1.32	1.29
平均每人全年收入							
1.总收入	10903	13898	15275	17280	20136	21756	24246
2.可支配收入	6908	8297	9384	10523	11191	12057	12881
3.现金收入	9908	12855	14171	16925	19267	20612	22858
平均每人全年支出	**9605**	**12241**	**13327**	**16055**	**20783**	**22127**	**26682**
1.家庭经营费用支出	3619	4834	5176	6266	7841	8522	9949
2.购置生产性固定资产支出	403	609	571	448	866	894	1767
3.税费支出	2	9	10	1			
4.生活消费支出	4490	5406	5998	7159	7801	8873	9953
5.财产性支出	80	1	23	4	11	27	14
6.转移性支出	1003	1371	1538	2172	500	569	620

10-12 续表

单位：人、元

指　　标	2017年	2018年	2019年	2020年	2021年	2022年
调查户人口						
1.平均每户常住人口	2.74	2.68	2.60	2.55	2.61	2.57
2.平均每户整、半劳动力	2.14	2.09	2.03	2.03	2.07	2.06
3.平均每个劳动力负担人口(含本人)	1.28	1.29	1.28	1.26	1.26	1.25
平均每人全年收入						
1.总收入	24335	24368	28000	29139	32713	32129
2.可支配收入	13747	14656	16108	17450	19217	19908
3.现金收入	23094	23257	26593	27812	30946	30267
平均每人全年支出	**25846**	**25291**	**28847**	**27186**	**32572**	**30940**
1.家庭经营费用支出	9224	8280	10144	9948	11320	10151
2.购置生产性固定资产支出	1327	1190	2181	1123	1717	1443
3.税费支出						
4.生活消费支出	10787	11455	12030	12311	14606	14326
5.财产性支出	16	18	25	32	22	19
6.转移性支出	536	689	786	805	985	1046

10-13 农民家庭人均总收入与居民人均可支配收入

单位：元

指　　标	2010年	2011年	2012年	2013年	2014年	2015年	2016年	2017年	2018年	2019年	2020年	2021年	2022年
一、人均总收入	**10903**	**13898**	**15275**	**17280**	**20136**	**21756**	**24246**	**24335**	**24368**	**28000**	**29139**	**32713**	**32129**
(一)工资性收入	2650	3180	3630	4209	4362	4730	5071	5423	5645	6224	6511	7109	7442
(二)家庭经营收入	7384	9632	10497	11874	13681	14676	16368	15855	15268	18094	18726	21157	19987
(三)财产性收入	234	245	246	283	250	259	271	313	353	309	329	419	442
(四)转移性收入	635	842	901	914	1842	2090	2536	2744	3102	3374	3573	4029	4258
二、人均可支配收入	**6908**	**8297**	**9384**	**10523**	**11191**	**12057**	**12881**	**13747**	**14656**	**16108**	**17450**	**19217**	**19908**
(一)工资性收入	2650	3180	3630	4209	4362	4730	5071	5423	5645	6224	6511	7109	7442
(二)家庭经营净收入	3486	4271	4783	5160	5252	5574	5636	5819	6264	7013	7875	8667	8831
1.农业	2189	2708	3219	3408	3025	3167	3034	2960	3135	3401	3656	4143	4577
2.林业	18	2[illegible]	32	67	155	148	148	184	143	171	186	188	89
3.牧业	665	82[illegible]	711	759	795	886	1050	1159	1214	1339	1800	1801	1886
4.渔业	52	1[illegible]	20	60	89	87	102	116	131	171	177	223	230
(三)财产性净收入	234	24[illegible]	246	283	235	232	258	297	334	284	297	397	423
(四)转移性净收入	538	60[illegible]	724	870	1342	1521	1916	2208	2413	2587	2767	3044	3212

10-13 续表

单位：元

指　　标	构成(%)												
	2010年	2011年	2012年	2013年	2014年	2015年	2016年	2017年	2018年	2019年	2020年	2021年	2022年
一、人均总收入	**100.0**	**100.0**	**100.0**	**100.0**	**100.0**	**100.0**	**100.0**	**100.0**	**100.0**	**100.0**	**100.0**	**100.0**	**100.0**
(一)工资性收入	24.4	22.9	23.8	24.4	21.7	21.7	20.9	22.3	23.2	22.2	22.3	21.7	23.2
(二)家庭经营收入	67.7	69.3	68.7	68.7	67.9	67.5	67.5	65.2	62.7	64.6	64.3	64.7	62.2
(三)财产性收入	2.1	1.8	1.6	1.6	1.2	1.2	1.1	1.3	1.4	1.1	1.1	1.3	1.4
(四)转移性收入	5.8	6.0	5.9	5.3	9.1	9.6	10.5	11.3	12.7	12.0	12.3	12.3	13.3
二、人均可支配收入	**100.0**	**100.0**	**100.0**	**100.0**	**100.0**	**100.0**	**100.0**	**100.0**	**100.0**	**100.0**	**100.0**	**100.0**	**100.0**
(一)工资性收入	38.4	38.3	38.7	40.0	39.0	39.2	39.4	39.4	38.5	38.6	37.3	37.0	37.4
(二)家庭经营净收入	50.5	5[illegible].5	51.0	49.0	46.9	46.2	43.8	42.3	42.7	43.5	45.1	45.1	44.4
1.农业	31.7	3[illegible].6	34.3	32.4	27.0	26.3	23.6	21.5	21.4	21.1	21.0	21.6	23.0
2.林业	0.3	[illegible].3	0.3	[illegible].6	1.4	1.2	1.1	1.3	1.0	1.1	1.1	1.0	0.4
3.牧业	9.6	10.0	7.6	7.2	7.1	7.4	8.1	8.4	8.3	8.3	10.3	9.4	9.5
4.渔业	0.8	[illegible].2	0.2	[illegible].6	0.8	0.7	0.8	0.8	0.9	1.1	1.0	1.2	1.2
(三)财产性净收入	3.3	3.0	2.6	2.7	2.1	1.9	2.0	2.2	2.3	1.8	1.7	2.1	2.1
(四)转移性净收入	7.8	7.2	7.7	8.3	12.0	12.6	14.9	16.1	16.5	16.1	15.9	15.8	16.1

10-14 各地区农村居民人均可支配收入

单位：元

地　区	2010年	2011年	2012年	2013年	2014年	2015年	2016年	2017年	2018年	2019年	2020年	2021年	2022年
全　省	**6908**	**8297**	**9384**	**10523**	**11191**	**12057**	**12881**	**13747**	**14656**	**16108**	**17450**	**19217**	**19908**
沈　阳	10022	11575	13045	14467	12521	13486	14385	15461	16530	18124	19598	21662	22352
大　连	12317	14213	15990	17717	13547	14667	15664	16865	18103	19974	21558	23763	24759
鞍　山	9250	11146	12617	14207	12093	13117	14161	15075	16137	17759	19065	21038	21834
抚　顺	7203	8780	10062	11310	10971	11766	12545	13379	14249	15596	16813	18477	19214
本　溪	7845	9524	10800	12204	11726	12667	13574	14540	15463	16970	18336	20215	20942
丹　东	8340	10033	11428	12822	11528	12493	13450	14469	15439	16954	18439	20218	20902
锦　州	7756	9447	10788	12137	11723	12599	13539	14493	15384	16817	18188	20010	20751
营　口	8863	10662	12080	13675	12609	13631	14587	15594	16748	18494	20202	22128	22858
阜　新	6372	7615	8772	9939	10566	11109	11812	12548	13443	14849	16183	17933	18635
辽　阳	8095	9844	11183	12379	11156	12036	12969	13921	14873	16247	17666	19404	19952
盘　锦	9750	11437	12935	14462	12723	13763	14845	15938	17136	18890	20579	22583	23234
铁　岭	7739	9271	10569	11869	10888	11683	12531	13377	14208	15552	17001	18812	19375
朝　阳	6142	7536	8689	9949	9754	10514	11193	11893	12681	13953	15159	16813	17542
葫芦岛	6597	7901	8983	9927	9556	10233	10986	11727	12483	13721	14862	16365	16936

10-15 农民家庭人均总支出

单位：元

指　标	2010年	2011年	2012年	2013年	2014年	2015年	2016年	2017年	2018年	2019年	2020年	2021年	2022年
总 支 出	**9605**	**12241**	**13327**	**16055**	**20783**	**22127**	**26682**	**25846**	**25291**	**28847**	**27186**	**32572**	**30940**
(一)家庭经营费用支出	3619	4334	5176	6266	7841	8522	9949	9224	8280	10144	9948	11320	10151
(二)购置生产性固定资产支出	403	509	571	448	866	894	1767	1327	1190	2181	1123	1717	1443
(三)税费支出	2	9	10	1									
(四)生活消费支出	4490	5406	5998	7159	7801	8873	9953	10787	11455	12030	12311	14606	14326
1.食品	1714	2116	2300	2519	2211	2499	2679	2883	3063	3194	3660	4376	4510
2.衣着	369	446	518	584	532	599	637	695	656	710	699	895	856
3.居住	745	860	980	1279	1492	1666	1906	2201	2246	2385	2412	2845	2708
4.家庭设备、用品及服务	185	225	251	299	332	397	459	513	568	593	530	645	658
5.医疗保健	414	483	549	790	1026	1065	1139	1251	1529	1657	1946	1645	1632
6.交通和通信	449	578	669	850	1050	1351	1664	1745	1820	1770	1109	2235	2176
7.文教娱乐用品及服务	500	550	557	633	1014	1122	1274	1295	1325	1424	1719	1630	1468
8.其他商品和服务	113	148	176	204	144	175	195	204	247	297	236	335	319
(五)财产性支出	80	1	23	4	11	27	14	16	18	25	32	22	19
(六)转移性支出	1003	1371	1538	2172	500	569	620	536	689	786	805	985	1046

10-15 续表

单位：元

指　标	构成(%)												
	2010年	2011年	2012年	2013年	2014年	2015年	2016年	2017年	2018年	2019年	2020年	2021年	2022年
总 支 出	**100.0**	**100.0**	**100.0**	**100.0**	**100.0**	**100.0**	**100.0**	**100.0**	**100.0**	**100.0**	**100.0**	**100.0**	**100.0**
(一)家庭经营费用支出	37.7	39.5	38.8	39.0	37.7	38.5	37.3	35.7	32.7	35.2	36.6	34.8	32.8
(二)购置生产性固定资产支出	4.2	5.0	4.3	2.8	4.2	4.0	6.6	5.1	4.7	7.6	4.1	5.3	4.7
(三)税费支出		0.1	0.1	0.003									
(四)生活消费支出	46.7	44.2	45.0	44.6	37.5	40.1	37.3	41.7	45.3	41.7	45.3	44.8	46.3
1.食品	17.8	17.3	17.3	15.7	10.6	11.3	10.0	11.2	12.1	11.1	13.5	13.4	14.6
2.衣着	3.8	3.7	3.9	3.6	2.6	2.7	2.4	2.7	2.6	2.5	2.6	2.7	2.8
3.居住	7.8	7.0	7.4	8.0	7.2	7.5	7.1	8.5	8.9	8.3	8.9	8.7	8.8
4.家庭设备、用品及服务	1.9	1.8	1.9	1.9	1.6	1.8	1.7	2.0	2.2	2.1	1.9	2.0	2.1
5.医疗保健	4.3	4.0	4.1	4.9	4.9	4.8	4.3	4.8	6.0	5.7	7.2	6.9	5.3
6.交通和通信	4.[illegible]	4.7	5.0	5.3	5.1	6.1	6.2	6.8	7.2	6.1	4.1	5.0	7.0
7.文教娱乐用品及服务	5.[illegible]	4.5	4.2	3.9	4.9	5.1	4.8	5.0	5.2	4.9	6.3	5.0	4.7
8.其他商品和服务	1.[illegible]	1.2	1.3	1.3	0.7	0.8	0.7	0.8	1.0	1.0	0.9	1.0	1.0
(五)财产性支出	0.[illegible]	0.0	0.2	0.0	0.1	0.1	0.1	0.1	0.1	0.1	0.1	0.1	0.1
(六)转移性支出	10.[illegible]	11.2	11.5	13.5	2.4	2.6	2.3	2.1	2.7	2.7	3.0	3.0	3.4

10-16　农村居民人均食品消费情况

单位：公斤

指　　标	2010年	2011年	2012年	2013年	2014年	2015年	2016年	2017年	2018年	2019年	2020年	2021年	2022年
一、谷物和薯类	**171.5**	**169.7**	**158.5**	**130.7**	**138.2**	**143.0**	**140.5**	**135.6**	**135.4**	**138.5**	**166.1**	**181.5**	**165.7**
#小　　麦	36.9	38.3	36.1	31.7	41.2	42.3	44.4	42.0	43.4	43.6	51.5	58.6	55.0
稻　　谷	92.6	103.6	98.4	79.0	80.9	82.5	79.2	74.1	71.9	72.6	84.2	95.6	87.0
玉　　米	26.7	15.8	16.1	11.6	8.7	9.4	7.4	8.9	8.4	11.4	19.3	17.3	13.7
薯　　类	1.7	1.0	0.7	2.4	2.3	3.2	3.1	3.5	3.6	3.6	3.9	4.0	3.9
二、豆类及豆制品	**11.1**	**7.0**	**6.2**	**11.5**	**7.0**	**7.4**	**10.4**	**10.0**	**10.2**	**11.2**	**12.4**	**12.1**	**14.1**
大　　豆	6.2	2.7	1.9	1.8	1.8	1.6	2.9	2.3	2.9	3.2	2.8	1.9	2.7
三、蔬菜及菜制品	**150.3**	**111.8**	**103.1**	**95.4**	**102.0**	**120.1**	**110.9**	**96.4**	**91.7**	**92.2**	**101.5**	**124.6**	**107.8**
四、油　脂　类	**7.6**	**9.0**	**9.3**	**9.6**	**10.0**	**10.5**	**11.2**	**11.3**	**10.4**	**10.2**	**11.3**	**11.9**	**10.6**
植　物　油	7.0	8.6	8.8	9.3	9.6	10.2	10.9	10.9	10.1	10.0	11.1	11.4	10.3
动　物　油	0.6	0.4	0.5	0.3	0.4	0.3	0.3	0.4	0.3	0.3	0.3	0.4	0.3
五、肉禽及其制品	**20.5**	**18.6**	**19.6**	**20.7**	**21.3**	**22.4**	**24.9**	**25.7**	**27.7**	**22.8**	**25.4**	**38.9**	**41.6**
#猪　　肉	15.8	14.2	15.2	15.6	16.9	16.9	17.8	18.4	21.1	19.2	16.1	27.2	30.8
牛　　肉	0.4	0.5	0.5	0.5	0.4	0.5	0.7	0.7	0.9	1.0	1.3	1.8	1.6
羊　　肉	0.3	0.2	0.2	0.2	0.2	0.5	0.8	0.6	0.6	0.5	0.6	0.7	0.7
家　　禽	2.0	1.5	1.5	2.3	2.1	2.7	3.4	3.4	3.1	3.7	4.9	5.8	5.1
肉禽制品	2.0	2.2	2.2	2.1	-	-	-						
六、蛋类及蛋制品	**8.7**	**8.3**	**8.5**	**7.3**	**7.2**	**9.2**	**10.2**	**10.3**	**8.7**	**9.6**	**14.1**	**15.2**	**16.3**
七、奶及奶制品	**2.8**	**3.7**	**3.5**	**4.7**	**4.4**	**4.8**	**5.1**	**4.9**	**5.2**	**5.7**	**6.1**	**7.9**	**6.7**
八、水　产　品	**4.9**	**5.2**	**5.2**	**6.2**	**5.4**	**6.0**	**7.1**	**7.0**	**6.8**	**7.7**	**8.2**	**9.2**	**9.9**
鱼　　类	3.5	3.9	3.8	4.3	3.9	4.1	4.8	4.5	4.8	5.2	6.0	6.3	6.8
虾、贝、蟹类	0.9	0.8	0.9	1.2	0.9	1.2	1.4	1.6	1.2	1.6	1.4	1.9	2.1
藻　　类	0.2	0.1	0.2	0.2	0.2	0.2	0.2	0.2	0.2	0.3	0.3	0.3	0.2
其　　他	0.3	0.3	0.3	0.5	0.4	0.5	0.6	0.6	0.5	0.6	0.7	0.7	0.8
九、食　　糖	**0.9**	**0.6**	**0.7**	**0.8**	**0.8**	**0.9**	**1.1**	**1.1**	**1.0**	**1.1**	**1.2**	**1.3**	**1.3**
十、酒	**12.8**	**15.1**	**15.3**	**14.6**	**15.5**	**17.2**	**19.8**	**19.6**	**16.8**	**17.1**	**17.1**	**17.6**	
#白　酒	3.6	4.2	4.0	4.2	4.3	4.8	5.0	5.1	4.6	4.4	4.8	4.4	
啤　酒	9.2	10.8	11.2	10.4	11.2	12.4	14.7	14.5	12.2	12.7	12.2	13.2	
果　酒	0.04	0.04	0.03	0.03	0.03	0.03	0.03	0.04	0.02	0.02	0.04	0.02	
十一、糖　　果					**0.2**	**0.3**	**0.3**	**0.3**	**0.3**	**0.3**	**0.3**	**0.5**	
十二、水果及水果制品	**21.6**	**21.0**	**25.9**	**13.9**	**28.8**	**31.2**	**36.9**	**35.9**	**32.3**	**36.3**	**39.6**	**50.6**	
十三、坚果及果仁制品	**0.5**	**0.6**	**0.9**	**1.3**	**1.3**	**1.7**	**2.4**	**2.6**	**2.5**	**2.8**	**3.1**	**3.9**	

10-17 农民家庭平均每百户年末耐用消费品拥有量

品　　名	单位	2010年	2011年	2012年	2013年	2014年	2015年	2016年	2017年	2018年	2019年	2020年	2021年	2022年
洗 衣 机	台	76.2	79.0	80.7	76.5	76.5	80.1	85.9	87.9	89.2	90.1	90.7	94.9	94.3
电 冰 箱	台	58.7	77.9	82.0	77.1	79.9	86.0	97.3	99.2	99.0	100.3	100.5	103.4	101.6
空 调 机	台	1.0	1.3	2.2	1.7	1.7	2.1	3.5	4.6	8.3	13.9	14.1	26.4	27.5
抽油烟机	台	10.7	10.1	11.3	12.1	9.6	12.5	16.6	19.3	24.3	25.1	25.9	32.9	33.5
吸 尘 器	台	1.6	1.0	1.0					0.3	1.7	1.4	1.5	2.2	2.4
微 波 炉	台	7.3	7.1	7.8	8.4	7.1	8.7	11.7	12.5	12.4	12.9	12.5	16.6	17.2
热 水 器	台	10.3	4.1	15.9	13.7	12.0	16.3	21.1	23.0	26.9	30.6	31.5	37.4	37.5
自 行 车	辆	101.6	79.2	81.8	23.3									
摩 托 车	辆	59.2	53.2	64.0	53.5	60.0	63.9	63.2	62.1	58.3	55.9	54.5	50.6	49.6
汽车(生活用)	台	1.4	3.0	3.9	8.0	8.9	11.6	16.6	17.5	18.3	20.4	21.7	30.8	31.6
电 话 机	部	92.5	80.3	80.7	64.6	71.5	63.7	58.2	54.1	36.2	29.8	25.5	16.7	15.6
移动电话	部	117.7	50.6	158.1	161.8	174.7	191.2	208.8	213.4	216.6	220.9	219.6	231.5	228.0
彩色电视机	台	111.7	112.1	112.2	109.5	109.8	111.0	112.0	112.4	108.8	108.7	108.3	104.2	103.4
摄 像 机	台	1.2	1.0	1.4	0.7	0.5	0.8	0.8						
照 相 机	架	7.3	5.6	6.0	4.9	3.8	4.1	3.9	3.7	2.2	2.2	2.1	1.5	1.3
家用计算机	台	10.0	16.7	20.2	20.1	22.1	28.9	34.5	36.2	25.6	25.5	26.3	23.0	21.8
中高档乐器	件	0.7	0.1	0.1	0.2	0.4	0.4	0.6	0.6	1.1	1.1	0.9	0.6	0.5

主要统计指标解释

可支配收入 指调查户在调查期内获得的、可用于最终消费支出和储蓄的总和，即调查户可以用来自由支配的收入。可支配收入既包括现金，也包括实物收入。按照收入的来源，可支配收入包含四项，分别为：工资性收入、经营净收入、财产净收入和转移净收入。计算公式为：

可支配收入=工资性收入+经营净收入+财产净收入+转移净收入

工资性收入 指就业人员通过各种途径得到的全部劳动报酬和各种福利，包括受雇于单位或个人、从事各种自由职业、兼职和零星劳动得到的全部劳动报酬和福利。

经营净收入 指住户或住户成员从事生产经营活动所获得的净收入，是全部经营收入中扣除经营费用、生产性固定资产折旧和生产税之后得到的净收入。计算公式具体为：

经营净收入=经营收入－经营费用－生产性固定资产折旧－生产税

财产净收入 指住户或住户成员将其所拥有的金融资产、住房等非金融资产和自然资源交由其他机构单位、住户或个人支配而获得的回报并扣除相关的费用之后得到的净收入。财产净收入包括利息净收入、红利收入、储蓄性保险净收益、转让承包土地经营权租金净收入、出租房屋净收入、出租其他资产净收入和自有住房折算净租金等。

转移净收入 计算公式为：转移净收入=转移性收入－转移性支出

转移性收入 指国家、单位、社会团体对住户的各种经常性转移支付和住户之间的经常性收入转移。包括养老金或退休金、社会救济和补助、政策性生产补贴、政策性生活补贴、救灾款、经常性捐赠和赔偿、报销医疗费、住户之间的赡养收入，以及本住户非常住成员寄回带回的收入等。

转移性支出 指调查户对国家、单位、住户或个人的经常性或义务性转移支付。包括缴纳的税款、各项社会保障支出、赡养支出、经常性捐赠和赔偿支出以及其他经常转移支出等。

消费支出 指住户用于满足家庭日常生活消费需要的全部支出，包括用于消费品的支出和用于服务性消费的支出。根据用途不同，消费支出可划分为食品烟酒、衣着、居住、生活用品及服务、交通通信、教育文化娱乐、医疗保健、其他用品及服务八大类。根据来源不同，消费支出可划分为现金消费支出、实物消费支出（含自产自用、来自单位、来自政府和其他社会组织）。

城镇居民家庭就业人口 指城镇居民从事社会劳动并取得劳动报酬或经营收入的人口。就业人口包括通过国家统筹规划和指导由劳动部门介绍就业，自愿组织起来就业和自谋职业等方式，在国有制、集体所有制、中外合资、中外合作、外资在华独资的企事业单位和私营企业单位工作或从事个体劳动的有固定性职业或临时性职业的人口。被聘用和留用的离退休人员也计入就业人口。本指标可以反映城镇居民的就业情况，是计算就业面、负担系数的重要资料。

农村居民家庭整半劳动力 指农村常住居民家庭成员中有劳动能力并经常参加实际劳动的人员。是生产的基本要素指标之一，是发展生产增加农民家庭收入的重要源泉。按规定，农村男 18 周岁至 50 周岁、女 18 周岁至 45 周岁为整劳动力；男 16 周岁至 17 周岁、51 周岁至 60 周岁、女 16 周岁至 17 周岁、46 周岁至 55 周岁为半劳动力。农民家庭整半劳动力，既包括在上述规定劳动年龄内和在劳动年龄以外有劳动能力并经常参加实际劳动的男女整半劳动力；也包括农民家庭常住人员中属于职工的劳动力。但不包括在劳动年龄内已丧失劳动能力的人员。

城乡储蓄存款余额 城乡储蓄存款，包括城镇居民储蓄存款和农民个人储蓄存款两部分。不包括居民的手存现金和工矿企业、部队、机关团体等集团存款。储蓄存款余额，是指城乡居民存入银行及农村信用社储蓄的时点数(存入数扣除取出数的余额)，如月末、季末或年末数额。

十一、城市建设

Chapter 11 Urban Construction

资料整理：赵 迪 付肇群 宫新博

11-1 城市公用事业基本情况

指　　标	单位	2010年	2011年	2012年	2013年	2014年	2015年	2016年
自来水全年供水总量	亿吨	26.2	26.6	27.5	27.9	27.3	25.1	26.5
#生活用水量	亿吨	9.1	9.9	10.4	10.8	10.7	11.1	11.9
人均日生活用水量	升	121.0	126.0	128.1	128.7	131.8	135.5	146.3
用水普及率	%	97.4	98.4	98.5	98.8	98.7	98.8	99.0
道路长度	公里	14238	14468	15513	16244	16692	16914	16394
道路面积	万平米	23658	24727	26200	28091	28997	30585	29277
排水管道长度	公里	14070	14906	15945	16420	16783	17074	18275
公用煤气、液化气								
人工煤气全年供气总量	亿立米	5.5	5.7	6.0	5.9	6.4	5.7	4.9
#家庭用量	亿立米	3.8	3.8	4.0	4.0	4.1	3.8	3.5
煤气管道长度	公里	5476	5580	5465	5567	5835	5428	5661
天然气全年供气总量	亿立米	6.6	7.7	8.6	9.8	12.7	17.0	20.4
液化气家庭用量	亿立米	23.6	23.8	25.0	23.1	22.5	21.0	21.5
燃气普及率	%	94.2	95.5	96.0	96.2	96.2	94.8	96.1
城市绿化								
园林绿地面积	公顷	92751	95968	118297	120514	121982	124193	116601
公园个数	个	316	322	338	347	374	379	439
公园面积	公顷	11005	11693	12222	12877	13829	13629	14595
清洁卫生								
生活垃圾清运量	万吨	837.3	876.0	929.9	927.1	917.1	933.2	933.1
生活垃圾无害化处理量	万吨							

注：人均指标按全部城镇人口计算。

11-1 续表

指　　标	单位	2017年	2018年	2019年	2020年	2021年	2022年
自来水全年供水总量	亿吨	26.3	29.5	30.3	28.2	28.8	29.5
#生活用水量	亿吨	8.0	8.5	8.6	9.2	9.4	10.0
人均日生活用水量	升	136.0	148.1	145.2	146.8	153.0	153.8
用水普及率	%	97.7	98.4	98.6	99.5	99.5	98.8
道路长度	公里	18684	21089	21408	23416	25993	26852
道路面积	万平米	33748	37427	38362	39887	48003	48685
排水管道长度	公里	22419	23810	25102	25938	26759	28307
公用煤气、液化气							
人工煤气全年供气总量	亿立米	4.4	4.4	3.5	3.2	3.1	2.6
#家庭用量	亿立米	3.1	3.0	2.7	2.5	2.1	1.7
煤气管道长度	公里	4767	5260	4708	3818	3881	2584
天然气全年供气总量	亿立米	32.9	34.8	36.7	36.7	42.0	44.7
液化气家庭用量	亿立米	19.3	20.5	18.8	14.3	12.3	12.5
燃气普及率	%	95.1	95.7	96.2	97.6	97.0	95.9
城市绿化							
园林绿地面积	公顷	128134	128772	133969	153811	155131	158388
公园个数	个	564	530	582	685	754	829
公园面积	公顷	18062	18700	20167	22895	33131	24799
清洁卫生							
生活垃圾清运量	万吨	988.8	990.0	1105.2	1108.5	1141.4	1100.7
生活垃圾无害化处理量	万吨	975.1	976.6	1071.4	1092.8	1139.5	1096.2

11-2 各地区城市设施水平

年份、城市	城市用水普及率 (%)	城市燃气普及率 (%)	人均城市道路面积 (平方米)	人均公园绿地面积 (平方米)
2000	98.2	89.3	6.5	5.7
2001	86.9	76.8	6.9	5.0
2002	87.1	82.0	7.1	5.7
2003	87.9	85.6	7.4	6.3
2004	93.0	87.2	7.7	7.1
2005	93.8	88.1	8.0	7.5
2006	96.7	92.3	8.9	8.3
2007	96.9	92.0	9.6	9.0
2008	96.9	92.4	10.0	9.4
2009	97.2	93.7	10.4	9.8
2010	97.4	94.2	11.2	10.2
2011	98.4	95.5	11.3	10.6
2012	98.5	96.0	11.6	10.9
2013	98.8	96.2	12.1	11.1
2014	98.7	96.2	12.8	11.6
2015	98.8	94.8	13.4	11.5
2016	99.0	96.1	13.0	11.3
2017	97.7	95.1	13.5	11.9
2018	98.4	95.7	14.8	12.0
2019	98.6	96.2	15.0	11.8
2020	99.5	97.6	16.1	13.2
2021	99.5	97.0	19.5	13.5
2022	98.8	97.0	19.1	13.4
沈　阳	99.9	99.8	17.8	14.3
大　连	98.1	96.5	19.6	13.7
鞍　山	99.7	99.5	21.9	13.2
抚　顺	99.5	97.1	15.0	11.0
本　溪	99.1	94.1	23.0	12.2
丹　东	99.7	98.3	18.1	13.0
锦　州	97.9	99.9	11.0	12.0
营　口	99.8	99.4	28.6	11.9
阜　新	100.0	78.6	13.2	12.1
辽　阳	99.7	95.3	19.1	13.0
盘　锦	100.0	100.0	23.0	14.1
铁　岭	98.9	92.5	13.4	12.7
朝　阳	98.5	91.3	16.9	13.6
葫芦岛	99.3	97.3	29.9	16.2

11-3 各地区城市建设情况

年份、城市	建成区面积(平方公里)	征用土地面积(平方公里)	城市人口密度(人/平方公里)
2000	1558.6	22.6	1174
2001	1612.4	11.2	1236
2002	1660.4	21.2	1246
2003	1694.6	36.6	1244
2004	1737.3	38.7	1256
2005	1779.9	71.9	1243
2006	1859.6	77.2	2163
2007	1917.6	72.0	1945
2008	1955.5	226.7	1916
2009	2030.7	83.8	1922
2010	2220.5	128.2	1814
2011	2276.5	185.7	1712
2012	2329.1	194.8	1624
2013	2386.5	105.4	1663
2014	2422.0	70.0	1615
2015	2462.0	67.9	1590
2016	2798.2	28.2	1485
2017	2970.0	25.6	1763
2018	3027.1	71.5	1767
2019	3091.2	29.6	1787
2020	3105.5	35.8	1775
2021	3077.4	44.1	1789
2022	3197.1	34.8	1756
沈　阳	643.5	12.0	3543
大　连	553.9	4.7	1858
鞍　山	253.0	2.7	2025
抚　顺	140.7	0.7	2443
本　溪	139.5	1.6	672
丹　东	132.9	1.1	1558
锦　州	138.6		2232
营　口	255.0	2.3	1626
阜　新	110.2		1608
辽　阳	141.0	0.7	1093
盘　锦	126.1	0.1	3095
铁　岭	155.0	0.7	1701
朝　阳	189.2	0.5	749
葫芦岛	154.6	7.1	1269

11-4 各地区城市市政设施情况

年份、城市	年末实有道路长度(公里)	年末实有道路面积(万平方米)	城市桥梁(座)	道路照明灯(千盏)	城市排水管道长度(公里)	城市污水日处理能力(万立方米)
2000	9249	10152	1253	298	8354	110.7
2001	9462	13793	1260	372	8394	122.9
2002	9875	14270	1247	482	8880	200.4
2003	10204	14885	1326	635	9120	249.0
2004	10407	15635	1300	664	9308	306.1
2005	10556	16337	1232	786	10519	347.1
2006	11096	17623	1314	804	10860	365.6
2007	11530	19452	1395	947	11655	385.6
2008	12111	20546	1406	1270	12192	416.8
2009	12866	21857	1462	1337	13350	444.8
2010	14238	23658	1514	1380	14070	503.1
2011	14468	24727	1549	1446	14906	547.2
2012	15513	26200	1612	1487	15945	606.0
2013	16244	28091	1682	1558	16420	748.2
2014	16692	28997	1663	1562	16783	767.7
2015	16914	30585	1637	1581	17074	787.1
2016	16394	29277	1862	1283	18275	831.4
2017	18684	33748	1970	1421	22419	880.9
2018	21089	37427	1930	1347	23810	1090.0
2019	21408	38362	2078	1464	25102	1014.9
2020	23416	39887	2119	1484	25938	1102.6
2021	25993	48003	2136	1482	26759	1110.4
2022	26852	48685	2262	1523	28306	1195.8
沈　阳	6186	11238	553	269	7796	374.5
大　连	5056	9339	550	419	5315	218.1
鞍　山	2051	4109	74	84	1406	81.5
抚　顺	1343	1996	123	42	1124	65.0
本　溪	1443	2527	106	61	922	76.0
丹　东	996	1990	93	40	1002	33.0
锦　州	1001	1685	48	66	1191	62.0
营　口	2131	3904	74	101	2330	47.2
阜　新	575	1122	38	35	868	30.5
辽　阳	1439	1946	109	84	1437	50.6
盘　锦	1061	2218	97	116	1479	32.7
铁　岭	737	1414	96	78	1113	50.0
朝　阳	946	2029	115	77	1186	40.3
葫芦岛	1583	2647	109	46	944	34.5

11-5 各地区城市供水情况

年份、城市	年末供水综合生产能力（万立方米/日）	年末供水管道长度（公里）	全年供水总量（万立方米）			用水人口（万人）	人均日生活用水量（升）
				#生产用水	#生活用水		
2000	1393	20627	308500	163667	103812	1751	162.4
2001	1351	21708	297247	164091	101406	1734	160.2
2002	1338	21602	279644	136908	95501	1755	149.1
2003	1347	21999	280510	131973	94322	1780	145.2
2004	1357	23636	281080	126676	101877	1896	147.2
2005	1339	23211	282618	130232	103683	1929	147.3
2006	889	22093	193825	45301	73794	1736	134.1
2007	1333	25422	283174	121342	91560	1963	127.9
2008	1384	26850	294792	121806	91717	2001	125.8
2009	1386	27735	288732	120376	92470	2042	124.2
2010	1391	29123	261879	92543	90763	2060	121.0
2011	1355	31487	266033	87156	99151	2158	126.0
2012	1339	32062	274953	97403	104179	2233	128.1
2013	1320	33118	278710	98206	107547	2295	128.7
2014	1338	36706	272641	93146	107482	2246	131.8
2015	1289	38265	251064	87408	110770	2251	135.5
2016	1238	39313	265148	77677	118880	2227	146.3
2017	1059	37437	245093	42383	79196	2399	136.0
2018	2018	41126	294762	64714	84856	2488	148.1
2019	1345	41307	302873	70682	85868	2526	145.2
2020	1294	44703	281675	64454	92012	2463	146.8
2021	1422	42485	287788	72208	93940	2449	152.9
2022	1455	46201	295365	77930	99709	2517	153.8
沈　阳	373	5177	77350	14609	32343	629	205.1
大　连	235	8642	47861	10980	17530	466	147.9
鞍　山	75	4159	18247	5663	6470	188	127.0
抚　顺	115	2849	26040	10112	4302	133	143.8
本　溪	128	1720	20463	13998	3043	109	102.5
丹　东	69	2485	14662	2510	4459	110	124.7
锦　州	69	2907	14192	2104	4477	151	121.7
营　口	54	4940	14902	3849	4888	136	135.5
阜　新	48	2404	7823	1611	2137	85	97.9
辽　阳	43	1494	10247	935	4679	102	159.9
盘　锦	86	3237	14785	5777	3990	97	168.2
铁　岭	56	2145	8565	1436	3353	104	127.9
朝　阳	76	2040	11047	2102	3424	119	135.4
葫芦岛	25	1853	8257	1933	4195	88	147.3

11-6 各地区城市燃气情况

年份、城市	人工煤气生产能力(万立米/日)	管道长度(公里)			全年供气总量			用气人口(万人)		
		人工煤气	液化石油气	天然气	人工煤气(万立米)	液化石油气(吨)	天然气(万立米)	人工煤气	液化石油气	天然气
2000	163.1	4470	195	2950	81957	379194	24923	422.1	568.8	409.9
2001	201.5	4595	217	3169	58642	387530	30764	458.5	645.8	427.6
2002	218.7	4718	254	3355	61430	377990	30701	511.6	698.5	441.5
2003	230.5	4871	290	4286	69121	432358	30338	541.6	734.4	456.5
2004	214.4	4535	198	5214	61112	456355	37698	474.7	726.8	575.9
2005	190.8	4897	437	4979	63614	402659	36817	531.5	713.1	566.6
2006	168.9	4702	478	5610	54347	487296	53495	474.1	718.5	629.5
2007	273.9	4828	550	5940	55785	456504	54085	486.6	718.7	657.3
2008	293.9	5033	589	6364	61958	396282	57736	503.3	693.7	710.5
2009	293.9	5081	626	6941	54441	398309	60035	523.7	693.6	751.1
2010	321.2	5476	644	7405	55177	395058	66173	542.4	652.1	797.0
2011	313.2	5580	656	9059	56625	504938	76601	573.6	665.9	852.4
2012	254.6	5465	690	10160	59736	516426	85701	556.7	665.7	955.9
2013	335.6	5567	670	12426	59264	495244	97745	573.6	639.4	1021.2
2014	338.0	5835	679	13468	63604	492406	126814	591.3	601.1	995.7
2015	317.0	5428	666	15018	57394	468889	170434	530.9	558.9	1068.0
2016	317.0	5661	641	15979	48835	492499	204093	506.3	500.7	1154.7
2017	271.7	4767	564	26633	43621	687206	328632	401.3	472.3	1499.3
2018	213.2	5260	557	29030	44139	715285	347682	399.3	441.3	1578.5
2019	212.8	4708	513	30030	34685	711074	366514	360.9	436.5	1668.2
2020	178.1	3818	327	31786	31917	579654	366866	288.9	376.9	1750.7
2021	180.0	3881	341	33994	30895	550668	419760	239.2	353.6	1796.5
2022	51.1	2584	230	36480	25653	526905	447428	188.0	340.8	1941.3
沈　阳			31	11578		45702	119268		30.3	597.9
大　连			122	7506	7064	290891	60371		42.4	416.6
鞍　山	38.7	2033		594	14136	38836	26864	135.6	30.5	21.0
抚　顺				707		22328	50815		39.7	89.8
本　溪				1171		5984	12210		16.9	86.5
丹　东	12.0	540	4	680	4354	12216	4302	50.2	24.4	33.7
锦　州				2014		11819	20440		25.2	128.4
营　口				2375		17833	39956		31.4	104.1
阜　新				614		4634	6140		10.5	56.1
辽　阳			3	1466		9503	20647		22.1	75.1
盘　锦				1846		9238	18404			96.5
铁　岭				2007		6404	21781		16.2	81.2
朝　阳	0.3	11	71	920	100	14380	8417	2.2	43.2	64.5
葫芦岛				2794		35188	22673		4.1	81.9

11-7 各地区城市集中供热情况

年份、城市	供热能力		供热总量(万吉焦)		管道长度(公里)		供热面积(万平方米)
	蒸汽(吨/小时)	热水(兆瓦)	蒸汽	热水	一级管网	二级管网	
2000	11569	19154	2201	11388			20030
2001	11435	20564	2747	12888			22048
2002	10911	29269	3437	19616			24963
2003	10975	30874	3999	19719			29669
2004	11844	30488	5269	18729			38150
2005	12583	36051	6435	22508			47621
2006	10967	43765	5936	26157			46773
2007	11718	39717	5886	28036			54118
2008	11612	46395	6253	31218			60990
2009	12013	51183	6479	35643			68464
2010	13186	55770	6521	39613			74526
2011	11544	59855	6599	41926			81581
2012	13038	62826	6320	42748			87108
2013	12787	68631	6521	43494			92109
2014	12776	69158	7505	44083			96587
2015	12933	71834	7208	49005			104543
2016	12915	74373	7340	51245			108760
2017	18396	75906	12103	51441	13289	39845	125698
2018	19519	75893	12966	53540	14831	44277	134650
2019	17607	80350	11340	51235	15123	43879	129564
2020	18306	85344	12125	56277	15366	48388	142098
2021	19494	86449	11496	58722	15144	51825	150311
2022	20665	88726	11885	59858	16034	58164	155321
沈　阳	774	28723	247	21027	4313	17230	44340
大　连	8731	13692	4041	9236	3816	7302	30785
鞍　山		6621		5566	1062	4552	11559
抚　顺	120	3778	90	3142	762	3078	6644
本　溪	100	3633	56	2003	604	2484	4657
丹　东	2610	1637	2036	1053	360	2349	6283
锦　州	85	4714	78	3374	796	2665	8024
营　口	2789	2391	1671	952	623	1792	5862
阜　新	1543	972	1272	529	450	3733	4994
辽　阳	980	1988	556	2304	455	1918	5022
盘　锦	1210	1430	1215	1274	638	2157	6234
铁　岭	700	2650	310	2212	612	2220	6679
朝　阳	653	11387	172	3758	583	2269	6570
葫芦岛	370	4096	141	2840	686	3614	5777

11-8 各地区城市园林绿化情况

年份、城市	城市园林绿地面积(公顷)	#公园绿地	公园(个)	公园面积(公顷)
2000	61432	8977	197	4751
2001	65394	10002	206	5852
2002	61519	11451	212	6083
2003	65211	12654	225	6946
2004	71797	14513	247	7862
2005	74583	15387	259	8300
2006	63535	16426	260	9814
2007	76888	18291	270	10287
2008	78841	19351	283	9959
2009	84145	20501	294	10263
2010	92751	21593	316	11005
2011	95968	23174	322	11693
2012	118297	24710	338	12222
2013	120514	25708	347	12877
2014	121982	26406	374	13829
2015	124193	26233	379	13629
2016	116601	25500	439	14595
2017	128134	29630	564	18062
2018	128772	30200	530	18700
2019	133969	30308	582	20167
2020	153811	32714	685	22895
2021	155131	33131	754	24187
2022	158388	34042	829	24799
沈　阳	26401	8990	161	5759
大　连	42312	6492	196	5352
鞍　山	8897	2488	27	1367
抚　顺	5081	1469	23	919
本　溪	24368	1338	31	893
丹　东	5290	1435	30	1139
锦　州	5491	1840	49	746
营　口	8988	1628	57	1847
阜　新	3660	1027	20	677
辽　阳	5764	1324	23	660
盘　锦	4798	1363	39	859
铁　岭	5810	1342	91	1823
朝　阳	5273	1631	46	1621
葫芦岛	5707	1433	29	898

11-9 各地区城市环境卫生情况

年份、城市	清扫保洁面积(万平方米)	生活垃圾清运量(万吨)	生活垃圾无害化处理量(万吨)	市容环卫专用车辆总数(台)	公共厕所(座)	
						#三类以上
2000	16588	838		3009	10523	
2001	16574	768		2997	9211	
2002	17772	774		3017	10352	
2003	18590	791		2920	9529	
2004	18931	779		2883	10077	
2005	19588	769		3313	9661	
2006	21864	756		3381	8321	753
2007	24282	771		4058	7889	851
2008	25620	797		4134	7868	1041
2009	27546	813		4457	6948	1337
2010	28122	837		4998	6322	1493
2011	132135	876		5200	5863	1653
2012	33403	930		5323	5582	1713
2013	35713	927		5743	5500	1810
2014	33721	917		6097	5353	1896
2015	36637	933		6535	5056	1839
2016	38296	933		7005	5393	2004
2017	42686	989	975	8677	5531	2211
2018	48292	990	977	11300	5482	2613
2019	45707	1105	1071	12074	5962	3021
2020	51451	1108	1093	12279	5838	3640
2021	50044	1141	1132	12950	6606	4330
2022	53296	1101	1096	14997	6903	4607
沈　阳	15414	276	276	5589	1300	1209
大　连	9142	237	237	1975	1251	1058
鞍　山	4084	84	84	708	373	254
抚　顺	1685	45	45	456	178	124
本　溪	1416	31	31	329	500	133
丹　东	1688	53	53	727	381	209
锦　州	2623	59	59	761	470	247
营　口	3664	61	61	1008	409	352
阜　新	1414	26	26	350	337	247
辽　阳	2045	39	39	381	366	34
盘　锦	2474	38	38	406	199	160
铁　岭	1765	37	37	338	291	155
朝　阳	3479	64	64	1441	414	283
葫芦岛	1632	47	47	441	429	142

主要统计指标解释

综合生产能力 指按供水设施取水、净化、送水、出厂输水干管等环节设计能力计算的综合生产能力。计算时，以四个环节中最薄弱的环节为主确定能力。对于经过更新改造，按更新改造后新的设计能力填报。

供水管道长度 指从送水泵至各类用户引入管之间所有市政管道的长度。不包括新安装尚未使用、水厂内以及用户建筑物内的管道。在同一条街道埋设两条或两条以上管道时，应按每条管道的长度计算。

供水总量 指报告期供水企业（单位）供出的全部水量。包括有效供水量和漏损水量。

公共服务用水 指为城区社会公共生活服务的用水。包括行政事业单位、部队营区和公共设施服务、社会服务业、批发零售贸易业、旅馆饮食业以及社会服务业等单位的用水。

居民家庭用水 居民家庭用水指城市范围内所有居民家庭的日常生活用水。包括城市居民、农民家庭、公共供水站用水。

供水普及率 指报告期末城区内用水人口与总人口的比率。计算公式:

供水普及率＝城区用水人口（含暂住人口）/（城区人口+城区暂住人口）×100%

公共供水普及率＝城区公共用水人口（含暂住人口）/（城区人口+城区暂住人口）×100%

人工煤气生产能力 指报告期末燃气生产厂制气、净化、输送等环节的综合生产能力，不包括备用设备能力。一般按设计能力计算，如果实际生产能力大于设计能力时，应按实际测定的生产能力计算。测定时应以制气、净化、输送三个环节中最薄弱的环节为主。

供气总量 指报告期燃气企业（单位）向用户供应的燃气数量。包括销售量和损失量。

燃气普及率 指报告期末城区内使用燃气的人口与总人口的比率。计算公式:

燃气普及率＝城区用气人口（含暂住人口）/（城区人口+城区暂住人口）×100%

供热能力 指供热企业（单位）向城市热用户输送热能的设计能力。

供热总量 指在报告期供热企业（单位）向城市热用户输送全部蒸汽和热水的总热量。

供热管道长度 指从各类热源到热用户建筑物接入口之间的全部蒸汽和热水的管道长度。不包括各类热源厂内部的管道长度。其中: 一级管网指由热源至热力站间的供热管道，二级管网指热力站至用户之间的供热管道。

道路长度 指道路长度和与道路相通的桥梁、隧道的长度，按车行道中心线计算。

桥梁 指为跨越天然或人工障碍物而修建的构筑物。包括跨河桥、立交桥、人行天桥以及人行地下通道等。

桥梁按使用年限可分为永久性桥和半永久性桥。

永久性桥指桥梁在设计时，其目的在于长时间使用（50 年以上），所采用的材料能保持规定的强度，在使用期间经过正常的使用与养护的桥梁。如石桥、混凝土桥、钢筋混凝土桥和钢桥等。

半永久性桥指桥梁上部构造为临时性的，墩台为永久性的桥梁，以及经过防腐处理的木桥。

城市桥梁按其多孔跨径长度或单孔径的跨度，可分为特大桥、大桥、中桥和小桥四类。

城市桥梁按总长或跨径分类

桥梁分类	多孔跨径长度 L(m)	单孔径跨度 L。(m)
特大桥	L≥500	L。≥100
大　桥	500>L≥100	100>L。≥40
中　桥	100>L≥30	40>L。≥20
小　桥	30>L≥8	20>L。≥5

注：多孔跨径总长：梁式桥为桥台伸缩缝之间的距离；拱式桥为两岸桥台内起拱线间的距离；其他型式桥梁为桥面系车行道长度。多孔跨径总长度小于 8m，单孔径跨度小于 5m 为涵洞。

排水管道长度　指所有市政排水总管、干管、支管、检查井及连接井进出口等长度之和。计算时应按单管计算，即在同一条街道上如有两条或两条以上并排的排水管道时，应按每条排水管道的长度相加计算。

其中：污水管道指专门排放污水的排水管道。

雨水管道指专门排放雨水的排水管道。

雨污合流管道指雨水、污水同时进入同一管道进行排水的排水管道。

污水处理能力　指污水处理厂（或污水处理装置）每昼夜处理污水量的设计能力。

绿地面积　指报告期末用作园林和绿化的各种绿地面积。包括公园绿地、防护绿地、广场用地、附属绿地和位于建成区范围内的区域绿地面积。

十二、环境保护

Chapter 12 Environment Protection

资料整理：于永和　孙　昊

12-1 环境保护基本情况

指 标	单位	2010年	2011年	2012年	2013年	2014年	2015年	2016年
废水排放总量	万吨	215868.5	232247.0	238786.4	234508.2	262879.0	260044.6	228221.6
#工业废水排放量	万吨	71284.4	90457.1	87167.5	78285.6	90630.8	83140.3	57639.2
生活污水排放量	万吨	144584.1	141699.0	151495.1	156106.5	172114.9	176707.2	170438.4
工业废气排放量	亿标立方米	27088.7	31700.8	31917.0	29443.5	34527.5	34016.5	32804.3
二氧化硫排放量	万吨	91.4	112.6	105.9	102.7	99.5	96.9	50.8
#工业	万吨	78.5	104.9	97.9	94.7	92.6	86.9	40.2
生活	万吨	12.9	7.7	8.0	8.0	6.8	9.9	10.6
烟粉尘排放量	万吨	61.9	69.3	72.6	67.1	112.1	100.0	64.9
#工业	万吨	39.8	59.1	62.6	57.3	95.8	83.7	50.9
生活	万吨	22.1	7.0	7.0	7.1	13.7	13.9	11.7
一般工业固体废物产生量	万吨	17419.6	28269.6	27279.7	26759.4	28666.3	32434.4	22821.8
危险废物产生量	万吨	106.0	78.5	73.2	104.6	98.1	72.3	75.4
工业固体废物综合利用量	万吨	8417.5	10747.8	11861.8	11742.3	10719.2	10028.9	9363.2
工业固体废物综合利用率	%	47.7	37.9	43.4	43.8	37.1	30.7	40.9
工业固体废物排放量	万吨	2.9	8.2	10.4	9.1	5.9	7.5	6.0

12-1 续表

指 标	单位	2017年	2018年	2019年	2020年	2021年	2022年
废水排放总量	万吨	237971.0	235181.1	235374.7	179453.4	179913.0	173263.1
#工业废水排放量	万吨	51284.1	39554.7	32799.6	29029.5	30296.5	29230.1
生活污水排放量	万吨	186557.2	195427.5	202429.9	150192.4	149322.9	143666.8
工业废气排放量	亿标立方米	50501.9	42666.9	43162.9	55096.3	66370.2	38078.4
二氧化硫排放量	万吨	39.0	30.0	25.6	20.6	16.3	13.1
#工业	万吨	28.9	20.1	16.2	14.4	10.2	8.3
生活	万吨	10.1	10.0	9.4	6.2	6.1	4.7
烟粉尘排放量	万吨	55.7	49.6	41.8	28.9	27.9	21.8
#工业	万吨	42.1	36.1	31.5	12.8	11.5	9.4
生活	万吨	11.2	11.5	10.0	15.5	15.3	11.9
一般工业固体废物产生量	万吨	27465.6	26525.8	25808.1	25526.0	24610.0	26372.3
危险废物产生量	万吨	106.2	133.3	141.8	137.5	212.6	221.8
工业固体废物综合利用量	万吨	11345.8	11674.1	11712.2	11477.8	13138.6	12177.0
工业固体废物综合利用率	%	39.1	43.6	45.3	45.0	53.4	46.2
工业固体废物排放量	万吨	1.5	0.2	4.5	10.5	5.2	3.2

12-2 各地区废水排放及处理情况

(2022年)

地 区	工业企业数(个)	废水治理设施数(套)	工业废水排放总量(万吨)	生活污水排放量(万吨)
全 省	**6133**	**1925**	**29230.1**	**143666.8**
沈 阳	1014	353	5068.2	42232.1
大 连	1161	448	6765.1	25739.0
鞍 山	549	109	1227.8	15229.7
抚 顺	203	48	2920.9	4884.4
本 溪	217	99	1078.0	2948.4
丹 东	317	151	540.8	6724.3
锦 州	296	82	1728.7	7722.9
营 口	673	153	1718.8	3033.5
阜 新	255	94	464.2	3863.6
辽 阳	253	90	1399.9	7392.8
盘 锦	250	66	2734.9	3227.9
铁 岭	203	93	1383.3	8440.5
朝 阳	533	79	229.2	3853.6
葫芦岛	209	60	1970.2	8374.1

12-3 各地区工业废气排放及处理情况

(2022年)

地 区	废气治理设施数(套)	工业废气排放总量(亿标立方米)	工业二氧化硫排放量(吨)	工业烟粉尘排放量(吨)
全 省	**12691**	**38078.4**	**82830.8**	**93999.6**
沈 阳	2275	2675.8	6522.1	2744.0
大 连	2050	4551.8	8261.3	7270.5
鞍 山	1653	5562.4	11712.7	23511.2
抚 顺	276	1094.0	4342.2	5481.1
本 溪	566	6290.1	10237.8	10536.3
丹 东	461	580.9	1852.5	2149.5
锦 州	663	1193.6	3799.2	2516.9
营 口	1552	6912.4	14820.9	12964.2
阜 新	524	960.5	3331.8	1978.6
辽 阳	500	1266.7	2675.8	6155.2
盘 锦	425	1167.3	1982.0	1448.7
铁 岭	393	1263.9	2944.8	3761.3
朝 阳	916	3260.0	6013.3	9202.4
葫芦岛	437	1299.2	4334.3	4279.9

12-4 各地区工业固体废物产生及处理利用情况

(2022年)

单位：万吨

地区	一般工业固体废物产生量	一般工业固体废物综合利用量	一般工业固体废物贮存量	一般工业固体废物处置量	一般工业固体废物倾倒丢弃量	危险废物产生量	危险废物利用处置量	危险废物本年末贮存量
全　省	**26372.30**	**121[illegible]7.00**	**6115.11**	**8531.09**	**3.16**	**221.79**	**206.10**	**42.42**
沈　阳	910.90	8[illegible]6.34	3.15	63.54		14.84	14.84	0.98
大　连	683.71	6[illegible]6.22	1.42	16.27		24.25	24.23	0.08
鞍　山	5479.62	2[illegible]46.90	1111.76	2122.57	0.14	3.50	3.57	0.22
抚　顺	2286.83	[illegible]31.04	450.06	1205.97		8.38	9.10	0.06
本　溪	3281.61	1[illegible]76.36	80.65	1725.90		31.41	31.02	0.97
丹　东	396.21	58.07	304.90	33.63	0.0007	6.95	0.26	16.60
锦　州	384.00	289.89	11.84	85.06	0.001	9.59	10.50	0.43
营　口	1069.56	[illegible]023.24	21.90	38.00		16.08	16.06	1.74
阜　新	215.76	131.37	74.08	14.56		54.97	52.84	2.20
辽　阳	8105.02	2320.07	2664.21	3126.31		10.33	10.07	0.83
盘　锦	194.86	188.70	0.44	5.91		20.76	22.46	1.10
铁　岭	761.37	607.12	219.87	8.91	0.0002	0.84	0.73	0.12
朝　阳	2090.16	986.69	1032.39	81.89	3.01	14.76	4.67	16.97
葫芦岛	512.68	374.97	138.43	2.57		5.12	5.76	0.13

主要统计指标解释

工业废水排放量 指经过企业厂区所有排放口排到企业外部的工业废水量。包括生产废水、外排的直接冷却水、超标排放的矿井地下水和与工业废水混排的厂区生活污水，不包括外排的间接冷却水(清污不分流的间接冷却水应计算在内)。

工业废水排放达标量 指报告期内废水中各项污染物指标都达到国家或地方排放标准的外排工业废水量，包括未经处理外排达标的，经废水处理设施处理后达标排放的，以及经污水处理厂处理后达标排放的。

工业废水排放达标率 指工业废水排放达标量占工业废水排放量的百分率，计算公式为:

工业废水排放达标率=工业废水排放达标量/工业废水排放量 × 100%

城镇生活污水排放量 指城镇居民每年排放的生活污水。用人均系数法测算。测算公式为:

城镇生活污水排放量=城镇生活污水排放系数 × 市镇非农业人口 × 365

城镇生活污水中化学需氧量（COD)产生量 指城镇居民每年排放的生活污水中的 COD 的产生量。用人均系数法测算。测算公式为:

城镇生活污水中 COD 产生量=城镇生活污水中 COD 产生系数 × 市镇非农业人口 × 365

化学需氧量(COD) 测量有机和无机物质化学所消耗氧的质量浓度的水污染指数。

工业废气排放量 指报告期内企业厂区内燃料燃烧和生产工艺过程中产生的各种排入大气的含有污染物的气体的总量，以标准状态(273K，101325Pa)计算。测算公式为:

工业废气排放量=燃料燃烧过程中废气排放量+生产工艺过程中废气排放量

生活及其他 SO_2 排放量 以生活及其他煤炭消费量和其含硫量为基础，根据以下公式计算:

生活及其他 SO_2 排放量=生活及其他煤炭消费量 × 含硫量 × 0.8 × 2

工业排放量 指报告期内企业在燃料燃烧和生产工艺过程中排入大气的 SO_2 总量，计算公式为:

工业 SO_2 排放量=燃料燃烧过程中 SO_2 排放量+生产工艺过程中 SO_2 排放量

工业烟尘排放量 指企业厂区内燃料燃烧过程中产生的烟气中夹带的颗粒物排放量。

生活及其他烟尘排放量 指除工业生产活动以外的所有社会、经济活动及公共设施的经营活动中燃烧所排放的烟尘纯重量。以生活及其他煤炭消费量为基础进行测算。

工业粉尘排放量 指企业在生产工艺过程中排放的能在空气中悬浮一定时间的固体颗粒物排放量。如钢铁企业的耐火材料粉尘、焦化企业的筛焦系统粉尘、烧结机的粉尘、石灰窑的粉尘、建材企业的水泥粉尘等。不包括电厂排入大气的烟尘。

工业固体废物产生量 指报告期内企业在生产过程中产生的固体状、半固体状和高浓度液体状废弃物的总量，包括危险废物、冶炼废渣、粉煤灰、炉渣、煤矸石、尾矿、放射性废物和其他废物等；不包括矿山开采的剥离废石和掘进废石(煤矸石和呈酸性或碱性的废石除外)。酸性或碱性废石指采掘的废石其流经水、雨淋水的 pH 值小于 4 或 pH 值大于 10.5 者。

危险废物 指列入国家危险废物名录或根据国家规定的危险废物鉴别标准和鉴别方法认定的，具有爆炸性、易燃性、易氧化性、毒性、腐蚀性、易传染疾病等危险特性之一的废物。

工业固体废物综合利用量 指报告期内企业通过回收、加工、循环、交换等方式，从固体废物中提取或者使其转化为可以利用的资源、能源和其他原材料的固体废物量(包括当年利用往年的工业固体废物贮存量)，如用作农业肥料、生产建筑材料、筑路等。综合利用量由原产生固体废物的单位统计。

工业固体废物综合利用率 指工业固体废物综合利用量占工业固体废物产生量(包括综合利用往年贮存量)的百分率。计算公式为:

工业固体废物综合利用率=工业固体废物综合利用量/(工业固体废物产生量+综合利用往年贮存量) × 100%

工业固体废物贮存量 指报告期内企业以综合利用或处置为目的，将固体废物暂时贮存或堆存在专设的贮存设施或专设的集中堆存场所内的数量。专设的固体废物贮存场所或贮存设施必须有防扩散、防流失、防渗漏、防止污染大气、水体的措施。

工业固体废物处置量 指报告期内企业将固体废物焚烧或者最终置于符合环境保护规定要求的场所，并不再回取的工业固体废物量(包括当年处置往年的工业固体废物贮存量)。处置方式有填埋(其中危险废物应安全填埋)、焚烧、专业贮存场(库)封场处理、深层灌注、回填矿井及海洋处置(经海洋管理部门同意投海处置)等。

工业固体废物排放量 指报告期内企业将所产生的固体废物排到固体废物污染防治设施、场所以外的数量，不包括矿山开采的剥离废石和掘进废石(煤矸石和呈酸性或碱性的废石除外)。

“三废”综合利用产品产值 指报告期内利用“三废”作为主要原料生产的产品价值(现行价)；已经销售或准备销售的应计算产品价值，留作生产自用的不应计算产品价值。

十三、农　业

Chapter 13　Agriculture

资料整理　公锦凤　李晓棠　秦延伟　卢　元　沙　爽

13-1 农业生产条件与农作物播种面积

指　　标	单位	2012年	2013年	2014年	2015年	2016年	2017年	2018年	2019年	2020年	2021年	2022年
农业机械总动力	万千瓦	2678.0	2788.5	2886.9	2983.6	2325.6	2377.3	2243.0	2353.8	2471.3	2552.6	2657.8
农用大中型拖拉机	台	190581	208000	223374	231500	242600	250658	171282	176753	191889	205266	219986
农用大中型拖拉机	万千瓦	510.[illegible]	564.2	612.4	655.3	694.2	731.7	655.6	796.8	839.8	916.0	998.5
小型拖拉机	台	30836[illegible]	322500	332527	340100	327600	327634	407713	402153	394466	385334	375710
小型拖拉机	万千瓦	304.[illegible]	314.2	322.9	326.3	314.2	307.6	483.0	526.7	535.8	527.0	511.8
渔用机动船	艘	4577[illegible]	43343	40902	40095	37000	36521	34585	33432	29607	27292	29700
渔用机动船	万千瓦	151[illegible]	155.6	156.7	169.7	157.2	153.0	160.0	157.6	158.7	175.4	181.1
化肥施用量(折纯)	万吨	146[illegible]	151.8	151.6	152.1	148.1	145.5	145.0	139.9	137.6	135.0	130.5
农作物总播种面积	千公顷	4095[illegible]	4154.4	4219.8	4335.5	4242.7	4172.3	4207.1	4217.1	4287.8	4329.0	4326.9
粮　　食	千公顷	335[illegible]	3412.4	3480.3	3605.2	3515.0	3467.5	3484.0	3488.7	3527.2	3543.6	3561.5
谷　　物	千公顷	319[illegible]	3262.9	3342.7	3477.8	3356.8	3291.8	3311.2	3303.2	3344.1	3369.1	3382.9
#稻　谷	千公顷	59[illegible]0	577.9	492.1	469.2	476.4	492.7	488.4	507.1	520.4	520.6	516.4
小　麦	千公顷	[illegible]5	3.4	3.3	3.0	2.9	3.6	2.4	2.4	3.1	2.7	2.0
玉　米	千公顷	250[illegible]6	2603.1	2758.7	2922.4	2789.8	2692.0	2713.0	2675.0	2699.3	2724.2	2758.0
豆　　类	千公顷	[illegible].2	85.6	70.1	64.3	79.2	85.3	82.8	93.4	116.2	113.5	120.6
薯　　类	千公顷	[illegible].4	63.9	67.4	63.1	79.0	90.4	90.0	92.1	66.9	61.0	58.0
油　　料	千公顷	2[illegible].6	243.8	249.5	254.9	278.1	278.4	290.9	293.5	309.6	334.8	311.4
棉　　花	千公顷	[illegible].2	0.2	0.1		0.1	0.1	0.01	0.01	0.002		0.003
糖　　料	千公顷	1.9	3.2	2.0	1.7	1.8	2.0	2.0	2.4	1.5	0.2	0.2
烟　　叶	千公顷	[illegible]1.3	11.4	11.2	9.8	9.5	8.0	6.4	5.0	5.2	4.3	4.0
蔬　　菜	千公顷	[illegible]8.4	379.3	368.2	358.4	332.1	308.6	313.4	312.1	325.6	328.8	336.0
果 园 面 积	千公顷	[illegible]39.9	391.8	402.8	413.2	359.1	350.7	352.1	352.7	358.4	347.0	339.8

注：1.2012-2017年粮食作物和经济作[illegible]数据为第三次全国农业普查核定数据。
2.2016年和2017年棉花数据为抽[illegible]调查数据。

13-2 主要农牧渔业生产情况

指　标	单位	2014年	2015年	2016年	2017年	2018年	2019年	2020年	2021年	2022年
农产品产量										
粮　食	万吨	1873.2	2186.6	2315.6	2330.7	2192.4	2430.0	2338.8	2538.7	2484.5
谷　物	万吨	1815.7	2134.7	2260.0	2261.3	2131.6	2375.7	2283.5	2485.3	2432.0
#稻　谷	万吨	395.3	402.7	410.4	422.0	418.0	434.8	446.5	424.6	425.6
小　麦	万吨	1.6	1.4	1.1	1.3	1.4	1.4	1.7	1.1	0.8
玉　米	万吨	1385.8	1697.1	1810.1	1789.4	1662.8	1884.4	1793.9	2008.4	1959.2
豆　类	万吨	15.4	15.3	16.2	21.0	20.0	22.8	25.6	26.9	27.9
薯　类	万吨	42.1	36.7	39.4	48.4	40.8	31.4	29.7	26.5	24.7
油　料	万吨	57.8	58.7	79.4	81.5	78.1	97.7	99.7	116.2	113.4
#花　生	万吨	55.4	55.4	75.9	80.0	76.8	96.4	98.7	115.5	112.5
油菜籽	吨	1653.3	1978.6	1335.6	1302.0	1404.0	1446.3	1167.4	1086.3	881.4
棉　花	吨	87.0	94.0	92.0	76.4	22.0	22.0	4.0		3.0
麻　类	吨	6512.8	7326.9	8141.0	423.0	51.0	8.0			
甜　菜	吨	100842.4	51831.2	93526.0	106986.0	118110.0	145845.0	91493.0	12574.5	13151.0
烟　叶	吨	30852.3	25818.7	30471.8	26255.0	17660.0	13548.0	15619.1	11360.5	10988.8
#烤　烟	吨	29411.1	24249.9	28985.8	24853.0	14883.4	12447.0	13334.1	9323.5	9043.1
柞蚕茧	吨	50774.5	52631.6	44160.6	46162.8	45058.0	41149.2	35683.1	39103.2	43434.4
园林水果	万吨	526.5	543.5	543.9	558.5	576.5	605.1	632.7	629.3	650.2
农产品单位面积产量										
谷　物	公斤/公顷	5431.7	6138.1	6732.6	6869.5	6437.6	7192.0	6828.4	7376.9	7189.0
花　生	公斤/公顷	2303.6	2240.1	2814.5	2945.5	2685.2	3335.3	3224.6	3475.4	3645.6
甜　菜	公斤/公顷	49591.9	29957.5	51135.0	52663.5	59203.0	60291.4	61404.7	60167.5	63226.0
烤　烟	公斤/公顷	2802.1	2651.4	3238.2	3366.8	2750.7	2736.3	2934.4	2693.8	2817.9
大牲畜年末头数	万头	350.1	323.3	264.4	290.8	306.0	314.6	323.9	325.4	324.8
#牛	万头	209.7	208.2	202.0	227.8	248.3	264.4	279.7	290.9	294.6
马	万头	20.5	17.0	7.3	6.9	6.2	5.5	5.1	4.4	3.9
驴	万头	105.5	86.3	48.3	49.9	46.4	40.1	35.6	27.3	23.8
骡	万头	14.5	11.8	6.8	6.2	5.2	4.5	3.5	2.8	2.5
肉猪出栏头数	万头	2434.0	2249.9	2151.8	2627.2	2495.8	2240.2	2175.2	2851.8	2894.3
猪年底头数	万头	1336.2	1225.6	1160.1	1308.0	1262.2	1055.2	1284.2	1308.6	1414.6
羊年底只数	万只	623.5	692.9	658.1	792.6	772.8	783.6	809.5	811.1	787.8
山　羊	万只	335.8	368.6	349.0	418.8	407.9	398.7	404.2	411.5	377.4
绵　羊	万只	287.7	324.3	309.1	373.8	364.9	384.9	405.3	399.6	410.4
肉类产量	万吨	364.1	358.3	352.4	385.4	377.1	367.8	378.3	435.4	446.2
#猪牛羊肉	万吨	357.4	352.1	347.8	253.0	244.2	225.8	221.4	277.1	281.6
猪　肉	万吨	206.0	191.0	180.8	220.9	210.1	189.4	183.5	238.8	242.6
牛　肉	万吨	27.3	24.3	23.7	25.1	27.5	29.6	31.0	31.5	32.3
羊　肉	万吨	7.0	6.5	6.4	7.0	6.6	6.8	6.9	6.9	6.7
奶　类	万吨	115.4	122.1	123.4	120.7	132.6	134.7	137.1	139.3	135.1
#牛　奶	万吨	112.1	119.8	122.2	119.7	131.8	133.9	136.7	138.9	134.7
禽　蛋	万吨	250.5	244.6	251.0	270.4	297.2	307.9	331.9	325.3	315.8
水产品总产量	万吨	515.7	523.7	479.9	479.4	450.8	455.0	462.3	482.4	489.8
海水产品	万吨	419.7	424.4	392.3	391.8	367.0	343.4	377.9	397.0	403.3
淡水产品	万吨	96.0	99.3	87.6	87.6	83.8	85.1	84.5	85.4	86.5

注：1.各类农产品产量为第三次全国农业普查结果核定数据。
2.粮食和畜牧数据为抽样调查数据，其他品种产量为全面调查报表数。
3.2014年、2015年水产品产量为部门核定数据，2016年、2017年水产品产量为依据农业普查结果修订的部门核定数据。

13-3 农林牧渔业总产值

单位：亿元

年 份	农林牧渔业总产值	农业	林业	牧业	渔业	农、林、牧、渔专业及辅助性活动
1978	49.2	38.9	1.1	7.1	2.1	
1979	59.9	45.8	1.4	10.6	2.1	
1980	73.5	55.6	2.5	13.2	2.2	
1985	118.1	74.6	4.2	31.3	8.0	
1986	142.0	95.0	4.2	32.3	10.5	
1987	169.2	108.3	4.9	39.6	16.4	
1988	227.4	131.8	5.0	67.7	22.9	
1989	222.8	125.4	4.8	69.8	22.8	
1990	273.8	163.5	6.6	75.5	28.2	
1991	295.9	175.3	6.9	80.6	33.1	
1992	330.1	193.8	7.5	88.6	40.2	
1993	425.7	245.7	9.4	117.4	53.3	
1994	546.8	294.2	11.0	171.9	69.7	
1995	691.8	382.7	12.9	206.0	90.2	
1996	804.7	449.5	13.9	224.7	116.6	
1997	834.7	433.8	15.1	247.1	138.6	
1998	969.8	534.7	17.4	269.6	148.1	
1999	977.1	510.9	18.5	282.4	165.2	
2000	967.4	463.5	19.7	304.2	180.0	
2001	1045.7	503.1	21.8	332.3	188.5	
2002	1132.5	540.1	27.9	361.3	203.2	
2003	1215.0	497.3	38.4	422.0	224.0	33.3
2004	1510.5	611.3	40.7	548.3	272.2	38.0
2005	1671.6	640.1	44.5	636.5	306.7	43.8
2006	1738.1	713.0	52.3	615.3	292.6	64.9
2007	2093.0	824.5	59.9	813.6	321.8	73.3
2008	2395.1	869.2	68.4	1009.2	364.6	83.7
2009	2572.4	871.6	68.5	1100.0	424.5	107.8
2010	2907.1	1071.0	80.2	1168.4	465.4	122.1
2011	3343.8	1208.7	103.7	1369.7	523.8	138.0
2012	3679.5	1401.5	123.4	1429.5	571.0	154.1
2013	3878.9	1500.0	129.9	1446.6	627.6	174.7
2014	3949.4	1529.8	144.1	1452.2	628.7	194.5
2015	4057.6	1796.5	155.9	1292.8	611.5	200.8
2016	3764.1	1589.9	134.0	1277.6	559.5	203.1
2017	3851.6	1620.5	140.3	1289.2	592.2	209.4
2018	4061.9	1749.4	149.5	1346.2	628.5	188.4
2019	4368.2	1912.0	117.4	1479.5	669.6	189.7
2020	4582.6	2056.8	121.0	1604.7	617.5	182.5
2021	4927.7	2222.5	120.9	1683.9	719.9	180.4
2022	5180.0	2258.3	161.7	1694.6	881.3	184.2

注：1.2007-2017年全省农、林、牧、渔业产值为第三次全国农业普查核定数据。
2.本表按当年价格计算。2003年以后数据按新的国民经济行业分类标准和新的产值计算方法计算。2016年以后数据按季度核算方法计算。

13-4 农林牧渔业总产值指数

(1952年=100)

年 份	农林牧渔业合计	农业	林业	牧业	渔业
1952	100.0	100.0	100.0	100.0	100.0
1978	200.0	197.4	489.6	189.7	298.3
1979	206.7	204.0	536.2	199.3	283.2
1980	222.2	206.9	564.9	209.1	279.9
1985	270.0	223.4	734.9	465.3	463.3
1986	288.6	250.0	659.1	444.2	524.0
1987	303.6	263.0	700.2	441.5	664.2
1988	337.0	274.8	627.6	591.3	748.9
1989	322.6	249.9	613.2	606.5	837.7
1990	371.9	309.4	738.0	603.3	885.4
1991	388.5	319.7	737.8	636.8	947.0
1992	419.7	340.3	795.3	699.0	1044.3
1993	474.4	386.3	866.4	827.1	1091.3
1994	473.8	335.1	939.8	1008.3	1126.1
1995	530.7	373.1	1001.3	1111.7	1327.5
1996	612.3	453.8	1065.4	1166.2	1595.9
1997	629.7	426.7	1137.1	1282.3	1802.0
1998	730.9	529.5	1263.6	1407.3	1979.1
1999	755.4	512.8	1319.5	1514.1	2212.7
2000	749.2	470.2	1349.4	1603.6	2302.3
2001	799.0	510.1	1474.7	1710.3	2373.3
2002	865.1	547.2	1856.1	1861.5	2547.0
2003	926.3	570.2	2120.4	2028.8	2726.9
2004	999.5	607.2	2250.0	2225.9	2933.0
2005	1074.5	630.3	2493.0	2473.0	3164.7
2006	1149.7	653.0	2744.8	2683.2	3436.9
2007	1195.3	682.4	2882.0	2764.0	3591.6
2008	1273.4	709.0	3040.6	2985.2	3932.8
2009	1315.4	695.4	3238.2	3152.3	4278.8
2010	1391.5	734.3	3451.9	3288.4	4663.9
2011	1475.5	815.1	3762.6	3327.9	4943.8
2012	1548.3	869.7	3969.5	3431.1	5162.9
2013	1613.1	918.5	4216.7	3455.1	5558.8
2014	1653.1	932.3	4436.5	3534.6	5724.9
2015	1715.3	1076.8	4485.3	3306.0	5724.9
2016	1679.3	1022.9	4144.4	3395.3	5576.1
2017	1729.7	1058.7	4235.6	3531.1	5782.4
2018	1774.7	1084.2	4417.7	3651.1	6002.1
2019	1827.9	1146.0	3768.3	3702.3	6272.2
2020	1882.7	1168.9	3971.8	3898.5	6491.7
2021	1990.1	1212.1	3951.9	4296.1	6848.8
2022	2045.8	1240.0	4817.4	4425.0	7136.4

注：1.2007—2017年全省农、林、牧、渔业产值为第三次全国农业普查核定数据。
2.本表按当年价格计算。2003年以后数据按新的国民经济行业分类标准和新的产值计算方法计算。2016年以后数据按季度核算方法计算。

13-5 农林牧渔业总产值指数

(上年=100)

年份	农林牧渔业总产值	农业	林业	牧业	渔业	农、林、牧、渔专业及辅助性活动
1978	106.4	110.1	84.3	94.0	103.5	
1979	103.4	103.3	109.5	105.0	94.9	
1980	101.9	101.4	105.4	104.9	98.8	
1985	90.8	80.3	92.2	124.8	118.0	
1986	106.9	111.9	89.7	95.5	113.1	
1987	105.2	105.2	106.2	99.4	126.7	
1988	111.0	104.5	89.6	133.9	112.7	
1989	95.7	90.9	97.7	102.6	111.9	
1990	115.3	123.8	120.4	99.5	105.7	
1991	104.5	103.3	100.0	105.6	106.9	
1992	108.0	106.4	107.8	109.8	110.3	
1993	113.0	113.5	108.9	118.3	104.5	
1994	99.9	86.7	108.5	121.9	103.2	
1995	112.0	111.3	106.5	110.3	117.9	
1996	115.4	121.6	106.4	104.9	120.2	
1997	102.8	94.0	106.7	110.0	112.9	
1998	116.1	124.1	111.1	109.7	109.8	
1999	103.3	96.9	104.4	107.6	111.8	
2000	99.2	91.7	102.3	105.9	104.0	
2001	106.6	108.5	109.3	106.7	103.1	
2002	108.3	107.3	125.9	108.8	107.3	
2003	107.1	104.2	114.2	109.0	107.1	110.8
2004	107.9	106.5	106.1	109.7	107.6	110.3
2005	107.5	103.8	110.8	111.1	107.9	109.2
2006	107.0	103.6	110.1	108.5	108.6	119.7
2007	104.0	104.5	105.0	103.0	104.5	104.0
2008	106.5	103.9	105.5	108.0	109.5	107.6
2009	103.3	98.1	106.5	105.6	108.8	103.2
2010	105.8	105.6	106.6	104.3	109.0	109.0
2011	106.0	111.0	109.0	101.2	106.0	107.0
2012	104.9	106.7	105.5	103.1	104.4	109.2
2013	104.2	105.6	106.2	100.7	107.7	109.0
2014	102.5	101.5	105.2	102.3	103.0	108.5
2015	103.8	115.5	101.1	93.5	100.0	102.0
2016	97.9	95.0	92.4	102.7	97.4	100.0
2017	103.0	103.5	102.2	104.0	103.7	91.9
2018	102.6	102.4	104.3	103.4	103.8	94.5
2019	103.0	105.7	85.3	101.4	104.5	99.1
2020	103.0	102.0	105.4	105.3	103.5	92.3
2021	105.7	103.7	99.5	110.2	105.5	98.4
2022	103.2	102.3	121.9	103.0	104.2	100.4

注：1.2007-2017年全省农、林、牧、渔业产值为第三次全国农业普查核定数据。
2.本表按当年价格计算。2003年以后数据按新的国民经济行业分类标准和新的产值计算方法计算。2016年以后数据按季度核算方法计算。

13-6 各地区农林牧渔业总产值及指数

(2022年)

地　区	农林牧渔业总产值	农业	林业	牧业	渔业
一、绝对数(亿元)					
全　省	**5180.0**	**2258.3**	**161.7**	**1694.6**	**881.3**
沈　阳	673.8	306.6	8.2	300.3	29.6
大　连	1114.4	330.7	1.2	266.2	436.3
鞍　山	216.5	106.5	0.8	97.6	6.1
抚　顺	115.9	68.8	5.7	36.6	0.3
本　溪	117.2	34.3	50.4	26.1	3.7
丹　东	326.9	124.6	8.1	86.6	94.0
锦　州	485.3	210.6	1.0	234.6	31.8
营　口	227.4	78.5	3.6	70.1	72.7
阜　新	313.1	109.4	6.5	191.4	0.4
辽　阳	191.6	121.5	1.0	51.1	13.4
盘　锦	192.7	79.5	0.2	41.8	66.4
铁　岭	388.2	152.8	2.8	227.1	3.0
朝　阳	514.5	236.6	20.4	248.3	0.4
葫芦岛	298.1	120.8	5.5	102.6	60.8
二、指数(以上年为100)					
全　省	**103.2**	**102.3**	**121.9**	**103.0**	**104.2**
沈　阳	102.2	101.5	102.3	103.4	103.6
大　连	103.3	103.2	107.9	102.8	104.0
鞍　山	102.2	100.2	101.6	102.6	102.7
抚　顺	102.0	104.3	85.3	100.2	106.4
本　溪	102.2	100.5	106.9	98.0	99.4
丹　东	103.2	102.1	137.5	105.9	102.2
锦　州	102.0	101.9	130.8	100.8	108.9
营　口	102.8	102.1	100.0	104.5	102.7
阜　新	104.6	94.2	67.9	114.0	97.2
辽　阳	105.0	105.2	81.3	107.3	101.1
盘　锦	93.5	94.5	88.0	83.1	103.1
铁　岭	102.2	101.7	101.1	102.5	103.1
朝　阳	106.0	106.8	101.6	105.7	104.2
葫芦岛	102.8	103.5	101.2	102.5	102.3

注：1.绝对数按当年价格计算。指数按可比价计算。
2.全省产值数据依据抽样调查数据与部门数据核算，各市产值数据依据抽样调查和全面调查数据核算。

13-7 农业机械和农产品加工机械拥有量

机械名称	单位	2012年	2013年	2014年	2015年	2016年	2017年
农业机械总动力	万千瓦	2678.0	2788.5	2886.9	2983.6	2325.6	2377.3
农用大中型拖拉机	台	190581	208000	223374	231500	242600	250658
小 型 拖 拉 机	台	308368	322500	332527	340100	327600	327634
机 引 犁	万部	10.4	11.3	11.6	11.9	11.3	10.9
机 引 耙	万部	3.0	3.0	2.7	2.7	2.6	2.6
机 引 播 种 机	万部	20.1	21.3	20.9	21.2	21.8	22.0
机动水稻插秧机	台	26324	32896	34038	35500	35700	36167
农 用 水 泵	万台	127.3	125.3	121.9	121.5	117.5	118.4
节 水 灌 溉 机 械	套	123306	125200	132176	133300	131600	129954
联 合 收 割 机	台	10922	14500	18630	24500	26578	28598
机 动 脱 粒 机	万台	13.8	14.7	14.9	14.8	14.6	14.2
谷 物 烘 干 机	台	545	751	1149	1302	1590	1530
粮食加工机械	万台	14.7	14.9	14.9	15.0	14.9	14.7
棉花加工机械	万台	0.02	0.01	0.01	0.01	0.01	0.01
油料加工机械	万台	0.7	0.7	0.7	0.7	0.7	0.7
饲草料加工机械	万台	17.0	17.1	17.1	17.1	16.8	15.9

13-7 续表

机械名称	单位	2018年	2019年	2020年	2021年	2022年
农业机械总动力	万千瓦	2243.0	2353.8	2471.3	2552.6	2657.8
农用大中型拖拉机	台	171282	176753	191889	205266	219986
小 型 拖 拉 机	台	407713	402153	394466	385334	375710
机 引 犁	万部	10.2	10.1	10.0	10.1	10.1
机 引 耙	万部	2.4	2.2	2.2	2.2	2.2
机 引 播 种 机	万部	17.6			18.7	18.2
机动水稻插秧机	台	38015	39254	40440	40790	41002
农 用 水 泵	万台	116.3	115.8	113.5	114.0	113.4
节 水 灌 溉 机 械	套	125259	134891	136449	138154	141510
联 合 收 割 机	台	30758	32928	32928	36418	41153
机 动 脱 粒 机	万台	14.2	13.4	13.4	13.2	11.5
谷 物 烘 干 机	台	1629	1656	1671	1676	1161
粮食加工机械	万台	14.9	15.1	14.8	14.9	15.0
棉花加工机械	万台	0.01	0.01	0.01	0.01	0.01
油料加工机械	万台	0.7	0.7	0.8	0.8	0.8
饲草料加工机械	万台	16.0	15.9	16.0	18.0	18.0

13-8 机耕面积、化肥施用量

年 份	机耕面积(万公顷)	化肥施用量(万吨)	
		实物量	折纯量
1978	204.5	205.8	
1980	208.4	298.4	
1985	187.7	273.4	70.9
1986	194.5	264.0	70.1
1987	207.8	265.2	67.3
1988	219.8	273.6	70.1
1989	219.2	281.8	74.6
1990	236.3	301.1	81.4
1991	251.8	313.4	85.1
1992	258.1	320.6	90.5
1993	256.7	320.7	95.1
1994	250.4	325.7	100.2
1995	246.3	334.9	103.1
1996	249.8	346.5	110.7
1997	260.9	344.2	113.0
1998	265.0	349.1	114.1
1999	278.8	353.8	116.7
2000	290.9	334.6	109.4
2001	277.2	329.2	109.8
2002	275.4	330.8	111.4
2003	272.1	329.3	112.6
2004	277.8	341.2	117.9
2005	297.9	354.2	119.9
2006	301.0	358.5	121.2
2007	301.2	370.1	127.5
2008	321.0	385.5	128.8
2009	328.9	392.8	133.6
2010	342.0	403.4	140.1
2011	373.3	418.3	144.6
2012	384.5	428.3	146.9
2013	388.8	432.6	151.8
2014	381.9	433.7	151.6
2015	388.7	432.9	152.1
2016	380.9	420.2	148.1
2017	383.9	410.8	145.5
2018	430.9	407.8	145.0
2019	397.5		139.9
2020	398.0		137.6
2021	393.2		135.0
2022	401.7	367.1	130.5

13-9 各地区化肥施用量

(2022年) 单位：万吨

地 区	合计	氮肥	磷肥	钾肥	复合肥
全 省	**130.5**	**40.6**	**7.9**	**10.1**	**71.9**
沈 阳	18.4	5.9	1.0	2.0	9.5
大 连	13.6	4.2	1.1	1.6	6.7
鞍 山	9.9	2.2	0.3	0.6	6.9
抚 顺	3.1	1.4	0.3	0.3	1.0
本 溪	1.1	0.6	0.1	0.1	0.3
丹 东	5.7	2.9	0.3	0.4	2.2
锦 州	15.5	5.9	0.7	1.1	7.8
营 口	4.9	2.2	0.6	0.6	1.5
阜 新	14.0	3.4	0.2	0.5	9.9
辽 阳	4.6	1.3	0.5	0.4	2.5
盘 锦	3.7	1.3	0.3	0.3	1.7
铁 岭	18.8	2.4	0.6	0.6	15.2
朝 阳	9.7	4.6	1.3	0.7	3.1
葫芦岛	7.4	2.2	0.7	0.8	3.6

注：本表数据为折纯量。

13-10 灌溉、水库和除涝、治水、治碱情况

指 标	单位	2012年	2013年	2014年	2015年	2016年	2017年	2018年	2019年	2020年	2021年	2022年
年底灌区数	处	73	221	220	220	220	219	208	183	179	161	174
#50万亩以上	处	4	6	6	6	6	6	5	5	5.0	6	5
30-50万亩	处	6	5	5	5	5	5	6	6	6.0	5	6
灌区耕地面积	万公顷	50.1			57.9	56.0	51.5	48.2	49.8	49.2	60.1	54.0
#50万亩以上	万公顷	17.4			21.0	21.0	21.0	20.3	20.1	20.1	28.7	24.6
30-50万亩	万公顷	14.9			10.1	7.9	7.9	8.9	10.2	10.2	12.7	12.6
水库座数	座	905	911	833	803	798	797	795	783	776	757	751
大型水库	座	33	33	34	35	35	35	35	34	34	37	37
中型水库	座	74	76	76	77	77	77	75	76	76	76	76
小型水库	座	798	802	723	691	686	685	685	673	666	644	638
水库总容量	亿立方米	358.1			364.0	366.6	366.8	371.4	370.2	370.1	373.9	374.3
大型水库	亿立方米	326.8			333.5	336.1	336.1	341.4	340.0	340.0	344.0	344.0
中型水库	亿立方米	20.9			20.0	21.2	21.3	20.6	20.9	20.9	20.9	21.2
小型水库	亿立方米	10.3			10.4	9.3	9.4	9.4	9.2	9.2	9.1	9.1
除涝面积	千公顷	993.1	911.2	911.0	911.5	931.2	931.6	931.6	931.7	931.7	968.6	931.8
本年新增除涝面积	千公顷	15.8	2.2	1.6	2.6	19.7	0.5	0.01	0.2			
治理水土流失面积	万平方公里	6.7	4.5	4.7	4.9	5.0	5.2	5.4	5.6	5.7	5.9	6.1
本年水土流失治理面积	千公顷	265.9	233.8	217.3	170.7	166.5	209.0	176.7	175.7	170.2	214.0	214.0
堤防长度	万公里	2.2	2.0	2.1	2.1	2.1	2.1	2.2	2.2	2.2	2.1	2.1
堤防保护耕地面积	千公顷	2046.6			1461.2	1469.2	1479.4	1495.7	1502.9	1514.9	1515.5	1505.6

注：1.大型水库为库容1亿立方米以上;中型水库为库容1千万至1亿立方米;小型水库为库容10万至1千万立方米。
2.年底灌区数中往年不包含万亩以下灌区，2013年以后包含。

13-11 各地区农田水利情况

地区	规模以上机电井数(眼)								
	2014年	2015年	2016年	2017年	2018年	2019年	2020年	2021年	2022年
全省	**161388**	**165444**	**166365**	**172426**	**165015**	**165886**	**163262**	**164046**	**160443**
沈阳	26082	27558	27558	27409	27409	27409	24584	25609	25609
大连	19007	19298	18967	19118	10835	10835	10835	10832	10832
鞍山	4001	4001	4081	4082	4082	4051	4045	4045	1942
抚顺	1831	1835	1835	1835	1835	1835	1835	1835	1835
本溪	419	430	430	430	430	430	430	416	419
丹东	1408	1391	1391	1391	1393	1396	1396	1396	1396
锦州	16758	17865	18745	19634	19974	20031	20037	20037	21686
营口	12268	12268	12268	12283	12283	12286	12286	12286	12286
阜新	26561	26599	26611	27136	27210	27239	27262	27259	27258
辽阳	4062	3958	3958	3958	3958	3964	3965	3977	3977
盘锦	1081	1022	1022	1022	1022	1022	1022	1022	1022
铁岭	17450	17708	18102	18525	18645	18688	18691	18692	15407
朝阳	16392	17349	17376	17812	18106	18631	18815	19080	19080
葫芦岛	14068	14162	14021	17791	17833	18069	18059	17560	17694

13-12 各地区水利设施和除涝治碱面积

(2022年)

地区	水库数(座)	水库总库容量(亿立方米)	除涝面积(千公顷)
全省	**751**	**374.3**	**931.8**
沈阳	30	7.0	324.4
大连	189	25.1	53.6
鞍山	17	0.9	97.7
抚顺	116	25.8	
本溪	24	60.1	
丹东	57	162.1	39.5
锦州	23	9.7	105.4
营口	33	2.7	48.1
阜新	48	5.3	30.1
辽阳	2	14.2	58.0
盘锦	6	1.5	84.2
铁岭	76	22.0	88.4
朝阳	64	20.9	0.4
葫芦岛	66	17.1	1.9

13-13 农作物播种面积

单位：千公顷

年 份	农作物总播种面 积	粮食作物	经济作物	占总播种面积比重(%) 粮食作物	经济作物	粮食作物	水稻	小麦	玉米	高粱	谷子	薯类
1980	3914.8	3221.1	[illegible]	82.3	17.7	3221.1	385.7	40.9	1416.2	558.3	190.1	42.5
1985	3705.8	2889.5	[illegible]	78.0	22.0	2889.5	480.2	11.8	1198.0	416.7	210.1	72.3
1986	3663.7	3036.9	[illegible]	82.9	17.1	3036.9	510.1	20.5	1258.5	441.3	205.9	65.7
1987	3620.6	3130.8	[illegible]	86.5	13.5	3130.8	548.4	27.2	1341.1	448.4	188.7	64.0
1988	3603.2	3101.3	[illegible]	86.1	13.9	3101.3	553.7	34.4	1318.0	450.5	179.4	70.6
1989	3594.5	3083.5	[illegible]	85.8	14.2	3083.5	553.4	55.0	1313.2	420.3	177.3	73.6
1990	3618.9	3121.6	[illegible]	86.3	13.7	3121.6	543.3	112.8	1365.7	395.0	169.3	73.7
1991	3638.1	3089.9	[illegible]	84.9	15.1	3089.9	542.2	147.2	1372.4	367.5	147.2	78.8
1992	3633.1	3051.5	[illegible]	84.0	16.0	3051.5	556.6	165.7	1384.0	342.0	120.4	88.0
1993	3630.0	3049.2	[illegible]	84.0	16.0	3049.2	484.1	183.1	1416.2	326.0	120.1	99.9
1994	3623.5	3026.4	[illegible]	83.5	16.5	3026.4	458.7	162.4	1464.6	321.7	109.0	95.9
1995	3623.7	3030.9	[illegible]	83.6	16.4	3030.9	472.6	171.3	1517.5	308.3	102.8	102.5
1996	3627.8	3073.1	[illegible]	84.7	15.3	3073.1	478.1	177.9	1576.7	300.2	104.9	110.0
1997	3627.0	3037.1	[illegible]	83.7	16.3	3037.1	491.7	167.9	1573.4	257.6	106.1	105.6
1998	3630.2	3039.2	[illegible]	83.7	16.3	3039.2	496.0	150.2	1638.0	222.8	100.8	109.6
1999	3643.1	3055.3	[illegible]	83.9	16.1	3055.3	501.5	152.9	1677.8	202.5	89.6	130.5
2000	3622.0	2858.6	[illegible]	78.9	21.1	2858.6	489.7	117.5	1422.5	188.6	86.9	167.1
2001	3559.9	2758.1	[illegible]	77.5	22.5	2758.1	449.5	86.1	1366.3	163.0	130.5	151.1
2002	3577.0	2658.6	[illegible]	74.3	25.7	2658.6	457.1	47.2	1395.1	168.8	101.6	145.1
2003	3476.6	2563.6	[illegible]	73.7	26.3	2563.6	392.0	19.8	1401.4	125.3	111.2	138.8
2004	3666.5	2965.8	[illegible]	80.9	19.1	2965.8	492.1	19.9	1835.9	106.4	94.2	103.4
2005	3801.0	3179.7	[illegible]	83.7	16.3	3179.7	538.1	21.4	2076.7	107.8	86.6	93.2
2006	3627.2	3089.7	[illegible]	85.2	14.8	3089.7	624.9	8.0	1983.1	95.7	82.8	103.5
2007	3736.4	3135.4	[illegible]	83.9	16.1	3135.4	649.7	11.6	2041.2	80.8	78.0	93.4
2008	3725.9	3046.2	[illegible]	81.8	18.2	3046.2	637.2	9.0	1966.2	65.5	68.6	87.4
2009	3810.6	3147.2	[illegible]	82.6	17.4	3147.2	624.8	7.1	2092.5	81.4	74.7	83.9
2010	3950.1	3242.9	[illegible]	82.1	17.9	3242.9	633.9	5.7	2277.4	57.3	62.3	70.9
2011	3997.5	3269.2	[illegible]	81.8	18.2	3269.2	607.0	4.9	2372.2	45.4	48.9	71.4
2012	4095.5	3359.5	[illegible]	82.0	18.0	3359.5	599.0	4.5	2504.6	37.4	38.1	68.4
2013	4154.4	3412.4	[illegible]	82.1	17.9	3412.4	577.9	3.4	2603.1	32.7	36.0	63.9
2014	4219.8	3480.3	[illegible]	82.5	17.5	3480.3	492.1	3.3	2758.7	36.6	40.8	67.4
2015	4335.5	3605.2	[illegible]	83.2	16.8	3605.2	469.2	3.0	2922.4	33.3	38.2	63.1
2016	4242.7	3515.0	727.8	82.8	17.2	3515.0	476.4	2.9	2789.8	36.9	38.2	79.0
2017	4172.3	3467.5	704.8	83.1	16.9	3467.5	492.7	3.6	2692.0	36.1	54.0	90.4
2018	4207.1	3484.0	723.1	82.8	17.2	3484.0	488.4	2.4	2713.0	37.6	55.3	90.0
2019	4217.1	3488.7	728.4	82.8	17.3	3488.7	507.1	2.4	2675.0	41.1	62.3	92.1
2020	4287.8	3527.2	760.6	82.3	17.7	3527.2	520.4	3.1	2699.3	44.6	66.3	66.9
2021	4329.0	3543.6	785.4	81.9	18.1	3543.6	520.6	2.7	2724.2	44.0	68.4	61.0
2022	4326.9	3561.5	765.3	82.3	17.7	3561.5	516.4	2.0	2758.0	41.7	57.1	58.0

注：1.2007-2017粮食及经济作物播种面积均为第三次全国农业普查核定数据。
2.原经济作物包含油料、棉花、生麻、糖料和烟叶，其他作物包含蔬菜等，根据最新农林牧渔业统计报表制度，蔬菜等其他作物均属于经济作物。

13-13 续表

单位：千公顷

年 份	大豆	其他杂粮	经济作物	油料			棉花	麻类	甜菜	烟叶		蔬菜
					#花生	葵花籽					#烤烟	
1980	472.9	114.7	693.6	303.2	97.5	169.6	38.5	25.5	11.1	9.6	8.7	202.1
1985	393.0	107.5	816.2	447.5	251.7	77.7	39.1	2.7	13.7	18.6	10.1	217.3
1986	410.3	124.6	626.7	280.6	161.6	81.5	17.9	2.7	12.9	15.7	7.2	230.6
1987	395.2	117.8	489.8	151.3	86.6	50.1	4.6	2.5	16.1	14.3	8.4	234.2
1988	381.5	113.3	501.8	135.4	83.8	42.9	10.3	2.5	25.9	18.6	12.4	241.5
1989	370.3	120.5	511.0	132.0	83.2	37.4	16.2	1.7	17.0	31.7	24.1	248.3
1990	349.0	112.8	497.3	125.1	78.0	37.7	19.1	1.8	22.5	26.0	20.3	253.3
1991	326.2	81.6	548.2	142.6	92.6	31.8	55.4	1.6	25.1	23.0	18.0	255.0
1992	302.3	74.8	581.6	142.7	90.4	25.5	74.9	1.5	20.8	24.3	19.6	267.8
1993	325.1	94.5	580.8	141.3	91.6	21.5	24.6	0.9	23.2	24.1	17.5	294.6
1994	318.6	95.4	597.1	144.4	102.9	22.2	25.7	0.7	28.8	18.7	13.5	318.3
1995	273.0	82.9	592.8	131.8	94.1	22.0	31.0	0.8	30.2	16.6	13.4	330.6
1996	239.2	86.1	551.3	95.1	67.1	20.4	12.4	0.4	27.2	27.3	24.8	342.2
1997	249.2	85.5	589.9	98.2	69.1	22.5	19.5	0.3	23.8	33.2	29.0	354.2
1998	249.6	72.2	591.0	122.4	91.0	21.9	20.5	0.2	17.1	15.2	13.0	353.2
1999	235.1	65.2	587.9	122.1	89.0	25.0	6.9	0.4	13.7	17.0	15.3	369.9
2000	301.9	84.5	763.4	199.5	142.8	28.2	7.3	0.7	16.5	18.4	16.7	413.2
2001	290.4	121.2	801.9	235.4	184.1	32.1	7.3	0.2	18.0	11.5	10.1	412.9
2002	266.6	77.1	918.4	286.1	227.9	37.5	2.9	0.1	13.1	13.0	11.8	467.3
2003	285.2	89.9	913.0	312.0	253.3	40.7	3.9	0.5	1.1	12.8	11.0	450.1
2004	244.4	69.6	700.7	205.2	173.3	19.8	4.4	0.2	0.9	11.6	10.4	378.4
2005	184.9	71.0	621.3	164.3	140.6	15.8	2.3	0.1	1.5	16.1	15.1	353.1
2006	128.9	41.8	537.5	106.6	96.1	7.4	1.5		0.8	8.3	7.5	354.0
2007	122.2	58.5	601.0	173.3	155.9	9.8	0.8	0.1	1.3	9.7	8.7	336.9
2008	159.1	53.3	679.7	226.8	208.8	9.8	0.8	0.3	2.0	11.2	10.7	353.6
2009	135.2	47.5	663.4	214.9	198.2	8.9	0.6	0.4	1.8	12.1	11.3	353.6
2010	95.3	40.0	707.3	243.0	227.5	8.1	0.3	0.5	1.1	10.6	9.6	363.3
2011	87.1	32.3	728.4	255.4	239.3	8.9	0.3	0.6	1.7	10.5	9.7	369.0
2012	78.6	29.0	736.0	243.6	232.1	5.6	0.2	0.8	1.9	11.3	10.5	388.4
2013	73.2	22.2	742.0	243.8	233.1	5.6	0.2	0.9	3.2	11.4	10.9	379.3
2014	63.5	17.7	739.5	249.5	240.3	4.6	0.1	1.0	2.0	11.2	10.5	368.2
2015	59.9	16.0	730.2	254.9	247.5	3.6		1.2	1.7	9.8	9.1	358.4
2016	69.5	22.3	727.8	278.1	269.8	4.2	0.1	1.3	1.8	9.5	9.0	332.1
2017	74.3	24.4	704.8	278.4	271.7	4.1	0.1	0.1	2.0	8.0	7.4	308.6
2018	73.5	24.0	723.1	290.9	286.1	3.4	0.01	0.01	2.0	6.4	5.4	313.4
2019	83.9	24.8	728.4	293.5	289.2	3.2	0.01	0.01	2.4	5.0	4.5	312.1
2020	103.2	23.4	760.6	309.6	306.2	2.6	0.002		1.5	5.2	4.5	325.6
2021	103.9	18.7	785.4	334.8	332.3	1.8	0.003		0.2	4.3	3.5	328.8
2022	115.3	13.1	765.3	311.4	308.6	2.1	0.003		0.2	4.0	3.2	336.0

13-14 各地区农作物播种面积

(2022年) 单位：千公顷

地区	农作物总播种面积	粮食作物	水稻	小麦	玉米	高粱	谷子	薯类	大豆	其他杂粮
全省	**4326.9**	**3561.5**	**516.4**	**2.0**	**2758.0**	**41.7**	**57.1**	**58.0**	**115.3**	**13.1**
沈阳	678.6	544.3	120.5	0.7	402.2	0.7	1.0	8.0	10.6	0.7
大连	330.4	269.4	18.4	0.1	195.6	0.7	0.7	12.9	40.4	0.6
鞍山	255.3	214.4	34.4	0.1	170.4	0.2	0.04	1.9	7.3	0.1
抚顺	137.8	121.1	13.2		102.6	0.01	0.01	1.6	3.8	0.1
本溪	60.5	50.8	7.5		40.3	0.01	0.1	1.4	1.5	0.02
丹东	211.4	179.8	48.0	0.05	118.9	0.1	0.04	3.6	8.8	0.2
锦州	471.6	365.1	36.5	0.07	313.4	1.8	0.4	6.4	5.7	0.6
营口	112.7	93.7	40.9		48.0	0.02	0.2	1.9	2.7	0.02
阜新	459.1	368.5	3.3	0.1	326.7	6.9	10.0	4.0	13.2	4.4
辽阳	159.5	135.1	45.0		87.2	0.01	0.01	1.6	1.2	0.14
盘锦	132.2	121.8	109.7	0.001	10.8			0.4	1.0	
铁岭	548.4	492.0	37.4	0.1	440.6	0.1	0.02	4.9	8.7	0.1
朝阳	505.0	452.4	0.09	0.7	364.7	29.6	42.4	3.3	5.7	6.0
葫芦岛	264.3	153.0	1.3	0.2	136.7	1.7	2.1	6.2	4.7	0.1

13-14 续表 (2022年) 单位：千公顷

地区	经济作物	油料			棉花	甜菜	烟叶		蔬菜
			花生	葵花籽				#烤烟	
全省	**765.3**	**3[illegible].4**	**308.6**	**2.1**	**0.003**	**0.2**	**4.0**	**3.2**	**336.0**
沈阳	134.2	[illegible]1.5	31.5	0.04					65.1
大连	61.0	[illegible]7.0	17.0	0.001					37.2
鞍山	40.9	8.7	8.7				0.01		26.5
抚顺	16.7	0.4	0.4				0.3		6.1
本溪	9.7	0.2	0.2						4.1
丹东	31.6	2.8	2.5				1.3	1.1	13.6
锦州	106.6	[illegible]0.7	60.6			0.04			39.1
营口	19.0	0.1	0.1						13.1
阜新	90.6	66.6	66.3	0.2			0.003	0.003	18.1
辽阳	24.4	4.5	4.5						16.6
盘锦	10.4	1.2	1.2						8.5
铁岭	56.4	29.9	29.9				1.3	1.1	17.4
朝阳	52.6	2.6	0.7	1.9	0.003	0.2	1.0	1.0	45.5
葫芦岛	111.3	85.2	85.1						25.1

13-15 主要农产品产量

年 份	粮食(万吨)	水稻	小麦	玉米	高粱	谷子	薯类	大豆	其他杂粮
1978	1117.2	206.8	9.4	560.0	225.2	30.0	18.5	53.5	13.8
1980	1221.6	235.3	5.5	653.6	226.8	23.3	10.5	53.6	13.0
1985	976.0	263.0	2.8	448.1	150.7	29.9	15.8	54.6	11.2
1986	1222.2	323.8	4.0	607.3	168.4	27.9	15.3	63.5	12.0
1987	1276.2	340.7	5.6	671.5	159.0	25.7	13.5	49.2	11.1
1988	1307.2	340.2	8.2	680.6	161.6	20.0	18.8	44.4	13.6
1989	1018.2	283.8	15.3	496.7	106.9	16.2	12.1	24.1	13.1
1990	1494.7	375.7	44.3	812.3	180.8	30.5	19.4	43.5	14.5
1991	1532.4	403.4	49.8	848.6	181.2	23.3	24.6	37.5	13.1
1992	1568.4	417.7	65.5	864.5	152.7	18.5	26.2	32.4	11.1
1993	1696.0	389.6	66.5	989.1	178.1	24.4	34.5	52.2	14.0
1994	1337.1	297.7	49.5	613.9	181.5	25.5	28.3	48.3	14.4
1995	1423.5	255.3	63.3	804.5	156.6	22.2	35.9	40.3	12.4
1996	1660.1	366.1	59.4	1047.3	183.0	29.1	42.5	43.6	15.8
1997	1313.5	389.4	56.5	674.7	100.3	18.7	39.5	35.1	11.3
1998	1828.9	407.5	61.4	1205.3	141.6	28.6	47.8	52.8	15.0
1999	1648.8	415.8	59.2	988.3	77.1	13.2	51.0	39.3	9.5
2000	1140.0	375.5	35.4	547.9	51.6	9.3	61.5	47.9	8.7
2001	1394.4	341.2	15.7	833.7	74.5	25.7	54.7	55.2	19.2
2002	1510.4	359.2	11.5	889.4	83.1	23.3	60.3	52.6	31.0
2003	1498.3	310.6	6.1	930.5	58.9	24.4	66.2	63.7	16.4
2004	1720.0	382.4	6.9	1352.1	62.0	26.9	50.6	59.2	15.6
2005	1745.8	414.5	8.9	1340.3	70.8	30.8	48.0	43.5	11.6
2006	1797.0	426.6	3.1	1211.5	41.0	17.9	48.2	38.0	8.6
2007	1843.9	496.7	5.0	1192.7	36.7	22.0	49.3	30.0	11.6
2008	1879.4	489.1	4.3	1240.3	28.7	18.4	44.8	42.8	11.0
2009	1613.0	481.4	3.7	1026.1	19.6	12.9	38.1	24.7	6.5
2010	1804.0	428.2	2.8	1251.9	28.6	20.1	39.5	26.3	6.7
2011	2103.9	461.3	2.6	1511.7	28.0	17.0	48.7	24.7	9.8
2012	2175.0	459.6	2.1	1615.7	22.3	12.1	36.3	21.2	5.8
2013	2353.3	451.2	1.7	1812.1	20.5	11.5	33.7	18.1	4.6
2014	1873.2	395.3	1.6	1385.8	18.4	11.5	42.1	13.3	5.1
2015	2186.6	402.7	1.4	1697.1	18.7	11.9	36.7	13.4	4.7
2016	2315.6	410.4	1.1	1810.1	21.5	13.5	39.4	14.8	4.8
2017	2330.7	422.0	1.3	1789.4	24.6	19.9	48.4	19.3	5.8
2018	2192.4	418.0	1.4	1662.8	28.2	18.6	40.8	18.0	4.6
2019	2430.0	434.8	1.4	1884.4	26.2	24.0	31.4	21.3	6.5
2020	2338.8	446.5	1.7	1793.9	20.6	18.7	29.7	23.9	3.9
2021	2538.7	424.6	1.1	2008.4	24.4	24.9	26.5	25.1	3.7
2022	2484.5	425.6	0.8	1959.2	23.5	21.2	24.7	27.0	2.6

注：2007-2017粮食及经济作物产量均为第三次全国农业普查核定数据。

13-15 续表

年 份	棉花(吨)	油料(吨)			麻类(吨)	甜菜(吨)	烟叶(吨)		蔬菜及食用菌(万吨)
			#花生	葵花籽				#烤烟	
1978	23372.0	105271.0	44811.0	41080.0	14994.0	63376.0	31280.0	29483.0	652.0
1980	21348.0	282529.0	137440.0	13142.0	9487.0	127239.0	23617.0	22361.0	548.7
1985	24166.0	540147.0	402737.0	76731.0	2446.0	226775.0	34143.0	18424.0	589.5
1986	11647.0	316211.0	221858.0	76336.0	2054.0	218267.0	27137.0	10370.0	700.9
1987	3337.0	192045.0	130062.0	54351.0	1660.0	283685.0	28869.0	15692.0	756.1
1988	6381.0	167916.0	133437.0	29448.0	2875.0	481603.0	36383.0	22094.0	784.8
1989	7808.0	70809.0	46084.0	20354.0	2334.0	233945.0	45378.0	31376.0	790.0
1990	13595.0	174537.0	133427.0	33939.0	2586.0	497538.0	44005.0	31575.0	861.3
1991	41987.0	202878.0	153230.0	38066.0	2011.0	585929.0	39022.0	28525.0	893.5
1992	27949.0	176256.0	129402.0	29663.0	2494.0	523226.0	44297.0	32283.0	1003.2
1993	19439.0	218478.0	168448.0	27973.0	1234.0	538234.0	49878.0	31591.0	1162.7
1994	16727.0	244305.0	200079.0	29192.0	1050.0	392366.0	35721.0	23534.0	1130.6
1995	23666.0	197717.0	162764.0	22518.0	1039.0	504147.0	31959.0	21913.0	1268.1
1996	10813.0	170003.0	134450.0	28367.0	396.0	585516.0	56091.0	50344.0	1438.6
1997	15067.0	160745.[illegible]	134136.0	21826.0	294.0	400727.0	60890.0	51527.0	1492.2
1998	17876.0	233611.[illegible]	198115.0	28422.0	210.0	416120.0	31319.0	26182.0	1588.1
1999	4574.0	197797.[illegible]	166326.0	24736.0	355.0	263581.0	32487.0	29938.0	1650.8
2000	5604.0	295527[illegible]	256249.0	12685.0	883.0	286894.0	31507.0	28589.0	1757.0
2001	7508.0	462553[illegible]	420504.0	22994.0	245.0	355910.0	23548.0	19787.0	1826.6
2002	2983.0	564529[illegible]	507904.0	34245.0	155.0	397226.0	28679.0	25987.0	2098.6
2003	3481.0	614049[illegible]	548406.0	40844.0	611.0	33964.0	26487.0	22945.0	2148.2
2004	4742.0	459299[illegible]	419110.0	24153.0	606.0	27427.0	26932.0	24243.0	2034.6
2005	2685.0	368411[illegible]	330103.0	27337.0	114.0	62379.0	34234.0	31742.0	1954.8
2006	2000.0	25710[illegible]	245000.0	9064.0	12.0	30000.0	26900.0	24200.0	2129.8
2007	1209.0	44891[illegible]	421977.8	13648.0	823.1	50471.3	27080.1	21564.6	2066.4
2008	1175.0	62315[illegible]	591090.6	14799.5	1646.2	73295.4	30732.3	29149.4	2102.7
2009	594.0	44673[illegible]2	423017.9	7088.8	2449.3	60779.2	30342.7	28439.9	2328.9
2010	545.0	63691[illegible]5	605492.8	15857.4	3256.4	48928.5	26257.1	23104.7	2188.2
2011	570.0	71126[illegible]9	675259.2	19527.9	4070.5	77353.4	29117.0	26695.3	2292.5
2012	464.0	68208[illegible]3	651066.4	14582.5	4884.6	97300.9	32083.2	29628.7	2362.1
2013	455.0	6832[illegible]1	650937.6	14791.2	5698.7	170652.5	32507.0	31234.0	2463.0
2014	87.0	5783[illegible].6	553619.5	8372.8	6512.8	100842.4	30852.3	29411.1	2331.5
2015	94.0	5873[illegible].2	554328.8	7787.2	7326.9	51831.2	25818.7	24249.9	2184.5
2016	92	7939[illegible].3	759264.5	10393.3	8141.0	93526.0	30471.8	28985.8	1849.9
2017	76.4	8145[illegible].4	800159.4	9430.5	423.0	106986.0	26255.0	24853.0	1797.8
2018	22.0	7812[illegible].0	768191.5	10167.3	51.0	118110.0	17660.0	14883.4	1852.3
2019	22.0	9767[illegible].7	964441.6	10310.2	8.0	145845.0	13548.0	12447.0	1885.4
2020	4.0	9965[illegible]3.0	987414.5	7809.3		91493.0	15619.1	13334.1	1960.0
2021		1161[illegible]3.4	1154932.2	5590.2		12574.5	11360.5	9323.5	1990.2
2022	3.0	1133[illegible]3.0	1125477.2	6937.0		13151.0	10988.8	9043.1	2055.4

13-16 各地区主要农产品产量

(2022年)

地　区	粮食(万吨)								
		水稻	小麦	玉米	高粱	谷子	薯类	大豆	其他杂粮
全　省	**2484.5**	**425.6**	**0.8**	**1959.2**	**23.5**	**21.2**	**24.7**	**27.0**	**2.6**
沈　阳	392.7	92.0	0.3	294.6	0.2	0.2	3.0	2.3	0.2
大　连	136.0	9.3	0.1	109.6	0.3	0.2	5.4	11.0	0.1
鞍　山	136.7	24.5	0.02	109.9	0.08	0.01	0.8	1.3	0.0
抚　顺	86.2	7.2		77.5	0.003	0.002	0.7	0.8	0.01
本　溪	34.6	5.1		28.8	0.01	0.03	0.4	0.2	0.003
丹　东	117.4	39.0	0.02	75.1	0.03	0.02	1.3	1.9	0.03
锦　州	253.5	28.8	0.03	218.9	1.1	0.2	2.8	1.4	0.3
营　口	75.9	39.7		35.0	0.01	0.1	0.5	0.7	0.00
阜　新	255.6	2.8	0.03	240.5	3.5	3.6	1.7	2.7	0.8
辽　阳	110.5	39.9		69.3	0.003	0.006	0.9	0.3	0.03
盘　锦	111.7	105.0	0.001	6.3			0.1	0.2	
铁　岭	387.2	31.3	0.04	351.8	0.03	0.01	1.9	2.1	0.03
朝　阳	313.9	0.1	0.3	276.5	17.5	16.2	1.3	1.0	1.1
葫芦岛	72.7	0.9	0.1	65.3	0.8	0.7	3.8	1.0	0.02

13-16 续表

(2022年)

地　区	棉花(吨)	油料(吨)			麻类(吨)	甜菜(吨)	烟叶(吨)		蔬菜及食用菌(万吨)
			#花生	#葵花籽				#烤烟	
全　省	**3.0**	**1133793.0**	**1125477.2**	**6937.0**		**13151.0**	**10988.8**	**9043.1**	**2055.4**
沈　阳		120188.7	120065.7	123.0					408.2
大　连		80527.0	80525.0	2.0					186.1
鞍　山		35311.0	35311.0				10.0		196.8
抚　顺		1508.3	1463.3				676.8		32.1
本　溪		564.0	564.0						17.5
丹　东		11028.2	10543.2				3075.0	2429.1	63.9
锦　州		222054.0	221755.0			2170.0			270.0
营　口		245.5	242.0						69.7
阜　新		186677.3	185718.9	530.0			14.0	14.0	76.5
辽　阳		20658.6	20656.3						82.6
盘　锦		4180.3	4180.3						51.7
铁　岭		103689.3	103689.3				3540.0	3003.0	78.5
朝　阳	3.0	9205.0	2917.0	6282.0		10981.0	3673.0	3597.0	298.7
葫芦岛		337955.8	337846.2						223.1

13-17 主要农产品单位面积产量

(按播种面积计算)

单位：公斤/亩

年 份	粮食	水稻	小麦	玉米	高粱	谷子	薯类	大豆	其他杂粮
1978	224	367	93	279	238	95	161	69	86
1980	253	407	89	308	271	82	165	76	76
1985	225	365	158	249	241	95	146	93	69
1986	268	427	129	322	254	90	155	103	64
1987	272	421	136	334	236	91	141	83	63
1988	281	419	159	344	239	74	178	78	80
1989	220	348	185	252	170	61	110	44	59
1990	319	46[illegible]	262	397	305	120	176	83	86
1991	331	49[illegible]	226	412	329	105	208	77	85
1992	343	500	264	416	298	103	199	71	80
1993	371	535	242	466	364	135	231	107	99
1994	295	433	204	279	376	156	197	101	100
1995	313	360	246	353	339	144	233	98	100
1996	360	511	222	443	406	185	257	122	122
1997	288	528	224	286	259	118	249	94	88
1998	401	548	273	491	424	189	291	141	139
1999	360	5[illegible]3	258	393	254	98	261	111	97
2000	266	5[illegible]1	201	257	182	71	245	106	69
2001	337	506	122	407	305	131	241	127	106
2002	379	524	163	425	328	153	277	132	268
2003	390	528	206	443	313	146	318	149	122
2004	395	518	232	491	389	190	326	162	149
2005	381	514	278	430	438	237	343	157	187
2006	357	455	258	407	286	144	310	197	137
2007	392	510	285	390	303	188	352	164	132
2008	411	512	317	421	293	179	341	180	138
2009	342	514	341	327	160	115	303	122	92
2010	371	450	329	366	332	214	371	184	112
2011	429	507	357	425	411	232	455	189	202
2012	432	512	314	430	398	212	354	180	133
2013	460	521	324	464	417	213	352	165	139
2014	359	535	322	335	335	187	417	140	192
2015	404	572	310	387	375	207	387	149	195
2016	439	574	253	433	388	236	330	142	144
2017	448	571	234	443	451	245	358	173	160
2018	420	571	383	409	501	224	302	163	128
2019	464	572	385	470	425	257	227	169	173
2020	442	572	361	443	307	188	296	154	112
2021	478	544	266	492	370	243	290	161	133
2022	465	549	272	474	377	248	283	156	132

13-17 续表 (按播种面积计算) 单位：公斤/亩

年 份	棉花	油料	#花生	#向日葵	麻类	甜菜	烟叶	#烤烟	蔬菜
1978	16	33	69	37	28	428	147	160	1956
1980	37	62	94	52	25	767	164	171	1811
1985	41	81	107	61	59	1101	122	122	1808
1986	43	75	92	62	51	1131	122	96	2026
1987	48	85	100	72	44	1178	135	125	2152
1988	41	83	106	46	76	1240	130	119	2167
1989	32	36	37	36	88	917	96	87	2121
1990	48	93	114	60	97	1473	113	104	2267
1991	51	95	110	80	83	1554	113	106	2336
1992	25	82	95	78	113	1674	122	109	2498
1993	53	103	123	87	93	1547	138	120	2631
1994	43	113	130	88	80	908	128	116	2368
1995	51	100	115	68	91	1115	128	109	2557
1996	58	119	134	92	71	1437	137	135	2803
1997	52	109	129	65	77	1121	122	119	2809
1998	58	127	145	87	88	1618	137	134	2998
1999	44	108	125	66	60	1278	127	130	2975
2000	51	99	120	30	88	1157	114	114	2835
2001	69	131	152	48	74	1319	137	130	2949
2002	69	132	149	61	110	2015	147	147	2994
2003	59	131	144	67	75	2132	138	139	3088
2004	72	149	161	81	210	2078	155	155	3585
2005	78	149	156	115	158	2791	141	141	3691
2006	89	161	170	82	73	2500	216	215	4011
2007	100	173	180	93	409	2561	187	166	4089
2008	94	183	189	101	410	2469	183	182	3964
2009	65	139	142	53	418	2239	167	168	4390
2010	120	175	177	131	423	3054	165	161	4015
2011	131	186	188	147	423	2980	185	184	4142
2012	139	187	187	173	423	3471	189	188	4054
2013	173	187	186	178	423	3589	191	192	4329
2014	104	155	154	121	423	3306	184	187	4222
2015		154	149	144	423	1997	175	177	4064
2016	125	190	188	164	423	3409	214	216	3713
2017	109	195	196	154	189	3511	219	224	3883
2018	153	179	179	197	300	3947	185	183	3940
2019	147	222	222	213	107	4019	180	182	4027
2020	133	215	215	200		4093	200	196	4013
2021		231	232	207		4019	178	180	4035
2022	67	243	243	217		4215	183	188	4078

13-18 各地区主要农产品单位面积产量

(按播种面积计算，2022年) 单位：公斤/公顷

地　区	粮食							
		水稻	小麦	玉米	高粱	谷子	薯类	大豆
全　省	**6976**	**8241**	**4086**	**7104**	**5649**	**3719**	**4250**	**2341**
沈　阳	7214	7629	3868	7325	3606	1861	3816	2137
大　连	5047	5056	6318	5601	4593	3369	4222	2711
鞍　山	6373	7108	4031	6451	5081	3191	3998	1836
抚　顺	7118	5478		7556	4940	4465	4230	2240
本　溪	6815	6739		7155	3873	4204	3082	1633
丹　东	6530	8120	3792	6315	3565	4383	3491	2191
锦　州	6945	7883	3718	6985	6131	4105	4397	2424
营　口	8105	9705		7295	4006	2925	2491	2531
阜　新	6937	8634	4181	7363	5058	3591	4320	2021
辽　阳	8178	8882		7954	4475	6938	5526	2393
盘　锦	9165	9569	4275	5849			4059	2327
铁　岭	7869	8357	2643	7985	4628	3067	3763	2455
朝　阳	6939	9105	3964	7580	5899	3813	4019	1757
葫芦岛	4749	6704	5596	4777	4598	3423	6203	2152

13-18 续表 (按播种面积计算，2022年) 单位：公斤/公顷

地　区	棉花	油料			甜菜	烟叶		蔬菜
			#花生	#向日葵			#烤烟	
全　省	**909**	**3641**	**3647**	**3250**	**63226**	**2758**	**2818**	**61177**
沈　阳		3810	3811	3000				62696
大　连		4741	4742	2000				49990
鞍　山		4050	4050			1000		74330
抚　顺		3786	3867			2091		52735
本　溪		3493	3493					43148
丹　东		3993	4298			2327	2162	47069
锦　州		3657	3660		51667			69105
营　口		2097	2092					53022
阜　新		2803	2803	2925		4667	4667	42209
辽　阳		4544	4545					49671
盘　锦		3409	3409					60677
铁　岭		3471	3471			2762	2826	45180
朝　阳	909	3520	4165	3287	66151	3516	3526	65653
葫芦岛		3968	3971					88949

13-19 水果、蚕茧、人参、芦苇生产情况

指　标	单位	2010年	2011年	2012年	2013年	2014年	2015年	2016年
一、水　　果								
果园面积	千公顷	344.6	350.4	389.9	391.8	402.8	413.2	359.1
#苹果园	千公顷	117.9	123.7	125.7	142.0	146.4	153.2	141.4
梨　园	千公顷	95.9	97.1	99.6	112.9	113.3	112.6	99.5
葡萄园	千公顷	26.1	27.1	33.9	34.9	34.7	35.2	40.7
水果产量	万吨	469.0	514.7	554.2	582.8	526.5	543.5	543.9
#苹　果	万吨	187.0	213.5	224.2	236.9	213.2	218.4	240.0
梨	万吨	112.2	124.7	136.0	143.7	122.6	127.4	120.9
葡　萄	万吨	62.6	66.5	75.2	79.3	79.1	81.2	66.5
二、蚕　　业								
柞蚕茧产量	吨	49847	54827	50856	51674	50774.5	52631.6	44160.6
桑蚕茧产量	吨	102.0	103.0	107.0	77.0	58.0	131.1	100.0
三、人　　参								
人参产量	吨	409.0	1568.0	1164.0	1252.0	1494.0	1356.0	831.0
四、芦　　苇								
芦苇产量	万吨	46.9	51.9	46.2	46.0	41.8	41.2	35.3

注：水果及人参数据为第三次全国农业普查核定数据。

13-19 续表

指　标	单位	2017年	2018年	2019年	2020年	2021年	2022年
一、水　　果							
果园面积	千公顷	350.7	352.1	352.7	358.4	347.0	339.8
#苹果园	千公顷	140.0	137.1	136.5	139.3	133.4	129.9
梨　园	千公顷	93.3	91.2	91.2	87.9	84.7	79.9
葡萄园	千公顷	31.7	32.7	32.3	32.5	31.9	32.1
水果产量	万吨	558.5	576.5	605.1	632.7	629.3	650.2
#苹　果	万吨	240.9	237.0	248.8	267.3	260.5	273.7
梨	万吨	116.2	126.3	130.5	133.0	132.1	130.1
葡　萄	万吨	70.5	76.2	78.2	79.8	76.2	80.7
二、蚕　　业							
柞蚕茧产量	吨	46162.8	45058.2	41149.2	35683.1	39103.2	43434.4
桑蚕茧产量	吨			41.0	73.8	81.5	14.5
三、人　　参							
人参产量	吨	1208.0	3716.3	3645.0	4419.9	4514.9	11415.0
四、芦　　苇							
芦苇产量	万吨	34.2	30.3	30.5	33.4		

13-20 水果、蚕茧、人参产量

单位：吨

年 份	水果总产量	#苹果	#梨	#葡萄	#山楂	蚕茧总产量	柞蚕茧	桑蚕茧	人参总产量
1978	**937915**	[illegible]	**227700**	**7130**		**40587**	**40521**	**66**	
1980	782677	[illegible]	109907	6244		56757	56634	123	775
1985	806799	[illegible]	173077	20902	14342	26996	26945	51	985
1986	803832	[illegible]	171840	23521	14717	24790	24760	30	1302
1987	933062	[illegible]	177808	35017	21571	39137	39086	51	1813
1988	958557	[illegible]	195066	53092	24643	34825	34768	57	2639
1989	**1003137**	[illegible]	**174370**	**72170**	**33395**	**39415**	**39348**	**67**	**2437**
1990	1112886	[illegible]	166806	73567	36562	40772	40641	131	2766
1991	1011230	[illegible]	204839	89895	50659	23982	23812	170	2704
1992	1527272	[illegible]	222916	121829	73918	26124	25926	198	2719
1993	1888380	[illegible]	300099	146162	97312	36486	36349	137	3720
1994	1845580	[illegible]	323985	158210	99411	27808	27720	178	2073
1995	2199889	[illegible]	402963	153317	98566	32988	32805	183	1431
1996	2480339	[illegible]	477330	185421	80719	29411	29158	253	1226
1997	2641058	[illegible]	471870	193380	79456	39685	39532	153	2141
1998	**2985505**	[illegible]	**610898**	**275557**	**85093**	**44563**	**44455**	**108**	**1304**
1999	2566685	[illegible]	424605	307453	71638	28760	28720	40	1297
2000	2499660	[illegible]	455404	430282	67148	39051	38959	92	1218
2001	2416697	[illegible]	509942	396991	61151	43870	43790	80	1492
2002	2344015	[illegible]	412724	522061	59314	41998	41652	34	2132
2003	2678104	[illegible]	515892	586124	54253	44402	44362	40	3001
2004	3076521	[illegible]	605679	613683	61482	39152	38867	285	2316
2005	3292674	[illegible]	690345	581711	64756	43359	43200	159	2462
2006	3437027	[illegible]	705232	587191	62783	44266	44075	191	2390
2007	3961160	[illegible]	874282	625421	66256	48285	48025	260	1892
2008	4048864	[illegible]	929453	625343	64934	53710	53516	194	326
2009	4394204	[illegible]	995836	626051	86032	50366	50142	224	368
2010	4689651	[illegible]	1122422	626453	84087	49949	49847	102	409
2011	5147264	[illegible]	1247338	664602	92281	54930	54827	103	1568
2012	5541880	[illegible]	1359918	751771	82659	50963	50856	107	1164
2013	5828258	[illegible]	1436851	793201	93482	51751	51674	77	1252
2014	5264833	[illegible]	1225859	791331	73052	50833	50775	58	1494
2015	5434806	[illegible]	1273636	811744	70193	52763	52632	131	1356
2016	5438788	[illegible]	1208673	664607	58023	44261	44161	100	831
2017	5584868	[illegible]	1161854	705477		46163	46163		1208
2018	5765040	[illegible]	1262571	762276	47378	45058	45058		3716
2019	6051286	[illegible]	1305134	782405	45725	41190	41149	41	3645
2020	6327000	[illegible]	1329510	797563	50647	35757	35683	74	4420
2021	6293000	[illegible]	1320507	762463		39185	39103	82	4515
2022	6501807	[illegible]	1301321	807175		43449	43434	15	11415

13-21 林业生产情况

指　　标	单位	2012年	2013年	2014年	2015年	2016年	2017年	2018年	2019年	2020年	2021年	2022年
造 林 面 积	千公顷	246.7	233.3	226.5	202.9	142.4	144.2	168.0	157.6	158.0	138.2	81.7
封山育林面积	千公顷	1101.4	1368.3	100.1	100.3	55.3	55.3	485.4	333.0	55.3	53.3	3.3
#本年新封面积	千公顷			100.1	100.3	55.3	55.3	55.3	55.3	55.3	53.3	3.3
零 星 植 树	万株	7330.3	6645.7	5979.1	5149.3	6018.3	6527.5	3586.2	6000.0	6000.0	6000.0	6019.0
育 苗 面 积	千公顷	21.3	21.1	39.4	36.8	30.4	30.7	28.1	22.0	24.5	23.6	21.0
#当年新育	千公顷	6.0	6.4	8.3					3.0	24.5	3.5	3.5
当年苗木产量	亿株	41.6	41.7	31.1	20.4	21.0	21.1	19.0	16.0	22.4	18.7	16.0
中、幼林抚育作业面积	千公顷		95.6	60.5	100.0	93.4	94.0	99.4	46.7	46.7	21.3	60.6
商品材采运量	万立方米	191.0	178.2	200.0	166.8	187.1	194.5	171.0	107.0	118.0	116.0	313.0

13-22 各地区造林面积

单位：千公顷

地　区	2012年	2013年	2014年	2015年	2016年	2017年	2018年	2019年	2020年	2021年	2022年
全　省	**246.7**	**233.3**	**226.5**	**202.9**	**142.4**	**144.3**	**168.0**	**157.6**	**158.0**	**138.2**	**81.7**
沈　阳	10.3	16.7	8.7	9.5	3.7	3.2	11.0	8.7	3.9	1.4	2.3
大　连	10.0	20.7	4.2	3.0	2.0	1.3	2.3	1.3	1.3	1.3	2.1
鞍　山	6.3	9.7	6.1	3.3	0.9	2.6	4.0	2.6	2.1	3.5	1.5
抚　顺	6.1	6.3	9.8	7.9	7.5	8.5	14.7	10.5	5.9	8.6	3.7
本　溪	2.0	2.4	3.5	2.9	3.2	1.8	1.1	0.4	0.2	0.4	0.3
丹　东	1.5	5.1	7.0	6.9	3.8	3.6	9.7	3.0	4.2	3.3	1.3
锦　州	31.4	33.5	27.1	27.4	19.1	12.5	8.5	5.5	10.2	12.6	7.5
营　口	11.1	7.7	4.4	0.3	0.4	0.3	0.3	0.2	0.2	0.3	0.1
阜　新	45.4	35.3	50.0	18.3	11.6	10.8	8.5	6.2	15.7	9.1	7.6
辽　阳	5.4	4.6	2.9	4.5	0.5	2.1	2.5	1.3	0.5	0.3	0.1
盘　锦	0.7									0.3	0.04
铁　岭	37.0	20.8	19.6	20.2	12.7	13.8	14.4	11.1	7.5	15.3	2.1
朝　阳	39.2	41.7	55.5	66.4	48.9	56	63.8	87.4	84.1	69.7	47.6
葫芦岛	40.3	28.6	27.6	32.2	27.7	27.2	26.8	19	21.8	11.5	4.7
厅直单位		0.2	0.2	0.1	0.5	0.6	0.4	0.4	0.4	0.6	0.7

13-23 大牲畜头数

单位：万头

年份	大牲畜年末头数	#役畜	牛	马	驴	骡
1978	287.3	193.7	136.0	61.4	52.7	37.2
1980	279.1	177.3	130.6	61.9	46.9	39.7
1985	303.3	216.4	134.9	56.9	70.3	41.2
1986	313.9	219.5	140.2	56.1	75.3	42.3
1987	315.2	254.6	140.7	53.7	77.9	42.9
1988	319.1	217.4	142.8	51.9	80.8	43.6
1989	323.8	217.3	147.7	49.4	83.1	43.6
1990	326.1	217.2	150.9	47.0	84.4	43.8
1991	326.0	220.1	149.4	46.1	86.6	43.9
1992	331.6	214.2	155.4	45.1	87.5	43.6
1993	368.3	219.3	192.0	44.7	89.0	42.6
1994	438.9	228.6	261.2	44.3	91.2	42.2
1995	476.4	232.3	301.6	42.2	92.6	40.0
1996	505.4	244.4	330.9	42.2	93.5	38.9
1997	366.7	182.2	193.5	39.5	96.2	37.5
1998	382.1	187.9	209.3	40.6	95.2	37.0
1999	399.8	198.9	228.1	39.9	95.8	35.9
2000	420.7	212.8	254.0	37.0	95.3	34.4
2001	411.7	208.0	251.1	35.7	93.5	31.5
2002	421.5	198.7	264.8	34.4	92.9	29.4
2003	455.0	196.6	301.9	33.3	91.9	28.0
2004	476.9	192.6	329.1	31.3	91.8	24.8
2005	495.9	193.8	344.7	28.2	98.9	24.1
2006	427.1	165.7	281.5	26.7	95.9	23.0
2007	455.0	10.7	310.3	26.9	96.2	21.6
2008	451.4	9.8	283.6	27.8	116.2	23.8
2009	450.1	9.2	288.5	26.5	113.9	21.2
2010	438.3	9.2	279.1	26.9	112.1	20.1
2011	423.6	8.6	263.9	24.8	116.3	18.5
2012	401.1	7.8	243.8	22.9	117.4	17.0
2013	376.8	7.0	226.7	22.2	111.9	16.1
2014	350.1	6.8	209.7	20.5	105.5	14.5
2015	323.3	6.8	208.2	17.0	86.3	11.8
2016	264.4	6.5	202.0	7.3	48.3	6.8
2017	290.8	6.4	227.8	6.9	49.9	6.2
2018	306.0		248.3	6.2	46.4	5.2
2019	314.6		264.4	5.5	40.1	4.5
2020	323.9		279.7	5.1	35.6	3.5
2021	325.4		290.9	4.4	27.3	2.8
2022	324.8		294.6	3.9	23.8	2.5

13-24 肉类产量和猪羊头数

年 份	猪牛羊肉产量 (万吨)	肉猪出栏头数 (万头)	猪年末存栏头数 (万头)	羊年末只数 (万只)		
					山羊	绵羊
1978		554.3	1184.6	138.2	28.1	110.1
1980	42.9	656.3	1057.5	194.7	36.6	158.1
1985	57.0	647.4	1035.6	193.6	35.5	158.1
1986	58.1	650.9	1031.7	215.5	39.5	176.0
1987	57.3	626.4	930.4	233.7	47.0	186.7
1988	68.9	691.4	1065.4	274.2	60.9	213.3
1989	71.9	733.4	1089.6	294.9	74.3	220.6
1990	78.8	797.2	1093.5	267.2	73.4	193.8
1991	88.8	865.0	1137.7	239.5	75.7	163.8
1992	99.7	945.4	1222.0	247.9	73.7	174.2
1993	115.4	1020.9	1228.6	264.4	88.8	175.6
1994	144.5	1254.4	1340.1	302.0	115.8	186.2
1995	173.9	1461.6	1468.4	373.2	146.5	226.7
1996	190.4	1640.6	1426.5	403.1	164.1	238.9
1997	126.9	1131.0	953.3	292.6	133.7	158.9
1998	138.8	1223.9	1039.9	318.1	146.3	171.7
1999	148.4	1320.3	1123.4	347.8	159.3	188.5
2000	156.5	1413.8	1270.7	386.1	187.3	198.8
2001	169.0	1525.2	1291.8	449.4	212.6	236.8
2002	182.8	1648.7	1304.3	548.4	251.9	296.5
2003	198.6	1754.3	1365.8	730.8	319.7	411.1
2004	216.8	1894.6	1498.0	819.2	387.4	431.8
2005	238.8	2063.2	1642.4	830.2	426.3	404.0
2006	231.0	2245.4	1416.1	673.9	410.9	263.0
2007	230.3	2222.2	1402.1	655.8	339.3	316.5
2008	242.6	2398.8	1524.2	639.0	365.6	273.4
2009	247.6	2451.2	1516.0	655.0	409.1	245.9
2010	251.7	2483.8	1451.4	650.2	367.1	283.1
2011	243.7	2408.6	1439.9	624.1	345.6	278.5
2012	242.5	2430.8	1418.8	602.4	327.4	275.0
2013	239.8	2434.5	1419.6	595.5	324.7	270.8
2014	240.3	2434.0	1336.2	623.5	335.8	287.7
2015	221.7	2249.9	1225.6	692.9	368.6	324.3
2016	210.9	2151.8	1160.1	658.1	349.0	309.1
2017	253.0	2627.2	1308.0	792.6	418.8	373.8
2018	244.2	2495.8	1262.2	772.8	407.9	364.9
2019	225.8	2240.2	1055.2	783.6	398.7	384.9
2020	221.4	2175.2	1284.2	809.5	404.2	405.3
2021	277.1	2851.8	1308.6	811.1	411.5	399.6
2022	281.6	2894.3	1414.6	787.8	377.4	410.4

注：2007-2017年为第三次全国农业普查核定数据。

13-25 畜牧业生产情况

指　　标	单位	2012年	2013年	2014年	2015年	2016年	2017年	2018年	2019年	2020年	2021年	2022年
一、畜产品产量												
1.猪牛羊出栏头数												
肉猪出栏头数	万头	2430.8	2434.5	2434.0	2249.9	2151.8	2627.2	2495.8	2240.2	2175.2	2851.8	2894.3
出售和自宰的牛	万头	204.8	193.8	180.7	160.6	155.2	159.9	175.1	188.1	195.8	198.7	203.5
出售和自宰的羊	万只	[illegible]	594.7	626.7	574.6	569.6	620.8	583.6	601.6	603.5	604.1	585.4
2.肉类总产量	万吨	[illegible]	363.4	364.1	358.3	352.4	385.4	377.1	367.8	378.3	435.4	446.2
#猪　　肉	万吨	[illegible]	204.1	206.0	191.0	180.8	220.9	210.1	189.4	183.5	238.8	242.6
牛　　肉	万吨	30.3	29.1	27.3	24.3	23.7	25.1	27.5	29.6	31.0	31.5	32.3
羊　　肉	万吨	6.5	6.6	7.0	6.5	6.4	7.0	6.6	6.8	6.9	6.9	6.7
禽　　肉	万吨	120.1	116.4	117.1	130.3	136.8	129.9	130.5	139.8	154.6	156.2	162.8
兔　　肉	万吨	[illegible]	0.2	0.3	0.3	0.05	0.1	0.1	0.1	0.05	0.05	0.03
3.其他畜产品产量												
奶　　类	万吨	[illegible]	108.1	115.4	122.1	123.4	120.7	132.6	134.7	137.1	139.3	135.1
#牛　　奶	万吨	[illegible]	103.3	112.1	119.8	122.2	119.7	131.8	133.9	136.7	138.9	134.7
蜂　　蜜	万吨	0.1	0.1	0.1	0.1	0.2	0.3	0.3	0.3	0.2	0.2	0.2
禽　　蛋	万吨	[illegible]	251.6	250.5	244.6	251.0	270.4	297.2	307.9	331.9	325.3	315.8
二、牲畜年末头数												
1.大　牲　畜	万头	[illegible]	376.8	350.1	323.3	264.4	290.8	306.0	314.6	323.9	325.4	324.8
牛	万头	[illegible]	226.7	209.7	208.2	202.0	227.8	248.3	264.4	279.7	290.9	294.6
马	万头	22.9	22.2	20.5	17.0	7.3	6.9	6.2	5.5	5.1	4.4	3.9
驴	万头	[illegible]	111.9	105.5	86.3	48.3	49.9	46.4	40.1	35.6	27.3	23.8
骡	万头	17.0	16.1	14.5	11.8	6.8	6.2	5.2	4.5	3.5	2.8	2.5
2.猪	万头	[illegible]	1419.6	1336.2	1225.6	1160.1	1308.0	1262.2	1055.2	1284.2	1308.6	1414.6
3.羊	万只	[illegible]	595.5	623.5	692.9	658.1	792.6	772.8	783.6	809.5	811.1	787.8
山　　羊	万只	327.4	324.7	335.8	368.6	349.0	418.8	407.9	398.7	404.2	411.5	377.4
绵　　羊	万只	275.0	270.8	287.7	324.3	309.1	373.8	364.9	384.9	405.3	399.6	410.4

13-26 各地区牲畜饲养情况

(2022年)

地 区	牛年末头数(万头)	马年末头数(万头)	驴年末头数(万头)	骡年末头数(万头)	肉猪出栏头数(万头)	猪年末头数(万头)	羊年末只数(万只)
沈 阳	93.7	0.2	0.7	0.05	292.7	213.2	90.1
大 连	18.2	0.1	0.3	0.2	272.7	145.6	36.8
鞍 山	16.6	0.2	0.4	0.1	139.9	84.9	38.2
抚 顺	7.7	0.1	0.04	0.2	45.8	33.7	30.2
本 溪	4.2	0.03	0.05	0.04	41.8	26.9	16.9
丹 东	8.1	0.2	0.3	0.1	63.1	53.4	23.4
锦 州	26.7	1.1	2.0	0.6	329.1	169.4	64.5
营 口	6.2	0.1	0.2	0.02	39.1	36.0	82.1
阜 新	57.2	1.1	8.6	0.4	227.1	110.4	261.5
辽 阳	8.7	0.1	0.2	0.03	104.9	64.8	20.5
盘 锦	2.9	0.001	0.1	0.0001	28.7	20.4	4.9
铁 岭	53.8	0.2	0.3	0.2	428.6	205.6	33.9
朝 阳	69.7	0.4	8.7	0.4	532.2	257.7	228.3
葫芦岛	19.8	0.1	1.9	0.2	221.4	118.7	107.5

注：分市数据为全面调查取得。

13-27 各地区畜产品产量

(2022年)

地 区	肉类总产量(万吨)				奶类(万吨)		绵羊毛(吨)	山羊毛(吨)	羊绒(吨)	禽蛋(万吨)	蜂蜜(吨)
		猪肉	牛肉	羊肉		#牛奶					
沈 阳	57.6	23.5	15.0	1.2	36.3	36.3	1206.5	48.6	26.9	18.7	10.0
大 连	100.9	22.4	1.8	0.5	6.3	6.2	9.1	164.3	88.1	25.1	7.3
鞍 山	50.4	11.4	0.9	0.4	1.0	1.0	7.8	349.4	174.0	39.0	26.5
抚 顺	10.4	4.1	0.5	0.2	0.2	0.2	19.7	198.4	180.6	3.5	334.0
本 溪	6.1	3.6	0.3	0.1	0.1	0.1	8.6	231.2	92.5	2.1	53.6
丹 东	47.6	5.3	0.5	0.1	4.5	4.5	0.3	293.5	127.7	17.5	82.6
锦 州	51.7	26.5	4.9	1.1	17.0	16.8	1172.8	12.5	4.46	17.0	135.8
营 口	25.4	3.4	0.6	0.6	0.2	0.2	28.1	1044.8	426.5	11.4	87.9
阜 新	48.0	17.9	11.2	4.7	22.7	22.6	1263.3	4.6	4.6	16.1	32.5
辽 阳	18.1	8.4	1.1	0.2	1.0	0.9	108.5	136.0	84.3	16.4	25.7
盘 锦	12.3	2.5	0.2	0.03	0.8	0.8	33.0	0.2	0.2	3.1	
铁 岭	56.7	35.1	5.7	0.4	9.3	9.3	138.8	38.7	13.9	7.1	75.9
朝 阳	93.9	44.8	11.6	4.5	2.9	2.9	1979.3	207.5	21.6	23.2	472.1
葫芦岛	37.9	19.6	2.5	1.4	1.3	1.3	422.2	270.7	85.4	6.5	177.5

注：分市数据为全面调查取得。

13-28 水产品生产情况

指标	2018年	2019年	2020年	2021年	2022年
水产品养殖面积(千公顷)	870.2	839.6	839.3	853.0	869.5
海水养殖面积	693.2	661.8	650.7	661.6	677.2
海上养殖	479.4	482.2	452.1	458.8	454.1
滩涂养殖	123.1	112.2	109.5	112.6	128.4
其他养殖	90.7	86.0	89.0	90.2	94.7
内陆水域养殖面积	177.0	177.8	188.6	191.4	192.3
#池塘	37.2	38.0	38.0	36.3	36.5
水库	84.0	83.0	95.1	99.8	99.5
河沟	6.3	5.9	5.7	4.8	4.8
水产品产量(万吨)	450.1	455.0	462.3	482.4	489.2
海水产品产量	367.0	343.4	377.9	397.0	402.7
#海洋捕捞	80.6	75.2	71.4	72.1	63.4
人工养殖	286.3	294.7	306.5	324.9	339.3
#鱼类	7.2	7.1	7.0	6.7	6.8
甲壳类	4.1	4.1	3.0	2.6	2.7
贝类	229.4	223.9	233.3	248.3	264.9
藻类	34.2	46.8	47.1	50.5	47.1
其他	11.5	12.9	16.1	16.8	17.8
淡水产品产量	83.8	85.1	84.5	85.4	86.5
#天然生产	3.9	3.9	4.4	3.7	3.4
人工养殖	79.9	81.2	80.1	81.7	83.1
#鱼类	73.2	72.8	71.7	73.3	74.3
甲壳类	6.0	7.7	8.0	8.2	8.6

13-29 水产品产量

单位：万吨

年 份	水产品合计	海水产品		淡水产品		比重(%)	
			#人工养殖		#人工养殖	海水	淡水
1978	46.9	46.2	10.7	0.7	0.7	98.5	1.5
1980	42.1	41.2	11.3	0.9	0.7	97.9	2.1
1985	58.3	55.2	16.7	3.1	2.5	94.7	5.3
1986	67.0	63.2	24.5	3.8	3.4	94.3	5.7
1987	80.6	75.9	32.1	4.7	4.5	94.2	5.8
1988	94.7	88.8	43.2	5.9	5.7	93.8	6.2
1989	101.2	94.8	48.1	6.4	6.0	93.7	6.3
1990	107.3	100.7	51.4	6.6	6.0	93.8	6.2
1991	114.1	106.4	54.9	7.7	6.9	93.3	6.7
1992	132.2	122.6	65.5	9.6	8.8	92.7	7.3
1993	151.7	139.7	73.8	12.0	11.3	92.1	7.9
1994	167.8	151.3	76.5	16.5	15.8	90.2	9.8
1995	197.9	178.4	87.3	19.5	15.8	90.1	9.9
1996	258.0	235.3	111.2	22.7	21.6	91.2	8.8
1997	285.1	258.0	112.3	27.1	24.6	90.5	9.5
1998	312.7	281.4	120.8	31.3	28.5	90.0	10.0
1999	333.8	296.8	139.2	37.0	31.3	88.9	11.1
2000	338.5	302.3	152.1	36.1	29.1	89.3	10.7
2001	350.8	310.5	160.9	40.3	36.8	88.5	11.5
2002	374.8	327.0	178.2	47.8	44.6	87.2	12.8
2003	382.0	330.8	182.8	51.1	48.0	86.6	13.4
2004	402.5	346.1	197.0	56.4	52.2	86.0	14.0
2005	425.3	364.1	212.1	61.2	56.9	85.6	14.4
2006	351.3	296.0	177.6	55.3	52.5	84.3	15.7
2007	361.3	302.1	185.5	59.2	55.1	83.6	16.4
2008	494.9	411.6	263.8	83.3	78.4	83.2	16.8
2009	534.7	437.9	289.6	96.8	91.1	81.9	18.1
2010	429.1	348.4	231.5	80.6	75.0	81.2	18.8
2011	453.9	368.3	243.5	85.7	81.1	81.1	18.9
2012	480.8	391.5	263.6	89.3	84.1	81.4	18.6
2013	504.9	411.0	282.8	93.9	88.5	81.4	18.6
2014	515.7	419.7	289.1	96.0	90.4	81.4	18.6
2015	523.7	424.4	294.2	99.3	93.7	81.0	19.0
2016	479.9	392.3	308.5	87.6	83.0	81.7	18.3
2017	479.4	391.8	308.1	87.6	83.0	81.7	18.3
2018	450.8	367.0	286.4	83.8	79.9	81.4	18.5
2019	455.0	343.4	294.7	85.1	81.2	75.5	18.7
2020	462.3	377.9	306.5	84.5	80.1	81.7	18.3
2021	482.4	397.0	324.9	85.4	81.7	82.3	17.7
2022	489.2	402.7	339.3	86.5	83.1	82.3	17.7

13-30 国营农场基本情况

指　　标	单位	2012年	2013年	2014年	2015年	2016年	2017年	2018年	2019年	2020年	2021年	2022年
一、农　场　数	个	109	109	109	109	106	106	104	103	104	104	104
职　工　人　数	万人	30.5	30.5	29	28	29	29	21	21	20	18	17
二、耕　地　面　积	万公顷	15.5	15.5	15.5	16.1	15.8	15.3	15.8	16.1	16.1	16.2	16.2
三、农业机械总动力	万千瓦	13.6	115.5	118.1	120.1	124.9	127.4	102.2	102.0	103.2	105.7	106.7
四、农业机械拥有量												
大中型农用拖拉机	台	4097	4340	4489	5051	5516	5561	4984	5479	5789	5981	6135
小型及手扶拖拉机	台	1815	11997	11753	11585	10404	10528	9179	8999	8338	8415	8610
农用排灌动力机械	台	9514	20139	21434	18746	15142	14549	13868	13577	13755	13927	13984
联合收割机	台	738	926	1061	1973	1183	1579	1116	1115	1228	1279	1312
农用载重汽车	辆	1362	1389	1456	1580	1601	1655	1282	1228	1246	1273	1285
五、农用化肥施用量(折纯)	吨	31233	99534	100980	115594	128614	127357	81774	79477	73939	75786	55949
六、农业总产值	亿元	159.4	178.5	192.6	177.3	174.0	180.0	171.0	177.0	179.0	198.0	191.0
七、盈亏总额	亿元	3.6	3.8	4.1	3.4	2.6	1.6	0.01	1.1	2.6	2.1	1.3
八、农作物总播种面积	万公顷	16.9	17.2	17.0	17.1	17.2	16.8	16.1	16.1	16.1	16.0	16.0
#粮食作物	万公顷	14.9	15.3	15.2	15.3	15.1	14.4	14.2	14.4	14.3	14.4	14.6
棉　花	公顷											
油　料	公顷	4268	4197	2627	3724	4307	4974	4647	5133	6087	5739	4374
糖　料	公顷	35	24	30	14	48	67	53	162	404	10	7
年末实有果园面积	公顷	13044	13115	12069	11586	11981	11988	11518	10417	8753	9127	8712
九、主要农产品产量												
#粮食作物	万吨	133.8	139.0	139.4	141.4	142.4	140.3	119.4	129.7	130.0	133.0	128.6
棉　花	吨											
油　料	吨	13995	13927	5969	11102	14363	16982	13005	16988	18537	19453	13970
糖　料	万吨	0.2	0.1	0.1	0.04	0.2	0.3	0.3	1.0	2.0	0.1	0.04
水　果	万吨	16.0	18.8	17.6	17.4	16.9	15.9	15.9	14.6	11.9	12.8	13.2
十、畜牧业、渔业生产												
1.大牲畜年末头数	万头	12.3	10.5	10.4	8.7	8.8	8.5	6.5	6.1	6.9	6.3	6.2
2.猪年末头数	万头	81.4	107.6	101.7	105.3	101.0	103.2	62.0	32.8	48.5	51.7	57.9
3.羊年末只数	万只	14.2	13.0	12.8	10.3	13.0	15.4	18.5	14.5	13.0	13.2	15.4
#绵　羊	万只	7.4	7.3	6.8	4.4	6.4	7.5	8.7	9.2	8.6	8.0	10.3
4.畜产品产量												
猪牛羊肉产量	万吨	27.1	29.8	31.2	33.2	34.3	34.9	4.9	4.8	5.8	7.6	7.6
#猪肉产量	万吨	13.8	12.4	12.8	13.6	14.8	15.7	3.7	3.4	5.1	5.8	5.6
牛奶产量	万吨	13.9	14.9	14.7	14.0	13.1	12.4	2.8	2.9	2.8	3.1	3.3
禽蛋产量	万吨	8.3	8.8	9.3	9.8	10.0	10.1	3.6	2.4	3.2	3.8	3.6
羊毛产量	吨	191	217	257	264	268	273	168	237	186	190	204
5.水产品总产量	万吨	44.4	48.8	49.8	46.3	39.6	40.3	28.8	35.2	35.0	36.0	35.5

主要统计指标解释

农林牧渔业总产值　指以货币表现的农、林、牧、渔业全部产品和对农林牧渔业生产活动进行的各种支持性服务活动的价值总量，它反映一定时期内农林牧渔业生产总规模和总成果。1993 年以前农林牧渔业总产值包括农、林、牧、副、渔五业，从 1993 年起取消副业，将野生动物的捕猎划入牧业，野生植物采集和农民家庭兼营商品性工业划归农业。从 2003 年起，执行新的国民经济行业分类标准，农林牧渔业总产值中包括了农、林、牧、渔及农林牧渔服务业产值，2018 年以后农林牧渔服务业产值改称农林牧渔专业及辅助性活动产值。农业中取消了家庭兼营商品性工业产值，将野生林产品的采集划归林业。第一、二、三次农业普查以后，根据农业普查结果，对农业、牧业、渔业产值进行了修订。2010 年执行《统计用产品分类目录》，对 2009 年的农业、林业产值做了相应调整。

农林牧渔业总产值采用"产品法"进行计算，通常是按农、林、牧、渔业产品及其副产品的产量分别乘以各自单位产品价格求得；少数生产周期较长，当年没有产品或产品产量不易统计的，则采用间接方法匡算其产值；然后将四业产品产值及农林牧渔专业及辅助性活动产值相加即为农林牧渔业总产值。

粮食产量　指日历年度内生产的全部粮食数量。按收获季节包括夏收粮食、早稻和秋收粮食，按作物品种包括谷物、豆类和薯类。其产量计算方法：谷物按脱粒后的原粮计算，豆类按去豆荚后的干豆计算；薯类（包括甘薯和马铃薯，不包括芋头和木薯）从 1964 年开始按 5 公斤鲜薯折 1 公斤粮食计算；城市郊区作为蔬菜的薯类（如马铃薯等）按鲜品计算，并且不作粮食统计。1989 年以前全国粮食产量数据主要靠全面报表取得，1989 年开始使用抽样调查数据。

谷物　指籽实主要供作粮食的作物。这类作物包括稻谷、小麦、玉米、谷子、高粱和其他谷物，不包括豆类和薯类作物。

油料产量　指全部油料作物的生产量。包括花生、油菜籽、芝麻、向日葵籽、胡麻籽（亚麻籽）和其他油料。不包括大豆、木本油料和野生油料。花生以带壳干花生计算。

水产品产量　指渔业（捕捞和养殖）生产活动的最终有效成果，包括全部海水和淡水鱼类、甲壳类（虾、蟹）、贝类、头足类、藻类和其他类渔业产品的最终产量。水产品产量是通过各级渔业主管部门逐级上报取得数据。1995 年及以前，贝类中牡蛎按鲜肉计算；蚶、蛤、蛏按 5 斤鲜品折 1 斤计算。1996 年以后则统一按鲜品计算。

猪、牛、羊、禽肉产量　指当年出栏并已屠宰、除去头蹄下水后带骨肉(即胴体重)的重量。1996 年以前为全面统计并逐级上报数据。1996 年第一次农业普查以后，根据普查结果，对畜牧业主要年报数据进行了修正。1999 年，国家统计局在部分地区开展了猪、牛、羊、禽等主要畜禽品种的抽样调查，并用抽样数据作为国家定案数据使用。未开展抽样调查的地区，仍使用各级统计部门逐级上报数据。2008 年，建立了主要畜禽监测调查制度，猪、牛、羊、禽等主要畜禽数据均以抽样调查数为法定数据。

期初(末)畜禽存栏头(只)数　指报告期初(末)饲养的大牲畜、猪、羊、家禽等畜禽的数量。数据上报方式及数据调整情况同猪、牛、羊、禽肉产量。

农作物播种面积　指日历年度内收获农作物在全部土地（耕地或非耕地）上的播种或移植面积。凡是本年内收获的农作物，无论是本年还是上年播种，都算为播种面积，但不包括本年播种，下年收获的农作物面积。

农用化肥施用量　指本年内实际用于农业生产的化肥数量，包括氮肥、磷肥、钾肥和复合肥。化肥施用量要求按折纯量计算数量。折纯量是指把氮肥、磷肥、钾肥分别按含氮、含五氧化二磷、含氧化钾的百分之百成份进行折算后的数量。复合肥按其所含主要成分折算。公式为:

折纯量=实物量×某种化肥有效成份含量的百分比

农业机械总动力 指全部农业机械动力的额定功率之和。农业机械是指用于种植业、畜牧业、渔业、农产品初加工、农用运输和农田基本建设等活动的机械及设备。农机总动力按使用能源不同分为以下四部分:

柴油发动机动力 指全部柴油发动机额定功率之和;

汽油发动机动力 指全部汽油发动机额定功率之和;

电动机动力 指全部电动机(含潜水电泵的电动机)额定功率之和;

其他机械动力 指采用柴油、汽油、电力之外的其他能源,如水力、风力、煤炭、太阳能等动力机械功率之和。

十四、工　业

Chapter 14　Industry

资料整理：徐爱秋　周　健　吕东儒　陈　鑫

14-1 规模以上工业企业单位数

单位：个

分 类	2010年	2011年	2012年	2013年	2014年	2015年	2016年	2017年	2018年	2019年	2020年	2021年	2022年
总 计	**23832**	**16914**	**17347**	**17305**	**15707**	**12304**	**8025**	**6626**	**6621**	**7610**	**7755**	**8499**	**8923**
在总计中													
内资企业	**20921**	**14881**	**15378**	**15430**	**13984**	**10791**	**6768**	**5400**	**5393**	**6440**	**6610**	**7350**	**7805**
国有企业	387	250	241	161	133	113	83	70	63	41	96	108	118
中央企业	75	67	65	42	33	28	22	21	14	14	31	33	39
地方企业	312	183	176	119	100	85	61	49	49	27	65	75	79
集体企业	1166	689	632	529	417	291	122	88	88	95	83	64	55
股份合作企业	261	160	134	85	72	53	38	23	23	19	17	18	17
联营企业	33	24	22	15	11	5	4	4	4	2	4	1	
有限责任公司	2601	2022	2158	2657	2596	2289	1830	1799	1792	2034	1524	1578	1663
股份有限公司	432	332	337	391	374	333	298	281	279	306	230	198	205
私营企业	15898	11172	11653	11512	10319	7660	4366	3131	3139	3942	4647	5379	5739
其他企业	143	232	201	80	62	47	27	4	5	1	9	4	8
港、澳、台商投资企业	601	482	470	464	435	380	329	323	322	294	297	304	290
合资经营企业(港或澳、台资)	356	290	280	275	257	215	178	181	180	151	140	148	136
合作经营企业(港或澳、台资)	28	22	17	15	14	12	5	6	6	7	8	9	10
港、澳、台商独资经营企业	204	163	164	164	155	144	137	124	124	124	137	133	132
港、澳、台商投资股份有限公司	13	7	8	9	9	8	8	10	10	9	8	9	8
其他港、澳、台商投资企业			1	1		1	1	2	2	3	4	5	4
外商投资企业	2310	1551	1499	1411	1288	1133	928	903	906	876	848	845	828
中外合资经营企业	1142	779	734	682	620	536	406	383	385	334	304	302	284
中外合作经营企业	128	93	92	76	63	49	33	36	36	28	20	19	19
外资企业	1010	655	646	628	580	525	468	465	466	495	513	514	514
外商投资股份有限公司	30	19	20	21	19	17	13	10	10	13	9	9	9
其他外商投资企业		5	7	4	6	6	8	9	9	6	2	1	2
在总计中													
国有控股企业	852	630	635	651	624	606	589	637	614	681	731	808	827
在总计中													
大型企业	147	247	296	300	278	221	201	204	193	198	202	206	216
中型企业	1358	1578	1914	1972	1796	1331	979	960	950	942	966	961	932
小型企业	22327	14250	14555	14358	13633	9492	6845	5462	5478	6470	6587	7332	7775

注：规模以上工业企业统计范围2010年为年主营业务收入500万元及以上的工业法人单位；从2011年开始，为年主营业务收入2000万元及以上的工业法人单位。以下相关表均同。

14-2 规模以上工业企业从业人员平均人数

单位：万人

分 类	2010年	2011年	2012年	2013年	2014年	2015年	2016年	2017年	2018年	2019年	2020年	2021年	2022年
总 计	**401.7**	**368.9**	**405.8**	**400.6**	**369.4**	**305.2**	**212.3**	**199.1**	**183.2**	**192.0**	**190.5**	**186.3**	**186.9**
在总计中													
内资企业	**326.1**	**303.7**	**338.4**	**338.3**	**311.1**	**253.3**	**168.7**	**157.1**	**141.7**	**153.7**	**153.7**	**149.7**	**151.0**
国有企业	49.6	38.9	47.2	28.0	25.1	28.3	18.5	15.1	12.8	2.4	3.5	3.2	4.1
中央企业	32.4	26.5	30.3	22.3	20.2	19.5	15.5	13.2	11.0	1.4	1.9	1.6	2.2
地方企业	17.2	12.4	17.0	5.8	4.9	8.8	2.9	1.9	1.8	1.0	1.6	1.5	1.9
集体企业	16.8	13.8	13.1	10.4	8.6	6.3	4.0	3.1	2.6	2.7	1.4	0.9	0.6
股份合作企业	2.1	2.0	2.0	1.0	0.8	0.7	0.4	0.3	0.2	0.2	0.2	0.2	0.2
联营企业	1.4	0.7	0.7	0.8	0.1	0.0	0.3	0.3	0.2	0.04	0.03	0.01	
有限责任公司	81.9	77.6	78.9	101.4	92.6	79.7	74.9	74.1	64.3	77.7	70.3	61.4	61.2
股份有限公司	19.5	25.5	28.7	31.0	30.0	28.8	25.9	25.8	24.2	24.2	22.8	21.4	21.3
私营企业	153.9	142.3	165.8	164.9	153.1	108.9	44.7	38.6	37.2	46.4	55.5	62.6	63.6
其他企业	1.0	2.8	2.0	0.8	0.7	0.6	0.1	0.04	0.1	0.04	0.1	0.01	0.02
港、澳、台商投资企业	16.3	13.9	14.2	13.5	12.8	12.1	10.5	11.2	10.4	9.0	8.7	8.2	7.3
合资经营企业(港或澳、台资)	9.8	7.1	7.5	7.0	6.4	5.9	5.4	5.6	5.2	4.4	4.3	4.1	3.6
合作经营企业(港或澳、台资)	1.0	0.7	0.6	0.5	0.4	0.3	0.3	0.2	0.1	0.2	0.1	0.3	0.2
港、澳、台商独资经营企业	5.3	6.0	5.9	5.8	5.7	5.6	4.5	5.1	4.8	4.0	3.9	3.4	3.2
港、澳、台商投资股份有限公司	0.2	0.2	0.2	0.2	0.3	0.3	0.3	0.3	0.3	0.3	0.3	0.3	0.3
其他港、澳、台商投资企业		0.01	0.06	0.05	0.01	0.01	0.03	0.04	0.04	0.05	0.04	0.05	0.04
外商投资企业	59.4	51.4	53.2	48.9	45.5	39.7	33.1	30.7	31.0	29.4	28.1	28.5	28.5
中外合资经营企业	26.9	21.7	23.8	22.9	21.4	18.7	15.0	12.9	13.2	11.7	10.3	10.1	9.6
中外合作经营企业	2.6	2.6	2.8	2.3	1.9	1.3	0.9	1.1	0.9	0.7	0.5	0.4	0.3
外资企业	28.6	26.1	25.3	22.2	20.7	18.4	16.5	16.1	16.2	16.7	17.0	16.9	17.5
外商投资股份有限公司	1.3	0.9	1.2	1.3	1.3	1.2	0.4	0.4	0.4	0.3	0.36	1.2	1.2
其他外商投资企业		0.1	0.1	0.1	0.1	0.1	0.2	0.2	0.2	0.1	0.02	0.01	0.01
在总计中													
国有控股企业	111.9	103.3	113.8	113.6	103.5	100.6	91.2	88.0	75.7	74.3	73.6	66.6	63.6
在总计中													
大型企业	119.7	120.2	141.8	140.0	127.4	114.5	97.3	92.8	81.5	83.2	79.8	73.8	74.1
中型企业	91.8	88.7	105.7	106.9	99.3	72.8	56.2	54.2	49.9	52.5	54.6	51.7	49.9
小型企业	190.2	150.9	157.5	152.0	142.7	107.1	58.8	52.1	51.8	56.4	56.1	60.8	62.8

14-3 规模以上工业企业主要指标

(2022年) 单位：亿元

分 类	企业单位数(个)	资产总计	流动资产合计	固定资产原价	负债合计	流动负债合计
总 计	**8923**	**47292.1**	**24719.7**	**26850.7**	**29041.1**	**21750.5**
按登记注册类型分						
内资企业	7805	38266.0	19184.1	22489.8	24234.9	17760.8
国有企业	118	896.3	391.5	889.3	645.8	389.5
中央企业	39	518.6	213.5	677.1	332.6	213.0
地方企业	79	377.7	178.1	212.2	313.2	176.5
集体企业	55	43.8	38.0	12.2	28.6	27.0
股份合作企业	17	30.4	19.5	11.7	11.1	11.0
联营企业						
有限责任公司	1663	20339.9	9070.3	11482.2	13029.3	9139.6
国有独资公司	158	5090.4	1358.1	3815.5	3158.0	1655.8
其他有限责任公司	1505	15249.5	7712.2	7666.7	9871.4	7483.9
股份有限公司	205	5343.7	2307.3	5443.6	2882.4	2117.3
私营企业	5739	11609.6	7355.3	4650.4	7635.4	6074.2
私营独资企业	301	226.5	155.8	81.9	162.0	129.2
私营合伙企业	17	8.7	5.4	5.0	5.9	4.9
私营有限责任公司	5250	10705.5	6752.4	4360.9	7168.5	5676.0
私营股份有限公司	171	668.9	441.7	202.5	299.1	264.2
其他企业	8	2.4	2.1	0.3	2.2	2.2
港、澳、台商投资企业	290	2768.3	1662.1	996.1	1662.5	1380.0
合资经营企业(港或澳、台资)	136	1641.9	997.1	549.8	1087.8	891.3
合作经营企业(港或澳、台资)	10	40.3	25.8	10.1	28.3	20.7
港、澳、台商独资经营企业	132	990.1	583.1	388.0	507.5	436.1
港、澳、台商投资股份有限公司	8	91.7	53.7	45.7	36.8	29.9
其他港、澳、台商投资企业	4	4.4	2.4	2.5	2.1	2.1
外商投资企业	828	6257.8	3873.5	3364.8	3143.7	2609.7
中外合资经营企业	284	3296.9	1859.7	1896.5	1854.4	1506.8
中外合作经营企业	19	24.7	13.5	19.1	18.6	16.3
外资企业	514	2650.8	1864.1	1411.9	1130.3	965.7
外商投资股份有限公司	9	284.5	135.7	36.9	139.8	120.4
其他外商投资企业	2	0.9	0.5	0.4	0.5	0.4
按企业规模分						
大型企业	216	25524.7	12035.1	16381.3	15372.3	11536.1
中型企业	932	8644.8	4895.9	4824.3	5140.4	4210.3
小型企业	7775	13122.6	7788.7	5645.1	8528.4	6004.1

注：企业规模划分按《统计上大中小微型企业划分办法(2017)》标准执行。以下相关表均同。

14-3 续表 (2022年) 单位：亿元

分　类	所有者权益合计	实收资本	营业收入	营业成本	税金及附加	利润总额
总　计	**18096.5**	**10345.1**	**37188.8**	**31879.7**	**1245.2**	**1639.2**
按登记注册类型分						
内资企业	14149.6	8458.7	29320.1	25702.2	1071.1	786.8
国有企业	250.4	285.6	600.5	500.0	61.0	-36.5
中央企业	186.0	190.5	449.3	360.2	60.0	-29.5
地方企业	64.4	95.1	151.1	139.8	1.0	-7.1
集体企业	15.0	3.7	34.6	30.0	0.3	2.8
股份合作企业	19.2	3.4	18.7	15.8	0.1	0.9
联营企业						
有限责任公司	7458.2	4662.4	12331.9	11074.2	314.9	327.3
国有独资公司	2069.9	1356.6	2272.7	2108.0	20.5	74.4
其他有限责任公司	5388.3	3305.7	10059.2	8966.2	294.4	252.9
股份有限公司	2461.3	1001.5	6360.0	5286.9	505.3	233.8
私营企业	3945.2	2502.1	9970.1	8791.1	189.5	258.5
私营独资企业	62.0	33.1	226.8	205.9	1.1	5.9
私营合伙企业	2.9	1.5	10.6	9.0	0.1	0.4
私营有限责任公司	3509.1	2361.1	9373.1	8292.6	184.7	226.3
私营股份有限公司	371.3	106.4	359.6	283.6	3.7	25.8
其他企业	0.2	0.05	4.4	4.3		0.03
港、澳、台商投资企业	1109.7	635.0	1131.6	959.6	7.5	55.2
合资经营企业(港或澳、台资)	555.3	326.9	547.1	486.6	4.0	-5.4
合作经营企业(港或澳、台资)	12.0	9.6	25.4	24.1	0.1	-0.6
港、澳、台商独资经营企业	485.3	267.8	487.9	390.1	2.9	56.1
港、澳、台商投资股份有限公司	54.9	29.0	68.2	56.5	0.5	5.0
其他港、澳、台商投资企业	2.3	1.8	2.9	2.5	0.0	0.1
外商投资企业	2837.2	1251.3	6737.2	5217.9	166.6	797.2
中外合资经营企业	1441.0	492.7	3916.9	2917.3	147.8	489.4
中外合作经营企业	3.3	7.6	16.6	14.0	0.1	0.4
外资企业	1247.9	715.0	2702.9	2204.7	17.5	308.0
外商投资股份有限公司	144.6	35.7	100.1	81.5	1.2	-0.6
其他外商投资企业	0.4	0.3	0.7	0.5	0.0	0.02
按企业规模分						
大型企业	10152.5	4847.0	21119.3	17988.6	1082.6	1007.4
中型企业	3504.4	1930.0	6779.3	5807.8	96.6	244.6
小型企业	4439.7	3568.1	9290.3	8083.4	66.0	387.2

14-4 各地区规模以上工业企业主要指标

单位：亿元

年份、地区	企业单位数（个）	流动资产合计	固定资产原价	流动负债合计	所有者权益合计	实收资本
1998	6249	2668.7	4537.0	2912.9	2283.4	1484.1
1999	5816	2983.0	5141.1	3165.2	2947.6	1746.3
2000	6017	3155.9	5372.8	3220.9	3066.3	2056.6
2001	5847	3354.5	6112.0	3475.6	3461.0	2288.3
2002	6017	3540.9	6543.9	3695.9	3598.9	2419.7
2003	6842	3843.5	6814.1	4003.9	3776.3	2418.0
2004	10635	4770.4	7543.1	5036.8	4519.9	3316.5
2005	11510	5330.4	8202.5	5323.1	4852.4	3225.6
2006	14754	6476.9	9191.3	6237.1	5845.2	3546.9
2007	16556	7895.4	10923.0	7817.3	7001.7	3911.9
2008	17269	8851.4	12731.7	8957.7	8314.2	4791.0
2009	23364	11357.3	15419.8	10906.7	10478.3	5778.9
2010	23832	13283.4	18742.1	12600.8	12082.4	6072.1
2011	16914	14645.8	19977.7	13164.4	13298.8	6664.3
2012	17347	15899.6	21748.4	14388.7	14448.1	6982.2
2013	17305	17432.9	25688.1	16626.0	16076.5	7662.3
2014	15707	17387.9	26848.3	16935.3	16266.4	7977.0
2015	12304	17661.4	24422.9	17820.0	14743.9	7792.6
2016	8025	17310.9	20790.8	17665.9	12286.2	7211.6
2017	6626	18183.3	20901.9	18266.6	12738.4	7819.8
2018	6621	17859.1				
2019	7610	20750.9	24085.5	19951.6	15329.4	9234.0
2020	7755	21561.1	25320.6	20267.4	16390.9	9491.5
2021	8499	23631.8	25611.0	21562.9	17504.7	10031.9
2022	8923	24719.7	26850.7	21750.5	18096.5	10345.1
沈　阳	1894	5871.3	4009.4	4592.9	3640.0	1621.4
大　连	2209	6466.2	6410.5	4891.3	4214.2	2993.9
鞍　山	821	1877.0	1853.3	1682.5	2514.7	868.4
抚　顺	287	577.1	1198.1	570.9	506.6	226.9
本　溪	249	1224.2	1379.8	1240.9	1245.2	414.5
丹　东	443	477.1	481.9	406.1	307.3	156.3
锦　州	351	529.6	623.8	491.0	369.7	242.5
营　口	687	1888.6	1688.2	1632.9	1438.8	1076.1
阜　新	268	374.8	537.5	372.0	275.7	197.8
辽　阳	289	1516.1	968.4	1502.6	908.2	653.0
盘　锦	349	2040.7	3017.5	2020.2	988.8	652.1
铁　岭	354	521.5	756.5	540.8	372.3	276.0
朝　阳	419	507.2	745.7	577.3	456.9	299.9
葫芦岛	302	755.8	734.0	646.5	361.2	225.3

注：按照国家统计报表制度规定，2019年之前的数据为主营业务收入、主营业务成本和主营业务税金及附加，2019年之后(含2019年)的数据为营业收入、营业成本和税金及附加。以下相关表均同。

14-4 续表

单位：亿元

年份、地区	营业收入	营业成本	税金及附加	销售费用	利润总额
1998	3090.5	2608.8	54.8	78.9	-16.5
1999	3429.7	2875.1	55.1	92.3	58.2
2000	4311.9	3623.5	65.4	109.2	176.2
2001	4580.3	3892.9	62.9	114.4	144.5
2002	5013.9	4221.4	71.2	136.0	156.2
2003	6340.9	5321.4	84.7	163.2	236.0
2004	8540.7	7264.6	99.4	199.9	430.8
2005	10747.3	9409.1	120.6	236.7	356.0
2006	13998.0	12223.9	160.4	282.3	449.8
2007	17965.8	15213.2	235.0	380.9	852.7
2008	22355.5	19640.1	249.4	428.7	658.2
2009	27870.1	23760.5	578.1	539.4	1382.0
2010	36049.6	30578.9	702.1	703.6	2371.4
2011	42845.4	36381.1	734.5	835.4	2511.2
2012	48199.9	41147.0	872.3	973.4	2435.7
2013	51533.4	44185.0	882.6	1098.7	2976.2
2014	48801.6	42575.1	929.6	1039.0	2107.6
2015	33243.3	28635.1	878.1	819.9	1069.7
2016	22039.0	18553.1	742.2	689.2	575.4
2017	23476.4	19569.1	748.0	684.7	1063.3
2018	26489.9	22092.7	833.3	774.6	1460.3
2019	31506.0	26806.8	881.9	827.9	1354.0
2020	30666.5	26095.0	764.0	739.2	1341.2
2021	36765.4	31070.5	1218.9	744.7	1842.0
2022	37188.8	31879.7	1245.2	755.2	1639.2
沈　阳	7285.5	5622.0	231.1	314.5	626.7
大　连	9584.0	8169.0	285.2	186.1	549.6
鞍　山	3057.6	2805.7	28.9	36.9	163.3
抚　顺	1413.2	1211.6	66.7	22.4	30.2
本　溪	2168.5	2039.8	15.6	26.1	69.0
丹　东	623.2	535.3	4.7	15.8	22.5
锦　州	1185.4	1001.4	60.0	17.2	60.4
营　口	2373.4	2178.3	17.0	40.5	35.8
阜　新	475.4	404.8	4.5	9.0	15.6
辽　阳	1254.9	1045.8	101.7	15.7	0.9
盘　锦	3493.0	2969.8	345.6	27.4	-16.7
铁　岭	825.7	754.5	7.5	10.1	11.6
朝　阳	1002.3	905.1	9.7	20.9	19.5
葫芦岛	1134.1	966.0	62.5	12.7	48.0

14-5 各地区规模以上工业企业主要经济效益指标

单位：%

年份、地区	总资产贡献率	资产负债率	工业成本费用利润率
1998	4.9	65.6	-0.5
1999	5.2	60.4	1.7
2000	7.1	60.5	4.3
2001	6.1	58.7	3.3
2002	6.3	59.2	3.2
2003	7.3	58.8	3.9
2004	8.5	58.3	5.3
2005	7.8	58.2	3.5
2006	8.2	57.5	3.4
2007	10.7	58.6	5.1
2008	8.7	58.6	7.2
2009	11.7	58.4	5.4
2010	14.8	58.1	7.2
2011	14.8	57.2	6.3
2012	14.5	57.9	5.4
2013	15.0	57.9	6.1
2014	11.9	58.0	4.5
2015	8.2	61.7	3.3
2016	6.6	64.5	2.7
2017	8.0	64.9	4.6
2018	9.5	63.3	5.7
2019	7.6	62.8	4.6
2020	7.0	61.8	4.7
2021	8.9	61.3	5.5
2022	8.2	61.4	4.7
沈　阳	11.0	63.3	9.8
大　连	9.4	61.1	6.2
鞍　山	5.6	49.7	5.5
抚　顺	10.5	60.5	2.3
本　溪	4.8	55.8	3.2
丹　东	5.8	62.2	3.7
锦　州	14.7	64.8	5.6
营　口	3.3	56.3	1.5
阜　新	5.4	63.5	3.5
辽　阳	6.3	66.1	0.1
盘　锦	11.2	73.0	-0.5
铁　岭	4.2	64.3	1.4
朝　阳	4.9	62.2	2.0
葫芦岛	10.0	73.7	4.7

14-6 按行业分规模以上工业企业主要指标

(2022年)

单位：亿元

行业	企业单位数(个)	资产总计	流动资产合计	负债合计	营业收入	营业成本	税金及附加	利润总额
总计	**8923**	**47292.1**	**24719.7**	**29041.1**	**37188.8**	**31879.7**	**1245.2**	**1639.2**
煤炭开采和洗选业	11	643.2	285.4	378.8	218.5	154.4	8.7	29.0
石油和天然气开采业	1	424.0	-50.5	282.1	381.6	211.9	50.4	42.4
黑色金属矿采选业	175	2610.5	857.3	1079.9	656.6	476.8	28.4	158.5
有色金属矿采选业	112	223.1	139.3	151.3	115.3	82.5	2.8	12.3
非金属矿采选业	106	205.6	107.4	99.4	100.5	68.9	2.2	9.2
开采专业及辅助性活动	14	213.8	53.2	101.1	172.7	165.9	4.9	0.9
其他采矿业								
农副食品加工业	800	1383.2	932.5	892.3	2547.5	2382.7	4.6	54.0
食品制造业	174	360.0	199.3	207.5	319.3	258.7	2.5	17.1
酒、饮料和精制茶制造业	50	186.3	115.7	91.4	165.6	119.8	6.3	17.0
烟草制品业	1	48.6	31.8	10.2	99.3	27.1	57.2	1.3
纺织业	102	118.5	79.4	66.2	69.0	60.1	0.5	1.2
纺织服装、服饰业	220	125.4	96.7	67.2	140.1	117.0	0.8	5.7
皮革、毛皮、羽毛及其制品和制鞋业	20	43.6	31.6	27.4	38.6	32.8	0.3	1.0
木材加工和木、竹、藤、棕、草制品业	139	92.2	61.8	59.1	102.6	92.4	0.5	2.3
家具制造业	48	60.2	36.4	45.0	38.4	33.8	0.4	-0.7
造纸和纸制品业	86	208.7	94.1	131.5	149.8	135.8	1.0	3.3
印刷和记录媒介复制业	80	63.2	38.4	27.4	58.6	49.9	0.3	2.2
文教、工美、体育和娱乐用品制造业	43	41.3	29.7	20.7	28.1	23.5	0.2	0.6
石油、煤炭及其他燃料加工业	123	4241.0	2510.1	3233.8	7031.8	5882.8	801.4	177.8
化学原料和化学制品制造业	638	3060.7	1389.7	1930.0	3011.1	2760.6	14.2	13.8
医药制造业	165	986.4	549.7	353.7	600.3	301.8	5.0	93.5
化学纤维制造业	9	28.5	10.1	23.0	11.6	11.9	0.2	-3.5
橡胶和塑料制品业	312	623.4	303.9	322.8	510.1	433.2	3.4	21.0
非金属矿物制品业	1038	2052.5	1272.8	1231.1	1224.3	1038.8	10.2	37.5
黑色金属冶炼和压延加工业	222	4059.9	1700.1	2215.7	5135.1	5021.6	22.0	-36.7
有色金属冶炼和压延加工业	225	2394.4	1505.9	1513.0	1049.3	991.2	6.2	-25.4
金属制品业	662	1359.1	1017.8	934.0	945.1	826.8	5.5	29.0
通用设备制造业	853	2340.6	1648.0	1344.5	1280.5	1044.8	9.1	74.2
专用设备制造业	434	1494.2	1021.1	905.9	764.4	604.6	5.5	54.5
汽车制造业	394	3549.0	2128.9	2294.6	3842.3	2762.5	149.4	559.0
铁路、船舶、航空航天和其他运输设备制造业	155	3294.0	2514.4	2282.3	1367.2	1226.2	7.4	64.7
电气机械和器材制造业	454	1237.8	830.6	713.0	868.0	745.1	4.0	40.1
计算机、通信和其他电子设备制造业	176	1064.7	822.7	423.4	757.8	626.4	4.4	155.5
仪器仪表制造业	134	251.4	181.0	108.1	153.1	110.1	1.1	17.8
其他制造业	19	25.4	17.6	11.7	20.4	15.4	0.2	1.2
废弃资源综合利用业	68	134.0	84.9	75.1	216.4	207.6	2.0	7.6
金属制品、机械和设备修理业	37	1372.6	351.8	650.2	187.3	142.0	3.2	74.0
电力、热力生产和供应业	441	5391.6	1272.0	3938.4	2506.9	2373.6	16.1	-79.5
燃气生产和供应业	79	332.6	125.8	202.5	187.9	166.1	0.8	4.1
水的生产和供应业	103	947.3	321.6	596.3	116.2	92.7	2.2	1.8

注：工业行业分类按《国民经济行业分类》(GB/T 4754-2017)标准划分。以下相关表均同。

14-7 按行业分规模以上工业企业主要经济效益指标

(2022年)

单位：%

行业	总资产贡献率	资产负债率	工业成本费用利润率
总计	**8.2**	**61.4**	**4.7**
煤炭开采和洗选业	8.3	58.9	15.8
石油和天然气开采业	31.0	66.5	16.4
黑色金属矿采选业	9.0	41.4	29.5
有色金属矿采选业	9.0	67.8	12.1
非金属矿采选业	8.3	48.4	10.3
开采专业及辅助性活动	4.7	47.3	0.5
其他采矿业			
农副食品加工业	5.4	64.5	2.2
食品制造业	7.8	57.7	5.7
酒、饮料和精制茶制造业	15.7	49.0	11.9
烟草制品业	139.0	21.0	3.4
纺织业	2.7	55.9	1.7
纺织服装、服饰业	8.3	53.6	4.3
皮革、毛皮、羽毛及其制品和制鞋业	5.8	62.9	2.7
木材加工和木、竹、藤、棕、草制品业	4.3	64.1	2.3
家具制造业	0.6	74.7	-1.7
造纸和纸制品业	4.1	63.1	2.2
印刷和记录媒介复制业	6.3	43.3	3.9
文教、工美、体育和娱乐用品制造业	2.4	50.1	2.0
石油、煤炭及其他燃料加工业	26.4	76.3	2.9
化学原料和化学制品制造业	2.7	63.1	0.5
医药制造业	12.4	35.9	18.6
化学纤维制造业	-10.5	80.7	-25.9
橡胶和塑料制品业	5.7	51.8	4.3
非金属矿物制品业	4.4	60.0	3.2
黑色金属冶炼和压延加工业	1.6	54.6	-0.7
有色金属冶炼和压延加工业	1.0	63.2	-2.4
金属制品业	4.1	68.7	3.2
通用设备制造业	5.4	57.4	6.1
专用设备制造业	5.7	60.6	7.6
汽车制造业	23.1	64.7	18.1
铁路、船舶、航空航天和其他运输设备制造业	2.3	69.3	4.9
电气机械和器材制造业	5.5	57.6	4.8
计算机、通信和其他电子设备制造业	15.9	39.8	22.1
仪器仪表制造业	9.4	43.0	12.9
其他制造业	8.2	46.0	6.4
废弃资源综合利用业	16.0	56.0	3.6
金属制品、机械和设备修理业	7.2	47.4	44.0
电力、热力生产和供应业	1.5	73.1	-3.1
燃气生产和供应业	3.0	60.9	2.2
水的生产和供应业	1.7	63.0	1.4

14-8 国有控股工业企业主要指标

(2022年) 单位：亿元

行　　业	资产总计	流动资产合　计	负债合计	营业收入	营业成本	税金及附加	利润总额
总　　计	**20435.3**	**8278.9**	**12796.8**	**15009.1**	**13099.2**	**735.3**	**487.4**
煤炭开采和洗选业	613.7	271.6	362.1	200.5	144.3	8.0	24.6
石油和天然气开采业	424.0	-50.5	282.1	381.6	211.9	50.4	42.4
黑色金属矿采选业	2098.4	539.0	851.0	396.0	291.6	18.0	123.8
有色金属矿采选业	19.5	3.7	14.6	13.3	6.9	0.5	2.8
非金属矿采选业	59.7	16.5	15.4	5.4	3.5	0.2	0.2
开采专业及辅助性活动	206.2	47.4	96.1	168.7	162.5	4.9	0.7
其他采矿业							
农副食品加工业	204.2	140.3	165.4	389.8	359.9	0.8	10.3
食品制造业	71.0	39.5	69.2	54.5	49.7	0.3	0.7
酒、饮料和精制茶制造业	15.0	7.9	13.5	12.2	9.1	1.2	0.4
烟草制品业	48.6	31.8	10.2	99.3	27.1	57.2	1.3
纺织业				0.6	0.6	0.02	-0.02
纺织服装、服饰业	9.9	7.3	4.1	9.2	5.1	0.1	0.9
皮革、毛皮、羽毛及其制品和制鞋业							
木材加工和木、竹、藤、棕、草制品业	0.7	0.5	2.2	0.7	0.6	0.01	0.03
家具制造业	3.6	2.0	1.6	1.3	1.3	0.01	-0.2
造纸和纸制品业	22.3	10.3	25.2	10.4	10.5	0.1	-0.8
印刷和记录媒介复制业	8.7	6.2	2.8	6.2	5.0	0.04	0.5
文教、工美、体育和娱乐用品制造业	3.4	2.6	0.6	1.8	1.5	0.01	0.1
石油、煤炭及其他燃料加工业	1379.1	586.8	822.2	4204.1	3348.4	528.4	214.6
化学原料和化学制品制造业	331.5	156.2	209.3	284.8	245.3	5.5	-18.1
医药制造业	125.9	91.1	16.1	37.0	9.9	0.4	10.9
化学纤维制造业	20.7	6.5	18.7	5.8	6.4	0.2	-2.8
橡胶和塑料制品业	39.9	24.7	20.2	37.0	32.2	0.2	1.8
非金属矿物制品业	238.9	94.1	134.3	114.4	105.4	1.9	-6.2
黑色金属冶炼和压延加工业	2524.1	899.1	1329.5	3498.0	3455.9	15.5	-17.9
有色金属冶炼和压延加工业	123.7	52.7	80.7	137.6	128.6	0.9	-0.6
金属制品业	194.8	130.9	114.7	189.5	160.4	1.4	10.2
通用设备制造业	739.2	534.5	526.3	303.6	264.5	2.3	4.1
专用设备制造业	468.4	321.4	322.3	180.8	148.0	1.7	4.4
汽车制造业	651.4	382.1	722.4	272.9	218.3	8.5	20.9
铁路、船舶、航空航天和其他运输设备制造业	3104.9	2379.7	2171.4	1247.7	1124.9	6.6	60.8
电气机械和器材制造业	67.2	51.8	47.0	44.1	35.5	0.2	2.4
计算机、通信和其他电子设备制造业	55.0	35.2	29.9	22.1	16.3	0.2	6.2
仪器仪表制造业	49.7	36.8	30.6	26.9	20.5	0.2	2.7
其他制造业	5.8	4.0	3.6	2.4	1.7	0.02	0.04
废弃资源综合利用业	40.8	24.5	20.1	104.4	99.6	0.8	3.3
金属制品、机械和设备修理业	1348.1	330.2	633.3	162.7	121.5	3.0	72.6
电力、热力生产和供应业	4143.1	728.9	3023.2	2188.9	2095.5	13.6	-87.0
燃气生产和供应业	173.4	60.2	96.1	104.4	93.9	0.5	2.1
水的生产和供应业	800.8	271.7	509.0	88.6	75.5	1.7	-4.7
在总计中							
中央企业	14593.4	5516.0	8486.5	12256.1	10653.6	699.2	483.1
地方企业	5841.9	2762.9	4310.3	2753.0	2445.6	36.2	4.3
在总计中							
大型企业	14846.1	5816.9	8511.1	11765.9	10213.0	661.8	506.3
中型企业	2795.7	1256.2	2006.6	2008.7	1786.7	63.4	-41.7
小型企业	2793.5	1205.8	2279.1	1234.5	1099.5	10.2	22.7

14-9 各地区国有控股工业企业主要指标

(2022年)

单位：亿元

地　区	企业单位数(个)	资产总计	流动资产合计	营业收入	营业成本	税金及附加	利润总额
沈　阳	204	3573.1	2359.2	1744.5	1462.6	77.8	17.0
大　连	177	4429.0	2247.9	2751.3	2250.7	192.0	135.5
鞍　山	68	3306.7	689.9	1668.7	1567.0	19.9	112.4
抚　顺	38	616.3	212.1	762.5	643.2	61.6	9.9
本　溪	57	2327.5	968.2	1838.6	1777.2	10.5	47.0
丹　东	19	166.8	37.3	82.2	77.9	1.2	-3.3
锦　州	28	312.9	103.0	488.9	383.0	56.6	28.4
营　口	28	606.8	219.3	529.8	507.8	6.9	4.8
阜　新	31	269.2	78.6	107.8	88.8	2.1	-2.0
辽　阳	28	500.9	139.2	728.9	559.3	95.5	34.1
盘　锦	30	1190.8	304.3	1440.6	1123.4	138.0	69.8
铁　岭	43	594.9	262.8	326.6	304.9	5.2	-1.0
朝　阳	44	598.4	186.7	514.0	487.3	3.6	0.6
葫芦岛	31	753.5	377.7	712.0	595.5	60.0	31.3

14-10 各地区国有控股工业企业主要经济效益指标

单位：%

年份、地区	总资产贡献率	资产负债率	工业成本费用利润率
1998	4.6	66.0	-1.4
1999	4.6	60.0	0.8
2000	6.6	60.9	4.0
2001	5.6	59.6	2.6
2002	5.6	61.0	2.2
2003	6.8	59.5	3.1
2004	8.4	58.1	5.8
2005	7.5	59.3	2.8
2006	7.3	57.8	2.6
2007	8.9	60.9	4.1
2008	4.2	63.1	3.7
2009	7.6	65.4	2.0
2010	9.8	66.0	3.3
2011	9.0	66.3	2.0
2012	7.9	67.3	0.1
2013	8.1	67.7	1.9
2014	7.8	66.8	1.4
2015	6.4	69.2	-0.9
2016	6.6	64.5	2.7
2017	8.3	67.5	2.7
2018	11.0	65.5	4.5
2019	7.9	63.4	2.4
2020	6.3	62.5	1.6
2021	8.8	62.8	3.9
2022	8.1	62.6	3.5
沈　阳	4.0	78.3	1.0
大　连	9.0	67.4	5.6
鞍　山	5.7	44.7	6.8
抚　顺	15.2	66.8	1.4
本　溪	4.1	56.3	2.6
丹　东	2.3	84.4	-3.8
锦　州	31.5	69.9	7.1
营　口	4.4	45.9	0.9
阜　新	4.1	69.5	-2.0
辽　阳	31.5	61.8	5.8
盘　锦	22.5	59.0	5.8
铁　岭	3.4	65.4	-0.3
朝　阳	2.2	60.3	0.1
葫芦岛	13.6	70.4	5.1

14-11 按行业分外商投资工业企业主要指标

(2022年)

单位：亿元

行　业	资产总计	负债合计	营业收入
总　计	**6257.8**	**3143.7**	**6737.2**
煤炭开采和洗选业			
石油和天然气开采业			
黑色金属矿采选业			
有色金属矿采选业	8.2	3.3	2.6
非金属矿采选业	18.2	2.8	13.7
开采专业及辅助性活动			
其他采矿业			
农副食品加工业	174.1	112.1	328.0
食品制造业	77.6	32.5	99.9
酒、饮料和精制茶制造业	119.7	62.8	115.5
烟草制品业			
纺织业	10.0	3.8	8.9
纺织服装、服饰业	12.3	3.9	14.3
皮革、毛皮、羽毛及其制品和制鞋业	33.8	21.7	30.0
木材加工和木、竹、藤、棕、草制品业	8.8	2.8	12.9
家具制造业	13.5	5.7	12.3
造纸和纸制品业	9.8	7.0	8.4
印刷和记录媒介复制业	8.1	3.6	7.8
文教、工美、体育和娱乐用品制造业	3.8	1.0	5.4
石油、煤炭及其他燃料加工业	14.6	4.6	23.7
化学原料和化学制品制造业	348.7	249.8	276.2
医药制造业	197.4	82.1	237.9
化学纤维制造业	1.0	0.2	0.9
橡胶和塑料制品业	322.5	138.9	223.9
非金属矿物制品业	80.0	28.7	78.7
黑色金属冶炼和压延加工业	123.2	59.1	209.1
有色金属冶炼和压延加工业	6.7	2.6	18.4
金属制品业	104.9	41.2	161.5
通用设备制造业	472.1	210.5	376.1
专用设备制造业	308.1	147.6	195.0
汽车制造业	2408.3	1297.8	3267.0
铁路、船舶、航空航天和其他运输设备制造业	144.0	101.9	85.7
电气机械和器材制造业	287.6	149.5	233.8
计算机、通信和其他电子设备制造业	701.4	255.7	562.2
仪器仪表制造业	45.1	11.2	50.4
其他制造业	15.4	5.9	13.0
废弃资源综合利用业			
金属制品、机械和设备修理业			
电力、热力生产和供应业	128.0	62.5	42.6
燃气生产和供应业	20.9	13.1	16.2
水的生产和供应业	30.3	18.0	5.3
在总计中			
大型企业	3665.1	2002.6	4136.4
中型企业	1158.4	550.2	1398.5
小型企业	1434.3	590.9	1202.3

14-12 按行业分的大中型工业企业主要指标

(2022年)　　单位：亿元

行业	资产总计	流动资产合计	负债合计	营业收入	营业成本	税金及附加	利润总额
总　计	**34169.5**	**16931.1**	**20512.7**	**27898.6**	**23796.4**	**1179.2**	**1251.9**
煤炭开采和洗选业	643.2	285.4	378.8	218.5	154.4	8.7	29.0
石油和天然气开采业	424.0	-50.5	282.1	381.6	211.9	50.4	42.4
黑色金属矿采选业	2303.2	706.9	952.9	487.4	335.6	22.9	148.9
有色金属矿采选业	102.2	63.9	70.1	37.3	20.9	1.4	8.3
非金属矿采选业	97.6	43.9	32.7	26.7	17.0	0.5	4.4
开采专业及辅助性活动	208.6	49.2	97.5	168.9	162.4	4.9	0.9
其他采矿业							
农副食品加工业	555.1	313.1	330.7	960.6	897.3	2.0	24.7
食品制造业	222.8	117.4	128.0	204.7	167.7	1.6	14.4
酒、饮料和精制茶制造业	98.9	67.5	47.9	103.7	69.7	4.2	13.5
烟草制品业	48.6	31.8	10.2	99.3	27.1	57.2	1.3
纺织业	32.5	20.3	23.6	10.8	10.4	0.1	-1.4
纺织服装、服饰业	68.7	53.2	31.8	58.6	48.2	0.4	3.6
皮革、毛皮、羽毛及其制品和制鞋业	26.7	22.3	11.7	27.6	22.5	0.2	1.6
木材加工和木、竹、藤、棕、草制品业	12.4	7.5	4.4	18.7	16.3	0.2	0.9
家具制造业	30.2	19.5	24.5	15.2	13.7	0.2	-0.6
造纸和纸制品业	103.9	32.2	52.8	62.6	55.1	0.6	3.6
印刷和记录媒介复制业	3.9	2.9	1.2	4.1	3.5	0.02	0.3
文教、工美、体育和娱乐用品制造业	8.5	5.9	3.1	5.0	3.7	0.1	0.1
石油、煤炭及其他燃料加工业	3893.9	2261.6	2943.8	6678.8	5560.5	793.3	174.3
化学原料和化学制品制造业	2163.6	872.5	1440.6	2112.4	1981.9	9.1	-22.7
医药制造业	717.8	403.1	219.9	437.0	217.6	3.2	76.8
化学纤维制造业	20.7	6.5	18.7	5.8	6.4	0.2	-2.8
橡胶和塑料制品业	416.3	172.1	205.9	307.5	254.1	2.3	15.5
非金属矿物制品业	826.9	471.3	432.0	443.9	373.1	4.2	18.0
黑色金属冶炼和压延加工业	3675.3	1526.0	1936.1	4763.2	4668.9	20.3	-37.9
有色金属冶炼和压延加工业	1774.4	1156.4	1216.5	539.9	511.7	3.8	-27.9
金属制品业	647.0	503.8	428.8	393.2	340.5	2.5	19.9
通用设备制造业	1516.1	1070.6	850.0	715.9	585.1	5.4	42.5
专用设备制造业	986.3	669.2	577.2	466.8	368.1	3.6	42.0
汽车制造业	2694.8	1603.4	1483.1	3392.3	2377.0	146.6	549.3
铁路、船舶、航空航天和其他运输设备制造业	3093.4	2360.7	2011.9	1274.7	1140.7	6.9	61.9
电气机械和器材制造业	638.3	416.7	346.9	452.9	381.3	2.2	35.0
计算机、通信和其他电子设备制造业	572.6	393.3	309.7	569.2	479.4	3.1	33.2
仪器仪表制造业	116.6	83.2	47.8	71.5	53.2	0.5	8.4
其他制造业	14.7	9.6	4.8	11.1	8.0	0.1	0.7
废弃资源综合利用业	15.4	8.6	4.2	17.0	13.8	0.2	2.3
金属制品、机械和设备修理业	1349.1	331.1	634.5	171.9	130.2	3.1	72.6
电力、热力生产和供应业	3273.9	558.5	2407.6	2043.5	1982.8	11.7	-95.0
燃气生产和供应业	162.1	51.2	119.8	77.3	70.8	0.4	-2.9
水的生产和供应业	609.6	209.4	389.1	61.7	54.2	1.1	-7.1

14-13 按行业分的大中型工业企业主要经济效益指标

(2022年) 单位：%

行业	总资产贡献率	资产负债率	工业成本费用利润率
总计	**9.3**	**60.0**	**4.9**
煤炭开采和洗选业	8.3	58.9	15.8
石油和天然气开采业	31.0	66.5	16.4
黑色金属矿采选业	9.1	41.4	38.8
有色金属矿采选业	11.6	68.6	28.0
非金属矿采选业	6.6	33.6	20.0
开采专业及辅助性活动	4.7	46.7	0.5
其他采矿业			
农副食品加工业	6.3	59.6	2.6
食品制造业	9.6	57.5	7.6
酒、饮料和精制茶制造业	22.1	48.5	15.6
烟草制品业	139.0	21.0	3.4
纺织业	-2.6	72.6	-11.6
纺织服装、服饰业	7.9	46.3	6.6
皮革、毛皮、羽毛及其制品和制鞋业	8.9	43.7	6.2
木材加工和木、竹、藤、棕、草制品业	8.2	35.4	4.9
家具制造业	-0.9	80.9	-3.9
造纸和纸制品业	6.5	50.8	6.0
印刷和记录媒介复制业	11.4	31.1	7.6
文教、工美、体育和娱乐用品制造业	3.5	36.0	2.5
石油、煤炭及其他燃料加工业	28.2	75.6	3.1
化学原料和化学制品制造业	0.8	66.6	-1.1
医药制造业	13.2	30.6	21.4
化学纤维制造业	-12.1	90.2	-40.5
橡胶和塑料制品业	5.9	49.5	5.3
非金属矿物制品业	4.6	52.3	4.3
黑色金属冶炼和压延加工业	1.4	52.7	-0.8
有色金属冶炼和压延加工业	0.7	68.6	-4.9
金属制品业	4.7	66.3	5.4
通用设备制造业	4.7	56.1	6.2
专用设备制造业	6.1	58.5	9.7
汽车制造业	29.6	55.0	20.8
铁路、船舶、航空航天和其他运输设备制造业	2.2	65.0	5.1
电气机械和器材制造业	7.7	54.3	8.2
计算机、通信和其他电子设备制造业	7.4	54.1	6.2
仪器仪表制造业	8.7	41.0	12.9
其他制造业	7.9	32.3	6.4
废弃资源综合利用业	19.8	27.2	15.5
金属制品、机械和设备修理业	7.2	47.0	47.1
电力、热力生产和供应业	0.6	73.5	-4.5
燃气生产和供应业	-0.1	73.9	-3.5
水的生产和供应业	0.4	63.8	-9.2

14-14 各地区大中型工业企业主要指标

单位：亿元

年份、地区	企业单位数(个)	资产总计	流动资产合计	负债合计	营业收入	营业成本	税金及附加	利润总额
1998	1331	5699.6	2189.1	3705.7	2378.7	2005.5	49.1	-25.3
1999	847	5933.9	2259.5	3409.1	2568.7	2146.1	47.7	50.1
2000	857	5908.6	2313.0	3515.2	3196.4	2681.9	56.3	142.5
2001	869	6398.3	2471.5	3645.9	3398.3	2874.1	55.3	118.9
2002	883	6718.0	2605.1	3879.9	3671.3	3072.4	61.5	121.1
2003	810	6879.7	2771.1	3870.7	4751.5	3937.5	76.4	195.0
2004	964	8343.7	3372.6	4668.2	6349.3	5352.9	88.5	367.2
2005	1013	9209.8	3981.2	5374.2	8000.3	6991.0	105.9	268.3
2006	1085	10721.6	4726.2	6162.7	9733.0	8502.6	134.5	307.4
2007	1164	12761.7	5744.3	7591.3	11597.6	9788.6	194.1	547.3
2008	1135	14960.8	6548.0	9206.4	13787.3	12304.2	173.4	217.7
2009	1383	17995.9	8089.6	11147.8	15120.8	12831.0	477.8	655.1
2010	1505	20118.9	9398.5	12554.8	18663.0	15734.4	588.1	1113.9
2011	1825	21237.7	10030.9	13100.4	21459.1	18213.6	602.5	1058.9
2012	2210	24664.7	11531.0	15391.4	24719.2	21022.8	724.3	974.8
2013	2272	27329.3	12510.9	17031.5	26269.4	22245.9	679.1	1329.0
2014	2074	26779.7	12244.7	16601.8	24419.2	20789.1	709.0	886.8
2015	1552	27483.2	12966.2	17999.5	18031.0	15065.5	772.1	404.5
2016	1180	26485.4	12851.0	17711.8	15256.2	12549.4	704.4	371.5
2017	1164	27549.9	13171.9	17896.0	17935.3	14798.0	710.5	861.5
2018	1143	26703.7	12590.5	16790.5	20266.6	16729.5	789.6	1227.3
2019	1140	30601.4	14615.3	19085.0	24341.0	20633.3	829.6	1113.2
2020	1168	31528.9	15035.8	19259.7	23004.5	19502.6	711.1	1052.4
2021	1167	32731.9	16204.2	19716.9	27337.0	22901.1	1154.7	1567.0
2022	1148	34169.5	16931.1	20512.7	27898.6	23796.4	1179.2	1251.9
沈　阳	201	6628.5	4058.2	3939.8	5343.2	3955.5	221.3	566.6
大　连	339	8526.3	4559.0	5298.6	7519.4	6434.1	268.9	342.2
鞍　山	103	3947.1	1253.4	1858.6	2279.5	2113.5	22.9	143.4
抚　顺	38	900.4	380.1	504.1	1119.7	948.6	64.6	28.6
本　溪	46	2468.0	1041.3	1364.1	1886.1	1807.3	11.6	56.9
丹　东	81	364.1	206.1	193.6	276.2	237.6	2.2	12.3
锦　州	44	619.0	292.5	372.9	800.0	653.7	58.1	49.9
营　口	83	2241.5	1273.7	1145.9	1605.1	1492.1	12.5	24.4
阜　新	36	344.0	170.4	182.9	270.5	239.0	2.5	6.5
辽　阳	43	1951.7	1150.9	1446.7	957.5	780.3	98.2	-2.3
盘　锦	34	2975.3	1522.3	2192.0	2707.8	2243.6	341.0	-24.9
铁　岭	29	524.6	248.1	349.1	350.7	328.2	5.0	-4.8
朝　阳	38	641.7	229.7	396.6	630.4	589.3	5.1	4.4
葫芦岛	32	849.0	452.7	576.3	839.8	702.9	60.7	46.0

14-15 主要工业产品产量

产品名称	单位	2010年	2011年	2012年	2013年	2014年	2015年	2016年
化学纤维	万吨	19.9	16.4	18.4	17.9	19.8	29.0	27.5
#合成纤维	万吨	11.5	9.4	11.5	11.1	15.2	23.9	22.4
纱	万吨	15.4	13.8	12.9	10.3	13.8	8.3	6.5
布	亿米	7.2	7.2	4.6	4.1	6.8	3.5	1.6
#棉布	亿米	4.7	4.7	2.5	2.3	3.7	2.4	0.8
棉混纺布	亿米	1.1	0.8	0.7	0.4	1.6	0.5	0.2
绒线(俗称毛线)	吨	2191.0	2402.7	1526.1	2796.0	4725.7	4801.1	2519.2
蚕丝	吨	7182.0	4184.3	2462.5	2310.4	4504.2	2948.0	1508.6
机制纸及纸板	万吨	88.5	76.2	73.3	48.8	41.2	36.0	54.1
自行车	万辆	1.2		5.0	10.0	4.7	7.0	
日用玻璃制品	万吨	24.7	3.7	2.0	2.2	16.3	18.2	1.1
白炽灯泡	亿只	1.4	1.5	2.1	2.0	1.9	1.9	1.8
合成洗涤剂	万吨	12.2	13.8	14.7	16.5	16.5	12.6	9.9
原盐	万吨	161.6	114.5	141.9	127.7	165.2	178.7	146.1
成品糖	万吨	6.1	2.3	5.4	4.1	4.5	8.3	0.5
卷烟	亿支	265.3	274.5	276.4	278.9	290.4	290.7	278.9
白酒	亿升	6.4	6.8	8.1	5.5	5.0	4.6	0.8
啤酒	亿升	24.8	26.2	26.4	27.2	27.2	24.2	23.3
精制食用植物油	万吨	193.7	171.8	236.4	244.9	263.6	240.8	193.0
化学药品原药	万吨	13.2	11.9	14.4	18.0	21.8	11.3	5.2
家用电冰箱	万台	87.8	102.2	101.5	84.8	157.0	147.1	145.7
彩色电视机	万台	576.9	557.5	500.4	440.6	338.2	287.9	146.8
农用氮、磷、钾化肥	万吨	75.1	67.5	83.2	77.2	71.9	64.7	58.8
#氮肥	万吨	67.1	65.8	82.1	77.2	71.9	64.7	58.8
磷肥	万吨	5.1	1.6	0.8				
化学农药原药	万吨	3.0	2.1	2.1	1.8	2.5	1.3	1.0
乙烯	万吨	91.8	106.8	103.1	128.5	155.2	160.5	162.7
合成橡胶	万吨	3.7	4.0	2.5	2.4	1.3	0.5	3.7
橡胶轮胎外胎	万条	1507.9	1669.9	1767.2	1956.7	2155.8	2448.2	2724.5
交流电动机	万千瓦	830.5	758.4	612.8	505.4	460.9	334.2	190.9
金属切削机床	万台	13.6	16.9	12.0	10.4	11.4	9.9	9.3
数控机床	万台	3.9	4.9	4.6	4.6	6.3	6.2	6.8
汽车	万辆	70.8	75.5	87.3	108.0	121.8	116.6	113.2
#载货汽车	万辆	10.0	11.5	12.0	16.8	14.6	8.6	5.3
摩托车	辆	33045	34900	27900	1575	278		
滚动轴承	万套	19798.0	16811.0	19938.0	17248.4	15330.1	14059.9	11966.9
原煤	万吨	6641.6	7005.1	6431.3		4906.4	4635.4	4082.1
原油	万吨	950.0	1000.0	1000.0	1001.0	1021.9	1037.1	1017.3
汽油	万吨	1057.7	1017.5	1088.1	1069.0	1057.7	1128.5	1212.1
柴油	万吨	2379.9	2284.8	2358.0	2396.5	2331.0	2270.9	2044.3
天然气	亿立方米	8.0	7.2	7.2	7.2	7.0	5.8	5.4
发电量	亿千瓦小时	1295.1	1369.9	1453.1	1516.0	1607.0	1626.8	1731.5
生铁	万吨	5508.1	5450.2	5338.2	5968.6	6307.5	6059.0	6160.1
粗钢	万吨	5389.8	5424.8	5178.4	6356.5	6507.8	5894.1	6040.5
钢材	万吨	5669.4	5761.1	5924.2	6863.0	6962.2	6337.6	5874.8
#铁道用钢材	万吨	91.2	76.0	77.5	91.5	86.2	79.8	78.3
线材(盘条)	万吨	572.1	688.6	664.8	750.5	895.4	882.6	806.2
铁合金	万吨	83.2	89.7	92.9	95.3	129.5	113.0	43.1
焦炭	万吨	1875.8	2027.0	2127.8	2146.6	2141.5	2097.2	2131.5
水泥	万吨	4790.9	5791.1	5809.0	6066.3	5875.6	4751.6	4134.9
平板玻璃	万重量箱	1635.3	2258.0	2523.4	3015.7	2529.8	1186.8	1403.4
硫酸(折100%)	万吨	84.4	78.9	74.6	75.5	180.7	147.3	130.9
纯碱(碳酸钠)	万吨	13.2	33.8	45.4	46.8	56.2	55.0	50.4
烧碱(折100%)	万吨	56.4	56.2	56.7	56.4	64.8	64.6	70.7
合成氨	万吨	79.1	82.9	103.4	106.0	99.8	92.6	82.1

注：1. 本表自行车产量中不仅包括两轮自行车，还包括电动自行车。

2. 能源产品产量为规模以上工业企业产量。从2020年起，工业产品产量为规模以上工业企业产量。

14-15 续表

产品名称	单位	2017年	2018年	2019年	2020年	2021年	2022年
化学纤维	万吨	26.5	20.5	23.7	18.8	23.4	10.1
#合成纤维	万吨	22.1	20.5	23.7	18.8	23.4	10.1
纱	万吨	5.1	4.4	4.1	2.5	3.0	2.6
布	亿米	1.3	1.1	0.9	0.8	0.7	0.7
#棉布	亿米	0.5	0.4	0.4	0.4	0.4	0.4
棉混纺布	亿米	0.2	0.1	0.1	0.1	0.1	0.1
绒线(俗称毛线)	吨	1565.1	1394.4	1920.3	407.1	374.7	913.0
蚕丝	吨	1066.0	1183.0	1162.4	564.6	426.8	522.0
机制纸及纸板	万吨	106.9	118.7	134.2	186.3	201.8	171.7
自行车	万辆						
日用玻璃制品	万吨	0.4	0.4	0.5	0.4	0.4	0.3
白炽灯泡	亿只	2.0	2.1	2.0	1.4	1.0	0.9
合成洗涤剂	万吨	13.0	7.4	7.1	7.4	7.6	7.0
原盐	万吨	152.5	75.5	95.8	93.0	95.7	76.9
成品糖	万吨	0.7	0.3				
卷烟	亿支	269.1	268.7	271.2	274.3	278.8	279.5
白酒	亿升	0.3	0.1	0.2	0.1	0.1	0.1
啤酒	亿升	22.0	21.3	20.7	17.1	17.1	15.9
精制食用植物油	万吨	158.2	128.8	173.8	201.9	206.9	187.3
化学药品原药	万吨	5.1	4.4	7.4	6.9	7.1	7.2
家用电冰箱	万台	146.0	132.7	178.2	156.9	170.8	158.2
彩色电视机	万台	146.4	154.8	37.1	11.7		
农用氮、磷、钾化肥	万吨	46.0	33.1	38.2	35.6	37.1	31.0
#氮肥	万吨	46.0	33.1	36.8	34.0	33.9	27.8
磷肥	万吨						
化学农药原药	万吨	1.1	0.9	1.3	1.5	2.9	3.6
乙烯	万吨	157.2	176.2	187.0	355.7	440.1	399.5
合成橡胶	万吨	5.6	8.1	10.8	13.6	11.0	12.4
橡胶轮胎外胎	万条	2829.5	2760.6	2896.8	2893.1	3078.0	3021.6
交流电动机	万千瓦	244.1	312.2	319.8	251.3	264.3	276.0
金属切削机床	万台	6.4	4.0	2.5	2.8	3.8	3.4
数控机床	万台	4.4	2.7	1.7	1.9	2.6	2.3
汽车	万辆	97.1	95.5	79.1	74.8	80.9	76.6
#载货汽车	万辆	4.5	3.4	2.1	0.9	0.5	0.2
摩托车	辆						
滚动轴承	万套	11670.4	6915.6	7747.1	8151.5	10604.9	7272.2
原煤	万吨	3611.0	3375.9	3292.0	3091.5	3087.7	3158.1
原油	万吨	1044.2	1036.9	1053.3	1049.4	1054.2	984.1
汽油	万吨	1316.5	1592.8	1789.1	1766.9	2091.8	1667.8
柴油	万吨	2015.2	2177.4	2146.8	2223.1	2468.3	2772.9
天然气	亿立方米	5.1	5.7	6.2	7.3	7.9	8.4
发电量	亿千瓦小时	1805.7	1898.0	1996.0	2051.1	2147.0	2119.7
生铁	万吨	6121.9	6331.8	6909.6	7235.2	7024.7	7101.4
粗钢	万吨	6424.6	6873.9	7357.6	7609.4	7502.4	7451.6
钢材	万吨	6395.8	6899.1	7328.6	7566.5	7759.1	7727.5
#铁道用钢材	万吨	82.0	73.9	74.9	75.5	58.1	72.6
线材(盘条)	万吨	943.6	1076.4	1140.9	1248.1	1174.6	895.8
铁合金	万吨	55.3	53.5	84.4	65.2	67.5	71.2
焦炭	万吨	2215.6	2213.7	2281.4	2297.1	2293.8	2199.1
水泥	万吨	3900.3	4021.2	4763.6	5387.9	4851.4	3838.4
平板玻璃	万重量箱	4299.3	4422.1	5055.5	4682.7	5242.8	5311.1
硫酸(折100%)	万吨	127.2	139.6	153.2	142.4	158.3	147.6
纯碱(碳酸钠)	万吨	44.6					
烧碱(折100%)	万吨	71.9	76.3	76.7	76.5	77.6	75.2
合成氨	万吨	67.1	47.0	50.1	41.3	42.1	38.3

14—16 各地区主要工业产品产量

年份、地区	化学纤维(万吨)	纱(万吨)	布(亿米)	绒线(俗称毛线)(吨)	毛机织物(呢绒)(万米)	蚕丝(吨)	机制纸及纸板(万吨)	自行车(万辆)	手表(万只)	白炽灯泡(亿只)	合成洗涤剂(万吨)
1990	15.6	109.8	6.5	5087.0	1840.0	2905.0	77.5	97.2	430.4	1.2	5.3
1991	15.8	110.1	6.4	4099.0	1781.1	2667.0	75.1	85.5	467.7	1.5	4.2
1992	17.1	112.0	6.0	4981.0	1672.7	1917.0	79.1	125.9	359.9	1.5	4.3
1993	15.7	99.3	5.6	3524.0	1431.4	2280.0	75.4	195.4	554.5	1.1	2.9
1994	17.9	18.2	5.4	2785.0	1548.6	3292.0	82.3	190.7	397.7	3.3	3.5
1995	19.8	18.0	5.8	2725.0	1185.0	3484.0	97.5	112.1	409.9	3.7	2.9
1996	20.7	16.9	4.7	4449.0	745.4	4550.0	95.7	87.9	316.4	4.3	6.9
1997	28.1	17.2	5.4	1902.0	648.5	3588.0	84.2	55.1	212.4	1.4	5.7
1998	30.5	14.3	4.7	1970.0	373.2	1996.0	72.0	53.1	98.0	1.3	6.8
1999	29.2	15.2	5.3	1655.0	606.1	1328.0	58.8	16.3	97.0	1.1	6.3
2000	34.2	18.3	5.0	1633.0	479.0	2414.0	55.2	46.2	69.0	0.5	7.0
2001	36.0	16.0	4.3	1179.0	230.3	1675.0	62.9	15.2	69.2	1.3	9.1
2002	33.5	16.4	5.0	1491.0	168.1	2110.0	52.0	2.2	86.0	1.5	10.4
2003	26.3	15.6	3.4	1447.0	109.2	1640.0	59.1			1.4	9.7
2004	30.7	17.2	4.3	1840.0	379.8	3297.0	72.6	1.4	152.8	1.8	9.8
2005	24.1	18.7	5.7	1541.0	106.0	2191.0	83.4	0.4	169.6	1.8	8.9
2006	22.5	18.2	5.4	1811.0	118.4	2592.0	67.5		145.1	5.1	14.0
2007	21.1	18.0	7.7	1015.0	60.3	2955.0	87.5		133.4	6.2	14.7
2008	17.0	16.8	4.7		54.1	3045.0	56.9		139.3	8.1	12.4
2009	21.4	16.0	5.0	1736.6	88.6	4812.0	77.2		9.1	1.1	10.5
2010	19.9	15.4	7.2	2191.0	74.0	7182.0	88.5	1.2	5.7	1.4	12.2
2011	16.4	13.8	7.2	2402.7		4184.3	76.2		6.2	1.5	13.8
2012	18.4	12.9	4.6	1526.1		2462.5	73.3	5.0		2.1	14.7
2013	17.9	10.3	4.1	2796.0		2310.4	48.8	10.0		2.0	16.5
2014	19.8	13.8	6.8	4725.7		4504.2	41.2	4.7		1.9	16.5
2015	29.0	8.3	3.5	4801.1		2948.0	36.0	7.0		1.9	12.6
2016	27.5	6.5	1.6	2519.2		1508.6	54.1			1.8	9.9
2017	26.5	5.1	1.3	1565.1		1066.0	106.9			2.0	13.0
2018	20.5	4.4	1.1	1394.4		1183.0	118.7			2.1	7.4
2019	23.7	4.1	0.9	1920.3	79.0	1162.4	134.2			2.0	7.1
2020	18.8	2.5	0.8	407.1	18.0	564.6	186.3			1.4	7.4
2021	23.4	3.0	0.7	374.7		426.8	201.8			1.0	7.6
2022	10.1	2.6	0.7	913.0	9.6	522.0	171.7			0.9	7.0
沈 阳		0.8					89.9			0.9	1.4
大 连		0.5		913.0			30.1				2.8
鞍 山	2.4		0.5			111.0	0.5				0.2
抚 顺	0.2	0.4									2.5
本 溪											
丹 东	0.1						4.7				
锦 州	4.7										
营 口	0.5	0.2				411.0					
阜 新					9.6						
辽 阳	2.3	0.3					0.9				
盘 锦							3.8				
铁 岭							41.8				
朝 阳		0.4	0.2								
葫芦岛											

注：1. 1993年以前纱产量的计量单位为万件。2007年及以前卷烟产量的计量单位为万箱、啤酒产量的计量单位为万吨。从2009年起自行车产量中不仅包括两轮自行车，还包括电动自行车。

2.能源产品产量为规模以上工业企业产量。从2020年起，工业产品产量为规模以上工业企业产量。

14-16 续表 1

年份、地区	原盐(万吨)	成品糖(万吨)	卷烟(亿支)	罐头(万吨)	啤酒(亿升)	家用电冰箱(万台)	彩色电视机(万台)	原煤(万吨)	原油(万吨)	天然气(亿立方米)	发电量(亿千瓦小时)
1990	129.9	3.2	50.6	5.8	55.0	16.4	115.1	5101.0	1368.7	20.4	435.8
1991	240.4	3.6	42.8	7.6	64.3	11.8	59.6	5234.7	1374.2	20.6	448.3
1992	293.2	5.4	45.3	8.8	78.5	10.3	73.2	5394.6	1387.8	21.1	489.1
1993	282.9	5.2	40.3	4.0	62.8	12.0	49.9	5566.8	1420.1	23.8	505.3
1994	275.9	3.8	40.3	7.6	108.0	12.2	54.3	5509.3	1502.5	21.2	504.0
1995	230.9	3.8	43.2	8.2	113.4	14.2	47.7	5626.4	1552.7	21.1	540.1
1996	232.5	4.0	40.3	8.1	118.8	9.4	56.7	6040.6	1504.3	19.6	583.9
1997	286.1	5.3	40.5	6.0	128.7	6.9	73.2	5883.8	1504.1	19.1	615.2
1998	190.9	5.1	41.8	4.1	129.1	8.5	173.2	5785.7	1452.1	15.6	608.1
1999	282.2	4.5	33.2	2.7	144.3	13.2	229.3	4779.3	1430.3	14.3	610.5
2000	275.9	2.1	23.0	2.9	149.7	23.1	374.7	4454.9	1401.1	14.7	645.6
2001	284.6	4.0	31.0	2.8	144.2	14.7	378.0	4468.2	1385.0	14.7	662.1
2002	280.6	4.2	38.0	3.4	137.1	51.6	404.9	5180.8	1351.2	13.3	725.3
2003	166.6	5.1	41.3	5.2	149.4	106.8	446.0	5871.0	1332.0	13.3	837.0
2004	200.6	3.8	45.9	10.7	155.4	116.3	346.2	6641.9	1283.2	10.3	874.9
2005	180.6	4.2	45.9	5.6	184.6	120.4	550.2	6395.0	1261.0	11.7	904.2
2006	191.3	1.3	47.8	7.3	200.4	133.5	333.9	7367.3	1226.5	11.9	1013.4
2007	216.2	1.4	51.1	7.6	231.0	134.3	423.2	6349.1	1207.2	8.7	1115.0
2008	184.2	2.0	260.4	7.5	23.5	139.3	500.2	6415.5	1199.3	8.7	1139.0
2009	152.5	5.6	260.3	16.4	24.7	96.2	441.4	6624.2	1000.0	8.1	1162.5
2010	161.6	6.1	265.3	20.0	24.8	87.8	576.9	6641.6	950.0	8.0	1295.1
2011	114.5	2.3	274.5	25.2	26.2	102.2	557.5	7005.1	1000.0	7.2	1369.9
2012	141.9	5.4	276.4	40.8	26.4	101.5	500.4	6431.3	1000.0	7.2	1453.1
2013	127.7	4.1	278.9	41.0	27.2	84.8	440.6		1001.0	7.2	1516.0
2014	165.2	4.5	290.4	59.0	27.2	157.0	338.2	4906.4	1021.9	7.0	1607.0
2015	178.7	8.3	290.7	40.8	24.2	147.1	287.9	4635.4	1037.1	5.8	1626.8
2016	146.1	0.5	278.9	28.0	23.3	145.7	146.8	4082.1	1017.3	5.4	1731.5
2017	152.5	0.7	269.1	18.9	22.0	146.0	146.4	3611.0	1044.2	5.1	1805.7
2018	75.5	0.3	268.7	14.0	21.3	132.7	154.8	3375.9	1036.9	5.7	1898.0
2019	95.8		271.2	15.2	20.7	178.2	37.1	3292.0	1053.3	6.2	1996.0
2020	93.0		274.3	14.9	17.1	156.9	11.7	3091.5	1049.4	7.3	2051.1
2021	95.7		278.8	16.2	17.1	170.8		3087.7	1054.2	7.9	2147.0
2022	76.9		279.5	18.1	15.9	158.2		3158.1	984.1	8.4	2119.7
沈阳			279.5	3.5	7.6	73.6					
大连	62.9			12.6	1.2	84.6					
鞍山				1.1	1.5						
抚顺					1.0						
本溪					2.2						
丹东				0.9	0.4						
锦州					0.7						
营口	14.0				0.9						
阜新											
辽阳											
盘锦					0.5						
铁岭											
朝阳											
葫芦岛											

14-16 续表 2

年份、地区	#水电	生铁(万吨)	粗钢(万吨)	钢材(万吨)	铁合金(万吨)	水泥(万吨)	平板玻璃(万重量箱)	硫酸(折100%)(万吨)	纯碱(碳酸钠)(万吨)	烧碱(折100%)(万吨)	农用氮、磷、钾化肥(万吨)
1990	35.5	1145.5	1216.3	939.9	16.0	1092.0	995.3	74.1	76.2	28.3	63.4
1991	40.3	1227.8	1262.5	978.8	15.9	1312.2	1022.4	81.2	71.2	29.4	60.3
1992	32.4	1262.7	1349.9	1082.9	20.3	1644.4	1188.5	86.2	72.4	29.7	62.8
1993	27.4	1314.0	1413.3	1270.3	21.4	1947.9	1350.2	78.6	74.8	27.8	54.8
1994	18.5	1274.1	1340.6	1186.9	24.1	1891.2	1299.0	95.8	73.9	30.5	79.1
1995	41.7	1337.1	1335.9	1074.2	30.4	1911.0	1233.3	106.9	69.1	26.3	78.2
1996	45.2	1358.5	1369.3	1210.3	30.2	1743.1	1591.6	108.7	71.9	37.5	82.0
1997	28.8	1358.1	1354.9	1223.5	23.9	1829.0	1494.2	108.7	71.2	33.4	84.7
1998	21.6	1419.0	1406.5	1149.2	19.5	1663.7	1546.9	100.0	69.2	32.5	76.8
1999	25.5	1448.9	1492.2	1235.6	14.3	1711.1	1536.8	105.5	72.1	30.9	87.2
2000	14.9	1555.4	1553.8	1443.2	13.3	1954.9	1475.3	119.9	74.1	33.4	97.6
2001	22.7	1593.7	1660.7	1655.2	13.6	2090.5	1537.7	118.8	76.5	37.2	97.9
2002	14.5	1886.4	1942.5	2086.7	12.9	2145.8	1470.9	113.1	82.5	45.0	88.8
2003	22.9	2061.0	2169.0	2334.0	17.2	2332.0	1362.0	110.6	80.0	48.3	91.7
2004	38.6	2547.8	2612.8	2657.9	48.6	2495.7	1785.2	121.7	80.7	48.1	88.1
2005	56.7	3113.9	3059.0	3235.9	36.4	2680.7	1854.0	120.7	74.9	53.6	89.6
2006	47.0	3759.5	3702.3	3848.9	52.3	3341.4	1650.9	107.6	47.4	62.6	87.7
2007	43.8	4057.6	4140.3	4364.3	61.6	3893.2	1941.2	105.6	32.8	63.4	89.4
2008	41.8	4101.5	4068.6	4285.3	60.2	4074.4	2275.2	90.5	24.7	55.1	89.1
2009	28.8	5062.2	4783.2	4943.4	77.0	4704.8	1674.2	81.1		45.8	85.8
2010	44.0	5508.1	5389.8	5669.4	83.2	4790.9	1635.3	84.4	13.2	56.4	75.1
2011	31.7	5450.2	5424.8	5761.1	89.7	5791.1	2258.0	78.9	33.8	56.2	67.5
2012	38.2	5338.2	5178.4	5924.2	92.9	5809.0	2523.4	74.6	45.4	56.7	83.2
2013	37.6	5968.6	6356.5	6863.0	95.3	6066.3	3015.7	75.5	46.8	56.4	77.2
2014	19.7	6307.5	6507.8	6962.2	129.5	5875.6	2529.8	180.7	56.2	64.8	71.9
2015	8.8	6059.0	5894.1	6337.6	113.0	4751.6	1186.8	147.3	55.0	64.6	64.7
2016	16.2	6160.1	6040.5	5874.8	43.1	4134.9	1403.4	130.9	50.4	70.7	58.8
2017	25.7	6121.9	6424.6	6395.8	55.3	3900.3	4299.3	127.2	44.6	71.9	46.0
2018	27.6	6331.8	6873.9	6899.1	53.5	4021.2	4422.1	139.6		76.3	33.1
2019	27.7	6909.6	7357.6	7328.6	84.4	4763.6	5055.5	153.2		76.7	38.2
2020	33.0	7235.2	7609.4	7566.5	65.2	5387.9	4682.7	142.4		76.5	35.6
2021	36.5	7024.7	7502.4	7759.1	67.5	4851.4	5242.8	158.3		77.6	37.1
2022	37.8	7101.4	7451.6	7727.5	71.2	3838.4	5311.1	147.6		75.2	31.0
沈　阳				34.2	0.6	239.9				17.1	
大　连		146.0	169.6	140.3	4.0	886.9	618.2	2.8			
鞍　山		2056.1	2256.4	2793.1	3.8	159.0					1.7
抚　顺		414.2	471.7	449.4	1.7	111.6					
本　溪		1786.6	1754.9	1908.0	2.8	156.3	2656.9				1.5
丹　东				0.4	0.6	140.7		7.6			
锦　州			31.7	28.7	29.6	90.0		10.8			1.3
营　口		1697.0	1735.2	1362.5	13.4	106.3	1391.0	42.0		14.0	0.8
阜　新		14.7				83.1					
辽　阳		283.6	286.2	239.7	2.5	871.7					0.7
盘　锦						87.7					1.2
铁　岭			3.4	5.2	1.2	429.0					
朝　阳		703.2	742.5	752.5	8.3	268.0	645.0	7.3			
葫芦岛				13.5	2.7	208.4		77.1		44.1	23.8

14-16 续表 3

年份、地区			化学农药原药（万吨）	乙烯（万吨）	碳化钙（电石，折300升/千克）（万吨）	初级形态塑料（万吨）	橡胶轮胎外胎（万条）	金属切削机床（万台）	汽车（万辆）	铁路机车（辆）
	#氮肥	#磷肥								
1990	55.0	8.3	1.5	8.4	6.4	14.0	191.8	1.6	2.4	
1991	51.4	8.9	1.5	14.9	6.8	24.3	223.5	1.8	4.2	
1992	50.9	11.9	1.5	20.4	5.2	30.0	311.1	2.1	6.1	
1993	49.6	5.2	1.2	25.1	6.1	39.1	426.7	2.4	5.1	
1994	67.0	10.3	1.2	28.8	6.8	42.0	292.4	1.7	3.0	238
1995	70.1	7.8	2.3	32.1	8.9	51.3	303.7	1.4	2.5	257
1996	73.9	6.9	1.7	35.3		58.5	309.5	1.3	2.8	300
1997	74.3	8.9	2.1	35.7	3.2	65.7	361.2	1.1	3.9	274
1998	70.7	4.2	1.9	38.7	2.6	71.5	472.9	0.9	4.3	
1999	78.5	5.2	2.3	39.7	1.4	80.9	499.6	0.9	5.8	
2000	82.4	8.4	2.2	41.7	2.6	94.1	576.0	1.6	8.2	63
2001	86.6	8.7	2.2	40.2	2.2	99.7	621.2	2.1	7.9	58
2002	80.9	6.1	2.6	44.2	4.3	104.6	643.5	3.1	9.0	71
2003	82.6	6.9	2.1	47.9	5.3	117.4	787.1	5.6	13.0	
2004	85.4	2.8	1.8	48.2	11.6	129.5	935.7	9.4	14.3	242
2005	84.9	4.7	2.7	47.1	1.9	121.6	1095.6	11.3	15.0	202
2006	79.7	7.9	3.6	49.3	6.9	122.6	1141.8	13.1	29.0	256
2007	84.7	4.7	4.0	42.3	18.4	126.9	1263.3	15.0	37.7	310
2008	85.1	3.9	4.0	46.2	11.8	117.3	1275.8	14.6	34.1	406
2009	70.4	5.4	4.5	48.0	8.9	108.6	1281.9	14.1	50.9	435
2010	67.1	5.1	3.0	91.8	8.7	150.7	1507.9	13.6	70.8	589
2011	65.8	1.6	2.1	106.8	14.0	177.9	1669.9	16.9	75.5	701
2012	82.1	0.8	2.1	103.1	13.7	175.2	1767.2	12.0	87.3	486
2013	77.2		1.8	128.5	5.8	208.4	1956.7	10.4	108.0	437
2014	71.9		2.5	155.2	7.4	300.3	2155.8	11.4	121.8	485
2015	64.7		1.3	160.5	6.8	321.6	2448.2	9.9	116.6	402
2016	58.8		1.0	162.7	19.3	352.4	2724.5	9.3	113.2	161
2017	46.0		1.1	157.2	4.3	320.8	2829.5	6.4	97.1	271
2018	33.1		0.9	176.2	4.5	362.5	2760.6	4.0	95.5	298
2019	36.8		1.3	187.0	4.3	403.2	2896.8	2.5	79.1	389
2020	34.0		1.5	355.7	3.9	542.7	2893.1	2.8	74.8	267
2021	33.9		2.9	440.1	4.1	610.0	3078.0	3.8	80.9	326
2022	27.8		3.6	399.5	2.6	612.1	3021.6	3.4	76.6	365
沈　阳			1.7			25.5	1515.1	1.3	74.0	
大　连			0.1	146.2		138.9	1132.7	1.7	2.4	365
鞍　山	1.7					5.4	24.8			
抚　顺				89.4		148.6				
本　溪	1.5				2.6					
丹　东			0.2					0.1	0.2	
锦　州						2.0				
营　口	0.8		0.6			35.7				
阜　新			0.1							
辽　阳				18.6		27.7				
盘　锦			0.2	145.3		215.1				
铁　岭						0.4		0.2		
朝　阳							349.1			
葫芦岛	23.8		0.8			12.8				

主要统计指标解释

工业 指从事自然资源的开采，对采掘品和农产品进行加工和再加工的物质生产部门。具体包括：(1)对自然资源的开采，如采矿、晒盐等(但不包括禽兽捕猎和水产捕捞)；(2)对农副产品的加工、再加工，如粮油加工、食品加工、缫丝、纺织、制革等；(3)对采掘品的加工、再加工，如炼铁、炼钢、化工生产、石油加工、机器制造、木材加工等，以及电力、燃气及水的生产和供应等；(4)对工业品的修理、翻新，如机器设备的修理等。

工业统计调查单位为工业法人单位。

工业法人单位指从事工业生产经营活动的法人单位。工业法人单位应同时具备以下条件：①依法成立，有自己的名称、组织机构和场所，能够独立承担民事责任；②独立拥有（或授权）使用资产，承担负债，有权与其他单位签订合同；③具有包括资产负债表在内的账户，或者能够根据需要编制账户。

企业登记注册类型 是以在市场监管部门登记注册的各类企业为划分对象，以市场监管部门对企业登记注册的类型为依据，将企业登记注册类型分为内资企业、港澳台商投资企业和外商投资企业三大类。内资企业包括国有企业、集体企业、股份合作企业、联营企业、有限责任公司、股份有限公司、私营企业和其他企业；港澳台商投资企业和外商投资企业分别包括合资经营企业、合作经营企业、独资经营企业、股份有限公司和其他企业等。

国有企业 指企业全部资产归国家所有，并按《中华人民共和国企业法人登记管理条例》规定登记注册的非公司制的经济组织。不包括有限责任公司中的国有独资公司。

集体企业 指企业资产归集体所有，并按《中华人民共和国企业法人登记管理条例》规定登记注册的经济组织。

股份合作企业 指以合作制为基础，由企业职工共同出资入股，吸收一定比例的社会资产投资组建，实行自主经营，自负盈亏，共同劳动，民主管理，按劳分配与按股分红相结合的一种集体经济组织。

联营企业 指两个及两个以上相同或不同所有制性质的企业法人或事业单位法人，按自愿、平等、互利的原则，共同投资组成的经济组织。联营企业包括国有联营企业、集体联营企业、国有与集体联营企业和其他联营企业。

有限责任公司 指根据《中华人民共和国公司登记管理条例》规定登记注册，由两个以上、五十个以下的股东共同出资，每个股东以其所认缴的出资额对公司承担有限责任，公司以其全部资产对其债务承担责任的经济组织。有限责任公司包括国有独资公司以及其他有限责任公司。

股份有限公司 指根据《中华人民共和国公司登记管理条例》规定登记注册，其全部注册资本由等额股份构成并通过发行股票筹集资本，股东以其认购的股份对公司承担有限责任，公司以其全部资产对其债务承担责任的经济组织。

私营企业 指由自然人投资设立或由自然人控股，以雇佣劳动为基础的营利性经济组织。包括按照《公司法》《合伙企业法》以及《个人独资企业法》规定登记注册的私营独资企业、私营合伙企业、私营有限责任公司、私营股份有限公司和个人独资企业。

其他企业 指上述企业之外的其他内资经济组织。

与港澳台商合资经营企业 指港澳台地区投资者与内地企业依照原《中华人民共和国中外合资经营企业法》及有关法律的规定，按合同规定的比例投资设立，分享利润、分担风险和亏损的企业。

与港澳台商合作经营企业 指港澳台地区投资者与内地企业依照原《中华人民共和国中外合作经营企

业法》及有关法律的规定，依照合作合同的约定进行投资或提供条件设立，分配利润、分担风险和亏损的企业。

港澳台商独资经营企业 指依照原《中华人民共和国外资企业法》及有关法律的规定，在内地由港澳台地区投资者全额投资设立的企业。

港澳台商投资股份有限公司 指根据国家有关规定，经商务部（原外经贸部）批准设立，并且其中港、澳、台商的股本占公司注册资本的比例达 25%以上的股份有限公司。凡其中港、澳、台商的股本占公司注册资本的比例小于 25%的，属于内资中的股份有限公司。

其他港澳台商投资企业 指在中国境内参照原《外国企业或个人在中国境内设立合伙企业管理办法》和《外商投资合伙企业登记管理规定》，依法设立的港、澳、台商投资合伙企业等。

中外合资经营企业 指外国企业或外国人与中国内地企业依照原《中华人民共和国中外合资经营企业法》及有关法律的规定，按合同规定的比例投资设立，分享利润和分担风险和亏损的企业。

中外合作经营企业 指外国企业或外国人与中国内地企业依照原《中华人民共和国中外合作经营企业法》及有关法律的规定，依照合作合同的约定进行投资或提供条件设立，分配利润、分担风险和亏损的企业。

外资企业 指依照原《中华人民共和国外资企业法》及有关法律的规定，在中国内地由外国投资者全额投资设立的企业。

外商投资股份有限公司 指根据国家有关规定，经商务部（原外经贸部）批准设立，并且其中外资的股本占公司注册资本的比例达 25% 以上的股份有限公司。凡其中外资股本占公司注册资本的比例小于 25%的，属于内资企业中的股份有限公司。

其他外商投资企业 指在中国境内依照原《外国企业或个人在中国境内设立合伙企业管理办法》和《外商投资合伙企业登记管理规定》，依法设立的外商投资合伙企业等。

国有控股企业 即原来的国有及国有控股企业，根据企业实收资本中国有经济成分的出资人的实际投资情况，或国有经济成分的出资人对企业资产的实际控制、支配程度进行分类。以下情况为国有控股：（1）在企业的全部实收资本中，国有经济成分的出资人拥有的实收资本（股本）所占企业全部实收资本（股本）的比例大于 50%的国有绝对控股。（2）在企业的全部实收资本中，国有经济成分的出资人拥有的实收资本（股本）所占比例虽未大于 50%，但相对大于其他任何一方经济成分的出资人所占比例的国有相对控股；或者虽不大于其他经济成分，但根据协议规定拥有企业实际控制权的国有协议控股。（3）投资双方各占 50%，且未明确由谁绝对控股的企业，若其中一方为国有经济成分的，一律按国有控股处理。

资产总计 指企业过去的交易或者事项形成的、由企业拥有或者控制的、预期会给企业带来经济利益的资源。包括企业拥有的土地、办公楼、厂房、机器、运输工具、存货等实物资产和现金、存款、应收账款和预付账款等金融资产。资产一般按流动性分为流动资产和非流动资产。其中流动资产可分为货币资金、交易性金融资产、应收票据、应收账款、预付款项、其他应收款、存货等；非流动资产可分为长期股权投资、固定资产、无形资产及其他非流动资产等。来源于会计“资产负债表”中“资产总计”项目的期末余额数。

流动资产合计 资产满足以下条件之一应归为流动资产：（1）预计在一个正常营业周期中变现、出售或耗用，主要包括存货、应收账款等；（2）主要为交易目的而持有；（3）预计在资产负债表日起一年内（含一年）变现；（4）自资产负债日起一年内，交换其他资产或清偿负债的能力不受限制的现金或现金等价物。包括货币资金、应收票据、应收账款、存货等项目。来源于会计“资产负债表”中“流动资产合计”项目的期末余额数。

负债合计 指企业过去的交易或者事项形成的，预期会导致经济利益流出企业的现时义务。包括银行贷款、借款、应付账款、应付职工工资、应付职工福利费、应交税金等企业负有偿还责任的债务。负债一般按偿还期长短分为流动负债和非流动负债。来源于会计“资产负债表”中“负债合计”项目的期末余额数。

流动负债合计 负债满足下列条件之一的应归为流动负债：（1）预计在一个正常营业周期中清偿；（2）主要为交易目的而持有；（3）自资产负债表日起一年内到期应予清偿；（4）企业无权自主地将清偿推迟至资产负债表日后一年以上。包括短期借款、应付票据、应付账款、应付职工薪酬、应交税费等项目。来源于会计“资产负债表”中“流动负债合计”项目的期末余额数。

所有者权益合计 指企业资产扣除负债后由所有者享有的剩余权益。公司的所有者权益又称股东权益。包括实收资本、资本公积、盈余公积、未分配利润等。来源于会计“资产负债表”中“所有者权益合计”项目的期末余额数。

实收资本 指企业各投资者实际投入的资本（或股本）总额，包括货币、实物、无形资产等各种形式的投入。实收资本按投资主体可分为国家资本、集体资本、法人资本、个人资本、港澳台资本和外商资本。来源于会计“资产负债表”中“所有者权益”项下“实收资本”的期末余额数。

固定资产原价 指固定资产的成本，包括企业在购置、自行建造、安装、改建、扩建、技术改造某项固定资产时所发生的全部支出总额。来源于会计“固定资产”科目的期末借方余额。

营业收入 指企业从事销售商品、提供劳务和让渡资产使用权等生产经营活动形成的经济利益流入。营业收入包括“主营业务收入”和“其他业务收入”。来源于会计“利润表”中“营业收入”项目的本年累计数。

营业成本 指企业从事销售商品、提供劳务和让渡资产使用权等生产经营活动发生的实际成本。包括企业（单位）在报告期内从事销售商品、提供劳务等日常活动发生的各种耗费。包括“主营业务成本”和“其他业务成本”。来源于会计“利润表”中“营业成本”项目的本年累计数。

税金及附加 指企业因从事生产经营活动按税法规定应缴纳的消费税、城市维护建设税、资源税、环境保护税、教育费附加、房产税、城镇土地使用税、车船税、印花税等相关税费。来源于会计“利润表”中“税金及附加”项目的本年累计数。

销售费用 指企业在销售商品和材料、提供劳务的过程中发生的各种费用，包括保险费、包装费、展览费和广告费、商品维修费、预计产品质量保证损失、运输费、装卸费等以及为销售本企业商品而专设的销售机构（含销售网点、售后服务网点等）的职工薪酬、业务费、折旧费等经营费用。

利润总额 指企业在一定会计期间的经营成果，是生产经营过程中各种收入扣除各种耗费后的盈余，反映企业在报告期内实现的盈亏总额。来源于会计“利润表”中“利润总额”项目的本年累计数。

从业人员平均人数 指报告期内（年度）平均拥有的从业人员数。不得用期末人数替代。

总资产贡献率 计算公式为：

总资产贡献率（%）=（利润总额+税金及附加+利息净支出+应交增值税）÷资产总计×100%

资产负债率 计算公式为：

资产负债率（%）=负债合计÷资产总计×100%

工业成本费用利润率 计算公式为：

工业成本费用利润率（%）=利润总额÷（营业成本+销售费用+管理费用+研发费用+财务费用）×100%

十五、建筑业

Chapter 15 Construction

资料整理：万　鹏

15-1 建筑业企业概况

年 份	有施工的企业	内资企业			港澳台商投资企业	外商投资企业
			国有企业	集体企业		
企业单位数(个)						
1985	892	892	192	700		
1990	1537	1537	294	1243		
1991	1509	1509	302	1207		
1992	1652	1652	340	1312		
1993	2425	2396	464	1908	8	21
1994	2757	2715	554	2130	9	33
1995	2648	2607	568	1999	13	28
1996	2410	2368	562	1747	23	19
1997	2387	2329	554	1712	26	32
1998	2366	2299	557	1447	38	29
1999	2626	2547	580	1465	39	40
2000	2738	2667	556	1463	38	33
2001	2662	2585	555	1027	47	30
2002	2505	2426	448	657	42	37
2003	2716	2633	397	526	35	48
2004	3124	3044	373	409	30	50
2005	3299	3215	348	370	33	51
2006	3435	3357	319	350	28	50
2007	3493	3417	298	324	28	48
2008	4265	4189	293	318	24	52
2009	4785	4704	282	299	24	57
2010	5417	5345	277	335	21	51
2011	5534	5460	253	253	24	50
2012	6428	6359	274	323	24	44
2013	6724	6654	189	298	30	40
2014	6711	6649	178	283	27	35
2015	6477	6416	170	256	27	34
2016	6374	6324	153	236	20	29
2017	6619	6573	161	220	19	26
2018	6286	6249	109	175	15	22
2019	6667	6634	106	169	12	20
2020	5638	5615	114	124	7	16
2021	5816	5792	111	94	11	13
2022	5772	5745	113	93	10	17
年末从业人员(万人)						
1985	69.26	69.26	36.63	32.63		
1990	97.07	97.07	44.81	52.26		
1991	97.34	97.34	45.27	52.07		
1992	108.55	108.55	47.86	60.69		
1993	159.70	159.70	46.80	63.90		
1994	135.20	135.20	40.08	45.07		
1995	89.66	89.66	37.48	49.49		
1996	102.69	102.69	48.63	52.43		
1997	107.35	107.35	50.39	54.87		
1998	98.51	97.66	43.88	44.89	0.44	0.41
1999	103.22	102.26	43.08	43.78	0.39	0.57
2000	95.99	95.06	35.96	40.55	0.42	0.51
2001	98.62	97.40	31.26	31.48	0.83	0.39
2002	95.14	94.07	25.97	23.72	0.58	0.49
2003	96.68	95.04	22.41	19.80	0.34	1.30

注：1.施工企业总产值即是施工产值。
2.1996年建筑业统计范围为资质等级四级以上。
3.从1996年以后，农村建筑队改为建筑业企业资质等级四级以下即非等级企业。
4.2004年以后数据，建筑业部分的所有指标口径均为总承包与专业承包企业。
5.有施工的企业，而不是全部企业。

15-1 续表

年 份	有施工的企业	内资企业	国有企业	集体企业	港澳台商投资企业	外商投资企业
2004	100.35	98.79	19.85	15.58	0.32	1.24
2005	91.72	89.92	19.27	13.07	0.36	1.44
2006	99.65	97.65	16.79	12.37	0.80	1.20
2007	99.35	97.08	15.67	10.90	0.42	1.85
2008	109.31	107.61	16.26	11.24	0.42	1.28
2009	132.61	130.66	16.21	12.82	0.46	1.49
2010	165.80	163.80	16.71	14.00	0.33	1.72
2011	171.70	168.24	18.10	11.67	1.63	1.83
2012	203.19	201.83	15.85	13.15	0.48	0.87
2013	197.88	196.44	10.69	11.14	0.40	1.03
2014	174.45	173.28	11.54	8.86	0.58	0.59
2015	135.18	134.24	9.89	7.02	0.44	0.50
2016	127.02	125.70	6.07	7.21	1.02	0.31
2017	104.89	103.98	4.75	6.21	0.62	0.29
2018	74.54	73.72	1.88	4.55	0.60	0.22
2019	67.20	66.65	1.57	3.53	0.45	0.10
2020	60.89	60.47	2.44	2.52	0.35	0.07
2021	55.96	55.60	2.18	1.38	0.31	0.05
2022	49.21	48.85	2.40	1.14	0.30	0.07
建筑业总产值(亿元)						
1980	18.4	18.4	14.5	3.9		
1985	49.6	49.6	30.4	19.2		
1990	126.6	126.6	74.5	52.1		
1991	144.1	144.1	82.6	61.5		
1992	217.3	217.3	120.5	96.8		
1993	318.7	317.3	162.5	144.7	0.4	1.0
1994	385.2	383.0	209.0	168.5	0.4	1.8
1995	407.3	405.0	222.3	176.8	0.4	1.9
1996	400.5	396.9	174.3	130.9	1.7	1.9
1997	429.1	425.1	245.7	169.5	1.7	2.3
1998	419.0	412.7	216.9	143.8	4.1	2.2
1999	489.3	476.7	224.9	160.0	7.2	5.4
2000	598.1	584.9	252.1	176.3	7.7	5.5
2001	761.2	581.5	262.8	162.9	114.8	64.9
2002	839.3	819.9	265.3	140.7	10.1	9.3
2003	1017.1	981.7	285.5	131.6	6.6	28.8
2004	1245.1	1209.8	323.7	104.3	4.6	30.7
2005	1481.7	1447.0	386.6	114.0	6.2	28.5
2006	1775.0	1716.7	387.9	130.2	16.8	41.5
2007	2100.0	2038.7	413.7	133.2	10.7	50.6
2008	2505.2	2467.4	492.0	139.4	9.8	37.8
2009	3384.6	3333.2	565.0	172.0	8.8	42.6
2010	4690.3	4637.5	601.9	219.4	7.1	45.7
2011	6218.3	6086.1	682.4	308.7	71.2	61.0
2012	7543.3	7490.1	750.2	344.8	17.2	35.7
2013	8629.7	8574.7	500.9	346.1	23.3	31.7
2014	7851.1	7802.8	383.7	295.8	23.1	25.3
2015	5413.8	5378.6	268.7	172.6	18.3	16.9
2016	3927.0	3854.1	194.3	123.3	63.2	9.6
2017	3688.3	3646.9	204.1	96.7	33.5	7.9
2018	3528.4	3484.3	69.3	75.1	37.6	6.5
2019	3554.6	3508.5	68.8	69.4	41.4	4.6
2020	3816.2	3788.1	95.3	64.0	24.7	3.5
2021	4044.9	4012.4	103.0	55.9	29.1	3.4
2022	3936.9	3897.8	208.2	50.9	36.2	2.9

15-2 建筑施工企业个数(不含劳务分包)

(2022年) 单位：个

地区	企业个数	按登记注册类型分组						
		国有企业	集体企业	股份合作企业	联营企业	有限责任公司	股份有限公司	私营企业
全省	**5772**	**113**	**93**	**16**	**2**	**747**	**43**	**4730**
沈阳	1822	33	15		1	180	11	1571
大连	1228	12	10	10		145	8	1033
鞍山	332	15	20	1	1	65	6	224
抚顺	140	4	8	1		30		96
本溪	166	4	2			37	1	122
丹东	271	10	5	1		23	3	229
锦州	259	6	7	1		37	3	203
营口	300	1		1		23	1	274
阜新	199	9	2			36	3	148
辽阳	144	3	12	1		15	2	111
盘锦	253	1				59	4	189
铁岭	133	5	5			23		99
朝阳	285	5	2			52	1	224
葫芦岛	240	5	5			22		207

15-2 续表 (2022年) 单位：个

地区	按登记注册类型分组			按经济组织类型分组			
	其他企业	港澳台商投资企业	外商投资企业	独资企业	合作伙伴企业	股份有限公司	有限责任公司
全省	**1**	**10**	**17**	**258**	**25**	**95**	**5394**
沈阳	1	7	3	65	3	35	1719
大连		2	8	28	12	16	1172
鞍山				41	2	9	280
抚顺			1	13	1	2	124
本溪				7		1	158
丹东				18	2	6	245
锦州			2	13	1	3	242
营口				1	1	6	292
阜新			1	12	1	4	182
辽阳				17	1	2	124
盘锦				4		7	242
铁岭			1	12		2	119
朝阳		1		9		2	274
葫芦岛			1	18	1		221

15-3 建筑施工企业主要经济指标

(2022年)

指标	单位	合计	按登记注册类型分组						
			国有企业	集体企业	股份合作企业	联营企业	有限责任公司	股份有限公司	私营企业
施工企业单位个数	个	5772	113	93	16	2	747	43	4730
全部从业人员年期末人数	万人	49.2	2.4	1.1	0.1		17.0	2.2	26.0
固定资产原价	亿元	661.0	39.5	10.6	1.1	0.1	303.0	15.1	275.5
年末自有施工机械设备台数	万台	7.5	0.7	0.1			4.6	0.1	1.9
年末自有施工机械设备净值	亿元	48.9	3.3	0.2			35.5	0.8	9.2
年末自有施工机械设备总功率	万千瓦	367.1	26.5	1.3		0.2	255.9	16.9	66.3
建筑业总产值	亿元	3936.9	208.2	50.9	2.6	1.7	1917.4	116.3	1600.5
资产合计	亿元	6783.5	408.2	92.8	14.5	1.6	3147.4	154.2	2864.8
流动资产合计	亿元	5702.7	311.2	76.2	13.9	1.2	2662.8	126.3	2424.0
#实收资本	亿元	982.8	39.2	11.9	0.8	0.2	381.4	20.8	501.0
#固定资产本年折旧	亿元	36.0	1.3	0.5			13.6	1.2	17.5
#营业收入	亿元	3697.4	211.7	52.7	3.1	1.7	1678.0	110.3	1612.1
#营业成本	亿元	3415.5	194.7	48.2	2.7	1.6	1562.1	103.4	1480.9
#应付职工薪酬	亿元	336.2	20.5	6.0	0.3	0.1	164.7	9.0	132.9
#营业税金及附加	亿元	16.0	0.8	0.4			5.2	0.3	9.0
#管理费用	亿元	187.0	14.5	3.2	0.2	0.1	62.9	2.9	97.4
#财务费用	亿元	31.0	2.10		0.1		15.8	0.4	13.6
#营业利润	亿元	31.6	-7.2	1.4			5.7	1.1	29.6
房屋建筑施工面积	万平方米	13329.4	77.1	168.3	0.2		5714.4	505.5	6863.4
#本年新开工房屋建筑面积	万平方米	3514.8	61.2	86.2	0.2		1207.2	134.7	2024.8
房屋建筑竣工面积	万平方米	3633.2	66.2	48.9	0.2		1030.4	132.8	2354.7
利润总额	亿元	33.8	-5.7	1.3			6.0	1.0	28.9
应交增值税	亿元	83.5	2.5	1.9	0.1		35.2	1.9	41.6
利税总额	亿元	106.6	3.8	2.3	0.1		42.3	2.4	55.0
按总产值计算的劳动生产率	元/人	590400	805893	323588	393556	943431	762843	455912	466395
技术装备率	元/人	7335	12582	1348	973	16702	14107	2982	2678
动力装备率	千瓦/人	5.5	10.3	0.8	0.1	9.0	10.2	6.6	1.9
房屋建筑面积竣工率	%	0.3	0.9	0.3	1.0		0.2	0.3	0.3
产值利润率	%	0.9	-2.7	2.6	0.5	1.1	0.3	0.9	1.8
产值利税率	%	2.7	1.8	4.5	4.7	2.3	2.2	2.1	3.4
亏损企业个数	个	1898	36	33	6		245	13	1552

15-3 续表 (2022年)

指　标	单位	按登记注册类型分组			按经济组织类型分组			
		其他企业	港澳台商投资企业	外商投资企业	独资企业	合作伙伴企业	股份有限公司	有限责任公司
施工企业单位个数	个	1	10	17	258	25	95	5394
全部从业人员年期末人数	万人		0.3	0.1	4.0	0.1	2.6	42.5
固定资产原价	亿元		11.2	5.1	61.3	1.3	22.2	576.1
年末自有施工机械设备台数	万台				0.8		0.2	6.5
年末自有施工机械设备净值	亿元				3.5		0.8	44.6
年末自有施工机械设备总功率	万千瓦				27.8	0.2	17.4	321.7
建筑业总产值	亿元	0.1	36.2	2.9	303.5	5.6	159.0	3468.8
资产合计	亿元		90.2	9.8	597.3	16.9	233.3	5935.9
流动资产合计	亿元		82.2	4.9	474.6	15.8	195.5	5016.8
#实收资本	亿元		24.3	3.1	76.8	1.1	37.3	867.6
#固定资产本年折旧	亿元		1.7	0.1	3.7		1.6	30.6
#营业收入	亿元	0.1	24.3	3.4	296.6	6.3	157.6	3236.9
#营业成本	亿元	0.1	19.1	2.8	269.3	5.7	145.4	2995.2
#应付职工薪酬	亿元		2.1	0.6	29.2	0.5	12.2	294.3
#营业税金及附加	亿元		0.2		1.4		0.5	14.0
#管理费用	亿元		4.8	0.9	22.6	0.4	5.3	158.7
#财务费用	亿元		-1.3	0.1	0.7	0.1	0.6	29.5
#营业利润	亿元		1.5	-0.5	-4.3	0.1	2.9	32.9
房屋建筑施工面积	万平方米		0.5		261.7	1.4	579.2	12487.0
#本年新开工房屋建筑面积	万平方米		0.5		154.3	0.2	154.2	3206.2
房屋建筑竣工面积	万平方米				128.7	0.4	149.0	3355.0
利润总额	亿元		2.6	-0.5	-1.6	0.1	2.8	32.6
应交增值税	亿元		0.2	0.1	4.6	0.1	2.8	75.9
利税总额	亿元		0.4	0.2	6.7	0.2	3.8	96.0
按总产值计算的劳动生产率	元/人	1111111	1202143	212093	648777	516764	516608	589754
技术装备率	元/人			53	7502	3487	2633	7575
动力装备率	千瓦/人			0.2	5.9	1.8	5.7	5.5
房屋建筑面积竣工率	%				0.5	0.3	0.3	0.3
产值利润率	%	1.0	7.1	-16.2	-0.5	1.4	1.7	0.9
产值利税率	%	0.2	1.1	5.6	2.2	3.2	2.4	2.8
亏损企业个数	个		4.0	9.0	81.0	7.0	27.0	1783.0

15-4 建筑业总产值

(2022年) 单位：千元

地 区	建筑业总产值	按登记注册类型分组						
		国有企业	集体企业	股份合作企业	联营企业	有限责任公司	股份有限公司	私营企业
全 省	**393686564**	**20824266**	**5087449**	**263289**	**170761**	**191743596**	**11629410**	**160053230**
沈 阳	180918845	9290432	497485		32761	95777523	4815730	66881979
大 连	81224920	3610398	160604	105448		35477171	3858176	37857503
鞍 山	28612085	1917969	1597245	95750	138000	17478399	117049	7267673
抚 顺	7805919	235180	326431	3430		4226019		3012360
本 溪	7185196	122996	66580			4505856	110357	2379407
丹 东	7922982	627651	233901	22181		1062360	111077	5865812
锦 州	9324712	2624352	515990	13010		1969529	208792	3989723
营 口	9588659	53010		5600		722823	26000	8781226
阜 新	8205825	850207	17871			2962440	167916	4184321
辽 阳	15507517	29036	878371	17870		11707382	7049	2867809
盘 锦	16385617	295874				9803967	1978385	4307391
铁 岭	5689279	115573	201187			1700704		3644838
朝 阳	9364721	246546	435795			3240576	228879	5189942
葫芦岛	5950287	805042	155989			1108847		3823246

15-4 续表 (2022年) 单位：千元

地 区	按登记注册类型分组			按经济组织类型分组			
	其他企业	港澳台商投资企业	外商投资企业	独资企业	合作伙伴企业	股份有限公司	有限责任公司
全 省	**10000**	**3618449**	**286114**	**30351734**	**555004**	**15902731**	**346877095**
沈 阳	10000	3523836	89099	13811289	124761	8097216	158885579
大 连		71630	83990	3809769	116664	4452021	72846466
鞍 山				3714169	233750	147097	24517069
抚 顺			2499	563185	3430	19325	7219979
本 溪				190368		110357	6884471
丹 东				884536	30134	136855	6871457
锦 州			3316	3140342	13010	208792	5962568
营 口				53010	5600	103670	9426379
阜 新			23070	883173	7375	189309	7125968
辽 阳				931552	17870	7049	14551046
盘 锦				311359		2190032	13884226
铁 岭			26977	344837		4647	5339795
朝 阳		22983		683044		236361	8445316
葫芦岛			57163	1031101	2410		4916776

15-5 建筑业企业资产

(2022年) 单位：千元

地区	资产合计	按登记注册类型分组						
		国有企业	集体企业	股份合作企业	联营企业	有限责任公司	股份有限公司	私营企业
全省	**678353506**	**[illegible]**	**9282072**	**1454469**	**163969**	**314736887**	**15415699**	**286477417**
沈阳	249655332	[illegible]	676708		83247	126244572	5851178	92396974
大连	154210038	[illegible]	712748	188397		68770280	6185389	68445264
鞍山	41929366	[illegible]	1677134	965625	80722	26517434	361361	9877835
抚顺	12709728	[illegible]	496247	13267		5221639		6626716
本溪	13252835	[illegible]	51851			8247580	264296	4484264
丹东	35718846	[illegible]	168456	56075		3321486	598376	30041947
锦州	22187848	[illegible]	755756	200275		4658771	239300	8598035
营口	20777361	[illegible]		12300		1829105	31420	18847648
阜新	12153489	[illegible]	37909			3600935	143283	7226727
辽阳	23985592	[illegible]	1507180	18530		13671217	9239	8486607
盘锦	50180503	[illegible]				37934740	1486933	10377895
铁岭	14416228	[illegible]	500540			8370403		4980712
朝阳	14824497	[illegible]	2201039			4454539	244924	7413923
葫芦岛	12351843	[illegible]	496504			1894186		8672870

15-5 续表 (2022年) 单位：千元

地区	按登记注册类型分组			按经济组织类型分组			
	其他企业	港澳台商投资企业	外商投资企业	独资企业	合作伙伴企业	股份有限公司	有限责任公司
全省	**3382**	**9016193**	**981569**	**59733507**	**1694428**	**23333386**	**593592185**
沈阳	3382	8714389	104072	25150093	116629	12054865	212333745
大连		187332	250510	10222952	198870	6670968	137117248
鞍山				4405355	1046347	393618	36084046
抚顺			27164	825249	13267	225057	11646155
本溪				277486		264296	12711053
丹东				1726777	69495	647564	33275010
锦州			191689	8299778	200275	239300	13448495
营口				56888	12300	157404	20550769
阜新			71441	1123879	15350	172358	10841902
辽阳				1834227	18530	9239	22123596
盘锦				404643		2165403	47610457
铁岭			35101	1168808		69318	13178102
朝阳		114472		2596868		263996	11963633
葫芦岛			301592	1640504	3365		10707974

15-6 各地区建筑业企业负债

(2022年) 单位：千元

地区	负债合计	按登记注册类型分组						
		国有企业	集体企业	股份合作企业	联营企业	有限责任公司	股份有限公司	私营企业
全省	**506622460**	**33502480**	**7404440**	**1314239**	**159624**	**252302922**	**11112802**	**196084554**
沈阳	189341849	13608504	314936		74197	104817711	3763504	62954552
大连	110602402	6429887	526648	105682		53470449	5117516	44645521
鞍山	31802872	1685551	1254243	960625	85427	21760170	203080	5853776
抚顺	9798521	259713	448469	323		3762569		5261996
本溪	10253779	130769	40183			7356975	43313	2682539
丹东	29140535	1192649	88942	39342		2703416	466981	24649205
锦州	18295262	6940717	535228	185190		5080005	157822	5268745
营口	14120422	67661		12298		1492655	26089	12521719
阜新	8698885	893917	47414			2560283	139653	4978787
辽阳	18676218	206527	1220533	10779		11591747	7969	5638663
盘锦	33467963	361494				24882697	1016362	7207410
铁岭	12447994	384575	408981			8092492		3550089
朝阳	10645481	198761	2101903			3294610	170513	4787846
葫芦岛	9330277	1141755	416960			1437143		6083706

15-6 续表 (2022年) 单位：千元

地区	按登记注册类型分组			按经济组织类型分组			
	其他企业	港澳台商投资企业	外商投资企业	独资企业	合作伙伴企业	股份有限公司	有限责任公司
全省	**3305**	**3997823**	**740271**	**45258497**	**1526851**	**16271093**	**443566019**
沈阳	3305	3752020	53120	17869926	102902	7830813	163538208
大连		153955	152744	6984790	107864	5332840	98176908
鞍山				3075579	1046052	226741	27454500
抚顺			65451	713467	323	127959	8956772
本溪				181664		43313	10028802
丹东				1301461	43312	501154	27294608
锦州			127555	7475945	185190	157822	10476305
营口				67661	12298	86378	13954085
阜新			78831	955149	15295	148727	7579714
辽阳				1452616	10779	7969	17204854
盘锦				371622		1599841	31496500
铁岭			11857	899769		32551	11515674
朝阳		91848		2300679		174985	8169817
葫芦岛			250713	1608169	2836		7719272

15-7 各地区建筑业企业实收资本

(2022年) 单位：千元

地区	实收资本合计	按登记注册类型分组						
		国有企业	集体企业	股份合作企业	联营企业	有限责任公司	股份有限公司	私营企业
全省	**98279526**	[illegible]	**1191347**	**81146**	**18200**	**38137523**	**2084181**	**50104600**
沈阳	34330372	[illegible]	121441		9050	14471281	1231925	14563799
大连	23862347	[illegible]	88791	39074		8673003	571201	13856600
鞍山	6838707	[illegible]	336847	5000	9150	3386560	98492	2322327
抚顺	2203083	[illegible]	66771			883020		1208322
本溪	2190480	[illegible]	5256			1083481	41000	1025066
丹东	2872332	[illegible]	57632	25000		478160	4541	2194289
锦州	3997259	[illegible]	85764	6000		847030	61019	2343752
营口	4198377	[illegible]		2		309706	10000	3833603
阜新	1819700	[illegible]	3167			508626	1500	1142379
辽阳	5118670	[illegible]	255711	6070		3203491	110	1591983
盘锦	4478970	[illegible]				2302169	20000	2151801
铁岭	2087232	[illegible]	93994			1057028		836035
朝阳	2281124	[illegible]	50000			581800	44393	1495454
葫芦岛	2000873	[illegible]	25973			352168		1539190

15-7 续表 (2022年) 单位：千元

地区	按登记注册类型分组			按经济组织类型分组			
	其他企业	港澳台商投资企业	外商投资企业	独资企业	合作伙伴企业	股份有限公司	有限责任公司
全省		**2425100**	**313729**	**7679972**	**107541**	**3731663**	**86760350**
沈阳		2385697	99954	3898073	11170	2463751	27957378
大连		19400	115773	598629	45094	708801	22509823
鞍山				1127640	14150	106171	5590746
抚顺			20000	92091		77500	2033492
本溪				50933		41000	2098547
丹东				170342	25000	6101	2670889
锦州			68070	671388	6000	61019	3258852
营口				45066	2	63357	4089952
阜新				167195	55	21500	1630950
辽阳				317703	6070	110	4794787
盘锦				4531		113826	4360613
铁岭				194169		10000	1883063
朝阳		20003		139719		58527	2082878
葫芦岛			9932	202493			1798380

15-8 各地区建筑业企业主营业务税金合计

(2022年) 单位：千元

地　区	税金合计	按登记注册类型分组						
		国有企业	集体企业	股份合作企业	联营企业	有限责任公司	股份有限公司	私营企业
全　省	**9621977**	**318415**	**208238**	**11344**	**3400**	**3955974**	**217789**	**4855455**
沈　阳	3761033	98202	25480		2157	1929933	127345	1540379
大　连	1859575	34030	9166	5685		580544	27657	1196565
鞍　山	686999	43585	45918	1374	1243	338463	2809	253607
抚　顺	412495	6900	35337	212		252317		117729
本　溪	209521	9451	3636			110981	3224	82229
丹　东	249738	7992	1930	2098		25349	5391	206978
锦　州	375465	37170	29415	702		84238	13870	208429
营　口	204592	1502		30		19882	21	183157
阜　新	221657	22936	2647			69557	8123	118018
辽　阳	325710	1040	36828	1243		142485	170	143944
盘　锦	520602	4991				236575	24949	254087
铁　岭	189310	8827	10614			36243		132956
朝　阳	388220	13579	3711			99910	4230	266292
葫芦岛	217060	28210	3556			29497		151085

15-8 续表 (2022年) 单位：千元

地　区	按登记注册类型分组			按经济组织类型分组			
	其他企业	港澳台商投资企业	外商投资企业	独资企业	合作伙伴企业	股份有限公司	有限责任公司
全　省	**16**	**39021**	**12325**	**577818**	**16246**	**325015**	**8702898**
沈　阳	16	35082	2439	166179	2193	214427	3378234
大　连		3441	2487	44532	6301	36903	1771839
鞍　山				91973	2617	3624	588785
抚　顺				42325	212	1322	368636
本　溪				13090		3224	193207
丹　东				10331	2758	5916	230733
锦　州			1641	66585	702	13870	294308
营　口				1502	30	1443	201617
阜　新			376	25764		8188	187705
辽　阳				38630	1243	170	285667
盘　锦				4998		31232	484372
铁　岭			670	20117		336	168857
朝　阳		498		17292		4360	366568
葫芦岛			4712	34500	190		182370

15-9 各地区建筑业企业利润总额

(2022年) 单位：千元

地　区	利润总额	按登记注册类型分组						
		国有企业	集体企业	股份合作企业	联营企业	有限责任公司	股份有限公司	私营企业
全　省	**3379345**	**-56[illegible]56**	**133216**	**1261**	**1910**	**601737**	**103661**	**2893286**
沈　阳	2145750	-69[illegible]31	-15476		508	1261168	15079	1376551
大　连	231120	2[illegible]376	3257	7489		-260728	39548	395923
鞍　山	518554	4[illegible]270	11339	764	1402	289529	2960	168290
抚　顺	431317	[illegible]355	13488	-91		272623		140286
本　溪	198680	[illegible]291	3557			120478	8992	58362
丹　东	201465	[illegible]698	3282	-1591		39914	1100	136062
锦　州	56921	[illegible]692	7598	-5111		-26980	10723	43006
营　口	159070	[illegible]612		-225		27089	-5498	142316
阜　新	-33651	[illegible]307	575			-100335	855	70570
辽　阳	-62564	[illegible]1365	109900	26		-250992	-2798	79935
盘　锦	93222	-881				-6679	25447	75335
铁　岭	-776365	[illegible]5292	1093			-857139		79531
朝　阳	187490	[illegible]6882	590			85146	7253	79898
葫芦岛	28336	[illegible]4746	-5987			8643		47221

15-9 续表 (2022年) 单位：千元

地　区	按登记注册类型分组			按经济组织类型分组			
	其他企业	港澳台商投资企业	外商投资企业	独资企业	合作伙伴企业	股份有限公司	有限责任公司
全　省	**101**	**256808**	**-46379**	**-164012**	**7714**	**276230**	**3259413**
沈　阳	101	244763	-44013	-448531	2909	150028	2441344
大　连		14324	1931	35732	8897	63096	123395
鞍　山				65226	2166	2755	448407
抚　顺			-2344	21028	-91	8384	401996
本　溪				10888		8992	178800
丹　东				26686	-679	3060	172398
锦　州			-7	35290	-5111	10723	16019
营　口				-4612	-225	-3983	167890
阜　新			-9	-4856	-989	903	-28709
辽　阳				111543	26	-2798	-171335
盘　锦				-1355		27495	67082
铁　岭			-5142	1477		-188	-777654
朝　阳		-2279		17467		7763	162260
葫芦岛			3205	-29995	811		57520

15-10 各地区建筑业企业利税总额

(2022年) 单位：千元

地区	利税总额	按登记注册类型分组						
		国有企业	集体企业	股份合作企业	联营企业	有限责任公司	股份有限公司	私营企业
全省	**10660005**	**382383**	**227937**	**12480**	**3877**	**4231485**	**243487**	**5501026**
沈阳	4145679	134078	32204		2284	2065298	142147	1730276
大连	1950108	30919	9330	6629		524836	27576	1343476
鞍山	777616	48896	49768	1565	1593	370876	3125	301793
抚顺	532021	9040	38119	212		326429		158218
本溪	230352	9590	3769			123482	4122	89389
丹东	294216	15695	1952	2098		30378	5726	238367
锦州	409197	43359	31039	702		94751	16201	221491
营口	256869	1502		30		22757	21	232559
阜新	247695	26188	2666			76493	8160	133812
辽阳	366331	1071	40573	1244		146283	170	176990
盘锦	564374	5259				254718	30095	274302
铁岭	207468	9691	11097			38993		147017
朝阳	442264	17078	3857			122197	6144	292490
葫芦岛	235815	30017	3563			33994		160846

15-10 续表 (2022年) 单位：千元

地区	按登记注册类型分组			按经济组织类型分组			
	其他企业	港澳台商投资企业	外商投资企业	独资企业	合作伙伴企业	股份有限公司	有限责任公司
全省	**21**	**41234**	**16075**	**666090**	**17979**	**377846**	**9598090**
沈阳	21	36932	2439	211121	2345	249527	3682686
大连		3804	3538	41670	7295	40801	1860342
鞍山				103157	3158	3950	667351
抚顺			3	47251	212	2977	481581
本溪				13363		4122	212867
丹东				18089	2798	6280	267049
锦州			1654	74398	702	16201	317896
营口				1502	30	1579	253758
阜新			376	29035		8226	210434
辽阳				42442	1244	170	322475
盘锦				5266		37388	521720
铁岭			670	21502		339	185627
朝阳		498		20938		6286	415040
葫芦岛			7395	36356	195		199264

15-11 各地区总承包与专业承包建筑企业个数、设备及人数

(2022年)

地　　区	建筑业企业个数 (个)	年末自有机械 设备总功率 (万千瓦)	年末自有机械 设备净值 (万元)	劳动生产率 (元/人)
全　　省	**5772**	**367.1**	**489102.6**	**590400**
沈　　阳	1824	161.6	194980.6	744694
大　　连	1227	55.9	89562.7	548421
鞍　　山	332	37.1	38860.3	647845
抚　　顺	140	9.6	8766.3	490322
本　　溪	166	5.3	23967.9	407301
丹　　东	271	0.8	5407.6	402509
锦　　州	259	3.6	6588.1	358781
营　　口	300	4.7	12018.5	361359
阜　　新	199	17.3	19621.9	511617
辽　　阳	144	31.5	39368.0	524842
盘　　锦	253	26.9	37931.2	571485
铁　　岭	132	6.2	1362.6	475493
朝　　阳	285	2.7	3837.5	415600
葫 芦 岛	240	3.9	6829.4	348561

15-12 各地区国有总承包与专业承包建筑企业个数、设备及人数

(2022年)

地　　区	建筑业企业个数 (个)	年末自有机械 设备总功率 (万千瓦)	年末自有机械 设备净值 (万元)	劳动生产率 (元/人)
全　　省	**113**	**26.5**	**32511.3**	**805893**
沈　　阳	33	13.8	16015.6	1012912
大　　连	12	5.9	4590.0	1110550
鞍　　山	15	0.2	164.9	512141
抚　　顺	4	0.2	319.1	467555
本　　溪	4			327117
丹　　东	10	0.1	46.9	521738
锦　　州	6	1.9	3643.9	916964
营　　口	1			401591
阜　　新	9	1.8	2185.2	522883
辽　　阳	3	2.1	2887.7	63675
盘　　锦	1			3698425
铁　　岭	5			220981
朝　　阳	5			296686
葫 芦 岛	5	0.6	2658.0	745409

15-13 各地区集体总承包与专业承包建筑企业个数、设备及人数

(2022年)

地区	建筑业企业个数(个)	年末自有机械设备总功率(万千瓦)	年末自有机械设备净值(万元)	劳动生产率(元/人)
全省	**93**	**1.3**	**2118.6**	**323588**
沈阳	15	0.3	475.3	154594
大连	10			192571
鞍山	20			524202
抚顺	8	0.2	658	750416
本溪	2			361848
丹东	5		40.7	1224613
锦州	7		10.6	360328
营口				
阜新	2			83121
辽阳	12	0.6	710	505974
盘锦				
铁岭	5			262304
朝阳	2	0.2	224	190553
葫芦岛	5			113364

15-14 各地区总承包与专业承包建筑企业施工及竣工产值

(2022年)

单位：千元

地区	建筑业总产值				竣工产值
		建筑工程产值	安装工程产值	其他产值	
全省	**393686564**	**320414510**	**55487517**	**17784537**	**141830096**
沈阳	180918845	156151500	18051397	6715948	50917372
大连	81224920	66790503	11857166	2577251	30369599
鞍山	28612085	21499036	5430902	1682147	10031983
抚顺	7805919	5256784	1464317	1084818	3765442
本溪	7185196	5001197	1777797	406202	2581237
丹东	7922982	6952904	658578	311500	3352517
锦州	9324712	6371817	2647840	305055	4143598
营口	9588659	7917572	1317988	353099	4549784
阜新	8205825	6760157	627363	818305	4002032
辽阳	15507517	14029278	687064	791175	6424929
盘锦	16385617	6952130	8467828	965659	9197038
铁岭	5689279	3490606	1114609	1084064	3642350
朝阳	9364721	8301542	837325	225854	4747559
葫芦岛	5950287	4939484	547343	463460	4104656

15-15 各地区国有总承包与专业承包建筑企业施工及竣工产值

(2022年)

单位：千元

地区	建筑业总产值	建筑工程产值	安装工程产值	其他产值	竣工产值
全省	**20824266**	**13058952**	**6637709**	**1127605**	**7427700**
沈阳	9290432	8192846	870568	227018	2516515
大连	3610398	775804	2684594	150000	1864422
鞍山	1917969	462164	1232930	222875	849674
抚顺	235180	235180			54000
本溪	122996	122996			100296
丹东	627651	562759	45633	19259	439903
锦州	2624352	883878	1740474		88390
营口	53010	53010			13000
阜新	850207	509355		340852	427813
辽阳	2903[illegible]	9046	19990		4972
盘锦	29587[illegible]	295874			295875
铁岭	11557[illegible]	114359		1214	16424
朝阳	24654[illegible]	128137	43520	74889	159980
葫芦岛	8050[illegible]	713544		91498	596436

15-16 各地区集体总承包与专业承包建筑企业施工及竣工产值

(2022年)

单位：千元

地区	建筑业总产值	建筑工程产值	安装工程产值	其他产值	竣工产值
全省	**5087[illegible]9**	**4065804**	**618162**	**403483**	**2148556**
沈阳	497[illegible]5	448401	49084		103948
大连	160[illegible]4	135417	8775	16412	13916
鞍山	1597[illegible]45	960578	353343	283324	921746
抚顺	326[illegible]31	315747		10684	274481
本溪	66[illegible]30	66580			15300
丹东	233[illegible]01	233801	100		34684
锦州	51[illegible]90	472334		43656	241230
营口					
阜新	1[illegible]71	12910	4961		17871
辽阳	87[illegible]71	757103	121268		257770
盘锦					
铁岭	20[illegible]187	201187			73654
朝阳	43[illegible]795	408265		27530	178056
葫芦岛	1[illegible]989	53481	80631	21877	15900

15-17 各地区总承包与专业承包建筑企业施工及竣工房屋面积

(2022年) 单位：万平方米、万元

地区	房屋建筑施工面积	#本年新开工面积	房屋建筑竣工面积	房屋建筑竣工价值
全省	**13329.4**	**3514.8**	**3633.2**	**6179279.9**
沈阳	6175.4	1513.3	1366.1	2714708.0
大连	4135.9	932.8	876.9	1447279.5
鞍山	448.8	166.4	278.3	482140.4
抚顺	76.8	21.4	43.5	85607.1
本溪	75.2	35.7	35.2	88326.5
丹东	281.0	128.1	123.4	162995.9
锦州	264.8	116.3	135.3	170478.9
营口	384.2	177.7	210.3	299773.9
阜新	120.0	41.0	79.1	120644.7
辽阳	339.0	62.4	50.1	81336.3
盘锦	45.0	18.2	25.3	43118.8
铁岭	192.8	21.4	54.3	84828.4
朝阳	435.1	156.1	165.6	159249.6
葫芦岛	355.2	123.9	189.7	238791.9

15-18 各地区国有总承包与专业承包建筑企业施工及竣工房屋面积

(2022年) 单位：万平方米、万元

地区	房屋建筑施工面积	#本年新开工面积	房屋建筑竣工面积	房屋建筑竣工价值
全省	**77.1**	**61.2**	**66.2**	**80109.9**
沈阳	5.2	4.8	1.2	1329.2
大连	38.0	32.3	37.6	43009.9
鞍山	3.8	2.9	3.8	7260.8
抚顺				
本溪	3.0			
丹东	4.1	1.9	1.9	2362.0
锦州				
营口				
阜新	2.5		2.5	4863.0
辽阳				
盘锦				
铁岭	1.4	1.4	0.2	1388.0
朝阳				167.0
葫芦岛	19.0	17.8	19.0	19730.0

15-19 各地区集体总承包与专业承包建筑企业施工及竣工房屋面积

(2022年)

单位：万平方米、万元

地　区	房屋建筑施工面积	#本年新开工面积	房屋建筑竣工面积	房屋建筑竣工价值
全　省	**[illegible]68.3**	**86.2**	**48.9**	**62134.8**
沈　阳	4.1	0.1	1.9	3101.4
大　连	5.8	0.6	3.0	891.2
鞍　山	6.9	6.9	4.5	6842.5
抚　顺	0.1	0.1	0.1	828.0
本　溪				
丹　东	21.2	20.5	0.7	3468.4
锦　州	21.7	17.9	17.4	18832.4
营　口				
阜　新	1.1	1.1	1.1	1291.0
辽　阳	25.4	9.2	8.1	13157.7
盘　锦				
铁　岭	4.9	2.0	2.9	1468.2
朝　阳	77.0	27.8	9.1	11516.0
葫芦岛	0.1		0.1	738.0

15-20 各地区总承包与专业承包建筑企业年末资产负债

(2022年)

单位：千元

地　区	流动资产合计	固定资产原价	固定资产累计折旧	资产总计	流动负债合计	长期负债合计	负债合计	所有者权益合计
全　省	**570265137**	**6[illegible]98554**	**37558839**	**678353506**	**451223039**	**33554390**	**506622460**	**171825397**
沈　阳	209520705	1[illegible]31216	11313662	249655332	172668445	7117127	189341849	60313483
大　连	129571486	1[illegible]97855	9703012	154210038	102227849	5294383	110602402	43607638
鞍　山	34859898	[illegible]108337	2962282	41929366	28132071	3042258	31802872	10173371
抚　顺	11666746	[illegible]994393	1314283	12709728	8447131	1054095	9798521	2930323
本　溪	11220141	[illegible]806618	1100231	13252835	8735911	1255799	10253779	2999055
丹　东	28863190	[illegible]374221	1029508	35718846	15986809	12401641	29140535	6578311
锦　州	18118078	[illegible]029237	998906	22187848	16209459	472386	18295262	3892586
营　口	16947203	[illegible]127929	1039755	20777361	11976675	495960	14120422	6656939
阜　新	9255978	[illegible]446489	708124	12153489	7461763	115165	8698885	3454605
辽　阳	21097230	4181226	2849802	23985592	18210803	330083	18676218	5309374
盘　锦	43467341	5704438	2536383	50180503	32214576	1003800	33467963	16712539
铁　岭	12303273	1036497	604753	14416228	11114332	120464	12447994	1968234
朝　阳	12851025	1462107	653168	14824497	9766574	371303	10645481	4200943
葫芦岛	10522843	1597991	744970	12351843	8070641	479926	9330277	3027996

15-21 各地区国有总承包与专业承包建筑企业年末资产负债

(2022年)

单位：千元

地区	流动资产合计	固定资产原价	固定资产累计折旧	资产总计	流动负债合计	长期负债合计	负债合计	所有者权益合计
全省	**31116090**	**3945674**	**2217045**	**40821849**	**28091714**	**4066126**	**33502480**	**7319369**
沈阳	10882582	1469429	845943	15580810	11062141	1666774	13608504	1972306
大连	6407854	631642	361651	9470118	4338636	2091250	6429887	3040231
鞍山	2081225	380076	198803	2449255	1596063	15571	1685551	763704
抚顺	301487	23776	15653	324695	160998	62124	259713	64982
本溪	139547	76432	35665	204844	130687	82	130769	74075
丹东	1285096	292469	106961	1532506	1064600	64000	1192649	339857
锦州	6831015	403475	269600	7544022	6822168	118549	6940717	603305
营口	20372			56888	67661		67661	-10773
阜新	915687	261381	157413	1073194	873915		893917	179277
辽阳	272736	70411	51871	292819	188052	18475	206527	86292
盘锦	370860	5957	114	380935	361494		361494	19441
铁岭	439201	71749	25737	529472	384575		384575	144897
朝阳	256557	165648	87266	395600	174735	10135	198761	196839
葫芦岛	911871	93229	60368	986691	865989	19166	1141755	-155064

15-22 各地区集体总承包与专业承包建筑企业年末资产负债

(2022年)

单位：千元

地区	流动资产合计	固定资产原价	固定资产累计折旧	资产总计	流动负债合计	长期负债合计	负债合计	所有者权益合计
全省	**7616568**	**1060068**	**436307**	**9282072**	**6650852**	**113825**	**7404440**	**1877632**
沈阳	527215	192495	80095	676708	287337		314936	361772
大连	587144	135225	37584	712748	312164		526648	186100
鞍山	1514774	138640	89045	1677134	1241149	1122	1254243	422891
抚顺	405961	68491	41059	496247	448375	41	448469	47778
本溪	41124	10732	9713	51851	40183		40183	11668
丹东	106955	60875	2246	168456	88241	701	88942	79514
锦州	425521	60419	20266	755756	238678	108514	535228	220528
营口								
阜新	36537	4515	3614	37909	47094	320	47414	-9505
辽阳	1241204	302643	97018	1507180	1217406	3126	1220533	286647
盘锦								
铁岭	424900	13741	7782	500540	347891		408981	91559
朝阳	2047820	44515	25849	2201039	2101903		2101903	99136
葫芦岛	257413	27777	22036	496504	280431	1	416960	79544

15-23 各地区总承包与专业承包建筑企业损益及分配

(2022年)

单位：千元

地　区	主营业务收　入	主营业务成　本	主营业务税金及附加	其他业务利　润	管理费用	营业利润	利润总额	应　收工程款	亏损企业个　数(个)
全　省	**350228562**	**320380477**	**1272110**	**307933**	**18699397**	**3156010**	**3379345**	**147289952**	**1898**
沈　阳	155527780	142151171	459050	115606	7551614	2088890	2145750	55533241	519
大　连	72991525	66676787	201945	107799	4298793	72172	231120	44340492	508
鞍　山	28145404	26043106	132678	23786	1213830	522817	518554	10506229	106
抚　顺	7825844	6935330	45035	27806	432618	437662	431317	4028005	47
本　溪	7215723	6517246	34552	4323	442699	211368	198680	1704158	38
丹　东	7290510	6414075	40175	14806	543847	218416	201465	3318843	91
锦　州	11225772	10232033	44796	1301	615549	70168	56921	4049397	79
营　口	9343542	8571221	42299	-548	547778	161275	159070	4075827	100
阜　新	5280750	4848809	32158	-3412	388951	-15381	-33651	2412063	50
辽　阳	13267109	12461447	39830	2790	532857	-157126	-62564	4002062	60
盘　锦	12807102	11797687	56572	-3488	825343	88307	93222	5645158	96
铁　岭	5198345	4883580	-13720	3212	277882	-779200	-776365	2310910	35
朝　阳	8102747	7367464	129646	11311	574835	204807	187490	1859419	79
葫 芦 岛	6006409	5480521	27094	2641	452801	31835	28336	3504148	90

15-24 各地区国有总承包与专业承包建筑企业损益及分配

(2022年)

单位：千元

地　区	主营业务收　入	主营业务成　本	主营业务税金及附加	其他业务利　润	管理费用	营业利润	利润总额	应　收工程款	亏损企业个数(个)
全　省	**20498103**	**18533366**	**68779**	**18381**	**1447571**	**-722180**	**-566256**	**5677000**	**36**
沈　阳	7783400	7013034	26000	489	443365	-809674	-692931	1416799	14
大　连	3729753	3312644	12714	7893	387518	7031	29376	1088190	6
鞍　山	1713177	1607363	6955	98	94304	39691	44270	411642	3
抚　顺	242387	213823	765	1971	19095	5678	7355	28345	1
本　溪	149673	126628	892		16333	8023	7291	18100	1
丹　东	675024	608553	2389	6150	61980	22334	22698	129830	2
锦　州	3816008	3501396	7156		181782	13277	27692	896790	2
营　口	14958	13131	827	328	5951	-4612	-4612	-10637	1
阜　新	675746	604944	5336	-217	67770	-4759	-5307	545970	2
辽　阳	43498	36790	87	528	5780	1425	1365	155157	
盘　锦	295874	232318	641		1593	-881	-881	230718	1
铁　岭	154956	136561	746		11117	6486	5292	181315	
朝　阳	383845	335614	667	1052	32742	18177	16882	26791	
葫 芦 岛	819804	735567	3604	89	118241	-24376	-24746	557990	3

15-25 各地区集体总承包与专业承包建筑企业损益及分配

(2022年)

单位：千元

地　区	主营业务收入	主营业务成本	主营业务税金及附加	其他业务利润	管理费用	营业利润	利润总额	应收工程款	亏损企业个数(个)
全　省	**4582952**	**4175635**	**22496**	**877**	**321549**	**137540**	**133216**	**1529379**	**33**
沈　阳	452510	435064	2500		28300	-8620	-15476	141880	6
大　连	198004	189754	908		24372	1969	3257	107844	2
鞍　山	1335396	1276811	4725	478	56195	8957	11339	381205	6
抚　顺	445920	355394	2749	15	79631	13489	13488	64954	4
本　溪	68046	63974	235		4483	3063	3557	24789	
丹　东	60834	53968	148		6141	3282	3282	14400	2
锦　州	410393	390290	313		17987	7504	7598	216727	2
营　口									
阜　新	27087	25179	159		2237	555	575	12814	1
辽　阳	914566	751534	4820	384	55807	108234	109900	496062	4
盘　锦									
铁　岭	117992	106131	2924		9928	1002	1093	57665	3
朝　阳	485987	466943	2391		13020	2945	590		
葫芦岛	66217	60593	624		23448	-4840	-5987	11039	3

主要统计指标解释

建筑业统计单位 指从事房屋、构筑物建造和设备安装活动的生产单位，根据不同的组织方式，建筑业统计的调查单位分为法人建筑业企业和附营建筑施工单位。法人建筑业企业是指专门组织的独立核算的法人建筑业企业，它应同时具备的条件是：（1）依法成立，有自己的名称、组织机构和场所，能够承担民事责任；（2）独立拥有和使用资产，承担负债，有权与其他单位签订合同；（3）独立核算盈亏，能够编制资产负债表。另一种调查单位是其他行业的企业、事业单位为完成本单位固定资产建造任务而自行组织的附营建筑施工单位，它应同时具备的条件是：（1）具有一个场所，从事或主要从事建筑安装活动；（2）单独组织生产经营活动；（3）在企业内部单独核算收支。

建筑业总产值(即自行完成施工产值) 指建筑业企业或附属施工单位自行完成的按工程进度计算的建筑安装生产总值。施工产值包括

（1）建筑工程产值：指列入建筑工程预算内的各种工程价值。

（2）设备安装工程产值：指设备安装工程价值。

（3）房屋、构筑物修理产值：指房屋、构筑物修理所完成的价值，但不包括被修理房屋、构筑物本身的价值和生产设备的修理价值。

（4）非标准设备制造产值：指加工制造没有定型的、非标准的生产设备的加工费和原材料价值，不论是现场还是附属加工厂为本单位承建工程制造的非标准设备的价值，都应计算产值。

竣工产值 指在报告期内，按照设计所规定的工程内容全部完成，达到了设计规定的交工条件，经有关部门检查验收鉴定合格的单位工程价值之和。

房屋建筑施工面积 指在报告期内施工的全部房屋建筑面积。包括本期内新开工的、上期施工跨入本期继续施工、上期停建本期复工的房屋建筑面积；不包括上期开工后又停工，本期未施工的房屋建筑面积。

房屋建筑竣工面积 指在报告期内，按照设计所规定的工程内容全部完成，达到了设计规定的交工条件，经有关部门检查验收鉴定合格的房屋建筑面积。

自有机械设备年末总台数 指归本企业(或单位)所有，属于本企业固定资产的生产性机械设备年末总台数。包括施工机械、生产设备、运输设备以及其他设备。

自有机械设备年末总功率 指本企业(或单位)自有施工机械、生产设备、运输设备以及其他设备等列为在册固定资产的生产性机械设备年末总功率，按设定能力或查定能力计算。包括机械本身的动力和为该机械服务的单独动力设备，如电动机等。计量单位用千瓦，动力换算可按 1 马力=0.735 千瓦折合成千瓦数。电焊机、变压器、锅炉不计算动力。

十六、运输和邮电

Chapter 16 Transport, Post and Telecommunication Services

资料整理 张 权 董千里 杨 震 王晨旭 黄木子 陈跻峰

16-1 交通运输业基本情况

指　　标	2010年	2011年	2012年	2013年	2014年	2015年	2016年	2017年	2018年	2019年	2020年	2021年	2022年
运输线路长度(公里)													
铁路营业里程	3988	4035	4757	4875	4899	5328	5340	5543	6153	6141	6195	6302	6302
公路通车里程	101545	104026	104679	110072	114504	119362	119688	121722	122044	123830	129928	130590	130065
内河航道里程	813	813	813	813	813	813	813	813	813	813	813	813	813
民航定期航班航线里程	242959	[illegible]	244980	294175	25484833	31505963	33101550	31431252	442702	526390	386398	315502	295208
#国际航线	45094	[illegible]	34188	39564	32166	32259	34896	25985	50813	41205	46719	515	7237
客运量总计(万人)	102241	[illegible]	104113	92629	95364	75039	75077	74042	73083	71977	34440	28289	18133
铁路	13298	[illegible]	12018	13012	12820	12912	14040	14266	14422	15137	7063	7654	4111
公路	87699	[illegible]	90650	78168	80789	60269	59054	57665	56355	54599	26211	19362	13151
水运	490	549	588	534	542	504	538	552	567	530	228	268	244
民用航空	754	750	857	915	1213	1354	1445	1559	1739	1711	939	1006	627
货运量总计(万吨)	163303	[illegible]	212957	215375	231743	208562	215989	220916	229696	184954	179200	189857	180547
铁路	18622	[illegible]	17388	20484	19103	14541	16222	17734	19686	21184	23957	23148	22389
公路	127361	[illegible]	174355	172923	189174	172140	177371	184273	189737	144556	138569	152596	139403
水运	10434	[illegible]	12631	13379	13810	13439	13464	14122	13918	12498	4797	3491	4484
民用航空	10	9	10	10	12	14	14	14	15	15	10	9	7
管道	6876	[illegible]	8573	8579	9644	8429	8918	4773	6340	6701	11867	10613	14265
民用汽车拥有量(万辆)	347.9	[illegible]	449.6	482.8	538.6	596.8	666.7	731.3	800.1	864.3	934.3	1003.2	1049.3
载客汽车辆数(万辆)	225.7	[illegible]	328.6	379.9	436.5	496.1	568.5	633.1	698.4	757.8	818.9	881.9	930.0
载货汽车辆数(万辆)	67.4	[illegible]	82.2	73.5	80.0	82.7	87.1	90.2	94.1	99.2	111.1	116.8	114.5
私人汽车拥有量(万辆)	242.3	288.9	334	377.8	434.1	491.9	559.8	624.7	690.6	753.4	821.6	889.2	935.2
民用运输船舶拥有量(艘)													
#机动船	553	546	557	524	528	493	462	468	461	447	315	331	343
驳船	11	10	17	10	7	7	9	10	10	9	4	8	6
沿海主要港口货物吞吐量(万吨)	67952	[illegible]	88502	98354	103675	104859	109076	112558	100530	86124	82004	78768	74051

注：1.2014年民航加入深航沈阳分公司数据。下同。

2.2013年、2014年管道加入中国石油管道锦州输油气分公司数据。下同。

3.2013年、2014年铁路货运量和货物周转量加入地方铁路数据。下同。

4.2018年民航定期航班航线里程数据因深圳航空系统升级不能再提供数据，因此数据不可比。16-02表同本表。

5.按照交通运输部下发的“道路货物运输量专项调查数据推算方法”，根据交通运输部反馈的2019年辽宁省道路货物运输量专项调查数据结果，对2019年我省公路货运量和货物周转量进行调整。

16-2 运输线路长度

单位：公里

年 份	铁路营业里程	#辽宁省	公路通车里程	#有铺装路面简易铺装路面	#高速公路	内河航道里程	民航通航里程	#国内航线
1990	8798	3702	40109	10172	375	508	99545	89199
1991	8993	3758	40195	11471	375	508	136027	129195
1992	8993	3758	41548	13644	391	508	204870	200822
1993	8993	3758	41638	15382	406	508	271841	258947
1994	8807	3758	42763	17155	420	508	305884	242445
1995	8811	3568	43434	18590	509	508	277945	259264
1996	8811	3568	43753	19365	509	508	321207	246776
1997	8813	3569	44041	20171	509	508	179369	166238
1998	8796	3558	44483	21419	707	508	124089	110587
1999	8798	3558	45020	23023	877	813	192148	170339
2000	8800	3556	45547	24264	1068	813	219198	201702
2001	8792	3548	46603	25664	1068	813	192148	170339
2002	8809	3565	48051	27557	1637	813	239243	211331
2003	8887	3939	50095	30600	1637	813	238429	191061
2004	9299	3939	52415	34838	1637	813	335729	276409
2005	9282	3922	53521	37930	1773	813	329166	255545
2006	9309	3927	97191	43333	1849	813	376435	312239
2007	9321	3934	98101	46738	1975	813	248179	204584
2008	9431	3928	101144	52762	2747	813	200359	167458
2009	9437	3962	101117	62497	2833	813	243991	200273
2010	9460	3988	101545	63324	3056	813	242959	197865
2011	9843	4035	104026	65636	3300	813	255196	199802
2012	10948	4757	104679	68762	3912	813	244980	210792
2013	11580	4875	110072	71425	4023	813	294175	254611
2014	11727	4899	114504	72382	4172	813	25484833	25447867
2015	12894	5328	119362	78155	4195	813	31505963	31472704
2016	12906	5340	119688	81253	4195	813	33101550	33066654
2017	13100	5543	121722	85759	4212	813	31431252	31405267
2018	13839	6153	122044	94376	4331	813	442702	380695
2019	14212	6141	123830	98778	4331	813	526390	485185
2020	14368	6195	129928	103951	4331	813	386398	339679
2021	14583	6302	130590	114601	4348	813	315502	314987
2022	14583	6302	130065	116788	4348	813	295208	287971

16-3 旅客运输量

单位：万人

年 份	总计	铁路	公路	水运	民航
1990	44547	15823	28367	302	55
1991	46643	14733	31480	355	75
1992	50908	15083	35263	465	97
1993	49756	15072	34050	521	113
1994	5022[illegible]	15366	34223	502	132
1995	5222[illegible]	13928	37591	533	176
1996	5582[illegible]	11884	43193	553	198
1997	5343[illegible]	10403	42276	540	211
1998	5114[illegible]	9960	40468	474	238
1999	4923[illegible]	9937	38382	595	325
2000	515[illegible]	10174	40385	616	380
2001	522[illegible]	10038	41207	602	412
2002	543[illegible]	9701	43554	626	458
2003	508[illegible]	8706	41076	542	489
2004	580[illegible]9	9591	47370	637	501
2005	605[illegible]9	9503	49917	650	529
2006	645[illegible]3	9883	53317	714	629
2007	713[illegible]2	10417	59562	651	692
2008	90[illegible]9	11958	77510	597	664
2009	96[illegible]2	13336	81585	543	708
2010	102[illegible]1	13298	87699	490	754
2011	99[illegible]8	12016	86013	549	750
2012	104[illegible]13	12018	90650	588	857
2013	92[illegible]29	13012	78168	534	915
2014	95[illegible]64	12820	80789	542	1213
2015	7[illegible]39	12912	60269	504	1354
2016	7[illegible]77	14040	59054	538	1445
2017	7[illegible]42	14266	57665	552	1559
2018	7[illegible]083	14422	56355	567	1739
2019	7[illegible]77	15137	54599	530	1711
2020	3[illegible]440	7063	26211	228	939
2021	2[illegible]289	7654	19362	268	1006
2022	[illegible]133	4111	13151	244	627

16-4 旅客周转量

单位：亿人公里

年 份	总计	铁路	公路	水运	民航
1990	369.3	254.9	97.4	5.9	11.1
1991	392.8	259.1	111.5	6.9	15.3
1992	503.7	285.2	125.9	8.7	19.6
1993	465.9	306.0	121.3	8.7	29.9
1994	471.4	312.8	120.4	7.7	30.5
1995	451.5	292.5	109.9	8.6	40.5
1996	457.0	261.2	149.5	9.4	36.9
1997	460.9	271.5	145.5	9.2	34.7
1998	476.3	276.7	159.1	7.3	33.2
1999	496.4	291.9	149.6	11.9	43.0
2000	534.4	314.1	159.9	10.7	49.7
2001	562.4	326.5	167.1	8.4	60.4
2002	585.5	340.1	173.8	8.6	63.0
2003	545.3	306.9	164.1	7.2	67.0
2004	662.2	370.4	194.9	8.4	88.5
2005	673.1	381.4	210.1	8.4	73.2
2006	747.2	412.6	236.6	9.2	88.8
2007	806.1	436.6	263.5	8.4	97.6
2008	892.6	465.9	323.0	7.8	95.9
2009	940.0	483.5	350.1	7.0	99.4
2010	1014.0	510.1	388.8	6.4	108.7
2011	1065.4	549.0	399.7	7.0	109.7
2012	1099.4	542.2	427.2	7.5	122.5
2013	1074.7	572.7	362.4	6.5	133.1
2014	1181.5	609.0	375.6	6.5	190.4
2015	1119.4	604.7	313.1	6.0	195.7
2016	1145.1	623.4	306.7	6.0	209.0
2017	1166.5	634.9	298.9	6.1	226.7
2018	1204.4	641.3	291.5	6.0	265.6
2019	1180.7	655.3	282.4	6.0	237.0
2020	580.7	288.5	141.7	1.6	148.9
2021	589.5	333.5	96.1	1.9	158.0
2022	377.4	201.1	66.3	1.7	108.3

16-5 货物运输量

单位：万吨

年 份	总计	铁路	公路	水运	民航	管道
1990	76326.3	14306	56105	1521	1.3	4393
1991	79057.3	14624	58197	1861	2.3	4373
1992	81084.0	14852	59739	2145	2.0	4346
1993	91578.0	14953	69964	2325	2.0	4334
1994	89876.0	14096	68953	2396	3.0	4428
1995	88464.9	13073	68524	2649	3.2	4216
1996	84823.0	13053	65174	2472	4.0	4120
1997	99588.0	12972	80471	2145	5.0	3995
1998	83478.0	12100	65481	1977	5.4	3915
1999	84625.0	12162	66253	2542	7.4	3660
2000	83603.9	12523	64515	3091	8.9	3466
2001	82295.0	12990	63281	2726	6.8	3292
2002	83573.1	13126	64101	3071	8.1	3264
2003	85825.6	13135	65981	3649	9.0	3052
2004	91401.6	13844	70164	4447	8.6	2938
2005	97748.4	14271	74799	5730	9.4	2939
2006	109140.0	15750	82142	7518	11.0	3719
2007	120615.2	16552	90387	8778	11.2	4887
2008	126938.7	17400	92938	9267	10.4	7323
2009	139541.3	18262	105088	9651	9.5	6531
2010	163303.2	18622	127361	10434	10.2	6876
2011	190329.0	18716	151773	11632	8.9	8199
2012	212956.6	17388	174355	12631	9.6	8573
2013	215375.0	20484	172923	13379	9.6	8579
2014	231743.0	19103	189174	13810	12.0	9644
2015	208562.7	14541	172140	13439	13.5	8429
2016	215989.0	16222	177371	13464	14.0	8918
2017	220916.4	17734	184273	14122	14.4	4773
2018	229695.7	19686	189737	13918	14.7	6340
2019	184954.0	21184	144556	12498	15.0	6701
2020	179199.6	23957	138569	4797	9.6	11867
2021	189856.8	23148	152596	3491	8.9	10613
2022	180547.3	22389	139403	4484	6.8	14265

16-6 货物周转量

单位：亿吨公里

年 份	总计	铁路	公路	水运	民航	管道
1990	1062.5	943.3	150.8	289.3	0.2	218.9
1991	1791.1	980.1	174.2	419.6	0.3	216.9
1992	1947.6	1023.2	207.6	501.3	0.4	215.1
1993	2078.8	1044.1	227.8	593.7	0.6	212.7
1994	2085.8	1038.2	221.3	605.8	0.6	219.9
1995	2090.2	1011.4	198.5	671.1	0.7	208.5
1996	1929.0	1003.6	245.1	479.4	0.9	200.0
1997	1846.7	1047.8	297.6	316.1	0.7	191.5
1998	1568.3	900.7	206.5	314.7	0.9	145.5
1999	1794.3	926.2	207.7	531.2	1.2	127.9
2000	1809.2	962.4	209.4	572.4	1.1	63.9
2001	1861.8	976.7	215.8	607.9	1.1	60.3
2002	1914.3	970.6	221.8	661.0	1.4	59.6
2003	2426.5	1012.8	226.5	1130.6	1.6	55.0
2004	2995.6	1154.2	327.0	1461.1	1.7	51.6
2005	3400.6	1194.8	415.6	1738.2	1.6	50.5
2006	4090.9	1206.0	474.7	2361.6	1.8	46.7
2007	5865.1	1293.3	568.1	3956.6	1.8	45.2
2008	7076.8	1342.5	1354.2	4333.0	1.8	45.3
2009	7793.8	1302.1	1550.5	4896.8	1.6	42.8
2010	9071.2	1398.3	1930.3	5695.7	1.7	45.2
2011	10464.3	1540.7	2328.5	6529.4	1.5	64.2
2012	11616.2	1399.6	2675.4	7483.3	1.6	56.3
2013	12087.6	1344.0	2792.0	7837.2	1.6	112.8
2014	12353.5	1180.4	3074.9	7979.5	2.1	116.6
2015	11790.1	893.6	2850.7	7963.2	2.3	80.3
2016	12221.2	899.5	2936.8	8275.8	2.4	106.7
2017	12913.7	1088.1	3058.6	8608.9	2.5	155.6
2018	10898.0	1183.1	3152.3	6317.6	2.6	242.4
2019	9183.3	1230.3	2662.5	5027.3	2.7	260.5
2020	5556.5	1296.0	2548.3	1575.8	1.8	134.6
2021	4639.8	1240.7	2719.5	559.1	1.7	118.8
2022	4803.2	1304.6	2777.5	529.1	1.3	190.6

15-7 铁路机车车辆年末实有数

指 标	单位	2010年	2011年	2012年	2013年	2014年	2015年	2016年	2017年	2018年	2019年	2020年	2021年	2022年
中央铁路														
机车台数总计	台	1705	2[illegible]11	2041	2011	2048	1946	2099	2029	1968	1905	1861	1861	1863
内燃机车	台	1282	1[illegible]44	1453	1415	1379	1272	1282	1163	1062	990	911	905	911
客车辆数总计	辆	4608	4751	5094	5100	4933	6606	6671	6657	6567	6431	6304	6239	6237
软座车	辆	333	1407	646	707		1426	1426	1489	1528	1692	1636	1604	1604
硬座车	辆	1887	854	1849	1650	1766	1853	1725	1703	1654	1536	1498	1483	1481
软卧车	辆	348	354	374	379	418	457	484	471	447	425	400	399	399
硬卧车	辆	1714	1793	1872	1831	2071	2216	2353	2311	2268	2161	2156	2149	2149
餐车	辆	212	221	220	210	230	250	269	268	257	226	226	389	389
辽宁省境内各分局														
机车台数总计	台	990	1205	1146	1111	1175	1190	1212	1205	1227	1167	1090	1104	1087
内燃机车	台	567	538	558	515	506	518	515	503	541	481	414	428	409
客车辆数总计	辆	3006	3013	3226	3475	3067	4467	4473	4437	4335	4158	4115	4102	4054
软座车	辆	303	65	615	690		1402	1402	1430	1478	1576	1524	1472	1464
硬座车	辆	1208	1180	1158	1105	1172	1179	1069	1039	993	874	836	823	809
软卧车	辆	209	531	238	248	255	272	299	292	270	248	237	246	244
硬卧车	辆	109[illegible]	1036	1016	1093	1211	1211	1279	1258	1194	1106	1155	1191	1173
餐车	辆	123	125	119	126	138	140	153	153	141	114	118	125	122

16-8 辽宁省辖区铁路主要站旅客发送量

单位：万人

车站名称	2010年	2011年	2012年	2013年	2014年	2015年	2016年	2017年	2018年	2019年	2020年	2021年	2022年
总 计	**13298.0**	**12016.4**	**12017.5**	**13011.6**	**12819.7**	**12911.8**	**14040.2**	**14265.6**	**14421.8**	**15137.1**	**7062.8**	**7654.1**	**4111.0**
开原	157.3	143.3	140.1	127.7	138.5	144.9	146.9	142.9	138.0	139.9	55.2	51.4	22.0
铁岭	297.3	233.2	200.0	187.7	210.6	217.5	220.2	221.8	204.5	199.9	76.7	72.8	31.5
沈阳	1433.3	1500.5	1618.8	1808.2	2025.6	2182.6	2445.6	2587.9	2675.1	2936.5	1313.6	1294.0	681.8
苏家屯	142.5	92.2	94.8	98.6	92.8	84.9	79.8	81.1	78.8	76.0	25.8	21.0	7.4
辽阳	284.0	199.4	218.7	311.1	313.7	332.7	346.4	364.0	370.3	376.9	172.8	187.8	97.4
黑山	0.3	0.2											
鞍山	484.5	462.0	441.1	392.6	362.7	335.4	323.7	329.7	353.5	335.2	121.6	118.8	47.8
海城	236.9	229.1	216.4	203.0	181.2	160.7	152.5	144.3	165.7	164.3	67.7	67.4	29.0
大石桥	168.9	179.1	175.0	152.1	138.8	127.7	124.6	124.1	126.5	120.0	49.2	43.5	20.3
瓦房店	233.5	279.6	272.6	240.5	215.2	199.0	199.9	204.5	216.4	207.1	81.6	75.3	38.7
金州	247.9	209.0	224.5	199.5	173.4	133.7	176.4	190.7	198.2	200.4	83.2	86.4	42.7
南关岭	1.9	1.7	1.7	1.3	1.6	0.4							
周水子	58.8	64.6	127.7	108.7	74.9	15.5	0.1						
大连	1247.9	1350.9	1219.7	1103.9	1073.4	1006.8	953.4	928.7	927.7	896.4	309.4	332.1	169.8
皇姑屯	103.0	68.7	2.8										
大成	12.2	4.8	0.8	0.7	1.0	0.9	0.2						
抚顺北	84.0	87.1	107.7	112.9	99.6	154.0	151.3	132.5	98.0	99.8	26.6	23.4	9.2
大官屯	0.9	1.5	2.0	1.7	2.6	3.3	2.8	2.2	2.0	1.4	0.2	0.2	
沈阳东	0.9	1.4	1.0	0.7	0.2	0.2	0.2	0.0		0.3	0.1	0.2	0.7
沈阳北	1894.3	1709.8	1541.1	1820.0	1950.2	2071.6	2079.0	2031.0	2077.0	2066.5	986.0	1155.9	670.5
营口	65.5	64.8	66.6	38.4	35.7	27.3	25.0	24.6	27.0	27.2	7.6	3.8	2.2
旅顺	3.8	3.2	3.3	1.8	0.4					0.1			
丹东	262.0	254.3	239.2	227.6	203.7	275.6	481.6	471.0	473.0	481.3	198.1	223.8	75.2
凤凰城	104.2	111.9	116.1	112.6	106.6	86.4	44.8	40.1	33.0	30.3	6.1	5.2	0.9
本溪	1179.4	850.4	920.3	901.4	707.0	654.8	756.3	748.1	711.0	724.0	520.9	542.8	330.4
本溪湖	6.8												
安平	157.0	17.0	17.2	15.4	0.9	0.8	0.7	6.6	6.0	5.8	2.7	1.0	0.1
裕国	1.0	0.6	0.2	0.2	0.3	0.6	0.2	1.3					
锦州	464.6	475.6	466.4	499.3	458.5	433.8	442.2	438.5	422.0	441.5	180.8	175.2	65.8
葫芦岛	176.8	173.1	175.1	183.5	167.9	162.4	164.8	164.3	173.0	170.3	68.3	66.5	21.1
大虎山	85.8	90.9	87.8	94.8	97.5	93.9	93.6	89.6	88.0	85.0	34.9	32.7	12.9
渤海	0.5	0.4	0.3	0.1									
盘锦	84.4	84.8	90.9	112.4	165.1	173.4	197.9	217.3	224.0	236.5	101.3	117.5	65.3
朝阳	86.9	84.3	83.7	82.7	76.9	74.9	65.9	59.5	56.7	113.9	79.8	122.7	87.4
阜新南(阜新)	140.6	139.2	145.3	161.4	146.3	135.8	136.6	149.2	199.0	149.3	99.1	138.6	79.4

16-9 辽宁省辖区铁路主要站货物发送量

单位：万吨

车站名称	2010年	2011年	2012年	2013年	2014年	2015年	2016年	2017年	2018年	2019年	2020年	2021年	2022年
总　计	**18622.0**	**18716.2**	**[illegible]**	**20484.4**	**19102.8**	**14540.7**	**14657.2**	**15758.7**	**17799.6**	**19359.9**	**21952.6**	**21081.4**	**22388.9**
开原	33.1	73.0	[illegible]	34.3	25.7	33.5	33.7	41.7	58.2	74.0	73.2	61.4	57.6
铁岭	132.2	16.9	[illegible]	14.1	22.8	50.2	150.3	32.4	27.0	27.1	32.5	34.8	9.2
沈阳	0.1				0.1								
苏家屯	135.2	52.6	[illegible]	26.2	37.9	46.4	19.1	33.6	31.8	42.4	58.8	19.6	18.5
辽阳	28.5	68.6	[illegible]	24.5	7.1	6.9	27.6	14.9	5.1	16.3	50.7	57.6	24.9
黑山	4.0	0.2		1.8	1.2	1.2	0.4	0.5	0.1				0.2
鞍山					2.3	6.1	6.2	1.8					
海城	62.2	62.9	[illegible]	43.4	23.6	16.2	17.1	11.0	14.3	38.3	69.4	29.1	7.3
大石桥	409.4	112.8	[illegible]	83.4	73.5	42.7	28.7	34.9	34.3	38.9	45.6	37.0	31.0
瓦房店	1.2	2.5	[illegible]	0.9	6.4	29.2	24.3	3.1	5.6	2.3	0.8	0.8	0.3
金州	47.6	34.3	[illegible]	25.6	41.6	58.0	24.6	15.9	37.5	56.7	177.7	153.4	110.0
南关岭	14.4	21.8	[illegible]	9.2	6.9	7.3	34.6	18.0	6.2	4.0	7.1	1.9	9.5
周水子	2.1	2.1	[illegible]	0.4	0.4	1.8	2.4	3.6	1.3	0.2	0.1	0.1	
大成	101.4	68.5	[illegible]	32.3	17.1	4.1	4.4		3.4	1.8	0.6	0.6	3.6
抚顺北	10.3	6.7	[illegible]	2.9	2.3	4.0	1.4	1.6	4.9	24.9	16.9	1.7	0.2
大官屯	571.4	512.8	[illegible]	581.6	563.8	558.6	484.9	363.2	389.7	439.0	448.7	368.8	413.2
沈阳东	81.6	82.2	[illegible]	68.9	75.0	89.5	122.4	120.5	63.2	43.5	44.8	39.6	83.3
营口	101.3	90.1	[illegible]	67.7	38.0	15.4	10.4	7.9	1.4	2.3	1.1	1.2	1.0
甘井子	403.9	380.5	[illegible]	215.4	221.5	101.2	63.2	65.2	75.6	75.9	63.4	67.0	40.6
旅顺	2.3	2.1	[illegible]	1.6	1.7	1.7	51.5	2.0	10.9	3.3	4.8	0.5	
丹东	303.9	275.4	[illegible]	446.3	575.5	956.1	61.8	35.6	39.9	41.0	57.5	47.7	58.4
凤凰城	5.2	7.2	[illegible]	5.2	1.5	2.0	2.4	2.2	2.2	4.6	0.5	0.3	
本溪	1075.7	1078.0	[illegible]	1083.9	1062.0	760.2	794.2	878.3	940.0	933.5	982.9	1011.9	985.0
本溪湖	143.6	114.0	[illegible]	130.7	104.9	158.3	125.6	106.9	113.0	131.3	128.2	132.8	119.3
安平	342.4	394.1	[illegible]	431.8	431.3	445.8	450.3	419.9	430.7	419.7	357.5	376.3	387.7
裕国									0.1	0.2	0.2	0.2	0.2
锦州	303.3	334.8	[illegible]	342.6	249.9	161.4	164.0	183.7	230.2	132.3	132.9	147.1	144.0
葫芦岛	252.5	273.8	[illegible]	157.1	185.2	194.2	155.6	172.9	230.6	164.8	77.7	171.2	127.4
大虎山	1.8	0.0	[illegible]	0.6	0.1	0.4	0.6	0.4	0.1				
渤海	110.3	118.9	[illegible]	186.1	198.2	237.0	202.9	188.6	168.3	174.6	127.1	105.9	76.6
盘锦	150.5	177.7	[illegible]	227.6	173.3	140.8	124.1	121.8	78.9	114.1	69.0	95.9	89.9
朝阳	32.3	36.9	[illegible]	23.6	7.4	27.0	30.5	6.6	0.9				
阜新南(阜新)	818.7	782.2	[illegible]	683.6	599.6	431.7	294.9	167.7	123.7	105.2	101.4	118.5	101.6

16-10 民用车辆拥有量

(2022年末) 单位：辆

指　　标	总计	总计中:			总计中:			报废
		营运	非营运	校车	进口	个人	新注册	
合　　计	**12092610**	**962835**	**11120426**	**9349**	**575519**	**10243386**	**596826**	**66545**
一、汽车	**10493304**	**745107**	**9738848**	**9349**	**566624**	**9351601**	**544957**	**63897**
1.载客汽车	9300311	151601	9139361	9349	561234	8648860	491500	53659
#大型	67737	41674	18376	7687	597	4595	886	3409
中型	31786	2317	27807	1662	463	12394	687	1300
小型	9158890	107609	9051281		557005	8591788	489927	47890
微型	41898	1	41897		3169	40083		1060
#轿车	6116142	106403	6009739		186288	5795555	266640	38251
2.载货汽车	1145107	587398	557709		5171	684158	51124	9560
#重 型	375262	340296	34966		670	109364	11042	2441
中 型	38718	29601	9117		84	22753	996	596
轻 型	731042	217475	513567		4416	551978	39079	6485
微 型	85	26	59		1	63	7	38
3.其它汽车	47886	6108	41778		219	18583	2333	678
二、电车	**35**	**35**						
无轨	35	35						
有轨								
三、摩 托 车	**890416**	**27760**	**862656**		**8417**	**850548**	**44595**	**1883**
普通	878883	27665	851218		8417	840126	41677	1873
轻便	11533	95	11438			10422	2918	10
四、拖拉机	**328969**		**328969**			**3**		
五、挂车	**188468**	**183896**	**4572**		**408**	**21151**	**5120**	**627**
六、其它类型车	**5705**	**652**	**5053**		**70**	**2215**	**559**	**31**

16-11 公路线路年底到达数

(2022年) 单位：公里

指　　标	公路里程总　　计	等级公路					
		合计	专用公路		一般公路		
			高速	一级	二级	三级	四级
本年年底到达数	**130065**	**126834**	**4348**	**3574**	**18663**	**21196**	**79054**
#1.干 线 公 路	20190	20185	4348	2568	12476	763	30
国 道	9951	9951	3559	1427	4839	127	
省 道	10239	10234	789	1141	7637	636	30
2.县 道	8668	8668		824	4948	2815	81
3.乡 道	29901	29901		57	783	15575	13487
4.专 用 公 路	374	374		11	22	204	137

16-12 民用运输船舶拥有量

指　　标	2010年	2011年	2012年	2013年	2014年	2015年	2016年	2017年	2018年	2019年	2020年	2021年	2022年
轮驳船总计													
艘数(艘)	553	564	574	534	535	500	471	478	461	456	319	339	349
净载重量(吨位)	7202719	7655909	[illegible]13429	8095948	8070791	8089683	8491190	8669011	10102917	10568619	1175603	1311714	1242237
机动船													
艘数(艘)	542	554	557	524	528	493	462	468	451	447	315	331	343
净载重量(吨位)	7162708	7623190	[illegible]082423	8064840	8049070	8067962	8460522	8634814	10068720	10539422	1170115	1275184	1213561
驳船													
艘数(艘)	11	10	17	10	7	7	9	10	10	9	4	8	6
净载重量(吨位)	40011	32719	31006	31108	21721	21721	30668	34197	34197	29197	5488	36530	28676

16-13 全社会水运客货运输量

年 份	货运量 (万吨)	货运周转量 (万吨公里)	客运量 (万人)	旅客周转量 (万人公里)
1990	1521	2892885	302	59396
1991	1861	4196000	355	59296
1992	2145	5013673	465	86880
1993	2325	5936798	521	86605
1994	2426	6152164	501	78201
1995	2649	6711204	533	86146
1996	2472	4794110	553	94208
1997	2145	3161179	540	91795
1998	1977	3147000	474	73000
1999	2542	4528000	595	119000
2000	3091	5724000	616	107000
2001	2726	6079116	602	84299
2002	3071	6609993	626	86095
2003	3649	11305708	542	71790
2004	4447	14611161	637	84187
2005	5730	17381637	650	83902
2006	7518	23616152	714	91583
2007	8778	39565875	651	84116
2008	9267	43330070	597	77776
2009	9651	48968411	543	70385
2010	10434	56957104	490	63899
2011	11632	65293536	549	70435
2012	12631	74833231	588	75042
2013	13379	78371594	534	65178
2014	13810	79795252	542	65215
2015	13439	79631726	504	59666
2016	13464	82758208	538	60053
2017	14122	86089164	552	60609
2018	13918	63175894	567	60473
2019	12498	50272669	530	60059
2020	4797	15758197	228	15991
2021	3491	5590882	268	18865
2022	4484	5290954	244	17463

16-14　沿海港口码头长度和泊位数

港　　名	2010年	2011年	2012年	2013年	2014年	2015年	2016年	2017年	2018年	2019年	2020年	2021年	2022年
港口码头长度(米)	**58988**	**62242**	**6[illegible]402**	**70622**	**74462**	**77002**	**80319**	**81551**	**81551**	**81883**	**84582**	**87283**	**88694**
#大连港	33686	33978	3[illegible]372	38149	39449	40079	40765	41101	41101	41101	43218	43268	44334
营口港	13244	14731	15164	16363	17432	18232	18975	18975	18975	18975	18975	18875	18875
丹东港	4814	5292	5407	6407	7378	7626	7626	7626	7626	7626	7626	7626	7971
锦州港	5375	5375	5375	6119	6119	6119	6119	6119	6119	6119	6119	6686	6686
盘锦港	440	1437	1437	1437	1437	1999	3887	4783	4783	5115	5697	7022	7022
葫芦岛港	1429	1429	2147	2147	2647	2947	2947	2947	2947	2947	2947	3806	3806
港口码头泊位(个)	**334**	**345**	**366**	**376**	**391**	**404**	**411**	**415**	**415**	**416**	**426**	**432**	**433**
#大连港	200	198	206	212	217	222	222	223	223	223	231	229	232
营口港	63	69	75	76	80	83	86	86	86	86	86	85	85
丹东港	33	34	38	38	41	42	42	42	42	42	42	42	42
锦州港	20	20	20	23	23	23	23	23	23	23	23	25	25
盘锦港	5	11	11	11	11	13	17	20	20	21	23	26	26
葫芦岛港	13	13	16	16	19	21	21	21	21	21	21	25	23

注：码头泊位包括浮筒泊位。

16-15　沿海港口吞吐量

指　　标	2010年	2011年	2012年	2013年	2014年	2015年	2016年	2017年	2018年	2019年	2020年	2021年	2022年
货物吞吐量(万吨)	**67952**	**78374**	**88502**	**98354**	**103675**	**104859**	**109081**	**112558**	**100530**	**86124**	**82004**	**78768**	**74051**
#大连港	31399	33691	37426	40746	42337	41482	43660	45517	46784	36641	33401	31553	30613
营口港	22579	26085	30107	32013	33073	33849	35217	36267	37001	23818	23821	22997	21118
进　港	32998	37140	44631	50339	51995	53311	54201	55369	53941	38174	38065	35654	32780
#外　贸	16845	17369	12168	14046	15465	17117	17642	18978	22350	21667	24738	21626	18469
内　贸	16153	1977[illegible]	32463	36294	36530	36194	36560	36391	31591	16507	13328	14028	14311
出　港	34954	41235	43871	48014	51680	51548	54880	57189	58235	47950	43939	43113	41271
#外　贸	4748	5324	5433	5736	6692	6817	6791	7569	7535	7248	6125	5628	5764
内　贸	30205	35911	38438	42279	44988	44731	48089	49620	50700	40702	37814	37485	35507
旅客进出港量(万人)	**630.7**	**703.5**	**662.2**	**631.3**	**608.2**	**571.4**	**542.1**	**587.2**	**604.5**	**619.5**	**241.2**	**264.7**	**211.0**
进　港	320.4	354.0	332.5	311.6	310.7	283.7	259.9	286.8	300.4	307.8	123.6	129.9	100.6
出　港	310.3	349.5	329.7	319.7	297.5	287.7	282.2	300.3	304.1	311.7	117.7	134.7	110.4

16-16 民用航空运输量

指　标	单位	2010年	2011年	2012年	2013年	2014年	2015年	2016年
(一)客运量	**万人**	**753.7**	**750.5**	**857.3**	**915.1**	**1212.6**	**1353.5**	**1444.6**
国际航线	万人	98.5	90.6	96.1	97.8	105.3	128.9	137.2
国内航线	万人	655.3	658.4	761.2	818.5	1098.9	1224.6	1307.4
#地区航线	万人	7.3	8.7	9.6	9.5	15.1	16.1	13.2
(二)旅客周转量	**万人公里**	**1086836.0**	**1096744.2**	**1222682.4**	**1322338.5**	**1903916.7**	**1956278.6**	**2089908.0**
国际航线	万人公里	132347.0	125136.7	126835.0	124194.3	135100.7	202384.1	220709.4
国内航线	万人公里	954490.0	968947.7	1095847.4	1198144.2	1749004.5	1753894.5	1869198.6
#地区航线	万人公里	17751.0	19819.7	21176.2	21126.3	31161.6	33443.2	27656.8
(三)货(邮)运量	**吨**	**102411.0**	**88692.6**	**95692.6**	**96032.6**	**120527.0**	**135263.6**	**141830.1**
国际航线	吨	8976.0	8914.6	8935.5	8731.9	8635.6	9609.6	9389.0
国内航线	吨	93436.0	79745.7	86757.1	87300.7	111573.2	125654.0	132441.1
#地区航线	吨	438.0	485.3	337.6	409.7	446.8	589.7	476.6
(四)货邮周转量	**万吨公里**	**17059.0**	**15223.6**	**15998.3**	**16034.7**	**20691.0**	**23279.2**	**24341.2**
国际航线	万吨公里	1355.0	1114.8	1138.0	1083.9	1107.9	1351.0	1415.9
国内航线	万吨公里	15704.0	14103.3	14860.3	14950.8	19496.6	21928.2	22925.3
#地区航线	万吨公里	118.0	128.5	87.7	102.9	108.6	136.3	114.6
(五)总周转量	**万吨公里**	**108442.0**	**112727.9**	**124473.0**	**124688.5**	**170728.5**	**200990.8**	**201908.5**
国际航线	万吨公里	12723.0	12221.9	12918.8	11602.1	13011.1	19136.2	20728.4
国内航线	万吨公里	95719.0	100264.3	111554.2	244318.3	155899.6	181854.7	181180.1
#地区航线	万吨公里	1249.0	1885.7	1955.0	1866.0	2912.8	2997.0	2543.2

16-16 续表

指　标	单位	2017年	2018年	2019年	2020年	2021年	2022年
(一)客运量	**万人**	**1559.2**	**1738.7**	**1710.8**	**938.9**	**1005.7**	**627.1**
国际航线	万人	96.9	112.5	120.3	15.3		1.8
国内航线	万人	1462.3	1626.2	1590.6	923.6	1005.7	625.3
#地区航线	万人	14.1	15.2	11.7	0.2		0.5
(二)旅客周转量	**万人公里**	**2266632.6**	**2655731.0**	**2368017.4**	**1488855.7**	**1533831.0**	**1083141.0**
国际航线	万人公里	147572.0	189220.8	183713.4	25666.8		2147.7
国内航线	万人公里	2119060.5	2466510.2	2184304.0	1463049.6	1533831.0	1080993.3
#地区航线	万人公里	29230.6	31331.7	24255.0	418.5		1340.1
(三)货(邮)运量	**吨**	**143757.9**	**147153.8**	**149501.3**	**96539.6**	**64214.8**	**67512.9**
国际航线	吨	7069.3	6516.1	4795.6	1539.9	49.9	991.7
国内航线	吨	136688.6	140637.7	144705.7	94994.0	64164.9	66521.2
#地区航线	吨	702.2	774.9	586.7	19.4		124.4
(四)货邮周转量	**万吨公里**	**24681.6**	**25984.0**	**26881.7**	**18172.9**	**16227.4**	**13383.8**
国际航线	万吨公里	991.4	952.1	580.6	158.7	2.9	66.1
国内航线	万吨公里	23690.2	25031.9	26301.1	18012.6	16224.5	13317.7
#地区航线	万吨公里	149.1	166.4	122.3	3.9		34.4
(五)总周转量	**万吨公里**	**215522.7**	**242496.6**	**242103.0**	**140494.0**	**142199.5**	**102489.1**
国际航线	万吨公里	13020.7	15850.4	15690.9	2365.0	2.9	275.2
国内航线	万吨公里	202501.9	226646.2	226412.1	138115.4	142196.6	102213.9
#地区航线	万吨公里	2626.3	2590.4	2163.8	40.3		153.6

16-17 邮电业务基本情况

指标	单位	2010年	2011年	2012年	2013年	2014年	2015年	2016年
邮电业务总量	亿元	1159.9	472.2	514.1	579.6	649.6	782.1	1162.5
邮政业务总量	亿元	37.2	38.2	42.9	50.2	59.5	75.1	101.4
电信业务总量	亿元	1122.7	434.0	471.2	529.5	590.1	707.1	1061.1
函件	亿件	0.8	0.9	0.7	0.7	1.0	0.7	0.4
包件	万件	223.6	219.1	243.3	243.9	203.9	160.1	107.3
快递	万件	1400.1	6211.5	7757.4	11411.1	16656.4	24674.1	39825.9
报刊期发数	万份	383.7	554.6	404.0	365.9	327.0	422.2	361.5
固定电话年末用户	万户	1428.0	1353.3	1285.1	1222.4	1151.2	1036.2	890.6
年末移动电话用户	万户	3341.8	3844.5	4291.3	4583.6	4535.5	4429.6	4427.1
营业网点	处	1564.0	1554.0	1552.0	1548.0	3846.0	5301.0	5937.0
邮路总长度	万公里	19.8	13.6	5.0	5.0	5.1	5.4	27.8
汽车邮路	公里	48162.0	57748.0	41729.0	42056.0	47992.0	34298.8	68978.0
铁路邮路	公里	7016.0	7774.0	7774.0	7374.0	2842.0	2842.0	5871.0

注：2021年起，邮政业务总量以2020年不变价计算，电信业务总量以上年不变价计算，本表至16-18表中2022年邮电业务总量无法通过两项指标加总计算。

16-17 续表

指标	单位	2017年	2018年	2019年	2020年	2021年	2022年
邮电业务总量	亿元	1000.2	1935.1	2925.9	3667.1	635.2	
邮政业务总量	亿元	127.2	160.6	202.7	278.3	220.0	225.9
电信业务总量	亿元	873.0	1774.5	2723.2	3388.8	415.2	404.5
函件	亿件	0.6	0.6	0.3	0.2	0.1	0.1
包件	万件	80.0	67.7	50.0	49.8	43.0	44.4
快递	万件	51434.5	65363.7	79515.7	111978.0	164328.1	171216.7
报刊期发数	万份	383.8	453.8	341.1	372.4		
固定电话年末用户	万户	777.2	673.0	628.7	540.5	568.0	586.3
年末移动电话用户	万户	4755.7	4880.7	4883.6	4873.8	4975.2	5100.9
营业网点	处	7125.0	7117.0	8124.0	10385.0	10769.0	11202.0
邮路总长度	万公里	29.9	25.5	29.1	24.8	22.7	22.7
汽车邮路	公里	59620.1	76208.5	89596.0	99370.0	120201.0	125799.0
铁路邮路	公里	5866.0	5866.0	2837.0	3758.0	3758.0	2837.0

16-18 邮电业务量

年 份	邮电业务总量(万元)			函件(万件)	报刊期发数(万份)	快递(万件)	集邮业务(万枚)	移动电话用户(万户)	互联网用户(万户)	固定电话年末用户(万户)		
		邮政业务总量	电信业务总量								城市电话用户	农村电话用户
1980	10576			14908	953					15.4	10.3	5.1
1985	17303			21002	1791					22.4	16.5	5.9
1986	18962			22048	1610	3				24.6	18.5	6.1
1987	21733			24175	1752	5				27.7	21.2	6.5
1988	26878			24464	1325	9	786			32.8	25.8	7
1989	34519			23146	705	20	1337			38	30.5	7.5
1990	83986			21964	1176	20	3586			43.1	35.2	7.9
1991	108122			19454	1123	28	5651	0.2		50.3	41.6	8.7
1992	154881			21281	903	46	7817	0.5		66.6	56.5	10.1
1993	242108			23791	1163	92	9812	1.8		98.8	85.3	13.5
1994	322406			25001	816	166	10940	7.9		155.6	135.9	19.7
1995	500819			24288	698	215	13977	19.8		229.1	194.8	34.3
1996	625297			22317	630	259	17290	36.2	0.1	319	261.7	57.3
1997	883518			21642	701	254.2	22681	67.2	0.5	394.3	309.7	84.6
1998	1322580			23450	745	261.9	24367	128.8	2.3	476.8	366.4	110.4
1999	1578635			18140	594	315.8	24179	207.7	12.2	579.2	439.3	139.9
2000	2426099	87084	2339015	17309	415	389.7	19834	429.3	61.8	699.5	519.7	179.8
2001	2130799	160002	1970796	14867	440	466.6	12014	703.8	163.4	860.7	621.5	239.2
2002	2492992	172483	2320509	13094	379	509.1	7822	846.6	335.9	1016.5	712.4	304.1
2003	2909994	190453	2719542	15985	352	619.8	4413	962.9	382.6	1278.6	907.3	371.2
2004	3651650	204598	3447052	13858	352	744.3	3714	1180.9	448.9	1492.7	1074.4	411.8
2005	4507393	235650	4271743	12466	339	804.4	4371	1394.9	331.8	1661.2	1203.4	449.9
2006	5649857	277553	5372304	9938	380	911.6	3800	1677.8	327.1	1701.8	1229.7	472.1
2007	7061352	293973	6767379	8270	330	1019.8	4465	2097.2	395.5	1728.8	1257.1	471.6
2008	8197008	331618	7865390	8330	375	1146.6	4639	2421.5	458.9	1604.3	1142.1	462.2
2009	9485359	396315	9089044	7486	356	1319.6	4160	2882.1	535.4	1529.1	1075.7	453.4
2010	11599440	372194	11227246	8463	384	1400.1	4399	3341.8	595.6	1428.0	985.8	442.2
2011	4721766	382248	4339518	8776	555	6211.5	6202	3844.5	665.1	1353.3	922.7	430.6
2012	5141147	428941	4712206	7433	404	7757.4		4291.3	707.9	1285.1	861.3	423.8
2013	5796430	501524	5294906	6899	366	11411.1		4583.6	726.9	1222.4	800.1	422.3
2014	6495529	594900	5900629	10400	327	16656.4		4535.5	772.1	1151.2		
2015	7821440	750685	7070755	6865	422	24674.1		4429.6	839.3	1036.2	616.3	419.9
2016	11625256	1014450	10610806	4421	361	39826.0		4427.1	997.2	890.6	771.9	118.7
2017	10002819	1272366	8730453	5700	384	51434.5		4755.7	1058.6	777.2	667.2	110.0
2018	19350928	1606371	17744556	6190	454	65363.7		4880.7	1180.0	673.0		
2019	29258965	2027009	27231956	3407	341	79515.7		4883.6	1274.6	628.6		
2020	36670883	2783353	33887530	2055	372	111978.0		4873.8	1377.0	540.5		
2021	6352037	2199606	4152431	1275		164328.1		4975.2	1544.0	568.0		
2022		2258836	4044568	1438		171216.7		5100.9	1651.2	586.3		

16-19 各地区邮电业务量

(2022年)

地 区	邮政业务总 量(万元)	电信业务总 量(万元)	函件(万件)	移动电话用 户(万户)	互联网用户(万户)	固定电话年末用户(万户)
全 省	**2258835.9**	**4044568.1**	**1437.5**	**5100.9**	**1651.2**	**586.3**
沈 阳	857707.3	1083219.1	586.1	1202.5	343.5	106.8
大 连	421321.1	784285.6	235.4	956.4	295.5	146.0
鞍 山	174565.0	287906.3	72.6	393.7	130.1	39.9
抚 顺	53790.8	159830.2	33.5	212.0	84.6	27.9
本 溪	44911.9	126488.3	49.8	159.6	56.5	17.1
丹 东	58413.8	180899.9	32.0	252.5	86.0	39.5
锦 州	94652.1	210991.4	98.3	304.2	104.8	35.7
营 口	73901.9	207556.2	47.7	260.5	87.8	26.2
阜 新	35000.9	129561.8	26.2	188.4	68.8	19.7
辽 阳	59297.5	140607.5	24.0	190.3	64.4	24.5
盘 锦	140321.9	165734.8	42.3	176.3	62.2	19.9
铁 岭	85283.2	159096.0	77.3	253.3	79.3	18.9
朝 阳	83374.5	213052.3	40.7	285.3	98.1	37.8
葫芦岛	76294.0	186527.7	71.6	265.9	89.7	26.5

16-20 邮电通信水平

指标	单位	2010年	2011年	2012年	2013年	2014年	2015年	2016年
平均每一邮电局所服务面积	平方公里	95.0	95.2	96.9	96.9	38.5	27.9	24.9
平均每一邮电局所服务人口	万人	2.7	2.7	2.8	2.8	1.0	0.8	0.7
设有邮政局所的乡(镇)比重	%	87.0	85.0	86.0	88.8	100.0	100.0	100.0
已通邮的行政村比重	%	100.0	100.0	100.0	100.0	100.0	100.0	100.0
平均每人每年发函件数	件	2.0	2.1	1.8	1.6	2.0	1.6	1.0
平均每百人每年订报刊数	份	9.0	13.0	9.5	8.6	9.0	9.0	8.0
固定电话普及率	部/百人	33.6	30.9	30.2	29	26	24.5	20.3
移动电话普及率	部/百人	78.5	87.8	100.9	108	103	104.7	101.0
进入长话自动网的县(市)比重	%	100.0	100.0	100.0	100.0	100.0	100.0	100.0
已通固定电话的乡(镇)比重	%	100.0	100.0	100.0	100.0	100.0	100.0	100.0
已通固定电话的行政村比重	%	100.0	100.0	100.0	100.0	100.0	100.0	100.0

16-20 续表

指标	单位	2017年	2018年	2019年	2020年	2021年	2022年
平均每一邮电局所服务面积	平方公里	20.8	20.8	13.8	12.3		
平均每一邮电局所服务人口	万人	0.6	0.6	0.4	0.4		
设有邮政局所的乡(镇)比重	%	100.0	100.0	100.0	100.0	100.0	100.0
已通邮的行政村比重	%	100.0	100.0	100.0	100.0	100.0	100.0
平均每人每年发函件数	件	1.3	1.4	0.8	0.5	0.3	0.3
平均每百人每年订报刊数	份	9.0	10.4	9.1	8.6	8.6	8.5
固定电话普及率	部/百人	17.8	15.4	14.4	12.4	13.3	13.9
移动电话普及率	部/百人	108.6	112.0	112.2	112.0	116.8	120.6
进入长话自动网的县(市)比重	%	100.0	100.0	100.0	100.0	100.0	100.0
已通固定电话的乡(镇)比重	%	100.0	100.0	100.0	100.0	100.0	100.0
已通固定电话的行政村比重	%	100.0	100.0	100.0	100.0	100.0	100.0

主要统计指标解释

铁路营业里程 又称营业长度，指办理客货运输业务的铁路正线总长度。凡是全线或部分建成双线及以上的线路，以第一线的实际长度计算；复线、站线、段管线、岔线和特殊用途线以及不计算运费的联络线都不计算营业里程。铁路营业里程是反映铁路运输业基础设施发展水平的重要指标，也是计算客货周转量、运输密度和机车车辆运用效率等指标的基础资料。

公路里程 指在一定时期内实际达到《公路工程技术标准 JTJ01-88》规定的等级公路，并经公路主管部门正式验收交付使用的公路里程数。其计算单位为：Km。它包括大中城市的郊区公路以及通过小城镇街道部分的公路里程，也包括桥梁、渡口的长度，但不包括大中城市的街道、厂矿、林区生产用道和农业生产用道的里程。两条或多条公路共同经由同一路段，只计算一次，不得重复计算里程长度。公路里程是反映公路建设发展规模的重要指标，也是计算运输网密度等指标的基础资料。

内河航道里程 也称“内河通航里程”，是反映内河水运网规模、水平和发展情况的主要指标；是指在一定时期内，能通航运输船舶及排筏的天然河流、湖泊水库、运河及通航渠道的长度。包括全年季节性通航累计三个月以上的航道，但不包括仅供零散流放竹、木排的河道。

民用航空航线里程 指民航运输定期班机飞行的航线长度的总和。航线长度按机场之间的距离计算，通常有两种计算方法：将每条航线长度相加称为重复计算航线里程；如将两线或两条以上航线经过同一区段里程，只计算一次航线长度称为不重复计算航线里程。一般常用的是后者，它能确切反映民航运输网的规模，表明民航事业为国民经济服务和方便人民生活程度的主要指标。

货(客)运量 指在一定时期内，各运输部门实际运送的货物(旅客)数量。是反映运输业为国民经济和人民生活服务的数量指标，也是制定和检查运输生产计划，研究运输发展规模和速度的重要指标。货运按吨计算，客运按人计算。货物不论运输距离长短，货物类别，均按实际重要统计；旅客不论行程远近或票价多少，均按一人一次作为客运量统计。半价票、小孩票也按一人统计。

货物(旅客)周转量 指在一定时期内，由各种运输工具运送的货物(旅客)数量与其相应运输距离的乘积之总和，是反映运输生产总成果的重要指标，也是编制和检查运输生产计划，计算运输效率、劳动生产率以及核算运输单位成本的主要基础资料。通常以吨公里和人公里为计算单位。计算货物周转量通常按发出站与到达站之间的最短距离，也就是计费距离计算。

沿海主要港口货物吞吐量 指由水运进出沿海主要港区范围，并经过装卸的货物数量，包括邮件及办理托运手续的行李、包裹以及补给运输船舶的燃、物料和淡水。其计量单位为吨。货物吞吐量的货种分类及其主要流向流量，反映了港口在国内外物资交流和对外贸易运输中的地位和作用。吞吐量可以分为进口、出口，又可以分为国内贸易和对外贸易。

邮电业务总量 指以货币表现的邮电部门用于传递信息和提供其他邮电服务的总数量。它综合反映了一定时期邮电工作的总成果，是研究邮电业务量构成和发展趋势的重要指标。根据邮电管理体制不同，分为中央国营业务总量和地方国营业务总量。它用各种邮电分类业务量，如函件件数、电报份数、长话张数、市内电话和农村电话的年均户数、订销报刊累计份数等，分别乘以相应的平均单价(不变价)，加总后再加上出租电路和设备的收入、代用户维护电话交换机和线路等设备的收入、其他业务收入求得。

十七、国内贸易

Chapter 17 Domestic Trade

资料整理：李东华　李东雷

17-1 限额以上批发和零售业法人企业基本情况

登记注册类型	2017年		2018年		2019年	
	法人企业（个）	期末从业人数（人）	法人企业（个）	期末从业人数（人）	法人企业（个）	期末从业人数（人）
总　计	**4748**	**268139**	**4776**	**251187**	**5324**	**250744**
一、批发业	**2443**	**82941**	**2632**	**84574**	**3098**	**89012**
1.按登记注册类型分组						
内资	2361	78345	2551	78654	3001	84802
国有	58	11783	37	9917	39	9970
集体	8	424	5	378	6	309
股份合作	5	96	3	66	3	64
联营企业	1	12				
国有联营						
集体联营	1	12				
国有与集体联营						
其他联营						
有限责任公司	763	27619	686	27345	855	30653
国有独资公司	27	1897	42	2908	44	2983
其他有限责任公司	736	25722	644	24437	811	27670
股份有限公司	71	8455	63	7944	68	7650
私营企业	1445	29751	1747	32813	2019	35982
私营独资	24	258	22	173	27	199
私营合伙	2	5	2	5	2	5
私营有限责任公司	1375	28194	1696	32003	1957	34091
私营股份有限公司	44	1294	27	632	33	1687
其他	10	205	10	191	11	174
港澳台商投资企业	20	1957	21	2269	27	1032
与港澳台商合资经营	5	164	6	267	7	270
港澳台商合作经营						
港澳台商独资	14	1788	12	1961	16	631
港澳台商独资股份有限公司			2	36	3	126
外商投资企业	62	2639	60	3651	70	3178
中外合资经营	11	814	11	822	16	862
中外合作经营						
外资企业	47	1800	46	2808	52	2298
外商投资股份有限公司	4	25	3	21	2	18
2.按国民经济行业分组						
农、林、牧、渔产品批发	182	3789	199	3518	258	3865

注：1.由于行业代码调整，原汽车批发业、汽车零配件批发业被整合为汽车及零配件批发业，因此，与之对应的2017年数据均为汽车及零配件批发业数据。下同。

2.由于行业代码调整，2018年开始原家用电器批发分为家用视听设备批发和日用家电批发。汽车零售调整为汽车新车零售。机动车燃料零售业调整为机动车燃油零售。无店铺及其他零售业调整为货摊、无店铺及其他零售业。下同。

17-1 续表 1

登记注册类型	2017年		2018年		2019年	
	法人企业（个）	期末从业人数（人）	法人企业（个）	期末从业人数（人）	法人企业（个）	期末从业人数（人）
食品、饮料及烟草制品批发	235	17191	222	16186	319	18723
米、面制品及食用油批发	57	1795	48	1769	73	2274
烟草制品批发	14	6667	14	6488	15	7172
纺织、服装及家庭用品批发	159	8391	157	8351	201	8195
服装批发	61	3248	61	3231	81	3297
家用视听设备批发	34	1374	5	75	7	115
日用家电批发			26	1270	36	1306
文化、体育用品及器材批发	51	2439	46	2568	52	2876
医药及医疗器材批发	234	12475	249	14352	300	16778
矿产品、建材及化工产品批发	1081	25921	1263	27006	1343	26684
煤炭及制品批发	81	1235	74	1096	107	1158
石油及制品批发	316	14205	476	16152	329	15000
金属及金属矿批发	338	5580	356	5233	445	5482
建材批发	92	1224	99	1109	150	1363
化肥批发	27	873	23	572	24	564
机械设备、五金交电及电子产品批发	425	10119	421	9706	497	10126
汽车及零配件批发	115	2969	104	2931	131	2837
摩托车及零配件批发	4	87	8	88	4	51
计算机、软件及辅助设备批发	39	959	37	806	35	602
贸易经纪与代理	17	1704	16	1931	25	505
其他批发业	59	912	59	956	103	1260
二、零售业	**2305**	**185198**	**2144**	**166613**	**2226**	**161732**
1.按登记注册类型分组						
内资	2223	162642	2064	145095	2138	139649
国有	61	2708	32	1233	25	1016
集体	27	1212	24	1070	25	783
股份合作	6	89	7	106	7	108
联营企业	2	70	2	70	3	61
国有联营	1	13				
集体联营					1	2
国有与集体联营						
其他联营	1	57	2	70	2	59
有限责任公司	788	77304	646	64435	657	62066
国有独资公司	15	1277	14	1302	11	1046
其他有限责任公司	773	76027	632	63133	646	61020
股份有限公司	65	22838	59	20582	64	19190
私营企业	1256	58112	1283	57416	1349	56268
私营独资	141	5641	134	1790	154	1957
私营合伙	1	7	2	15	2	15

17-1 续表 2

登记注册类型	2017年		2018年		2019年	
	法人企业(个)	期末从业人数(人)	法人企业(个)	期末从业人数(人)	法人企业(个)	期末从业人数(人)
私营有限责任公司	1070	50816	1115	53887	1164	52797
私营股份有限公司	44	1648	32	1724	29	1499
其他	18	309	11	183	8	157
港澳台商投资企业	50	11775	50	11716	54	12360
与港澳台商合资经营	14	4221	10	2857	12	2915
与港澳台商合作经营			1	83	1	83
港澳台商独资	33	7222	36	8392	39	9090
港澳台商独资股份有限公司	3	332	1	74		
外商投资企业	32	10781	30	9802	34	9723
中外合资经营	11	3393	6	1535	10	1784
中外合作经营						
外资企业	19	6819	22	8132	22	7766
外商投资股份有限公司	1	494				
2.按国民经济行业分组						
综合零售	286	86307	255	66132	255	60369
百货零售	161	56799	132	39016	132	35102
超级市场零售	107	27701	102	24570	102	21695
食品、饮料及烟草制品专门零售	116	3683	98	4513	122	5952
纺织、服装及日用品专门零售	147	7907	133	7057	132	7255
服装零售	80	5648	75	4856	73	4350
文化、体育用品及器材专门零售	123	6197	87	4795	85	4346
体育用品及器材零售	7	505	7	491	8	517
图书、报刊零售	51	3793	32	2903	27	1837
医药及医疗器材专门零售	165	24868	151	29493	175	32439
汽车、摩托车、零配件和燃料及其他动力销售	1046	41807	1041	42483	1074	40335
汽车新车零售	723	29787	715	29387	708	26764
机动车燃油零售	283	11404	280	12512	298	12497
家用电器及电子产品专门零售	269	8729	232	7798	246	6886
家用视听设备零售	32	1200	25	989	20	627
日用家电设备零售	71	4269	69	4073	77	3555
计算机、软件及辅助设备零售	100	1366	86	1156	86	1219
通信设备零售	43	1511	37	1431	39	1195
五金、家具及室内装修材料专门零售	70	2029	64	1777	61	1496
货摊、无店铺及其他零售业	83	3671	83	2565	76	2654
互联网零售	8	2360	12	1479	9	1361
邮购及电视、电话零售	1	18				

17-1 续表 3

登记注册类型	2020年		2021年		2022年	
	法人企业（个）	期末从业人数（人）	法人企业（个）	期末从业人数（人）	法人企业（个）	期末从业人数（人）
总　计	**5669**	**248040**	**6187**	**245359**	**6888**	**248566**
一、批发业	**3466**	**88244**	**4018**	**92162**	**4552**	**93955**
1.按登记注册类型分组						
内资	3366	81667	3908	85868	4423	88617
国有	61	10737	54	10055	59	10183
集体	7	281	5	60	4	112
股份合作	4	189	5	98	5	90
联营企业	1	6	2	57	2	305
国有联营			1	50	1	297
集体联营						
国有与集体联营						
其他联营	1	6	1	7	1	8
有限责任公司	563	21127	619	22776	650	22827
国有独资公司	36	2267	43	2565	47	2478
其他有限责任公司	527	18860	576	20211	603	20349
股份有限公司	48	5665	41	4634	40	3943
私营企业	2667	43376	3163	47716	3648	50795
私营独资	66	762	76	1224	101	1315
私营合伙	3	28	4	56	6	54
私营有限责任公司	2567	41458	3051	45420	3505	48348
私营股份有限公司	31	1128	32	1016	36	1078
其他	15	286	19	472	15	362
港澳台商投资企业	30	1747	31	1200	34	1433
与港澳台商合资经营	6	194	8	269	8	391
港澳台商合作经营	1	13				
港澳台商独资	18	361	19	806	23	930
港澳台商独资股份有限公司	3	123	3	120	2	107
外商投资企业	70	4830	79	5094	95	3905
中外合资经营	18	1526	19	1289	24	1313
中外合作经营						
外资企业	51	3302	59	3759	68	2526
外商投资股份有限公司						
2.按国民经济行业分组						
农、林、牧、渔产品批发	296	4354	327	4838	374	5402

17-1 续表 4

登记注册类型	2020年		2021年		2022年	
	法人企业(个)	期末从业人数(人)	法人企业(个)	期末从业人数(人)	法人企业(个)	期末从业人数(人)
食品、饮料及烟草制品批发	376	18573	416	19215	473	20512
米、面制品及食用油批发	88	2346	96	2040	96	2091
烟草制品批发	15	6795	15	6637	15	6584
纺织、服装及家庭用品批发	207	7883	210	7522	219	7168
服装批发	84	3407	81	3331	80	3166
家用视听设备批发	9	142	10	122	10	142
日用家电批发	37	1166	37	1048	39	1005
文化、体育用品及器材批发	56	2664	59	2971	61	2838
医药及医疗器材批发	323	16082	344	17318	380	16530
矿产品、建材及化工产品批发	1576	26154	1972	27459	2328	28672
煤炭及制品批发	120	1217	142	1476	152	1266
石油及制品批发	490	14323	705	13836	884	14198
金属及金属矿批发	460	5178	518	5598	588	5846
建材批发	170	1649	202	2137	234	2275
化肥批发	19	410	28	560	35	583
机械设备、五金交电及电子产品批发	512	10295	565	10840	586	11050
汽车及零配件批发	129	2614	142	2844	139	2598
摩托车及零配件批发	6	104	6	73	7	141
计算机、软件及辅助设备批发	39	570	45	669	39	675
贸易经纪与代理	35	736	26	272	18	303
其他批发业	85	1503	99	1727	113	1480
二、零售业	**2203**	**159796**	**2169**	**153197**	**2336**	**154611**
1.按登记注册类型分组						
内资	2111	139937	2072	133402	2249	137482
国有	38	1389	32	1748	32	1238
集体	15	601	15	631	15	511
股份合作	7	139	5	81	5	80
联营企业	2	50	3	57	4	26
国有联营			1	10	1	10
集体联营					1	8
国有与集体联营						
其他联营	2	50	2	47	2	8
有限责任公司	445	51740	402	45414	428	45973
国有独资公司	10	1087	9	990	14	1088
其他有限责任公司	435	50653	393	44424	414	44885
股份有限公司	34	15138	32	15161	32	15749
私营企业	1558	70615	1573	70171	1721	73649
私营独资	166	2520	168	2319	195	2967
私营合伙	5	55	3	37	3	52

17-1 续表 5

登记注册类型	2020年		2021年		2022年	
	法人企业(个)	期末从业人数(人)	法人企业(个)	期末从业人数(人)	法人企业(个)	期末从业人数(人)
私营有限责任公司	1370	67382	1389	67149	1508	69939
私营股份有限公司	17	658	13	666	15	691
其他	12	265	10	139	12	256
港澳台商投资企业	55	11864	57	11659	55	11037
与港澳台商合资经营	11	2542	11	2726	10	2683
与港澳台商合作经营			1	89	2	298
港澳台商独资	43	9188	43	8615	41	7857
港澳台商独资股份有限公司	1	134	1	92	1	78
外商投资企业	37	7995	40	8136	32	6092
中外合资经营	8	1494	6	610	2	398
中外合作经营						
外资企业	28	6337	34	7526	30	5694
外商投资股份有限公司						
2.按国民经济行业分组						
综合零售	250	52886	250	44599	261	43792
百货零售	130	29712	122	21611	116	20573
超级市场零售	99	20258	111	20422	124	20684
食品、饮料及烟草制品专门零售	116	5743	118	6281	165	6846
纺织、服装及日用品专门零售	119	8498	108	7968	107	7546
服装零售	69	5562	61	5236	60	5226
文化、体育用品及器材专门零售	94	4536	85	4079	108	3904
体育用品及器材零售	7	214	4	228	6	303
图书、报刊零售	32	1968	28	1501	34	1492
医药及医疗器材专门零售	178	37526	191	37985	193	38504
汽车、摩托车、零配件和燃料及其他动力销售	1079	41459	1040	42397	1119	44549
汽车新车零售	721	27352	684	27941	739	29072
机动车燃油零售	286	12940	295	13421	321	14495
家用电器及电子产品专门零售	241	5687	245	5412	250	6393
家用视听设备零售	21	520	22	406	22	288
日用家电设备零售	70	2610	71	2368	80	2922
计算机、软件及辅助设备零售	87	1279	87	1303	72	1283
通信设备零售	37	979	45	1144	59	1681
五金、家具及室内装修材料专门零售	53	1275	58	1414	48	1092
货摊、无店铺及其他零售业	73	2186	74	3062	85	1985
互联网零售	17	1163	28	2192	39	1114
邮购及电视、电话零售						

17-2 限额以上住宿和餐饮业法人企业基本情况

登记注册类型	2017年		2018年		2019年	
	法人企业（个）	期末从业人数（人）	法人企业（个）	期末从业人数（人）	法人企业（个）	期末从业人数（人）
总　计	**797**	**68062**	**729**	**65234**	**821**	**69277**
一、住宿业	**452**	**38837**	**425**	**37078**	**481**	**35408**
1.按登记注册类型分组						
内资	412	32799	384	31265	442	30704
国有	53	7106	38	4646	35	3999
集体	14	522	12	517	10	359
股份合作	1	35				
联营企业	1	50	1	61		
国有联营						
集体联营	1	50	1	61		
国有与集体联营						
其他联营						
有限责任公司	145	13362	135	13284	159	13714
国有独资公司	9	2285	11	1870	12	1769
其他有限责任公司	136	11077	124	11414	147	11945
股份有限公司	13	917	11	1567	10	802
私营企业	180	10634	186	11175	228	11830
私营独资	31	1009	20	734	21	658
私营合伙			1	16	1	28
私营有限责任公司	139	8586	158	9844	201	10921
私营股份有限公司	10	1039	7	581	5	223
其他	5	173	1	15		
港澳台商投资企业	16	4118	20	4317	20	3333
与港澳台商合资经营	10	2868	14	3107	13	2760
与港澳台商合作经营						
港澳台商独资	6	1250	6	1210	7	573
港澳台商独资股份有限公司						
外商投资企业	24	1920	21	1496	19	1371
中外合资经营	14	1178	11	845	9	736
中外合作经营	1	81	1	60	1	18
外资企业	7	553	7	492	8	546
外商投资股份有限公司	1	97	1	88	1	71
2.按国民经济行业分组						
旅游饭店	289	31676	274	30166	270	26566
一般旅馆	147	6111	135	5163	190	6119
民宿服务					1	13
露营地服务						
其他住宿业	16	1050			20	2710

注：自2018年起住宿业新增民宿服务　露营地服务两项行业中类，餐饮业新增餐饮配送及外卖送餐服务行业中类。

17-2 续表 1

登记注册类型	2017年		2018年		2019年	
	法人企业（个）	期末从业人数（人）	法人企业（个）	期末从业人数（人）	法人企业（个）	期末从业人数（人）
二、餐饮业	**345**	**29225**	**304**	**28156**	**340**	**33869**
1.按登记注册类型分组						
内资	320	19519	283	18368	318	16602
国有	9	3000	6	497	4	302
集体	3	69	1	25	2	63
股份合作						
联营企业					1	52
国有联营						
集体联营					1	52
国有与集体联营						
其他联营						
有限责任公司	85	5364	64	3668	80	4569
国有独资公司	1	37	2	142	2	483
其他有限责任公司	84	5327	62	3526	78	4086
股份有限公司	5	379	10	3064	5	1334
私营企业	213	10369	201	10995	226	10282
私营独资	62	2263	51	1789	53	1656
私营合伙	4	119	3	114	9	202
私营有限责任公司	143	7910	143	8928	161	8288
私营股份有限公司	4	77	4	164	3	136
其他	5	338	1	119		
港澳台商投资企业	10	3771	12	4564	14	11285
与港澳台商合资经营	2	321	2	310	4	388
与港澳台商合作经营						
港澳台商独资	8	3450	10	4254	10	10897
港澳台商独资股份有限公司						
外商投资企业	15	5935	9	5224	8	5982
中外合资经营	4	516	1	14	1	23
中外合作经营	1	6				
外资企业	9	5305	8	5210	7	5959
外商投资股份有限公司	1	108				
2.按国民经济行业分组						
正餐服务	303	16151	259	14849	287	14070
快餐服务	27	11044	27	11082	28	15655
饮料及冷饮服务	5	753	4	877	6	1275
餐饮配送及外卖送餐服务					15	2625
其他餐饮业	10	1277	14	1348	4	244

17-2 续表 2

登记注册类型	2020年		2021年		2022年	
	法人企业(个)	期末从业人数(人)	法人企业(个)	期末从业人数(人)	法人企业(个)	期末从业人数(人)
总　计	**833**	**66418**	**855**	**64839**	**920**	**61728**
一、住宿业	**486**	**29972**	**489**	**29082**	**525**	**27546**
1.按登记注册类型分组						
内资	448	26000	455	25239	492	24325
国有	34	4001	31	3835	34	3724
集体	7	276	6	158	3	78
股份合作					1	22
联营企业						
国有联营						
集体联营						
国有与集体联营						
其他联营						
有限责任公司	118	9391	102	8349	106	7625
国有独资公司	10	1535	12	1400	13	1169
其他有限责任公司	108	7856	90	6949	93	6456
股份有限公司	5	319	4	54	2	34
私营企业	283	11996	312	12843	346	12842
私营独资	25	829	28	903	37	1143
私营合伙	1	22	2	45	2	45
私营有限责任公司	252	10713	279	11526	303	11330
私营股份有限公司	5	432	3	369	4	324
其他	1	17				
港澳台商投资企业	19	2931	16	2496	14	2076
与港澳台商合资经营	13	1972	10	1720	9	1565
与港澳台商合作经营						
港澳台商独资	6	959	6	776	5	511
港澳台商独资股份有限公司						
外商投资企业	19	1041	18	1347	19	1145
中外合资经营	9	532	7	488	5	273
中外合作经营						
外资企业	7	466	9	838	11	821
外商投资股份有限公司						
2.按国民经济行业分组						
旅游饭店	265	22411	253	20944	245	19212
一般旅馆	201	5959	211	6467	250	6802
民宿服务						
露营地服务						
其他住宿业	20	1602	25	1671	30	1532

17-2 续表 3

登记注册类型	2020年		2021年		2022年	
	法人企业(个)	期末从业人数(人)	法人企业(个)	期末从业人数(人)	法人企业(个)	期末从业人数(人)
二、餐饮业	**347**	**36446**	**366**	**35757**	**395**	**34182**
1.按登记注册类型分组						
内资	322	16265	341	16565	371	17535
国有	5	279	5	269	2	122
集体	2	57	4	136	3	128
股份合作						
联营企业						
国有联营						
集体联营						
国有与集体联营						
其他联营						
有限责任公司	58	3408	47	2997	54	3614
国有独资公司	4	598	4	280	6	322
其他有限责任公司	54	2810	43	2717	48	3292
股份有限公司	3	1076	2	30	2	40
私营企业	254	11445	283	13133	310	13631
私营独资	46	1339	47	1681	46	1408
私营合伙	13	213	13	332	13	349
私营有限责任公司	193	9762	221	10970	250	11779
私营股份有限公司	2	131	2	150	1	95
其他						
港澳台商投资企业	17	11141	17	10446	17	8894
与港澳台商合资经营	4	310	4	349	4	297
与港澳台商合作经营						
港澳台商独资	13	10831	13	10097	13	8597
港澳台商独资股份有限公司						
外商投资企业	8	9040	8	8746	7	7753
中外合资经营	2	44	2	16	1	15
中外合作经营						
外资企业	6	8996	6	8730	6	7738
外商投资股份有限公司						
2.按国民经济行业分组						
正餐服务	280	12916	281	13530	298	13442
快餐服务	34	18893	34	17570	38	15713
饮料及冷饮服务	9	1284	11	1570	11	1510
餐饮配送及外卖送餐服务	20	3114	32	2598	38	2711
其他餐饮业	4	239	8	489	10	806

17-3 社会消费品零售总额

单位：亿元

年份	社会消费品零售总额	年份、地区	社会消费品零售总额
1978	71.2	2012	6439.9
1988	368.0	2013	7186.7
1989	411.7	2014	7899.5
1990	421.1	2015	8364.8
1991	467.3	2016	8597.1
1992	589.4	2017	8696.4
1993	669.6	2018	9112.8
1994	838.9	2019	9670.6
1995	1061.5	2020	8960.9
1996	1197.5	2021	9783.9
1997	1322.6	2022	9526.2
1998	1404.1	沈　阳	3864.5
1999	1490.3	大　连	1846.9
2000	1593.7	鞍　山	783.2
2001	1723.2	抚　顺	182.5
2002	1877.4	本　溪	148.4
2003	1902.1	丹　东	264.8
2004	2126.1	锦　州	354.9
2005	2381.3	营　口	416.1
2006	2692.6	阜　新	226.3
2007	3120.3	辽　阳	288.1
2008	3762.6	盘　锦	383.7
2009	4264.5	铁　岭	189.6
2010	4956.0	朝　阳	309.2
2011	5710.5	葫芦岛	267.9

注：按国家统计局要求，根据第四次经济普查结果，对2018年及以前年度社会消费品零售总额历史数据进行了修订。

17-4 限额以上批发和零售业法人企业商品销售额

(2022年)　　单位：万元

登记注册类型、行业	销售额	#批发	#零售
总　　计	**259491464.5**	**225758273.6**	**33555465.8**
一、批发业	**225375820.4**	**221884851.6**	**3316777.7**
1.按登记注册类型分组			
内资企业	213653729.5	210420240.9	3059297.5
国有企业	9267621.5	8871067.1	396554.4
集体企业	84292.9	76878.8	7414.1
股份合作企业	30360.3	30271.8	
联营企业	255095.8	255095.8	
国有联营企业	220429.9	220429.9	
集体联营企业			
国有与集体联营企业			
其他联营企业	34665.9	34665.9	
有限责任公司	50926842.4	49914957.6	988441.7
国有独资企业	6984450.6	6953270.6	20592.2
其他有限责任公司	43942391.8	42961687.0	967849.5
股份有限公司	79137782.0	78538268.7	599513.3
私营企业	73682949.8	72493823.0	1038467.3
私营独资企业	2055597.0	2023583.3	24130.6
私营合伙企业	39688.5	39688.5	
私营有限责任公司	70885071.1	69807379.4	934915.3
私营股份有限公司	702593.2	623171.8	79421.4
其他企业	268784.8	239878.1	28906.7
港、澳、台商投资企业	6510368.7	6482626.5	27742.2
合资经营企业	282552.4	282527.7	24.7
合作经营企业			
独资经营企业	6037104.2	6009386.7	27717.5
投资股份有限公司	177782.2	177782.2	
外商投资企业	5211722.2	4981984.2	229738.0
中外合资经营企业	729588.7	499875.2	229713.5
中外合作经营企业			
外资企业	3859389.6	3859370.3	19.3
外商投资股份有限公司			
2.按国民经济行业分组			
农、林、牧、渔产品批发	16059395.9	15915316.0	140763.4
食品、饮料及烟草制品批发	13224720.9	12863998.7	300682.7
米、面制品及食用油批发	3938431.5	3918117.7	12856.0
烟草制品批发	5204515.8	5197100.3	7415.5

注：按国家统计局要求，2021年年报开始不再统计限额以上批零住餐业个体经营户经营情况，本表仅为限额以上批发和零售业法人企业数据。

17-4 续表 1　　(2022年)　　单位：万元

登记注册类型、行业	销售额	#批发	#零售
纺织、服装及家庭用品批发	3103036.4	2954493.3	139540.6
服装批发	1024830.9	1009684.0	13987.9
家用视听设备批发	159906.3	154071.5	5834.8
日用家电批发	821494.8	787650.4	26000.9
文化、体育用品及器材批发	1021109.1	923642.3	97324.5
医药及医疗器材批发	9885703.4	9605152.1	272149.1
矿产品、建材及化工产品批发	170145523.7	168306937.5	1761747.2
煤炭及制品批发	5080487.3	5044379.3	23852.7
石油及制品批发	113777581.2	112397497.2	1358685.7
金属及金属矿批发	32205929.3	32019272.3	179745.0
建材批发	4630434.2	4507942.6	115640.1
化肥批发	1030620.2	1028893.2	1727.0
机械设备、五金产品及电子产品批发	10127535.9	9534847.3	576328.0
汽车及零配件批发	1867143.8	1810783.0	56360.8
摩托车及零配件批发	96208.2	95129.7	1078.5
计算机、软件及辅助设备批发	380456.9	347237.0	33219.9
贸易经纪与代理	100348.1	98480.6	1867.5
其他批发业	1708447.0	1681983.8	26374.7
二、零售业	**34115644.1**	**3873422.0**	**30238688.1**
1.按登记注册类型分组			
内资企业	31063231.3	3835322.0	27224375.3
国有企业	669537.0	177651.8	491885.2
集体企业	33512.9	3395.8	27282.1
股份合作企业	20207.6	2458.5	17749.1
联营企业	8360.2	634.7	7725.5
国有联营企业	6617.5	355.1	6262.4
集体联营企业	837.5	250.9	586.6
国有与集体联营企业			
其他联营企业	905.2	28.7	876.5
有限责任公司	7956841.4	720618.6	7236222.8
国有独资企业	381650.8	209059.7	172591.1
其他有限责任公司	7575190.6	511558.9	7063631.7
股份有限公司	6485983.7	1884049.9	4601933.8
私营企业	15833152.7	1046339.4	14786114.3
私营独资企业	646067.4	81211.7	564188.7
私营合伙企业	21999.9		21999.9

17-4 续表 2 (2022年) 单位：万元

登记注册类型、行业	销售额	#批发	#零售
私营有限责任公司	15093599.4	962928.4	14130639.0
私营股份有限公司	71486.0	2199.3	69286.7
其他企业	55635.8	173.3	55462.5
港、澳、台商投资企业	1847732.5	15810.7	1831921.8
合资经营企业	502476.2		502476.2
合作经营企业	41538.5		41538.5
独资经营企业	1218791.5	15810.7	1202980.8
投资股份有限公司	29071.3		29071.3
外商投资企业	1204680.3	22289.3	1182391.0
中外合资经营企业	58685.4		58685.4
中外合作经营企业			
外资企业	1145994.9	22289.3	1123705.6
外商投资股份有限公司			
2.按国民经济行业分组			
综合零售	5367132.8	513693.2	4853439.6
百货零售	2996215.5	160526.8	2835688.7
超级市场零售	2173874.1	347323.1	1826551.0
食品、饮料及烟草制品专门零售	883757.3	143284.4	740472.9
纺织、服装及日用品专门零售	879816.0	67647.4	812168.6
服装零售	581000.4	17662.1	563338.3
文化、体育用品及器材专门零售	609938.3	51370.3	558568.0
体育用品及器材零售	33449.6		33449.6
图书、报刊零售	127933.3	5111.5	122821.8
医药及医疗器材专门零售	2314250.6	89538.7	2224711.9
汽车、摩托车、零配件和燃料及其他动力销售	18305270.0	2491599.6	15810168.4
汽车零售	10550895.0	196072.1	10354822.9
机动车燃料零售	7505290.0	2291250.0	5210538.0
家用电器及电子产品专门零售	1436550.1	103858.2	1332659.9
家用视听设备零售	51685.0	3187.2	48497.8
日用家电设备零售	682918.0	13272.4	669613.6
计算机、软件及辅助设备零售	205372.7	33704.3	171668.4
通信设备零售	462724.6	47941.9	414782.7
五金、家具及室内装修材料专门零售	151702.4	12057.8	139644.6
货摊、无店铺及其他零售业	4167226.6	400372.4	3766854.2
互联网零售	3954288.8	370032.2	3584256.6

17-5 各地区限额以上批发和零售业法人企业商品销售额

(2022年)

单位：万元

登记注册类型、行业	沈阳	大连	鞍山	抚顺	本溪	丹东	锦州
总　计	**133973208.8**	**64891095.2**	**10226225.0**	**2902523.9**	**1355477.5**	**1616308.1**	**4590088.6**
一、批发业	**117282430.4**	**57660372.7**	**8400228.6**	**2520191.3**	**1024984.3**	**877367.3**	**3022319.2**
1.按登记注册类型分组							
内资企业	116596682.0	52661245.4	8400228.6	2520191.3	1021219.3	877367.3	3009389.3
国有企业	1870757.6	3927008.6	599150.5	296095.3	177478.9	270974.5	327253.9
集体企业	46306.2			34832.0			
股份合作企业	10834.1					3807.8	
联营企业	255095.8						
国有联营企业	220429.9						
集体联营企业							
国有与集体联营企业							
其他联营企业	34665.9						
有限责任公司	21938801.6	12253945.3	4269891.4	603030.7	161717.3	209691.9	653702.3
国有独资企业	1414278.2	417589.9	27553.2		21142.3		38570.9
其他有限责任公司	20524523.4	11836355.4	4242338.2	603030.7	140575.0	209691.9	615131.4
股份有限公司	74861323.4	1959451.9	16964.8	274839.5	357343.7	3265.8	19736.4
私营企业	17565564.3	34392829.0	3514221.9	1311393.8	324679.4	359502.9	2008696.7
私营独资企业	712963.6	291375.4	281031.7	27186.1		34594.6	83670.7
私营合伙企业	23549.0	8576.1					
私营有限责任公司	16376118.0	34032548.1	3202413.3	1281638.3	324679.4	311291.0	1921130.6
私营股份有限公司	452933.7	60329.4	30776.9	2569.4		13617.3	3895.4
其他企业	47999.0	128010.6				30124.4	
港、澳、台商投资企业	408722.8	555735.2					12929.9
合资经营企业		225805.9					
合作经营企业							
独资经营企业	234960.8	325909.1					
投资股份有限公司	173762.0	4020.2					
外商投资企业	277025.6	4443392.1			3765.0		
中外合资经营企业	22714.3	239274.8			3765.0		
中外合作经营企业							
外资企业	254311.3	3581373.4					
外商投资股份有限公司							
2.按国民经济行业分组							
农、林、牧、渔产品批发	2393330.3	6844332.0	269751.4	97130.7		61884.5	1615315.9
食品、饮料及烟草制品批发	3466851.3	5776342.0	482488.3	255592.7	252121.6	348726.9	344061.3
米、面制品及食用油批发	770958.1	2934216.9	45658.0		25565.8	9810.0	6391.6
烟草制品批发	1215730.3	917744.1	402728.8	231654.7	173055.4	270974.5	312118.8

17-5 续表 1 (2022年) 单位：万元

登记注册类型、行业	沈阳	大连	鞍山	抚顺	本溪	丹东	锦州
纺织、服装及家庭用品批发	1171322.0	1828504.1	12703.5	6324.5	4768.3	21242.1	2543.6
服装批发	124652.1	877259.2				5005.0	
家用视听设备批发	123502.5	36403.8					
日用家电批发	422496.0	376291.7		6324.5		11001.0	
文化、体育用品及器材批发	853441.6	94416.7	3100.5	70150.3			
医药及医疗器材批发	6308852.2	1665303.3	424543.7	87252.2	376448.5	83445.4	272292.7
矿产品、建材及化工产品批发	99747128.3	34729296.2	6249635.0	1947682.1	376149.9	326839.7	589054.2
煤炭及制品批发	972850.2	2091511.8	539111.6	178765.2	56845.8	94050.1	45296.6
石油及制品批发	78825771.7	19978694.1	334155.5	688298.8	211001.3	106692.6	161643.0
金属及金属矿批发	15167903.0	4963606.9	4774453.0	547443.6	73223.3	88174.9	284674.1
建材批发	2207527.7	1296555.9	217377.2	159357.1	13800.5	35108.2	
化肥批发	630251.3	102635.9	7520.8				55369.7
机械设备、五金产品及电子产品批发	3159502.8	5554918.3	932804.5	41426.4	4296.3	34638.1	156139.1
汽车及零配件批发	712168.1	883140.6	71581.7	5224.3		34638.1	33393.3
摩托车及零配件批发	96208.2						
计算机、软件及辅助设备批发	337626.7	41866.1					
贸易经纪与代理	11638.7	66950.2					
其他批发业	170363.2	1100309.9	25201.7	14632.4	11199.7	590.6	42912.4
二、零售业	**16690778.4**	**7230722.5**	**1825996.4**	**382332.6**	**330493.2**	**738940.8**	**1567769.4**
1.按登记注册类型分组							
内资企业	15525460.7	5731516.6	1705075.2	382332.6	328765.8	733468.3	1502998.4
国有企业	170414.3	363821.9		900.0		44489.2	467.7
集体企业	15176.7	4977.1	4574.7	3078.5			1939.0
股份合作企业	10784.0	9423.6					
联营企业	837.5	6617.5					
国有联营企业		6617.5					
集体联营企业	837.5						
国有与集体联营企业							
其他联营企业							
有限责任公司	3996372.1	1632043.2	457485.7	150024.2	88673.4	99185.5	574074.6
国有独资企业	133970.6	30105.8	565.3				
其他有限责任公司	3862401.5	1601937.4	456920.4	150024.2	88673.4	99185.5	574074.6
股份有限公司	1971325.8	1920681.9	620340.1		18928.1	274267.7	422283.0
私营企业	9360550.3	1753423.1	622674.7	228329.9	221164.3	301088.5	504234.1
私营独资企业	404915.5	18452.0	62538.1		2983.8	27459.7	18277.6
私营合伙企业	19377.5	1254.3					
私营有限责任公司	8926831.2	1729119.0	537805.6	221100.2	218180.5	261709.3	485956.5
私营股份有限公司	9426.1	4597.8	22331.0	7229.7		11919.5	

17-5 续表 2 (2022年) 单位：万元

登记注册类型、行业	沈阳	大连	鞍山	抚顺	本溪	丹东	锦州
其他企业		40528.3				14437.4	
港、澳、台商投资企业	620228.0	839615.3	120921.2		1727.4	5472.5	64771.0
合资经营企业	40205.8	393103.8	63694.1			5472.5	
合作经营企业		27170.1	14368.4				
独资经营企业	580022.2	334415.1	42858.7		1727.4		64771.0
投资股份有限公司		29071.3					
外商投资企业	545089.7	659590.6					
中外合资经营企业	58685.4						
中外合作经营企业							
外资企业	486404.3	659590.6					
外商投资股份有限公司							
2.按国民经济行业分组							
综合零售	2256934.4	1451141.1	216776.9	78208.3	104454.4	31295.0	488146.9
百货零售	863213.7	951997.9	167630.2	59261.7	86352.2	21620.0	443897.2
超级市场零售	1263526.7	458764.9	48837.5	18946.6	10566.0	9675.0	27862.7
食品、饮料及烟草制品专门零售	577130.3	92273.4	38352.2	23644.6	48126.3	38509.7	5544.2
纺织、服装及日用品专门零售	528964.8	253094.6	32021.5		2807.2	13257.5	13882.3
服装零售	396385.6	147082.9	2206.1			13257.5	
文化、体育用品及器材专门零售	479844.6	62707.4	27806.6	5797.7	462.7	3027.6	1370.0
体育用品及器材零售	21072.5	11280.2	1096.9				
图书、报刊零售	85521.8	33352.6	1710.1	900.0	462.7		691.7
医药及医疗器材专门零售	868867.5	448233.3	140289.8	65872.4	37333.7	39026.9	114829.5
汽车、摩托车、零配件和燃料及其他动力销售	7159327.3	4640297.5	1232873.8	176611.7	121969.2	566137.6	880566.1
汽车零售	4952066.8	2621879.1	594203.4	122056.9	107136.7	215600.5	348403.5
机动车燃料零售	2132658.6	1894092.1	634483.3	54554.8	13031.5	350537.1	530994.2
家用电器及电子产品专门零售	861819.4	185827.9	92027.6	21856.7	11159.0	40960.8	39702.3
家用视听设备零售	5239.9	5501.6	12781.8		4456.6		3809.5
日用家电设备零售	371189.0	154156.8	46438.4	15442.2		18164.1	26795.6
计算机、软件及辅助设备零售	160588.9	10235.5	3149.4	847.1	820.5	9912.4	3222.9
通信设备零售	305807.4	11604.2	19132.2	5567.4	5881.9	12884.3	5874.3
五金、家具及室内装修材料专门零售	95576.2	34479.8	5430.2		511.0		1971.0
货摊、无店铺及其他零售业	3862313.9	62667.5	40417.8	10341.2	3669.7	6725.7	21757.1
互联网零售	3813192.2	46024.4	19939.8	10341.2		5855.2	

17-5 续表 3 (2022年) 单位：万元

登记注册类型、行业	营口	阜新	辽阳	盘锦	铁岭	朝阳	葫芦岛
总　计	**9893516.4**	**2536439.1**	**3155999.2**	**12046385.9**	**2049795.8**	**5309150.2**	**4794623.0**
一、批发业	**8735907.6**	**2049018.0**	**2498896.2**	**11156542.4**	**1671602.7**	**4274223.7**	**4051108.2**
1.按登记注册类型分组							
内资企业	8602989.2	1879954.3	2498896.2	5686504.1	1671602.7	4254764.8	3822067.2
国有企业	307251.4	190340.1	254105.4	205919.5	269949.2	313908.2	257428.4
集体企业					3154.7		
股份合作企业					15718.4		
联营企业							
国有联营企业							
集体联营企业							
国有与集体联营企业							
其他联营企业							
有限责任公司	3064259.2	1094235.2	157330.7	1706851.6	631682.1	3350570.4	680504.9
国有独资企业	72855.8	622897.0		765976.2	186141.9	3184572.7	232872.5
其他有限责任公司	2991403.4	471338.2	157330.7	940875.4	445540.2	165997.7	447632.4
股份有限公司	313968.6		997393.2		266044.9		67449.8
私营企业	4855454.4	595379.0	1090066.9	3773733.0	485053.4	590286.2	2816088.9
私营独资企业	84014.5	34597.3	8557.8	4052.7	8634.5	53407.1	431511.0
私营合伙企业					5565.3		1998.1
私营有限责任公司	4683006.6	538281.7	1053971.3	3769680.3	470853.6	536879.1	2382579.8
私营股份有限公司	88433.3	22500.0	27537.8				
其他企业	62055.6						595.2
港、澳、台商投资企业	56746.5	15856.1		5460378.2			
合资经营企业	56746.5						
合作经营企业							
独资经营企业		15856.1		5460378.2			
投资股份有限公司							
外商投资企业	76171.9	153207.6		9660.1		19458.9	229041.0
中外合资经营企业	62127.1	153207.6				19458.9	229041.0
中外合作经营企业							
外资企业	14044.8			9660.1			
外商投资股份有限公司							
2.按国民经济行业分组							
农、林、牧、渔产品批发	1172716.6	280562.2	10137.8	313803.1	620423.9	275487.5	2104520.0
食品、饮料及烟草制品批发	621210.9	223692.7	264271.2	224967.1	376252.2	313242.8	274899.9
米、面制品及食用油批发	58257.6	30968.6	4671.8		23215.9	22990.5	5726.7
烟草制品批发	290046.8	190340.1	225112.8	188426.2	269949.2	259205.7	257428.4

17-5 续表 4 (2022年) 单位：万元

登记注册类型、行业	营口	阜新	辽阳	盘锦	铁岭	朝阳	葫芦岛
纺织、服装及家庭用品批发	21757.3	15617.2	2509.6	10894.8			4849.4
服装批发	10908.8	5771.1		1234.7			
家用视听设备批发							
日用家电批发			2509.6				2872.0
文化、体育用品及器材批发							
医药及医疗器材批发	115544.5	39042.9	49004.9	96729.8	102360.6	132994.9	131887.8
矿产品、建材及化工产品批发	6768813.3	1176263.3	2136300.5	10422877.7	559221.8	3514632.0	1451001.9
煤炭及制品批发	122473.9	763853.4	41868.7		33261.5	78650.4	61948.1
石油及制品批发	895534.1	170546.6	122147.0	10268374.4	491319.8	505527.1	1017875.2
金属及金属矿批发	2337480.8		715706.3		5683.8	2916289.5	180662.3
建材批发	531369.7		75604.8	80164.1		7078.6	6490.4
化肥批发	171182.8		14624.4	31907.8	13195.2		3932.3
机械设备、五金产品及电子产品批发	35865.0	22880.3	36672.2	69570.0	11392.7	19212.0	48218.2
汽车及零配件批发	8521.3		9532.2	52070.3	5412.4	9984.2	41477.3
摩托车及零配件批发							
计算机、软件及辅助设备批发			964.1				
贸易经纪与代理				17699.9		4059.3	
其他批发业		290959.4			1951.5	14595.2	35731.0
二、零售业	**1157608.8**	**487421.1**	**657103.0**	**889843.5**	**378193.1**	**1034926.5**	**743514.8**
1.按登记注册类型分组							
内资企业	1101654.0	459240.6	635041.9	842532.4	368529.3	1022140.5	724475.0
国有企业	1440.0		46466.6	2210.1	1588.3	33651.4	4087.5
集体企业		1391.4		453.3		1922.2	
股份合作企业							
联营企业							905.2
国有联营企业							
集体联营企业							
国有与集体联营企业							
其他联营企业							905.2
有限责任公司	413242.7	76859.5	40541.5	200266.4	39070.2	135511.2	53491.2
国有独资企业	213630.8	2869.6				508.7	
其他有限责任公司	199611.9	73989.9	40541.5	200266.4	39070.2	135002.5	53491.2
股份有限公司	2555.9	203037.2	250584.6	260245.4		272952.5	268781.5
私营企业	684415.4	177952.5	297449.2	379357.2	327200.7	578103.2	397209.6
私营独资企业	23489.0	6969.0	23187.2	5206.4	17469.7	20428.8	14690.6
私营合伙企业					1368.1		
私营有限责任公司	659644.5	170983.5	260125.1	373587.7	308362.9	557674.4	382519.0
私营股份有限公司	1281.9		14136.9	563.1			

17-5 续表 5 (2022年) 单位：万元

登记注册类型、行业	营口	阜新	辽阳	盘锦	铁岭	朝阳	葫芦岛
其他企业					670.1		
港、澳、台商投资企业	55954.8	28180.5	22061.1	47311.1	9663.8	12786.0	19039.8
合资经营企业							
合作经营企业							
独资经营企业	55954.8	28180.5	22061.1	47311.1	9663.8	12786.0	19039.8
投资股份有限公司							
外商投资企业							
中外合资经营企业							
中外合作经营企业							
外资企业							
外商投资股份有限公司							
2.按国民经济行业分组							
综合零售	178128.1	88340.6	58217.2	87837.5	74625.7	156543.1	96483.6
百货零售	46695.2	80801.9	20167.1	63320.3	38140.4	80961.7	72156.0
超级市场零售	130765.6	7538.7	38050.1	24517.2	34914.1	75581.4	24327.6
食品、饮料及烟草制品专门零售	5239.4	3371.6		15648.5	6288.9	12068.5	17559.7
纺织、服装及日用品专门零售	13592.9		1331.3	10661.4		6856.0	3346.5
服装零售	6473.2			10661.4		3517.8	1415.9
文化、体育用品及器材专门零售	2785.9	10373.9	605.1	4423.3	4091.6	6641.9	
体育用品及器材零售							
图书、报刊零售	1965.5				1857.9	1471.0	
医药及医疗器材专门零售	79159.5	33463.9	42858.2	66724.5	51768.0	280992.4	44831.0
汽车、摩托车、零配件和燃料及其他动力销售	735850.5	303361.3	536882.1	654252.6	212063.3	543635.1	541441.9
汽车零售	362709.9	88635.4	200421.6	344677.4	186014.1	213204.6	193885.1
机动车燃料零售	341174.6	211397.6	336460.5	309575.2	21748.1	330430.5	344151.9
家用电器及电子产品专门零售	48371.4	24216.1	17209.1	30339.1	11591.1	22485.0	28984.6
家用视听设备零售	7585.9					12309.7	
日用家电设备零售	6001.0	3642.1	15215.8	11706.3	2415.2	8227.5	3524.0
计算机、软件及辅助设备零售	1157.5		1993.3	10292.4		1947.8	1205.0
通信设备零售	33627.0	20574.0		8340.4	9175.9		24255.6
五金、家具及室内装修材料专门零售	5787.6	2685.6		5261.0			
货摊、无店铺及其他零售业	88693.5	21608.1		14695.6	17764.5	5704.5	10867.5
互联网零售	25363.1	21608.1		6997.8	1697.3		3269.7

17-5 限额以上批发和零售业商品零售类值

(2022年) 单位：万元

指　　标	零售额
总　　计	**33608116.6**
1.粮油、食品类	3523546.1
(1)粮油类	1088611.9
(2)肉禽蛋类	460057.0
(3)水产品类	257485.1
(4)蔬菜类	250445.4
(5)干鲜果品类	375870.0
2.饮料类	348417.3
3.烟酒类	571423.6
4.服装、鞋帽、针纺织品类	2479709.0
(1)服装类	2032637.8
(2)鞋帽类	310011.2
(3)针、纺织品类	137060.0
5.化妆品类	473927.5
6.金银珠宝类	854786.6
7.日用品类	1108409.4
8.五金、电料类	56434.0
9.体育、娱乐用品类	264133.1
10.报杂志类	118364.4
11.电子出版物及音像制品类	561.5
12.家用电器和音像器材类	1534166.0
13.中西药品类	2443161.2
#西药类	1920190.7
中草药及中成药类	299293.3
14.文化办公用品类	781300.7
15.家俱类	113544.8
16.通讯器材类	1101989.6
17.煤炭及制品类	31621.9
18.木材及制品类	
19.石油及制品类	6531821.5
20.化工材料及制品类	
21.金属材料类	
22.建筑及装潢材料类	213689.4
23.机电产品及设备类	95298.6
24.汽车类	10106684.2
25.种子饲料类	
26.棉麻类	243.0
27.其他类	854883.2

注：此表为快报数，统计范围为限上法人、产业活动单位和个体经营户。

17-7 限额以上批发和零售业主要财务指标

(2022年)

单位：万元

登记注册类型、行业	流动资产合计	固定资产原价	累计折旧	本年折旧	资产总计	负债合计	所有者权益合计
总　计	**68448177.6**	**13586840.5**	**5530531.5**	**1569844.8**	**87941507.3**	**71779108.5**	**15905460.2**
一、批发业	**55201766.9**	**9157308.5**	**3429218.9**	**1329365.4**	**67860926.8**	**55899716.6**	**11775572.3**
1.按登记注册类型分							
内资企业	51460566.2	4438233.9	2242767.5	229220.4	59532091.9	50323153.3	9023864.1
国有企业	2492648.8	671011.3	347593.1	28060.4	3521617.9	1198659.1	2322899.2
集体企业	12809.4	2043.3	910.0	118.9	14027.2	10068.9	3958.3
股份合作企业	19123.0	2083.9	1470.7	87.8	19790.3	18833.2	957.1
联营企业	97803.6	838.6	591.0	182.3	100808.4	71207.4	29601.0
国有联营企业	95143.8	578.3	344.1	49.3	98135.3	69242.4	28892.9
集体联营企业							
国有与集体联营企业							
其他联营企业	2659.8	260.3	246.9	133.0	2673.1	1965.0	708.1
有限责任公司	19149685.8	1480463.4	660652.5	72053.4	22237704.7	17430340.9	4781617.8
国有独资公司	2235062.6	141822.5	58170.5	6170.1	2846220.2	2188477.5	648443.3
其他有限责任公司	16914623.2	1338640.9	602482.0	65883.3	19391484.5	15241863.4	4133174.5
股份有限公司	3203350.4	796796.9	514654.8	24872.9	3942114.6	6361897.6	-2553585.6
私营企业	26382811.7	1478800.1	715608.4	103716.6	29587605.1	25136902.2	4425236.6
私营独资企业	472740.8	19013.7	8332.7	1702.9	493597.7	420163.0	72575.4
私营合伙企业	10456.5	758.4	372.7	69.1	10842.0	9012.4	1829.6
私营有限责任公司	25596652.4	1412561.5	687491.0	98457.0	28517456.3	24366565.5	4126283.8
私营股份有限公司	302962.0	46466.5	19412.0	3487.6	565709.1	341161.3	224547.8
其他企业	102333.5	6196.4	1287.0	128.1	108423.7	95244.0	13179.7
港、澳、台商投资企业	987274.1	58178.4	23358.9	2700.8	1091088.0	819605.0	271483.0
与港澳台商合资经营企业	195663.6	13074.7	9154.0	546.1	241461.6	178592.4	62869.2
与港澳台商合作经营企业							
港澳台商独资经营企业	459107.5	43622.1	13158.3	2009.7	511552.9	456237.9	55315.0
港澳台商投资股份有限公司	136118.3	1270.6	995.4	111.1	141529.0	113101.6	28427.4
其他港澳台投资企业	196384.7	211.0	51.2	33.9	196544.5	71673.1	124871.4
外商投资企业	2753926.6	4660896.2	1163092.5	1097444.2	7237746.9	4756958.3	2480225.2
中外合资经营企业	138998.4	27148.3	14429.8	2732.5	173602.7	122126.3	50913.0
中外合作经营企业							
外资企业	2521994.9	4633379.6	1148534.2	1094700.7	6970965.9	4545270.0	2425695.9
外商投资股份有限公司							
其他外商投资企业	92933.3	368.3	128.5	11.0	93178.3	89562.0	3616.3
2.按批发行业小类分							
农、林、牧、渔产品批发	4780487.0	459533.7	183502.5	18862.2	5771846.4	4947667.7	812500.0
食品、饮料及烟草制品批发	4824343.9	745160.7	343501.9	33684.2	6024503.9	3564278.1	2462675.3
米、面制品及食用油批发	1108393.6	129610.7	59145.6	5088.1	1375732.3	1118642.9	256987.9
肉、禽、蛋、奶及水产品批发	1119360.9	122641.0	29410.1	4488.2	1306094.8	1122809.9	185861.6
酒、饮料及茶叶批发	369889.2	69465.9	37082.7	1267.7	402054.7	294557.9	107496.8
烟草制品批发	1785266.9	274935.9	184537.1	12842.6	2224910.5	466117.3	1758793.2
纺织、服装及家庭用品批发	1224997.1	109930.0	52467.4	6446.1	1381440.5	969813.0	416298.5
纺织品、针织品及原料批发	49619.6	6920.5	3985.7	381.4	56254.9	33411.3	22843.6
服装批发	412032.6	63036.4	27348.6	3156.8	496894.0	331104.7	167490.0
鞋帽批发	78371.1	13153.5	7604.3	1213.0	86147.0	46555.7	41536.1
化妆品及卫生用品批发	40811.0	7540.5	4145.1	360.1	44279.6	33950.0	10115.2
厨具卫具及日用杂品批发	40231.3	2612.8	1658.2	193.5	41223.6	34161.8	7061.8

17-7 续表 1 (2022年) 单位：万元

登记注册类型、行业	流动资产合计	固定资产原价	累计折旧	本年折旧	资产总计	负债合计	所有者权益合计
灯具、装饰物品批发	6839.7	21.5	20.4		6840.7	4920.3	1920.4
家用视听设备批发	61551.2	137.5	120.9	15.6	61605.3	58381.0	3224.3
日用家电批发	346689.2	10967.5	4499.7	530.3	375110.4	318076.5	58273.8
其他家庭用品批发	188851.4	5539.8	3084.5	595.4	213085.0	109251.7	103833.3
文化、体育用品及器材批发	321031.6	17219.6	10085.2	1071.8	343223.8	246248.3	96975.5
文具用品批发	111642.2	4909.1	3713.5	214.0	119464.8	88992.3	30472.5
体育用品及器材批发	20679.4	239.6	205.6	19.8	20713.4	20274.1	439.3
图书批发	84123.1	7399.4	2660.5	483.8	91913.5	61743.7	30169.8
首饰、工艺品及收藏品批发	85621.8	4037.0	3082.6	310.0	91855.5	58930.6	32924.9
医药及医疗器材批发	6030014.6	286724.7	104129.7	16454.9	6662997.3	5188895.2	1473569.4
西药批发	4194662.6	203675.2	65687.9	8746.6	4637327.6	3680231.1	957036.9
中药批发	717461.5	47901.0	17191.7	2479.3	783158.8	698765.6	84393.2
医疗用品及器材批发	1109061.4	35081.4	21193.8	5227.1	1233578.2	804906.0	428199.1
矿产品、建材及化工产品批发	31015544.1	2677663.1	1486163.2	138053.8	35664730.6	32950495.3	2537287.7
煤炭及制品批发	1341915.0	51102.2	25134.8	7628.5	1443281.2	1215505.2	215921.2
石油及制品批发	15896081.9	2069696.8	1198524.7	94411.4	18579516.1	19332270.5	-877118.1
金属及金属矿批发	8334678.5	228818.7	114179.4	12476.3	9309272.7	7623451.9	1645166.7
建材批发	1611369.4	115609.2	49471.3	8479.6	1838637.1	1568781.6	271302.9
化肥批发	680287.0	58798.9	9339.3	2850.5	826700.6	782134.2	44566.4
农药批发	43003.2	2097.4	566.3	189.2	45871.9	37126.1	8745.8
机械设备、五金产品及电子产品批发	5364187.0	4792167.0	1224929.1	1110160.3	10246621.2	7187482.4	3055563.3
汽车及零配件批发	931307.4	85865.0	40055.1	6214.3	1036048.5	856491.4	179557.1
计算机、软件及辅助设备批发	142998.0	3233.7	2474.9	463.0	151336.1	97706.3	53629.8
通讯设备批发	116372.8	3263.4	2539.1	174.4	123584.8	85725.1	37695.0
贸易经纪与代理	1100693.3	27311.9	7791.2	1482.3	1145699.1	408603.6	737070.0
其他批发业	540468.3	41597.8	16648.7	3149.8	619864.0	436233.0	183632.6
二、零售业	**13246410.7**	**4429532.0**	**2101312.6**	**240479.4**	**20080580.5**	**15879391.9**	**4129887.9**
1.按登记注册类型分							
内资企业	11760222.0	3297896.3	1653213.1	193069.9	17277343.6	13724706.7	3478043.7
国有企业	104102.1	18201.8	8297.4	692.7	189355.9	75753.1	113602.8
集体企业	11452.3	6412.8	4792.3	243.2	13569.2	11111.4	2904.0
股份合作企业	7774.0	1802.3	1246.5	106.2	9071.1	2387.2	6683.9
联营企业	659.0	538.5	276.9	38.1	960.5	399.1	561.4
国有联营企业	100.5	396.4	188.8	21.8	308.1	14.8	293.3
集体联营企业	275.1	58.3	26.8	11.3	346.5	330.7	15.8
国有与集体联营企业							
其他联营企业	283.4	83.8	61.3	5.0	305.9	53.6	252.3
有限责任公司	4321754.6	1077566.8	524062.4	61653.3	6750748.1	5755992.3	1001351.1
国有独资公司	55475.8	18948.4	10009.5	2576.9	71392.0	46246.6	25145.4
其他有限责任公司	4266278.8	1058618.4	514052.9	59076.4	6679356.1	5709745.7	976205.7
股份有限公司	1239263.1	923339.5	525548.7	47084.1	2714012.9	1427104.8	1201618.7
私营企业	6066027.1	1263616.6	586730.0	82899.5	7585775.5	6444171.0	1145259.2
私营独资企业	168865.5	48960.6	22379.5	4068.4	219874.2	190772.5	29390.2
私营合伙企业	15219.6	1325.0	610.3	164.1	16018.3	8438.0	7580.3
私营有限责任公司	5841828.4	1205321.3	560072.5	78148.8	7300679.4	6200212.7	1103832.9
私营股份有限公司	40113.6	8009.7	3667.7	518.2	49203.6	44747.8	4455.8
其他企业	9189.8	6418.0	2258.9	352.8	13850.4	7787.8	6062.6
港、澳、台商投资企业	825645.3	937712.5	333565.4	38233.7	1716444.2	1265333.0	451111.2

17-7 续表 2 (2022年) 单位：万元

登记注册类型、行业	流动资产合计	固定资产原价	累计折旧	本年折旧	资产总计	负债合计	所有者权益合计
与港澳台商合资经营企业	305770.0	146759.4	104413.7	2697.5	463301.0	544566.6	-81265.6
与港澳台商合作经营企业	15708.6	3687.5	2046.2	322.0	17857.2	11249.5	6607.7
港澳台商独资经营企业	398813.6	779476.9	222379.3	34516.2	1124497.8	609393.0	515104.8
港澳台商投资股份有限公司	3970.6	2280.6	1159.9	160.6	5102.3	5131.1	-28.8
其他港澳台投资企业	101382.5	5508.1	3566.3	537.4	105685.9	94992.8	10693.1
外商投资企业	660543.4	193923.2	114534.1	9175.8	1086792.7	889352.2	200733.0
中外合资经营企业	9077.9	8866.2	2666.9	1196.1	21949.0	15313.4	6635.6
中外合作经营企业							
外资企业	651465.5	185057.0	111867.2	7979.7	1064843.7	874038.8	194097.4
外商投资股份有限公司							
其他外商投资企业							
2.按零售行业小类分							
综合零售	4381781.9	2250270.2	989428.5	80445.9	8406788.4	6350812.0	2057996.3
百货零售	3512790.0	1651344.8	702592.1	53465.8	6779665.4	4699068.6	2080503.5
超级市场零售	766094.2	496788.1	267811.5	22022.9	1383556.8	1473388.8	-87718.8
便利店零售	41912.9	22086.6	12621.0	3169.8	61538.0	97009.9	-35471.9
食品、饮料及烟草制品专门零售	313966.4	43450.0	19478.8	2959.4	419340.7	308656.6	110684.1
粮油零售	15300.2	904.4	280.5	47.4	28001.1	13186.0	14815.1
糕点、面包零售	39960.6	13158.3	8400.1	1096.0	48171.4	46719.1	1452.3
果品、蔬菜零售	55130.1	13639.6	4044.1	304.8	75425.4	47692.8	27732.6
肉、禽、蛋、奶及水产品零售	35645.2	5810.1	1724.4	310.3	76744.8	42121.3	34623.5
酒、饮料及茶叶零售	70399.4	5036.5	2368.9	617.9	73724.7	47793.7	25931.0
烟草制品零售	23300.7	1525.4	843.0	53.3	24386.6	9796.3	14590.3
纺织、服装及日用品专门零售	678721.7	113602.7	72567.4	7207.3	791223.2	640939.3	157105.5
服装零售	461734.4	80226.6	53893.2	5538.1	545863.0	425674.8	120251.3
化妆品及卫生用品零售	11279.3	4797.5	2907.1	141.4	15779.8	19537.7	3000.6
钟表、眼镜零售	125080.7	22640.4	11665.2	1346.6	138732.9	110506.5	28226.4
文化、体育用品及器材专门零售	392680.4	70870.4	36433.3	2506.7	542860.4	403419.6	139313.7
文具用品零售	24442.4	508.5	354.5	42.8	24715.3	15346.2	9242.0
体育用品及器材零售	7698.6	6996.7	3337.5	-342.7	21870.5	32362.0	-10491.5
图书、报刊零售	176619.2	33810.0	16334.7	1183.3	217726.1	151551.0	66175.1
音像制品、电子和数字出版物零售	32932.0	7165.5	5730.5	726.8	98964.4	80417.1	18547.3
珠宝首饰零售	103351.4	20496.5	9236.1	650.0	119588.3	84175.2	35413.1
医药及医疗器材专门零售	946529.2	89670.8	49242.2	9154.1	1144716.6	939145.7	206683.5
西药零售	927440.0	88678.5	48678.8	9046.9	1122771.0	919629.5	204295.2
中药零售	7304.0	683.2	459.4	82.7	9241.0	12148.8	-2948.9
医疗用品及器材零售	11623.8	309.1	104.0	24.5	11984.2	7299.9	4684.3
汽车、摩托车、零配件和燃料及其他动力销售	4921862.7	1616482.4	832038.4	126396.4	6916837.3	5574590.5	1262357.7
汽车新车零售	4440422.2	896118.8	442179.0	74920.7	5524082.2	4675774.1	853792.0
机动车燃油零售	248017.9	685353.7	371832.8	48891.2	1104968.5	673800.3	346253.6
家用电器及电子产品专门零售	884625.4	71023.9	22847.9	2939.6	1004725.2	871903.0	130876.1
日用家电零售	572706.1	46753.1	13254.6	1434.9	668609.6	628686.6	38479.8
计算机、软件及辅助设备零售	125656.0	8841.1	4416.9	615.7	133304.0	85455.1	47483.1
通信设备零售	133033.9	4268.6	2174.1	345.3	137574.1	113827.2	23746.8
五金、家具及室内装饰材料专门零售	74611.9	102355.0	56323.1	4558.6	136852.4	161041.8	-23490.5
货摊、无店铺及其他零售业	651631.1	71806.6	22953.0	4311.4	717236.3	628883.4	88361.5
互联网零售	521732.6	6236.2	1428.4	542.9	529429.8	482888.3	46550.1

17-7 续表 3　　(2022年)　　单位：万元

登记注册类型、行业	营业收入	主营业务收入	营业成本	营业税金及附加	其他业务利润	销售费用	管理费用
总　计	**232702753.5**	**230972016.1**	**223270791.4**	**893205.4**	**241560.7**	**3983697.8**	**2348186.6**
一、批发业	**203692766.9**	**202986251.9**	**197354971.3**	**790117.0**	**48254.0**	**2127377.1**	**1403788.8**
1.按登记注册类型分							
内资企业	193136648.3	192455453.1	187334137.1	771547.1	46192.7	1893559.3	1311082.7
国有企业	10030401.5	9967932.9	8471813.1	634370.9	3190.2	185334.5	265872.9
集体企业	76025.5	76025.5	72940.6	54.8	11.0	579.0	1439.5
股份合作企业	27530.3	27530.3	25946.8	29.7		759.1	531.5
联营企业	226162.8	226162.8	215413.1	406.7		3073.5	4260.4
国有联营企业	195484.9	195484.9	185725.8	402.0		3062.8	3634.1
集体联营企业							
国有与集体联营企业							
其他联营企业	30677.9	30677.9	29687.3	4.7		10.7	626.3
有限责任公司	45562689.4	45419860.2	44341513.5	63909.3	14577.7	458814.3	259551.6
国有独资公司	6281578.7	6260165.6	6168915.2	8211.9	1596.7	43665.0	28910.9
其他有限责任公司	39281110.7	39159694.6	38172598.3	55697.4	12981.0	415149.3	230640.7
股份有限公司	70436159.2	70358953.8	69881829.0	11784.5	2833.2	208700.9	51946.7
私营企业	66527179.1	66128696.5	64129087.5	60903.5	25580.6	1035410.7	726231.3
私营独资企业	1862692.1	1850146.4	1819879.8	719.2	13.7	23297.0	10688.4
私营合伙企业	35774.0	35774.0	29937.9	52.8		4884.0	1216.5
私营有限责任公司	63994353.5	63613282.1	61694981.0	59126.7	25087.5	992238.7	695982.8
私营股份有限公司	634359.5	629494.0	584288.8	1004.8	479.4	14991.0	18343.6
其他企业	250500.5	250291.1	195593.5	87.7		887.3	1248.8
港、澳、台商投资企业	5803084.2	5798818.7	5624081.1	4294.2	186.7	81167.7	23932.6
与港澳台商合资经营企业	269441.6	269439.7	226380.9	980.7	1.9	9788.9	7986.6
与港澳台商合作经营企业							
港澳台商独资经营企业	5360734.3	5356470.7	5233885.7	3004.0	184.8	67368.8	13731.2
港澳台商投资股份有限公司	161339.0	161339.0	152169.8	303.5		1178.8	2065.7
其他港澳台投资企业	11569.3	11569.3	11644.7	6.0		2831.2	149.1
外商投资企业	4753034.4	4731980.1	4396753.1	14275.7	1874.6	152650.1	68773.5
中外合资经营企业	324255.0	315793.5	259638.1	563.3	-139.8	37822.0	12137.1
中外合作经营企业							
外资企业	3876887.7	3864463.9	3591984.4	13530.4	2014.4	114420.9	55083.8
外商投资股份有限公司							
其他外商投资企业	551891.7	551722.7	545130.6	182.0		407.2	1552.6
2.按批发行业小类分							
农、林、牧、渔产品批发	14994507.7	14918075.1	14652407.4	9291.0	6715.0	133816.6	73196.6
食品、饮料及烟草制品批发	12166716.5	12057046.4	10434751.5	645174.7	6261.9	285344.6	350690.0
米、面制品及食用油批发	3729258.8	3711997.9	3673297.1	12898.3	996.3	21200.8	23848.8
肉、禽、蛋、奶及水产品批发	1933188.0	1875092.6	1859464.7	1506.7	898.4	93719.1	36828.2
酒、饮料及茶叶批发	472667.5	469556.6	412339.5	967.9	815.4	22914.7	18745.7
烟草制品批发	4614540.0	4605728.2	3249484.0	628551.8	1279.1	89018.8	225227.1
纺织、服装及家庭用品批发	2819221.0	2715846.5	2425521.2	3387.1	2308.2	145716.4	83432.0
纺织品、针织品及原料批发	190920.2	190369.4	179633.2	67.7	8.8	4431.6	5136.1
服装批发	960072.7	918285.7	798029.5	1065.4	1621.8	59447.4	38644.0
鞋帽批发	132751.3	132390.9	116069.8	114.1		7304.8	7674.8
化妆品及卫生用品批发	131056.3	128942.8	124796.0	75.1	208.2	2545.8	2975.9
厨具卫具及日用杂品批发	95303.7	93897.2	84548.2	121.4	568.1	6679.4	3691.6

17-7 续表 4 (2022年) 单位：万元

登记注册类型、行业	营业收入	主营业务收入	营业成本	营业税金及附加	其他业务利润	销售费用	管理费用
灯具、装饰物品批发	8604.2	8604.2	7464.6	12.4		481.4	461.9
家用视听设备批发	104258.5	104214.5	96924.7	41.7		2346.2	5901.4
日用家电批发	761679.0	705346.0	665322.4	864.6	-130.5	25561.3	12590.7
其他家庭用品批发	434575.1	433795.8	352732.8	1024.7	31.8	36918.5	6355.6
文化、体育用品及器材批发	929168.1	918592.4	838744.2	4652.0	3551.5	45366.7	25517.9
文具用品批发	370955.7	370499.2	349178.1	441.5	322.2	10861.9	8513.1
体育用品及器材批发	29639.5	29639.5	26581.4	22.0		2330.7	479.5
图书批发	66537.3	62342.8	58679.0	73.5	3193.1	5006.7	3649.7
首饰、工艺品及收藏品批发	412664.2	406750.3	359150.8	4087.2		25669.2	10634.8
医药及医疗器材批发	8882517.2	8832140.8	8020650.7	18533.9	8711.7	364846.2	206047.3
西药批发	6244349.5	6208479.5	5813844.8	11311.6	6816.1	147949.6	111215.3
中药批发	1049961.7	1048472.5	901984.1	3035.8	361.5	97811.9	32549.1
医疗用品及器材批发	1540295.5	1527339.9	1260824.1	4162.4	1534.1	117645.3	61561.3
矿产品、建材及化工产品批发	152930841.5	152642813.0	150677221.3	87727.6	14870.8	963922.0	467086.7
煤炭及制品批发	4445441.0	4432633.5	4252909.9	6364.6	79.3	80574.2	36399.7
石油及制品批发	102845401.8	102653399.2	101584014.2	47150.6	8332.6	561980.7	206755.0
金属及金属矿批发	28424647.6	28399844.0	28088161.0	22298.2	4685.0	117439.0	94156.2
建材批发	4185024.6	4171994.5	4078045.6	3544.6	921.2	51368.6	37702.0
化肥批发	975939.3	975838.4	943387.9	463.7	0.4	8891.7	9497.1
农药批发	75988.6	75952.8	70304.9	57.2	168.3	2161.1	1677.9
机械设备、五金产品及电子产品批发	9316674.9	9261349.4	8734897.0	19306.5	6214.0	163666.4	160747.2
汽车及零配件批发	1690454.7	1682391.6	1576968.9	3068.0	2108.1	33750.1	31345.4
计算机、软件及辅助设备批发	334750.7	334571.8	319243.7	182.2	340.0	3508.9	6412.3
通讯设备批发	547530.6	542779.7	518509.0	524.0	390.2	13248.8	10860.4
贸易经纪与代理	113473.6	107711.9	100385.4	532.2		3620.9	8229.7
其他批发业	1539646.4	1532676.4	1470392.6	1512.0	-379.1	21077.3	28841.4
二、零售业	**29009986.6**	**27985764.2**	**25915820.1**	**103088.4**	**193306.7**	**1856320.7**	**944397.8**
1.按登记注册类型分							
内资企业	26077349.5	25246288.1	23459096.7	82035.0	166195.8	1548872.6	828638.5
国有企业	144458.3	139108.8	117302.0	366.2	1370.4	9361.3	11040.4
集体企业	32960.5	27115.2	26563.5	67.3		4325.1	905.3
股份合作企业	17963.4	17959.6	15025.5	47.4		455.7	920.1
联营企业	7321.4	7295.6	6716.1	6.6	0.3	517.4	1.2
国有联营企业	5779.2	5753.4	5370.5	4.9		480.1	-94.5
集体联营企业	741.1	741.1	647.7	0.9	0.3	16.2	76.2
国有与集体联营企业							
其他联营企业	801.1	801.1	697.9	0.8		21.1	19.5
有限责任公司	6554274.7	6272909.1	5736466.2	23721.5	81514.1	505472.4	268247.0
国有独资公司	153043.9	146394.1	128190.7	554.3	153.1	9544.9	5585.3
其他有限责任公司	6401230.8	6126515.0	5608275.5	23167.2	81361.0	495927.5	262661.7
股份有限公司	4890720.8	4708575.4	4563416.4	16032.2	19820.8	227746.5	39817.6
私营企业	14376949.3	14021697.4	12942480.5	41763.3	63490.2	799407.2	506828.2
私营独资企业	590735.6	584557.2	534076.0	1374.7	812.6	24448.6	22703.9
私营合伙企业	20216.9	20216.9	16525.1	1954.3	95.7	496.3	966.1
私营有限责任公司	13693704.6	13345044.5	12326916.5	38266.6	62290.2	772006.4	477961.8
私营股份有限公司	72292.2	71878.8	64962.9	167.7	291.7	2455.9	5196.4
其他企业	52701.1	51627.0	51126.5	30.5		1587.0	878.7
港、澳、台商投资企业	1717883.0	1658132.2	1500198.5	12462.8	12417.0	167189.5	60914.0

17-7 续表 5 (2022年) 单位：万元

登记注册类型、行业	营业收入	主营业务收入	营业成本	营业税金及附加	其他业务利润	销售费用	管理费用
与港澳台商合资经营企业	403917.0	382291.6	355211.6	3073.7	6683.5	36952.9	13545.0
与港澳台商合作经营企业	38974.0	37681.1	38224.9	58.6		4012.3	563.6
港澳台商独资经营企业	1196245.3	1160238.2	1032528.2	9174.3	5455.6	123063.4	44848.2
港澳台商投资股份有限公司	26963.2	26614.7	25536.2	39.1	277.9	1061.7	815.0
其他港澳台投资企业	51783.5	51306.6	48697.6	117.1		2099.2	1142.2
外商投资企业	1214754.1	1081343.9	956524.9	8590.6	14693.9	140258.6	54845.3
中外合资经营企业	56579.2	52903.1	42438.5	64.1		10648.2	5052.0
中外合作经营企业							
外资企业	1158174.9	1028440.8	914086.4	8526.5	14693.9	129610.4	49793.3
外商投资股份有限公司							
其他外商投资企业							
2.按零售行业小类分							
综合零售	4105913.7	3659426.6	3211553.8	38845.8	112219.9	462646.6	302024.6
百货零售	1861466.9	1517825.2	1353959.6	31960.1	67281.7	146654.1	217048.6
超级市场零售	2049316.7	1965169.1	1707289.1	6185.4	41525.6	279784.4	67799.4
便利店零售	161004.9	143545.1	122431.5	225.3	1991.1	30271.1	14589.5
食品、饮料及烟草制品专门零售	834485.5	821618.9	698555.5	1145.1	2043.5	70805.2	39064.5
粮油零售	45218.5	45108.4	41719.7	17.7	489.3	904.2	1266.9
糕点、面包零售	72212.4	72186.8	43076.9	241.9	78.8	15823.3	12519.5
果品、蔬菜零售	198760.6	196111.0	166772.3	140.1	1172.5	18328.6	6432.7
肉、禽、蛋、奶及水产品零售	98373.8	98274.9	88082.2	138.4		6895.0	2901.1
酒、饮料及茶叶零售	201633.6	196942.9	175098.8	379.1	229.9	2143.5	6803.5
烟草制品零售	38096.9	38025.3	28482.0	121.7	7.5	4159.7	2017.4
纺织、服装及日用品专门零售	779297.4	752340.6	604738.7	2747.8	7101.5	119323.5	46153.0
服装零售	500159.4	480230.4	378505.3	2265.2	4950.3	85728.4	29121.2
化妆品及卫生用品零售	39576.0	37568.8	28602.6	80.5	857.1	12291.8	2300.4
钟表、眼镜零售	165113.7	164346.7	137614.7	276.1	1279.4	12444.4	10506.1
文化、体育用品及器材专门零售	556240.0	547072.2	477060.1	3775.7	3268.9	37517.6	39457.1
文具用品零售	52856.0	52856.0	48637.0	42.8		1257.6	2138.3
体育用品及器材零售	30394.5	29870.5	22865.9	255.6	-26.2	6886.9	1929.5
图书、报刊零售	126823.5	120854.9	99732.3	427.0	2738.4	9376.0	13769.1
音像制品、电子和数字出版物零售	18821.2	17424.6	14299.9	87.3		3812.6	9476.3
珠宝首饰零售	220006.9	219570.6	203301.4	2833.0	192.6	7382.9	4609.0
医药及医疗器材专门零售	2151212.4	2032447.7	1702105.1	5076.8	9724.2	324881.2	127131.2
西药零售	2119119.8	2001209.3	1677763.8	5011.6	9710.8	321703.2	123800.8
中药零售	13904.5	13063.4	10024.2	32.4		1794.1	2139.3
医疗用品及器材零售	17728.7	17715.6	13920.6	31.8	13.4	1312.0	1145.6
汽车、摩托车、零配件和燃料及其他动力销售	15411645.4	15064711.2	14466427.3	46354.3	56073.8	535704.2	297017.6
汽车新车零售	9726094.2	9520202.3	9139395.9	35486.1	46611.8	304528.1	252069.1
机动车燃油零售	5450500.3	5312816.0	5120723.6	9722.7	9197.8	222322.9	33631.2
家用电器及电子产品专门零售	1282236.6	1256939.4	1189265.2	1089.3	2448.1	76229.8	41953.3
日用家电零售	613040.9	607648.3	579685.0	602.9	37.1	50854.7	19534.4
计算机、软件及辅助设备零售	188501.5	188205.5	166586.8	170.6	107.3	5696.2	11077.4
通信设备零售	403203.8	384639.9	374112.8	201.7	1689.4	13408.8	8100.5
五金、家具及室内装饰材料专门零售	143099.3	140076.7	113662.2	1393.3	58.2	11393.5	21163.2
货摊、无店铺及其他零售业	3745856.3	3711130.9	3452452.2	2160.3	368.6	217819.1	30433.3
互联网零售	3549811.9	3516560.8	3277233.5	1826.2	106.6	211091.9	20858.3

17-7 续表 6 (2022年) 单位：万元

登记注册类型、行业	财务费用	营业利润	利润总额	应交所得税	应付职工薪酬(本年贷方累计发生额)	应交增值税
总计	**743369.7**	**1419799.3**	**1560963.7**	**451048.5**	**2210371.6**	**1187700.2**
一、批发业	**565519.5**	**1320902.6**	**1395535.3**	**370814.9**	**1128011.5**	**960943.5**
1.按登记注册类型分						
内资企业	433442.4	1231392.6	1307758.9	329140.8	1036010.4	892672.7
国有企业	-45109.9	494598.8	515961.6	143402.5	271929.1	188455.5
集体企业	40.8	981.5	985.4	202.1	639.1	319.5
股份合作企业	256.0	6.9	-4.0	23.7	297.3	73.0
联营企业	963.1	858.7	666.7	246.7	3601.3	2325.0
国有联营企业	780.9	692.2	500.2	240.9	3563.7	2421.8
集体联营企业						
国有与集体联营企业						
其他联营企业	182.2	166.5	166.5	5.8	37.6	-96.8
有限责任公司	166172.7	343914.0	381833.4	108101.8	283617.2	145174.6
国有独资公司	10106.8	31288.3	44488.9	10977.3	44880.3	39420.3
其他有限责任公司	156065.9	312625.7	337344.5	97124.5	238736.9	105754.3
股份有限公司	130745.3	91085.7	91683.2	4385.8	105048.8	215483.8
私营企业	180849.0	298254.8	314842.5	72764.3	370245.4	340823.0
私营独资企业	5746.5	833.6	758.2	1025.7	10359.9	1579.3
私营合伙企业	26.9	-575.1	283.0	19.6	246.4	413.2
私营有限责任公司	172209.5	295490.8	310979.0	70776.7	350884.7	335056.1
私营股份有限公司	2866.1	2505.5	2822.3	942.3	8754.4	3774.4
其他企业	-474.6	1692.2	1790.1	13.9	632.2	18.3
港、澳、台商投资企业	9528.4	57168.4	64705.3	17586.1	18816.0	24726.8
与港澳台商合资经营企业	3186.0	20238.3	20924.3	7018.0	4755.9	6593.9
与港澳台商合作经营企业						
港澳台商独资经营企业	3399.4	34741.5	41592.3	9196.9	12445.5	16074.9
港澳台商投资股份有限公司	2833.7	5359.6	5360.7	1371.2	1565.4	2058.0
其他港澳台投资企业	109.3	-3171.0	-3172.0		49.2	
外商投资企业	122548.7	32341.6	23071.1	24088.0	73185.1	43544.0
中外合资经营企业	1189.8	6592.5	6638.7	1409.7	11444.5	9560.3
中外合作经营企业						
外资企业	120953.2	21535.4	12218.5	21641.1	61147.7	33965.8
外商投资股份有限公司						
其他外商投资企业	405.7	4213.7	4213.9	1037.2	592.9	17.9
2.按批发行业小类分						
农、林、牧、渔产品批发	92445.8	-15920.9	41000.1	11443.5	47950.1	26000.6
食品、饮料及烟草制品批发	-40333.9	452301.1	461259.0	139737.8	341400.5	243788.6
米、面制品及食用油批发	13071.6	-14146.3	-2367.5	693.0	15710.5	42018.5
肉、禽、蛋、奶及水产品批发	3731.3	-30271.4	-33111.5	2199.8	35371.9	11347.1
酒、饮料及茶叶批发	1137.2	-2200.2	-2929.6	-1264.3	19846.6	4872.3
烟草制品批发	-61478.0	485309.1	485290.8	135216.7	241453.3	174157.9
纺织、服装及家庭用品批发	-1492.4	115470.6	117701.5	25563.5	75048.1	27989.0
纺织品、针织品及原料批发	-431.1	2124.0	2610.9	446.1	3557.4	274.4
服装批发	-1963.6	54448.1	54401.6	14240.5	39172.5	12310.2
鞋帽批发	-60.1	9746.0	9593.9	224.5	6811.3	702.3
化妆品及卫生用品批发	78.4	588.1	579.7	52.1	2320.5	707.9
厨具卫具及日用杂品批发	18.2	-191.5	-90.1	132.0	2245.9	729.1

17-7 续表 7 (2022年) 单位：万元

登记注册类型、行业	财务费用	营业利润	利润总额	应交所得税	应付职工薪酬(本年贷方累计发生额)	应交增值税
灯具、装饰物品批发	55.5	134.8	145.6	7.7	329.2	55.2
家用视听设备批发	162.8	-1152.2	-1097.0	106.0	1790.9	317.6
日用家电批发	276.5	11901.5	12404.1	3158.4	8905.8	5076.0
其他家庭用品批发	371.0	37871.8	39152.8	7196.2	9914.6	7816.3
文化、体育用品及器材批发	274.7	14041.6	14148.8	3288.6	33994.4	8371.1
文具用品批发	305.0	1803.8	1677.5	350.0	6831.5	2129.1
体育用品及器材批发	128.0	97.9	97.8		911.9	105.9
图书批发	-459.1	-1181.8	-1168.4	-125.8	4950.1	120.2
首饰、工艺品及收藏品批发	316.6	12820.7	12941.3	3047.1	19875.0	5488.1
医药及医疗器材批发	61505.2	248126.0	248427.0	52306.2	151729.9	142243.6
西药批发	50474.5	144093.5	144367.7	29868.3	91868.1	88782.3
中药批发	5436.6	5185.5	4870.1	3698.7	21249.7	17947.4
医疗用品及器材批发	5599.4	97166.4	97466.1	18446.4	38144.4	35372.2
矿产品、建材及化工产品批发	305418.6	397175.3	395245.4	95162.1	338087.6	433269.8
煤炭及制品批发	15025.2	40948.8	39668.2	10695.5	11747.9	28031.2
石油及制品批发	186941.9	211241.6	203997.1	45793.5	191471.2	306778.0
金属及金属矿批发	65808.3	65570.3	67356.9	19479.6	69514.5	39458.5
建材批发	9863.4	-3755.7	-1749.2	4933.3	16229.9	12533.2
化肥批发	11322.5	2675.7	4290.3	625.2	4497.7	5587.5
农药批发	602.1	1331.7	1342.9	221.3	1788.3	34.5
机械设备、五金产品及电子产品批发	127144.2	109353.0	116321.1	40816.0	123442.3	64743.1
汽车及零配件批发	10763.0	29718.0	31490.7	10405.2	24293.0	13612.2
计算机、软件及辅助设备批发	1177.7	3316.8	3192.7	439.3	4791.7	720.4
通讯设备批发	1102.9	4180.0	3769.2	577.4	8613.4	2875.1
贸易经纪与代理	3326.9	4721.7	6255.9	956.3	2598.9	922.1
其他批发业	17230.4	-4365.8	-4823.5	1540.9	13759.7	13615.6
二、零售业	**177850.2**	**98896.7**	**165428.4**	**80233.6**	**1082360.1**	**226756.7**
1.按登记注册类型分						
内资企业	157443.1	58723.1	117798.1	55664.4	933140.0	208597.4
国有企业	637.2	5757.6	6024.4	1301.6	7453.0	2007.4
集体企业	119.3	856.2	1143.5	201.6	2043.2	1007.0
股份合作企业	319.7	1194.8	1212.2	179.6	523.8	352.4
联营企业	5.2	75.0	74.6	2.7	136.8	93.7
国有联营企业	5.2	12.8	12.9	1.2	104.8	75.1
集体联营企业		0.4	-0.1		29.9	8.9
国有与集体联营企业						
其他联营企业		61.8	61.8	1.5	2.1	9.7
有限责任公司	70410.6	37496.6	56034.8	26162.9	309696.8	67009.3
国有独资公司	-467.7	9710.8	11641.8	3469.3	7536.0	2747.2
其他有限责任公司	70878.3	27785.8	44393.0	22693.6	302160.8	64262.1
股份有限公司	8276.6	54434.1	78713.5	8326.8	194105.0	30778.2
私营企业	77617.8	-40640.4	-24982.0	19474.2	417319.9	107301.0
私营独资企业	2002.6	5529.7	4356.6	2339.4	12886.3	6735.9
私营合伙企业	205.1	182.8	185.8	1.2	205.5	237.8
私营有限责任公司	75002.2	-45433.0	-28202.5	17109.9	401470.2	99957.7
私营股份有限公司	407.9	-919.9	-1321.9	23.7	2757.9	369.6
其他企业	56.7	-450.8	-422.9	15.0	1861.5	48.4
港、澳、台商投资企业	4676.4	-4862.2	-3563.6	5252.8	94233.3	-1914.6

17-7 续表 8 (2022年) 单位：万元

登记注册类型、行业	财务费用	营业利润	利润总额	应交所得税	应付职工薪酬(本年贷方累计发生额)	应交增值税
与港澳台商合资经营企业	2064.4	3304.0	3614.5	2554.5	26035.2	4427.3
与港澳台商合作经营企业	75.7	-819.6	-753.5		1958.3	2011.5
港澳台商独资经营企业	1720.5	-5769.4	-5271.7	2698.3	62621.9	-9121.4
港澳台商投资股份有限公司	154.0	-642.8	-615.9		1536.1	303.5
其他港澳台投资企业	661.8	-934.4	-537.0		2081.8	464.5
外商投资企业	15730.7	45035.8	51193.9	19316.4	54986.8	20073.9
中外合资经营企业	351.2	-1930.0	-2079.8	9.8	3559.1	-0.4
中外合作经营企业						
外资企业	15379.5	46965.8	53273.7	19306.6	51427.7	20074.3
外商投资股份有限公司						
其他外商投资企业						
2.按零售行业小类分						
综合零售	78667.2	67598.6	82202.7	33468.5	283338.8	38308.1
百货零售	56474.3	94222.9	100537.9	27175.3	145850.2	16726.1
超级市场零售	21822.1	-18703.4	-10360.5	6265.8	120429.9	20104.7
便利店零售	634.5	-8106.9	-8187.2	17.1	14091.8	1099.2
食品、饮料及烟草制品专门零售	3293.9	13738.2	13160.6	5346.5	41300.0	9483.8
粮油零售	70.5	329.9	358.3	10.4	771.7	1078.5
糕点、面包零售	-77.2	838.3	903.1	346.4	16532.1	1847.1
果品、蔬菜零售	592.0	1778.1	2348.7	261.8	9853.2	747.2
肉、禽、蛋、奶及水产品零售	990.2	-548.3	-447.9	21.3	3521.0	536.7
酒、饮料及茶叶零售	144.7	14332.6	14479.4	3666.0	1482.8	2405.0
烟草制品零售	104.6	3274.4	3274.9	866.4	4244.6	1892.8
纺织、服装及日用品专门零售	1666.6	6193.7	13027.0	4503.5	50123.3	14513.9
服装零售	746.4	5956.8	11492.1	2934.4	34154.2	10149.0
化妆品及卫生用品零售	144.8	-4690.5	-4090.6	10.0	5151.5	535.3
钟表、眼镜零售	664.1	3963.9	4460.5	1183.7	7433.2	1737.4
文化、体育用品及器材专门零售	3824.2	-3499.3	1537.5	1611.3	31411.9	6252.1
文具用品零售	52.1	746.9	836.0	41.5	1697.7	399.3
体育用品及器材零售	1192.1	-2004.6	-2134.2	-184.2	2066.3	740.4
图书、报刊零售	-461.3	5371.7	7791.9	1184.1	11915.6	502.5
音像制品、电子和数字出版物零售	1141.5	-9967.4	-7885.3		5641.7	199.0
珠宝首饰零售	1650.5	100.3	455.0	362.9	4834.4	3193.0
医药及医疗器材专门零售	5762.2	39325.2	41766.8	13594.5	206162.7	30679.3
西药零售	5604.8	38257.5	40653.6	13531.7	204185.2	29849.4
中药零售	127.9	-177.6	-172.3	9.0	1422.9	296.4
医疗用品及器材零售	29.2	1307.8	1344.0	54.7	459.7	518.0
汽车、摩托车、零配件和燃料及其他动力销售	70839.3	12245.4	43618.2	20093.5	408917.8	104390.3
汽车新车零售	59700.0	-48488.3	-26002.3	11258.7	235077.1	68095.5
机动车燃油零售	10616.7	54136.5	62608.0	7486.6	166750.6	32673.8
家用电器及电子产品专门零售	7688.4	-38275.1	-36419.2	-1756.1	34758.9	6718.2
日用家电零售	5566.4	-40802.7	-39258.6	-2008.1	18208.0	2306.6
计算机、软件及辅助设备零售	494.9	3537.0	3102.5	85.2	7349.6	1993.4
通信设备零售	1310.8	-6.7	196.0	116.9	6931.6	1633.1
五金、家具及室内装饰材料专门零售	4065.7	-8553.7	-8352.3	42.1	9021.8	2188.7
货摊、无店铺及其他零售业	2042.7	10123.7	14887.1	3329.8	17324.9	14222.3
互联网零售	304.4	7735.8	12230.9	2788.1	11608.4	12564.6

17-8 限额以上住宿和餐饮业法人企业经营情况

(2022年)

单位：万元

登记注册类型、行业	法人单位(个)	期末从业人数(人)	营业额				
				客房收入	餐费收入	商品销售收入	其他收入
总　　计	**913**	**61728**	**1590018.9**	**341671.0**	**1057740.9**	**68268.5**	**122338.5**
一、住宿业	**520**	**27546**	**568358.7**	**316984.0**	**141885**	**10732.8**	**98756.9**
1.按登记注册类型分组							
内资	487	24325	481310.0	271658.3	117853.8	5866.8	85931.1
国有	33	3724	52736.0	15608.1	19772.1	857.6	16498.2
集体	3	78	1522.6	537.1	980.7		4.8
股份合作	1	22	149.1	76.3	58.2		14.6
联营企业							
国有联营							
集体联营							
国有与集体联营							
其他联营							
有限责任公司	106	7625	155578.8	69186.1	41064.8	2731.9	42596.0
国有独资公司	13	1169	39121.2	8489.4	4531.5	295.0	25805.3
其他有限责任公司	93	6456	116457.6	60696.7	36533.3	2436.9	16790.7
股份有限公司	2	34	1105.0	885.2	217.2		2.6
私营企业	342	12842	270218.5	185365.5	55760.8	2277.3	26814.9
私营独资	36	1143	20226.1	14797.0	4365.0	30.0	1034.1
私营合伙	2	45	877.9	782.7	49.2	13.4	32.6
私营有限责任公司	300	11330	244617.6	167080.6	50136.6	2233.0	25167.4
私营股份有限公司	4	324	4496.9	2705.2	1210.0	0.9	580.8
港澳台商投资企业	14	2076	55538.6	23170.0	16958.5	4784.6	10625.5
与港澳台商合资经营	9	1565	32160.4	15450.2	10256.0	3049.7	3404.5
与港澳台商合作经营							
港澳台商独资	5	511	23378.2	7719.8	6702.5	1734.9	7221.0
港澳台商独资股份有限公司							
外商投资企业	19	1145	31510.1	22155.7	7072.7	81.4	2200.3
中外合资经营	5	273	6919.3	4844.4	819.1	12.3	1243.5
中外合作经营							
外资企业	11	821	23345.1	16123.6	6246.9	18.5	956.1
外商投资股份有限公司							
2.按国民经济行业分组							
旅游饭店	244	19212	369848.5	169835.9	108304.4	7876.3	83831.9
经济型连锁酒店	84	1758	51994.3	47409.8	2896.8	427.8	1259.9
其他一般旅馆	162	5044	109811.1	80286.8	19874.1	958.1	8692.1
民宿服务							
露营地服务							
其他住宿业	30	1532	36704.8	19451.5	10809.7	1470.6	4973.0

注：按国家统计局要求，2021年年报开始不再统计限额以上批零住餐业个体经营户经营情况，本表仅为限额以上住宿和餐饮业法人企业数据。

17-8 续表 (2022年) 单位：万元

登记注册类型、行业	法人单位(个)	期末从业人数(人)	营业额				
				客房收入	餐费收入	商品销售收入	其他收入
二、餐饮业	**393**	**34182**	**1021660.2**	**24687.0**	**915855.9**	**57535.7**	**23581.6**
1.按登记注册类型分组							
内资	369	17535	448721.7	24501.3	369995.5	40345.7	13879.2
国有	2	122	1097.1	250.5	465.9		380.7
集体	3	128	1398.8	94.8	1146.6		157.4
股份合作							
联营企业							
国有联营							
集体联营							
国有与集体联营							
其他联营							
有限责任公司	54	3614	96651.2	5604.8	75343.8	13436.7	2265.9
国有独资公司	6	322	3934.9	1341.6	2262.4	24.7	306.2
其他有限责任公司	48	3292	92716.3	4263.2	73081.4	13412.0	1959.7
股份有限公司	2	40	3476.6		3476.6		
私营企业	308	13631	346098.0	18551.2	289562.6	26909.0	11075.2
私营独资	46	1408	31413.1	580.1	28343.7	512.7	1976.6
私营合伙	13	349	10110.9		10101.4		9.5
私营有限责任公司	248	11779	303528.0	17698.9	251012.8	26396.3	8420.0
私营股份有限公司	1	95	1046.0	272.2	104.7		669.1
港澳台商投资企业	17	8894	206994.2	185.7	195863.8	6971.2	3973.5
与港澳台商合资经营	4	297	5064.8	185.7	4879.1		
与港澳台商合作经营							
港澳台商独资	13	8597	201929.4		190984.7	6971.2	3973.5
港澳台商独资股份有限公司							
外商投资企业	7	7753	365944.3		349996.6	10218.8	5728.9
中外合资经营	1	15	218.2		218.2		
中外合作经营							
外资企业	6	7738	365726.1		349778.4	10218.8	5728.9
外商投资股份有限公司							
2.按国民经济行业分组							
正餐服务	296	13442	319042.9	22316.3	259752.4	26779.4	10194.8
快餐服务	38	15713	547480.9		519753.7	17127.6	10599.6
饮料及冷饮服务	11	1510	57047.7		51993.8	4138.6	915.3
餐饮配送及外卖送餐服务	38	2711	75418.2		65511.7	8747.3	1159.2
其他餐饮业	10	806	22670.5	2370.7	18844.3	742.8	712.7

17-9 限额以上住宿和餐饮业主要财务指标

(2022年)

单位：万元

登记注册类型、行业	流动资产合计	固定资产原价	累计折旧	#本年折旧	资产总计	负债合计	所有者权益合计
总　计	**1[illegible]3161.0**	**2822580.0**	**1542931.4**	**114071.7**	**3690078.5**	**3762538.6**	**-42245.8**
一、住宿业	**[illegible]8198.3**	**2330479.3**	**1281774.4**	**88973.8**	**2610240**	**2746616.7**	**-105930.8**
1.按登记注册类型分组							
内资企业	[illegible]29003.8	1526677.3	786568.7	70061.0	2112455.3	2330939.5	-205916.3
国有企业	45209.6	189376.7	100537.6	4472.4	186381.4	121669.3	68090.0
集体企业	1410.2	6041.1	5816.3	214.1	1821.0	7894.8	-5243.2
股份合作企业	35.7	52.0	45.7	2.5	42.2	40.4	1.8
联营企业							
有限责任公司	[illegible]56446.0	676940.0	358510.9	30823.6	697110.3	903256.1	-206145.8
国有独资公司	10445.7	120034.0	58763.7	2596.7	78338.6	108518.2	-30179.6
其他有限责任公司	246000.3	556906.0	299747.2	28226.9	618771.7	794737.9	-175966.2
股份有限公司	900.3	208.0	94.0	28.0	1823.3	2425.9	-602.6
私营企业	525002.0	654059.5	321564.2	34520.4	1225277.1	1295653.0	-62016.5
私营独资企业	15270.4	18501.5	6263.2	996.9	33253.2	34972.1	3440.7
私营合伙企业	983.4	751.3	196.3	19.1	2321.2	1824.7	496.5
私营有限责任公司	498780.4	611550.5	309953.2	32785.4	1157880.4	1227881.9	-66801.7
私营股份有限公司	9967.8	23256.2	5151.5	719.0	31822.3	30974.3	848.0
其他企业							
港、澳、台商投资企业	71112.0	619932.1	388447.9	13314.3	332374.7	235085.8	115166.9
与港澳台商合资经营企业	28177.8	348115.6	208039.7	8329.7	197022.9	181566.0	15456.9
与港澳台商合作经营企业							
港澳台商独资经营企业	42934.2	271816.5	180408.2	4984.6	135351.8	53519.8	99710.0
港澳台商投资股份有限公司							
其他港澳台投资企业							
外商投资企业	68082.5	183869.9	106757.8	5598.5	165410.0	180591.4	-15181.4
中外合资经营企业	39479.1	59585.1	52884.6	137.9	48863.6	77591.8	-28728.2
中外合作经营企业							
外资企业	26502.7	123452.8	53233.0	4829.0	114127.1	101908.4	12218.7
外商投资股份有限公司							
其他外商投资企业	2100.7	832.0	640.2	631.6	2419.3	1091.2	1328.1
2.按住宿业行业小类分							
旅游饭店	711479.9	1808541.5	1038343.4	67218.5	1864814.4	2042005.0	-150119.5
一般旅馆	214229.6	328299.7	152815.9	14631.0	561622.2	572655.3	-7658.3
民宿服务							
露营地服务							
其他住宿业	42488.8	193638.1	90615.1	7124.3	183803.4	131956.4	51847.0

17-9 续表 1 (2022年) 单位：万元

登记注册类型、行业	流动资产合计	固定资产原价	累计折旧	#本年折旧	资产总计	负债合计	所有者权益合计
二、餐饮业	**444962.7**	**492100.7**	**261157.0**	**25097.9**	**1079838.5**	**1015921.9**	**63685.0**
1.按登记注册类型分组							
内资企业	353031.4	339330.3	166570.4	15371.4	719383.9	675146.0	44006.3
国有企业	545.7	1001.4	104.5	66.0	1442.7	950.3	492.4
集体企业	395.5	409.5	255.2	18.5	551.7	1122.8	-571.1
股份合作企业							
联营企业							
有限责任公司	59098.2	31032.7	13068.2	2384.9	92913.8	76087.0	16738.5
国有独资公司	17727.2	4956.6	3026.0	539.6	19709.6	11517.4	8192.2
其他有限责任公司	41371.0	26076.1	10042.2	1845.3	73204.2	64569.6	8546.3
股份有限公司	189.3	1612.0	184.2	104.5	1793.0	747.5	1045.5
私营企业	292802.7	305274.7	152958.3	12797.5	622682.7	596238.4	26301.0
私营独资企业	8924.2	39057.7	24323.4	1272.8	41909.2	25844.7	15942.0
私营合伙企业	1955.7	418.4	311.9	54.5	2186.0	2482.8	-296.8
私营有限责任公司	279214.1	265350.5	128123.3	11398.4	538927.5	544576.3	-5669.6
私营股份有限公司	2708.7	448.1	199.7	71.8	39660.0	23334.6	16325.4
其他企业							
港、澳、台商投资企业	73432.4	65783.0	38969.6	3607.1	189894.7	213347.2	-23452.5
与港澳台商合资经营企业	3207.2	2079.5	1603.7	90.0	4323.7	5791.4	-1467.7
与港澳台商合作经营企业							
港澳台商独资经营企业	70225.2	63703.5	37365.9	3517.1	185571.0	207555.8	-21984.8
港澳台商投资股份有限公司							
其他港澳台投资企业							
外商投资企业	18498.9	86987.4	55617.0	6119.4	170559.9	127428.7	43131.2
中外合资经营企业	33.5	48.1	46.3		35.3	40.0	-4.7
中外合作经营企业							
外资企业	18465.4	86939.3	55570.7	6119.4	170524.6	127388.7	43135.9
外商投资股份有限公司							
其他外商投资企业							
2.按餐饮业行业小类分							
正餐服务	311332.2	329495.1	163983.1	14101.7	656529.6	630403.3	25894.7
快餐服务	67798.2	140539.5	86902.4	8193.4	326357.2	329088.8	-2731.6
饮料及冷饮服务	29844.3	7231.4	4633.1	1663.6	44659.3	16338.3	28321.0
餐饮配送及外卖送餐服务	27920.9	13224.0	4507.0	1042.4	41137.2	33303.5	7833.7
其他餐饮业	8067.1	1610.7	1131.4	96.8	11155.2	6788.0	4367.2

17-9 续表 2 (2022年) 单位：万元

登记注册类型、行业	营业收入	#主营业务收入	营业成本	营业税金及附加	其他业务利润	销售费用	管理费用
总　计	**1[illegible]9444.2**	**1500055.3**	**806032.4**	**16047.6**	**22298.2**	**459713.5**	**366242.0**
一、住宿业	**549414.7**	**534506.1**	**260673.4**	**13244.6**	**6128.8**	**164858.3**	**224298.9**
1.按登记注册类型分组							
内资企业	457444.3	454666.0	225673.1	9019.4	5996.9	142057.5	185006.7
国有企业	50604.6	46137.2	30519.1	1181.9	337.2	17581.0	22325.3
集体企业	1461.8	1306.4	795.9	36.7		819.5	400.7
股份合作企业	148.3	148.3	22.2			67.8	51.6
联营企业							
有限责任公司	145155.3	142905.1	79425.1	4392.1	1807.8	41392.0	55581.0
国有独资公司	29401.3	28738.3	25607.6	959.6	302.6	2481.8	5320.8
其他有限责任公司	115754.0	114166.8	53817.5	3432.5	1505.2	38910.2	50260.2
股份有限公司	1038.5	1038.5	530.2	1.1		6.5	445.1
私营企业	269035.8	263130.5	114380.6	3407.6	3851.9	82190.7	106203.0
私营独资企业	19617.6	19015.8	8637.3	244.0	0.1	4832.7	7289.2
私营合伙企业	809.5	301.3	124.8	0.6		661.8	248.7
私营有限责任公司	244476.8	239716.7	103287.6	2908.5	3847.0	76052.7	96595.6
私营股份有限公司	4131.9	4096.7	2330.9	254.5	4.8	643.5	2069.5
其他企业							
港、澳、台商投资企业	52864.2	51429.8	26090.6	3685.8	85.1	15340.2	22194.9
与港澳台商合资经营企业	30342.7	29420.2	14033.0	2353.6	68.3	13579.2	11100.7
与港澳台商合作经营企业							
港澳台商独资经营企业	22521.5	22009.6	12057.6	1332.2	16.8	1761.0	11094.2
港澳台商投资股份有限公司							
其他港澳台投资企业							
外商投资企业	29106.2	28410.3	8909.7	539.4	46.8	7460.6	17097.3
中外合资经营企业	5615.3	5032.9	861.8	20.9	14.3	1657.6	2740.3
中外合作经营企业							
外资企业	22286.1	22172.6	7774.3	513.6	32.5	4900.1	14240.5
外商投资股份有限公司							
其他外商投资企业	1204.8	1204.8	273.6	4.9		902.9	116.5
2.按住宿业行业小类分							
旅游饭店	349586.4	338871.4	159580.4	10336.9	3032.6	108450.8	157445.1
一般旅馆	163920.7	161303.2	85967.4	1477.7	1749.8	39531.4	54665.0
民宿服务							
露营地服务							
其他住宿业	35907.6	34331.5	15125.6	1430.0	1346.4	16876.1	12188.8

17-9 续表 3 (2022年) 单位：万元

登记注册类型、行业	营业收入	#主营业务收入	营业成本	营业税金及附加	其他业务利润	销售费用	管理费用
二、餐饮业	**980029.5**	**965549.2**	**545359.0**	**2803.0**	**16169.4**	**294855.2**	**141943.1**
1.按登记注册类型分组							
内资企业	430484.0	416810.9	267274.2	2440.7	4256.1	94007.1	86204.3
国有企业	1058.1	699.0	923.1	4.3		2.7	433.6
集体企业	1320.1	1320.1	1154.1	3.8		138.0	179.7
股份合作企业							
联营企业							
有限责任公司	92329.2	89115.4	60087.5	353.1	1137.5	19413.2	16250.0
国有独资公司	3092.8	2952.9	2442.3	56.3		201.1	1861.3
其他有限责任公司	89236.4	86162.5	57645.2	296.8	1137.5	19212.1	14388.7
股份有限公司	3329.6	3329.6	1836.4	9.8		1149.1	118.1
私营企业	332447.0	322346.8	203273.1	2069.7	3118.6	73304.1	69222.9
私营独资企业	29762.4	29294.5	18699.7	301.5		5662.2	6196.1
私营合伙企业	9701.3	9701.3	4352.7	13.4		2220.0	2716.2
私营有限责任公司	291923.4	282305.0	180094.6	1704.5	3118.6	64976.4	59935.5
私营股份有限公司	1059.9	1046.0	126.1	50.3		445.5	375.1
其他企业							
港、澳、台商投资企业	194956.3	194149.1	77340.8	95.6	11913.3	109369.5	17313.3
与港澳台商合资经营企业	4797.9	4524.1	5210.6	27.6		312.5	1394.0
与港澳台商合作经营企业							
港澳台商独资经营企业	190158.4	189625.0	72130.2	68.0	11913.3	109057.0	15919.3
港澳台商投资股份有限公司							
其他港澳台投资企业							
外商投资企业	354589.2	354589.2	200744.0	266.7		91478.6	38425.5
中外合资经营企业	218.2	218.2	85.6			13.8	127.9
中外合作经营企业							
外资企业	354371.0	354371.0	200658.4	266.7		91464.8	38297.6
外商投资股份有限公司							
其他外商投资企业							
2.按餐饮业行业小类分							
正餐服务	306001.9	293673.6	179863.0	2318.1	2692.4	86995.2	64217.9
快餐服务	525527.0	523955.8	271189.3	318.4	1600.0	180326.4	55257.7
饮料及冷饮服务	53684.3	53681.6	26686.3	29.5	10458.7	21827.0	4299.1
餐饮配送及外卖送餐服务	72946.2	72625.2	54151.1	89.6	289.1	3775.3	16270.2
其他餐饮业	21870.1	21613.0	13469.3	47.4	1129.2	1931.3	1898.2

17-9 续表 4　　(2022年)　　单位：万元

登记注册类型、行业	财务费用	营业利润	利润总额	应交所得税	应付职工薪酬（本年贷方累计发生额）	应交增值税
总　计	**51328.7**	**-152767.3**	**-153311.4**	**6859.1**	**365508.0**	**31702.5**
一、住宿业	**33813.4**	**-130172.9**	**-134875.6**	**529.3**	**144934.9**	**11939.8**
1.按登记注册类型分组						
内资企业	26450.8	-103932.2	-109823.9	469.2	117494.7	10309.4
国有企业	412.9	-13133.8	-11163.9	1.2	21855.2	1384.6
集体企业	2.7	-498.5	-2128.2		364.2	24.2
股份合作企业	0.1	6.6	6.6		57.8	0.8
联营企业						
有限责任公司	5394.3	-33701.5	-44966.9	199.3	42770.7	3557.6
国有独资公司	168.9	-4270.4	-6511.1	9.2	7352.2	807.4
其他有限责任公司	5225.4	-29431.1	-38455.8	190.1	35418.5	2750.2
股份有限公司	0.3	55.4	55.9	0.5	104.1	15.7
私营企业	20640.5	-56660.4	-51627.4	268.2	52342.7	5326.5
私营独资企业	575.8	-2287.7	-2221.3	65.3	3734.4	348.9
私营合伙企业	0.8	-228.5	-62.3		194.5	13.0
私营有限责任公司	19680.9	-52603.9	-47873.2	202.2	47158.9	4884.4
私营股份有限公司	383.0	-1540.3	-1470.6	0.7	1254.9	80.2
其他企业						
港、澳、台商投资企业	4422.2	-18491.1	-17444.6		17802.8	1047.6
与港澳台商合资经营企业	3593.6	-13941.1	-13118.0		11908.3	665.4
与港澳台商合作经营企业						
港澳台商独资经营企业	828.6	-4550.0	-4326.6		5894.5	382.2
港澳台商投资股份有限公司						
其他港澳台投资企业						
外商投资企业	2940.4	-7749.6	-7607.1	60.1	9637.4	582.8
中外合资经营企业	523.4	-205.8	-179.7	4.0	1400.5	176.5
中外合作经营企业						
外资企业	2414.8	-7479.3	-7364.0	56.0	8009.8	395.2
外商投资股份有限公司						
其他外商投资企业	2.2	-64.5	-63.4	0.1	227.1	11.1
2.按住宿业行业小类分						
旅游饭店	24735.3	-96591.3	-103193.8	213.2	103338.3	7694.9
一般旅馆	8102.7	-23267.1	-22151.8	250.7	31796.6	3424.2
民宿服务						
露营地服务						
其他住宿业	975.4	-10314.5	-9530.0	65.4	9800.0	820.7

17-9 续表 5 (2022年) 单位：万元

登记注册类型、行业	财务费用	营业利润	利润总额	应 交 所得税	应付职工薪酬（本年贷方累计发生额）	应 交 增值税
二、餐饮业	**17515.3**	**-22594.4**	**-18435.8**	**6329.8**	**220573.1**	**19762.7**
1.按登记注册类型分组						
内资企业	9588.6	-31102.4	-28351.1	598.7	74984.3	430.0
国有企业	0.6	-301.3	-297.9		640.4	6.8
集体企业	1.0	-159.5	-183.0		349.8	20.9
股份合作企业						
联营企业						
有限责任公司	929.0	-4754.4	-4129.6	568.0	17597.1	1214.7
国有独资公司	388.6	-1576.0	-1227.6	-0.1	1525.8	126.3
其他有限责任公司	540.4	-3178.4	-2902.0	568.1	16071.3	1088.4
股份有限公司	0.4	211.6	221.7	8.5	36.6	
私营企业	8657.6	-26098.8	-23962.3	22.2	56360.4	-812.4
私营独资企业	197.2	-1179.1	-1010.2	20.6	5207.7	-58.2
私营合伙企业	44.2	377.6	414.8	11.0	2164.8	134.1
私营有限责任公司	8411.8	-25355.7	-23451.0	-9.4	48937.8	-888.3
私营股份有限公司	4.4	58.4	84.1		50.1	
其他企业						
港、澳、台商投资企业	3626.6	-10692.9	-9467.7	390.6	59084.1	6871.4
与港澳台商合资经营企业	14.9	-2169.0	-2158.2		3072.7	62.5
与港澳台商合作经营企业						
港澳台商独资经营企业	3611.7	-8523.9	-7309.5	390.6	56011.4	6808.9
港澳台商投资股份有限公司						
其他港澳台投资企业						
外商投资企业	4300.1	19200.9	19383.0	5340.5	86504.7	12461.3
中外合资经营企业	6.8	-9.8	-8.2		88.7	0.5
中外合作经营企业						
外资企业	4293.3	19210.7	19391.2	5340.5	86416.0	12460.8
外商投资股份有限公司						
其他外商投资企业						
2.按餐饮业行业小类分						
正餐服务	9056.9	-36181.5	-32925.2	214.2	59046.8	3942.7
快餐服务	8215.4	11939.5	12447.3	5530.5	135887.1	15032.5
饮料及冷饮服务	-112.9	1187.1	1260.7	-5.8	9803.6	-173.7
餐饮配送及外卖送餐服务	225.2	-1777.9	-1514.9	44.9	11313.8	554.5
其他餐饮业	130.7	2238.4	2296.3	546.0	4521.8	406.7

17-10 各地区限额以上批发和零售业企业资产、负债及所有者权益

(2022年)

单位：万元

地　区	资产总计	负债合计	所有者权益合计
全　省	**87941507**	**71779109**	**15905460**
沈　阳	29065383	26236225	2770289
大　连	34603440	26842345	7884357
鞍　山	3974796	2499339	1474945
抚　顺	1199679	888259	302333
本　溪	1754232	906928	831638
丹　东	643100	482343	129109
锦　州	1466022	1049563	403859
营　口	4629697	4109238	427855
阜　新	713156	484205	197695
辽　阳	1419375	1237090	163990
盘　锦	4264729	3528761	707085
铁　岭	707579	603447	48753
朝　阳	1398977	1165850	215299
葫芦岛	2101343	1745516	348251

17-11 各地区限额以上批发和零售业企业主要财务指标

(2022年)

单位：万元

地　区	营业收入	营业成本	营业税金及附加	销售费用	管理费用	财务费用
全　省	**232702754**	**223270791**	**893205**	**3983698**	**2348187**	**743370**
沈　阳	121133301	117229219	251579	1803667	963833	299856
大　连	58775951	55971687	195633	1180258	696922	286455
鞍　山	8989379	8603307	59736	139349	101156	8825
抚　顺	2532712	2328972	32630	62861	50583	15952
本　溪	1252747	1074468	24783	86594	45579	8696
丹　东	1413491	1259456	32942	53365	43092	10124
锦　州	3706176	3489750	42565	90339	54793	10792
营　口	8691875	8301627	44266	112155	85845	42683
阜　新	2079538	1935241	24769	54299	38914	1125
辽　阳	2792397	2651640	33160	48974	41777	7352
盘　锦	10751057	10436903	43785	123922	68800	13173
铁　岭	1641912	1471570	36551	52373	45469	5083
朝　阳	4783422	4549877	36473	92519	63520	11984
葫芦岛	4153796	3967077	34334	83024	47905	21271

17-12 各地区限额以上住宿和餐饮业企业资产、负债及所有者权益

(2022年)

单位：万元

地 区	资产总计	负债合计	所有者权益合计
全 省	**3690079**	**3762539**	**-42246**
沈 阳	1064699	1105897	-19140
大 连	1120674	999455	124327
鞍 山	72242	96079	-23837
抚 顺	35632	25239	10393
本 溪	176666	171713	4953
丹 东	164819	200069	-35263
锦 州	94363	87163	7199
营 口	252598	317654	-65057
阜 新	63817	68228	-4510
辽 阳	158324	183563	-25239
盘 锦	141631	154989	-13357
铁 岭	36493	35584	909
朝 阳	130401	128633	6927
葫芦岛	177720	188272	-10552

17-13 各地区限额以上住宿和餐饮业企业主要财务指标

(2022年)

单位：万元

地 区	营业收入	营业成本	营业税金及附加	销售费用	管理费用	财务费用
全 省	**1529444**	**806032**	**16048**	**459714**	**366242**	**51329**
沈 阳	819215	452830	4794	227491	162326	13508
大 连	464875	226474	5756	157297	110505	10528
鞍 山	25081	14915	603	7181	5875	648
抚 顺	11487	5109	89	3271	5972	123
本 溪	27213	13268	855	8221	10968	2335
丹 东	25869	13666	808	8820	12781	2507
锦 州	19816	10481	357	4492	5388	2133
营 口	36542	13545	847	13900	17531	3553
阜 新	9279	5890	61	1858	2946	306
辽 阳	15175	9207	736	5743	6340	3136
盘 锦	27181	16573	209	7039	10281	4805
铁 岭	12501	5729	179	3933	4258	728
朝 阳	16613	8029	366	5044	4422	5091
葫芦岛	18597	10316	388	5425	6650	1929

主要统计指标解释

社会消费品零售额 指企业（单位、个体户）通过交易直接售给个人、社会集团非生产、非经营用的实物商品金额，以及提供餐饮服务所取得的收入金额。个人包括城乡居民和入境人员，社会集团包括机关、社会团体、部队、学校、企事业单位、居委会或村委会等。

商品销售额 指对本单位以外的单位和个人出售的商品金额（包括售给本单位消费用的商品，含增值税）。在批发和零售业中，本指标反映在国内市场上销售商品以及出口商品的总价。

商品零售额 指售给个人用于生活消费和社会集团用于公共消费的商品金额（含增值税）。

营业额 指住宿和餐饮业单位在经营活动中，因提供服务或销售商品等取得的全部收入（含增值税），收入主要来源于提供客房、餐费服务、商品销售和其他服务，如商务服务。不包括多产业法人企业附营的其他行业产业活动单位的餐费收入、商品销售收入等各项收入。

客房收入 指住宿和餐饮业单位在经营活动中因提供住宿服务取得的收入（含增值税）。不包括多产业法人企业附营的其他行业产业活动单位的客房收入。

餐费收入 指本单位为顾客提供就餐服务取得的收入（含增值税）。包括：经烹饪、调制加工后出售的各种食品，如主食、炒菜、凉拌菜等的收入。不包括多产业法人企业附营的其他行业产业活动单位的餐费收入。

十八、对外经济贸易

Chapter 18 Foreign Trade and Economy Cooperation

资料整理：石欣鑫　郭文琪　李亚媛　李明晟

18-1 对外经济贸易基本情况

单位：户、个、亿美元

指　　标	2010年	2011年	2012年	2013年	2014年	2015年	2016年
进出口总额	**806.7**	**959.6**	**1039.9**	**1142.8**	**1139.6**	**960.8**	**865.2**
出口额	431.2	510.4	579.5	645.4	587.6	508.4	430.7
进口额	375.5	449.2	460.4	497.4	552.0	452.4	434.6
进出口差额	55.7	61.2	119.1	148.0	35.6	56.0	-3.9
外商直接投资合同项目	**1480**	**1050**	**745**	**565**	**478**	**475**	**424**
外商直接投资合同金额	**256.4**	**196.4**	**247.7**	**216.3**	**188.0**	**68.4**	**92.2**
实际外商直接投资额	**207.5**	**242.7**	**267.9**	**290.4**	**274.2**	**51.9**	**30.0**
外商投资企业基本情况							
年底登记户数	18377	11787	17960	17250	17091	17745	16949
投资总额	1476.2	1659.7	1855.6	1832.1	1986.4	2066.4	2132.8
注册资本	975.4	1057.7	1171.3	1135.9	1203.5	1263.5	1318.5
#外方	801.5	864.9	962.6	927.6	986.1	1029.0	1057.4
对外经济合作							
合同金额	19.7	20.0	22.9	27.7	28.1	29.9	16.6
#对外承包工程	17.2	17.5	19.3	23.7	19.6	27.6	14.4
对外劳务合作	2.4	2.4	3.6	3.9	8.5	2.2	2.2
完成营业额	15.1	16.1	19.5	23.8	26.4	26.6	17.6
#对外承包工程	13.2	14.0	16.3	20.6	23.7	24.4	15.6
对外劳务合作	2.2	2.0	3.2	3.1	2.7	2.2	2.0

18-1 续表

单位：户、个、亿美元

指　　标	2017年	2018年	2019年	2020年	2021年	2022年
进出口总额	**994.2**	**1144.3**	**1052.6**	**944.6**	**1194.8**	**1187.5**
出口额	448.8	488.0	454.4	383.3	512.5	538.2
进口额	545.5	656.3	598.2	561.3	682.3	649.4
进出口差额	-96.7	-168.3	-143.8	-178.0	-169.8	-111.2
外商直接投资合同项目	**512**	**548**	**576**	**529**	**638**	**644**
外商直接投资合同金额	**265.4**	**155.8**	**128.8**	**65.4**	**99.2**	**213.7**
实际外商直接投资额	**53.4**	**49.0**	**33.2**	**25.2**	**32.0**	**61.6**
外商投资企业基本情况						
年底登记户数	16883	17028	16191	16252	16363	16309
投资总额	3158.5	3774.9	4024.9	4156.9	4602.6	5170.6
注册资本	1754.1	2169.4	2271.3	2382.5	2598.3	2706.3
#外方	1390.8	1763.3	1830.9	1828.9	1983.2	2101.0
对外经济合作						
合同金额	20.0	23.1	24.8	27.2	22.0	16.0
#对外承包工程	17.2	20.6	21.6	25.2	20.5	14.1
对外劳务合作	2.8	2.5	3.2	1.9	1.5	1.9
完成营业额	17.2	15.8	17.3	15.1	13.3	18.0
#对外承包工程	14.6	13.7	14.3	11.4	9.3	13.9
对外劳务合作	2.6	2.1	3.0	3.7	4.0	4.1

18-2 外贸进出口总额

单位：亿美元

年 份	进出口总额				指数(上年=100)		出口额指数(1953年=100)
		出口额	进口额	差额(+、-)	出口额	进口额	
1978	15.9	15.2	0.7	14.5	130.1	190.6	1614.9
1980	40.5	39.8	0.7	39.1	152.9	104.2	4234.0
1985	53.9	50.4	3.5	46.9	101.0	280.6	5363.8
1986	34.3	30.8	3.5	27.0	61.1	100.3	3276.6
1987	42.2	37.9	4.3	33.6	123.0	132.1	4029.8
1988	44.5	38.7	5.8	32.9	102.3	124.9	4121.3
1989	53.4	44.5	8.9	35.6	114.8	154.2	4729.8
1990	63.2	56.1	7.1	49.0	126.0	78.3	5957.4
1991	67.3	57.7	9.6	48.1	103.0	138.3	6138.3
1992	76.6	61.8	14.8	37.0	106.9	153.2	6569.3
1993	84.6	62.1	22.5	39.6	100.7	151.7	6901.1
1994	97.0	68.7	28.3	40.4	110.5	125.5	7627.8
1995	109.9	82.6	27.3	55.2	120.3	96.7	9175.6
1996	112.5	83.4	29.1	54.3	100.9	106.4	9264.4
1997	129.6	88.9	40.7	48.2	106.6	139.9	9877.8
1998	127.4	80.5	46.9	37.1	87.8	75.4	8942.3
1999	137.3	82.0	55.3	26.7	101.9	117.9	9111.1
2000	190.2	108.5	81.7	26.8	132.3	147.7	12055.5
2001	199.1	111.1	88.0	23.1	102.4	107.7	12344.4
2002	217.4	123.7	93.7	30.0	111.3	106.5	13744.4
2003	265.6	146.3	119.3	27.0	118.3	127.3	16255.5
2004	344.4	189.2	155.2	34.0	129.3	130.1	21022.2
2005	410.1	234.4	175.7	58.7	123.9	113.2	26044.4
2006	483.9	283.2	200.7	82.5	120.8	114.2	31466.7
2007	594.7	353.3	241.5	111.8	124.7	120.3	39239.0
2008	724.4	420.5	303.8	116.7	119.0	125.8	46722.2
2009	629.2	334.4	294.8	39.6	79.5	97.0	37155.6
2010	806.7	431.2	375.5	55.7	128.9	127.4	47911.2
2011	959.6	510.4	449.2	61.2	118.4	119.6	56711.1
2012	1039.9	579.5	460.4	119.1	113.5	102.5	64388.9
2013	1142.8	645.4	497.4	148.0	111.4	107.8	69556.7
2014	1139.6	587.6	552.0	35.6	91.0	111.0	69361.9
2015	960.9	508.4	452.5	55.9	86.5	82.0	59997.3
2016	865.2	430.7	434.6	-3.9	84.7	96.0	50817.7
2017	994.2	448.8	545.5	-96.7	104.2	125.5	58394.5
2018	1144.3	488.0	656.3	-168.3	108.7	120.3	63474.8
2019	1052.6	454.4	598.2	-143.8	93.1	91.1	59104.4
2020	944.6	383.3	561.3	-178.0	84.4	93.8	49856.3
2021	1194.8	512.5	682.3	-169.8	133.7	121.6	66657.9
2022	1187.5	538.2	649.4	-111.2	105.0	95.2	66251.6

注：1998年以后为海关统计数。

[illegible]3-3 按贸易性质分进出口总额

单位：万美元

分　类	[illegible]14年	2015年	2016年	2017年	2018年	2019年	2020年	2021年	2022年
进出口总额	**1[illegible]95990.0**	**9608604.1**	**8652126.1**	**9942236.6**	**11442864**	**10526138**	**9445708**	**11947684**	**11875182**
出口额	**[illegible]75923.7**	**5084034.3**	**4306523.4**	**4487657.6**	**4879744**	**4543875**	**3833100**	**5125037**	**5381611**
一般贸易	[illegible]29525.4	2684446.9	2219637.5	2418619.4	2749437	2507631	2134848	2926638	3221901
国家间、国际组织无偿援助和赠送的物资	1176.8	1379.8	182.3	316.8	142	144	238	195	527
来料加工装配贸易	94478.6	497715.8	447882.2	398191.2	229484	241783	185331	197574	182540
进料加工贸易	1[illegible]56444.0	1306298.5	1305250.2	1335623.9	1607153	1529835	1343839	1716813	1365212
边境小额贸易	79353.8	62105.4	60154.4	51459.7	18838	22197	2940	16	5786
对外承包工程货物	30133.7	35088.9	18436.9	16022.4	27101	26565	10747	14285	35024
租赁贸易	407.9		622.5	456.2	909	67	81	26	428
出料加工贸易	53.3	1370.9	3283.8	2420.5	40	100	222	391	517
易货贸易	1.9	2.0	40.8	1504.9			3	3	
海关特殊监管区域	381329.0	493125.6	247726.5	258953.4	241458	202989	145752	238270	526472
保税监管场所进出境货物	244100.5	381335.8	156428.4	178495.0	142522	95315	70821	158470	90238
海关特殊监管区域物流货物	137228.5	111789.8	91298.1	80458.3	98936	107674	74931	79801	436234
其他贸易	3019.2	2500.5	3306.3	4089.2	5176	12563	8922	30826	43194
进口额	**5520066.6**	**4524569.8**	**4345602.8**	**5454579.0**	**6563120**	**5982263**	**5612608**	**6822647**	**6493571**
一般贸易	3125033.5	2484594.7	2390265.2	2996351.6	3797187	3796183	3881202	5089778	4973634
华侨、港澳同胞、外籍华人捐赠物资									
来料加工装配贸易	550135.1	468487.5	409602.3	407503.0	328488	329463	186040	268066	231580
进料加工贸易	970368.0	606802.0	504957.1	515346.3	540635	513678	439034	638382	583809
边境小额贸易	21110.6	19794.3	14769.8	10843.6	2841	2408	1271	1324	1632
来料加工装配进口的设备									
租赁贸易	10.1	40.7	12.7	0.2	12899	3		6	4
外商投资企业作为投资进口的设备、物品	34090.8	21305.2	9571.8	15168.1	12899	20509	6388	2513	3687
出料加工贸易	68.9	1699.8	4388.6	3408.0	72	108	335	502	505
易货贸易			781.3	9692.1	8				
海关特殊监管区域	808565.0	911944.2	990523.1	1482782.2	1730948	1253138	1028593	748357	624524
保税监管场所进出境货物	610790.1	645421.8	521883.8	937624.9	1268804	999928	779724	473818	362742
海关特殊监管区域物流货物	193922.8	259539.8	394007.7	447774.3	462144	253210	248869	274539	261782
其他贸易	10000.0	9274.3	20417.1	12777.6	12918	25370	27666	22765	26623

18-3 续表

单位：万美元

分类	2022年比上年增长%	比重(%)								
		2014年	2015年	2016年	2017年	2018年	2019年	2020年	2021年	2022年
进出口总额	**-0.6**									
出口额	**5.0**	**100.0**	**100.0**	**100.0**	**100.0**	**100.0**	**100.0**	**100.0**	**100.0**	**100.0**
一般贸易	10.1	55.0	52.8	51.5	53.9	56.3	53.9	55.7	57.1	59.9
国家间、国际组织无偿援助和赠送的物资	170.3									
来料加工装配贸易	-7.6	10.1	9.8	10.4	8.9	4.7	8.9	4.8	3.9	3.4
进料加工贸易	-20.5	26.5	25.7	30.3	29.8	32.9	29.8	35.1	33.5	25.4
边境小额贸易	36062.5	1.4	1.2	1.4	1.1	0.4	1.1	0.1	0.0003	0.1
对外承包工程货物	145.2	0.5	0.7	0.4	0.4	0.6	0.4	0.3	0.3	0.7
租赁贸易	1546.2									
出料加工贸易	32.2									
易货贸易										
海关特殊监管区域	121.0	6.5	9.7	5.8	5.8	4.9	5.8	3.8	4.6	9.8
保税监管场所进出境货物	-43.1	4.2	7.5	3.6	4.0	2.9	4.0	1.8	3.1	1.7
海关特殊监管区域物流货物	446.7	2.3	2.2	2.1	1.8	2.0	1.8	2.0	1.6	8.1
其他贸易	40.1	0.1	0.05	0.1	0.1	0.1	0.1	0.2	0.6	0.8
进口额	**-4.8**	**100.0**	**100.0**	**100.0**	**100.0**	**100.0**	**100.0**	**100.0**	**100.0**	**100.0**
一般贸易	-2.3	56.6	54.9	55.0	54.9	57.9	54.9	69.2	74.6	76.6
华侨、港澳同胞、外籍华人捐赠物资										
来料加工装配贸易	-13.6	10.0	10.4	9.4	7.5	5.0	7.5	3.3	3.9	3.6
进料加工贸易	-8.5	17.6	13.4	11.6	9.4	8.2	9.4	7.8	9.4	9.0
边境小额贸易	23.3	0.4	0.4	0.3	0.2	0.04	0.2	0.02	0.02	0.03
来料加工装配进口的设备										
租赁贸易	-33.3									
外商投资企业作为投资进口的设备、物品	46.7	0.6	0.5	0.2	0.3	0.2	0.3	0.1	0.04	0.1
出料加工贸易	0.6			0.1	0.1					
易货贸易										
海关特殊监管区域	-16.5	14.6	20.2	22.8	27.2	26.4	27.2	13.9	11.0	9.6
保税监管场所进出境货物	-23.4	11.1	14.3	12.0	17.2	19.3	17.2	4.4	6.9	5.6
海关特殊监管区域物流货物	-4.6	3.5	5.7	9.1	8.2	7.0	8.2	0.7	4.0	4.0
其他贸易	16.9	0.2	0.2	0.5	0.2	0.2	0.2	0.5	0.3	0.4

18-4 各地区进出口总额

单位：万美元

地区	2010年	2011年	2012年	2013年	2014年	2015年	2016年	2017年	2018年	2019年	2020年	2021年	2022年
进口额													
总计	**3755151**	**4491674**	**4604087**	**4974412**	**5519624**	**4524151**	**4345603**	**5454579**	**6563120**	**5982263**	**5612608**	**6822647**	**6493571**
沈阳	377887	579513	[illegible]	733289	865613	729441	708457	815409	975392	1097051	1089768	1438967	1330466
大连	2472262	2881629	[illegible]	3138534	3505503	2929176	2750637	3563022	4315337	3511575	3143440	3584573	4058176
鞍山	246151	273417	[illegible]	218296	188157	69048	97630	204999	196341	202720	251940	454361	295186
抚顺	50144	38189	[illegible]	21773	23495	23893	23454	16614	11529	6410	8189	10621	5292
本溪	189236	218424	[illegible]	176685	139176	82277	69474	114742	120508	117871	150775	224124	140406
丹东	105408	151813	[illegible]	171002	157317	146701	148389	103187	32581	31750	26421	32662	35644
锦州	113938	111589	[illegible]	143277	181538	107200	97093	144334	266624	274603	150390	69153	33389
营口	71567	107763	[illegible]	232164	234141	196722	165864	232771	270623	364575	410991	411742	310858
阜新	2510	4662	[illegible]	6762	4968	6357	2738	5239	3629	1302	4036	5859	2921
辽阳	28788	25587	[illegible]	23541	34929	42814	37274	35289	20693	10826	10693	14213	5827
盘锦	11322	26219	[illegible]	48882	25980	51673	182218	128968	224633	278636	276241	467121	162223
铁岭	8408	1875	[illegible]	21814	33533	26249	24496	11486	40363	20640	26369	51983	66492
朝阳	8349	22538	[illegible]	15821	18275	19725	14971	6450	15684	16856	22402	31387	26813
葫芦岛	69181	48456	[illegible]	22573	57885	53795	22907	72069	69183	47447	40953	25883	19879
出口额													
总计	**4311970**	**5104050**	[illegible]	**6454063**	**5875924**	**5084034**	**4306523**	**4487658**	**4879744**	**4543875**	**3833100**	**5125037**	**5381611**
沈阳	407717	482512	[illegible]	699581	710285	675132	424684	469172	519623	459157	395908	750491	782880
大连	2725909	3169350	[illegible]	3743743	2945693	2576825	2485825	2615965	2906510	2816759	2416638	2987896	3130910
鞍山	144221	200499	[illegible]	269713	272819	215132	175234	201428	237678	220939	160299	237338	295088
抚顺	52355	61464	[illegible]	85628	68314	65068	54545	42007	56096	48668	44796	65319	79179
本溪	158375	193931	[illegible]	269614	310164	253213	188510	262763	256887	152531	108460	138045	142629
丹东	187443	235980	[illegible]	340612	301553	265738	249400	237435	192723	191847	143386	162382	201041
锦州	117852	149552	[illegible]	207205	241108	135650	103508	99456	86012	66892	55370	129971	111025
营口	220593	325860	[illegible]	436890	452392	461471	374850	317768	381640	322076	269092	415323	404209
阜新	12036	15323	[illegible]	26580	31216	27060	20295	23126	31533	28369	20532	32252	31380
辽阳	96151	51192	[illegible]	68395	66276	69328	67680	44171	52535	43158	42184	32372	32341
盘锦	36662	53823	[illegible]	81780	65700	37349	32981	31644	31066	30747	19198	30842	33487
铁岭	46129	53190	[illegible]	63614	69261	47673	13497	17473	21300	26536	20685	26920	35420
朝阳	41277	31274	[illegible]	50423	75651	80215	64875	47948	50300	40280	35495	50158	56606
葫芦岛	65250	80100	[illegible]	110287	127733	106206	50640	77301	55838	95917	101058	65727	45415

18-5 海关同主要国家(地区)进出口总额

单位：万美元

国家、地区	进出口总额							
	2015年	2016年	2017年	2018年	2019年	2020年	2021年	2022年
中国香港	219743	155212	176821	233173	133752	153165	213677	130706
中国澳门	1666	1404	1114	2120	4959	805	1153	2387
日　本	1265312	1273230	1453960	1634610	1427482	1217546	1433217	1370610
菲律宾	114881	86995	92500	97041	67097	58280	74867	73860
韩　国	872153	801895	999998	969184	853422	586313	884045	880333
泰　国	120174	117211	120833	140825	134070	108638	117773	119617
马来西亚	162698	103004	104361	130706	323000	102644	187376	178872
新加坡	397823	341003	274059	166724	150337	213045	286284	385973
印度尼西亚	118928	102659	108738	122378	111632	72089	109657	116135
土耳其	28702	23978	29695	33296	26383	28271	44318	68771
孟加拉国	18003	15321	14808	21754	18278	10540	20027	30072
巴基斯坦	32631	32500	35930	42413	30315	31967	47445	49299
匈牙利	33775	31849	32855	43897	47728	65707	78029	71511
德　国	700179	562039	553551	635002	673132	656103	855578	766441
法　国	79981	87866	111306	137890	126191	109931	166995	153906
意大利	113902	89762	103150	122018	117876	85229	111697	116143
比利时	56108	35471	45406	56882	38438	37081	41663	61778
英　国	108568	151639	175877	231650	220842	117867	169508	128901
丹　麦	25018	25669	32257	56191	20166	19193	21398	15401
瑞　典	23650	19929	31457	39459	24399	22101	21186	21638
瑞　士	15464	13550	17778	21846	22589	20739	34798	30555
奥地利	18069	30970	38322	54663	67954	58696	64402	65906
西班牙	75851	66079	72932	88904	88212	81526	102556	73747
荷　兰	122886	163825	152621	193115	125966	101054	135034	126877
俄罗斯	301818	325400	412114	410890	345804	317056	443590	534192
波　兰	43633	43838	52727	61980	69642	64704	89432	90917
捷　克	23156	26916	43348	57874	54322	57371	84905	92356
罗马尼亚	12937	14926	21377	31767	42485	47134	61937	56898
保加利亚	3309	2931	3757	4697	5590	7753	11599	11130
埃　及	18115	9862	17316	15053	16517	13977	32667	12965
利比亚	6159	14587	61412	53380	95952	9745	74343	899
加拿大	135766	123674	165421	142054	124103	115353	151588	130431
美　国	892816	788118	905482	1122759	766685	800731	1072971	1013679
巴　西	299850	324724	357126	495179	356277	451892	541010	390453
澳大利亚	325661	346786	524722	591479	567163	556879	564218	512120
新西兰	53558	52549	68654	44293	48113	41177	48753	56992

18-5 续表 1

单位：万美元

国家、地区	进口额							
	2015年	2016年	2017年	2018年	2019年	2020年	2021年	2022年
中国香港	7698	5549	5353	5243	5596	7350	5012	3788
中国澳门	194	206	83	159	126	162	417	170
日　本	420222	4[illegible]0778	567954	653381	514752	409849	513097	474544
菲律宾	41900	24328	24553	26262	24968	17856	17715	15052
韩　国	418586	38002	494580	491044	353356	243967	394542	386233
泰　国	41470	37845	45207	48218	57973	36395	33925	39000
马来西亚	34502	20814	40538	44945	125425	29976	103236	115127
新加坡	39821	58761	55004	71093	39512	41741	63709	61779
印度尼西亚	37715	44536	45311	59790	55767	38054	48424	32417
土耳其	10761	9874	11850	10595	8256	9013	9000	12282
孟加拉国	173	152	133	418	213	687	1583	2524
巴基斯坦	2871	2054	1813	4268	2628	2438	3032	3166
匈牙利	18485	21746	24804	35382	40639	50361	67843	58333
德　国	545328	[illegible]16399	406266	476590	526227	520954	631329	532091
法　国	50010	61153	79023	103068	90459	73902	123176	114008
意大利	43655	36324	43975	50590	55474	35560	41569	38502
比利时	8988	5819	9970	14643	7706	8994	7312	7166
英　国	31532	88340	116297	167641	156451	62820	53683	28058
丹　麦	15461	16752	11422	8000	8592	7599	6854	3780
瑞　典	12463	10746	21763	26860	11066	10388	9872	8622
瑞　士	11959	10179	14429	17418	17761	14620	20087	17698
奥地利	14460	27822	34128	48389	62380	54488	58648	57698
西班牙	24017	29341	38801	49458	54135	51542	49057	34154
荷　兰	13337	37873	35608	72025	26109	17420	29721	13921
俄罗斯	208632	245818	319718	300990	230903	227226	326327	368282
波　兰	21477	22798	29396	36058	44157	39685	55497	49825
捷　克	19108	22243	38499	51349	48778	53739	78510	77278
罗马尼亚	9635	12673	19079	28119	38788	43528	56976	51894
保加利亚	2072	1492	2013	2896	4019	6407	9726	8186
埃　及	94	200	6422	2780	3280	771	16627	850
利比亚	5193	13865	60915	52436	94678	9066	73494	
加拿大	67575	61314	94515	72925	51693	56932	82343	55193
美　国	316840	318007	381264	538020	320644	418083	569149	488283
巴　西	253242	273995	303639	387350	323332	404390	491848	343745
澳大利亚	231659	299018	469600	519085	502379	501819	487948	416971
新西兰	41718	43461	58930	34644	39654	33191	36323	45795

18-5 续表 2

单位：万美元

国家、地区	出口额							
	2015年	2016年	2017年	2018年	2019年	2020年	2021年	2022年
中国香港	212045	149663	171468	227930	128155	145815	208665	126918
中国澳门	1472	1198	1031	1961	4833	643	737	2217
日　本	845091	782452	886007	981229	912731	807697	92012	896065
菲律宾	72981	62667	67947	70779	42129	40423	57152	58807
韩　国	453568	403893	505418	478140	500066	342346	489502	494100
泰　国	78704	79366	75626	92606	76097	72243	83848	80616
马来西亚	128196	82190	63823	85761	197575	72668	84140	63745
新加坡	358002	282241	219055	95631	110825	171304	222575	324194
印度尼西亚	81213	58123	63427	62589	55866	34034	61232	83717
土耳其	17941	14104	17845	22702	18127	19258	35318	56490
孟加拉国	17829	15169	14675	95631	18065	9854	18444	27548
巴基斯坦	29760	30446	34117	38145	27687	29529	44413	46133
匈牙利	15290	10103	8052	8514	7088	15346	10186	13178
德　国	154851	145640	147285	158412	146905	135149	224249	234350
法　国	29972	26713	32283	34822	35733	36029	43819	39898
意大利	70246	53439	59175	71428	62402	49670	70127	77641
比利时	47119	29651	35435	42239	30732	28086	34351	54612
英　国	77035	63299	59580	64009	64391	55047	115825	100843
丹　麦	9557	8917	20835	48191	11575	11595	14544	11622
瑞　典	11187	9182	9695	12599	13333	11712	11314	13016
瑞　士	3505	3371	3349	4428	4827	6119	14710	12857
奥地利	3609	3149	4194	6274	5573	4207	5754	8207
西班牙	51833	36738	34131	39446	34077	29983	53500	39593
荷　兰	109548	125952	117012	121090	99857	83634	105313	112956
俄罗斯	93186	79582	92396	109900	114901	89830	117264	165910
波　兰	22156	21040	23331	25923	25485	25019	33934	41092
捷　克	4047	4673	4849	6525	5545	3632	6394	15077
罗马尼亚	3302	2253	2298	3648	3697	3606	4961	5005
保加利亚	1238	1439	1744	1801	1570	1346	1873	2944
埃　及	18021	9662	10895	12273	13237	13206	16040	12115
利比亚	966	722	497	944	1274	679	848	899
加拿大	68191	62361	70906	69129	72410	58421	69245	75238
美　国	575976	470111	524218	584739	446041	382648	503822	525396
巴　西	46608	50729	53486	107829	32945	47502	49162	46708
澳大利亚	94003	47768	55123	72394	64784	55060	76271	95149
新西兰	11840	9088	9724	9649	8459	7986	12430	11197

18-6 海关主要商品出口数量

品　　名	单位	2010年	2011年	2012年	2013年	2014年	2015年	2016年	2017年	2018年	2019年	2020年	2021年	2022年
冻鸡	吨	32393.8	30840.9	19416.0	31172.0	37251	42510.5	42741.3	52139.4	42377.5	36132.6	34557.7	45678.2	55714.2
水海产品	吨	441946	57267[illegible]	627047	680007	734760	690620	688057	802524	818516	803261	1690	529473	480452
玉米	万吨	2.3	2.[illegible]	14.0	1.3	0.8	0.6	0.1	2.2	0.8	2.3	0.1		
鲜苹果	吨	61846.9	60582.[illegible]	56032.0	62798.0	53705	48151.9	51466.5	55089.4	50737.7	58488.0	54.0	48514.8	29331.8
大豆	吨	82412.2	85979.[illegible]	171388	121952	116835	81972.7	78995.5	70471.8	201637	59639.5	47647.7	42339.1	52639.1
食用植物油	吨	25521.0	23742.[illegible]	34615.0	74529.0	57378	34753.4	24147.0	21493.6	35732.3	45636.8	22863.9	12472.8	22978.3
天然蜂蜜	吨	5831.5	3571.[illegible]	4326.0	9304.0	10454	11799.0	10603.8	10550.3	10340.9	9713.0	10774.8	10408.6	15020.7
蘑菇罐头	吨	17171.6	16376.[illegible]	15467.0	16239.0	16647.0	10528.7	12518.5	11058.3	12556.9	11487.8	12127.7	3794.2	4184.0
烤烟	吨	1818.1	2986.[illegible]	1678.0	2657.0	3079.6	1811.6	3993.9	6185.5	1691.7	2431.2	2710.7	1113.4	1353.0
滑石	吨	208655	24654[illegible]	260084	268570	281721	291104	315810	455680	410738	405915	344245	413810	60793
原油	万吨	7.6	8.[illegible]	11.0		24.0	222.2	47.0	240.8	149.2	53.9	1533.1	50.3	31.0
成品油	万吨	487.1	426.[illegible]	315.0	475.6	534.9	599.2	722.0	532.2	809.2	51.4	15.3	29.3	1.7
石蜡	吨	284712	27993[illegible]	293996	299684	323607	409262	396580	278835	269206	331867	416021	535347	487840
合成有机染料	吨	8853.2	6367.[illegible]	6408.0	4672.0	5290.0	4370.5	6005.0	3264.8	3109.0	4371.3	4970.4	7118.3	5063.7
纸及纸板	吨	5916.0	6963[illegible]	15481.0	35670.0	20914	13676.4	11810.4	7075.2	9159.7	10084.4	120.2	81352.2	83390.7
合成短纤与棉混纺机织物	万米	4131.5	4359[illegible]	3962.0	3605.0	4008.8	3513.9	3784.9	3388.2	2357.0	1455.7	12082.7	865.6	1414.8
水泥	万吨	11.8	14[illegible]	14.0	10.0	20.6	30.0	5.8	17.0	0.2	1.0	1.7	0.1	0.2
钢材	万吨	567.1	593[illegible]	739.0	818.0	1275.1	1320.1	1219.1	1015.2	860.8	731.4	517.6	564.3	552.8
金属加工机床	台	29339.0	28206[illegible]	28332.0	22827.0	25427.0	12720.0	9475.0	8530.0	9279.0	8349.0	8886.0	7711.0	10189.0
轴承	万套	4284.9	5092[illegible]	5224.0	4634.0	5241.8	5834.8	5790.2	6820.1	7475.9	7405.0	6946.2	10632.0	7063.9
电动机及发电机	万个	32271.6	29258[illegible]	26232.0	20515.0	19242.0	17265.6	16914.2	18488.9	18737.7	17084.0	13615.1	17345.0	13839.8
变压器	万个	11468.0	8802[illegible]	5788.0	4844.0	6098.3	4903.7	9740.3	11866.0	9323.8	11534.0	6017.6	5610.9	5396.5
电视机	万个	561.9	47[illegible]	421.0	396.0	370.7	256.0	180.3	175.4	126.9	38.1	25.7	16.6	9.6
汽车和汽车底盘	个	16523.0	1902[illegible]	24924.0	24653.0	38512.0	23351.0	43321.0	57837.0	41888.0	9361.0	8885.0	29978.0	36597.0
船舶	个	10194.0	1143[illegible]	18846.0	20163.0	8969.0	85.0	99.0	83.0	56.0	57.0	72.0	88.0	79.0
皮革服装	万个	61.6	6[illegible]5	85.0	53.0	43.1	44.1	21.3	26.2	25.4	17.6	4.3	6.8	6.0
鞋	万双	3503.9	369[illegible]4	6559.0	11265.0	5835.2	2967.0	1863.8	1577.6	2066.2	2122.4	1109.0	1577.4	2208.2

18-7 海关主要商品进口数量

品　名	单位	2010年	2011年	2012年	2013年	2014年	2015年	2016年
大豆	万吨	214.5	195.0	225.0	236.0	231.2	287.9	284.6
食用植物油	吨	3487.5	1514.7	2858.0	3929.0	14052.5	14036.8	77293.5
食糖	吨	28143.1	35910.7	115558.0	603324.0	593851.8	1006821.0	571518.2
天然橡胶	吨	40253.3	41909.0	34158.0	53731.0	61282.8	66582.1	58181.0
纸浆	吨	19226.7	35945.4	66929.0	101957.0	105933.5	88020.5	73497.5
棉花	吨	24078.9	23700.6	29169.0	19624.0	14104.4	3711.7	699.3
铁矿砂及其精矿	万吨	2920.7	3105.6	2592.0	2800.0	3136.8	2527.5	3688.2
煤	万吨	643.7	794.0	952.0	1762.0	1393.4	1424.4	1688.8
原油	万吨	1552.1	1166.6	1348.0	1573.0	1855.2	2524.3	3157.8
成品油	万吨	87.1	121.6	159.0	154.0	175.1	161.0	73.8
纸及纸板	吨	34344.5	36916.5	30932.0	32019.0	27935.0	28971.4	29270.9
棉机织物	万米	1180.4	1147.7			1189.2	1129.2	1098.3
合成纤维长丝机织物	万米	6929.5	7895.4	5912.0	6246.0	4938.5	4334.9	4295.8
钢坯及粗锻件	吨	37134.1	16981.5	6401.0	9327.0	18399.3	1984.7	394.5
钢材	吨	756953.4	932075.6	728949.0	667980.0	822510.4	803242.2	810750.6
金属加工机床	个	16677.0	3825.0	2579.0	1796.0	2541.0	2220.0	1321.0
电动机及发电机	万个	4778.9	4514.8	4733.0	3460.0	2675.3	2844.4	2022.3
印刷电路	万个	60204.5	90389.5	65988.0	51329.0	43193.1	32456.3	35501.2
汽车和汽车底盘	个	10788.0	6847.0	19071.0	12059.0	14905.0	7243.0	11539.0

18-7 续表

品　名	单位	2017年	2018年	2019年	2020年	2021年	2022年
大豆	万吨	163.4	189.5	165.3	365.1	315.9	311.9
食用植物油	吨	28773.7	27445.1	33388.7	45210.0	21007.2	16908.6
食糖	吨	493815.6	463026.5	569013.7	589463.8	550987.7	474108.1
天然橡胶	吨	71088.0	69534.5	67582.6	86237.2	86904.5	97592.1
纸浆	吨	87061.6	55456.6	57730.1	76497.3	82896.8	97660.8
棉花	吨	604.5	1031.2	539.7	1951.9	1365.8	1474.2
铁矿砂及其精矿	万吨	4352.1	5258.3	4288.9	5001.5	4655.8	4634.6
煤	万吨	1193.1	820.8	632.9	950.8	782.4	634.4
原油	万吨	3520.4	3289.4	3307.6	4935.0	3646.3	2574.6
成品油	万吨	0.01	0.01	120.6	98.9	99.5	192.7
纸及纸板	吨	47675.5	54241.5	50031.7	69627.9	56228.1	53249.1
棉机织物	万米	974.7		772.2	450.9	508.5	511.9
合成纤维长丝机织物	万米	4069.0	3320.5	2730.8	1769.5	1974.0	1767.2
钢坯及粗锻件	吨	1757.0	9080.5	1606.0	131668.6	377661.0	198062.1
钢材	吨	854548.0	871119.2	844152.5	846967.9	733902.3	749669.4
金属加工机床	个	1423.0	1477.0	1271.0	2148.0	1409.0	970.0
电动机及发电机	万个	1831.5	1827.3	1567.2	1268.5	1133.4	773.1
印刷电路	万个	35525.4	34155.7	22941.0	16351.7	19945.5	11458.0
汽车和汽车底盘	个	11100.0	11077.0	7517.0	3366.0	3766.0	1230.0

18-8 利用外资概况

单位：个、万美元

年 份	总计		对外借款		外商直接投资		外商其他投资	
	项目	金额	项目	金额	项目	金额	项目	金额
签订利用外资合同								
1990	550	85298	70	34403	365	46703	115	4192
1991	720	92238	40	33733	575	54006	105	4499
1992	2264	269694	39	68353	2148	197922	77	3419
1993	4147	431588	27	49074	4054	379615	66	2899
1994	2810	499888	63	50495	2677	448846	70	547
1995	2484	466820	54	60702	2406	397449	24	8669
1996	1901	502673	27	24728	1853	445601	21	32344
1997	1734	550991	17	57080	1698	438835	19	55076
1998	1740	506974	26	46747	1708	438957	6	21270
1999	1785	505987	44	51200	1736	444517	5	10270
2000	1908	555807	17	26983	1883	517775	8	11049
2001	1893	592312	14	31611	1876	546649	3	14052
2002	2132	742914	5	11194	2125	718520	2	13200
2003	2328	982243	1	12000	2327	970243		
2004	2491	866200			2491	866200		
2005	2686	1101596			2686	1101596		
2006	2336	1524039			2336	1524039		
2007	1844	2078104			1844	2078104		
2008	1319	2029661			1319	2029661		
2009	1629	2818381			1629	2818381		
2010	1480	2563510			1480	2563510		
2011	1050	1963942			1050	1963942		
2012	745	2476813			745	2476813		
2013	565	2163235			565	2163235		
2014	478	1879752			478	1879752		
2015	475	684414			475	684414		
2016	424	922046			424	922046		
2017	512	2653571			512	2653571		
2018	548	1558317			548	1558317		
2019	576	1287790			576	1287790		
2020	529	654011			529	654011		
2021	638	992167			638	992167		
2022	644	2137068			644	2137068		
实际利用外资额								
1990		78725		51749		24831		2145
1991		97157		61429		31360		4368
1992		85931		39512		43916		2503
1993		169055		43402		122731		2922
1994		198135		55230		142388		517
1995		190691		49377		140405		909
1996		237915		44637		167142		26136
1997		305876		29775		221446		54655
1998		314104		71742		220471		21891
1999		303820		85470		206366		11984
2000		301620		35472		255219		10929
2001		358627		33282		311293		14052
2002		425538		20777		391561		13200
2003		571074		12812		558262		
2004		540679				540679		
2005		359042				359042		
2006		598554				598554		
2007		909673				909673		
2008		1201925				1201925		
2009		1544390				1544390		
2010		2075010				2075010		
2011		2426739				2426739		
2012		2679315				2679315		
2013		2903996				2903996		
2014		2742335				2742335		
2015		518516				518516		
2016		299902				299902		
2017		533508				533508		
2018		489571				489571		
2019		332292				332292		
2020		251511				251511		
2021		319697				319697		
2022		615540				615540		

18-9 各地区实际利用外商投资额

单位：万美元

地区	2010年	2011年	2012年	2013年	2014年	2015年	2016年	2017年	2018年	2019年	2020年	2021年	2022年
总计	**2075010**	**2426739**	**2679315**	**2903996**	**2742335**	**518516**	**299902**	**533508**	**489571**	**332292**	**251511**	**319697**	**615540**
沈阳	505361	550247	580435	581093	452062	106116	81604	101263	143095	165053	71376	82468	391792
大连	1003025	1101208	1235033	1359985	1400453	270302	169877	324870	267846	86988	64790	168431	203271
鞍山	90496	110256	127520	138391	159010	9575	2634	4052	3959	5572	4861	1818	3683
抚顺	44182	20826	12635	52108	35731	2606	16	2831	1032	3120	511	315	371
本溪	30100	35214	46140	51449	60084	9887	6076	1337	3057	4341	3914	4051	501
丹东	70454	101688	120100	110012	72670	25077	575	15363	1369	3527	789	782	753
锦州	50045	53780	100409	114009	125457	8781	2142	13034	5815	6411	1934	593	2741
营口	86036	110283	121330	133041	140134	5096	2414	12038	14646	13974	3608	4152	2558
阜新	11013	14958	18295	20506	25106	1669	677	23908	4489	2081	99	921	905
辽阳	33352	39118	45093	52009	60003	36477	8390	3494	5460	6484	6360	1555	1018
盘锦	91335	200108	161004	150334	74895	23246	18501	19744	25922	2057	51252	48191	1231
铁岭	26288	30345	40217	55539	55894	16617	5337	1147	3624	9713	1210	2963	404
朝阳	11039	14269	18103	21020	25032	1387	1337	6542	5886	19494	5983	2393	2659
葫芦岛	22284	44439	53001	64500	55804	1680	322	3885	3371	2895	1229	1040	623

注：2021年、2022年沈阳、抚顺不含沈抚新区数据。

18-10 按国别、地区分实际利用外商投资额

单位：万美元

国家、地区	2010年	2011年	2012年	2013年	2014年	2015年	2016年	2017年	2018年	2019年	2020年	2021年	2022年
中国香港	1147685	1610711	[illegible]	1518436	1207781	412732	132389	225046	229106	160619	152623	166159	78617
中国澳门	30242	12464	[illegible]	26713	8315			468	91	260	14	100	3006
中国台湾	90200	69762	[illegible]	60379	28205	1714	214	6864	18094	8777	3618	1328	781
印度尼西亚			[illegible]	80								11	4
日　本	126158	144210	21445	430131	301666	23971	24643	28762	23587	23624	13456	16506	3444
马来西亚	8064	1422	[illegible]	8045	10761	119	72	1335	458	185			221
菲律宾	660	8918	[illegible]	2849	1612	1180		370	585	370			
新加坡	50185	13050	[illegible]	112578	109643	24557	12272	16520	9530	7013	4653	9909	4186
韩　国	135474	139784	[illegible]	201222	91633	7992	6528	6222	3681	7820	3251	79084	128186
泰　国	40	2825	[illegible]	587	102								
比利时		1	[illegible]	815	7371	3520	2045	16	91				
丹　麦	2	6	[illegible]	165	34		92	73				180	
英　国	18597	14813	[illegible]	18839	17751	407	55	472	500	4	95	105	1
德　国	7198	23975	[illegible]	39122	44467	1029	1762	13222	5617	8414	4097	1139	2349
法　国	1463	1906	[illegible]	3377	1000	17	33	106	11406	7178	7157	4506	6769
意大利	219	1780	[illegible]	13012	1461	113	6	443	584	413	2831	179	2821
荷　兰	5799	1222	[illegible]	30654	45875	319	17	5262	228	33245	46555	147	379012
西班牙	5324	443	[illegible]	11231	6604	560	163	640	68		142		
芬　兰	42	28	[illegible]	408	83		3	2	4				
瑞　士	234	35898	[illegible]	19824	19076	616	14968	280	5208	198	3877	7917	
加拿大	19657	10580	[illegible]	17122	23386	113	996	230	41		2	89	5
美　国	67450	55484	[illegible]	78931	137945	3483	3796	4857	8029	2900	2428	1208	326
澳大利亚	7177	2225	[illegible]	11221	25468	37	15	147	530	1452	100	52	66
新西兰	9057	2070	[illegible]	366	303	75	114	18		16	626	71	

18-11 项目、合同外资额

(按国别、地区分)　　单位：个、万美元

国家、地区	2010年		2011年		2012年		2013年		2014年	
	项目	合同外资额	项目	合同外资额	项目	合同外资额	项目	合同外资额	项目	合同外资额
中国香港	521	1444286	392	1254359	244	1267282	210	1173266	128	929530
中国澳门	22	38708	23	13745	12	4645	2	10845	4	13151
中国台湾	145	260442	48	67519	21	63380	18	32130	15	23703
印度尼西亚				-77				57		
日　本	221	112441	196	85834	176	232852	91	261811	70	215911
马来西亚	8	10005	3	-1814	13	-494	3	4180	4	806
菲律宾	1	315	3	10115	1	12726		1320		-6
新加坡	25	34943	27	25182	16	99631	23	106784	23	78767
韩　国	256	172781	126	82325	99	77653	86	142270	96	30870
泰　国		-876	1	-152	1	5560		-2215	1	680
比利时	1	117	2	-197	1	1589		3229		
丹　麦		-5		-358	2	196	1	66		
英　国	5	18198	14	6946	1	8287	5	6546	4	-295
德　国	18	7611	15	11022	12	35913	12	24781	19	38226
法　国	4	1168	8	4181	3	4522	4	1074	3	1389
意大利	2	632	7	4031	4	4958	3	5966	1	631
荷　兰	1	1596	4	2087	5	7348	4	-1401	1	3106
西班牙	5	4421	2	5069	5	4524	3	7646	4	1623
芬　兰							1	218		83
瑞　士	2	2686	4	41510	1	3288	5	20153	3	23591
加拿大	28	37098	20	11552	9	16162	11	19383	10	-1287
美　国	62	44853	37	13561	28	99654	23	39902	23	75558
澳大利亚	18	8931	11	17009	5	7175	8	14777	5	27145
新西兰	4	9924	2	18471	2	415		-4		-10385

18-11 续表 1 (按国别、地区分) 单位：个、万美元

国家、地区	2015年		2016年		2017年		2018年	
	项目	合同外资额	项目	合同外资额	项目	合同外资额	项目	合同外资额
中国香港	134	519163	93	502072	151	1474099	125	601879
中国澳门	3	265	1	32	1	-72	1	75
中国台湾	19	5777	20	8434	26	20564	35	43964
印度尼西亚							1	8
日　本	62	40701	62	-12302	65	62141	74	30168
马来西亚		-112	2	-285	3	4287	4	27395
菲律宾	1	1602	2	8	1	370		585
新加坡	21	34444	14	1794	11	14666	15	117884
韩　国	118	6648	112	15999	89	23885	112	136619
泰　国				-288	1	77	1	-1047
比利时	1	3594	3	3077	1		2	40
丹　麦	1	90		-48	1	521	1	40
英　国	4	5451	5	-3678	5	1899	6	6817
德　国	12	1363	16	10808	10	-951	11	2216
法　国	5	306	2	-716	2	37874	2	12806
意大利	2	133	2	7	2	394	2	415
荷　兰	2	817	3	1381	1	5492	1	15
西班牙	1	1805	4	1351	3	448	1	702
芬　兰			1	136			1	-539
瑞　士		300	1	13833	2	429		10926
加拿大	13	3821	9	632	15	1885	13	4367
美　国	17	-14736	20	23231	22	32689	23	2201
澳大利亚	4	628	4	60982	6	1070	12	41424
新西兰			1	8	1	45	4	-507

18-11 续表 2 (按国别、地区分) 单位：个、万美元

国家、地区	2019年		2020年		2021年		2022年	
	项目	合同外资额	项目	合同外资额	项目	合同外资额	项目	合同外资额
中国香港	101	1037970	123	403415	140	422724	173	703159
中国澳门	2	1111	2	1498	4	3305	1	64
中国台湾	21	4197	29	34238	31	9591	39	-24164
印度尼西亚			1	115	1	31		
日　本	80	44774	56	44796	81	39759	46	15004
马来西亚	7	5087	2	848	4	5745	22	2838
菲 律 宾		255	4	805	3	578	1	32
新 加 坡	19	9701	12	4057	12	14649	29	207498
韩　国	117	47173	125	35433	151	414153	93	45181
泰　国			3	65	2	664	2	66
比 利 时		10		255	1	-4262	1	2
丹　麦							1	302
英　国	3	67	14	3920	8	-28	8	173385
德　国	14	8897	12	7386	18	7710	10	122063
法　国	2	7375	1	6962	1	65326	1	6678
意 大 利	2	13	5	365	4	3134	2	13
荷　兰	1	-5857	3	59884	2	55		457678
西 班 牙	1	738			1	52	1	2
芬　兰			1	5				
瑞　士		-1050	3	2176	4	-27025	1	3234
加 拿 大	14	609	18	3417	16	2931	21	12772
美　国	22	10358	22	2497	21	7226	19	1064
澳大利亚	10	5605	9	834	7	-2416	8	280
新 西 兰	2	706	5	4234	1	54		

18-12 按行业分实际利用外商投资项目及合同额情况

行　业	2010年	2011年	2012年	2013年	2014年	2015年	2016年
一、合同项目(个)							
总　计	**1480**	**1050**	**745**	**565**	**478**	**475**	**424**
农、林、牧、渔业	26	32	13	12	17	11	12
采矿业	4	6	9	7	2	2	
制造业	463	372	257	124	91	82	87
电力、热力、燃气及水生产和供应业	26	29	18	9	7	7	6
建筑业	28	29	28	3	7	4	4
批发和零售业	185	177	158	165	127	150	144
交通运输、仓储和邮政业	17	18	11	18	11	11	12
住宿和餐饮业	40	28	26	15	27	27	18
信息传输、软件和信息技术服务业	86	57	34	23	26	18	22
金融业	3	3		5	13	26	14
房地产业	182	75	64	58	38	18	7
租赁和商务服务业	148	112	81	81	73	84	51
科学研究和技术服务业	211	84	33	25	23	24	32
水利、环境和公共设施管理业	14	11	5	7	2	3	2
居民服务、修理和其他服务业	36	11	6	7	7	5	6
教育	1				1		
卫生和社会工作				2		2	1
文化、体育和娱乐业	10	6	2	4	6	1	6
公共管理、社会保障和社会组织							
国际组织							
二、合同外资额(万美元)							
总　计	**2563510**	**1963942**	**2476813**	**2163235**	**1879752**	**684414**	**922046**
农、林、牧、渔业	24257	58736	54900	34462	32402	29410	44727
采矿业	5373	1897	13639	16001	16275	32926	100
制造业	690925	590282	1206273	1089177	841844	217191	258787
电力、热力、燃气及水生产和供应业	34899	96486	67258	92742	58748	3790	-670
建筑业	68918	82021	140841	15097	-7775	231	65
批发和零售业	50439	79976	82493	142071	88233	76209	85066
交通运输、仓储和邮政业	51753	18496	77602	160889	153403	19725	86614
住宿和餐饮业	1694	13349	34719	19554	27931	3153	1888
信息传输、软件和信息技术服务业	109805	24811	83029	56605	54026	12375	3388
金融业	9500	16368	4366	17546	91870	37033	44567
房地产业	701894	586127	400008	365711	229748	115134	-70274
租赁和商务服务业	116944	115743	120101	66195	171997	87383	360006
科学研究和技术服务业	441232	114210	116458	63882	65050	16058	110182
水利、环境和公共设施管理业	61070	24796	11695	3010	19606	21795	-3201
居民服务、修理和其他服务业	172766	113634	42448	-7152	1763	11339	281
教育	4				258		
卫生和社会工作		79		3983	40	521	13
文化、体育和娱乐业	22037	26931	20983	23462	34333	141	507
公共管理、社会保障和社会组织							
国际组织							

18-12 续表

行　业	2017年	2018年	2019年	2020年	2021年	2022年
一、合同项目(个)						
总　计	**512**	**548**	**576**	**529**	**638**	**644**
农、林、牧、渔业	18	9	10	4	5	6
采矿业	2	4		4		2
制造业	94	103	97	53	52	44
电力、热力、燃气及水生产和供应业	17	4	5	10	6	23
建筑业	9	7	10	5	3	5
批发和零售业	146	169	230	180	266	244
交通运输、仓储和邮政业	5	11	7	5	6	12
住宿和餐饮业	18	7	9	10	21	15
信息传输、软件和信息技术服务业	40	38	54	24	30	15
金融业	51	31	11	2	2	3
房地产业	14	20	20	26	12	8
租赁和商务服务业	61	93	61	100	103	113
科学研究和技术服务业	20	32	36	81	99	131
水利、环境和公共设施管理业	2	1	2	1	1	
居民服务、修理和其他服务业	5	5	9	4	7	2
教育	1		3	1		
卫生和社会工作	6	5	3	5	5	3
文化、体育和娱乐业	3	8	9	14	19	18
公共管理、社会保障和社会组织		1			1	
国际组织						
二、合同外资额(万美元)						
总　计	**2653571**	**1558317**	**1287790**	**654011**	**992167**	**2137068**
农、林、牧、渔业	359783	108339	56184	1638	27732	120945
采矿业	207	13332	-2500	7332		73
制造业	401385	592709	685936	220308	360276	1013533
电力、热力、燃气及水生产和供应业	50656	3310	12310	50472	10641	66220
建筑业	4876	998	23256	70	16695	128
批发和零售业	77499	88592	85080	51534	45254	23685
交通运输、仓储和邮政业	56406	24566	9570	4638	5871	34155
住宿和餐饮业	243	1058	17857	2352	280	647
信息传输、软件和信息技术服务业	-1234	7305	10024	13557	9760	3072
金融业	117202	26083	15769	53662	1072	6687
房地产业	632965	265120	68568	143020	80352	-88709
租赁和商务服务业	864538	322465	66588	21058	340247	672301
科学研究和技术服务业	50995	49300	18646	75432	72166	232358
水利、环境和公共设施管理业	744	2000	4080	1346	3638	
居民服务、修理和其他服务业	8793	50	183814	2413	-689	87
教育	37	8	53	706		
卫生和社会工作	17342	46541	30187	3256	13348	51284
文化、体育和娱乐业	11134	6359	2368	1217	5478	602
公共管理、社会保障和社会组织		182			46	
国际组织						

18-13 按行业分实际利用外商投资额情况

单位：万美元

行　业	2010年	2011年	2012年	2013年	2014年	2015年	2016年
总　计	**2075010**	**2426739**	**2679315**	**2903996**	**2742335**	**518516**	**299902**
农、林、牧、渔业	18622	33769	42030	40877	39794	7316	166
采矿业	4137	235	8363	24290	18345	13801	9490.5
制造业	761130	1132689	1245637	1468341	1301938	120913	88618
电力、热力、燃气及水生产和供应业	38321	55448	281335	159734	92254	7733	4914
建筑业	33075	41593	73382	63142	6316	2126	
批发和零售业	35741	103071	75823	120873	97672	9056	49146
交通运输、仓储和邮政业	31424	8658	67133	143036	211107	30018	61208
住宿和餐饮业	8011	9683	51047	18027	45268	465	2778
信息传输、软件和信息技术服务业	48026	27845	88680	99319	133314	4415	9837
金融业	40344	26916	25070	25205	91912	16810	1723
房地产业	702800	697546	458258	577257	499154	270029	53475
租赁和商务服务业	46954	67868	50286	66124	103788	16666	9568
科学研究和技术服务业	115323	54851	106336	40211	55681	5619	1656
水利、环境和公共设施管理业	39741	43274	5509	6661	4345	10169	3703
居民服务、修理和其他服务业	131414	100536	74633	29510	25988	2582	269
教育	1	1	2		65		
卫生和社会工作	1010	7	35	113	26	31	
文化、体育和娱乐业	18936	22119	22756	21276	15368	767	3350
公共管理、社会保障和社会组织		630					
国际组织							

18-13　续表

单位：万美元

行　业	2017年	2018年	2019年	2020年	2021年	2022年
总　计	**533508**	**489571**	**332292**	**251511**	**319697**	**615540**
农、林、牧、渔业	2159	1557	1483	2685	12987	6317
采矿业	6779	6806	14947	1253	45538	
制造业	289373	321359	159604	89386	141512	524813
电力、热力、燃气及水生产和供应业	12479	17406	11696	5338	5450	4235
建筑业	260	189	59	10	27	
批发和零售业	87412	29588	5721	5851	5216	1849
交通运输、仓储和邮政业	62515	9086	2427	5399	3281	1418
住宿和餐饮业	338	16	19	2322	14	397
信息传输、软件和信息技术服务业	1829	428	2313	1092	1524	1032
金融业	2743	3000		12595	3150	6673
房地产业	31159	69854	94082	49172	65929	14816
租赁和商务服务业	25902	23918	16608	44284	20927	6818
科学研究和技术服务业	531	267	8907	27749	9708	12507
水利、环境和公共设施管理业	475	880	2355	1243	4433	33000
居民服务、修理和其他服务业	8641	1800	11012	2827		8
教育	13			4		
卫生和社会工作	161	200	15			
文化、体育和娱乐业	739	3217	1044	301	1	1657
公共管理、社会保障和社会组织						
国际组织						

18-14 年末登记外商投资企业行业分布情况

行业	企业数(个)						投资总额(百万美元)					
	2017年	2018年	2019年	2020年	2021年	2022年	2017年	2018年	2019年	2020年	2021年	2022年
总　计	**16883**	**17028**	**16191**	**16252**	**16363**	**16309**	**315850**	**377494**	**402491**	**415689**	**460264**	**517060**
农、林、牧、渔业	192	185	170	168	165	160	11796	20906	20828	17832	20104	20670
采矿业	37	37	34	33	32	33	1288	1878	1874	1890	1890	1890
制造业	4694	4433	4131	3951	3801	3658	114309	126135	155598	151976	156422	153019
电力、热力、燃气及水生产和供应业	203	202	194	200	203	217	11608	11884	11230	12271	12228	14082
建筑业	277	254	243	230	226	217	3839	5532	5308	9228	9398	9351
批发和零售业	1212	3310	1197	1219	3847	3905	1322	21743	1567	1515	28116	32271
交通运输、仓储和邮政业	3144	416	3472	3704	386	392	11298	9140	22617	22795	9997	60370
住宿和餐饮业	2162	1199	2207	2204	1267	1295	18081	1358	18378	29237	1398	1386
信息传输、软件和信息技术服务业	417	2188	392	390	2223	2292	9736	18087	9214	8426	29799	29800
金融业	569	639	579	555	520	487	9417	19665	19667	20119	18839	18548
房地产业	882	847	841	834	818	789	53385	52703	53606	55215	55871	52644
租赁和商务服务业	2216	2357	1669	1668	1678	1604	41810	56523	56731	58159	79122	66124
科学研究和技术服务业	552	622	708	747	833	895	22972	23966	16452	17593	24413	42944
水利、环境和公共设施管理业	45	47	47	48	46	45	2925	2917	2822	2869	2718	3464
居民服务、修理和其他服务业	163	160	156	142	151	146	653	1156	995	878	847	847
教育	4	3	3	4	4	3	1	1	13	21	21	21
卫生和社会工作	9	15	21	22	27	29	193	2650	3527	3535	6994	7527
文化、体育和娱乐业	105	114	125	131	135	139	1218	1251	2053	2118	2087	2100
公共管理、社会保障和社会组织			2	2	1	3			10	10	0.5	1.3
国际组织												

18-14 续表

行业	注册资本(百万美元)											
	2017年	2018年	2019年	2020年	2021年	2022年	#外方					
							2017年	2018年	2019年	2020年	2021年	2022年
总　计	**175407**	**216937**	**227131**	**238251**	**259831**	**270631**	**139076**	**176330**	**183092**	**182885**	**198315**	**210102**
农、林、牧、渔业	4911	19660	20072	17085	18537	18455	4647	19338	19753	16764	18188	18114
采矿业	816	811	807	809	809	809	699	694	691	724	724	725
制造业	56359	63087	74122	70968	72325	71988	44010	51229	56988	53859	54355	53925
电力、热力、燃气及水生产和供应业	4296	4322	4064	4680	4719	5389	3292	3430	3219	3760	3825	4328
建筑业	2774	4444	4283	8303	8434	8388	2505	4173	4035	5645	5691	5649
批发和零售业	730	12171	965	944	14534	24147	573	8957	808	790	10954	19795
交通运输、仓储和邮政业	7143	5256	12667	13068	6084	5656	5304	3208	9691	9732	2537	2523
住宿和餐饮业	6869	770	7053	18098	889	881	6330	616	6529	9845	745	735
信息传输、软件和信息技术服务业	5424	6880	5455	4733	18686	18712	3168	6347	3255	2574	10379	10403
金融业	8547	11693	11754	12206	11237	11117	6406	8987	8931	9443	9052	8892
房地产业	40814	40010	40177	39243	40356	37321	33726	32577	32752	32573	33975	31324
租赁和商务服务业	23512	32845	33071	34458	46834	42795	19331	26435	26310	26546	35375	32602
科学研究和技术服务业	10282	10864	8144	9119	11985	19423	6479	6799	6269	6772	8816	16299
水利、环境和公共设施管理业	1707	1680	1582	1596	1532	2131	1526	1494	1433	1447	1381	1980
居民服务、修理和其他服务业	352	863	702	646	637	637	295	752	591	558	549	550
教育	1	1	13	21	21	21			13	21	21	21
卫生和社会工作	189	882	1402	1409	1389	1922	170	661	1125	1131	1108	1592
文化、体育和娱乐业	682	697	788	853	821	837	617	632	689	692	639	643
公共管理、社会保障和社会组织			10	10	1	1.4			10	10	0.5	1.3
国际组织												

主要统计指标解释

货物进出口总额 包括对外贸易实际进出口货物，来料加工装配进出口货物，国家间、联合国及国际组织无偿援助物资和赠送品，华侨、港澳台同胞和外籍华人捐赠品，租赁期满归承租人所有的租赁货物，进料加工进出口货物，边境地方贸易及边境地区小额贸易进出口货物，中外合资企业、中外合作经营企业、外商独资经营企业进出口货物和公用物品，到、离岸价格在规定限额以上的进出口货样和广告品(无商业价值、无使用价值和免费提供出口的除外)，从保税仓库提取在中国境内销售的进口货物，以及其他进出口货物。

外商投资 是指国外及港澳台地区的法人和自然人在中国大陆地区以现金、实物、无形资产、股权等方式进行投资。其中，外商直接投资是指国外及港澳台地区投资者在非上市公司中的全部投资及在单个外国投资者所占股权比例不低于10%的上市公司中的投资。

对外承包工程 根据《对外承包工程管理条例》，对外承包工程是指中国的企业或者其他单位承包境外建设工程项目的活动。

对外劳务合作 指组织劳务人员赴其他国家或地区为国外的企业或机构工作的经营性活动。

十九、旅　游

Chapter 19　Tourism

资料整理：石欣鑫　郑　慧

19-1 旅游事业发展情况

指　标	单位	2010年	2011年	2012年	2013年	2014年	2015年	2016年
入境旅游人数	人次	**3617999**	**4103329**	**4731340**	**5031286**	**2607019**	**2640052**	**2736658**
外国人	人次	3070097	3444122	3885864	4017005	2006223	2046388	2122140
港澳台同胞	人次	547902	659207	845476	1014281	600796	593664	614518
平均逗留天数	天	3.1	3.2	3.2	2.9	2.9	2.6	2.8
国内旅游人数	万人次	**28278**	**32564**	**36282**	**40427**	**45925**	**39711**	**44873**
旅游收入								
国际旅游收入	万美元	225932.9	271314.0	318345.0	347713.6	161800.0	168272.0	174141.0
国内旅游收入	亿元	2533.4	3159.3	3742.0	4432.6	5190.2	3620.1	4122.2
星级饭店总数	个	**543**	**551**	**512**	**512**	**533**	**536**	**534**
旅行社数	个	**1170**	**1162**	**1165**	**1243**	**1296**	**1360**	**1386**

注：2021年、2022年受疫情影响，文化和旅游部未组织各省开展接待入境游客抽样调查工作，本表至19-4表相关旅游数据未作统计。

19-1　续表

指　标	单位	2017年	2018年	2019年	2020年	2021年	2022年
入境旅游人数	人次	**2788464**	**2876953**	**2941388**	**198496**		
外国人	人次	2170523	2298427	2369261	167525		
港澳台同胞	人次	617941	578526	572127	30971		
平均逗留天数	天	2.9	2.7	3.0	4.8		
国内旅游人数	万人次	**50318**	**56211**	**63876**	**30150**	**49391**	**27046**
旅游收入							
国际旅游收入	万美元	177806.0	173958.0	173903.0	11974.1		
国内旅游收入	亿元	4620.7	5254.8	6102.7	2712.2	3392.2	1888.1
星级饭店总数	个	**671**	**671**	**417**	**321**	**296**	**268**
旅行社数	个	**1443**	**1489**	**1521**	**1539**	**1545**	**1571**

19-2 按国别分外国入境旅游人数

单位：人次

国　别	2012年	2013年	2014年	2015年	2016年	2017年	2018年	2019年	2020年
总　计	**4731340**	**5031286**	**2607019**	**2640052**	**2736658**	**2788464**	**2298427**	**2369261**	**167525**
日　本	1035389	742632	362419	531530	550926	572741	624069	656054	61550
菲律宾	28556	20541	20109	12430	12408	12822	15857	15744	2005
新加坡	95820	106024	69701	37418	46053	47308	42410	41865	4772
泰　国	15390	13966	12546	12193	8992	11742	13946	16392	1066
印度尼西亚	18005	18069	14926	16859					
美　国	117337	122329	55857	64289	67910	63375	73356	70452	10730
加拿大	33629	34437	30889	29050	21666	22223	26030	24760	2882
英　国	47153	49747	35742	31956	25109	24941	27893	26975	1984
法　国	32384	34115	20986	19810	18791	17273	18024	16210	2995
德　国	49736	57598	49022	49045	52871	53632	60039	59825	14029
意大利	20378	20158	10655	11521					
俄罗斯	276869	323372	170418	202173	224550	239821	272354	280016	8370
澳大利亚	35315	35408	28668	27969	20715	34569	33323	35184	2746
新西兰	14669	16223	16181	17337					

19-3 按地区分接待入境旅游人数

单位：人次

地　区	2010年	2011年	2012年	2013年	2014年	2015年	2016年	2017年	2018年	2019年	2020年
接待旅游人数	**3617999**	**4103329**	**4731340**	**5031286**	**2607019**	**2640052**	**2736658**	**2788464**	**2876953**	**2941388**	**198496**
沈　阳	550313	634895	750011	813067	619724	645734	680884	693821	819121	856800	34142
大　连	1166020	1170035	1284176	1190035	965615	984647	1044100	1063938	1103100	1144020	121679
鞍　山	264607	291745	383265	438511	191082	202246	202264	206106	218000	227500	7500
抚　顺	111529	138539	169685	200307	147030	149152	153321	156235	159173	162356	200
本　溪	562000	594217	578611	619822	123973	72941	74825	76120	77282	78444	3500
丹　东	326796	400540	491701	530891	116195	120853	134016	137200	139400	142184	4360
锦　州	200134	253092	308580	344131	113675	121006	94576	96000	97000	97500	9015
营　口	85708	155538	198032	241280	69461	75000	77976	79018	80018	80018	6500
阜　新	23000	25531	27225	28633	20353	21138	21420	22346	22445	22805	300
辽　阳	27864	33470	38506	44332	38763	39156	39693	40474	34603	13357	
盘　锦	180936	243895	314184	365184	105758	110018	112310	114315	20511	21104	6600
铁　岭	48061	57203	66057	70210	34495	35100	35805	36000	37000	23400	2600
朝　阳	13847	16626	19073	21268	18555	20005	20500	20891	22100	22800	1500
葫芦岛	57184	88003	102234	123615	42340	43056	44968	46000	47200	49100	600

19-4 按地区分旅游外汇收入

单位：万美元

地　区	2010年	2011年	2012年	2013年	2014年	2015年	2016年	2017年	2018年	2019年	2020年
旅游外汇收入	**225933**	**271314**	**3[illegible]8345**	**347714**	**161800**	**168272**	**174141**	**177806**	**173958**	**173903**	**11974**
沈　阳	40024	49980	53195	66451	32837	33081	34404	35127	37477	39800	2755
大　连	80386	80519	87349	81341	46012	51625	53948	55081	57141	59374	6314
鞍　山	22435	21614	27400	50086	14924	15035	15516	15842	16623	16065	203
抚　顺	5882	10828	12982	15123	12128	12218	12536	12799	12830	13209	57
本　溪	27095	43209	48878	48636	11485	11570	11836	12085	12294	8379	174
丹　东	16151	21310	26642	24473	8192	8252	8500	8684	8938	8618	263
锦　州	11820	14754	18506	21213	10972	11054	11319	11557	11696	11871	971
营　口	3728	6186	7187	10657	6221	6267	6442	6578	6680	6522	623
阜　新	1005	1133	1153	1243	874	881	899	918	907	913	20
辽　阳	1699	2080	1896	2869	2436	2454	2510	2563	912	473	
盘　锦	8916	11095	13327	13201	9454	9525	9773	9978	1133	1159	116
铁　岭	2698	3321	4014	4689	2718	2738	2806	2865	2960	3043	333
朝　阳	853	1026	1181	1403	1244	1253	1277	1304	1798	1870	73
葫芦岛	3241	4259	4634	6329	2302	2319	2375	2426	2569	2609	73

19-5 按地区分国内旅游人数及收入

单位：万人次、亿元

地区	国内旅游接待人数									
	2013年	2014年	2015年	2016年	2017年	2018年	2019年	2020年	2021年	2022年
全省	**40427.2**	**45925.3**	**39710.7**	**44872.9**	**50318.4**	**56211.4**	**63875.6**	**30150.2**	**49391.4**	**27045.6**
沈阳	7574.1	8087.7	5654.5	6333.0	7164.1	8175.6	9424.4	5407.1	11272.2	7180.4
大连	5230.9	5619.8	6828.1	7633.8	8410.0	9288.1	10268.3	3985.2		7685.7
鞍山	3281.8	3949.5	3514.4	3967.7	4523.2	5111.2	5884.8	3842.5	6003.3	2915.8
抚顺	2987.6	3702.5	2682.2	3033.6	3458.3	3972.0	4569.0	997.4	1111.3	1039.1
本溪	3216.1	3545.3	3081.3	3491.1	3822.4	4273.4	4941.4	2502.7	2375.4	958.0
丹东	2990.1	3468.5	3527.8	4014.7	4533.5	4986.9	5593.9	1745.9	1963.4	445.7
锦州	3211.0	3544.9	2070.0	2347.4	2620.7	2935.0	3375.3	1310.0	1983.5	1539.8
营口	1620.0	1835.3	2104.9	2399.6	2676.0	2756.0	3086.7	2034.2	2666.0	658.5
阜新	923.6	1042.9	996.0	1140.4	1309.6	1481.2	1629.5	723.7	507.6	492.4
辽阳	2454.2	2794.2	1945.6	2216.0	2489.7	2671.4	2992.2	1270.2	1341.7	322.0
盘锦	1911.7	2299.3	1993.1	2262.1	2624.6	3045.1	3594.9	2342.4	2464.2	1350.4
铁岭	1660.7	1949.5	1591.3	1799.8	2003.1	2229.0	2433.1	689.4	1532.9	689.2
朝阳	1431.1	1631.1	1897.6	2168.9	2438.2	2836.6	3231.2	1849.3	1681.2	865.3
葫芦岛	1934.3	2454.7	1824.0	2064.7	2245.0	2450.0	2851.0	1450.4	452.8	903.3

19-5 续表

单位：万人次、亿元

地区	国内旅游收入									
	2013年	2014年	2015年	2016年	2017年	2018年	2019年	2020年	2021年	2022年
全省	**4432.6**	**5190.2**	**3620.1**	**4122.2**	**4620.7**	**5254.8**	**6102.7**	**2712.2**	**3392.2**	**1888.1**
沈阳	792.2	900.7	497.3	562.8	636.2	734.2	847.5	500.7	807.1	577.4
大连	850.4	965.3	977.2	1105.2	1242.9	1402.2	1616.0	605.9		558.6
鞍山	323.9	399.1	289.9	329.7	370.3	419.5	489.9	275.1	303.0	211.3
抚顺	327.0	389.4	216.0	246.7	276.3	319.5	368.6	26.8	41.5	40.4
本溪	289.8	360.9	228.3	260.2	284.8	320.1	383.5	205.7	181.7	38.4
丹东	348.6	419.2	307.7	356.3	402.1	451.2	521.1	110.6	131.0	31.7
锦州	222.5	265.5	146.4	167.8	187.2	211.2	244.8	100.1	140.6	121.7
营口	206.4	243.0	181.3	206.7	230.6	259.0	301.0	210.4	252.9	61.2
阜新	67.2	76.7	68.7	77.8	89.4	100.4	117.1	64.1	44.2	35.8
辽阳	220.9	254.6	156.8	178.0	198.2	224.7	261.6	120.4	103.9	38.0
盘锦	245.8	291.6	162.2	188.1	213.2	252.4	291.8	191.2	122.5	51.7
铁岭	146.1	171.7	115.6	131.2	146.1	164.0	189.4	55.1	114.0	35.5
朝阳	185.5	210.5	129.0	145.9	164.1	193.1	225.8	130.2	94.3	36.6
葫芦岛	206.1	241.9	143.6	165.9	179.3	203.3	244.6	116.0	51.8	49.8

主要统计指标解释

入境旅游人数 指报告期内来中国（大陆）观光、度假、探亲访友、就医疗养、购物、参加会议或从事经济、文化、体育、宗教活动的外国人、港澳台同胞等游客人数。统计时，入境游客按每入境一次统计1人次。入境游客包括入境过夜游客和入境一日游游客。

国内旅游人数 指报告期内在中国（大陆）观光游览、度假、探亲访友、就医疗养、购物、参加会议或从事经济、文化、体育、宗教活动的中国（大陆）居民人数，其出游的目的不是通过所从事的活动谋取报酬。统计时，国内游客按每出游一次统计1人次。

国际旅游收入 指入境游客在中国（大陆）境内旅行、游览过程中用于交通、参观游览、住宿、餐饮、购物、娱乐等全部花费。

国内旅游收入(旅游总花费 指国内游客在国内旅行、游览过程中用于交通、参观游览、住宿、餐饮、购物、娱乐等全部花费。店)。

星级饭店 指设备、设施、服务符合《旅游饭店星级的划分与评定》（GB/T14308-2010）标准，经过有关旅游管理权威部门评定（验收）后授予“星级”称号的饭店。

二十、金融业

Chapter 20 Financial Intermediation

资料整理：刘　鹏

20-1 金融机构(含外资)本外币存款、贷款余额

单位：亿元

指　　标	2010年	2011年	2012年	2013年	2014年	2015年	2016年
年末存款余额	**27372.5**	**30832.4**	**35303.5**	**39418.0**	**42053.1**	**47758.2**	**51692.5**
#财政性存款	593.2	655.6	776.6	880.6	864.1	790.9	858.2
住户存款	13690.3	15529.6	17967.4	19857.9	21396.8	23995.8	25882.1
委托存款	313.9	137.6	143.2	217.6	242.8		
年末贷款余额	**18689.8**	**22831.7**	**26306.5**	**29722.0**	**33023.5**	**36282.8**	**38685.6**

注：1. 2010年为金融机构(含外资)人民币存款、贷款余额；2011年及以后年度为金融机构(含外资)本外币存款、贷款余额。下同。
2. 2015年起人民银行《金融机构(含外资)本外币信贷收支合并表》表式调整，相应指标及数据变更。表中2010-2014年财政性存款项下变更前为财政存款，住户存款项下数据变更前为储蓄存款，与变更后年份数据均不可比。

20-1 续表

单位：亿元

指　　标	2017年	2018年	2019年	2020年	2021年	2022年
年末存款余额	**54249.0**	**59016.0**	**62697.4**	**67988.2**	**69995.5**	**75375.7**
#财政性存款	956.2	822.4	843.6	848.7	547.6	480.0
住户存款	27768.1	31311.9	36133.6	42962.9	46671.3	52195.5
委托存款						
年末贷款余额	**41273.7**	**44985.0**	**49582.6**	**52209.4**	**53134.8**	**54321.0**

20-2 金融机构(含外资)本外币贷款余额

单位：亿元

指　标	2015年	2016年	2017年	2018年	2019年	2020年	2021年	2022年
年末贷款余额	**36282.8**	**38685.6**	**41278.7**	**44985.0**	**49582.6**	**52209.4**	**53134.8**	**54321.0**
一、境内贷款	**36003.1**	**38363.6**	**40959.6**	**44629.4**	**49241.9**	**51905.9**	**52843.2**	**54029.0**
(一)住户贷款	7295.6	8027.0	9089.4	9960.1	11435.9	12607.2	13478.4	13617.0
1.短期贷款	1970.0	1851.1	1891.7	1799.2	2012.0	1875.9	2052.9	2217.3
#消费贷款	439.7	417.7	556.8	543.8	889.2	750.9	851.6	839.2
经营贷款	1530.3	1433.5	1334.9	1255.4	1122.8	1125.0	1201.4	1378.1
2.中长期贷款	5325.6	6175.8	7197.7	8160.9	9423.9	10731.2	11425.5	11399.8
#消费贷款	4329.4	5109.1	6089.0	6982.0	8192.2	9421.2	10193.4	10159.3
经营贷款	996.2	1066.8	1108.7	1178.9	1231.7	1310.0	1232.1	1240.5
(二)企(事)业单位贷款	28702.4	30336.6	31870.2	34669.3	37790.0	39298.7	39358.7	40389.5
1.短期贷款	11694.2	12424.9	13924.6	13623.1	14385.9	14436.0	11846.4	12207.7
2.中长期贷款	14993.7	15399.5	16090.4	17923.0	19575.7	20791.0	22186.8	22640.8
3.票据融资	1889.2	2309.6	1601.5	2784.0	3407.4	3532.5	4728.1	4969.8
4.融资租赁	1.2	0.5	72.5	79.9	72.1	44.5	45.8	46.7
5.各项垫款	124.1	202.1	181.2	259.2	348.8	494.7	551.6	524.6
(三)非银行业金融机构贷款	5.1	0.1	0.1	0.1	16.1	0.1	6.1	22.5
二、境外贷款	**279.7**	**322.0**	**319.1**	**355.6**	**340.7**	**303.5**	**291.6**	**292.0**

注：2021年人民银行指标变更，“非金融企业及机关团体贷款”对应项变更为“企(事)业单位贷款。本表为本外币口径。

20-3 各地区金融机构(含外资)本外币存款余额

单位：亿元

地　区	2016年		2017年		2018年		2019年	
	金融机构存款余额	#住户存款余额	金融机构存款余额	#住户存款余额	金融机构存款余额	#住户存款余额	金融机构存款余额	#住户存款余额
全　省	**51692.5**	**25882.1**	**54249.0**	**27768.1**	**59016.0**	**31311.9**	**62697.4**	**36133.6**
沈　阳	14446.3	6260.0	15752.9	6601.3	17746.2	7394.6	18869.5	8438.9
大　连	14701.7	5448.4	14142.9	5580.8	13999.1	6206.3	14633.6	7006.0
鞍　山	3235.1	2141.2	3470.8	2320.2	3617.3	2622.1	4006.1	2970.3
抚　顺	1615.1	1180.0	1732.2	1266.0	1868.3	1409.0	2027.7	1585.3
本　溪	1284.4	797.4	1399.2	834.9	1543.5	928.7	1582.2	1042.9
丹　东	1868.2	1380.5	2028.9	1572.2	2152.5	1747.0	2344.9	1966.5
锦　州	2655.3	1500.0	3195.0	1806.9	3961.2	2183.2	3634.3	2441.0
营　口	2598.3	1296.2	2472.7	1431.0	2889.4	1666.1	3391.6	2489.5
阜　新	1009.7	662.1	1099.1	725.1	1156.0	805.6	1247.1	944.4
辽　阳	2229.7	963.1	2565.2	1043.3	3077.3	1156.7	2881.6	1309.7
盘　锦	1670.7	1046.8	1675.8	1089.9	1786.1	1210.2	2223.2	1361.2
铁　岭	1232.2	976.2	1315.9	1066.0	1400.6	1156.4	1558.7	1327.9
朝　阳	1573.8	1173.7	1703.8	1293.3	1847.5	1447.0	1998.9	1622.2
葫芦岛	1572.0	1056.5	1694.4	1137.3	1970.3	1378.5	2296.3	1626.9

20-3 续表

单位：亿元

地　区	2020年		2021年		2022年	
	金融机构存款余额	#住户存款余额	金融机构存款余额	#住户存款余额	金融机构存款余额	#住户存款余额
全　省	**67988.2**	**42962.9**	**69995.5**	**46671.3**	**75375.7**	**52195.5**
沈　阳	19442.5	10430.9	19374.9	11154.2	20855.0	12577.7
大　连	16003.8	8003.4	17081.5	8841.3	18911.4	10237.5
鞍　山	4515.6	3398.8	4829.7	3772.2	5335.1	4187.8
抚　顺	2349.0	1856.7	2512.5	2047.9	2786.4	2344.6
本　溪	1739.0	1179.2	1763.9	1354.6	1918.6	1543.2
丹　东	2640.8	2234.7	2833.6	2460.3	3095.7	2736.6
锦　州	3969.0	2621.1	4073.3	2910.3	3842.8	3075.6
营　口	3916.8	3242.4	3564.5	2888.9	3544.5	2956.2
阜　新	1491.4	1203.6	1667.3	1422.6	1821.3	1582.6
辽　阳	2991.5	1855.6	2654.2	2035.5	2797.2	2211.9
盘　锦	2461.0	1548.6	2581.9	1740.7	2712.6	1978.5
铁　岭	1841.3	1581.1	2038.2	1781.1	2287.9	1994.5
朝　阳	2268.[illegible]	1911.8	2509.2	2173.8	2753.9	2413.7
葫芦岛	2357.[illegible]	1894.4	2510.3	2087.8	2713.5	2355.0

20-4　各地区金融机构(含外资)本外币贷款余额

(2022年)

单位：万元

地　区	金融机构贷款余额	境内贷款				境外贷款
			住户贷款	企(事)业单位贷款	非银行业金融机构贷款	
全　省	**5432100[illegible]8**	**540290352**	**136170442**	**403895164**	**224745**	**2919746**
沈　阳	2077730[illegible]	206435839	59483522	146868217	84100	1337181
大　连	142351[illegible]	141370324	40216142	101054182	100000	980757
鞍　山	25759[illegible]	25158292	4002845	21155447		600805
抚　顺	11370[illegible]	11370136	2873107	8457029	40000	103
本　溪	12571[illegible]	12571149	1580569	10990579		203
丹　东	13804[illegible]	13804803	4233806	9570997		163
锦　州	34835[illegible]	34835887	3332179	31503708		
营　口	22142[illegible]	22141964	4651484	17489980	500	49
阜　新	10449[illegible]	10449279	1741282	8707998		
辽　阳	11862[illegible]	11862899	1800959	10061941		21
盘　锦	15018[illegible]	15018291	2051001	12967145	145	54
铁　岭	8355[illegible]	8355620	2627521	5728099		1
朝　阳	1163[illegible]	11637542	3037918	8599624		
葫芦岛	1527[illegible]	15278327	4538107	10740219		410

主要统计指标解释

信贷资金 国家银行用于发放贷款的资金叫信贷资金。中国人民银行信贷资金的来源有各项存款、对国际金融机构负债、流通中货币、银行自有资金及当年结益等。信贷资金的运用有各项贷款、黄金占款、外汇占款、财政借款及在国际金融机构中的资产等。

存款 企业、机关、团体或居民根据可以收回的原则，把货币资金存入银行或其他信用机构保管并取得一定利息的一种信用活动形式。根据存款对象的不同可划分为企业存款、财政存款、机关团体存款、基本建设存款、城镇储蓄存款、农村存款等科目。它是银行信贷资金的主要来源。

贷款 银行或其他信用机构根据必须归还的原则，按一定利率，为企业、个人等提供资金的一种信用活动形式。我国银行贷款，分流动资金贷款、固定资产贷款、城乡个体工商户贷款以及农户贷款等科目。

二十一、服务业

Chapter 21 Service

资料整理：李中杰　曹铁耀

21-1 分地区规模以上服务业企业主要财务指标

(2022年)

单位：万元

地　区	企业单位数(个)	营业收入	营业成本	税金及附加	销售费用、管理费用、研发费用、财务费用合计
全　省	**44[illegible]**	**54698394.4**	**48706019.8**	**348954.2**	**8104653.1**
沈　阳	14[illegible]	19900329.3	18519519.3	116735.3	3141673.3
大　连	14[illegible]	19687581.7	17165533.9	117241.1	2822726.2
鞍　山	2[illegible]	4027148.4	3630624.9	21887.6	418465.5
抚　顺	1[illegible]	729421.2	600827.4	5101.5	126706.2
本　溪	[illegible]	539090.5	459973.7	3362.8	133177.4
丹　东	1[illegible]	729882.6	593818.7	20037.8	183740.2
锦　州	1[illegible]	1375736.1	1140673.0	12267.9	201786.3
营　口	2[illegible]	3293964.8	2848909.6	19554.0	390887.1
阜　新	[illegible]	344405.8	283699.0	2185.3	83251.0
辽　阳	[illegible]	669854.6	587359.3	7894.7	101297.8
盘　锦	[illegible]	1402896.3	1191575.0	14625.1	218739.9
铁　岭	[illegible]	537013.4	454099.0	2172.7	69665.0
朝　阳	[illegible]	872742.0	750291.0	3203.5	92737.1
葫芦岛	[illegible]	588327.7	479116.0	2684.9	119800.1

21-1 续表

(2022年)

单位：万元

地　区	营业利润	利润总额	应付职工薪酬	应交增值税	期末用工人数(人)
全　省	**-2062[illegible].2**	**31536.6**	**12028126.2**	**1051390.4**	**971959**
沈　阳	-18072[illegible].6	-1783896.2	6090512.7	399741.2	435216
大　连	7535[illegible].7	872170.8	3653799.2	368188.8	280076
鞍　山	9288[illegible].2	986323.5	366745.0	56846.6	37960
抚　顺	124[illegible].9	-16422.7	163504.5	21727.8	17581
本　溪	639[illegible].3	64247.8	139224.3	11876.5	14410
丹　东	-715[illegible].1	-58103.3	193633.2	13086.5	24397
锦　州	46[illegible].0	51985.1	194169.1	26630.8	20855
营　口	-47[illegible].8	-40216.9	381962.5	50224.5	41229
阜　新	-20[illegible].2	-20574.1	74809.2	5708.5	8734
辽　阳	-19[illegible].9	14079.2	133102.4	21048.6	16357
盘　锦	-2[illegible].4	-4155.6	262519.5	30269.7	29249
铁　岭	20[illegible].7	23373.5	106945.0	17177.3	10396
朝　阳	30[illegible].5	32238.6	143773.7	17911.1	20434
葫芦岛	-93[illegible]4.5	-89513.1	123425.9	10952.5	15065

21-2 按企业性质分规模以上服务业企业主要财务指标

(2022年)

单位：万元

登记注册类型	企业单位数(个)	营业收入	营业成本	税金及附加	销售费用、管理费用、研发费用、财务费用合计
总　计	**4404**	**54698394.4**	**48706019.8**	**348954.2**	**8104653.1**
内资企业	4139	49449399.5	45522183.8	293599.8	6953389.1
国有企业	268	5792547.2	5107326.4	25474.6	583422.4
集体企业	25	63946.3	43682.4	535.4	14756.7
股份合作企业	9	49746.8	43141.9	347.5	5506.0
联营企业	4	24374.1	20331.0	163.8	1574.1
有限责任公司	1282	25401519.5	25153684.4	172716.9	3715899.6
国有独资公司	246	3129837.2	2823114.1	55235.2	738097.4
其他有限责任公司	1036	22271682.3	22330570.3	117481.7	2977802.2
股份有限公司	100	2815661.3	2248733.2	15417.9	446182.1
私营企业	2404	15053337.8	12706109.7	78808.3	2132826.2
私营独资企业	79	286460.4	238458.5	1656.1	54410.1
私营合伙企业	32	120241.9	51542.5	1399.5	52853.2
私营有限责任公司	2238	14226777.8	12089337.1	73045.6	1943385.3
私营股份有限公司	55	419857.7	326771.6	2707.1	82177.6
其他企业	47	248266.5	199174.8	135.4	53222.0
港、澳、台商投资企业	111	2104566.5	1520406.3	32322.2	379844.7
#与港澳台商合资经营企业	38	451725.2	389408.6	3941.5	65035.0
港澳台商独资经营企业	66	1618555.2	1111124.1	26134.2	304493.3
外商投资企业	154	3144428.4	1663429.7	23032.2	771419.3
#中外合资经营企业	38	371281.3	248927.2	5022.6	77994.1
外资企业	110	2676956.3	1345066.6	17491.5	672565.8

21-2 续表 (2022年) 单位：万元

登记注册类型	营业利润	利润总额	应付职工薪酬	应交增值税	期末用工人数(人)
总　计	**-206289.2**	**31536.6**	**12028126.2**	**1051390.4**	**971959**
内资企业	-1076629.6	-841469.6	10635300.6	975243.3	881512
国有企业	160396.7	211547.0	952398.6	87529.0	72432
集体企业	5061.7	7363.5	13795.5	1748.6	2036
股份合作企业	968.0	940.2	14480.8	653.6	1159
联营企业	2465.6	2467.0	18155.1	1164.3	1354
有限责任公司	-1619005.3	-1561303.3	6998423.9	555657.9	494277
国有独资公司	631958.9	679476.0	981376.8	95146.6	90350
其他有限责任公司	-2250964.2	-2240779.3	6017047.1	460511.3	403927
股份有限公司	187886.5	222867.8	559437.4	63197.9	39421
私营企业	188119.7	276043.8	1988475.7	264077.3	262573
私营独资企业	-7830.7	-7226.7	48847.9	5900.2	7770
私营合伙企业	14575.5	13180.7	25303.5	4789.6	2725
私营有限责任公司	165603.1	246750.3	1811509.6	241834.4	242002
私营股份有限公司	15771.8	23339.5	102814.7	11553.1	10076
其他企业	-2522.5	-1395.6	90133.6	1214.7	8260
港、澳、台商投资企业	166734.0	174884.2	429552.5	28658.6	27744
#与港澳台商合资经营企业	-6354.3	5691.7	79994.5	8368.5	6893
港澳台商独资经营企业	170585.4	166640.8	339748.4	19358.7	18159
外商投资企业	703606.4	698122.0	963273.1	47488.5	62703
#中外合资经营企业	52916.0	53410.4	86402.2	6309.0	5790
外资企业	647930.8	640695.5	852643.6	36172.4	54774

21-3 按行业分规模以上服务业企业主要财务指标

(2022年)

单位:万元

行业	企业单位数(个)	营业收入	营业成本	税金及附加	销售费用、管理费用、研发费用、财务费用合计
总计	**4404**	**54698394.4**	**48706019.8**	**348954.2**	**8104653.1**
铁路运输业	10	6023227.0	7880397.9	4715.4	454906.1
道路运输业	564	5195757.8	4612762.4	26493.9	1069461.9
水上运输业	58	4649009.1	4276229.8	43838.3	573967.5
航空运输业	13	298270.4	422519.6	6322.0	63883.7
管道运输业	1	11491.4	9778.9	141.6	1764.5
多式联运和运输代理业	331	5425563.3	5184342.0	5817.9	214162.2
装卸搬运和仓储业	188	2806661.8	2348451.4	28220.3	352979.1
邮政业	30	1193254.4	1065780.6	3876.5	84826.6
电信、广播电视和卫星传输服务	99	4976146.8	3558950.2	16333.9	562029.7
互联网和相关服务	44	628984.7	537659.2	1505.9	68358.8
软件和信息技术服务业	276	3806167.3	2529873.3	18427.3	974573.0
房地产业	477	2140820.9	1506008.9	65438.8	577971.6
#物业管理	308	1328566.3	1019587.3	8174.4	245328.2
地产中介服务	28	142677.6	116459.9	515.4	29156.2
房地产租赁经营	138	654362.6	358482.1	56610.0	296984.2
其他房地产业	3	15214.4	11479.6	139.0	6503.0
租赁业	45	176963.2	169567.7	2590.3	43741.4
商务服务业	988	8612420.5	7601431.9	65623.7	1238481.7
研究和试验发展	33	278950.7	185073.0	2739.6	81416.7
专业技术服务业	413	3387744.2	3292331.2	18458.2	600821.0
科技推广和应用服务业	55	732460.6	305366.2	3880.6	94604.2
水利管理业	12	231003.8	128449.6	8206.3	55450.3
生态保护和环境治理业	19	124146.8	104474.9	1301.5	31480.9
公共设施管理业	87	505423.6	371849.9	3739.8	129017.8
土地管理业	1	30959.7	24828.3	2652.8	5085.3
居民服务业	115	374884.0	252865.4	4041.0	104662.4
机动车、电子产品和日用产品修理业	47	72716.8	53711.6	317.3	16842.8
其他服务业	20	34243.5	28928.0	121.0	7057.7
教育	54	205625.3	119000.7	732.5	70714.7
卫生	188	2109155.6	1658747.4	2471.7	332434.9
社会工作	7	6996.0	9298.3	2.5	3932.3
新闻和出版业	45	280777.2	201301.6	2328.9	97445.6
广播、电视、电影和影视录音制作业	75	174107.7	107349.3	2270.3	83895.9
文化艺术业	30	36671.0	23516.1	1140.0	19812.6
体育	11	50590.5	49244.9	1157.9	12342.6
娱乐业	68	117198.8	85929.6	4046.5	76527.6

注：自2017年起,铁路运输业包括中国铁路沈阳局集团有限公司(原沈阳铁路局)数据。

21-3 续表 (2022年) 单位:万元

行　业	营业利润	利润总额	应付职工薪酬	应交增值税	期末用工人数(人)
总　计	**-206289.2**	**31536.6**	**12028126.2**	**1051390.4**	**971959**
铁路运输业	-2273755.4	-2319130.3	3543984.5	123178.6	179309
道路运输业	-429080.0	-347366.0	865019.4	126198.7	99798
水上运输业	-185017.9	-187084.7	344224.9	40857.3	17413
航空运输业	-184820.1	-183551.0	168834.6	8305.4	9916
管道运输业	-2148.8	-34538.3	2507.6	272.0	133
多式联运和运输代理业	46254.8	84526.6	243484.5	24240.7	14187
装卸搬运和仓储业	72243.9	80527.6	312423.1	49050.5	25267
邮政业	44028.5	39903.2	223084.3	5731.0	19446
电信、广播电视和卫星传输服务	795955.5	787041.2	671738.8	100165.2	42360
互联网和相关服务	28149.1	29624.5	33978.5	25946.7	2830
软件和信息技术服务业	339023.9	354975.4	1448698.7	81345.3	96926
房地产业	26741.2	54446.8	551810.2	86249.5	85410
#物业管理	64641.9	68856.8	420857.8	53721.6	73915
地产中介服务	-5287.7	-5322.6	45291.1	3828.8	4680
房地产租赁经营	-29651.2	-6072.8	77687.1	28538.2	6056
其他房地产业	-2961.8	-3014.6	7974.2	160.9	759
租赁业	-29346.9	574.0	23920.7	14311.0	2109
商务服务业	878884.1	933403.3	1363676.0	174772.9	177525
研究和试验发展	27799.0	34016.6	70500.4	4165.6	3226
专业技术服务业	224877.0	232121.6	850762.1	98259.4	51123
科技推广和应用服务业	332956.5	332412.3	66159.4	22811.7	5009
水利管理业	44213.2	45759.6	29799.8	972.2	1746
生态保护和环境治理业	-11982.4	-7647.9	25628.2	2521.7	1994
公共设施管理业	3351.5	12999.2	196058.9	17241.5	41738
土地管理业	-1606.7	-1915.5	560.6	4285.4	128
居民服务业	14175.8	13121.4	62610.4	7715.6	8326
机动车、电子产品和日用产品修理业	2172.8	2128.3	10052.6	2234.2	1580
其他服务业	-1880.6	-1408.1	13536.7	1935.9	4175
教育	17556.6	16719.4	88360.3	5195.1	7992
卫生	121393.0	120152.2	594566.7	4633.4	54298
社会工作	-6180.2	-3421.8	3675.1	85.9	636
新闻和出版业	-16587.3	21121.8	85631.0	5629.6	5267
广播、电视、电影和影视录音制作业	-15829.7	-13647.7	60235.4	3975.1	5590
文化艺术业	-5811.9	-5356.4	12492.1	758.9	1667
体育	-22554.5	-22630.7	29086.9	2223.1	795
娱乐业	-39463.2	-36340.0	31023.8	6121.3	4040

主要统计指标解释

规模以上服务业 指年营业收入达到一定规模标准的法人单位。其中，交通运输、仓储和邮政业，信息传输、软件和信息技术服务业，水利、环境和公共设施管理业三个门类和卫生行业大类为年营业收入 2000 万元及以上；租赁和商务服务业，科学研究和技术服务业，教育三个门类，以及物业管理、房地产中介服务、房地产租赁经营和其他房地产业四个行业小类为年营业收入 1000 万元及以上；居民服务、修理和其他服务业，文化、体育和娱乐业两个门类，以及社会工作行业大类为年营业收入 500 万元及以上。

二十二、教育和科技

Chapter 22 Education, Science and Technology

资料整理　唐　程　董保国

22-1 教育事业基本情况

指　标	2011年	2012年	2013年	2014年	2015年	2016年
学 校 数(所)	**16399**	**16009**	**16414**	**16474**	**16201**	**16526**
一、高等教育	148	148	149	144	144	144
研究生培养机构	47(14)	50(14)	51(14)	45(8)	45(8)	45(8)
普通、职业高等学校	112	112	115	116	116	116
成人高等学校	22	22	20	20	20	20
二、高中阶段教育	761	734	727	855	702	699
普通高中	422	417	416	415	412	412
中等职业学校						
三、义务教育	6829	6460	6277	6036	5824	5550
普通初中	1637	1607	1572	1533	1517	1521
小学	5118	4779	4631	4429	4234	3954
特殊教育学校	74	74	74	74	73	75
四、学前教育	8661	8667	9261	9439	9531	10133
幼儿园	8661	8667	9261	9439	9531	10133
专 任 教 师(人)	**418452**	**425081**	**427101**	**441753**	**439674**	**445538**
一、高等教育	61334	62972	65127	66604	67478	66711
普通、职业高等学校	58742	60502	62706	64246	65179	64946
成人高等学校	2592	2470	2421	2358	2299	1765
二、高中阶段教育	67766	68933	69070	78204	70465	71196
普通高中	45965	47276	48320	48924	50054	50630
中等职业教育						
三、义务教育	248905	247683	244038	241986	240882	241469
普通初中	101483	101083	99362	98888	98838	98960
小学	145457	144633	142656	141049	140002	140400
特殊教育	1965	1967	2020	2049	2042	2109
四、学前教育	40447	45493	48866	54959	60849	66162
幼儿园	40447	45493	48866	54959	60849	66162
招 生 数(人)	**1856324**	**1791557**	**1797707**	**1748137**	**1665053**	**1640326**
一、高等教育	382750	395836	405010	388058	368659	363597
研究生	30615	31917	32824	31240	32970	33704
博士	2863	2930	2959	2656	2699	2762
硕士	27752	28987	29865	28584	30271	30942
普通、职业高等教育	263843	275676	282103	284838	274148	266074
本科	165587	174209	180758	185716	171243	171363
专科	98256	101467	101345	99122	102905	94711
成人高等教育	88292	88243	90083	71980	61541	63819
本科	33395	32839	31338	33175	29777	31246
专科	54897	55404	58745	38805	31764	32573
二、高中阶段教育	370734	349713	340925	339647	320971	324081
普通高中	236157	228358	222938	208916	209790	212049
中等职业教育						
三、义务教育	748139	723319	709662	689434	631206	634073
普通初中	376932	369357	358177	356709	304681	319219
小学	370138	353057	350633	331754	325478	313496
特殊教育	1069	905	852	971	1047	1358
四、学前教育	354701	322689	342110	330998	344217	318575
幼儿园	354701	322689	342110	330998	344217	318575

注：研究生培养机构分为高校和科研机构两部分，括号内表示的是科研机构数，可培养研究生的高校在普通高校里已经统计过，因此加总时不再计算。

22-1 续表 1

指　　标	2011年	2012年	2013年	2014年	2015年	2016年
在 校 学 生(人)	**6541458**	**6440842**	**6271306**	**6260553**	**6154904**	**6079558**
一、高等教育	1186282	1231943	1274264	1287377	1262975	1246612
研究生	87078	90061	93189	92575	94387	99083
博士	12917	13253	13848	13305	13748	14545
硕士	74161	76808	79341	79270	80639	84538
普通、职业高等教育	902231	934078	968034	998281	1005650	998719
本科	624546	645816	675819	705124	710863	710581
专科	277685	288262	292215	293157	294787	288138
成人高等教育	196973	207804	213041	196521	162938	148810
本科	77196	80737	81634	82035	78577	77151
专科	119777	127067	131407	114486	84361	71659
二、高中阶段教育	1120209	1076534	1031372	1050631	960098	943951
普通高中	712632	695933	681460	652613	634787	625066
中等职业教育						
三、义务教育	3373006	3272873	3109523	3048614	3021001	2976275
普通初中	1195997	1134585	1057488	1055661	1012944	978298
小学	2168074	2129695	2044058	1984633	1999564	1988681
特殊教育	8935	8593	7977	8320	8493	9296
四、学前教育	861961	859492	856147	873931	910830	912720
幼儿园	861961	859492	856147	873931	910830	912720
毕 业 生 数(人)	**1794656**	**1776321**	**1751284**	**1710419**	**1641408**	**1644858**
一、高等教育	337244	334979	348911	359205	377262	365037
研究生	24178	27110	28780	28815	30011	27760
博士	1990	2075	2243	1853	1729	1845
硕士	22188	25035	26537	26962	28282	25915
普通、职业高等教育	236341	235984	241049	247510	258296	263530
本科	140017	147471	146687	152303	160236	165815
专科	96324	88513	94362	95207	98060	97679
成人高等教育	76725	71885	79082	82880	88955	73747
本科	30912	26711	28631	31039	31132	31080
专科	45813	45174	50451	51841	57823	42667
二、高中阶段教育	376031	369270	359393	370325	331017	322747
普通高中	233805	237962	231626	231520	223546	216098
中等职业教育						
三、义务教育	814048	782898	752689	693601	643376	667996
普通初中	435895	410708	386556	335469	337313	347100
小学	377227	371386	365054	357346	305116	319861
特殊教育	926	804	1079	786	947	1035
四、学前教育	267333	289174	290291	287288	289753	289078
幼儿园	267333	289174	290291	287288	289753	289078
每一教师负担学生数(人)						
普通、职业高等学校	17.7	17.2	17.7	17.7	17.8	17.5
小 学	14.9	14.7	14.3	14.1	14.3	14.2

22-1 续表 2

指　　标	2017年	2018年	2019年	2020年	2021年	2022年
学 校 数(所)	**16274**	**15807**	**15310**	**14733**	**14325**	**13733**
一、高等教育	142	142	141	140	140	140
研究生培养机构	45(8)	45(8)	45(8)	45(8)	45(8)	45(8)
普通、职业高等学校	115	115	115	114	114	114
成人高等学校	19	19	18	18	18	18
二、高中阶段教育	706	694	689	692	697	701
普通高中	418	414	420	425	431	434
中等职业学校					266	267
三、义务教育	5231	4881	4577	4,431	4215	4073
普通初中	1522	1522	1518	1518	1528	1532
小学	3634	3280	2976	2827	2601	2455
特殊教育学校	75	79	83	86	86	86
四、学前教育	10195	10090	9903	9470	9273	8819
幼儿园	10195	10090	9903	9470	9273	8819
专 任 教 师(人)	**447756**	**446029**	**450723**	**451336**	**452621**	**454263**
一、高等教育	64515	63882	64346	65209	63557	65414
普通、职业高等学校	63157	62535	63149	64045	62612	64439
成人高等学校	1358	1347	1197	1164	945	975
二、高中阶段教育	71928	71622	71531	71323	73206	73870
普通高中	51346	51811	52378	52434	53745	54275
中等职业教育					19461	19595
三、义务教育	241736	238016	239198	238885	242845	242001
普通初中	99482	98947	99648	98857	99927	99425
小学	140206	136984	137349	137743	140647	140268
特殊教育	2048	2085	2201	2285	2271	2308
四、学前教育	69577	72509	75648	75919	73013	72978
幼儿园	69577	72509	75648	75919	73013	72978
招 生 数(人)	**1649815**	**1623717**	**1757568**	**1778623**	**1680546**	**1667434**
一、高等教育	364651	385522	483704	526526	486930	545723
研究生	39439	41424	44359	53727	56495	58776
博士	2929	3185	3491	3772	4128	4513
硕士	36510	38239	40868	49955	52367	54263
普通、职业高等教育	261115	268034	344051	362687	306351	329633
本科	171995	174056	175395	187834	191474	206283
专科	89120	93978	168656	174853	114877	123350
成人高等教育	64097	76064	95294	110112	124084	157314
本科	29923	38802	46182	59723	73824	90837
专科	34174	37262	49112	50389	50260	66477
二、高中阶段教育	317065	271634	289195	299517	298324	305191
普通高中	213683	191108	203043	205370	205136	211826
中等职业教育					93188	93365
三、义务教育	643476	672845	686778	677365	652588	615527
普通初中	341100	329132	345116	327531	321558	311212
小学	300722	342134	339683	347196	330008	303468
特殊教育	1654	1579	1979	2638	2280	2041
四、学前教育	324623	293716	297891	275215	242704	200993
幼儿园	324623	293716	297891	275215	242704	200993

22-1 续表 3

指　　标	2017年	2018年	2019年	2020年	2021年	2022年
在 校 学 生(人)	**6055099**	**6002118**	**6120517**	**6208809**	**6317024**	**6309800**
一、高等教育	1236493	1242077	1360446	1512937	1592210	1662326
研究生	107524	116520	126864	141959	156925	172259
博士	15366	15853	16831	17296	17838	19276
硕士	92158	100667	110033	124663	139087	152983
普通、职业高等教育	980995	963208	1041144	1140799	1178402	1180201
本科	702417	692619	696797	712090	731065	756349
专科	278578	270589	344347	428709	447337	423852
成人高等教育	147974	162349	192438	230179	256883	309866
本科	75384	84902	99953	124994	152319	188066
专科	72590	77447	92485	105185	104564	121800
二、高中阶段教育	944008	894649	866632	850754	877328	894838
普通高中	629623	608554	601543	594265	609690	618553
中等职业教育					267638	276285
三、义务教育	2920651	2951977	2978374	2985032	2975848	2934227
普通初中	963450	985317	1014597	1002283	993434	960797
小学	1945975	1954825	1950513	1967439	1973326	1964323
特殊教育	11226	11835	13264	15310	16242	16255
四、学前教育	953947	913415	915065	860086	871638	818409
幼儿园	953947	913415	915065	860086	871638	818409
毕 业 生 数(人)	**1643567**	**1609513**	**1627738**	**1663786**	**1588485**	**1676734**
一、高等教育	360322	366297	353103	361628	391116	461839
研究生	29767	31039	33111	36925	39634	42505
博士	1787	2022	2240	2396	2420	2776
硕士	27980	29017	30871	34529	37214	39729
普通、职业高等教育	268767	275875	257106	255997	258326	318591
本科	174113	177461	165262	168423	166638	177447
专科	94654	98414	91844	87574	91688	141144
成人高等教育	61788	59383	62886	68706	93156	100743
本科	30451	28281	30377	33152	44711	53373
专科	31337	31102	32509	35554	48445	47370
二、高中阶段教育	298550	305100	306673	306673	262901	278202
普通高中	202502	206402	206749	208722	187630	200196
中等职业教育					75271	78006
三、义务教育	694288	633769	663013	669554	653265	657052
普通初中	351861	302287	315612	339121	328864	343951
小学	341438	329880	345630	328314	323173	312012
特殊教育	989	1602	1771	2119	2249	2214
四、学前教育	290407	304347	304949	325931	281203	279641
幼儿园	290407	304347	304949	325931	281203	279641
每一教师负担学生数(人)						
普通、职业高等学校	17.7	17.5	18.8	19.9	19.7	19.7
小 学	13.9	14.3	14.2	14.3	14.0	14.0

22-2 各级各类学校情况

年份	普通高等学校	中等职业学校	中等专业学校	#中等师范学校	普通中学	农业中学职业中学	小学	幼儿园	特殊教育
一、学校个数(个)									
1986	64		160	31	2507	750	15762	7177	35
1987	64		163	31	2517	734	15729	6672	38
1988	63		169	32	2509	681	15732	11416	46
1989	63		167	31	2499	653	15679	8633	48
1990	63		166	31	2489	618	15630	9714	51
1991	62		167	31	2478	613	15540	9300	53
1992	61		165	30	2457	598	15230	9372	52
1993	61		166	30	2433	608	14805	12536	53
1994	61		165	30	2448	606	14655	10923	52
1995	61		171	30	2459	594	14594	11220	50
1996	61		173	29	2447	561	14464	9945	51
1997	62		174	30	2434	537	14386	10176	53
1998	61		170	26	2444	523	14084	9899	52
1999	64		151	12	2429	450	13748	9935	52
2000	58		133	9	2401	383	13356	9990	50
2001	61		119	5	2376	333	12739	6913	73
2002	66		137	5	2362	340	12161	6639	75
2003	69		130	5	2341	298	11339	7033	75
2004	70		127	4	2317	309	10281	6891	75
2005	75		125	4	2274	285	9311	7069	74
2006	77		127	4	2237	274	8434	7071	74
2007	78		133	4	2181	252	7670	7229	75
2008	83		128	4	2142	237	6987	7492	75
2009	107		125	4	2112	224	6037	7374	75
2010	112		125	4	2076	214	5523	8613	74
2011	112		121	4	2059	217	5118	8661	74
2012	112		124	4	2024	192	4779	8667	74
2013	115		120	2	1988	190	4631	9261	74
2014	116		112	2	1948	183	4429	9439	74
2015	116		108	2	1929	181	4234	9531	73
2016	116		106	2	1933	180	3954	10133	75
2017	115		105	3	1940	182	3634	10195	75
2018	115		105	3	1936	175	3280	10090	79
2019	115		103	3	1938	166	2976	9903	83
2020	114		102	3	1943	165	2827	9470	86
2021	114	266		3	1959		2601	9273	86
2022	114	267		3	1966		2455	8819	86
二、教职工数(人)									
1986	52404		22437	4052	170815	18218	233434	64637	1169
1987	54572		23448	4577	176662	20075	235433	69138	1208
1988	56047		24981	4656	181151	20998	241978	88908	1364
1989	58438		24885	4926	182481	20918	246153	81554	1431
1990	57825		25143	5049	184851	20920	249322	77645	1551
1991	58277		24832	4869	187373	21253	248415	78709	1686

22-2 续表 1

年份	普通高等学校	中等职业学校	中等专业学校		普通中学	农业中学职业中学	小学	幼儿园	特殊教育
				#中等师范学校					
1992	59008		25295	4904	189663	20774	248454	82566	1775
1993	59138		25492	4973	186545	21518	239700	83082	1876
1994	58687		25429	5029	184758	21266	237673	71633	2056
1995	58455		25757	5044	189553	22979	237981	69346	1847
1996	57727		25935	4785	189329	21597	235189	64877	1907
1997	57359		25368	4424	188057	22068	233770	62089	1882
1998	58078		24387	3681	175632	20291	224535	56463	2012
1999	59590		22602	1984	175820	19443	222460	54582	1891
2000	61707		18651	1457	175455	17858	216677	52422	1911
2001	65237		16211	719	178162	16974	211684	39271	2375
2002	69667		16560	622	177547	17104	205229	39592	2457
2003	75632		15615	627	179521	20123	199829	42852	2474
2004	79093		15062	423	180225	20480	194973	45983	2563
2005	82816		15052	422	180016	20833	190548	48558	2565
2006	84535		15658	639	177916	20683	180474	50258	2589
2007	87215		16789	536	177652	18464	176929	52539	2598
2008	89848		16437	541	178899	17746	173159	56110	2646
2009	91974		16935	535	180483	16740	170584	59595	2658
2010	93183		16096	560	180343	16080	167199	78647	2682
2011	94834		15664	525	182269	15896	164991	64742	2642
2012	96584		15840	501	182553	14903	163205	71829	2648
2013	97536		14847	304	180436	14119	162234	77888	2657
2014	97927		14299	294	179522	13911	160104	88145	2764
2015	97924		14551	283	179642	13111	158311	98455	2741
2016	98546		14285	268	178577	13105	157058	108441	2797
2017	97806		14046	398	177856	12919	155761	114466	2717
2018	97176		14085	364	177813	12429	152656	120634	2775
2019	98099		13402	350	179195	12202	152714	127938	2903
2020	97912		13098	337	178378	12059	152990	129559	3022
2021	97034	25364		353	207975		129495	137739	3098
2022	97619	25381		365	207660		128252	138328	3109
三、教师数(人)									
1986	21196		9586	2060	117852	11417	195086	33925	742
1987	21963		10114	2264	123376	12645	197593	34294	790
1988	22640		11466	2495	129309	13195	206399	37070	884
1989	23933		11587	2545	130884	13091	209873	44427	964
1990	23292		11633	2665	132769	13067	212196	42776	1061
1991	23384		11703	2642	135487	13464	211353	43835	1152
1992	23503		11856	2686	137044	13045	210141	49473	1257
1993	23575		12003	2661	135397	13336	201664	48909	1254
1994	23530		12129	2735	135499	13429	202349	43828	1378
1995	23400		12378	2730	137185	13765	198815	44598	1326
1996	23079		12502	2592	139660	13561	198408	43103	1369
1997	23109		12435	2367	140643	13915	197347	42274	1334
1998	23394		12282	2059	138546	13983	192539	38981	1398
1999	25179		11286	1103	139497	13691	191011	37881	1357

22-2 续表 2

年 份	普通高等学校	中等职业学校	中等专业学校	#中等师范学校	普通中学	农业中学职业中学	小 学	幼儿园	特殊教育
2000	27508		9285	795	139731	12517	185884	36383	1399
2001	30364		8441	391	142503	11875	181444	22801	1743
2002	33819		8742	337	142232	11798	175549	23521	1829
2003	38086		8521	349	144016	13453	170947	24946	1854
2004	40697		8472	257	144608	13718	167203	26937	1927
2005	43960		8728	259	144647	14031	163589	28594	1903
2006	46816		9230	401	143219	13932	155848	29818	1948
2007	50344		10492	354	143532	12432	153693	31217	2012
2008	53495		10407	360	143922	12057	151039	33604	2064
2009	55835		10916	359	145118	11279	149711	35901	2095
2010	57404		10546	381	145358	10983	146922	45437	2147
2011	58742		10390	362	147448	11021	145457	40447	1965
2012	60502		10864	391	148359	10387	144633	45493	1967
2013	62706		10397	236	147682	9954	142656	48866	2020
2014	64246		10280	232	147812	9910	141049	54959	2049
2015	65179		10541	207	148892	9473	140002	60849	2042
2016	64946		10480	202	149590	9671	140400	66162	2109
2017	63157		10480	300	150828	9707	140206	69577	2048
2018	62535		10434	291	150758	9377	136984	72509	2085
2019	63149		10123	266	152026	9030	137349	75648	2201
2020	64045		9956	261	151291	8933	137743	75919	2285
2021	62612	19641		280	153672		140647	73013	2271
2022	64439	19595		295	153700		140268	72978	2308
四、在校学生数(人)									
1986	107434		81860	26526	2014999	149910	4189324	928257	3446
1987	112652		89384	30526	2048761	137783	4107393	937057	3617
1988	120510		97540	31018	1962214	146140	4082650	1270266	3958
1989	122543		102879	28894	1830394	147422	4126831	976651	4065
1990	123314		103902	28442	1810876	149780	4073374	936852	4468
1991	124777		104269	28888	1887654	151572	3915360	1037576	4769
1992	134671		110011	29447	1969532	155112	3736363	1134184	5089
1993	155554		124707	32019	1911632	155231	3686796	1257278	5100
1994	171284		133067	33162	1922132	167876	3750611	1090474	5186
1995	179412		140870	32182	2008338	182984	3751941	1021123	5050
1996	182684		143911	27537	2029776	185244	3790718	936111	4815
1997	188159		149730	24426	1950241	195742	3886760	879987	4870
1998	199223		155459	23723	1884915	207315	3829655	853886	4882
1999	235819		156847	18872	1961673	194860	3666131	838133	4837
2000	297710		148905	16845	2167017	170517	3444172	835542	4933
2001	372336		143044	7949	2323395	154398	3230517	726634	8590
2002	450536		151810	2857	2398928	164241	3061398	667930	8926
2003	514191		173347	4006	2410745	186817	2891925	675118	8429
2004	583465		208597	4233	2360549	197555	2794330	673088	8539
2005	659351		220233	4438	2314498	201774	2666155	685587	8296
2006	720548		209940	4596	2268575	218446	2546811	715301	8300
2007	777758		202506	3921	2220860	227583	2452598	725300	8742

22-2 续表 3

年 份	普通高等学校	中等职业学校	中等专业学校		普通中学	农业中学职业中学	小 学	幼儿园	特殊教育
				#中等师范学校					
2008	820374		206802	3464	2161725	230088	2367350	740804	8972
2009	852354		204307	3178	2077827	216180	2255977	779370	8776
2010	880247		203438	3105	1987738	197993	2182522	834469	8921
2011	902231		193828	2727	1908629	184869	2168074	861961	8935
2012	934078		194753	2415	1830518	157402	2129695	859492	8593
2013	968034		183128	1706	1738948	138493	2044058	856147	7977
2014	998281		173253	1396	1708274	130478	1984633	873931	8320
2015	1005650		169151	1256	1647731	126234	1999564	910830	8493
2016	998719		163959	1208	1603364	124360	1988681	912720	9296
2017	980995		160249	2963	1593073	128586	1945975	953947	11226
2018	963208		151843	3089	1593871	118664	1954825	913415	11835
2019	1041144		146811	3289	1616140	112344	1950513	915065	13264
2020	1140799		144528	3309	1596548	111486	1967439	860086	15310
2021	1178402	267638		3274	1603124		1973326	871638	16242
2022	1180201	276285		3170	1579350		1964323	818409	16255
五、招生数(人)									
1986	32827		33191	11544	715455	69237	748948		690
1987	34756		34311	10929	683593	57539	669707		757
1988	38398		36156	10388	657379	59625	674101		1012
1989	35149		31655	8539	610627	59407	710199		635
1990	35102		30047	8911	629468	55550	596030		975
1991	36094		33803	9101	696406	58782	523096	498215	836
1992	45129		39517	10232	721178	60251	559753	596844	768
1993	55071		44226	10398	653170	60781	652210	689042	705
1994	52183		43849	9637	690513	68753	750424		750
1995	53310		43821	7957	756666	67881	703538	607336	715
1996	55048		41930	6385	660620	61469	643884	564749	766
1997	56373		47282	7732	600728	74485	611404	527969	721
1998	60302		45681	7290	668295	75897	512002	502367	693
1999	87851		42839	3523	755550	56341	503795	481840	609
2000	110211		30399	3743	830026	50470	508907	483092	576
2001	127577		37222	2303	817663	52691	484661	440299	913
2002	151116		56814	1376	812406	63208	463091	394029	1082
2003	163802		73948	1708	820180	72508	432650	376388	803
2004	184473		78223	1582	766071	66032	416143	358325	738
2005	210495		83121	1446	761646	73151	379941	344990	698
2006	220608		70802	1341	763321	94223	388660	344455	753
2007	234466		67808	1152	711588	88520	395108	339963	986
2008	252385		74434	1049	702791	78835	393197	333416	746
2009	245312		72651	1073	676153	72557	337183	340807	846
2010	252234		68279	1069	637545	64558	348465	352199	688
2011	263843		61592	848	613089	62942	370138	354701	1069
2012	275676		62561	726	597895	48218	353057	322689	905
2013	282103		60734	459	581115	47008	350633	342110	852
2014	284838		58438	451	565625	39381	331754	330998	971
2015	274148		59560	383	514471	41723	325478	344217	1047

22-2 续表 4

年份	普通高等学校	中等职业学校	中等专业学校	#中等师范学校	普通中学	农业中学职业中学	小学	幼儿园	特殊教育
2016	266074		57107	404	531268	45023	313496	318575	1358
2017	261115		53810	1183	554783	44101	300722	324623	1654
2018	268034		46312	1102	520240	33734	342134	293716	1579
2019	344051		48202	1128	548159	37950	339683	297891	1979
2020	362687		51143	1169	532901	43004	347196	275215	2638
2021	306351	93188		1074	526694		330008	242704	2280
2022	329633	93365		1023	523038		303468	200993	2041
六、毕业生数(人)									
1986	20583		22752	6138	494658	43709	704016		459
1987	29394		26932	7019	522777	54614	680861		405
1988	31552		28004	9724	587835	42195	637753		471
1989	32708		26326	10882	572508	47204	593257		429
1990	33768		29716	9400	550359	45627	591654		377
1991	33530		33223	8484	538346	49550	660343	415665	419
1992	35208		33377	9564	540132	50882	685996	516460	439
1993	33615		30449	7821	542163	50122	630759	650232	330
1994	35923		30362	8588	575786	49965	636786		478
1995	44072		33966	9304	601421	51246	672482		522
1996	51068		37503	11093	573876	57709	576164		543
1997	49591		40340	10497	626046	63502	500252		513
1998	47557		37850	7721	686541	66788	555892		527
1999	49964		40100	7158	618065	60060	644042		551
2000	49834		35843	5921	551157	70175	722325		467
2001	60271		42499	4825	581476	66852	679852	379010	883
2002	72791		42856	559	666377	53324	622536	366891	871
2003	98908		47479	1964	740994	48605	595278	350428	790
2004	115889		39344	715	752884	50831	511757	324423	878
2005	144984		58457	1045	757448	61219	499069	299493	971
2006	154970		60828	1451	766410	62835	506789	307386	853
2007	169576		67809	1739	717773	60167	480567	308819	799
2008	202312		61674	1175	720992	63311	459368	306091	770
2009	206211		68063	995	724286	72545	428542	270357	889
2010	219564		61075	971	681478	76029	397516	250929	906
2011	236341		66918	918	669700	69010	377227	267333	926
2012	235984		65725	909	648670	57464	371386	289174	804
2013	241049		68035	620	618182	52033	365054	290291	1079
2014	247510		63361	742	566989	44915	357346	287288	786
2015	258296		57036	500	560859	43681	305116	289753	947
2016	263530		55356	419	563198	44441	319861	289078	1035
2017	268767		51468	445	554363	37440	341438	290407	989
2018	275875		50889	921	508689	40942	329880	304347	1602
2019	257106		50443	834	522361	41753	345630	304949	1771
2020	255997		51077	1091	547843	42415	328314	325931	2119
2021	258326	75271		1023	516494		323173	281203	2249
2022	318591	78006		1069	544147		312012	279641	2214

22-3 研究生数

单位：人

年份	招生数	在校学生数			毕业生数		
		小计	攻读硕士学位	攻读博士学位	小计	攻读硕士学位	攻读博士学位
1985	2091	3687	3170	155	584	578	6
1986	1989	5009	4146	208	670	639	13
1987	1771	5570	4857	317	1193	838	17
1988	1575	5160	4668	379	1929	1604	24
1989	1322	4637	4180	417	1763	1599	86
1990	1404	4343	3858	462	1677	1558	84
1991	1320	4144	3581	563	1500	1401	75
1992	1415	4290	3671	619	1245	1159	85
1993	2016	4955	4185	770	1307	1222	85
1994	2602	6274	5298	976	1273	1138	135
1995	2367	7236	5972	1264	1425	1272	153
1996	2647	7787	6313	1474	1962	1753	209
1997	2978	8304	6621	1683	2316	2106	210
1998	3197	9164	7292	1872	2126	1852	274
1999	4005	10574	8203	2371	2426	2101	325
2000	5804	13655	10726	2929	2910	2532	378
2001	7898	18446	14637	3809	2971	2589	382
2002	9569	23949	19131	4818	3674	3135	539
2003	13242	31796	25694	6102	5027	4395	632
2004	16254	40678	33392	7286	6726	5914	812
2005	18901	49772	41340	8432	9342	8315	1027
2006	20998	58424	49283	9141	11516	10249	1267
2007	22407	65025	55403	9622	15177	13530	1647
2008	24490	67806	57622	10184	21010	19446	1564
2009	27104	73997	63345	10652	20160	18432	1728
2010	29031	82019	69613	12406	21676	19700	1976
2011	30615	87078	74161	12917	24178	22188	1990
2012	31917	90061	76808	13253	27110	25035	2075
2013	32824	93189	79341	13848	28780	26537	2243
2014	31240	92575	79270	13305	28815	26962	1853
2015	32970	94387	80639	13748	30011	28282	1729
2016	33704	99083	84538	14545	27760	25915	1845
2017	39439	107524	92158	15366	29767	27980	1787
2018	41424	116520	100667	15853	31039	29017	2022
2019	44359	126864	110033	16831	33111	30871	2240
2020	53727	141959	124663	17296	36925	34529	2396
2021	56495	156925	139087	17838	39634	37214	2420
2022	58776	172259	152983	19276	42505	39729	2776

22-4 分学科研究生情况

(2022年)

单位：人

项 目	招生数	博士	硕士	在校学生数	博士	硕士	毕业生数	博士	硕士
总 计	**58776**	[illegible]	**54263**	**172259**	**19276**	**152983**	**42505**	**2776**	**39729**
哲 学	158	[illegible]	127	556	175	381	154	29	125
经济学	2308	[illegible]	2151	6079	947	5132	1918	112	1806
法 学	2915	[illegible]	2791	8728	647	8081	2386	83	2303
教育学	3307	[illegible]	3229	8146	246	7900	2928	28	2900
文 学	2144	[illegible]	2118	5683	141	5542	1717	22	1695
历史学	204	[illegible]	192	597	50	547	174	2	172
理 学	3171	[illegible]	2819	9422	1497	7925	2336	267	2069
工 学	24907	[illegible]	22380	73917	10862	63055	16151	1417	14734
农 学	2552	[illegible]	2411	7463	628	6835	1438	86	1352
医 学	8542	[illegible]	7751	24764	2538	22226	5853	559	5294
军事学									
管理学	6959	[illegible]	6693	21944	1511	20433	6041	171	5870
艺术学	1609	8	1601	4960	34	4926	1409		1409
普通高校	**58694**	[illegible]	**54189**	**172033**	**19244**	**152789**	**42453**	**2772**	**39681**
哲 学	158	[illegible]	127	556	175	381	154	29	125
经济学	2308	[illegible]	2151	6079	947	5132	1918	112	1806
法 学	2885	[illegible]	2761	8658	647	8011	2376	83	2293
教育学	3307	[illegible]	3229	8146	246	7900	2928	28	2900
文 学	2144	[illegible]	2118	5683	141	5542	1717	22	1695
历史学	204	12	192	597	50	547	174	2	172
理 学	3171	52	2819	9422	1497	7925	2336	267	2069
工 学	24855	[illegible]	22336	73761	10830	62931	16109	1413	14696
农 学	2552	41	2411	7463	628	6835	1438	86	1352
医 学	8542	[illegible]	7751	24764	2538	22226	5853	559	5294
军事学									
管理学	6959	[illegible]	6693	21944	1511	20433	6041	171	5870
艺术学	1609	8	1601	4960	34	4926	1409		1409
科研院所	**82**	**8**	**74**	**226**	**32**	**194**	**52**	**4**	**48**
哲 学									
经济学									
法 学	30		30	70		70	10		10
教育学									
文 学									
历史学									
理 学									
工 学	52	8	44	156	32	124	42	4	38
农 学									
医 学									
军事学									
管理学									
艺术学									

22-5 普通、职业高等学校基本情况

单位：人

项 目	2018年					
	学校数(所)	招生数	在校学生数	毕业生数	教职工数	#专任教师
总 计	**115**	**268034**	**963208**	**275875**	**97176**	**62535**
综合大学	13	40540	139602	41901	14687	9433
理工院校	51	126552	455390	131180	43951	28830
农林院校	5	13709	46282	14409	4485	3059
医药院校	13	21767	90998	21903	10121	6196
师范院校	10	22717	77080	23604	8204	5490
语文院校	3	5591	20846	4818	1607	1024
财经院校	10	17918	63779	19588	5654	3632
政法院校	3	4218	13876	3528	1633	888
体育院校	2	1838	7314	2021	875	520
艺术院校	4	8900	30965	8857	4703	2548
民族院校	1	4284	17076	4066	1256	915

22-5 续表 1

单位：人

项 目	2019年					
	学校数(所)	招生数	在校学生数	毕业生数	教职工数	#专任教师
总 计	**115**	**344051**	**1041144**	**257106**	**98099**	**63149**
综合大学	13	51100	150274	39293	14849	9437
理工院校	50	155691	483019	120136	44420	29476
农林院校	5	24041	59843	13183	4744	3339
医药院校	13	26745	95250	21939	10080	6009
师范院校	11	30962	85761	21771	8419	5556
语文院校	3	6244	21865	4980	1598	1015
财经院校	10	29238	73578	18721	5529	3468
政法院校	3	3051	13262	3621	1600	863
体育院校	2	1733	7187	1772	866	523
艺术院校	4	10936	33826	7633	4721	2535
民族院校	1	4310	17279	4057	1273	928

22-5 续表 2

单位：人

项 目	2020年					
	学校数(所)	招生数	在校学生数	毕业生数	教职工数	#专任教师
总 计	**115**	**261115**	**980995**	**268767**	**97806**	**63157**
综合大学	13	37855	135346	38352	14114	9181
理工院校	51	122148	465986	126630	44032	29037
农林院校	5	13347	47651	13650	4353	2962
医药院校	13	22538	91407	22211	10064	6183
师范院校	10	22207	78463	22340	8347	5573
语文院校	3	5594	20264	4941	1580	1054
财经院校	10	19250	72985	21246	6853	4300
政法院校	3	4008	13211	4328	1669	913
体育院校	2	1834	7567	1969	884	513
艺术院校	4	8058	31186	9040	4629	2543
民族院校	1	4276	16929	4060	1281	898

22-5 续表 3

单位：人

项 目	2021年					
	学校数(所)	招生数	在校学生数	毕业生数	教职工数	#专任教师
总 计	**114**	**306351**	**1178402**	**258326**	**97034**	**62612**
综合大学	14	48115	172580	39573	15087	9173
理工院校	49	145521	563471	119207	43833	29632
农林院校	5	17760	68568	15154	4807	3227
医药院校	12	26373	104068	22026	10092	6108
师范院校	11	26130	94470	21997	8424	5440
语文院校	3	6170	23244	5186	1714	1056
财经院校	10	18397	79511	17365	5118	3246
政法院校	3	3068	11774	3724	1231	668
体育院校	2	1192	6207	1683	731	535
艺术院校	4	8785	36531	8284	4698	2552
民族院校	1	4840	17978	4127	1299	975

22-5 续表 4

单位：人

项　目	2022年					
	学校数(所)	招生数	在校学生数	毕业生数	教职工数	#专任教师
总　计	**114**	**329633**	**1180201**	**318591**	**97619**	**64439**
综合大学	14	53844	176186	49097	14940	9329
理工院校	49	157130	565845	149815	44500	30765
农林院校	5	19123	68928	18064	4715	3206
医药院校	12	27158	101646	29204	10284	6217
师范院校	11	27880	93388	27832	8334	5585
语文院校	3	5764	23049	5735	1779	1149
财经院校	10	19905	78082	20966	5199	3308
政法院校	3	3148	12092	2822	1247	683
体育院校	2	1183	5589	1817	758	585
艺术院校	4	9697	37061	8983	4532	2580
民族院校	1	4801	18335	4256	1331	1032

22-6　高等教育学校(机构)学生数

单位：人

项　目	2017年				2018年			
	招生数	在　校学生数	毕(结)业生数	授　予学位数	招生数	在　校学生数	毕(结)业生数	授　予学位数
研究生数	39439	107524	29767	29403	41424	116520	31039	30622
博士	2929	15366	1787	1661	3185	15853	2022	1887
硕士	36510	92158	27980	27742	38239	100667	29017	28735
普通、职业本专科生	261115	980995	268767	172505	268034	963208	275875	176259
本科	171995	702417	174113	172505	174056	692619	177461	176259
专科	89120	278578	94654		93978	270589	98414	
成人本专科生	64097	147974	61788	4204	76064	162349	59383	3921
本科	29923	75384	30451	4204	38802	84902	28281	3921
专科	34174	72590	31337		37262	77447	31102	
网络本专科生	139163	320961	84413	5917	172594	387655	88794	6198
本科	71230	174110	46051	5917	83018	202246	46615	6198
专科	67933	146851	38362		89576	185409	42179	
国际学生	7269	17730	5610	2171	7982	18821	7109	2327

22-6 续表 1

单位：人

项 目	2019年				2020年			
	招生数	在 校 学生数	毕(结) 业生数	授 予 学位数	招生数	在 校 学生数	毕(结) 业生数	授 予 学位数
研究生数	44359	126864	33111	32735	53727	141959	36925	36166
博士	3491	16831	2240	2355	3772	17296	2396	2298
硕士	4086[illegible]	110033	30871	30380	49955	124663	34529	33868
普通、职业本专科生	344051	1041144	257106	164001	362687	1140799	255997	167767
本科	17539[illegible]	696797	165262	164001	187834	712090	168423	167767
专科	16865[illegible]	344347	91844		174853	428709	87574	
成人本专科生	9529[illegible]	192438	62886	4546	110112	230179	68706	4921
本科	4618[illegible]	99953	30377	4546	59723	124994	33152	4921
专科	4911[illegible]	92485	32509		50389	105185	35554	
网络本专科生	14908[illegible]	426181	101202	4951	120006	396616	137175	6096
本科	7880[illegible]	224046	52577	4951	91144	247616	61079	6096
专科	7027[illegible]	202135	48625		28862	149000	76096	
国际学生	803[illegible]	19304	6918	2713	5031	16133	4964	2559

22-6 续表 2

单位：人

项 目	2021年				2022年			
	招生数	在 校 学生数	毕(结) 业生数	授 予 学位数	招生数	在 校 学生数	毕(结) 业生数	授 予 学位数
研究生数	564[illegible]	156925	39634	39148	58776	172259	42505	41934
博士	41[illegible]	17838	2420	2571	4513	19276	2776	2667
硕士	523[illegible]	139087	37214	36577	54263	152983	39729	39267
普通、职业本专科生	3063[illegible]	1178402	258326	166041	329633	1180201	318591	177277
本科	1914[illegible]	731065	166638	166041	206283	756349	177447	177277
专科	1148[illegible]	447337	91688		123350	423852	141144	
成人本专科生	1240[illegible]4	256883	93156	6178	157314	309866	100743	6764
本科	738[illegible]4	152319	44711	6178	90837	188066	53373	6764
专科	502[illegible]	104564	48445		66477	121800	47370	
网络本专科生	893[illegible]1	344403	133112	6925	108295	293627	143010	
本科	822[illegible]8	257487	67436	6925	91392	246826	93581	
专科	70[illegible]3	86916	65676		16903	46801	49429	
国际学生	7[illegible]8	17753	7756	1970	8561	14520	9728	2173

22-7 普通本科分学科学生数

单位：人

项目	2017年			2018年			2019年		
	招生数	在校学生数	毕业生数	招生数	在校学生数	毕业生数	招生数	在校学生数	毕业生数
总　计	**171995**	**702417**	**174113**	**174056**	**692619**	**177461**	**175395**	**696797**	**165262**
#师　范	6727	27002	7529	7601	27176	7666	8677	29581	6466
哲　学	108	307	69	52	253	66	51	262	60
经济学	8544	35133	8870	7718	33871	9068	7690	32998	8539
法　学	3859	15810	4268	3894	15738	4093	4018	15969	3940
教育学	5033	19095	4744	5138	19190	4838	5432	20003	4392
文　学	12412	49871	12843	12309	49311	12954	12340	49687	11726
历史学	296	1292	356	365	1302	343	455	1426	304
理　学	7457	30884	7590	7677	29878	8165	8010	30756	6937
工　学	71997	286136	69299	77218	287438	71959	77653	295078	67130
农　学	2108	8277	2106	2259	8242	2146	2210	8398	1894
医　学	14357	65594	14711	13842	65557	13701	14303	65880	13797
军事学									
管理学	28557	116512	30319	26280	111012	30727	26125	106777	28808
艺术学	17267	73506	18938	17304	70827	19401	17108	69563	17735

22-7 续表

单位：人

项目	2020年			2021年			2022年		
	招生数	在校学生数	毕业生数	招生数	在校学生数	毕业生数	招生数	在校学生数	毕业生数
总　计	**187834**	**712090**	**168423**	**190686**	**728339**	**166638**	**204853**	**752201**	**177447**
#师　范	9793	33119	6589	9023	34104	6919	9196	35813	8845
哲　学	27	237	68	38	246	70	81	300	71
经济学	8214	32255	9030	8001	31292	8800	7958	31290	7983
法　学	4329	16487	3885	4886	17489	4059	5099	18631	4057
教育学	5923	21039	4580	4701	20697	4868	4931	19783	5758
文　学	13125	50551	12278	13832	51812	12343	14516	53184	12871
历史学	558	1660	324	645	2009	280	640	2294	350
理　学	8215	31613	7154	8432	32555	7156	8897	33578	7692
工　学	82756	306797	68779	88415	323219	68807	96244	338571	78695
农　学	2371	8668	2007	2917	9451	2013	3223	10285	2272
医　学	16260	67679	14368	16873	70277	14244	18686	74728	14097
军事学									
管理学	27296	104671	28694	26623	102610	27406	28647	104179	26469
艺术学	16810	68483	17256	15323	66682	16592	15931	65378	17132

22-8 高职(专科)分学科学生数

单位：人

项　目	2017年			2018年			2019年		
	招生数	在校学生数	毕业生数	招生数	在校学生数	毕业生数	招生数	在校学生数	毕业生数
总　计	**89120**	**278578**	**94654**	**93978**	**270589**	**98414**	**168656**	**344347**	**91844**
农林牧渔大类	2895	8411	2629	2956	8438	2821	5492	11127	2660
资源环境与安全大类	1321	4812	2292	1393	4142	1962	2077	4681	1435
能源动力与材料大类	838	2846	1209	803	2511	1103	1288	2947	814
土木建筑大类	5484	20092	8349	5874	17630	7578	11597	22843	6248
水利大类	285	1064	300	317	972	380	246	842	373
装备制造大类	14956	48370	17177	16132	45860	18641	31892	61732	15410
生物与化工大类	1678	5780	2143	1664	5049	2302	1816	4951	1830
轻工纺织大类	353	1029	244	355	1068	365	553	1277	383
食品药品与粮食大类	1417	4377	1223	1316	4221	1385	2236	4918	1555
交通运输大类	7571	22276	6806	7869	22409	7114	10664	25387	7255
电子信息大类	9406	27523	7592	10646	28953	8966	20569	40125	9025
医药卫生大类	6855	18860	5486	6932	19637	6114	11478	23948	7007
财经商贸大类	15475	51526	17428	15785	48293	18138	38907	69541	17307
旅游大类	3570	11197	3523	3972	11275	3628	6640	14001	3739
文化艺术大类	2764	10615	4526	3146	9202	4443	3863	9389	3259
新闻传播大类	344	1011	543	408	1074	336	289	1036	339
教育与体育大类	12303	34285	11239	12945	35333	11663	17354	40774	11618
公安与司法大类	674	1630	912	599	1682	559		1104	563
公共管理与服务大类	931	2874	1033	866	2840	916	1695	3724	1024

22-8　续表

单位：人

项　目	2020年			2021年			2022年		
	招生数	在校学生数	毕业生数	招生数	在校学生数	毕业生数	招生数	在校学生数	毕业生数
总　计	**17485[illegible]**	**428709**	**87574**	**114877**	**447337**	**91688**	**123350**	**423852**	**141144**
总计中：师范生	457[illegible]	12823	2814	3984	13702	2659			
农林牧渔大类	306[illegible]	6401	1215	1429	6411	1464	4212	13632	4190
资源环境与安全大类	109[illegible]	3177	834	847	3056	716	2078	5826	2578
能源动力与材料大类	1265[illegible]	29909	5309	7745	31363	5739	889	2844	1219
土木建筑大类	28[illegible]	851	274	225	758	292	9351	30545	9785
水利大类	3354[illegible]	79967	14804	18689	79850	14814	240	754	235
装备制造大类	281[illegible]	6224	1547	1949	6547	1590	23583	76595	24419
生物与化工大类	54[illegible]	1440	352	358	1373	383	2127	6095	2364
轻工纺织大类	182[illegible]	5261	1385	1424	5060	1240	415	1422	357
食品药品与粮食大类	1329[illegible]	31098	7631	9428	35754	9040	1529	4758	1569
交通运输大类	2293[illegible]	53376	9269	15047	57319	10373	10734	34224	12873
电子信息大类	1383[illegible]	30751	7071	11640	36614	7106	16403	57217	15418
医药卫生大类	3406[illegible]	88025	14998	17479	87846	14766	11121	33853	14497
财经商贸大类	52[illegible]	15569	3407	3751	15092	3852	15189	77479	24158
旅游大类	41[illegible]	10891	2550	3338	11300	2816	3866	13662	4895
文化艺术大类	48[illegible]	1152	339	715	2284	653	3712	11362	3667
新闻传播大类	1808[illegible]	46423	12221	15509	47893	12513	747	2485	550
教育与体育大类		515	608			577	15992	46342	16817
公安与司法大类	225[illegible]	4856	946	1320	5115	1095			
公共管理与服务大类	16[illegible]	3724	1024	2293	4856	946	1162	4757	1553

注：2022年起，高等教育事业统计停止[illegible]集高职(专科)师范生指标。

22-9 成人本科分学科学生数

单位：人

项目	2017年			2018年			2019年		
	招生数	在校学生数	毕业生数	招生数	在校学生数	毕业生数	招生数	在校学生数	毕业生数
总计	**29923**	**75384**	**30451**	**38802**	**84902**	**28281**	**46182**	**99953**	**30377**
哲学		73	26		48	25		34	13
经济学	303	674	358	751	1120	294	1006	1818	294
法学	1571	3211	1411	1821	3705	1322	1989	4182	1449
教育学	2429	4902	1801	3137	6108	1816	3879	7685	2215
文学	1308	3038	1299	1859	3498	1359	1970	4045	1392
历史学	22	91	17	21	85	27	43	82	45
理学	267	789	265	457	963	278	667	1229	398
工学	6518	17219	10108	8644	17549	7905	12172	22704	6779
农学	810	1532	531	651	1475	675	721	1386	790
医学	10831	30484	8634	12992	34299	8815	12260	35413	10856
管理学	5280	12229	5516	7816	14714	5387	10757	19927	5597
艺术学	584	1142	485	653	1338	378	718	1448	549

22-9 续表

单位：人

项目	2020年			2021年			2022年		
	招生数	在校学生数	毕业生数	招生数	在校学生数	毕业生数	招生数	在校学生数	毕业生数
总计	**59723**	**124994**	**33152**	**73824**	**152319**	**44711**	**90837**	**188066**	**53373**
哲学		22	9			15			
经济学	1332	2699	454	1888	3314	1170	1857	3884	1248
法学	2685	5059	1779	3448	6404	2056	4093	7949	2382
教育学	4899	9175	3256	6117	11310	3973	6958	13479	4541
文学	2408	4737	1636	3132	5748	2043	4102	7533	2209
历史学	67	126	22	96	161	55	85	179	61
理学	739	1496	447	719	1500	698	913	1701	682
工学	18684	33323	7787	24258	44932	11739	31571	58801	17117
农学	852	1632	615	1052	1981	695	1317	2513	788
医学	13073	37471	10424	12420	38410	11301	16531	43750	11147
管理学	14288	27681	6293	19987	36689	10399	22575	46206	12586
艺术学	696	1573	430	707	1870	567	835	2071	612

22-10 成人专科分学科学生数

单位：人

项　目	2017年			2018年			2019年		
	招生数	在校学生数	毕业生数	招生数	在校学生数	毕业生数	招生数	在校学生数	毕业生数
总　计	**34174**	**72590**	**31337**	**37262**	**77447**	**31102**	**49112**	**92485**	**32509**
农林牧渔大类	573	1072	622	530	1153	429	659	1189	567
资源环境与安全大类	117	470	710	206	347	308	400	623	113
能源动力与材料大类	89	226	262	128	218	120	212	340	89
土木建筑大类	1248	2797	2334	1515	2923	1367	2394	4046	1186
水利大类	68	128	61	59	127	60	84	143	62
装备制造大类	4116	9309	5152	4993	9723	4421	6806	12342	3984
生物与化工大类	111	235	202	183	293	124	268	470	88
轻工纺织大类	2	9			2	5		1	3
食品药品与粮食大类	178	336	102	46	274	111	36	149	160
交通运输大类	1564	3493	1269	1547	3487	1532	1788	3918	1358
电子信息大类	3682	6924	2596	4099	7980	2965	5185	9680	3371
医药卫生大类	5918	13316	5204	3919	11906	4780	4815	10854	5683
财经商贸大类	8044	16833	6958	12147	21396	7535	13861	26847	7868
旅游大类	1102	2567	632	916	2189	1289	1687	2835	1013
文化艺术大类	1003	2164	740	693	1809	943	979	1875	892
新闻传播大类	101	179	67	82	177	70	71	125	75
教育与体育大类	4631	9079	2851	4761	10178	3463	7462	13039	4429
公安与司法大类	364	789	345	469	890	356	1008	1557	334
公共管理与服务大类	1263	2664	1230	969	2375	1224	1397	2452	1234

22-10 续表

单位：人

项　目	2020年			2021年			2022年		
	招生数	在校学生数	毕业生数	招生数	在校学生数	毕业生数	招生数	在校学生数	毕业生数
总　计	**50389**	**105185**	**35554**	**50260**	**104564**	**48445**	**66477**	**121800**	**47370**
农林牧渔大类	534	1196	522	810	1347	649	1677	2493	511
资源环境与安全大类	488	898	188	458	981	348	944	1401	481
能源动力与材料大类	110	342	125	216	325	228	300	517	106
土木建筑大类	3956	6509	1426	4186	8140	2305	5462	9659	3841
水利大类	38	125	58	32	71	83	97	130	39
装备制造大类	6967	14058	4948	6059	12325	5921	9186	15527	6052
生物与化工大类	377	643	180	778	1152	278	1778	2554	372
轻工纺织大类	2	2	1		2		1	1	2
食品药品与粮食大类	39	75	111	28	69	30	187	217	40
交通运输大类	1652	3585	1771	2433	4847	2466	2199	4410	2111
电子信息大类	5644	11088	3952	6138	11884	5143	7967	14339	5283
医药卫生大类	4702	11993	3126	3784	11668	4045	6311	13970	3996
财经商贸大类	12847	28564	10663	13786	26875	14703	14938	29199	12226
旅游大类	2150	3987	929	1168	3324	1771	936	2126	2033
文化艺术大类	834	1822	857	828	1684	917	761	1605	826
新闻传播大类	4	74	54	23	27	65	124	147	3
教育与体育大类	7211	14813	5269	6339	13733	6924	8048	14614	6805
公安与司法大类	596	1756	379	688	1269	1126	677	1364	561
公共管理与服务大类	2238	3655	995	2506	4841	1443	4884	7527	2082

22-11 网络本科分学科学生数

单位：人

项 目	2017年			2018年			2019年		
	招生数	在校学生数	毕业生数	招生数	在校学生数	毕业生数	招生数	在校学生数	毕业生数
总 计	**71230**	**174110**	**46051**	**83018**	**202246**	**46615**	**78809**	**224046**	**52577**
哲 学									
经济学	2220	5782	1729	2284	5895	1999	1951	5655	2033
法 学	1888	4393	1177	3328	6128	1488	3139	7428	1691
教育学									
文 学									
历史学									
理 学		6			3			2	
工 学	25030	59758	16173	28175	71302	14735	27767	79831	17360
农 学									
医 学	15842	43558	9398	18912	47465	10505	19723	55120	11775
管理学	26250	60613	17574	30319	71453	17888	26229	76010	19718
艺术学									

22-11 续表

单位：人

项 目	2020年			2021年			2022年		
	招生数	在校学生数	毕业生数	招生数	在校学生数	毕业生数	招生数	在校学生数	毕业生数
总 计	**91144**	**247616**	**61079**	**82288**	**257487**	**67436**	**91392**	**246826**	**93581**
哲 学									
经济学	1580	4788	2076	1390	4833	1161	1091	4062	1692
法 学	3599	8446	2237	3713	9778	2204	5015	10648	3926
教育学									
文 学									
历史学									
理 学		2			2			2	
工 学	33571	91678	19612	25912	88433	26898	30007	81556	34516
农 学									
医 学	23841	64899	13657	26124	75289	15348	27604	76036	23733
管理学	28553	77803	23497	25149	79152	21825	27675	74522	29714
艺术学									

22-12 网络专科分学科学生数

单位：人

项 目	2017年			2018年			2019年		
	招生数	在校学生数	毕业生数	招生数	在校学生数	毕业生数	招生数	在校学生数	毕业生数
总 计	**67933**	**146851**	**38362**	**89576**	**185409**	**42179**	**70272**	**202135**	**48625**
农林牧渔大类									
资源环境与安全大类	1102	3929	1738	2430	4892	818	2309	5831	884
能源动力与材料大类	2619	8059	2103	2278	6936	3060	2223	6654	2211
土木建筑大类	11906	27497	8649	15717	33875	8172	12216	36793	8687
水利大类	1067	2512	662	1005	2682	735	993	2884	727
装备制造大类	6219	13984	3412	8244	17949	3810	6185	19323	4384
生物与化工大类									
轻工纺织大类									
食品药品与粮食大类									
交通运输大类	1139	2701	708	1037	2826	843	612	2518	846
电子信息大类	3383	6496	896	2823	7672	1425	1815	7378	1872
医药卫生大类	10069	23097	5693	12245	25767	6088	14669	33397	6583
财经商贸大类	20319	38913	9744	22977	47086	11077	15081	46973	13767
旅游大类	209	489	135	171	444	182		237	191
文化艺术大类									
新闻传播大类									
教育与体育大类									
公安与司法大类	847	1740	441	1387	2439	613	1152	2722	772
公共管理与服务大类	9054	17434	4181	19262	32841	5356	13017	37425	7701

22-12 续表

单位：人

项 目	2020年			2021年			2022年		
	招生数	在校学生数	毕业生数	招生数	在校学生数	毕业生数	招生数	在校学生数	毕业生数
总 计	**28862**	**149000**	**76096**	**7093**	**86916**	**65676**	**16903**	**46801**	**49429**
农林牧渔大类									
资源环境与安全大类		3932	1607		1773	1999		353	1253
能源动力与材料大类	1101	5359	2151	199	3401	1925	230	1778	1707
土木建筑大类	5364	27112	13880	1882	16365	11846	3734	10529	8453
水利大类		1772	1036		981	717		231	669
装备制造大类	460	12221	6938	174	5722	6287	348	1632	3801
生物与化工大类									
轻工纺织大类									
食品药品与粮食大类									
交通运输大类		1446	1012		591	799		140	365
电子信息大类		4542	2612		2165	2215		594	1177
医药卫生大类	9050	32213	10037	1114	22069	11210	3130	9180	14472
财经商贸大类	9086	33891	20432	2195	20173	14962	6775	15414	9647
旅游大类		33	168		21	2		1	1
文化艺术大类									
新闻传播大类									
教育与体育大类									
公安与司法大类	430	1785	1241		775	950		181	491
公共管理与服务大类	3371	24694	14982	1529	12880	12764	2686	6768	7393

22-13 各类中等职业学校(机构)基本情况

(2022年)

单位：人

项 目	学校数(所)	毕业生数	招生数	在校学生数	教职工数	专任教师
中等职业教育学校	**267**	**78006**	**211826**	**276285**	**25381**	**19595**
1、调整后中职						
2、普通中等专业学校						
#中等师范学校						
3、成人中专						
4、职业高中						

22-14 中等职业学校(机构)学生分科类情况

(2022年)

单位：人

项 目	招生数	#应届毕业生		在校学生数	毕业生数	
			#初中毕业生			#职业类证书
总　计	**93365**			**276285**	**78006**	**23464**
其中：女	41358			123782	33961	10432
农林牧渔大类	5910			15783	4243	904
资源环境与安全大类	394			966	135	111
能源动力与材料大类	199			432	96	33
土木建筑大类	1117			3103	1177	67
水利大类						
装备制造大类	16278			44969	12250	3758
生物与化工大类	1283			3463	760	312
轻工纺织大类	270			973	243	24
食品药品与粮食大类	132			308	75	36
交通运输大类	7990			25864	8470	2751
电子与信息大类	14659			42259	11686	3662
医药卫生大类	12001			36192	8134	3654
财经商贸大类	6465			18293	5158	1599
旅游大类	4351			14674	5342	1167
文化艺术大类	9411			30079	6812	1798
新闻传播大类	1252			3365	655	27
教育与体育大类	11249			34651	12523	3470
公安与司法大类	24			96	3	
公共管理与服务大类	380			815	244	91

22-15 普通高中学校和学生情况

(2022年)

单位：人

项　目	学校数(所)	高级中学	完全中学	十二年一贯制学校	招生数	在校学生数	毕业生数
总　计	**434**	**352**	**49**	**33**	**211826**	**618553**	**200196**
教育部门	313	281	25	7	174515	512219	165260
其他部门办							
地方企业							
民办	119	70	23	26	36798	104949	34305
中外合作办	2	1	1		513	1385	631
城区	**329**	**261**	**42**	**26**	**152787**	**441164**	**142388**
教育部门	227	202	21	4	121828	354044	113172
其他部门办							
地方企业							
民办	100	58	20	22	30446	85735	28585
中外合作办	2	1	1		513	1385	631
镇区	**91**	**80**	**6**	**5**	**53120**	**160260**	**51959**
教育部门	79	73	4	2	49220	148214	48627
其他部门办							
地方企业							
民办	12	7	2	3	3900	12046	3332
中外合作办							
乡村	**14**	**11**	**1**	**2**	**5919**	**17129**	**5849**
教育部门	7	6		1	3467	9961	3461
其他部门办							
地方企业							
民办	7	5	1	1	2452	7168	2388
中外合作办							

22-16 普通初中学校和学生情况

(2022年)

单位：人

项　目	学校数(所)			招生数	在校学生数	毕业生数
		初级中学	九年一贯制			
总　计	**1532**	**976**	**556**	**311212**	**960797**	**343951**
教育部门	1487	958	529	294342	899774	319048
其他部门办	2	2		26	225	143
地方企业						
民办	43	16	27	16844	60348	24492
中外合作办					450	268
城区	**674**	**503**	**171**	**195759**	**595641**	**207721**
教育部门	639	488	151	181447	544838	187482
其他部门办	2	2		26	225	143
地方企业						
民办	33	13	20	14286	50128	19828
中外合作办					450	268
镇区	**569**	**325**	**244**	**89920**	**282856**	**104698**
教育部门	563	323	240	87620	273827	101045
其他部门办						
地方企业						
民办	6	2	4	2300	9029	3653
中外合作办						
乡村	**289**	**148**	**141**	**25533**	**82300**	**31532**
教育部门	285	147	138	25275	81109	30521
其他部门办						
地方企业						
民办	4	1	3	258	1191	1011
中外合作办						

22-17 普通小学学校和学生情况

(2022年)

单位：人

项 目	学校数(所)	招生数	在校学生数	毕业生数
总 计	**2455**	**303468**	**1964323**	**312012**
教育部门	2427	297234	1907726	301837
其他部门办				
地方企业				
民 办	28	6234	56597	10175
城 区	**1092**	**227441**	**1377876**	**193014**
教育部门	1070	222037	1331935	185354
其他部门办				
地方企业				
民 办	22	5404	45941	7660
镇 区	**529**	**56223**	**411514**	**79710**
教育部门	524	55541	402253	77510
其他部门办				
地方企业				
民 办	5	682	9261	2200
乡 村	**834**	**19804**	**174933**	**39288**
教育部门	833	19656	173538	38973
其他部门办				
地方企业				
民 办	1	148	1395	315

22-18 各级普通学校毕业生升学率和学龄儿童入学率

单位：%

年 份	学龄儿童入学率	小学升初中	初中升高级中学
1991	99.0	92.5	37.1
1992	99.0	92.6	38.7
1993	99.0	90.3	39.1
1994	99.1	93.4	40.9
1995	99.4	93.0	41.7
1996	99.3	96.0	41.9
1997	99.4	96.1	44.7
1998	99.4	95.7	48.2
1999	99.3	95.2	50.0
2000	99.3	93.9	57.4
2001	99.7	95.6	57.4
2002	99.4	98.1	66.3
2003	99.7	98.7	68.1
2004	99.7	99.2	74.7
2005	99.7	99.3	82.7
2006	99.8	99.6	85.4
2007	99.9	99.4	94.4
2008	99.9	99.8	97.7
2009	99.9	99.8	97.7
2010	99.9	99.9	97.3
2011	99.9	99.9	93.4
2012	99.9	99.5	92.9
2013	99.9	98.1	94.9
2014	99.9	99.8	96.2
2015	99.9	99.9	94.8
2016	99.9	99.8	94.8
2017	99.9	99.9	94.8
2018	99.9	99.8	95.1
2019	99.9	99.9	95.2
2020		99.8	93.4
2021		99.5	95.4
2022		99.7	93.8

注：2020年起初中升高级中学包含升入技工学校。

22-19 教育发展水平

年份	各类学校在校生占全省人口(%)	平均每万人口中有(人)			大中小学生各占学生总数(%)		
		大学生	中学生	小学生	大学生	中学生	小学生
1985	17.4	25.9	549.1	1150.6	1.5	31.5	65.9
1986	17.6	29.0	584.1	1130.4	1.6	33.1	64.0
1987	17.2	30.0	582.8	1094.8	1.7	33.7	63.2
1988	16.8	31.7	554.6	1074.0	1.9	32.9	63.7
1989	16.3	31.8	513.6	1071.7	1.9	31.2	65.2
1990	15.6	31.6	464.7	1045.3	2.0	29.6	66.7
1991	15.7	31.8	519.2	996.8	2.0	33.0	63.3
1992	15.1	34.1	598.8	946.3	2.3	33.1	62.8
1993	17.9	38.7	470.6	918.0	2.2	26.6	51.2
1994	18.2	44.7	524.7	941.7	2.5	28.8	51.7
1995	18.0	46.0	538.8	922.5	2.6	30.0	51.4
1996	15.8	46.8	604.6	927.7	3.0	38.3	58.7
1997	15.9	48.4	584.6	953.3	3.0	36.9	60.1
1998	15.1	50.3	540.7	921.3	3.3	35.8	60.9
1999	17.2	60.2	563.8	893.5	3.9	38.2	58.9
2000	21.5	71.4	596.2	825.7	4.8	39.9	55.3
2001	22.3	87.9	618.4	762.3	6.0	42.1	51.9
2002	22.5	107.4	647.3	730.0	7.2	43.6	49.2
2003	19.3	123.7	666.8	695.9	8.3	44.9	46.8
2004	18.0	140.2	664.8	671.5	9.5	45.0	45.5
2005	17.5	158.0	655.8	638.9	10.9	45.1	44.0
2006	18.7	172.0	643.8	607.9	12.1	45.2	42.7
2007	16.5	184.7	629.6	582.5	13.2	45.1	41.7
2008	16.4	193.9	614.1	559.4	14.2	44.9	40.9
2009	15.8	200.8	588.4	531.3	15.2	44.6	40.2
2010	15.5	206.8	561.4	512.8	16.1	43.8	40.0
2011	15.6	279.0	569.2	509.9	20.5	41.9	37.5
2012	15.1	289.5	544.0	500.5	21.7	40.8	37.5
2013	15.0	300.2	512.2	481.5	23.2	39.6	37.2
2014	14.8	303.8	501.3	468.3	23.9	39.4	36.8
2015	14.7	297.6	480.1	471.1	23.8	38.4	37.7
2016	14.5	294.7	469.3	470.2	23.9	38.0	38.1
2017	14.0	282.4	449.9	444.5	24.0	38.2	37.8
2018	14.5	296.0	463.3	465.8	24.2	37.8	38.0
2019	14.8	324.7	464.2	465.5	25.9	37.0	37.1
2020	15.0	361.1	457.2	469.5	28.0	35.5	36.5
2021	15.3	382.2	465.1	473.7	28.9	35.2	35.9
2022	15.4	400.4	463.9	473.1	29.9	34.7	35.4

注：2011年起大学生包含研究生、普通本专科及成人本专科在校生。

22-20 各地区普通、职业高等学校基本情况

(2022年) 单位：人

地区	学校数(所)	招生数	在校学生数	毕业生数	教职工数	#专任教师
总计	**114**	**329633**	**1180201**	**318591**	**97619**	**64439**
沈阳	45	125716	459870	114284	42134	26919
大连	31	88498	334572	85564	28064	19066
鞍山	3	12742	41437	9885	3063	2250
抚顺	4	11858	44728	11985	3174	2129
本溪	2	6187	17563	5468	1323	831
丹东	3	10286	31561	13468	2393	1473
锦州	9	27109	92846	24479	7314	4929
营口	3	9673	32320	9350	1688	1208
阜新	2	8918	32629	8292	2612	1905
辽阳	3	7809	22129	10834	1247	859
盘锦	2	3568	9236	3647	584	473
铁岭	4	7729	28896	12319	1870	958
朝阳	1	2553	10524	2582	647	442
葫芦岛	2	6987	21890	6434	1506	997

22-21 各地区中等职业学校基本情况

(2022年) 单位：人

地区	学校数(所)	招生数	在校学生数	毕业生数	教职工数	#专任教师
总计	**267**	**93365**	**276285**	**78006**	**25381**	**19595**
沈阳	76	27374	84930	23010	7579	5619
大连	48	13046	38394	11373	3996	2729
鞍山	14	4597	12443	2906	1260	956
抚顺	12	2745	7447	3175	1226	986
本溪	9	1602	4500	1195	1003	788
丹东	17	3599	14005	4917	1225	961
锦州	10	5979	17184	4464	1366	1119
营口	11	6343	17203	4290	1254	1139
阜新	13	3120	9295	2344	1024	785
辽阳	7	4405	12536	4114	748	661
盘锦	8	5143	13663	2760	724	579
铁岭	16	3355	10641	3613	880	856
朝阳	14	6871	19229	5496	2002	1586
葫芦岛	12	5186	14815	4349	1094	831

22-22 各地区普通高中基本情况

(2022年)　　单位：人

地　区	学校数(所)	招生数	在校学生数	毕业生数	教职工数	专任教师
总　计	**434**	**211826**	**618553**	**200196**	**69291**	**54275**
沈　阳	89	41896	117859	36145	14939	10770
大　连	84	33650	94474	29540	9932	8284
鞍　山	34	14742	43093	14188	4763	3694
抚　顺	21	8413	24549	8184	3175	2370
本　溪	16	5883	17910	6314	2342	1751
丹　东	24	11179	33986	11525	3513	2857
锦　州	28	13226	41372	14563	4069	3268
营　口	16	9764	28551	9477	3426	2901
阜　新	22	9689	29009	9240	2918	2237
辽　阳	14	7228	21269	6883	2430	1938
盘　锦	12	8214	23479	7499	3387	2360
铁　岭	24	13741	41394	13587	3675	3100
朝　阳	30	20353	60179	19265	6838	5403
葫芦岛	20	13848	41429	13786	3884	3342

22-23 各地区普通初中基本情况

(2022年)　　单位：人

地　区	学校数(所)	招生数	在校学生数	毕业生数	教职工数	专任教师
总　计	**1532**	**311212**	**960797**	**343951**	**138369**	**99425**
沈　阳	228	63411	190013	66069	25969	17708
大　连	231	54115	159895	51440	18280	14620
鞍　山	126	23922	74972	27580	11657	8232
抚　顺	80	11580	35824	13311	6660	4385
本　溪	44	8432	25616	9000	3927	2960
丹　东	102	13747	41794	15152	7591	5507
锦　州	101	17304	54680	21031	7985	5812
营　口	84	17327	54716	19196	7704	5320
阜　新	66	11861	37613	14246	7512	4453
辽　阳	62	10429	33465	13053	5605	3910
盘　锦	56	11298	36490	14165	5966	3685
铁　岭	104	16611	54716	20958	8685	6995
朝　阳	137	28641	90871	32307	11736	8781
葫芦岛	111	22534	70132	26443	9092	7057

22-24 各地区普通小学基本情况

(2022年)　　单位：人

地　区	学校数(所)	招生数	在校学生数	毕业生数	教职工数	专任教师
总　计	**2455**	**303468**	**1964323**	**312012**	**128252**	**140268**
沈　阳	285	77553	448267	63423	24128	27612
大　连	386	61952	386608	54150	20773	21143
鞍　山	226	19335	143521	24578	9582	10227
抚　顺	91	10685	69576	11736	4619	5855
本　溪	61	6754	49034	8319	4571	4301
丹　东	173	13203	86333	13697	7131	7688
锦　州	210	15085	99998	17625	8857	9349
营　口	94	17613	115286	17395	5133	6768
阜　新	64	9674	67671	11827	4748	5434
辽　阳	73	8492	59573	10629	4496	5062
盘　锦	35	11189	67115	10579	3111	4778
铁　岭	142	12812	86798	16776	8605	8972
朝　阳	383	22019	161165	28694	13032	12847
葫芦岛	232	17102	123378	22584	9466	10232

22-25 各地区特殊教育基本情况

(2022年)　　单位：人

地　区	学校数(所)	招生数	在校学生数	毕业生数	教职工数	专任教师
总　计	**86**	**2041**	**16255**	**2214**	**3109**	**2308**
沈　阳	18	392	2886	460	742	474
大　连	11	446	2759	377	465	384
鞍　山	8	58	879	91	284	182
抚　顺	3	93	654	103	108	94
本　溪	3	57	466	72	94	64
丹　东	6	56	951	104	226	187
锦　州	7	70	775	61	191	153
营　口	5	106	937	117	195	157
阜　新	5	139	788	130	144	109
辽　阳	4	72	576	57	122	98
盘　锦	1	72	505	91	37	34
铁　岭	4	90	903	173	139	115
朝　阳	6	285	2062	213	228	166
葫芦岛	5	105	1114	165	134	91

注：学生数中包括小学、初中随班就读和送教上门的学生。

22-26 各类学校基本情况

单位：人

地区	学校数(所)			毕业生数			招生数		
	2020年	2021年	2022年	2020年	2021年	2022年	2020年	2021年	2022年
普通、职业本专科	114	114	114	255997	258326	318591	362687	306351	329633
中等职业教育		266	267		75271	78006		93188	93365
普通初中	1518	1528	1532	339121	328864	343951	327531	321558	311212
小学	2827	2601	2455	328314	323173	312012	347196	330008	303468
特殊教育	86	86	86	2119	2249	2214	2638	2280	2041

注：特殊教育学生数中包括小学、初中随班就读和送教上门的学生。

22-26 续表

单位：人

地区	在校学生数			教职工数			专任教师数		
	2020年	2021年	2022年	2020年	2021年	2022年	2020年	2021年	2022年
普通、职业本专科	1140799	1178402	1180201	97912	97034	97619	64045	62612	64439
中等职业教育		267638	276285	13098	25364	25381	9956	19461	19595
普通初中	1002283	993434	960797			138369			99425
小学	1967439	1973326	1964323	152990	129495	128252	137743	140647	140268
特殊教育	15310	16242	16255	3022	3098	3109	2285	2271	2308

22-27 科技活动基本情况

指　　标	单位	2010年	2011年	2012年	2013年	2014年	2015年	2016年
科技活动人员	万人	21.9	23.8	25.5	27.6	28.2	25.6	25.1
研究与试验发展人员折合全时当量	万人年	8.5	8.1	8.7	9.5	10.0	8.5	8.8
研究与试验发展经费内部支出	亿元	287.5	363.8	390.9	445.9	435.2	363.4	372.7
#基础研究	亿元	7.3	11.6	14.8	15.7	20.1	26.7	23.8
应用研究	亿元	36.2	52.7	60.9	55.6	62.3	61.1	64.8
试验发展	亿元	244.0	299.5	315.2	374.6	352.9	275.6	284.2
研究与试验发展经费支出占生产总值比重	%	1.6	1.6	1.6	1.6	1.5	1.3	1.7
技术市场成交额	亿元	130.7	159.7	230.7	180.0	250.9	292.0	340.8
专利申请受理数	件	34218	37123	39490	45996	37860	42153	52603
专利申请授权数	件	17093	19176	21216	21656	19525	25182	25104

22-27 续表

指　　标	单位	2017年	2018年	2019年	2020年	2021年	2022年
科技活动人员	万人						
研究与试验发展人员折合全时当量	万人年	8.9	9.5	10	11.2	11.7	12.4
研究与试验发展经费内部支出	亿元	429.9	460.1	508.5	549.0	600.4	620.9
#基础研究	亿元	30.6	27.7	32.1	35.3	41.1	41.3
应用研究	亿元	66.5	85.4	97.5	105.1	87.2	102
试验发展	亿元	332.9	347	378.9	408.6	472.1	477.6
研究与试验发展经费支出占生产总值比重	%	1.8	1.82	2.04	2.19	2.18	2.14
技术市场成交额	亿元	409.0	499.9	571.2	645.1	778.6	1000.2
专利申请受理数	件	49871	65686	69732	91038		
专利申请授权数	件	26495	35149	40037	60185	80191	77434

主要统计指标解释

普通高等学校 指按照国家规定的设置标准和审批程序批准举办的，通过全国普通高等学校统一招生考试，招收高中毕业生为主要培养对象，实施高等教育的全日制大学、独立设置的学院和高等专科学校、高等职业学校和其他机构。

大学、独立设置的学院主要实施本科层次以上教育，高等专科学校、高等职业学校实施专科层次教育，其他机构是承担国家普通招生计划任务不计校数的机构。包括普通高等学校分校和批准筹建的普通高等学校等。

成人高等学校 指按照国家规定的设置标准和审批程序批准举办的，通过全国成人高等学校统一招生考试，招收具有高中毕业或同等学历的在职从业人员为主要培养对象，利用函授、业余、脱产等多种形式对其实施高等学历教育的学校。包括职工高等学校、农民高等学校、管理干部学院、教育学院、独立函授学院、广播电视大学、其他机构等。其他机构是承担国家成人招生计划任务不计校数的机构。

科技活动 指在自然科学、农业科学、医药科学、工程与技术科学、人文与社会科学领域（简称科学技术领域）中，与科技知识的产生、发展、传播和应用密切相关的有组织的活动。可分为研究与试验发展（R&D）、研究与试验发展成果应用及相关的科技服务三类活动。该定义是联合国教科文组织考虑成员国特别是发展中国家开展科技统计工作的需要，而对科技活动所作的统计界定。

科技活动人员 指直接从事科技活动、以及专门从事科技活动管理和为科技活动提供直接服务，累计的实际工作时间占全年制度工作时间 10%及以上的人员。（1）直接从事科技活动的人员包括：在独立核算的科学研究与技术开发机构、高等学校、各类企业及其他事业单位内设的研究室、实验室、技术开发中心及中试车间（基地）等机构中从事科技活动的研究人员、工程技术人员、技术工人及其它人员；虽不在上述机构工作，但编入科技活动项目（课题）组的人员；科技信息与文献机构中的专业技术人员；从事论文设计的研究生等。（2）专门从事科技活动管理和为科技活动提供直接服务的人员，包括：独立核算的科学研究与技术开发机构、科技信息与文献机构、高等学校、各类企业及其他事业单位主管科技工作的负责人，专门从事科技活动的计划、行政、人事、财务、物资供应、设备维护、图书资料管理等工作的各类人员，但不包括保卫、医疗保健人员、司机、食堂人员、茶炉工、水暖工、清洁工等为科技活动提供间接服务的人员。该指标用来反映投入科技活动人力的规模。

研究与试验发展（R&D） 指在科学技术领域，为增加知识总量，以及运用这些知识去创造新的应用进行的系统的创造性的活动，包括基础研究、应用研究、试验发展三类活动。

基础研究 指为了获得关于现象和可观察事实的基本原理的新知识（揭示客观事物的本质、运动规律，获得新发现、新学说）而进行的实验性或理论性研究，它不以任何专门或特定的应用或使用为目的。其成果以科学论文和科学著作为主要形式。用来反映知识的原始创新能力。

应用研究 指为获得新知识而进行的创造性研究，主要针对某一特定的目的或目标。应用研究是为了确定基础研究成果可能的用途，或是为达到预定的目标探索应采取的新方法（原理性）或新途径。其成果形式以科学论文、专著、原理性模型或发明专利为主。用来反映对基础研究成果应用途径的探索。

试验发展 指利用从基础研究、应用研究和实际经验所获得的现有知识，为产生新的产品、材料和装置，建立新的工艺、系统和服务，以及对已产生和建立的上述各项作实质性的改进而进行的系统性工作。其成果形式主要是专利、专有技术、具有新产品基本特征的产品原型或具有新装置基本特征的原始样机等。在社会科学领域，试验发展是指把通过基础研究、应用研究获得的知识转变成可以实施的计划（包括为进行检验和评估实施示范项目）的过程。人文科学领域没有对应的试验发展活动。主要反映将科研成果转化为技术和产品的能力，是科技推动经济社会发展的物化成果。

研究与试验发展人员 指参与研究与试验发展项目研究、管理和辅助工作的人员，包括项目（课题）组人员，企业科技行政管理人员和直接为项目（课题）活动提供服务的辅助人员。反映投入从事拥有自主知识产权的研究开发活动的人力规模。

研究与试验发展人员折合全时当量 指全时人员数加非全时人员按工作量折算为全时人员数的总和。例如：有两个全时人员和三个非全时人员（工作时间分别为 20%、30%和 70%），则全时当量为 2+0.2+0.3+0.7=3.2 人年。为国际上比较科技人力投入而制定的可比指标。

研究与试验发展经费内部支出 指报告年内用于科技活动的实际支出，包括劳务费、科研业务费、科研管理费，非基建投资购建的固定资产、科研基建支出以及其他用于科技活动的支出。不包括生产性活动支出、归还贷款支出及转拨外单位支出。反映科技投入实际完成情况。

二十三、文化、体育和卫生

Chapter 23　Culture, Sports and Public Health

资料整理：安　娜　宋晶晶　尚　帅　冯忠录

23-1 文化事业基本情况

项　　目	2010年	2011年	2012年	2013年	2014年	2015年	2016年
一、文化事业机构数(个)	**14690**	**13563**	**13054**	**12910**	**12915**	**11741**	**11798**
文化部门	2130	2106	2093	2074	2075	2062	2043
其他部门	12560	11457	10961	10836	10840	9679	9755
二、文化事业人员数(人)	**75215**	**70313**	**67659**	**71622**	**71620**	**66014**	**62190**
文化部门	19044	19307	19731	20009	20008	19197	16914
其他部门	56171	51006	47928	51613	51612	46817	45276
三、各类文化艺术事业单位数(个)							
文化馆、艺术馆	122	122	123	123	122	124	125
公 共 图 书 馆	128	128	129	129	128	129	130
博物馆	61	61	62	63	63	64	65
电影院							
艺术表演场所	38	38	30	26	28	26	26
艺术表演团体	52	38	23	23	24	23	21
电影放映单位							

23-1 续表

项　　目	2017年	2018年	2019年	2020年	2021年	2022年
一、文化事业机构数(个)	**10599**	**9084**	**8797**	**8057**	**7479**	**7843**
文化部门	2096	2057	2033	1948	2025	2145
其他部门	8503	7027	6764	6109	5454	5698
二、文化事业人员数(人)	**56532**	**50954**	**77813**	**71022**	**66041**	**64128**
文化部门	18017	17252	16964	16597	19376	22318
其他部门	38515	33702	60909	54425	46665	41810
三、各类文化艺术事业单位数(个)						
文化馆、艺术馆	125	125	124	123	123	123
公 共 图 书 馆	130	130	130	129	129	129
博物馆	65	65	65	65	65	65
电影院						
艺术表演场所	23	22	21	30	30	30
艺术表演团体	18	18	14	14	14	14
电影放映单位						

23-2 广播电视事业

项　目	单位	2011年	2012年	2013年	2014年	2015年	2016年
一、职 工 人 数	**人**	**27332**	**28531**	**28436**	**28700**	**28165**	**27725**
二、广播事业情况							
广 播 电 台	座	4	4	4			79
发射台及转播台	座	35	34	34	35	37	37
发射机功率	千瓦	1200	1225	1225	1171	1141	1141
平均每天播音时间	小时	83	80	80	1842	1861	1885
广播人口综合覆盖率	%	98.51	98.59	98.63	98.81	99.00	99.05
年广播节目制作时间	小时	442709	432646	393806	389989	384687	387654
新闻	小时	59338	60348		51608	53296	54337
综艺	小时	136956	133584		125417	119364	112757
专题	小时	148479	135010		125651	123633	128695
广播剧	小时	2176	7652		6049	6231	8707
广告	小时	58229	56210		44174	43600	44709
其他	小时	37529	39839		37089	38562	38447
三、电视事业情况							
电 视 台	座	5	5	5			79
电视发射及转播台	座	368	368	369	359	209	208
发射机功率	千瓦	583	581	579	497	572	577
平均每周播出时间	小时	14017	14065	14120	14183	14283	14304
电视人口综合覆盖率	%	98.64	98.68	98.72	98.96	99.07	99.13
电视节目制作时间	小时	184320	176710	184836	178639	173285	180179
新闻	小时	30247	28514		28712	29943	32319
综艺	小时	53809	50333		50705	49112	46972
专题	小时	30122	37961		36516	39549	46268
影视剧	小时	1080	1335		1414	1504	429
广告	小时	42997	35758		33521	30170	31449
其他	小时	26064	22806		27771	23003	22741

注：1.2016年起广播电台、电视台数为广播电视台数。
2.2017年职工人数包含影院机构人员。

23-2 续表

项　　目	单位	2017年	2018年	2019年	2020年	2021年	2022年
一、职 工 人 数	**人**	**32524**	**27411**	**25109**	**24935**	**24284**	**24885**
二、广播事业情况							
广 播 电 台	座	77	81	81	82	82	81
发射台及转播台	座	36	36	36	35	35	33
发射机功率	千瓦	1151	1172	1168.4	1188	1112	1152
平均每天播音时间	小时	1939	1887	1884	1860	1878	1854
广播人口综合覆盖率	%	99.07	99.09	99.24	99.44	99.48	99.50
年广播节目制作时间	小时	402316	392474	404023	394168	415278	397885
新闻	小时	53925	53838	54961	57077	62188	57029
综艺	小时	119126	111847	114012	106099	106903	111508
专题	小时	136356	130498	135215	131903	136963	133961
广播剧	小时	9731	9366	10920	11451	17491	17190
广告	小时	44319	40105	41974	35745	34845	32564
其他	小时	38859	46818	46941	51893	56888	45633
三、电视事业情况							
电 视 台	座	77	81	81	82	82	81
电视发射及转播台	座	183	183	177	172	143	149
发射机功率	千瓦	614	618	608	395	282	261
平均每周播出时间	小时	15013	14912	15209	15522	14821	12836
电视人口综合覆盖率	%	99.15	99.17	99.27	99.41	99.46	99.48
电视节目制作时间	小时	169720	164430	153944	142183	136064	113289
新闻	小时	33086	34873	31525	32226	34920	31276
综艺	小时	35795	30258	28117	20426	16371	17878
专题	小时	39979	39932	33956	27108	25486	19336
影视剧	小时	31	83	185	1490	85	185
广告	小时	31531	31575	30615	32501	30387	20860
其他	小时	29298	27708	29546	28432	28815	23754

23-3 图书、杂志和报纸出版情况

年 份	图书				杂志			报纸		
	种数(种)	#新出版	总印数(万册)	总印张数(万印张)	种数(种)	总印数(万册)	总印张数(万印张)	种数(种)	总印数(万份)	总印张数(万印张)
1991	3603	2799	22000	94000	242	15000	33000	67	99000	71000
1992	3203	2336	21000	90000	255	16000	30000	70	94000	70000
1993	3602		23000	120000	289	16000	38000	84	87000	88000
1994	4419	2986	24000	108000						
1995	3585	1975	18000	79000	295	15000	34000	88	90000	88000
1996	4419	2228	23000	107000	288	14000	31000	97	88000	117000
1997	4979	2678	22000	104000	286	14000	31000	89	99000	124000
1998	5251	2838	24000	114000	274	13000	31000	85	105000	175000
1999	5256	2711	23000	106000	277	13000	32000	85	110000	206000
2000	5008	2752	17082	108047	289	8634	22369	87	125845	319018
2001	5117	2719	18176	123953	306	14043	33907	97	124584	1097498
2002	6632	3026	16374	106225	321	12896	31246	17	52989	110635
2003	6519	2826	15428	92405	322	10881	30241	17	50631	150874
2004	5511	2899	11666	83959	234	6891	25647	81	145408	510101
2005	6598		12394	88222	325	10890	30251	81	145800	510235
2006	7370		12355	91425	324	8025	30537	123	159117	720835
2007	5533	3043	6686	51332	326	10793	39720	122	268855	743621
2008	7216	3592	13588	85791	322	10033	39777	81	179132	830147
2009					317	8424	37759	113	144362	702087
2010	9060	4925	14705	115552	317	4507	40073	75	156800	820203
2011	9883	5208	15148	120937	316	10003	41657	73	161277	998342
2012	9994	5596	11680	95977	312	9840	41715	69	165968	989664
2013	10737	6772	11788	96271	315	9185	39698	70	163232	814552
2014	11942	7405	12713	103992	315	8965	38377	70	151009.9	848948
2015	10964	5806	12557	98363	312	8847	37294	70	132935	617000
2016	10385	4993	14758	117616	313	8767	36434	68	103862	380836
2017	10863	4776	17063	145301	313	7834	32551	66	85938	260183
2018	11519	5421	18891	161876	313	7158	31298	66	73111	187346
2019	12017	5412	18675	145050	309	7156	35045	98	66753	135472
2020	10557	4829	15226	136560	312	6372	28254	88	58092	109108
2021	11433	5195	19423	175480	313	5906	26645	90	54203	111408
2022	10694	5149	17084	163328	313	6533	29961	89	45886	108971

注：2002年、2003年报纸为省级报纸统计数。

23-4 运动员获得世界冠军情况

年　份	项数(项)	#女子	人数(人)	#女子	次数(次)	#女子
1986	6	4	8	4	8	4
1987	4	3	6	4	8	6
1988	2	1	4	3	10	8
1989	11	10	5	4	11	10
1990	11	7	7	4	12	8
1991	15	13	7	5	16	14
1992	6	5	8	7	13	12
1993	24	24	18	18	24	24
1994	4	4	7	5	12	8
1995	7	3	9	5	8	4
1996	6	6	5	5	8	8
1997	7	7	4	4	7	7
1998	14	8	11	9	15	8
1999	14	12	9	8	15	13
2000	9	7	6	5	9	7
2001	9	9	4	4	9	9
2002	12	10	10	8	12	10
2003	18		12		19	
2004	11	10	11	10	12	11
2005	6	6	6	6	6	6
2006	11	10	11	10	11	10
2007	14	14	12	12	20	20
2008	13	13	10	10	15	15
2009	7	7	4	4	7	7
2010	6	6	12	12	13	13
2011	7	9	11	23	26	23
2012	7	5	9	7	8	6
2013	13	11	12	10	15	13
2014	7	7	5	5	7	7
2015	8	6	6	5	10	8
2016	4	4	7	6	10	9
2017	9	6	12	9	10	7
2018	4	3	4	3	8	6
2019	16	12	11	8	16	12
2020						
2021	2	1	3	1	3	1
2022	4	5	7	5	10	7

23-5 卫生机构、床数、人员数

(2022年)

机构分类	机构个数(个)	实有床位数(张)	在岗职工(人)						
			合计	卫生技术人员					
				小计	执业(助理)医师		注册护士	药师(士)
						执业医师		
总　计	**32679**	**326159**	**425418**	**340261**	**133348**	**120304**	**157806**	**13833**
一、医院	**1477**	**284073**	**296981**	**245448**	**86601**	**83457**	**124841**	**10510**
综合医院	771	182287	202578	170467	61211	59373	87257	6525
中医医院	215	32335	34675	28666	10522	9926	12934	2033
中西医结合医院	14	2582	3103	2631	998	958	1209	157
民族医院	3	520	698	547	241	209	194	39
专科医院	456	64944	55383	42804	13532	12904	23053	1740
口腔医院	34	546	3064	2583	1251	1201	1135	28
眼科医院	83	3280	5770	3377	1028	991	1665	139
耳鼻喉科医院	1	80	101	58	16	16	26	2
肿瘤医院	6	4469	4811	4173	1349	1348	2172	165
心血管病医院	7	441	354	303	107	93	143	14
胸科医院								
血液病医院	1	20	12	12	2	2	10	
妇产(科)医院	36	4082	7481	5707	2054	1999	2933	209
儿童医院	5	1041	1340	1108	314	305	523	56
精神病医院	93	29796	12250	9548	1974	1814	6518	298
传染病医院	17	5594	4964	3925	1276	1229	2020	227
皮肤病医院	7	386	653	446	147	145	219	42
结核病医院	5	1612	1099	836	232	215	484	40
骨科医院	29	3716	2978	2436	912	810	1085	146
康复医院	26	2698	1564	1279	412	384	491	42
整形外科医院	3	65	223	100	32	28	63	3
美容医院	16	295	797	556	232	219	285	21
其他专科医院	87	6823	7922	6357	2194	2105	3281	308
护理院(中心)	18	1405	544	333	97	87	194	16
二、基层医疗卫生机构	**30549**	**35756**	**105193**	**78219**	**40566**	**31281**	**29093**	**2985**
社区卫生服务中心(站)	1389	6511	20515	17359	7330	6613	7751	978
社区卫生服务中心	392	5857	14409	11883	4712	4205	5274	816
社区卫生服务站	997	654	6106	5476	2618	2408	2477	162
卫生院	1034	29225	23527	17863	8508	5664	5723	1095
街道卫生院	15	204	192	137	69	53	46	9
乡镇卫生院	1019	29021	23335	17726	8439	5611	5677	1086
中心卫生院	259	10299	8452	6573	3171	2235	2098	405
乡卫生院	760	18722	14883	11153	5268	3376	3579	681
村卫生室	16202		20914	5437	4956	1358	464	17
门诊部	1198		13664	11997	5736	5066	5406	294
综合门诊部	268		4667	4050	1952	1822	1652	123
中医门诊部	108		1001	862	480	431	252	85
中西医结合门诊部	6		70	68	38	36	23	3
专科门诊部	816		7926	7017	3266	2777	3479	83
诊所.卫生所.医务室	10726	20	26573	25563	14036	12580	9749	601
诊所	10148	2	25003	24101	13297	11947	9255	583
卫生所、医务室	575		1556	1450	738	633	483	18
护理站	3	18	14	12	1		11	

23-5 续表 1 (2022年)

机构分类	机构个数(个)	实有床位数(张)	在岗职工(人) 合计	卫生技术人员 小计	执业(助理)医师	执业医师	注册护士	药师(士)
三、专业公共卫生机构	**498**	**3079**	**19279**	**14066**	**5289**	**4766**	**3118**	**273**
疾病预防控制中心	113		7042	5048	2346	2072	498	76
省属	1		386	307	167	165	12	1
省辖市(地区)属	13		1955	1448	717	702	93	11
地辖市属	64		2997	2182	985	835	243	39
县属	24		1290	821	375	289	72	19
其他	11		414	290	102	81	78	6
专科疾病防治院(所、站)	46	1061	1381	1049	469	418	376	52
专科疾病防治院	4	503	311	246	84	82	125	16
职业病防治院	3	502	306	244	82	81	125	16
其他	1	1	5	2	2	1		
专科疾病防治所(站、中心)	42	558	1070	803	385	336	251	36
口腔病防治所(站、中心)	7		303	263	155	148	95	
精神病防治所(站、中心)	1	80	33	22	6	6	14	2
结核病防治所(站、中心)	31	441	693	496	223	182	137	30
职业病防治所(站、中心)	3	37	41	22	1		5	4
地方病防治所(站、中心)								
药物戒毒所(中心)								
其他								
健康教育所(站、中心)	4		57	26	14	13	6	3
妇幼保健院(所、站)	84	1880	5122	3942	1770	1630	1443	115
省属	1	150	390	321	125	125	138	10
省辖市(地区)属	8	225	519	414	191	184	151	13
地辖市属	50	781	2328	1816	869	795	631	50
县属	20	604	1381	998	429	371	355	35
其他	5	120	504	393	156	155	168	7
妇幼保健院	34	1788	3754	2981	1271	1176	1199	87
妇幼保健所	30	39	740	517	265	237	139	11
妇幼保健站	17	53	517	372	192	176	91	14
急救中心(站)	16	138	1265	795	403	394	375	11
采供血机构	18		1165	834	172	158	396	6
卫生监督所(中心)	106		2871	2181				
省属	1		89	74				
省辖市(地区)属	14		611	516				
地辖市属	64		1650	1212				
县属	19		407	297				
其他	8		114	82				
计划生育技术服务机构	111		376	191	115	81	24	10
四、其他卫生机构	**155**	**3251**	**3965**	**2528**	**892**	**800**	**754**	**65**
康复医疗机构	9	3251	966	707	248	222	295	22
卫生监督检验(监测、检测)所(站)								
医学科学研究机构	1							
医学在职培训机构								
临床检验中心(所、站)	24		699	449	91	87	67	9
健康体检中心	3		92	77	35	33	35	
医疗辅助性机构	22		423	289	47	46	136	1
其他	96		1785	1006	471	412	221	33

23-5 续表 2

(2022年)

机构分类	技师(士)	检验师	卫生监督员	其他	其他技术人员	管理人员	工勤技能人员
总　计	**20460**	**11858**	**2015**	**12828**	**19685**	**27828**	**33661**
一、医院	**15832**	**8533**		**7664**	**14332**	**19473**	**25936**
综合医院	10827	5907		4647	8470	11456	16892
中医医院	2000	924		1177	1908	2760	2791
中西医结合医院	234	126		33	204	223	164
民族医院	27	19		46	71	37	43
专科医院	2722	1548		1757	3669	4948	5871
口腔医院	91	20		78	175	201	163
眼科医院	225	96		320	706	979	977
耳鼻喉科医院	3	2		11		21	35
肿瘤医院	222	130		265	238	185	283
心血管病医院	22	10		17	5	25	26
胸科医院							
血液病医院						1	
妇产(科)医院	381	307		130	536	546	925
儿童医院	67	47		148	21	109	115
精神病医院	333	209		425	846	888	1396
传染病医院	344	202		58	299	577	420
皮肤病医院	36	22		2	52	54	111
结核病医院	51	40		29	54	128	148
骨科医院	249	96		44	279	145	179
康复医院	195	27		139	77	175	108
整形外科医院	2	2			67	42	29
美容医院	12	11		6	42	110	140
其他专科医院	489	327		85	272	762	816
护理院(中心)	22	9		4	10	49	175
二、基层医疗卫生机构	**2432**	**1421**		**3185**	**3308**	**4606**	**5694**
社区卫生服务中心(站)	832	553		468	957	1485	1429
社区卫生服务中心	684	451		397	749	1113	1215
社区卫生服务站	148	102		71	208	372	214
卫生院	1078	592		1459	1781	1557	3029
街道卫生院	7	2		6	14	27	15
乡镇卫生院	1071	590		1453	1767	1530	3014
中心卫生院	419	224		480	586	460	1052
乡卫生院	652	366		973	1181	1070	1962
村卫生室							
门诊部	413	239		148	346	942	886
综合门诊部	273	165		50	92	293	355
中医门诊部	32	20		13	22	79	72
中西医结合门诊部	2			2		6	
专科门诊部	106	54		83	232	564	459
诊所.卫生所.医务室	109	37		1110	224	622	350
诊所	87	23		922	195	566	325
卫生所、医务室	22	14		188	28	55	24
护理站					1	1	1

23-5 续表 3

(2022年)

机构分类	技师(士)		卫生监督员	其他	其他技术人员	管理人员	工勤技能人员
		检验师					
三、专业公共卫生机构	**1799**	**1604**	**2014**	**1573**	**1671**	**3033**	**1545**
疾病预防控制中心	1123	1064	41	964	696	1145	425
省属	116	116		11	41	19	25
省辖市(地区)属	402	396		225	246	277	78
地辖市属	395	363	18	502	216	540	151
县属	160	150	23	172	147	227	141
其他	50	39		54	46	82	30
专科疾病防治院(所、站)	80	54		72	118	172	100
专科疾病防治院	19	14		2	37	24	17
职业病防治院	19	14		2	36	24	15
其他					1		2
专科疾病防治所(站、中心)	61	40		70	81	148	83
口腔病防治所(站、中心)	1			12	21	28	13
精神病防治所(站、中心)						2	9
结核病防治所(站、中心)	58	39		48	55	112	53
职业病防治所(站、中心)	2	1		10	5	6	8
地方病防治所(站、中心)							
药物戒毒所(中心)							
其他							
健康教育所(站、中心)	1	1		2	9	18	5
妇幼保健院(所、站)	388	295		226	436	614	380
省属	40	26		8	20	60	24
省辖市(地区)属	48	39		11	64	62	19
地辖市属	178	141		88	131	254	184
县属	75	52		104	183	196	116
其他	47	37		15	38	42	37
妇幼保健院	278	212		146	290	343	308
妇幼保健所	60	45		42	75	169	47
妇幼保健站	38	28		37	63	67	19
急救中心(站)	4	4		2	92	66	330
采供血机构	191	179		69	108	156	109
卫生监督所(中心)			1972	209	102	777	179
省属			74			16	3
省辖市(地区)属			496	20	25	198	42
地辖市属			1070	142	41	467	87
县属			261	36	32	68	41
其他			71	11	4	28	6
计划生育技术服务机构	12	7	1	29	110	85	17
四、其他卫生机构	**397**	**300**	**1**	**406**	**374**	**716**	**486**
康复医疗机构	50	15		79	60	83	155
卫生监督检验(监测、检测)所(站)							
医学科学研究机构							
医学在职培训机构							
临床检验中心(所、站)	218	166		64	28	112	120
健康体检中心	6	4		1		2	13
医疗辅助性机构	83	79		22	52	65	45
其他	40	36	1	240	234	454	153

23-6 各地区卫生机构、床位数

(2022年)

地区	卫生机构数(个)	#医院	#乡镇卫生院	#门诊部	#疾病预防控制中心(防疫站)	#妇幼保健院(所站)	医疗机构实有床位数(张)	每千人口医疗机构床位数(张)
总　计	**32679**	**1477**	**1019**	**1198**	**113**	**84**	**326159**	**7.8**
沈　阳	5103	307	114	481	15	8	78620	8.6
大　连	4027	233	89	207	12	10	51318	6.8
鞍　山	2140	107	67	148	8	8	24495	7.6
抚　顺	1353	53	47	77	9	8	13086	7.3
本　溪	827	43	34	37	8	3	11463	9.0
丹　东	1827	68	82	50	6	4	19380	9.2
锦　州	1938	75	77	41	8	7	17994	6.8
营　口	2301	115	39	13	7	5	15559	6.8
阜　新	1239	50	65	14	7	6	11982	7.6
辽　阳	1472	57	34	23	8	7	15226	9.9
盘　锦	1155	59	34	61	4	2	10184	7.3
铁　岭	2678	79	103	17	8	4	17144	7.5
朝　阳	4068	119	139	14	8	8	21501	7.7
葫芦岛	2551	112	95	15	5	4	18207	7.7

23-7 各地区卫生机构人员数

(2022年)

单位：人

地区	卫生机构人员合计	#卫生技术人员	#执业(助理)医师	#注册护士	每千人口执业(助理)医师数	每千人口注册护士数
总　计	**425418**	**340261**	**133348**	**157806**	**3.18**	**3.76**
沈　阳	110820	93167	36149	44055	3.95	4.82
大　连	77091	62941	24231	30643	3.22	4.07
鞍　山	27386	22068	8258	10504	2.55	3.24
抚　顺	16397	13496	5245	6301	2.94	3.53
本　溪	13860	11423	3886	5843	3.07	4.61
丹　东	22138	17613	7127	7781	3.37	3.68
锦　州	20833	16007	7024	6588	2.66	2.50
营　口	21042	15839	6724	7054	2.94	3.09
阜　新	16153	12375	4673	5746	2.96	3.64
辽　阳	16453	13239	5190	6092	3.36	3.95
盘　锦	14649	11539	4747	5216	3.42	3.76
铁　岭	20329	14486	5692	6377	2.49	2.79
朝　阳	28476	21276	8440	8955	3.02	3.20
葫芦岛	19791	14792	5962	6651	2.53	2.82

主要统计指标解释

文化事业机构 指从事专业文化工作和为专业文化工作服务的独立建制的单位。不包括这些单位另外举办独立核算的其他机构和各部门的业余文化组织。该指标主要反映文化事业机构发展规模水平。

艺术表演团体 指从事戏曲、音乐、舞蹈、杂技等专业艺术表演，有独立帐户的单位，不包括半工半艺、半农半艺和民间职业剧团。该指标主要反映全国专业艺术表演团体发展规模水平。

医疗卫生机构 指从卫生健康行政部门取得《医疗机构执业许可证》，或从民政、工商行政、机构编制管理部门取得法人单位登记证书，为社会提供医疗保健、疾病控制、卫生监督服务或从事医学科研和医学在职培训等工作的单位。医疗卫生机构包括医院、基层医疗卫生机构、专业公共卫生机构、其他医疗卫生机构。

医院 包括综合医院、中医医院、中西医结合医院、民族医院、各类专科医院和护理院（中心），不包括专科疾病防治院、妇幼保健院和疗养院。

卫生技术人员 包括执业医师、执业助理医师、注册护士、药师（士）、检验技师（士）、影像技师（士）、卫生监督员和见习医（药、护、技）师（士）等卫生专业人员。不包括从事管理工作的卫生技术人员（如院长、副院长、党委书记等）。

执业（助理）医师 指《医师执业证》“级别”为“执业助理医师”且实际从事医疗、预防保健工作的人员，不包括实际从事管理工作的执业助理医师。执业助理医师类别分为临床、中医、口腔和公共卫生四类。

二十四、其他社会活动

Chapter 24 Others Social Activities

资料整理　董保国　王贵超　石　峰

24-1 历届省人民代表大会的代表人数

届 别	年份	代表总数（人）			占代表总数比重(%)	
			#女代表	#少数民族代表	#女代表	#少数民族代表
一 届	1954	588		100		17.0
二 届	1959	566	107	39	18.9	6.9
三 届	1964	795				
四 届	1975					
五 届	1978	1200	292	160	24.3	13.3
六 届	1983	900	219	146	24.3	16.2
七 届	1988	725	142	118	19.6	16.3
八 届	1993	745	159	115	21.3	15.4
九 届	1998	622	123	97	19.8	15.6
十 届	2003	619	108	102	17.5	16.5
十一届	2008	616	115	87	18.7	14.1
十二届	2013	619	140		22.6	
十三届	2018	610	176	139	28.9	22.8
十四届	2023	613	206	128	33.6	20.9

24-2 历届省政治协商会议的委员人数

届 别	年份	委员总数（人）			占委员总数比重(%)	
			#中国共产党委员	#少数民族委员	#中国共产党委员	#少数民族委员
一 届	1954	122	28	16	23.0	13.1
二 届	1959	376	123	32	32.7	8.5
三 届	1963	403	125	31	31.0	7.7
四 届	1977	586	245	57	41.8	9.7
五 届	1983	595	220	65	37.0	10.9
六 届	1988	696	245	83	35.2	11.9
七 届	1993	695	242	81	34.8	11.7
八 届	1998	723	283	97	39.1	13.4
九 届	2003	750	284	98	37.9	13.1
十 届	2008	796	285	119	35.8	15.0
十一届	2013	845	321	129	38.0	15.3
十二届	2018	604	220	125	36.4	20.7
十三届	2023	599	206	115	34.4	19.2

24-3 律师、公证、调解工作基本情况

项　目	单位	2010年	2011年	2012年	2013年	2014年	2015年	2016年
一、律师工作								
律师事务所	个	644	685	719	741	820	883	930
律师	人	6648	7430	7925	8540	9130	9667	10765
专职律师	人	5985	6771	7204	7762	8210	8820	9515
兼职律师	人	339	349	337	339	379	387	397
聘请担任常年法律顾问的单位	处	8243	7963	8745	9221	10800	9958	10022
民事诉讼代理	件	43807	41708	48999	52395	56301	56982	68136
经济诉讼代理	件							
行政诉讼代理	件	1535	1486	1769	1868	1848	2012	3401
刑事 辨 护	件	19336	21584	20660	22402	25473	24990	19137
非诉讼法律事务	件	14339	17649	13095	12999	17986	12252	12228
二、公证工作								
公证处	个	106	106	108	108	105	103	103
公证人员	人	1118	1219	1260	1356	1390	1399	1408
#公证员	人	510	523	516	521	519	509	487
公证员助理	人	252	342	342	451	528	525	542
办理公证文书	万件	74.8	74.7	71.6	77.0	64.7	28.8	66.1
三、人民调解工作								
司法所工作人员	人	3449	3824	4744	3603	4842	5024	4777
人民调解委员会	个	20267	20008	20118	20289	19523	19516	19470
调 解 人 员	万人	17.2	15.2	15.1	15.4	13.6	13.4	13.2
调解案件数	万件	15.3	17.7	16.1	18.5	23.1	21.9	14.1

24-3　续表

项　目	单位	2017年	2018年	2019年	2020年	2021年	2022年
一、律师工作							
律师事务所	个	996	1062	1142	1216	1289	1356
律师	人	11965	12797	15033	16269	18105	20005
专职律师	人	10349	11175	11934	12966	14061	15326
兼职律师	人	421	425	457	487	497	496
聘请担任常年法律顾问的单位	处	11336	12297	11829	13678	14289	13578
民事诉讼代理	件	79054	87866	103710	124070	150399	162045
经济诉讼代理	件						
行政诉讼代理	件	4729	4013	4178	4984	6580	5370
刑事 辨 护	件	23699	14163	16805	46529	50093	34031
非诉讼法律事务	件	14756	20016	24813	37841	35686	52583
二、公证工作							
公证处	个	94	93	93	93	93	95
公证人员	人	1483	1371	1317	1350	1384	1412
#公证员	人	422	424	397	400	414	411
公证员助理	人	623	646	631	622	645	626
办理公证文书	万件	59.9	49.1	47.7	32.9	33.2	31.5
三、人民调解工作							
司法所工作人员	人	4688	4184	4526	4885	5013	5043
人民调解委员会	个	19399	18926	18590	18420	18361	18349
调 解 人 员	万人	11.6	9.7	9.0	8.1	8.2	8.0
调解案件数	万件	10.3	9.0	11.6	16.1	19.5	22.2

24-4　公证文书分类

(2022年)

分　　类	办证件数(件)	比重(%)
合　　计	**315894**	
合同(协议)	11750	3.72
继承	86297	27.32
委托	45902	14.53
声明	21403	6.78
赠与	1079	0.34
遗嘱	3012	0.95
现场监督	728	0.23
婚姻状况、亲属关系、收养关系	11615	3.68
出生、生存、死亡	14325	4.53
身份、经历、学历、学位、职务、职称	10237	3.24
有无违法犯罪记录	11927	3.78
公司章程	7	
保全证据	5025	1.59
证书、执照	34149	10.81
签名、印鉴	5453	1.73
文本相符	27092	8.58
赋予强制执行效力	14561	4.61
执行证书	866	0.27
抵押登记	12	
提存	317	0.10
保管	54	0.02
司法辅助事务	4911	1.55
其他	10083	3.19

24-5 结婚登记和离婚情况

年份	准予登记结婚(对)	初婚(人)	再婚(人)	准予登记离婚(对)	离婚率(‰)
1984	387829	748957	26701	8810	0.24
1985	419729	811197	28261	8963	0.24
1986	440722	845008	36436	14416	0.39
1987	472011	900299	43723	19006	0.51
1988	415219	785176	45262	22379	0.59
1989	395049	739189	43448	22530	0.59
1990	383976	710383	57569	24459	0.63
1991	340245	628962	51528	23541	0.60
1992	411425	772983	49867	24565	0.62
1993	330506	612579	48433	26825	0.68
1994	294877	539149	50605	29890	0.75
1995	304103	553927	54279	29554	0.74
1996	308500	560821	56179	30279	0.75
1997	275310	496601	54019	32828	0.81
1998	264684	473115	56253	34772	0.85
1999	257598	462363	52833	34657	0.85
2000	272644	482897	62391	35300	0.86
2001	253586	448154	59018	40376	0.97
2002	235007	402638	67376	40731	0.98
2003	250933	427360	74506	49299	1.18
2004	290391	496718	84064	74093	1.78
2005	257021	426672	92552	79680	1.90
2006	308815	516992	106182	77273	1.84
2007	288947	481636	101872	86000	2.03
2008	321107	519911	128017	92354	2.18
2009	381661	624029	139293	101452	2.37
2010	321965	504961	138969	99762	2.39
2011	372640	610054	135226	111152	2.45
2012	372862	669605	76119	113198	2.46
2013	369619	671778	67460	123743	2.47
2014	345097	627524	62670	126197	2.90
2015	316977	575281	58673	126826	2.88
2016	312562	554958	70166	136114	3.40
2017	291851	519388	64314	144081	3.20
2018	280773	456354	105192	152080	3.48
2019	255586	322348	188824	157509	3.62
2020	224299	327052	121546	134491	3.16
2021	214440	333974	94906	76285	3.67
2022	190882	304165	77599	70752	3.41

24-6 各地区结婚登记和离婚情况

(2022年)

地　区	准予登记结婚(对)	初婚(人)	再婚(人)	准予登记离婚(对)
全　省	**190882**	**304165**	**77599**	**70752**
沈　阳	45828	75705	15951	18871
大　连	33415	54064	12766	10456
鞍　山	14153	22430	5876	5354
抚　顺	6961	10149	3773	3633
本　溪	5332	7724	2940	2269
丹　东	8739	13587	3891	2944
锦　州	10689	16443	4935	3636
营　口	10398	16881	3915	4033
阜　新	7260	10959	3561	2660
辽　阳	6805	11565	2045	2636
盘　锦	6557	10285	2829	2853
铁　岭	11577	17804	5350	4231
朝　阳	12433	19712	5154	3443
葫芦岛	10175	15967	4383	3400
沈抚示范区	560	890	230	333

24-7 基本养老保险参保人员情况

年份、地区	城镇职工基本养老保险(万人)				城乡居民社会养老保险(万人)	城镇企业职工基本养老保险(亿元)		城乡居民基本养老保险(亿元)	
	合计	在职职工	#企业(含其他)	离退休人数		基金收入	基金支出	基金收入	基金支出
2000	1029.9	748.9	679.7	281.0		181.4	166.3		
2001	1022.8	733.9	666.7	288.9		192.1	179.5		
2002	1039.2	737.0	669.6	302.2		250.1	201.1		
2003	1070.4	754.9	688.6	315.5		262.7	217.7		
2004	1101.0	767.2	695.1	333.8		301.5	246.4		
2005	1193.6	832.8	760.5	360.8		354.9	288.2		
2006	1248.8	865.8	790.2	383.0		425.9	352.7		
2007	1299.7	891.6	825.8	408.1		511.9	428.6		
2008	1406.3	976.4	910.6	429.9		664.8	529.9		
2009	1457.4	1008.0	943.8	449.4		739.1	647.0		
2010	1496.9	1024.2	961.5	472.7		837.6	759.3		
2011	1556.6	1070.1	1008.2	486.5		1039.4	883.6	29.4	16.6
2012	1609.2	1098.8	1036.9	510.4		1212.3	1052.6	41.0	26.6
2013	1729.5	1171.7	1109.5	557.8		1327.0	1150.8	42.8	31.1
2014	1769.2	1167.3	1107.3	601.9	1032.0	1431.9	1372.3	45.8	37.4
2015	1780.2	1139.7	1079.3	640.5	1034.7	1498.7	1604.1	63.1	56.3
2016	1800.2	1120.5	1056.7	679.7	1039.6	1526.8	1781.2	59.0	53.5
2017	1949.8	1195.5	1063.9	754.4	1036.2	1614.7	1967.7	61.2	54.2
2018	1994.8	1205.2	1080.4	789.6	1040.8	1927.1	2182.9	71.7	67.6
2019	2026.2	1210.3	1085.0	816.0	1057.7	2534.0	2377.0	77.7	71.4
2020	2049.0	1209.3	1085.6	839.7	1058.4	2470.7	2548.1	84.8	76.5
2021	2084.6	1227.6	1103.2	857.0	1040.9	2651.8	2732.2	82.9	78.2
2022	2114.4	1240.5	1117.0	873.9	1041.3	2981.0	2869.2	84.4	79.3
沈阳	435.4	282.3	265.1	153.1	120.8			12.4	12.4
大连	385.4	259.4	244.9	126.0	125.0			20.3	17.1
鞍山	133.0	79.9	71.2	53.1	79.3			5.1	5.0
抚顺	95.9	43.6	38.7	52.3	43.2			3.1	2.7
本溪	73.5	36.4	32.2	37.1	31.1			2.0	1.8
丹东	113.3	56.1	50.1	57.2	40.4			3.4	3.3
锦州	103.6	58.4	50.8	45.2	100.8			5.0	6.2
营口	113.8	70.9	65.5	42.9	61.2			4.7	3.8
阜新	62.7	32.6	27.7	30.1	46.7			3.1	3.1
辽阳	81.2	44.0	39.5	37.2	31.5			2.9	2.8
盘锦	71.7	41.6	37.1	30.1	23.5			1.2	0.9
铁岭	77.3	42.1	35.0	35.2	92.3			6.0	6.2
朝阳	78.3	48.4	40.1	29.9	141.3			8.6	7.9
葫芦岛	75.4	45.8	39.4	29.6	104.2			6.6	6.0
省本级	213.8	98.9	79.9	114.9					

24-8 各地区失业保险情况

单位：万人

年份、地区	参保人数	企业	国有企业	集体企业	其他企业	事业单位	领取失业保险金人数
2000	694.0	638.4	415.6	164.2	24.8	54.5	18.2
2001	648.0	590.0	364.6	158.4	34.2	66.5	20.3
2002	591.1	517.2	315.7	128.4	37.7	73.9	82.0
2003	622.2	486.3	248.4	124.6	77.4	102.5	67.0
2004	616.2	467.3	214.0	120.7	94.2	108.8	81.7
2005	607.7	454.6	204.4	119.2	93.9	108.9	46.5
2006	614.1	456.3	209.2	116.1	92.8	109.0	25.9
2007	622.1	458.9	209.3	115.9	93.9	106.2	19.6
2008	622.7	472.1	199.9	117.1	111.0	99.4	15.7
2009	625.3	473.8	207.3	112.5	125.5	97.0	13.4
2010	626.9	489.8	202.3	85.9	134.6	95.9	11.4
2011	632.3	495.7	194.6	94.8	143.5	97.4	9.7
2012	660.7	517.6	209.7	83.9	158.0	97.0	7.4
2013	663.2	520.1	202.0	85.9	232.1	92.6	7.5
2014	664.3	522.4	203.9	83.7	234.8	88.7	8.5
2015	665.3	521.9	197.1	76.2	171.5	89.1	9.7
2016	665.4	527.5	197.5	76.6	173.2	88.2	10.7
2017	679.9	540.8	206.7	74.3	177.3	88.4	10.7
2018	679.6	537.0	205.0	72.3	173.4	85.5	11.2
2019	668.2	533.8	184.1	68.5	196.9	80.0	12.6
2020	677.0	554.8	167.6	167.6	62.3	258.1	18.4
2021	690.9	600.4	140.1	51.0	365.9	72.5	19.2
2022	677.9	607.6	72.8	12.7	522.1	70.3	19.9
沈　阳	172.3	162.3	15.9	1.2	145.3	9.9	6.5
大　连	170.9	157.5	19.5	2.2	135.8	13.4	5.3
鞍　山	41.9	36.3	6.5	1.2	28.5	5.6	1.3
抚　顺	25.7	22.2	5.4	0.9	15.9	3.6	0.9
本　溪	33.3	30.4	4.4	3.9	22.2	2.8	0.5
丹　东	26.8	24.8	0.0	0.0	24.8	2.0	0.5
锦　州	27.3	21.2	2.2	0.5	18.4	6.1	0.5
营　口	34.2	31.7	1.3	0.2	30.3	2.4	1.1
阜　新	16.1	12.4	1.4	0.2	10.8	3.7	0.4
辽　阳	23.7	22.1	2.6	0.3	19.2	1.5	0.7
盘　锦	31.3	27.4	1.7	0.1	25.6	3.9	0.6
铁　岭	19.9	17.2	4.2	0.8	12.3	2.6	0.4
朝　阳	23.6	17.6	2.3	0.3	15.1	5.9	0.4
葫芦岛	20.8	17.2	3.3	0.8	13.1	3.6	0.6

注：表中数据来自省人力资源和社会保障厅。各市之和与全省总数之间的差值为省本级数据。

24-9 城镇基本医疗保险情况

单位：万人、亿元

年份、地区	参保人数				基金收支情况	
	合计	在职职工	退休人员	城镇居民	基金收入	基金支出
2000	108.1	71.5	36.6		7.5	5.2
2001	304.3	216.9	87.4		11.6	7.0
2002	619.0	430.3	188.7		27.1	15.5
2003	697.6	480.4	217.2		38.0	26.3
2004	783.7	536.4	247.3		53.7	39.8
2005	864.2	584.2	280.0		68.6	55.2
2006	959.3	651.9	307.4		91.5	66.6
2007	1200.2	741.3	346.5	112.4	116.2	84.3
2008	1507.4	822.8	386.5	298.1	153.7	109.9
2009	1895.7	902.6	444.5	548.6	202.5	146.9
2010	2056.2	944.6	464.1	647.5	215.7	181.8
2011	2120.1	1005.3	494.1	620.7	257.4	227.9
2012	2251.9	1062.1	524.8	664.9	301.8	272.1
2013	2333.3	1077.9	546.9	708.5	348.3	312.2
2014	2387.2	1072.5	576.7	738.0	377.7	349.4
2015	2396.2	1053.7	597.7	744.8	414.9	394.2
2016	2376.0	1022.7	612.9	740.4	440.5	410.8
2017	2277.5	967.5	608.4	701.6	496.9	464.0
2018	2258.3	945.1	622.8	690.4	538.9	497.8
2019	3894.6	911.1	641.0	2342.5	735.4	676.9
2020	3867.5	937.2	651.1	2279.1	757.7	626.9
2021	3808.3	902.4	668.6	2237.3	818.9	707.3
2022	3748.6	899.9	680.9	2167.7	865.6	772.5
沈　阳	753.8	213.9	146.4	393.5	236.5	196.8
大　连	637.3	239.9	126.3	271.1	215.7	175.4
鞍　山	294.7	46.9	54.8	193.0	48.1	44.6
抚　顺	167.5	32.0	53.0	82.5	31.4	29.8
本　溪	117.1	28.4	35.1	53.6	23.4	23.1
丹　东	209.2	44.4	36.6	128.2	32.8	32.1
锦　州	235.0	37.5	41.4	156.0	33.7	36.0
营　口	192.3	61.8	30.9	99.6	40.3	36.1
阜　新	146.5	26.6	28.2	91.7	24.1	20.7
辽　阳	148.8	34.3	28.0	86.6	31.4	27.9
盘　锦	121.1	36.5	19.3	65.3	34.5	37.2
铁　岭	231.1	27.7	25.7	177.7	26.1	33.7
朝　阳	267.7	30.7	24.0	213.1	42.5	41.8
葫芦岛	215.6	32.6	27.2	155.9	34.8	30.4
省本级	10.9	6.7	4.2		10.3	6.9

注：1.2019年起原城镇居民医疗与农村合作医疗合并，称为城乡居民医疗保险。
2.基金收支情况含生育。

主要统计指标解释

离婚率 指当年离婚人数占年平均人口的比重，计算公式为：

离婚率=当年离婚对数 × 2/年平均人口数 × 1000‰

律师 指依法取得律师执业证书，担任法律顾问，民事(刑事、行政)案件代理人、刑事案件辩护人、办理非诉讼业务，解答法律询问，代写法律事务文书等，为社会提供法律服务的人员。

公证人员 指在公证处工作的人员总称，包括公证处主任、副主任、公证员、公证员助理(助理公证员)和其他从事辅助性工作的人员。

公证文书 指公证处根据当事人申请，依照事实和法律，按照法定程序制作的，具有法律效力的司法证明文书。根据公证书用途和使用地，公证书分为国内公证书、国内经济公证书、涉外民事公证书、涉外经济公证书四类。

基本养老保险

1.（参保）职工人数：指报告期末按照国家法律、法规和有关政策规定参加基本养老保险并在社保经办机构已建立缴费记录档案的职工人数，包括中断缴费但未终止养老保险关系的职工人数，不包括只登记未建立缴费记录档案的人数。

2.（参保）离退休人员人数 指报告期末参加基本养老保险的离休、退休和退职人员的人数。

3.基本养老保险基金收入：指根据国家有关规定，由纳入基本养老保险范围的缴费单位和个人按国家规定的缴费基数和缴费比例缴纳的养老保险基金，以及通过其他方式取得的形成基金来源的收入。包括单位和职工个人缴纳的基本养老保险费、基本养老保险基金利息收入、上级补助收入、下级上解收入、转移收入、财政补贴和其他收入。

4.基本养老保险基金支出：指按照国家政策规定的开支范围和开支标准从养老保险基金中支付给参加基本养老保险的离休、退休、退职人员个人的养老金、丧葬抚恤补助，以及由于保险关系转移、上下级之间调剂资金等原因而发生的支出。包括离休金、退休金、退职金、各种补贴、医疗费、死亡丧葬补助费、抚恤救济费、社会保险经办机构管理费、补助下级支出、上解上级支出、转移支出、其他支出等。

5.基本养老保险基金累计结余：指截止报告期末基本养老保险基金收支相抵后的累计余额。

离休、退休、退职人员 指正式办理了离休、退休、退职手续，并享受相应的离休、退休、退职待遇的人员。

基本医疗保险

1.参保人数：指报告期末按国家有关规定参加基本医疗保险的人数。包括参加保险的职工人数和退休人员人数。

2.基金收入：指根据国家有关规定，由纳入基本医疗保险范围的缴费单位和个人，按国家规定的缴费基数和缴费比例缴纳的基金，以及通过其他方式取得的形成基金来源的款项，包括：单位缴纳的社会统筹基金收入、个人缴纳的个人账户基金收入、财政补贴收入、利息收入、其他收入。

3.基金支出：指按照国家政策规定的开支范围和开支标准从社会统筹基金中支付给参加基本医疗保险的职工和退休人员的医疗保险待遇支出，和从个人账户基金中支付给参加基本医疗保险的职工和退休人员的医疗费用支出，以及其他支出。包括：住院医疗费用支出、门急诊医疗费用支出、个人账户基金支出、其他支出。

4.基金累计结余：指截止报告期末基本医疗保险的社会统筹和个人账户基金累计结余金额。包括银行存款、财政专户、债券投资和其他。

失业保险

1.参保人数：指报告期末按照国家法律、法规和有关政策规定参加了失业保险的城镇企业事业单位的职工及地方政府规定参加失业保险的其他人员的人数。

2.失业保险基金收入：指按照规定从企业、事业及其他单位筹集的失业保险费及其他并入失业保险基金收入的总额。包括单位和个人缴纳的失业保险费、失业保险基金利息收入、上级补助收入、下级上解收入、转移收入、财政补贴和其他收入。

3.失业保险基金支出：指报告期内为保障失业人员和下岗职工基本生活、促进其再就业等支出的基金总额。包括失业救济金、医疗费、死亡丧葬补助费、抚恤救济费、转业训练费支出、失业保险经办机构管理费、补助下级支出、上解上级支出、转移支出和其他支出。

4.基金累计结余：指截止报告期末失业保险基金收支相抵后的累计余额。

工伤保险

1.参加保险人数：指报告期末依据国家有关规定参加工伤保险的职工人数。

2.享受保险待遇人数：指劳动者因工负伤致残、死亡或因患职业病致残，根据有关规定享受工伤保险待遇职工或供养直系亲属人数。包括伤残人数、职业病人数、因工死亡人数、供养直系亲属人数。

3.基金收入：指根据国家有关规定，由参加工伤保险的单位按国家规定的缴费基数和缴费比例缴纳的工伤保险基金，以及通过其他形式取得的形成基金来源的款项。包括：单位缴纳的社会统筹基金收入、财政补贴收入、利息收入、其他收入。

4.基金支出：指按照国家政策规定的开支范围和开支标准从工伤保险基金中支付给参加工伤保险的人员及供养直系亲属工伤保险待遇支出及其他支出。包括工伤医疗费、伤残补助金、工亡补助金、护理费、丧葬补助费、工伤预防费用、职业康复费用和其他支出。

5.基金累计结余：指截止报告期末工伤保险基金累计结余金额。包括银行存款、财政专户、债券投资和其他。

生育保险

1.参保人数：指报告期末依据有关规定参加生育保险的职工人数。

2.基金收入：指根据国家有关规定，由参加生育保险的单位按照国家规定的缴费基数和缴费比例缴纳的生育保险基金，以及通过其他方式取得的形成基金来源的款项，包括：单位缴纳的基金收入、利息收入和其他收入。

3.基金支出：指按照国家政策规定的开支范围和开支标准，从生育保险基金中支付给参加生育保险的职工，因妊娠、分娩和计划生育手术而享受的待遇及其他支出。包括：生育津贴、医疗费用支出及其他支出。

4.基金累计结余：指截止报告期末生育保险基金累计结余金额。包括银行存款、财政专户、债券投资和其他。

离休、退休、退职人员保险福利费用 指离休、退休、退职人员实际得到的生活费用总额，包括从社会保险经办机构和单位得到的费用。

1.离休金：指按规定支付给离休人员的生活费用。

2.退休金：指按规定支付给退休人员的生活费用。

3.退职生活费：指按规定支付给退职人员的生活费用。

4.医疗卫生费：指单位直接支付给离休、退休、退职人员的医疗费、住院费以及住院伙食补助等费用。

5.其他：指离休金、退休金、退职生活费和医疗卫生费以外的其他保险福利费用，如丧葬抚恤救济费、生活补贴、物价补贴、冬季取暖补贴等。

附　录

Appendix

资料整理：彦成明　张楚悠　孙　正

附录1　2022年各省(区、市)

地　区	地区生产总值		第一产业增加值(亿元)	第二产业增加值(亿元)	第三产业增加值(亿元)	人均地区生产总值	
	绝对值(亿元)	比上年增长(%)				绝对值(元)	比上年增长(%)
全　国	**1210207.2**	**3.0**	**88345.1**	**483164.5**	**638697.6**	**85698**	**3.0**
北　京	41610.9	0.7	111.5	6605.1	34894.3	190313	0.8
天　津	16311.3	1.0	273.1	6038.9	9999.3	119235	1.8
河　北	42370.4	3.8	4410.3	17050.1	20910.0	56995	4.1
山　西	25642.6	4.4	1340.4	13840.8	10461.3	73675	4.5
内蒙古	23158.6	4.2	2653.7	11241.8	9263.1	96474	4.2
辽　宁	**28975.1**	**2.1**	**2597.6**	**11755.8**	**14621.7**	**68775**	**2.8**
吉　林	13070.2	-1.9	1689.1	4628.3	6752.8	55347	-0.8
黑龙江	15901.0	2.7	3609.8	4648.9	7642.2	51096	3.9
上　海	44652.8	-0.2	97.0	11458.4	33097.4	179907	
江　苏	122875.6	2.8	4959.4	55888.7	62027.5	144390	2.5
浙　江	77715.4	3.1	2324.8	33205.2	42185.4	118496	2.2
安　徽	45045.0	3.5	3513.7	18588.0	22943.3	73603	3.3
福　建	53109.9	4.7	3076.2	25078.2	24955.5	126829	4.3
江　西	32074.7	4.7	2451.5	14359.6	15263.7	70923	4.6
山　东	87435.1	3.9	6298.6	35014.2	46122.3	86003	3.9
河　南	61345.1	3.1	5817.8	25465.0	30062.2	62106	3.5
湖　北	53734.9	4.3	4986.7	21240.6	27507.6	92059	3.4
湖　南	48670.4	4.5	4602.7	19182.6	24885.1	73598	4.8
广　东	129118.6	1.9	5340.4	52843.5	70934.7	101905	1.7
广　西	26300.9	2.9	4269.8	8938.6	13092.5	52164	2.6
海　南	6818.2	0.2	1417.8	1310.9	4089.5	66602	-0.5
重　庆	29129.0	2.6	2012.1	11693.9	15423.1	90663	2.5
四　川	56749.8	2.9	5964.3	21157.1	29628.4	67777	2.9
贵　州	20164.6	1.2	2861.2	7113.0	10190.4	52321	1.2
云　南	28954.2	4.3	4012.2	10471.2	14470.8	61716	4.7
西　藏	2132.6	1.1	180.2	804.7	1147.8	58438	1.4
陕　西	32772.7	4.3	2575.3	15933.1	14264.2	82864	4.3
甘　肃	11201.6	4.5	1515.3	3945.0	5741.2	44968	4.7
青　海	3610.1	2.3	380.2	1585.7	1644.2	60724	2.1
宁　夏	5069.6	4.0	407.5	2449.1	2213.0	69781	3.5
新　疆	17741.3	3.2	2509.3	7271.1	7961.0	68552	3.3

注：1.本表全国及各省(区、市)主要指标资料来源于《中国统计摘要2023》，部分数据为初步统计数，正式数据以《中国统计年鉴2023》为准。其中辽宁的数据与相应篇章内容保持一致。
2.地区生产总值绝对值按现价计算，速度按不变价计算。

主要经济指标

固定资产投资(不含农户)比上年增长(%)	商品房销售面积(万平方米)	商品房销售额(亿元)	居民消费价格指数(上年=100)		农林牧渔业总产值		粮食产量(万吨)
			绝对值	比上年增长(%)	绝对值(亿元)	比上年增长(%)	
5.1	**135836.9**	**133307.8**	**102.0**	**2.0**	**156065.9**	**4.4**	**68652.8**
3.6	1040.0	3976.9	101.8	1.8	268.2	-2.0	45.4
-9.9	973.8	1516.4	101.9	1.9	521.4	2.9	256.2
7.9	4615.7	3702.1	101.8	1.8	7667.4	4.6	3865.1
5.9	2256.7	1515.0	102.1	2.1	2211.6	5.0	1464.3
17.6	1380.5	868.0	101.8	1.8	4316.8	4.9	3900.6
3.6	**2182.5**	**1814.7**	**102.0**	**2.0**	**5180.0**	**3.2**	**2484.5**
-2.4	1001.1	696.3	102.1	2.1	3217.9	4.1	4080.8
0.6	925.5	569.4	101.9	1.9	6718.2	2.5	7763.1
-1.0	1852.9	7467.5	102.5	2.5	273.5	-1.1	95.6
3.8	12115.2	14811.6	102.2	2.2	8733.8	3.9	3769.1
9.1	6815.3	12660.1	102.2	2.2	3752.3	3.4	621.0
9.0	7471.3	5487.9	102.0	2.0	6278.0	4.5	4100.1
7.5	6054.3	6502.4	101.9	1.9	5502.6	3.9	508.7
8.6	6702.6	4905.2	102.0	2.0	4223.8	4.3	2151.9
6.1	11685.6	9807.7	101.7	1.7	12130.7	4.8	5543.8
6.7	11141.0	6724.8	101.5	1.5	10952.2	5.1	6789.4
15.0	6385.1	5413.3	102.1	2.1	8939.3	4.4	2741.1
6.6	6792.9	4312.3	101.8	1.8	8160.1	3.8	3018.0
-2.6	10591.1	15870.5	102.2	2.2	8892.3	4.8	1291.5
0.1	4370.9	2390.1	101.9	1.9	6938.5	5.0	1393.1
-4.2	644.0	1098.0	101.6	1.6	2272.0	3.5	146.6
0.7	4439.0	3101.6	102.1	2.1	3068.4	4.5	1072.8
6.0	10339.5	8215.9	102.0	2.0	9859.8	4.5	3510.5
-5.1	3847.0	2193.6	101.6	1.6	4908.7	4.2	1114.6
7.5	2938.4	1999.4	101.6	1.6	6635.8	5.5	1958.0
-18.0	59.6	50.7	101.5	1.5	278.6	4.8	107.3
8.1	3308.7	3270.5	102.1	2.1	4601.9	4.6	1297.9
10.1	1470.4	835.5	101.9	1.9	2680.7	5.9	1265.0
-7.6	204.4	145.0	102.4	2.4	566.2	4.6	107.3
10.2	715.6	502.1	102.3	2.3	845.9	4.9	375.8
7.6	1516.2	883.5	101.8	1.8	5469.0	5.8	1813.5

附录1 续表 1

地 区	肉类产量(万吨)	猪肉(万吨)	牛肉(万吨)	羊肉(万吨)	原油(万吨)	天然气(亿立方米)	生铁(万吨)
全 国	**9328.4**	**5541.4**	**718.3**	**524.5**	**20472.2**	**2201.1**	**86382.8**
北 京	4.3	2.8	0.4	0.2		8.0	
天 津	29.5	16.7	2.9	1.0	3575.3	41.2	1772.8
河 北	478.8	273.4	58.1	36.9	547.1	5.7	19840.2
山 西	143.2	92.4	9.1	11.2		132.1	5833.5
内蒙古	284.1	73.7	71.9	110.2	46.3	307.2	2188.8
辽 宁	**446.2**	**242.6**	**32.3**	**6.7**	**984.1**	**8.4**	**7101.4**
吉 林	291.0	150.1	44.3	8.3	425.6	20.5	1307.8
黑龙江	312.5	191.8	52.7	15.2	2971.0	55.7	877.1
上 海	9.5	8.3		0.2	53.6	19.5	1390.0
江 苏	318.1	179.4	2.9	7.2	152.9	0.8	9637.9
浙 江	108.5	71.4	1.5	2.4			802.6
安 徽	475.3	248.3	11.7	22.5		2.5	2956.5
福 建	296.3	128.1	2.7	2.3			1382.5
江 西	359.9	249.9	17.1	3.1			2384.7
山 东	844.5	368.4	60.4	33.7	2200.3	8.0	7371.3
河 南	660.0	434.9	36.7	29.0	236.2	3.9	2743.0
湖 北	441.2	331.7	16.3	10.5	53.7	1.4	2832.3
湖 南	580.9	457.9	21.6	18.2			2179.6
广 东	481.0	279.8	4.5	2.0	1884.6	124.4	2420.9
广 西	454.9	262.7	14.9	4.3	65.8	0.2	3013.3
海 南	69.2	33.9	2.0	1.1	56.0	31.5	
重 庆	205.3	150.0	8.0	6.9		88.4	723.0
四 川	685.7	478.0	38.6	27.4	11.9	554.1	2036.4
贵 州	241.0	178.8	22.8	4.7		7.9	380.6
云 南	521.6	393.2	43.6	21.7			1583.3
西 藏	28.6	1.8	21.4	5.1			
陕 西	132.1	101.6	8.9	10.2	2536.6	307.1	1188.3
甘 肃	142.6	67.9	27.2	36.5	1092.2	5.4	810.7
青 海	41.0	6.3	21.9	12.4	235.0	60.0	99.4
宁 夏	36.8	9.0	12.5	12.5	130.7	0.2	497.7
新 疆	204.7	57.0	49.4	60.7	3213.3	406.7	1027.1

主要工业产品产量					规模以上工业企业主要指标	
粗钢(万吨)	钢材(万吨)	水泥(万吨)	农用化肥(万吨)	汽车(万辆)	营业收入(亿元)	营业成本(亿元)
101795.9	**134033.5**	**212951.3**	**5573.3**	**2718.0**	**1379098.4**	**1168426.4**
	134.3	203.4		87.1	26794.4	22310.9
1738.3	5543.7	529.5	47.8	60.3	23537.1	20080.7
21194.5	32169.2	10033.9	193.4	90.6	52403.7	47132.4
6423.2	[illegible]	4844.6	364.9	16.5	37961.2	30397.5
2956.5	3041.9	3597.0	400.9	5.4	28158.2	21559.7
7451.6	**7727.5**	**3838.4**	**31.0**	**76.6**	**37188.8**	**31879.7**
1357.0	1532.0	1731.4	22.8	215.6	13835.9	11471.1
960.5	999.7	1881.1	80.5	8.3	12418.8	10128.6
1500.8	1920.9	369.6	1.0	302.5	45264.8	37510.5
11905.0	14882.2	14235.7	161.8	94.4	161506.0	138124.9
1378.1	2934.8	12953.7	32.1	124.9	107956.6	92107.8
3709.2	3963.0	14218.7	230.3	174.7	49051.1	42521.9
3197.3	3505.5	9692.9	48.2	33.9	70367.5	61346.1
2689.9	3457.0	8997.2	111.7	41.4	48295.5	41848.4
7600.3	10529.1	13522.5	430.3	101.9	108019.9	94572.5
3187.2	[illegible]	11488.4	396.4	55.3	60206.8	53255.8
3655.5	[illegible]	11056.2	591.4	189.6	53789.9	45878.5
2612.7	3038.3	9998.4	82.1	26.3	47644.8	39668.6
3571.8	5627.4	15226.4	6.4	415.4	179878.2	151220.7
3793.2	4995.6	10426.5	43.8	177.0	23234.8	20861.2
		1626.4	63.7	2.2	2944.3	2399.3
975.1	1690.6	5321.1	166.2	203.8	28211.4	24190.3
2787.3	3582.0	13070.1	381.8	72.5	54932.4	45044.9
461.9	607.3	6428.1	247.5	4.6	10255.5	7785.7
2247.7	2550.7	9693.7	245.1	2.2	19682.8	15967.8
		792.7			498.5	360.8
1475.9	2010.5	6529.8	158.2	133.8	35208.7	27051.0
1084.9	1091.6	4047.8	23.7		10960.4	9337.8
121.3	120.6	978.5	555.4		4544.0	3421.6
596.2	578.5	1667.5	71.7		8107.3	6902.0
1162.8	1324.7	3877.5	383.6	1.4	17573.8	13204.0

附录1 续表 2

地区	规模以上工业企业主要指标			客运量 (万人)	货运量 (万吨)	社会消费品零售总额 (亿元)
	利润总额 (亿元)	资产总计 (亿元)	负债合计 (亿元)			
全 国	**84038.5**	**1561196.7**	**882994.2**	**558738**	**5152571**	**439732.5**
北 京	1980.9	64237.4	28002.6	25055	18918	13794.2
天 津	1523.3	24752.1	13203.4	8295	52898	3572.0
河 北	1261.2	60192.4	37425.4	8410	232136	13720.1
山 西	3633.4	59676.4	41330.5	6274	211540	7562.7
内蒙古	4060.0	42114.4	23294.1	3557	211615	4971.4
辽 宁	**1639.2**	**47292.1**	**29041.1**	**17579**	**166281**	**9526.2**
吉 林	917.3	19382.1	10681.0	7417	46467	3807.7
黑龙江	604.0	19181.9	11628.6	9203	52119	5210.0
上 海	2793.6	54298.1	26243.8	7397	141059	16442.1
江 苏	9061.9	169623.2	92356.0	47077	279143	42752.1
浙 江	5863.6	125075.7	70201.8	32659	321583	30467.2
安 徽	2449.7	55493.6	30951.0	14672	394061	21518.4
福 建	4071.3	51807.6	27705.8	16567	169091	21050.1
江 西	3456.1	33934.0	18730.5	16217	196926	12853.5
山 东	4473.2	119195.8	73376.8	17536	334165	33236.2
河 南	2534.0	57668.8	32846.4	26828	259983	24407.4
湖 北	3139.6	51829.6	27685.2	26050	209475	22164.8
湖 南	2310.1	36454.6	18720.7	38244	213251	19050.7
广 东	9460.9	193540.2	111493.0	42329	351809	44882.9
广 西	702.3	25919.1	16692.7	20654	213331	8539.1
海 南	135.2	4528.5	2729.9	6688	30007	2268.4
重 庆	1683.8	26911.8	15012.2	19634	135491	13926.1
四 川	4836.3	64081.6	35542.1	40221	186423	24104.6
贵 州	1284.9	18897.7	11593.6	20323	94999	8507.1
云 南	1330.5	26815.1	15057.2	16698	145857	10838.8
西 藏	61.5	2297.6	1182.7	630	4024	726.5
陕 西	4570.3	44192.6	23804.2	13372	164723	10401.6
甘 肃	594.6	14787.9	8588.8	8013	72945	3922.2
青 海	828.9	7439.7	4988.0	1118	18467	842.1
宁 夏	412.7	13152.9	8527.6	2701	48623	1338.4
新 疆	2462.3	30237.0	16754.8	12149	88293	3240.5

进出口总额		出口总额		城镇居民人均可支配收入		农村居民人均可支配收入	
绝对值（亿元）	比上年增长（%）	绝对值（亿元）	比上年增长（%）	绝对值（元）	比上年增长（%）	绝对值（元）	比上年增长（%）
420678.2	**7.7**	**239654.0**	**10.5**	**49283**	**3.9**	**20133**	**6.3**
36445.5	19.7	5890.0	-3.8	84023	3.1	34754	4.4
8448.5	-1.4	3803.6	-1.9	53003	2.9	29018	3.8
5629.0	3.9	3407.4	12.5	41278	3.7	19364	6.5
1845.6	-16.7	1211.4	-10.3	39532	5.6	16323	6.6
1523.6	23.2	630.3	31.9	46295	4.3	19641	7.1
7907.3	**2.4**	**3584.6**	**8.2**	**44003**	**2.2**	**19908**	**3.6**
1558.5	3.6	502.3	42.1	35471	-0.5	18134	2.8
2651.5	33.0	545.6	22.0	35042	4.1	18577	3.8
41902.7	3.2	17134.2	9.0	84034	1.9	39729	3.1
54454.9	4.8	34815.7	7.5	60178	4.2	28486	6.3
46836.6	13.1	34325.4	14.0	71268	4.1	37565	6.6
7530.6	8.9	4763.7	16.4	45133	4.9	19575	6.5
19828.5	7.6	12140.5	12.3	53817	5.2	24987	7.6
6713.0	34.9	5088.4	38.7	43697	4.8	19936	6.7
33324.9	13.8	20355.8	16.2	49050	4.2	22110	6.3
8524.1	4.4	5247.0	5.2	38484	3.7	18697	6.6
6170.8	14.9	4209.3	20.0	42626	5.8	19709	7.9
7058.2	20.2	5154.5	25.3	47301	5.4	19546	6.8
83102.9	0.5	53323.4	5.5	56905	3.7	23598	5.8
6603.5	11.3	3705.4	26.1	39703	3.0	17433	6.5
2009.5	36.8	722.6	120.7	40118	-0.2	19117	5.8
8158.4	2.0	5245.3	1.5	45509	4.6	19313	6.7
10076.7	6.1	6215.2	9.2	43233	4.3	18672	6.2
801.2	22.5	523.6	7.5	41086	4.8	13707	6.6
3342.3	6.3	1612.6	-8.7	42168	3.1	15147	6.7
46.0	14.6	43.1	91.4	48753	4.8	18209	7.5
4835.3	2.0	3011.3	17.8	42431	4.2	15704	6.5
584.2	18.8	127.3	31.4	37572	3.8	12165	6.4
43.0	35.5	26.5	55.5	38736	2.6	14456	6.3
257.4	23.7	196.8	16.6	40194	5.0	16430	7.1
2463.6	57.0	2091.2	64.4	38410	2.0	16550	6.3

附录2　2022年省辖市

指标名称	单位	沈阳		大连		鞍山	
		全市	市辖区	全市	市辖区	全市	市辖区
一、行政区划							
所辖行政区数	个	10		7		4	
所辖行政县(旗)数	个	2		1		2	
所辖行政县级市数	个	1		2		1	
二、人口规模							
(一)常住人口							
常住人口	万人	915		753		324	
常住人口城镇化率	%	84.99		82.85		75.05	
(二)户籍人口							
年平均人口	万人	765	625	606	418	332	143
年出生人口	人	38584	33144	31206	23010	12116	4320
年死亡人口	人	75656	63085	50135	34312	31741	14710
年末总户数	万户	296	247	231	167	121	58
三、资源环境							
(一)土地							
本年征用土地面积	平方公里	13	11	4	2	3	2
绿化覆盖面积	公顷	26549	24044	20374	20374	9049	7375
建成区绿化覆盖率	%		41.96	45.89	45.89	35.76	41.31
绿地面积	公顷	25226	22968	19790	19790	8767	7120
建成区绿地率	%		40.08	44.57	44.57	34.65	39.88
公园绿地面积	公顷	8553	7255	5437	5437	2488	1975
公园面积	公顷	5526	5014	3470	3470	1348	933
(二)水资源							
水资源总量	亿立方米	49		63		44	
降水量	毫米	940		1079		997	
用水总量	亿立方米	27	20	16	9	8	2
(三)环境							
工业化学需氧量排放量	吨	965		2429		728	
工业氨氮排放量	吨	30		61		32	
工业二氧化硫排放量	吨	6522		8261		11713	
工业氮氧化物排放量	吨	14770		20638		32287	
工业颗粒物排放量	吨	2744		7270		23511	
污水处理厂集中处理率	%	99.50		97.32		97.00	
生活垃圾无害化处理率	%	100.00		100.00		100.00	
空气质量优良天数比例	%	87.70		92.60		90.10	
细颗粒物($PM_{2.5}$)年平均浓度	微克/立方米	32		24		32	

注：部分数据为快报数据。

基本情况(地区数)

抚顺		本溪		丹东		锦州	
全市	市辖区	全市	市辖区	全市	市辖区	全市	市辖区
4		4		3		5	
3		2		1		2	
				2		2	
179		127		212		264	
78.73		79.86		69.47		60.72	
200	131	141	85	228	76	287	95
5745	3435	4065	1993	8553	2714	9859	3344
11548	8012	7662	4725	21727	7887	17519	4582
84	58	56	36	83	31	103	37
1	1	2	2	4	0.03		
6723	6387	88353	87178	5600	3033	5819	3993
40.88	36.10	47.11	49.94	40.43	40.42	33.58	39.56
5081	4804	24368	23246	5011	2935	5491	3989
36.10	39.00	45.13	48.08	37.10	39.12	32.66	39.54
1469	1322	1338	1016	1436	839	1840	1417
919	830	893	661	1151	685	746	436
53		46		120		29	
1070		1054		1272		811	
5	3	3	1	8	1	8	2
560		220		140		546	
12		8		7		15	
4342		10238		1859		3799	
8234		24983		3247		5212	
5481		10536		2417		2516	
89.45		99.11		91.40		100.00	
100.00		100.00		100.00		100.00	
91.20		95.90		97.50		84.90	
34		30		25		37	

附录2　续表 1

指标名称	单位	沈阳		大连		鞍山	
		全市	市辖区	全市	市辖区	全市	市辖区
四、经济发展							
(一)地区生产总值							
地区生产总值(当年价格)	亿元	7696	7065	8431	6642	1863	1008
其中：第一产业增加值	亿元	335	155	563	220	122	8
第二产业增加值	亿元	2885	2737	3713	2859	746	500
第三产业增加值	亿元	4475	4173	4155	3563	996	500
人均地区生产总值	元	84268	88651	112270	114880	57102	66329
地区生产总值增长率	%	3.5	3.5	4.0	4.4	0.3	-0.1
(二)财政							
地方一般公共预算收入	万元	7136722	5773660	6697660	5327514	1485246	1040154
其中：税收收入	万元	5293706	5078712	4161953	3542292	1063525	720052
地方一般公共预算支出	万元	10535872	4815460	9910839	8006182	3074880	1733519
其中：一般公共服务支出	万元	889812	502519	812916	664636	355376	217481
科学技术支出	万元	249351	94506	149017	145664	6437	5922
教育支出	万元	1185792	777581	1259457	1021943	387060	209287
文化旅游体育与传媒支出	万元	177467	40317	134656	113840	26887	18422
卫生健康支出	万元	1062587	434337	827577	712271	299023	198809
节能环保支出	万元	247710	22191	70984	62550	26868	13787
城乡社区支出	万元	1290768	733001	1450759	1105211	354020	172420
交通运输支出	万元	205830	39917	330265	300469	53947	20576
社会保障和就业支出	万元	1982068	960177	2019557	1738723	642368	393393
住房保障支出	万元	458794	170568	457595	393653	228823	123487
(三)金融							
年末金融机构人民币各项存款余额	万元	206471746	198348662	184214459	164823296	53128297	34233592
其中：住户存款余额	万元	124739706	117269099	100702174	83436850	41740483	24743921
年末金融机构人民币各项贷款余额	万元	206009598	201662281	139879181	129223505	25125183	17637372
(四)固定资产投资							
房地产开发投资	万元	9403111	9330621	6088381	5695289	1065587	530879
其中：住宅	万元	7973970	7913465	4430848	4131129	845916	424583
(五)房地产							
商品房销售面积	万平方米	649	620	434	377	187	97
其中：住宅	万平方米	595	568	387	333	170	88
商品房销售额	万元	7006749	6882282	5431685	5038210	998566	585032
其中：住宅	万元	6546256	6433142	4942306	4573763	894051	525799
待售面积	万平方米	383	350	517	391	277	107
(六)对外经济贸易							
货物进口额(海关数)	万元	8842940		27053742		1945230	
货物出口额(海关数)	万元	5222668		20867275		1958205	
新设立外商直接投资企业数	家	126		346	330	11	7

抚顺		本溪		丹东		锦州	
全市	市辖区	全市	市辖区	全市	市辖区	全市	市辖区
928	785	931	675	891	329	1202	678
62	13	59	14	185	19	227	18
464	432	469	391	233	86	328	250
402	340	403	270	473	224	647	410
51467	55832	72634	80757	41730	41020	45294	62133
1.6	2.1		-0.8	0.6	-1.6	2.5	3.0
608317	384589	739041	622333	679581	334045	1038851	430021
417581	334457	520582	438983	377919	189838	644762	267851
1738033	472743	1618401	1136086	2317115	1137350	2587334	562907
179063	51552	188357	132700	241433	131303	264996	82696
3204	685	1895	1625	4924	4746	24403	20357
217033	73497	183073	120189	328939	125456	340738	51773
16730	1274	24270	18059	31645	22605	30291	1953
165014	40014	119994	84914	224492	164738	214140	32902
31355	10864	23542	12605	16690	7866	45367	5215
103328	33106	185889	128835	179066	90122	232306	81448
40407	2984	55870	42651	73721	35184	103596	34033
456499	155477	337822	232105	466568	225633	493278	95231
82065	42335	96822	80480	76748	38513	66347	20734
27685453	23540579	19077139	14559948	30788938	15392523	38322237	24980861
23301963	19456297	15378723	11376545	27269159	12898291	30684322	17980808
11359432	9619296	12569761	10950943	13796720	7369952	34835144	30828824
456124	435197	228814	167866	939473	462177	732383	458986
399551	379653	215178	159804	804925	415191	558635	350423
71	61	37	19	89	30	79	43
56	48	35	19	86	30	71	38
408620	364477	210983	123190	549647	226008	399691	272195
333154	294214	196488	121570	521346	221539	356447	237843
139	116	45	35	209	75	100	65
34535		925800		238151		223404	
526329		945500		1342767		738531	
4		4	3	15	10	10	8

附录2 续表 2

指标名称	单位	沈阳		大连		鞍山	
		全市	市辖区	全市	市辖区	全市	市辖区
(七)规模以上工业							
工业企业数	个	1824	1562	2135	1723	776	316
其中：内资企业	个	1559	1310	1584	1213	733	292
其中：国有企业	个	23	18	11	7	32	29
私营企业	个	1123	917	1150	864	523	166
港、澳、台商投资企业	个	59	55	105	93	19	10
外商投资企业	个	206	197	446	417	24	14
资产总计	万元	84477893	80292035	104328302	67112514	49376350	38896161
流动资产合计	万元	49104031	47326741	56697293	42676749	17148738	10766617
营业收入	万元	64901205	61949435	93577129	62963259	30139223	21236790
营业成本	万元	49082405	46450101	79990010	52086099	27733422	19692434
利润总额	万元	6113184	6210206	5423073	4700053	1609383	1340768
(八)贸易							
社会消费品零售总额	万元	38645155	36512940	18469064	16301695	7831991	3379919
限额以上批发零售业法人企业数	个	2138	1998	2214	1598	501	280
其中：零售业	个	808	753	356	317	180	117
限额以上批发零售业商品销售额	万元	129919619	128212315	64891095	50341669	10226225	8719810
限额以上住宿餐饮业法人企业数	个	317	309	252	237	41	31
限额以上住宿餐饮业营业额	万元	932692	919140	478095	463087	25778	20874
五、科技创新							
(一)科创投入							
R&D人员(规模以上企业)	人	33780		56820		5426	
R&D人员全时当量(规模以上企业)	人年	22945		36207		3929	
R&D经费支出(规模以上企业)	万元	1102378		1804739		223208	
(二)科创成果							
专利授权数	件	27393		25473		4475	
其中：发明	件	4606		4284		619	
六、人民生活							
(一)就业							
从业人员期末人数(城镇非私营单位)	人	1162444		1008243		278795	
(二)收入							
在岗职工平均人数(城镇非私营单位)	万人	112		95		28	
在岗职工工资总额(城镇非私营单位)	万元	12076870		10863615		2185413	
在岗职工平均工资(城镇非私营单位)	元	107648		113945		79137	
城镇居民人均可支配收入	元	51702		51904		41767	
(三)消费							
城镇居民人均消费支出	元	36541		33023		23083	
(四)生活质量							
城镇居民人均住房建筑面积	平方米	34		32		32	

抚顺		本溪		丹东		锦州	
全市	市辖区	全市	市辖区	全市	市辖区	全市	市辖区
287	234	246	184	427	162	351	167
265	215	227	171	402	144	317	141
12	9	4	2	5	3	3	1
186	144	140	101	332	113	233	95
11	11	10	8	11	7	13	9
11	8	9	5	14	11	21	17
12787354	11837185	19668729	17960469	8082100	4117509	10385361	6969007
5770699	5227956	8416610	7543647	4737046	2366961	5295543	3459041
14131940	13682162	21718590	20533016	6098661	2271908	11853819	8159368
12115812	11803024	20536224	19536042	5249473	1947332	10014418	6665754
301990	245128	305394	274862	220769	46096	604261	481996
1825283	1562828	1483869	1139856	2648427	1440074	3549328	2506447
127	118	121	91	151	73	224	161
55	51	70	52	97	48	117	75
2902524	2794386	1355478	1199392	1561349	1049324	4420925	3982840
14	12	36	22	48	34	31	22
11513	10947	27315	16066	120640	23834	170634	50029
4829		1482		2949		3003	
3053		895		2274		1744	
220413		95178		57303		115540	
2457		1108		2223		1698	
208		133		91		169	
192485		171511		168338		200266	
19		17		16		18	
1553896		1364241		1126381		1482711	
82659		81097		72596		81530	
38489		40107		35402		38403	
24136		26679		21359		21396	
30		29		31		34	

附录2 续表 3

指标名称	单位	沈阳		大连		鞍山	
		全市	市辖区	全市	市辖区	全市	市辖区
七、公共服务							
(一)教育							
普通、职业高等学校数	所	50		31		3	
中等职业教育学校数	所	76	71	48	40	24	17
普通中学学校数	所	317	260	315	228	160	65
普通小学学校数	所	285	248	386	291	226	62
幼儿园数	所	1542	1337	1284	991	804	292
普通、职业高等学校专任教师数	人	27306		19066		2250	
中等职业教育专任教师数	人	5619	5155	2779	2341	1220	838
普通中学专任教师数	人	35063	27662	22904	16993	11926	5491
普通小学专任教师数	人	21027	18290	21143	16223	10227	3561
幼儿园专任教师数	人	16937	15633	13451	10885	5503	2668
普通、职业本专科在校学生数	人	472174		334572		41437	
中等职业教育在校学生数	人	84930	73596	38394	33834	14306	10368
普通中学在校学生数	万人	31	26	25	20	12	5
普通小学在校学生数	万人	45	40	39	31	14	6
幼儿园在园幼儿数	人	172834	151882	147375	121597	69719	30465
(二)文体							
公共图书馆数	个	21	18	13	10	8	5
公共图书馆图书藏量	万册	1745	1699	1274	1163	345	294
博物馆数	个	13	13	29	27	7	3
(三)医疗							
医疗卫生机构数	个	5103	3811	4027	2746	392	236
其中：医院数	个	307	277	233	179	107	57
医疗卫生机构床位数	张	78620	71844	51318	37626	24495	14518
其中：医院床位数	张	73715	68716	47608	35764	19297	11728
卫生技术人员数	人	93167	87454	63592	51946	22068	13115
其中：执业(助理)医师数	人	36149	33718	24231	19886	8258	4721
注册护士数	人	44055	41778	30643	25331	10504	6530
(四)社会保障							
城镇职工基本养老保险参保人数	人	4354303	4102421	3864555	3187818	1330066	741317
城乡居民基本养老保险参保人数	人	1207585	393316	1250462	512491	793288	77070
职工基本医疗保险参保人数	人	3603277	3434596	3662361	3082671	1016624	781557
城乡居民基本医疗保险参保人数	人	3935164	3018440	2710835	1677441	1929942	579596
失业保险参保人数	人	1722649	1626471	1708682		419306	
工伤保险参保人数	人	2110745	2031936	2198499	2029290	494220	299071

抚顺		本溪		丹东		锦州	
全市	市辖区	全市	市辖区	全市	市辖区	全市	市辖区
6		7		3		9	
12	9	10	8	17	14	10	6
101	59	60	39	126	39	129	41
91	54	61	32	173	61	210	46
409	297	260	168	427	185	523	251
2142		2043		1519		4955	
987	835	1015	875	915	319	1093	765
8510	5363	4711	3007	9628	2859	9080	3221
4087	2854	4301	2680	6462	1839	9349	3023
2701	2263	1761	1056	3329	1574	3543	1991
44728		48162		36222		92846	
7447	5366	6846	5789	13431	6752	17184	11088
6	4	4	3	8	3	10	4
7	5	5	3	9	3	10	5
33096	22313	21841	11662	42011	16863	44509	23522
7	4	7	5	7	4	9	5
164	118	180	154	104	72	210	154
5	3	6	2	4	2	8	3
1353	754	827	412	1827	454	1938	522
53	41	43	29	68	36	75	43
13086	10611	10682	8072	19176	7745	17941	9841
10219	8569	9895	7614	15364	7016	15127	9090
13496	10943	11423	7783	17699	8284	16007	10392
5245	4185	3886	2699	7127	3170	7024	4265
6301	5278	5843	4129	7841	3924	6588	4713
858845	719482	735628	584800	1132525	538554	898281	491667
431584	110382	310989	61667	403669	51023	1007628	71969
849499		635359	547896	809348	551554	789400	510524
825148		535621	204420	1282164	260922	1560246	293105
257469		332699	284205	268046		273322	
319552		315716	242351	236905	141007	411088	281750

附录2 续表 4

指标名称	单位	沈阳		大连		鞍山	
		全市	市辖区	全市	市辖区	全市	市辖区
八、基础设施							
(一)交通运输							
年末实有城市道路面积	万平方米		10532		7198		3241
境内公路总里程	公里	13328		13401		7745	
其中：高速公路里程	公里	672		529		228	
民用汽车拥有量	辆	2939693		1979923		771369	
其中：私人汽车拥有量	辆	2652672		1732558		687802	
年末实有公共汽(电)车营运车辆数	辆		5492		5118		1677
公共汽(电)车客运总量	万人次		38000		54535		13201
年末实有巡游出租汽车运营车数	辆		20096		11776		5375
年末轨道交通线路长度(建成)	公里	183	183	236	236		
轨道交通客运总量	万人次	29346	29346	14689	14689		
公路客运量	万人	3961		3209		1288	
公路货运量	万吨	17363		16309		14955	
水运货运量	万吨			3817			
民用航空旅客吞吐量	万人次	939		287			
民用航空货邮吞吐量	万吨	13		3			
沿海港口货物吞吐量	万吨			30613			
(二)邮电通讯							
邮政行业业务收入	万元	944457		487123		130512	
其中：快递业务收入	万元	749388		370145		89173	
电信业务收入	万元	1186908		902225		305492	
移动电话年末用户数	万户	1203		956		394	
(三)能源电力							
全社会用电量	万千瓦时	4001977		4480114		3138952	
其中：城乡居民生活用电	万千瓦时	878465		707360		283609	
其中：城镇居民生活用电	万千瓦时	692808		495442		191559	
(四)生活设施							
年末排水管道长度	公里		7302		3315		1096
年末公共供水管道长度	公里		4823		7051		3258
公共供水综合生产能力	万立方米/日		306		222		53
公共供水总量	万立方米	71905	68277	49805	44748	17468	13362
天然气供气总量	万立方米		86550		55943		22094
其中：居民家庭用量	万立方米		25729		14945		10080
液化石油气供气总量	吨		64625		280736		22759
其中：居民家庭用量	吨		13286		11092		3945

抚顺		本溪		丹东		锦州	
全市	市辖区	全市	市辖区	全市	市辖区	全市	市辖区
	1848		2218		1196		1033
6660		4728		10280		10358	
326		233		360		234	
337992		221898		536984		590475	
293352		198333		491584		509642	
	867		659		660		783
	11977		11068		4382		4160
	4093		2834		1932		4018
742		540		446		356	
4779		4654		5175		14757	
				366		73	
				3881		10050	
57272		46085		67276		87678	
36953		25889		45482		59282	
167074		130130		207086		215886	
212		160		252		304	
1160308		1432692		1071624		998977	
153678		112717		188626		217267	
121916		93311		120682		94024	
	1010		645		549		748
	2442		1172		1150		2131
	85		19		39		58
19090	17493	6872	6172	9629	5173	14192	11398
	50155		11480		1695		17180
	2457		2685		549		6102
	21358		4699		5286		
	12290		2184		1626		

附录2　续表 5

指标名称	单位	营口		阜新		辽阳	
		全市	市辖区	全市	市辖区	全市	市辖区
一、行政区划							
所辖行政区数	个	4		5		5	
所辖行政县(旗)数	个			2		1	
所辖行政县级市数	个	2				1	
二、人口规模							
(一)常住人口							
常住人口	万人	229		158		154	
常住人口城镇化率	%	67.75		62.33		67.71	
(二)户籍人口							
年平均人口	万人	228	94	180	72	171	83
年出生人口	人	9150	4070	6921	2278	6077	2978
年死亡人口	人	16915	6430	15790	7523	12654	6687
年末总户数	万户	89	39	68	31	68	34
三、资源环境							
(一)土地							
本年征用土地面积	平方公里	2	1			1	1
绿化覆盖面积	公顷	9660	7505	3835	3523	6139	4592
建成区绿化覆盖率	%	37.55	41.20	33.85	44.44	41.98	44.82
绿地面积	公顷	8988	7015	3660	3391	5764	4357
建成区绿地率	%	34.90	38.45	30.14	40.04	39.42	42.53
公园绿地面积	公顷	1628	1184	1027	925	1324	949
公园面积	公顷	1847	1433	677	618	660	284
(二)水资源							
水资源总量	亿立方米	17		28		17	
降水量	毫米	882		804		945	
用水总量	亿立方米	8	3	2	1	9	2
(三)环境							
工业化学需氧量排放量	吨	517		132		452	
工业氨氮排放量	吨	20		6		19	
工业二氧化硫排放量	吨	14821		3332		2676	
工业氮氧化物排放量	吨	27836		3848		8410	
工业颗粒物排放量	吨	12964		1979		6155	
污水处理厂集中处理率	%	92.59		100.00		100.00	
生活垃圾无害化处理率	%	100.00		100.00		100.00	
空气质量优良天数比例	%	83.30		91.20		89.60	
细颗粒物($PM_{2.5}$)年平均浓度	微克/立方米	32		29		34	

盘锦		铁岭		朝阳		葫芦岛	
全市	市辖区	全市	市辖区	全市	市辖区	全市	市辖区
3		2		2		3	
1		3		3		2	
		2		2		1	
139		229		280		236	
78.12		56.34		51.12		55.87	
129	102	282	41	327	61	271	95
6332	4950	9243	1238	14731	2883	12322	3582
6021	4396	21080	2593	29982	4795	16156	3900
48	39	103	16	110	21	99	37
0.3		1	0.05	1		7	0.3
5233	4697	7406	3590	7293	3102	6156	3929
41.38	43.94	38.37	39.61	37.32	34.64	38.82	41.53
4798	4284	5810	2810	5207	2009	5707	3804
37.97	40.08	35.57	37.12	30.69	32.64	36.05	40.21
1363	1226	1342	635	1656	752	1433	923
859	710	1823	894	1608	723	898	592
9		54		16		21	
896		981		554		757	
14	9	7	1	5	1	4	2
975		352		196		541	
28		17		12		31	
1982		2945		6013		4334	
7321		6500		13913		7281	
1449		3761		9202		4280	
100.00		100.00		99.95		98.26	
100.00		100.00		100.00		100.00	
87.40		86.00		94.25		86.30	
29		32		27		33	

附录2 续表 6

指标名称	单位	营口		阜新		辽阳	
		全市	市辖区	全市	市辖区	全市	市辖区
四、经济发展							
(一)地区生产总值							
地区生产总值(当年价格)	亿元	1432	949	578	276	892	582
其中：第一产业增加值	亿元	127	28	128	4	100	18
第二产业增加值	亿元	631	459	161	99	403	315
第三产业增加值	亿元	674	462	288	174	389	248
人均地区生产总值	元	62269	82726	36153	36153	57170	67735
地区生产总值增长率	%	-2.3	-3.1	3.3	2.4	0.2	-0.8
(二)财政							
地方一般公共预算收入	万元	1293410	1005373	448318	290474	873800	669168
其中：税收收入	万元	903335	731746	263132	156029	621186	453255
地方一般公共预算支出	万元	2513860	1662755	1610217	879069	1711193	1110886
其中：一般公共服务支出	万元	238748	172472	167598	104530	212698	139820
科学技术支出	万元	9784	9401	5691	5612	1662	1441
教育支出	万元	279648	167270	227447	100689	234069	135580
文化旅游体育与传媒支出	万元	32052	21015	15164	10204	18758	15167
卫生健康支出	万元	203985	146613	143672	104048	157450	117578
节能环保支出	万元	37103	23895	26348	10747	19932	14755
城乡社区支出	万元	287995	197880	86516	64822	120738	83881
交通运输支出	万元	48578	26694	33693	14592	47176	23028
社会保障和就业支出	万元	447533	235804	357700	216779	352516	223736
住房保障支出	万元	102691	75140	80387	53269	76729	56724
(三)金融							
年末金融机构人民币各项存款余额	万元	35248807	24023260	18169257	13151666	27835417	20976488
其中：住户存款余额	万元	29492126	19186096	15798655	11224415	22054603	15899422
年末金融机构人民币各项贷款余额	万元	21994606	15482538	10447812	8397079	11862353	8543164
(四)固定资产投资							
房地产开发投资	万元	1243517	1000693	189698	144599	550508	404689
其中：住宅	万元	1000817	809311	168414	126516	432684	313256
(五)房地产							
商品房销售面积	万平方米	164	122	42	24	74	49
其中：住宅	万平方米	141	110	37	20	72	48
商品房销售额	万元	875403	638957	144721	85353	373593	259124
其中：住宅	万元	722678	562743	129400	74348	356272	246409
待售面积	万平方米	190	135	243	152	56	32
(六)对外经济贸易							
货物进口额(海关数)	万元	2063000		19405		38872	
货物出口额(海关数)	万元	2686000		207265		214876	
新设立外商直接投资企业数	家	52	51	7	5	48	46

盘锦		铁岭		朝阳		葫芦岛	
全市	市辖区	全市	市辖区	全市	市辖区	全市	市辖区
1394	1234	754	172	995	252	871	411
110	62	183	5	243	21	155	24
765	702	219	45	294	78	326	209
519	469	352	121	458	153	390	179
100347	105688	32671	39337	35296	36605	36558	44282
-6.4	-5.4	1.0	1.3	2.5	1.4	0.3	0.4
1213620	1128455	454982	102099	793737	343219	591010	247215
939850	871509	316517	92233	541620	203017	350424	212261
2140135	1788728	2138921	236871	3030498	11009264	2266053	453860
206271	173919	260650	35803	297626	110309	245374	67352
20783	20696	6084	1445	2875	1529	2899	406
206130	168543	316860	24714	471194	145330	330421	97236
21732	19487	22533	1289	35075	15464	24159	3154
153003	133248	183570	18742	314765	189186	208455	28312
42479	30972	35425	819	52773	24161	24031	2381
281428	265891	102088	27052	231216	57371	155769	22771
82818	76336	57280	2415	103323	33297	59347	6783
282248	224946	410444	45728	570550	174831	497326	115074
55365	48925	81520	16524	164093	41611	101275	27370
27028378	25136392	22805285	10385959	27500900	13051400	27067317	14923559
19726112	17753400	19892126	8615490	24109100	10670400	23512816	12091634
15015293	13964222	8353925	4193782	11631800	6734800	15210772	9089722
557495	539550	218626	54579	1161769	415481	784520	303186
444114	431743	190695	50356	976338	372938	616573	228273
103	100	66	19	104	39	85	35
93	91	61	18	101	39	79	33
507742	501283	272806	87017	505314	230534	461866	187613
429316	425221	249130	82770	488516	229186	431705	180659
125	124	174	18	132	46	137	70
1080665		449803		18		134134	
221945		236342		38		301358	
6	6	6		8	3	4	1

附录2　续表 7

指标名称	单位	营口		阜新		辽阳	
		全市	市辖区	全市	市辖区	全市	市辖区
(七)规模以上工业							
工业企业数	个	686	341	244	112	289	152
其中：内资企业	个	606	288	227	101	272	138
其中：国有企业	个			2	1	2	2
私营企业	个	516	229	171	77	197	89
港、澳、台商投资企业	个	30	21	10	5	9	6
外商投资企业	个	50	32	7	6	8	8
资产总计	万元	32770365	24551994	7814546	4103265	26878507	17569442
流动资产合计	万元	18699267	13589959	3963495	2190959	15161248	9829509
营业收入	万元	23556904	15517387	4622763	4204285	12548589	8840223
营业成本	万元	21694455	14431549	3961106	3277247	10457890	6989851
利润总额	万元	304946	156384	138097	-32091	9108	104594
(八)贸易							
社会消费品零售总额	万元	4160797	2764365	2263296	1697989	2881157	1671531
限额以上批发零售业法人企业数	个	321	204	91	66	142	107
其中：零售业	个	134	102	38	32	63	55
限额以上批发零售业商品销售额	万元	9893516	8230381	2518881	2068300	3095126	2379198
限额以上住宿餐饮业法人企业数	个	37	27	15	10	19	18
限额以上住宿餐饮业营业额	万元	38095	30994	17251	12774	27897	25487
五、科技创新							
(一)科创投入							
R&D人员(规模以上企业)	人	4185		2026		1998	
R&D人员全时当量(规模以上企业)	人年	2730		1393		1437	
R&D经费支出(规模以上企业)	万元	213231		54633		45582	
(二)科创成果							
专利授权数	件	2657		1470		1680	
其中：发明	件	143		202		93	
六、人民生活							
(一)就业							
从业人员期末人数(城镇非私营单位)	人	184452		118104		146945	
(二)收入							
在岗职工平均人数(城镇非私营单位)	万人	18		11		14	
在岗职工工资总额(城镇非私营单位)	万元	1484050		807313		1281955	
在岗职工平均工资(城镇非私营单位)	元	82953		75481		90865	
城镇居民人均可支配收入	元	42877		33602		37640	
(三)消费							
城镇居民人均消费支出	元	22256		20722		23901	
(四)生活质量							
城镇居民人均住房建筑面积	平方米	34		31		34	

盘锦		铁岭		朝阳		葫芦岛	
全市	市辖区	全市	市辖区	全市	市辖区	全市	市辖区
339	252	350	96	414	108	302	118
319	234	328	87	392	106	291	114
2	2	10	3	5	2	6	2
230	151	244	65	304	68	219	88
5	4	11	3	10	2	4	1
15	14	11	6	12		7	3
37107119	28801764	10450994	1996916	11533100	6379023	13071818	3919300
20318817	13770592	5214528	863881	4825359	2408625	7558408	1732929
34828207	28969350	8253437	1506848	9628517	5857826	11340575	7316640
29563702	24395928	7541710	1337390	8765379	5556256	9659972	6076670
-135252	120103	116739	29671	137008	18867	480034	345185
3837355	3550695	1895926	952301	3091993	1326399	2678827	1373743
183	156	124	51	147	74	196	107
95	90	55	30	89	46	92	39
12046386	8858845	2049796	1163851	5283792	1307021	4794623	1848072
28	24	15	7	16	9	29	15
26253	24634	12959	7661	37064	13331	19658	10713
5897		1075		2062		1369	
4336		499		1088		1000	
321711		27444		47810		23763	
1886		1604		2046		1347	
154		18		50		104	
283838		164956		201678		154963	
27		17		17		14	
2285181		1264697		1407655		1130720	
83825		76488		81186		81851	
46485		30559		30803		35524	
27163		18418		19185		19481	
37		31		34		31	

附录2 续表 8

指标名称	单位	营口		阜新		辽阳	
		全市	市辖区	全市	市辖区	全市	市辖区
七、公共服务							
(一)教育							
普通、职业高等学校数	所	3		2		3	
中等职业教育学校数	所	12	10	13	11	8	6
普通中学学校数	所	100	39	88	38	76	38
普通小学学校数	所	94	49	64	33	73	34
幼儿园数	所	559	268	372	216	423	236
普通、职业高等学校专任教师数	人	1278		1927		900	
中等职业教育专任教师数	人	1205	947	761	547	910	734
普通中学专任教师数	人	8221	3907	6690	2810	6988	3437
普通小学专任教师数	人	6768	3099	5434	1848	3922	2017
幼儿园专任教师数	人	4315	2391	2581	1626	2915	1948
普通、职业本专科在校学生数	人	17203		54555		23063	
中等职业教育在校学生数	人	17203	14448	9295	6962	12124	10762
普通中学在校学生数	万人	8	4	7	3	5	3
普通小学在校学生数	万人	12	7	7	2	6	3
幼儿园在园幼儿数	人	42338	23785	32735	16695	29822	17181
(二)文体							
公共图书馆数	个	8	5	8	6	9	7
公共图书馆图书藏量	万册	185	160	58	45	128	114
博物馆数	个	5	2	5	3	4	4
(三)医疗							
医疗卫生机构数	个	2301	846	1239	470	1548	770
其中：医院数	个	115	69	50	39	57	43
医疗卫生机构床位数	张	15559	8726	11982	7871	15226	11216
其中：医院床位数	张	14123	8343	9946	7507	13270	10821
卫生技术人员数	人	15839	9727	12375	7778	13239	9854
其中：执业(助理)医师数	人	6724	4042	4673	2662	5190	3688
注册护士数	人	7054	4471	5746	4104	6092	4762
(四)社会保障							
城镇职工基本养老保险参保人数	人	1137485	681469	539255	440070	811701	289293
城乡居民基本养老保险参保人数	人	612355	47391	466959	41865	315063	
职工基本医疗保险参保人数	人	927287	597367	548137	446123	630428	504594
城乡居民基本医疗保险参保人数	人	995665	330320	916889	197662	865745	
失业保险参保人数	人	341563		160911	109911	236683	
工伤保险参保人数	人	345523	231532	169685	120385	245581	99314

盘锦		铁岭		朝阳		葫芦岛	
全市	市辖区	全市	市辖区	全市	市辖区	全市	市辖区
2		4		1		1	
8	5	16	16	14	9	12	6
68	52	104	25	167	33	131	42
35	32	142	22	383	73	232	57
290	242	559	121	835	214	532	194
473		1205		460		641	
579	305	823	823	1586	786	831	344
6045	5082	11237	2738	14184	3240	10399	3710
4778	3994	7801	1058	12847	2738	10232	3449
3051	2705	3746	1045	5252	1735	3854	1639
9236		28896		8585		11722	
13663	3923	10297	10297	19229	9360	14815	5394
6	5	10	2	15	4	11	4
7	5	9	2	16	4	12	5
31197	27299	42392	7848	62145	18802	46395	16024
6	4	9	2	8	3	7	3
116	102	82	55	128	48	128	26
		2	1	15	6	3	1
1155	879	2678	360	4068	557	2535	1057
59	54	79	37	119	37	112	67
10234	8540	17144	5018	21491	6703	18331	9885
9006	7703	13767	4874	17456	6179	14348	8360
11539	10499	14486	4632	21276	7270	14464	8211
4747	4285	5692	1752	8440	2866	5892	3218
5216	4817	6377	2217	8955	3389	6607	4069
715971	561774	649385	222310	728410	274044	754179	215525
235443	125623	915729	37533	1412850	149629	1042361	217763
558096	496502	533573	275181	546483	240683	597272	136610
653081	472812	1777037	153527	2130770	308314	1558802	386739
309630	277531	198726		235516	107223	208025	60231
295316	249395	284633	38920	236567	96393	342971	

附录2 续表 9

指标名称	单位	营口		阜新		辽阳	
		全市	市辖区	全市	市辖区	全市	市辖区
八、基础设施							
(一)交通运输							
年末实有城市道路面积	万平方米		3219		936		1564
境内公路总里程	公里	4668		9253		4104	
其中：高速公路里程	公里	189		311		159	
民用汽车拥有量	辆	592087		353471		314835	
其中：私人汽车拥有量	辆	509671		329722		271856	
年末实有公共汽(电)车营运车辆数	辆		825		481		587
公共汽(电)车客运总量	万人次		3197		2139		3477
年末实有巡游出租汽车运营车数	辆		3093		2867		2611
年末轨道交通线路长度(建成)	公里						
轨道交通客运总量	万人次						
公路客运量	万人	384		122		716	
公路货运量	万吨	21696		5073		5285	
水运货运量	万吨	137					
民用航空旅客吞吐量	万人次						
民用航空货邮吞吐量	万吨						
沿海港口货物吞吐量	万吨	21118					
(二)邮电通讯							
邮政行业业务收入	万元	73902		36614		62778	
其中：快递业务收入	万元	53486		22470		35472	
电信业务收入	万元	229390		137309		142270	
移动电话年末用户数	万户	261		188		185	
(三)能源电力							
全社会用电量	万千瓦时	2750603		618456		1170589	
其中：城乡居民生活用电	万千瓦时	195920		135716		130149	
其中：城镇居民生活用电	万千瓦时	112811		78880		81006	
(四)生活设施							
年末排水管道长度	公里		1914		693		1052
年末公共供水管道长度	公里		3157		1938		1068
公共供水综合生产能力	万立方米/日		45		43		18
公共供水总量	万立方米		11944	7823	6877	10247	7651
天然气供气总量	万立方米		19515		5000		11376
其中：居民家庭用量	万立方米		6295		685		2289
液化石油气供气总量	吨		5532		2974		6579
其中：居民家庭用量	吨		4236		2530		5433

盘锦		铁岭		朝阳		葫芦岛	
全市	市辖区	全市	市辖区	全市	市辖区	全市	市辖区
	1976		642		502		1944
4091		11997		18581		10237	
141		346		386		229	
446403		[illegible]93617		624292		560090	
380531		[illegible]43714		583734		515915	
	1096		213		218		591
	3643		1229		1885		2780
	3281		2249		1968		3051
362		685		326		383	
8919		6316		5105		8187	
12						78	
4641						4248	
120589		85283		84663		77578	
87897		35229		36114		42800	
152174		159096		216212		186528	
176		253		285		266	
1232529		868900		1292816		1081471	
104903		169522		174499		160820	
62888		90558		89051		79303	
	1271		467		554		684
	2927		975		585		991
	64		33		36		18
12587	12042	8170	3391	8271	4026	8257	5557
	15419		12084		10494		18719
	5521		1633		993		4347
	9238		1996		3500		28446
	2367		1542		3481		4123